步平 王建朗 主编

中国抗日战争史

A HISTORY OF
THE CHINESE WAR OF RESISTANCE AGAINST
JAPANESE AGGRESSION

第六卷
战时经济与社会

李学通 金以林 吕迅 著

社会科学文献出版社
SOCIAL SCIENCES ACADEMIC PRESS (CHINA)

目 录

前　言 ……………………………………………………………… 001

第一章　战前工业状况与战时体制的建立 …………………… 005
第一节　七七事变前的经济备战 ……………………………… 006
第二节　紧急应对措施与工业内迁 …………………………… 029
第三节　战时体制与财经方针 ………………………………… 042

第二章　后方经济的发展（上） ………………………………… 057
第一节　建设后方工业 ………………………………………… 057
第二节　推进农业生产 ………………………………………… 133
第三节　战时财政金融 ………………………………………… 150

第三章　后方经济的发展（下） ………………………………… 162
第一节　战时交通与运输 ……………………………………… 162
第二节　发展对外贸易 ………………………………………… 177
第三节　对日经济作战 ………………………………………… 190

第四章　危机与应对 ……………………………………………… 197
第一节　通货膨胀与田赋征实 ………………………………… 197
第二节　工矿业的衰退与调整 ………………………………… 208
第三节　挽救危机的措施与效果 ……………………………… 220

第五章　敌后根据地的经济 ……………………………………… 249
第一节　减租减息运动 …………………………………… 250
第二节　互助合作和大生产运动 ………………………… 260
第三节　公私兼顾发展根据地工商业 …………………… 266
第四节　合理负担的财税政策 …………………………… 273

第六章　战时的移民问题 ………………………………………… 283
第一节　文教内迁 ………………………………………… 283
第二节　难民内迁 ………………………………………… 304

第七章　战时教育体制的变革 …………………………………… 315
第一节　教育政策的论争
　　　　——"战时教育平时看" ……………………… 315
第二节　伟大的战时教育救济 …………………………… 319
第三节　战时教育改革及其成果 ………………………… 326
第四节　教育统制中的"党化教育" …………………… 343
第五节　战后复员 ………………………………………… 353

第八章　战时大后方电影的发展 ………………………………… 359
第一节　官营电影制作优势地位的确立 ………………… 359
第二节　对电影社会属性和教育功能的高度强调 ……… 365
第三节　电影检查制度的延续与调整 …………………… 371
第四节　电影放映向农村乡间普及 ……………………… 379

第九章　战时的市民生活 ………………………………………… 385
第一节　海上"孤岛" …………………………………… 385
第二节　江边山城 ………………………………………… 394
第三节　白云之南 ………………………………………… 404
第四节　清凉山下 ………………………………………… 414

第十章　战时的社会动员 …… 426
第一节　精英与民众 …… 426
第二节　政党与宣传 …… 439
第三节　国家与家庭 …… 457
第四节　自由与统合 …… 463

第十一章　战时的民族认同 …… 474
第一节　外国人观 …… 474
第二节　"汉奸"现象 …… 487
第三节　少数民族 …… 500

主要参考文献 …… 511

人名索引 …… 524

前　言

抗日战争对近代中国经济、社会、文化发展影响深远。中华民族在战争中做出的牺牲、付出的代价是极其巨大的。然而，人类历史上每一次巨大的灾难，常常都是以历史的巨大进步作为补偿。一方面日本发动侵华战争的残酷破坏和疯狂掠夺，使中国遭到空前的创伤，损失惨重，阻断了中国的现代化进程；另一方面中华民族在极端艰难困苦之中，顽强不屈，玉汝于成，取得了相当程度的进步，以惊人的代价、惨烈的牺牲，有效地支撑了抗战，成为中国最后战胜日本侵略者的重要保障。同时，在争取民族独立的进程中，中国社会也孕育和积累了现代化的新因素。这些新因素包括人口内迁、工厂内迁和文化教育内迁带来的新变化和新动力。

经济发展不平衡，是近代中国社会的一个主要特点。战前中国的经济重心，主要集中在东南沿海沿江，特别是以上海为中心的江浙地区。而在广阔的西南、西北地区，现代化工矿企业和工业门类，几乎处于空白状态。战争爆发后，东南沿海地区的大批企业毁于炮火或被侵略者劫夺。为了保存中国赖以坚持抗战的有生力量，民族工商业者、工程技术人员和广大工人，冒着敌人的炮火，不畏艰辛，内迁大后方。国民政府也积极协助工矿企业内迁。这次民族工业的大迁移，不仅对国民经济由平时向战时转移、支持抗日战争发挥了重要作用，而且对改变中国工业布局的严重不合理状况产生了深远影响。

全国抗战初期的民族工业内迁，是中国抗战战略防御阶段的一项重大工程。据统计，整个内迁工厂多达600余家。这些工厂基本上都是现代化程度较高的大中型企业，机器设备精良，技术比较先进，特别是大量技术工人的内迁，为内地工业发展输入了新鲜血液，有力推动了大后方经济发展。据国民政府统计，1937年四川、云南、贵州、陕西、甘肃、湖南、广西七省工厂之和仅占全国总数的6.03%，资本总数仅占全国的4.04%。[1] 1943年，大后方的工厂数已达4524家，与战前相比，工厂数增加了18倍，工人数增加了82倍，资本总额增加了164倍。[2]

1938年4月，国民党全国临时代表大会通过的《抗战建国纲领》明确规定："经济建设应以军事为中心，同时注意改善人民生活。本此目的，以实行计划经济，奖励海内外人民投资，扩大战时生产。"[3] 这一经济纲领，成为战时中国政府调整和制定经济政策的基本依据。它有利促进了大后方经济的恢复和发展，重工业比重不断提高，水陆交通建设得到开拓，农业技术推广日渐深入。同时，它也为国民党官僚资本的垄断提供了合法的依据。虽然，"这种发展变化不是出自中国经济现代化的内在必然结果，但是，相对于被打断的现代化进程，这些发展和变化的确是新的现代化因素的积累"。[4]

伴随着民族工业大规模内迁，许多著名高等学府也大举迁入内地。近代中国的大学布局同工业布局一样十分不合理。无论是公立、私立还是教会主办的大学，绝大多数集中在东南沿海和平津等几个主要城市。据统计，战前全国共有高等学府108所，仅北平、天津、上海三市就占了46所，在校学生约占全国在校生总数的2/3。中国易受敌人攻击之区，多为教育文化中心。

为了保存中华民族教育文化之国脉，在敌人炮火威胁下的高等院校纷纷辗转内迁大后方，在异常艰辛的条件下继续办学。在整个抗战期间，大学的内迁几乎从未间断过。

平津沦陷后，国民政府教育部采取紧急措施，命令平津两地方6所大学分别迁往长沙和西安。迁往长沙的是清华大学、北京大学、南开大学，三校组成长沙临时大学，于1937年10月正式开学，到校学生1400多人，到校教师150多人。同年12月，长沙临大又奉教育部之命，迁往云南昆

---

[1] 陈真编《中国近代工业史资料》第4辑，三联书店，1961，第95、97页。
[2] 黄秉维：《五十年来之中国工矿业》，中国通商银行《五十年来之中国经济》，编者印行，1948，第181页。
[3] 李云汉主编《中国国民党临时全国代表大会史料专辑》（上），台北，中国国民党党史会，1991，第357页。
[4] 荣维木：《抗日战争与中华民族复兴论》，《近代史研究》2014年第4期，第50页。

明，更名为国立西南联合大学，教授阵营可称极一时之选。学校在极为艰苦的物质条件下，在研究工作和培育人才方面都做出了突出成绩。迁往西安的是北平大学、北平师范大学、北洋工学院，三校组成西安临时大学，后改称为国立西北联合大学。1938年7月，教育部又令西北联合大学的各个学院独立，分为西北医学院、西北农学院、西北师范学院、西北工学院和西北大学。它对全国的影响没有西南联大那么大。

随后，东南沿海地区等许多高等学校也陆续内迁。"战时内迁的高校，主要分布在四川、云南、陕西、贵州四省。其中四川最多，仅重庆一地就集中了25所。""贵州原来连一所大学也没有，此时则云集了众多著名学府。"[①] 这些内迁院校，在教学和研究方面都做出许多成绩，并且对推动西南、西北的经济文化建设发挥了重要作用。

战时，不少家住沦陷区的广大爱国青年背井离乡，来到大后方求学。为了保证他们能够顺利完成学业，国民政府在后方陆续开办了不少国立高中。同时，对于来自沦陷区的大专及中学学生，政府大都给以贷金，后改为公费。战前，学生读书"年须数百元，非富有之家，无力送子弟入学，以至高等教育过于贵族化，不合平民主义的原则"[②]。那时，贫苦家庭的子女即使能考入大学，也付不起昂贵的学费。战时的贷金制度，不仅保证了来自沦陷区的青年学子继续求学，而且将近代以来高等教育贵族化倾向打破，一些家境清贫的学生，可以通过自己的努力，依靠政府的贷金和公费制度，享受高等教育。战时"专科以上学校学生获得此种贷金或公费者，每年常在五万人至七万人左右"，约占当时在校生总数的80%。[③]

1938年，全国各地还出现了成千上万青年知识分子奔赴延安的热潮，其中包括不少平津和东南沿海的大学生。"抗战后到延安的知识分子总共四万余人，就文化程度言，初中以上71%（其中高中以上19%，高中21%，初中31%），初中以下的约30%。"[④]

为了躲避战火，还有更多不愿做亡国奴的社会各阶层民众，纷纷从战

[①] 金以林：《近代中国大学研究》，中央文献出版社，2000，第249页。
[②] 钟鲁齐：《长期抗战与吾国高等教育几个当前的问题》，《教育杂志》第28卷第2号，1938年2月，第18页。
[③] 教育年鉴编纂委员会《第二次中国教育年鉴》，商务印书馆，1948，总第12页。
[④] 《胡乔木回忆毛泽东》，人民出版社，1994，第279页。

地和沦陷区向大后方迁徙。据社会学者对知识分子内迁的估计，高级知识分子90%以上西迁，中级知识分子50%以上西迁，低级知识分子30%以上西迁。① 这一群体因为受过相当的教育，经济条件也使他们有可能长途迁徙，因而在同一群体中内迁比例最高。此外，小商贩、小手工业者和技术工人在内迁者中也占了很大的比重，这是因为他们的职业适应性强，谋生较为容易。而广大农民在内迁人口中所占比例最低，这是由于他们的生产、生活离不开土地这一特殊条件。战时内迁人口"至今没有完全的统计。但有着从一千数百万人直至五千万人的种种不同的估计。一般认为，约在二千万到三千万人之间"。② 这是中华民族历史上一次人口大迁移。

一个民族的形成，最根本的条件是要有共同的经济文化联系，共同的活动地域乃至共同的血缘关系，经过相互沟通形成一种民族的认同感。在中华民族觉醒的历程中，抗日战争所起的教育作用，是其他任何历史事件都难以比拟的。在各界社会精英、政党共同参与的广泛社会动员下，民族意识和民族认同感在战时得到了空前增强。以沿海工业、文教机构内迁为标志的中国社会经济文化中心的转移，对于矫正中国近代化过程中的畸形状态，客观上起到了出乎时人意料的作用；战时中华民族救亡图存的巨大需求，也有力地推动了后方民族工业、教育文化事业的发展。

与此同时，受战争影响，这种变化发展又多形成于临时被动的危机应对状态下，并非中国近代社会演变符合逻辑的自然递进，而且国家垄断资本的急剧膨胀，国民党"党化教育"等战时统治的限制，所产生的负面作用也贻害甚深。但无论如何，抗日战争带来的民族觉醒，不仅支持抗战取得最后的胜利，也进一步推动了中国社会经济文化的发展，是中国坚持持久抗战的源泉。抗日战争是中华民族伟大复兴的枢纽！

本卷由李学通、金以林、吕迅共同撰稿。具体分工如下：李学通撰写第一至五章；金以林撰写前言、第六章第一节、第七章，并负责第六至十一章的补充修改；吕迅撰写第六章第二节、第九至十一章；汪朝光提供第八章初稿。由于作者学识有限，不足之处在所难免，期待广大读者批评指教。

---

① 孙本文：《现代中国社会问题》第2册，商务印书馆，1943，第261页。
② 刘大年、白介夫主编：《中国复兴枢纽》，北京出版社，1997，第81页。

第一章
战前工业状况与战时体制的建立

经济利益的对抗性矛盾和冲突是导致战争的最深刻根源，而经济也是支撑战争的基础和推动战争的动力。抗日战争时期的中国经济，既是这一时期中国军事、政治、外交、文化等活动的基础，也是中国坚持持久抗战的支撑点。

抗日战争时期在近代中国经济发展史中也是一个极特殊的阶段。一方面日本侵华战争的破坏摧残和疯狂的经济掠夺，使中国经济遭到空前的创伤，甚至是毁灭性的打击，损失惨重，阻断了中国经济迈向现代化的步伐；另一方面战火硝烟之中的抗战大后方与敌后根据地经济，在极端艰难困苦之中，顽强不屈，玉汝于成，取得了相当程度的进步，以巨大的代价、惨烈的牺牲，有效地支撑了抗战，成为中国最后战胜日本侵略者的重要保障。以沿海工业内迁为标志的中国经济中心的转移，对于矫正中国近代经济布局的畸形状态，客观上也起到了积极的效果；而战时军用民生的巨大需求，也有力地推动了后方民族工业的发展和生产技术的改进，培养和训练了大量专业技术人才和技术工人。但是，这种变化和发展更多是被动的、临时的危机应对，并非中国近代经济符合逻辑的自然递进，而且国家垄断资本急剧膨胀所产生的负面作用也贻害甚深。

全国抗战爆发之时，中国尚处于前工业化时代，无论是在军事上还是经济上，都与已完成了工业化的日本存在着巨大的差距。日本全面侵华战争爆发后，国民政府一方面实施紧急应对措施，组织沿海工业企业内迁；另一方面积极调整政府经济主管机构，建立战时经济体制，提出"抗战与建国同时并举"的基本方向和一系列战时经济政策，推动国民经济向战时转轨。

第一节　七七事变前的经济备战

作为第二次世界大战的东方主战场,在中华民族反抗日本军国主义侵略的这场抗日战争中,尚处于前工业化时代的中国,无论是在军事上还是在经济上,都与已完成了工业化的日本存在着巨大的差距。

一　战前工业状况

南京国民政府成立不久,空前的全球性经济危机爆发,欧美日各国竞相向殖民地、半殖民地国家转嫁危机,特别是九一八事变以后,日本对华侵略步步升级,中国国际经济环境极不乐观。南京政府为克服经济危机,增强抵抗实力,扭转不利形势,也不得不进行必要的应对,如实施币制改革,发起国民经济建设运动,推动国营工矿交通事业发展等,以提高国家经济实力和政府对经济命脉的控制能力,特别是提出并确定国民经济中心于内地和以国防为中心的腹地经济建设计划。国民政府以孙中山"发达国家资本,节制私人资本"的民生主义为指针,倾慕统制经济政策,强调政府在经济建设中的主导作用,经济政策和经济机构逐渐向统制经济方向强化。

全国抗日战争爆发前,中国工业化程度极低。总体而言,中国依然是一个农业国家,近代工业的数量与规模还很小,在国民经济中所占比重还很低;轻重工业比例失调,新式工业区域分布呈现畸形状态,主要集中于上海、天津等几个沿海沿江大都市。据中国经济统计研究所受国防设计委员会委托于1933年对中国工业所做的普查统计,当时全国合于《工厂法》,雇工在30人以上,使用机械动力的工厂共有2435家(包括未调查地区在内不超过3000家),资本额406926634元,工人493257人,产品总值1113974413.02元。[①] 特别是受世界经济危机冲击,1930年代初期,中国民营工业发展处于停滞和衰退的状态。随着国民政府币制改革的成功,1935年以后民营工业出现转机,经济呈现恢复和发展的态势。

1936年登记的工厂数为2441家,是年新增工厂193家。其中纺织业

---

① 刘大钧:《中国工业调查报告》,资源委员会,1937,第64、291、428页。

40家，饮食业75家，机器业、皮革业、服装业11家，火柴业6家，电工器材业4家。工业生产也有明显发展，与1935年相比，1936年棉纱生产增长65.63%，棉布增长17.7%，火柴增长300%，卷烟增长70.23%。[1] 工业产值也从1931年的108亿元，1932年的96亿元，1933年的88亿元，1934年的82亿元，1935年的89亿元，恢复到1936年的102亿元。[2] 又据实业部统计，至1937年9月底，中国共有符合《工厂法》的企业3849家。[3]

中国国内生产总值，1932年为288亿元，1933年为242亿元，1934年为213亿元，1935年略有回升，为237亿元。[4] 即使如此，工业生产的增长主要集中于轻工业和纺织工业，中国工业基础依然极为薄弱，每年所需的机器，平均76%依靠进口，车辆船舶83%依靠进口，光学仪器、通信设备的生产几乎为零。特别是重工业，产量甚微，钢铁95%依靠进口，制造火炮的特种钢材和制造枪炮壳的铜材，化学、石油等与国防密切相关的重化工业不仅不发达，有些甚至是空白。

表1-1 1936年中国主要工业数据

行业	资本（万元）	重要工厂数（家）	产品	数量	附注
棉纺织	15000	96（中国企业） 48（外国企业）	棉纱	3200000件	共有510万锭
面粉	2700	94	面粉	61941612袋	
火柴	1200	71	火柴	880000箱	
水泥	1500	9	水泥	4500000桶	生产能力为700万桶
机器	800	270	自备动力		2455马力
电力	7400			680000瓦	
化学	1400	200余	肥皂		
		45	纸张		

---

[1] 严中平等编《中国近代经济史统计资料选辑》，科学出版社，1955，第163页。
[2] 〔美〕杨格：《一九二七至一九三七年中国财政经济情况》，陈泽宪、陈霞飞译，中国社会科学出版社，1981，第244页。
[3] 林继庸：《战时后方民营工业动员》，重庆市档案馆、重庆师范大学编《战时工业》，重庆出版社，2014，第37页。
[4] 〔美〕杨格：《一九二七至一九三七年中国财政经济情况》，第244页。

续表

行业	资本（万元）	重要工厂数(家)	产品	数量	附注
钢铁				生铁30万吨	辽宁，日本企业
				生铁5000吨，土铁12万吨	

资料来源：翁文灏著《中国经济建设概论》，中央训练团党政训练班，1943，第10—11页。除注明者外，均不包括东北四省数字。

表1-2　1936年中国矿业产量

单位：吨

矿产种类	产量	矿产种类	产量
煤	20000000	锡	10000
铁砂	1500000	汞	50
金	300000（两）	砒矿	1000
铜	500	石膏	50000
铅砂	5000	明矾	11000
锌砂	10000	自然碱	17000
钨砂	12000	硫黄	6000
锑	10000	食盐	3000000

资料来源：同表1-1。

据吴承明估计，1936年中国（不包括东北和台湾）投入新式工业的资本只有21亿元左右。从资本的使用分配来看，用于制造生产资料的资本，包括冶炼、机器、化学、建筑材料等行业，仅占总资本额的20%；用于制造生活资料的资本占到80%，其中又以纺织和食品行业所占最多，达到53%，而且化学和金属品行业实际上也有很大部分是制造生活资料。[①] 而同一时期，日本钢产量为309.7万吨，生铁产量为203.1万吨，煤产量为3000万吨；有工厂106005家，工人293.7万人。

1931年九一八事变以后，日本对华侵略步步升级，1932年在上海发动了"一·二八"淞沪事变，把战火引到中国经济的核心地区。随后，日军又向热河及长城沿线进攻，占领了山海关、热河，甚至深入冀东，包围平津。在"攘外必先安内"政策指导下的南京国民政府，将"剿共"视为首

---

① 吴承明：《中国资本主义与国内市场》，中国社会科学出版社，1985，第9—11页。

要，对日本侵略行为采取"不扩大"势态方针，但同时也对可能爆发的中日全面战争进行了必要的准备。

经济备战方面的具体工作，以军事委员会所属资源委员会主持的国防重工业建设为核心，另外还包括币制改革、公路整理与铁路建设等。虽然到日本发动全面侵华战争时，国民政府的经济备战工作因为时间匆促等原因未及充分展开，也存在着很大的局限性，但这些工作对于战争初期迟滞日本侵华步伐，特别是对战时大后方经济的开发建设，形成支撑抗战的经济基础，还是起到了积极的作用。

二 筹建国防工业

九一八事变和"一·二八"淞沪抗战发生后，国民政府于1932年春成立了军事委员会。同年冬，蒋介石以"国难当前，国防机务万端待理，为集中人才、缜密设计起见"，又于国民政府参谋本部内（蒋介石任参谋总长）成立了国防设计委员会，"以期确定计划，从事建设"。[①] 该会由蒋介石亲自兼任委员长，邀请著名地质学家、中国地质调查所所长翁文灏出任秘书长，蒋介石的秘书钱昌照则以副秘书长名义在南京主持具体工作。国防设计委员会对外保密，以其所在办公地点指称为"南京三元巷2号"。

（一）国防设计委员会的调查与筹划

国防设计委员会以"一，拟制全国国防之具体方案；二，计画以国防为中心之建设事业；三，筹拟关于国防之临时处置"为工作范围，[②] 除行政院各部会负责人均为当然委员外，另聘经济、科技、文化等各方面专家学者40余人为委员，按军事、国际关系、经济及财政、原料及制造、运输及交通、文化、土地及粮食等专题，分别从事相关国防调查与设计工作。受聘担任该会委员的各方面专家学者有丁文江、曾昭抡、陶孟和、刘大钧、蒋梦麟、王世杰、胡适、蒋廷黻等，以及著名实业家刘鸿生、顾振、张嘉璈、徐新六、吴鼎昌、吴蕴初、范旭东等。该会还聘任技术专家为专门委员，从事与国防建设有关的具体研究工作，如王守竞、高宗熙、叶企

[①] 程玉凤、程玉凰编《资源委员会档案史料初编》上册，台北，"国史馆"，1984，第16页。

[②] 《国防设计委员会组织条例》上册，台北，"国史馆"，1984，第18页。

孙、吴有训等。① 内部分设秘书、调查、统计三处和军事、国际关系等工作小组。

国防设计委员会成立之初，秘书长翁文灏为该会提出四大工作目标：一是外交及国际调查；二是国防科学的研究；三是拟订国防经济建设计划；四是策划临时应变措施。他非常重视建设之前进行科学的调查与研究工作，他说："古人说：七年之病必求三年之艾。现在可以说五年建设，必须先有五年的调查和研究……中国在前清末年的建设事业，差不多都是毫无计划，贸然实行，所以用力虽大而成效甚微，甚且还引起许多危险。"②翁并提出，经济建设最重要的在于"有一个整个计划，平衡进行，彼此皆有产销、供求及运输等连带关系"，要求国防设计委员会汇集政府各机关以往的"各种建设计画（尤其是实业、铁道、交通各部的）及其计画的技术的根据……详加研究"，"本会现方搜集各种材料，倘能于一二年内将有关国防之经济建设拟出一种轮廓，亦可为一重要工作矣"。他要求调查研究工作要从未来发生对外战争的实际出发，争取在一二年内制定一个全面的经济建设计划；要调查一旦有"国际军事"，中国所需军工原料，例如，硝矿、钢铁等，"究竟现在需要若干，用何方法供给？照现在所计划的，应需若干，品质如何？"既要设法调查中国企业的生产能力，还要搜集学术研究机构已做的、与建设计划有关的各种调查研究材料，例如各种矿产报告等，使国防设计委员会也成为一个资料中心。③

至1934年改组为资源委员会之前，国防设计委员会各个工作小组从事的调查研究工作，都形成了比较详细的报告，提供给政府相关部门参考。与经济和工业建设相关的工作主要有以下几个方面。

经济与财政组工作由著名社会学家陶孟和主持，进行财政制度与状况的调查；与中央研究院共同研究改进田赋和税收问题；向海关等部门调查了解中国国际贸易情况；研究战时粮食供求平衡办法，各种必需物资的代替、补充、购买，以及对国防必需品限制外流、奖励进口的方法等；派人赴欧洲考察各国货币制度，参与研究中国币制改革。

---

① 《翁文灏致钱昌照函》（1933年2月19日），中国第二历史档案馆（简称"二档馆"）藏档：廿八全宗/18733卷。
② 翁文灏：《建设与计画》，《独立评论》第5号，1932年，第12页。
③ 《翁文灏致钱昌照函》，二档馆藏档：廿八全宗/18733卷。

原料与制造组的工作，一是在翁文灏、丁文江主持下，由实业部地质调查所进行中国矿产资源及其战时开发利用的调查和设计；二是在著名经济学家刘大钧主持下，由中国经济统计研究所对全国 145 个重要工业县市的雇工 30 人以上、使用动力的 2435 个工厂进行调查统计，编制《中国工业调查报告》。矿产资源调查的重点是关涉国家战略资源的金属矿、煤矿、石油矿。金属矿方面，如四川、青海的金矿，长江流域各省及山东、福建的铁矿，湖北、河南、山西、四川、云南的铜矿，湖南、广西的铅锌矿，湖南、江西的钨锑锰矿，云南的锡及钨锑矿，浙江矾土矿等。煤矿的调查，一是对沿铁路、长江已开发的煤矿，详细调查其生产运销状况，作为战时燃料统制的准备；二是调查在内地发展重工业需要新开或扩充的煤矿，如江西萍乡、高坑、天河及湖南谭家山等矿。液体燃料、石油方面，包括对国内石油供需情形和陕北、四川石油天然气进行调查及钻探；地质调查所从事无烟煤低温蒸馏试验。此外，还有对浙东、四川水力，黄河壶口水力，甘肃黄河水力，长江上游水力的调查，以及对西北地区矿产资源的调查等，形成了《战时燃料及石油统制计划》、《四川水力发电计划》等众多调查报告和开发计划。

运输与交通组的调查工作，分为铁路、公路、航空、电讯四个部分进行。该小组对全国主要铁路的车站、站台、机车等设施和技术设备，以及各种行车备料，如钢轨、枕木、路基、桥梁、坡道的改进，货车的生产能力，应付战时轰炸造成的火灾和事故的设备、铁路医院的设备与能力、铁路的守备，以及铁路工人的招募及劳务纠纷等进行了详细调查；并对全国现有公路正在营运的汽车种类及数目，汽车修理厂、修理点、加油站的数目，机动车的税费征缴等进行了调查，提出了第一期修建 87 条公路和第二期修建 21 条公路的分期建设计划。该小组还拟定了战时运输和电讯计划，编订了《全国铁路军事运输能力报告》、《运输动员及统制初步计划》等多项调查报告和战时计划。

土地及粮食组以人口与农业调查为主，包括土地分配制度，地价与地租，地主与雇工关系，全国农产品的产量、库存量、运输与消费等，对长江流域 6 省农政、地政进行了调查；还进行了人口抽样调查、全国总人口的测算，以及户籍行政调查、军人体格研究等。该组拟定有《粮食存储及统制计划》等报告。

此外，军事组提出拟订的有《兵工整理计划》、《国防航空五年计划》等。该会还进行了西北地区和专门人才两个专题调查。

1934年1月，中国国民党四届四中全会提出了确定国民经济之中心于内地，于经济中心区附近不受外国兵力威胁之区域确定国防军事中心地，和以国防为中心的腹地经济建设计划。① 11月，四届六中全会在《努力生产建设以图自救案》中，更进一步提出："重工业为各种工业之母，其重要性殆驾其他工业之上……故为工业发展计，对于重工业应特别注意，一方面要由国家经营，一方面尤应奖励人民投资兴办。"②

因此，在调查研究工作基本完成以后，国防设计委员会于1935年4月与军政部兵工署的资源司合并改组为隶属军事委员会的资源委员会，工作重心则由国防调查与设计，转向创办与国防有关的国营工矿事业。资源委员会委员长仍由蒋介石亲兼，实际负责的正副秘书长也还由翁文灏、钱昌照继续担任。

资源委员会被赋予的工作任务非常明确，就是"在湘、鄂、赣区域内，建立特为重要之基本工矿事业"。③ 之所以不选择在经济基础较好的东南沿海地区，而是在中部的湘、鄂、赣等内地建立发展新的工业中心，建设与国防需要直接相关的基础工业和矿业，其根本原因就是预备中日一旦爆发全面战争，这里将成为后方工业基地。由此至七七全国抗战爆发的两年多时间里，资源委员会以工矿业建设为核心，成为国民政府经济备战中最突出、最重要的部门之一。

1936年3月，依据前期广泛调查中所获得的基础材料和统计数据，资源委员会组织相关专家，根据国防需要和可能的经济力量，研究制定了《重工业建设五年计划》，计划从该年7月开始创办国营重工业的实际操作，五年内由政府投资2.7亿余元，建设包括钢铁厂、煤矿、电冶等17个项目和30余个大型厂矿。具体内容为：

---

① 荣孟源主编《中国国民党历次代表大会及中央全会资料》（下），光明日报出版社，1985，第228页。
② 朱子爽：《中国国民党工业政策》，国民图书出版社，1943，第62页。
③ 翁文灏：《在资源委员会第一届委员会议上的演说》，《资源委员会公报》第3卷第2期，1946年。部分稍早时间抄录的资料未详录页码，谨此说明。

甲、统制钨锑，同时建设钨铁厂，年产钨铁 2000 吨；

乙、建设湘潭及马鞍山炼钢厂，年产 30 万吨，可供国内需要之半；

丙、开发宁乡及茶陵铁矿，年产 30 万吨；

丁、开发大冶、阳新及彭县铜矿，同时建设炼铜厂，年产 3600 吨；

戊、开发水口山及贵县铅锌矿，年产 5000 吨；

己、开发高坑、天河、谭家山及禹县煤矿，年产 150 万吨；

庚、建设煤炼油厂，同时开发延长及巴县油矿，年产 2500 万加仑；

辛、建设氮气厂，年产硫酸铔 5 万吨，同时制造硫酸、硝酸，以为兵工之用；

壬、建设机器厂，包括飞机发动机厂、原动力机厂及工具机厂；

癸、建设电工器材厂，包括无线电厂、电管厂、电话厂及电机厂。①

据翁文灏后来回忆："我们在抗战以前对于发展重工业也确定了一个五年计划，尤其想在湘鄂赣三省之间建树相当基础。"因为"要创办这些基本事业，选择地点，必须注意到国防安全、运输便捷、资源丰富，因而决定以江西、湖南、湖北为建设的中心"。② 他们的目标是，五年后这些工厂所生产的钢、铁、铜等产品可以满足全国一半以上的需求；铅、锌、铝、汽油、硫酸铔、碱、飞机发动机、工具机、电工器材等产品，可满足全部国内需要。

在成立资源委员会的同时，蒋介石还发起了一场名为"国民经济建设运动"的宣传运动。他的说法是："欲挽救今日民族之危急，与解除全国民众之痛苦，须有一种运动，继新生活运动而起，其名为国民经济之建设运动。"③ 1935 年底行政院改组，蒋接任院长后，更指示翁文灏拟订具体进行程序，声言："此为中毕生之志事，亦今日行政院惟一要务，如及今不图，则时不再来，徒留后悔。"④ 1936 年 7 月，国民经济建设运动总会在南京成立，蒋亲兼会长。次年 2 月的国民党五届三中全会，又通过了《中国

---

① 钱昌照：《两年半创办重工业之经过及感想》，《新经济》第 2 卷第 1 期，1939 年。硫酸铔，即硫酸铵。
② 李学通编《科学与工业化——翁文灏文存》，中华书局，2009，第 642 页。
③ 《中央日报》1935 年 4 月 2 日。
④ 秦孝仪主编《中华民国重要史料初编——对日抗战时期 绪编》（3），台北，中国国民党党史会，1981，第 104 页。

经济建设方案》，确定了经济建设的目标、政策、具体内容及经费数额等等。但是，国民经济建设运动和这个建设方案，始终也只是一场宣传运动和纸上计划。

（二）资源委员会的重工业建设

从事大规模工业建设，首先要解决资金问题。按照当时国民政府的财政状况，资源委员会要落实如此雄心勃勃的计划，进行大规模的工业建设，完全依靠政府的投资是不可能的，特别是要引进国外的先进技术，购买大量的先进工业设备，所需庞大外汇也非短期可以办到。为解决工业建设资金来源问题，国防设计委员会时期即已提出，对中国特有而世界急需的钨、锑、锡等与军事工业直接相关的特种矿产品，实行由中央政府统制，统购统销，垄断对外贸易，以获得工业建设资金的方案。

中国是一个矿产资源比较丰富的国家，不仅有相当的储量，品种也颇为齐全，特别是一些世界其他地区罕有或储量极少的矿藏，例如钨、锑、汞、铋、钼、铜等矿产品（当时被称为特种矿产——"特矿"，是极为重要的工业原料和战略物资），都有比较丰富的蕴藏。对于这些战略矿产品的需求，一向被认为是世界强国军事准备的标识物。作为著名的矿产地质学家，翁文灏早年即对中国南方锡、钨、锑、钼等金属矿产之成因和分布特点，有相当深入的研究，1920年代就提出过关于华南内生金属矿床之带状分布理论，[①] 而且他以科学家特有的敏锐，对这些稀有金属在战争时期的军用价值早有注意。第一次世界大战时，他曾发表《战时矿产品的生产与供给》一文，全面分析大战对欧洲各国"各矿供求之大势"的影响，以及中国矿业在世界经济中之位置，对于各国之需要可能的供给等。[②]

钨是一种高强度金属，比重大，硬度大，所有金属中钨的熔点最高，达到摄氏3410度，其导热导电性能极好。钨在工业上最初用于灯丝材料，随后便在电器工业和冶金、机械、化工工业上得到广泛应用，对于提高钢的强度和硬度，有不可替代的作用。据当时调查，中国的钨矿储量居世界首位，而且主要集中在江西。对江西钨矿进行有规模地开发始于1914年。

---

① 黄汲清选、潘云唐编《翁文灏选集》，冶金工业出版社，1989，"序言"第5页。
② 中国社会科学院近代史研究所中国近代史档案馆藏"张国淦档"。

第一次世界大战期间，欧洲各国争相购买，大大刺激了中国钨矿业的发展。到1926年，中国钨砂产量已达到世界总产量的65.3%。[①] 但是因为中国人不掌握钨铁冶炼技术，中国所产的钨砂全部供给出口。

锑、锡等其他几种矿产资源的情况也与此相似。锑的储量也是中国第一。自1882年湖南锡矿山开采锑矿以后，中国锑矿砂的产量就一直居于世界前列，1913年时，其年产量"已达全球总额百分之五十有四"。[②] 锑，这种明亮的银白色金属，晶体结构硬而脆，当它与其他物质结合之后，便成为非常有用的合金。例如，在铅中加入少量的锑，就能使铅的强度和硬度明显提高，成为制造子弹头的重要材料。

锡被发现和利用的历史十分悠久，中国也是最早使用锡的国家，古代中国青铜器即是铜锡合金。例如，公元前即已开采，清代乾隆、嘉庆年间年产量达5000多吨的云南个旧矿是中国最大也是最古老的锡矿。锡虽质地很软，但化学性质稳定，抗腐蚀性强，具有重要的工业价值。

这些特种矿产在军事工业上用途广泛，是不可或缺的军工原料，也是极为重要的战略物资。在普通钢内加入钨，可以使其变成高速钢（亦称钨钢、工具钢）。高速钢耐高温摩擦，可抵御剧烈的冲击，可用于制造坦克的车身、飞机的引擎、军舰的甲板和枪炮的管子等。锑可作弹药雷管及引线的配料。在铅丸中加入锑，可以增加铅丸的硬度，用来制造榴霰弹。锡可用于制造军用罐头食品所需的马口铁，而罐头食品是军队不可或缺的食物，因而也是重要的军事物资。汞可制造爆发粉，这是一种制造高烈度性炸药的原料，还可以与含酒精的硝酸合成军事上极重要的雷酸汞，用来制造雷管、地雷、枪弹的撞火炸药等。铋可与铅混合制成复制物品的模型。钼钢可用于飞机部件的制造。

当时中国虽然是这些矿产的主要生产国，却是低消费国，所产的钨、锑等矿砂绝大多数甚至全部出口。经营这些矿品贸易的中外商人从中获利丰厚，各级地方政府也通过征税、专卖等方法攫得了大量财富，使其成为当地政府的重要财源。1930年代初，国民政府就曾打算对特种矿产实行中央政府统制，但因各地反对力量甚强而拖延下来。

---

① 李国钦、王宠佑：《钨》，第422页，转引自郑友揆等《旧中国的资源委员会——史实与评价》，上海社会科学院出版社，1991，第245页。

② 翁文灏：《中国矿产志略》，地质调查所，1919。

国防设计委员会成立后，又先后派员认真考察了湘赣两省锑、钨产销情形，提出了《统制全国钨矿方案》和《钨锑统制实施纲要》。方案认为，湘赣两省特矿普遍存在着乱开滥采现象，由于技术水平不高，利用率很低，造成资源浪费，而且土法开采，规模小、水平低、生产成本过高，缺乏在国际市场的竞争力；国内矿商收购后，绝大部分不是与国际直接贸易，而是被上海、香港等地的在华洋行操纵控制，国内企业利润极低。方案建议由中央政府实施特矿统制，以免特矿产业的崩溃和国家财源的流失。

1935年6月，翁文灏奉蒋介石之命与德国政府的秘密代表克兰（Klein），接洽实行中德交换货物办法，计划由资源委员会实施对特种矿产的统制，然后用易货形式，向德国出口中国特产而德国急需的钨、锑、锡、棉、麻、大豆等农矿产品，换取德国的军事装备和创办基本工业所需的机械设备。德国此时正重整军备，急需大量的战略物资，特别是钨。据统计，德国钨的年消耗量为12000吨至15000吨，而德国本土不出产钨，不得不从国外大量购买，其钨的年进口量占世界钨年产量的一半。中国是世界第一产钨大国，德国自然十分看重，无论是政府还是军界都希望用武器、机器设备和技术与国民政府交换他们所急需的钨砂。

1936年2月，资源委员会委员顾振、吴蕴初、王守竞等赴德访问，与德方正式签订了《中德信用借款合同》。德国同意由德国国家银行向中国提供1亿马克（约合法币1.35亿元）的贷款，由国民政府以透支的形式，向德国订购兵工器材及陆海军装备，中国则以德国所需的钨、锑、桐油、生丝、猪鬃偿还。在中国所获贷款中，90%用于从德国购买武器装备和兵工器材，其余近10%由资源委员会向德国购买机械、电器、化工、冶金等重工业设备。中方应向德国提供的货物中，农产品部分由中央信托局负责办理，矿产品即由资源委员会负责。

自1936年起，资源委员会从钨、锑二业开始，主办特矿统制工作。为此，资源委员会先后于1935年12月与湖南省订立统制湖南锑业合作协议，于1936年2月与江西省订立统制江西钨业协议。协议规定，资委会分别在湘赣两省设统制机构，负责实施特种矿业的统制，省方则负责矿区的治安缉私；特矿贸易收入除用于对德偿债外，所得盈余由双方平分，而资委会所得部分必须用于在该省兴办重工业企业。

1936年1月，资源委员会锑业管理处在湖南长沙成立。对湘锑的统制，最初的重点是限制生产和运销数量，以调整价格和供求关系。因为当时国际市场锑品形势是供大于求，如对生产不加限制，结果必然是锑价暴跌，锑业生产将陷于万劫不复的境地。锑业管理处最初规定，按照普查的结果，以各冶炼厂前一年实际产量，并参照当前国际市场锑品贸易情形，来确定每月的总产量，然后按比例分配于各炼厂。各炼厂凭证领取运锑护照及出口许可证，锑管处每吨收取2元的护照费和8%的许可证费。交纳护照费或出口许可证费后，锑品的运销目的地锑业管理处不再过问。这样的规定让统制效果非常有限，甚至很难算是真正的统制。特别是1936年日本商人一次就在长沙购入锑砂2000多吨的行为，更使资源委员会备受刺激。自1937年起，锑管处秉承资委会指示，改变统制办法，实行"锑业专营"。所谓锑业专营，即规定矿商所产一切锑品都必须交售于长沙锑管处，而且价格由锑管处决定，经长沙关输出的锑产品，一律凭资委会出口许可证方准放行。专营办法最初遭到锑商的强力反对，他们相互联合，"以停采、停炼、停运为要挟"，一面借词呈控，攻击专营；同时囤积锑品，拒售锑管处，致使锑管处无货可收；甚至勾结军队，煽动矿工，驱赶锑管处人员。资委会一方面坚持必须专营的强硬原则，并借助湖南省政府力量，强行派保安队随锑管处人员进矿设办事处；一方面与锑商展开谈判，修改专营条件。最后资委会同意，锑的收购价格可按伦敦或香港的市价确定标准，并随时浮动调整，锑商则接受资委会的专营。从此，在锑矿产业中市场机制不再发挥作用，锑矿的价格完全由资委会决定，成为强制性定价。由于湖南一省所产锑砂即达到全国总产量的95%以上，因此资委会通过与湖南省政府的积极合作，基本上实现了对湖南乃至对全国锑矿的统制。

对赣钨的统制，是从1936年2月资源委员会在南昌成立钨业管理处开始的。资委会最初把统制的重点放在钨砂的运销环节，规定所产钨砂必须全部售予钨业管理处，但是钨砂的生产实际仍被旧的钨砂商人操纵。为改变这种局面，资委会在各产钨县都设立了事务所，直接向开矿者收购钨砂，并规定禁止商贩收购，私售钨砂者一经查获，立即没收或罚款。这样的统制行为也遭到钨商的强烈抵制，一些地方官员把状告到蒋介石面前。但资委会坚持认为，不如此就不能真正做到有效统制。资源委员会一方面争取到江西省政府主席熊式辉对赣钨统制政策的支持；另一方面，钨管处也拉拢招募一些钨商为其服务，以消减他们的抵制力量。资委会逐渐控制了赣钨的生产和运销，结束了赣钨生产一直由钨商操纵的历史。

此外，资委会又分别与广东、广西等订立了类似的锑钨统制协议。钨业管理处还在零陵设立了湖南分处，在赣县设立了赣南分处，在广州设立了广东分处。由于广东地方势力较强，钨业管理处广东分处对粤钨一直不能有效控制，资委会在广东的钨砂统制并不成功。例如，1935年，广东第一集团军曾将2500吨钨砂运往欧洲出售，以抵付向意大利订购的价值270万元的军火。直到1940年，资委会真正掌握的粤钨大约只占广东全省产量的14.2%。到1942年，真正将钨砂交售资委会的广东钨商也只有15家。抗战时期广东沦陷，钨砂更成为战时走私的重要物资。

中国的钨、锑、锡等特种矿产品，虽然产量在世界占重要地位，而且绝大部分销售出口，但由于矿商零散经营，办理不善，各省也各自为政，难期统一，结果造成特矿的对外贸易支离破碎，在国际市场的产品定价问题上没有话语权，反受洋商和国际市场的操纵影响。据统计，1935年时上海市场钨砂售价每吨1703元，经营出口的外商每吨可从中获利346.80元，利润率为25.6%。

对特种矿品实施统制政策后，资委会规定，中外商人必须从资委会购买钨锑，并凭资委会发给的出口护照报关出口。资委会于1936年5月15日在上海设立驻沪国外贸易事务所，负责赣湘两省钨砂对外销售；9月又设专销华南钨砂的广东事务所；1937年元旦在汉口设驻汉国外贸易事务所，具体经管湖南锑矿产品的国外销售事宜。

国外贸易事务所成立之后，立即遭到一向操纵和垄断中国钨锑对外销售的外国在华商人的强烈反抗。他们串通一气，密切联络，不与资委会国外贸易事务所交易，欲借以抵抑砂价。资委会坚持不让步，但当时"钨砂源源到沪，而银行支撑亦有限度"，情况相当严峻。如果资委会不坚持到底，半途退缩让步，必定前功尽弃，统制归于失败。在资委会咬牙坚持的最后一刻，外商终于因国际市场"需货甚殷，不能久持，乃分别来所接洽交易"。[①] 至此，资委会对钨锑等特矿的统制才算真正意义上得到实现。在资委会统制以前，中国钨锑砂的市场交易价格一向依照伦敦市场行情波动。在实施统

---

① 郭子勋：《国外贸易事务所成立经过》，《资源委员会月刊》第2卷第1期，1940年，第17页。

制政策以后，由于资委会不仅控制了矿砂生产，而且统一了销售渠道，结果伦敦市场钨锑行情反随驻沪贸易事务所的开价及成交价格而变动。

由于资源委员控制了钨锑等特矿的生产，掌握了资源，保障了特种矿产的对德供应，使得对德易货贸易得以顺利进行。

通过特矿统制和对德易货贸易，国民政府获得大量先进的军事装备和外国贷款，为支持抗战提供了较为有力的军事和经济保证。1935—1938年，中国用特矿产品换来了大量的德制武器装备。这些武器主要有要塞炮、重榴弹炮、防空炮、迫击炮、野战炮等，步枪、手枪、重机关枪及子弹，坦克、机动战车以及望远镜、钢盔、机动通信器材、防空装备、架桥设备等，还有海军的快艇、鱼雷、潜艇和补给舰等。从德国进口的这些军事装备，在抗战初期为抵抗日本侵略起了一定的作用。参加八一三抗战的第八十七、第八十八、第三十六师全部是德式装备，配有7.5毫米最新博福斯高射炮。1936年9月至1937年2月，中国从德国进口16门8.8公分要塞炮，配制于江阴、南通、南京等要塞，对抵抗日军沿江西进发挥了一定的作用。如冯玉祥所言："贸易委员会输出的农产品、资源委员会输出的矿产品，都变成了飞机、大炮、炸弹，回到中国，以供给前方军队浴血奋战、保卫国家。正因为如此农矿等特产被称作为中国的国宝、中国的生命线。"①

国民政府成立资源委员会的主要目的，就是创办并经营与国防有关的工矿企业。资源委员会的实际主持人翁文灏与钱昌照对中国从事经济建设的理念是，经济发展应遵循三个基本原则：一是经济建设必须以工业化为中心，二是工业化必须以重工业建设为中心，三是重工业建设必须以国营事业为中心。②

1936年夏，国民政府从1936财政年度（1936年7月至1937年6月）预算中向资委会拨款1000万元，作为资源委员会建设重工业的经费。同时资源委员会也与湖南、江西、广东三省商定，从钨业管理处及锑业管理处每年的盈余中移拨一半，由资委会支配，作为在该省从事重工业建设的经费。

---

① 冯玉祥：《以货易货就是充实抗战资源的一个好方法》，《贸易月刊》1941年第1期。
② 吴兆洪：《我所知道的资源委员会》，全国政协文史资料研究委员会工商经济组编《回忆国民党政府资源委员会》，中国文史出版社，1988，第106页。

资源委员会利用这些资金，先后与德、美、瑞士等国签订了一系列技术合作及设备进口合同。钱昌照认为："科学不是可以一蹴而就的，一切建设需要技术，要是自己没有把握，切莫负起过重的责任……我们技术不如人，就得认清事实，夜郎自大，势必误国。"因此，资源委员会采取"尽量利用外国技术"的方针，钨铁厂与德国合作，炼钢厂与德、英两国合作，煤炼油厂及氮气厂与德国合作，机器厂与美国及瑞士合作，电工器材厂与德、英、美三国合作。①

1936年5月成立中央钢铁厂筹备委员会，翁文灏亲兼主任委员，选定在湖南湘潭下摄司建设一个有250吨高炉2座、60吨平炉4座、年产钢锭10万—15万吨的大型钢铁企业，由德国克虏伯公司提供全部技术与设备。

飞机发动机制造厂。资源委员会1936年11月与航空委员会联合筹建飞机发动机厂筹备委员会。原计划每年制造飞机100架，资金由两个委员会分担。厂址选定在湖南湘潭，并已开始兴建厂房。资源委员会主张从美国进口技术和设备的计划，因遭到航空委员会英国、意大利顾问的反对而拖延，直到抗战爆发也未能完成。其中部分设备后被用来改造为中央机器厂，从事制造电机、机床和纺织机械等。

中央电工器材厂，自1936年7月开始筹办，以恽震为筹委会主任，以湖南湘潭下摄司为厂址。该厂计划从英法等国进口设备，制造电缆、电话及无线通信设备，于1938年6月建成投产，后于1938年底迁至广西桂林。

资源委员会向德国订购了机械、电子、化工、冶金等设备，其中工业部分为492.11万马克，占50.1%，矿业部分357万马克，占36.4%，电业部分132.8万马克，占13.5%。②

1937年2月，国民党五届三中全会通过的《五年建设计划》，强调中央政府应立即举办钢铁、机器、电料、电力、制酸、制碱、酒精、炼油等重工业及基本化学工业，在政策上对资源委员会的重工业建设计划做了进一步的确认。1937年国民政府又拨款2000万元，用于重化工业建设。

抗战爆发之前，资源委员会计划中开采或建设的各厂矿有的已经建成投产，有的尚处于筹备阶段。在冶金工业方面已建成的有中央钢铁厂、湖

---

① 钱昌照：《两年半创办重工业之经过及感想》，《新经济》第2卷第1期，1939年。
② 郑友揆：《旧中国的资源委员会——史实与评价》，第25—26页。

南茶陵铁厂、湖北灵乡铁矿、江西钨铁厂、四川彭县铜矿、湖北大冶及阳新铜矿、中央炼铜厂、重庆临时炼铜厂、湖南水口山铅锌矿、云南锡矿、青海金矿、四川金矿等；在燃料工业方面，有江西高坑煤矿、天河煤矿、湖南湘潭煤矿、河南禹县煤矿、四川巴县和达县的石油矿等；在化学工业方面，有氨气工厂及无水酒精厂等；正在筹备举办中的有中央机器制造厂、湖南湘潭飞机发动机厂、中央电工器材厂、中央无线电机制造厂、中央电瓷制造厂、四川长寿水电厂等。这些工厂1937年所生产的产品产量为：电力153.3万度、煤2万吨、净钨砂11926吨、锑14597吨、精铜9吨、铁砂6313吨、电讯机425具。[①]

这些厂矿的建成和投产，为战时国防工业奠定了基础。由于资源委员会主办的这些厂矿，大多是当时国内没有或非常缺乏的行业，而且与国防建设有着非常密切的联系，如钢铁工业、飞机制造业、电工电料业、化学工业、钨锑等矿产业，增强了中国抗战实力，也为战时大后方的工业建设奠定了基础。

三　法币改革

南京国民政府成立之际，正处于近代以来中国货币体系最混乱的时期。当时国内流通货币种类繁多，既有大清铜币，也有民国铜元；既有中国银两，也有外国银元，更有各种地方发行的铜元、小票。币制的混乱，无法适应经济发展要求和社会稳定的需要，统一币制成为建立健全国家金融体制、推动国家财政和经济发展的最基本和最迫切的要求。

国民政府于1928年设立中央银行，并对中国银行、交通银行实行增资改组，扩大官股，使之成为南京政府实际控制下的国家专业银行。1933年国民政府颁布"废两改元"令，实行银本位制度，使货币系统紊乱、妨碍工商业发展的现象得到改观。然而废两改元不久即发生了1934年的白银风潮。由于美国实行的白银政策引发世界银价上涨，中国存银大量外流，国内通货紧缩，物价暴跌，导致工商企业因资金周转困难，大批破产倒闭，失业增多。各因素间相互影响的恶性循环，使中国经济面临严重危机。为

[①] 秦孝仪主编《中华民国重要史料初编——对日抗战时期　第四编　战时建设》（3），第621—622页。

摆脱财政经济危机，谋求币值稳定，国民政府采纳英国财政专家李滋罗斯（Frederick Leith-Ross）等人的建议，进行币制改革，放弃银本位制，实施法币政策。

1935年11月3日，国民政府财政部发布《施行法币布告》，其主要内容为：（1）自1935年11月4日起，以中央、中国、交通三银行所发行之钞票，定为法币，所有完粮纳税及一切公私款项之收付，概以法币为限，不得行使现金；（2）中央、中国、交通三行以外，曾经财政部核准发行的银行钞票，仍准照常行使，但以现行流通之数额为限，不得增发，由财政部酌定限期，逐渐以中央银行钞票收回；（3）设立发行准备管理委员会，办理法币准备金的保管及发行收换事宜；（4）凡银钱行号商店及其他公私机关或个人持有的银币或生银等，交由发行准备管理委员会或其指定的银行兑换法币；（5）旧有以银币订立的契约，各照原定数额于到期日概以法币结算收付；（6）为稳定汇价，规定法币汇价为1元等于英镑1先令2.5便士，由中央、中国、交通三行无限制买卖外汇。① 1936年1月，财政部又将中国农民银行列为发钞行之一。

法币改革，实现了全国货币的统一，有效地整顿了长期混乱不堪的辅币，在全国范围内第一次有了统一的辅币，方便了交换，促进了流通，有力地推动了国内统一市场的形成，加强了市场对未来的信心。

法币政策的实施，废除了银本位制，解除了因白银外流而引起的金融危机，而且实现了白银国有，充实了货币储备。实行法币政策后，从全国各地共收兑国内存银5亿盎司，中中交农四行原存1.3亿盎司，境内其他中外银行存2亿盎司，民众手中约1.7亿盎司。② 这些白银全部成为法币的发行准备金，大大充实了政府的货币储备。法币采行汇兑本位，在更合理的水准上确立了中国货币的国际汇率，成功地稳定了外汇汇率，方便了国内资本与国际市场间的流动，也化解了自晚清以来国际金银波动对中国财政金融的冲击和外债偿还时的汇兑损失，也有助于中国工商经济进一步

---

① 中国第二历史档案馆编《中华民国史档案资料汇编　第五辑第二编　财政经济》（4），江苏古籍出版社，1997，第314—315页。
② 陈新余：《南京国民政府的法币政策述评》，《中国钱币》2002年第6期，第9页。

摆脱世界性经济危机的影响。①

法币改革制止了通货紧缩,也优化了国内金融和投资环境,使当时国内物价下跌的趋势得以制止,各地物价普遍出现平稳回升。因通货紧缩而造成的经济危机得到缓解,从而进一步刺激了国内工业投资欲望,工业生产重现活力。同时大大增加了法币的流通量,至1937年6月,法币发行额由原来的4.5亿元增至14.07亿元。② 银根的松动,促进了经济的发展,实行法币政策后一年多的时间内,工商业的确呈现了复苏的景象。

法币改革使中国在全国抗战爆发前实现了货币制度的转变,不仅用纸币代替了银币,也集中了货币发行权,进一步加强了政府的金融统制,为战争时期向战时经济轨道的转变提供了有利的条件,③ 同时也为日后实行通货膨胀政策打开了方便之门。

总之,抗战前的法币改革及一系列金融政策措施,大大提高了中央政府对国家经济的控制能力,对克服当时的经济危机,促进国民经济的恢复和发展起到了积极作用,也对日后抗战时期的大后方经济活动,产生了重要而深远的影响。

四 战前交通建设

交通运输在现代战争中发挥着重要作用,而近代以来中国现代化交通建设和运输都颇为落后。抗战前夕的交通建设,在较短的时间内取得比较显著的成效,为战时保证兵员与物资运输提供了必要条件。

据1934年统计,全国铁路总里程为18000公里,其中国有铁路12000余公里,民营铁路约2400公里,外国承办的铁路为3300余公里。④ 九一八事变以后东北沦陷,所余全国铁路总长度不足1万公里;公路也只有11万公里,而且路况很差;民用航空线路只有13000公里,运输飞机不足30架。交通运输在资金、器材,以及技术、管理等多方面,几乎完全依赖外国。

九一八事变之后的对日备战工作中,国民政府将交通建设视为重点之

---

① 吴景平:《蒋介石与1935年法币政策的决策与实施》,《江海学刊》2011年第3期,第155页。
② 陈新余:《南京国民政府的法币政策述评》,《中国钱币》2002年第6期,第9页。
③ 叶世昌:《实行法币政策的原因过程及其作用》,《上海经济研究》1988年第4期,第69页。
④ 章伯锋、庄建平主编《抗日战争》第5卷,四川大学出版社,1997,第26页。

一，开始重新进行规划和部署。国防设计委员会的运输与交通组，分铁路、公路、航空、电信四个部分对中国的交通运输业进行全面调查，并制定了战时运输与电讯计划，编制了《全国铁路军事运输能力报告》、《运输动员及统制初步计划》等。1935年11月，国民党第五次全国代表大会第六次会议决议中，对于交通运输方面备战的政策和措施做了明确的部署，决定全国的交通干线，如铁路、公路干线、主要水道航线及航空线，由中央负责建设，特别确定铁路的建筑，应以国防运输及沟通经济中心为原则，使其成为全国交通干线。

全国抗战爆发前，国民政府在交通建设方面的工作主要有以下几个方面。

（一）铁道建设

1935年12月张嘉璈出任铁道部部长后，提出了一个五年铁路建设计划，并且为解决铁路建设资金问题，积极整理铁路债务，恢复债信。因为近代以来的中国铁路建设大都依靠对外借债，当时由于中国逾期未付的外债积欠过多，信誉扫地，债票跌价，铁路建设资金筹措极难。张嘉璈提出："欲完成铁路建设计划，必须恢复铁路债信，使铁路债票价格回涨，至可在国外市场发行新债之程度，庶几巨额外资可以招致。"[1] 在他主持下，铁道部先后进行了津浦铁路债务、津浦铁路德华银行垫款、湖广铁路债票、道清铁路债款、广九铁路债票、陇海铁路债票、浦信宁湘铁路垫款等多项铁路债务整理。至1937年4月，铁路外债的90%以上整理就绪。由于债务整理的成功，债信的恢复，中国先后获得多国新的铁路借款合同。从1936年至1937年全国抗战爆发前，国民政府共获得约1.6亿美元约合5.3亿法币的铁路债款，其中4.7亿多用于铁路建设之中。[2] 与此同时，南京政府还通过在国内发行铁路建设公债和向华资银行贷款的方式，筹措铁路建设资金，也取得了比较好的效果。如浙赣铁路建设的工程总投资额4910万元，其中华资银行先后提供总额达2950万元的贷款，占工程投资总额的60%以上。[3] 这一时期中国铁道建设的成果主要有：

---

[1] 张公权：《抗战前后中国铁路建设的奋斗》，台北，传记文学出版社，1974，第97页。
[2] 张嘉璈：《中国铁道建设》，商务印书馆，1946，第94页。
[3] 浙江省政协文史资料委员会编《浙江近代金融业和金融家》（《浙江文史资料选辑》第46辑），浙江人民出版社，1992，第101—102页。

第一，完成粤汉、陇海、浙赣铁路建设，打通南北东西主干线。

武昌至广州的粤汉铁路，原由美商公司兴筑，在完成武昌至长沙段后，因第一次世界大战爆发而停工。粤汉铁路的迟迟不能贯通，不仅严重影响了南北交通和经济发展，而且更会影响未来战争时期的军事调动，因此南京政府对粤汉铁路南段工程颇为重视。1932年，蒋介石电示铁道部，争取粤汉铁路于1935年底通车，"则国防尚有可为"。[①] 由于及时筹集到充足资金，1933年7月起粤汉铁路南段建设得以迅速推进，终于在1936年4月全线完工，9月实现通车。

陇海铁路，西通陕甘，东连大海，是当时中国铁路规划中唯一的东西向重要干线，也是国民政府战前铁路建设中着力推动的工程之一。1935年6月，陇海铁路潼关至西安段通车，1936年底西安至宝鸡段竣工。至此，由宝鸡至连云港，总长1229公里的陇海铁路全线通车。抗战期间此路为西部开发、支持抗战发挥了重要作用。

浙赣铁路，分别完成杭州—兰溪段、金华—玉山段、玉山—南昌段，南昌至萍乡段于1937年9月10日正式通车，全长929公里。

同蒲铁路，北起大同南迄风陵渡段，纵贯山西全省，全长800余公里，为窄轨轻便铁路，1933年12月起，自太原分向南北修筑，于1937年6月完工，未及全线通车，因战事停顿。

苏嘉铁路，由苏州至嘉兴，于1936年7月实现全线通车，由南京至杭州可不绕经上海。

沪杭甬线的杭州—曹娥江段，于1937年通车，并与苏嘉铁路接轨。特别是南京轮渡和杭州钱塘江大桥（1937年9月完工通车）的先后建成使用，令津浦、京沪、浙赣、杭甬等铁路连成一体，实现互联互通，大大提高了整体运输能力和效率。

此外，京赣、湘黔、成渝、海南等路也先后开工兴筑。

第二，对既有铁路进行改造，以提高运输能力和效率。

此前由于中国铁路多由外国公司垄断修建，所用钢轨标准各异，极不统一，不仅列车载重受限，而且各路之间联运困难。抗战前备战阶段，国民政府铁道部不仅颁布了全国统一的钢轨标准，同时积极推动换轨工程。

[①] 秦孝仪主编《中华民国重要史料初编——对日抗战时期 绪编》（3），第328—467页。

这项工作主要是更换铁轨，加固桥梁，添购车辆，改善信号系统，增加军用站台、岔道等，以解除各路联运的困难，并提高载重能力。

1936—1937 年，铁道部共更换平汉、粤汉两路钢轨各 26 万根，并推动抽换腐朽铁路枕木，1933—1936 年，更换平汉、陇海、粤汉、津浦、浙赣、北宁、京沪、沪杭甬等路枕木约 150 万根，[1] 从而大大提高了行车速度、运输能力和安全系数。

由于铁路建设之初为节省开支，桥梁多采用较低级别标准，无法满足战时运输需要，铁道部从 1933 年开始，要求各路按照新标准，添建和加固铁路桥梁。至抗战爆发前，平汉路添建及修换大小桥梁 28 座，津浦路修换长约 30 米的钢桥，北宁路加固约 2 米、6 米及 9 米桥梁各 1 座，陇海铁路添建及修复 28 座桥梁，平绥线平地泉以西干线，所有临时方木桥一律改换钢轨桥，胶济路修复 1—30 米桥共 156 座，湘鄂路修复了 18 号大桥。

1937 年添购的机车、客车、货车与 1936 年同期相比分别增加了 156 辆、326 辆和 1736 辆，全国机车、客车、货车的总数量分别达到 1272 辆、2416 辆和 16343 辆的规模。[2] 此外，还增置了北宁、京沪、津浦、平汉、粤汉等路的行车号志。在京沪、沪杭甬路添建岔道 5600 米，津浦、陇海两路在徐州间添建联络线 1.3 万米，平汉路添建岔道 2.38 万米，浙赣路添补车道 130 余股、长约 5 万米。[3] 同时还在各路增建防空洞，储备紧急材料等。

第三，筹划建设西南铁路，打通国际运输线。

国民党第五次全国代表大会第六次会议提出，中日一旦开战，沿江沿海随时有被敌封锁之虞，应及时修筑西南通江通海通缅铁路，以保证国际陆上交通运输。[4] 铁道部部长张嘉璈提出的铁道部五年建设计划中，有规划建设广州至赣州、广州至梅县、贵州至昆明、成渝线隆昌至贵阳段、衡阳至桂林、贵阳至柳州及桂林、海口至榆林，以及粤汉路的黄埔支线、津

---

[1] 张公权：《抗战前后中国铁路建设的奋斗》，第 122 页。
[2] 金士宣：《铁路与抗战及建设》，商务印书馆，1947，第 4 页。
[3] 张嘉璈：《中国铁道建设》，第 124—125 页。
[4] 中国第二历史档案馆编《中华民国史档案资料汇编　第五辑第一编　政治》（2），江苏古籍出版社，1994，第 525 页。

浦路蚌埠至正阳关支线等。①

总之，从1936年初到1937年7月全国抗战爆发，国民政府共修筑铁路2030公里，全国已建成铁路（不包括东北地区）共约13000公里。虽然国民政府制定了目标远大的铁路建设五年规划，计划新建铁路14条、总长8500余公里，然而，建设计划刚刚开始，日本即发动全面侵华战争。

（二）公路建设

1931年全国经济委员会成立，设公路处。国民政府首先从东南地区着手，由近及远，逐渐向西南、西北地区推进，形成全国性的公路系统。从1932年5月起，为"剿共"需要，南京政府先就江苏、浙江、安徽三省，修造苏、浙、皖三省联络公路。1932年12月，军事委员会决定在1936年以前，由全国经济委员会分5期完成苏、浙、皖、赣、鄂、湘、豫七省联络公路。这条联络公路共有11条干线、60条支线，总计长约10360公里。此后，为对日备战的需要，国民政府进一步加强西南、西北地区公路交通的建设。1936年6月，全国经济委员会又将陕、甘、闽三省及赣、粤、闽边各公路加入督造的范围。

1936年底，全国经济委员会公路处主持修筑的西兰、西汉两公路竣工。西兰公路东起陕西西安，西至甘肃兰州，全长700余公里，是通向西北的主要公路干线，从1934年3月经济委员会公路处在西安成立西兰公路公务所起，经过一年的努力，耗资93万元，于1935年4月实现通车。从西安至汉中的西汉公路，全程近450公里，是沟通西北与西南的交通要道。经委会公路处按不同情况将全路分为三段，其中西安至凤翔段利用原有路面，凤翔至宝鸡段对原有道路略加整修，宝鸡至汉中段254公里则全部新建。该路于1935年5月全线通车。

这一时期，国民政府还利用美国的部分棉麦借款，从资金和物资、技术等方面协助各省按分工负责的原则，加强了国、省公路干线网的建设。全国经济委员会采用中央与地方合作建设的方针，以经委会出资、各省主持修筑等方式，倡导鼓励西北各省修筑省际公路。至全国抗战爆发前，西北陕、甘、宁、青、新、察、绥七省公路建设取得显著成效，公路通车里

---

① 姚崧龄编著《张公权先生年谱初稿》，台北，传记文学出版社，1982，第174页。

程大幅度提高，总计达 23077 公里，其中陕西 4093 公里、甘肃 3739 公里、宁夏 2266 公里、青海 2337 公里、新疆 4853 公里、察哈尔 2581 公里、绥远 3208 公里。①

西北公路建设，不仅为该地区经济发展奠定了基础，也为维持抗战期间国际交通运输、接收苏联援华物资发挥了重要作用。全国抗战初期，苏联援华物资有部分是由阿拉木图经霍尔果斯至猩猩（星星）峡内运，甘新线成为西北国际交通大动脉，对保证前线的急需，支持全民族抗战发挥了重要作用，特别是在日本截断滇缅公路以后，几乎成为中国通向外界的唯一通道。

此外，1935—1936 年，在军事委员会委员长行营川黔公路监理处主持下，修通了川陕、川鄂、川湘、川滇、川黔、湘黔等干线公路。至 1937 年 7 月，全国公路计有干线 21 条、支线 15 条，总里程约 11.6 万公里，② 初步形成纵贯全国的公路网。

其他如河道的整治、航运的管理、邮电线路的改善与新建等，也都有具体的部署，取得一定成果。

全国抗战前的交通建设，为战时运输提供了必要的条件，对于全国抗战初期在短期内集结众多兵力和运输大量的军用物资发挥了不可替代的作用。例如，贯通的粤汉、平汉铁路，在武汉、广州失陷之前发挥了重要的作用。当时从国外进口的武器弹药、军工器材等物资，主要取道香港，通过粤汉铁路运往前线。该线路在武汉、广州沦陷前所运送兵力达 200 余万人次、物资 54 万吨。③ 浙赣铁路玉山到南昌、南昌到萍乡的接轨通车，对东南地区与后方的联系和军事运输发挥了重要作用，仅全国抗战初期的 15 个月中，即开行军用车 1700 列，运送军队 150 万人次以上、军需物资 23 万吨。④ 据统计，全国抗战爆发后的两年时间里，单是铁路运送的兵员就达 1100 多万人次，军需物资在 300 万吨左右。⑤ 全国抗战开始后，沿江、沿海相继沦陷，几百家工厂内迁，大批的机器设备、物资和工程技术人员能在较短的时间内迁往大后方，也大大得益于战前开展的交通建设和改善

---

① 二档馆藏交通部档案，转引自张春生《抗战前国民政府西北公路建设述论》，《历史教学》2001 年第 9 期。
② 《中华民国史档案资料汇编　第五辑第二编　财政经济》（10），第 150 页。
③ 吴相湘：《第二次中日战争史》（上），台北，综合月刊社，1973，第 295 页。
④ 张公权：《抗战前后中国铁路建设的奋斗》，第 114 页。
⑤ 张嘉璈：《最近之交通》，中央训练团党政训练班讲演录，1942，第 13—21 页。

运输状况的措施。

第二节　紧急应对措施与工业内迁

尽管战前国民政府对中日之间爆发大规模战争的可能性有所意识，也开展了必要的准备工作，但当七七卢沟桥事变和八一三淞沪事变发生，日本开始全面侵华战争之时，中国在政治、军事、经济、战争动员能力等各方面的弱点暴露无遗。国民政府虽然采取了一系列临时性紧急应对措施，但是由于全国抗战爆发前的备战工作时间短、规模小、范围窄，还是使国家和民众遭受了空前巨大的损失，面临着极其艰难的局面。

南京政府在经济方面采取的临时应对措施包括：颁布一系列战时法规、条例，设立临时管制机构，实施军事化管制，积极组织和协助沿海地区工厂内迁等。这些措施对动员全国力量适应战争需要、支持抗战，推动经济由平时向战时转变，还是发挥了重要的作用。

一　经济紧急应对措施

8月14日，国民政府发表《自卫抗战声明书》，标志着全国进入了战争状态。如何进行全面战争总动员，迅速由平时经济体制向战时经济体制转变，并调动一切经济力量适应全民族抗战需要，支持战争，是摆在南京政府面前的迫切任务。尽管战前国民政府对中日之间爆发大规模战争的可能性有所意识，也开展了必要的准备工作，但备战工作不仅开展的时间很短，相当多的工作刚刚起步，尚未充分落实和展开，而且因为官方投入的物力、财力规模极为有限，涉及的领域和范围都非常狭窄，当大规模的全国抗战爆发之时，许多工作依然显得仓促，捉襟见肘。

七七卢沟桥事变之初，华北当局、南京中央政府及蒋介石本人尚对"局部解决"抱有幻想，在和与战之间犹豫不决，直至7月末平津陷落，方下定决心全面抗战。7月21日，何应钦召集南京政府有关部会负责人举行"实施总动员谈话会"，并于次日成立以何应钦为主任委员的国家总动员设计委员会，开始筹划对粮食、资源、交通、卫生及财政金融等实施战时统制，以适应战时需要。

8月，国民政府确定实行战时体制。8月11日，中国国民党中央政治委员会第 51 次会议决定设立党、政、军各方面的首脑人员的国防最高会议，作为全国国防最高决策机关，统筹决定国防方针、国防经费、国家总动员以及其他与国防有关重要事项等。随后，国民党中常会又授权军事委员会委员长蒋介石组织大本营，统一指挥党政，作为战时政府，分别负责不同方面的战时工作。

战时大本营以大元帅蒋介石为最高领导，由程潜、白崇禧分任正副参谋总长，以张群为秘书长，陈布雷为副秘书长。战时大本营初设六部及后方勤务部、卫生勤务部、国家动员设计委员会等机构，分掌作战、政略、财政、经济、宣传、训练工作。其中第三部，负责财政金融，由孔祥熙出任部长，孔不久改为负责国防工业，9 月 11 日任命翁文灏为部长，钱昌照、俞大维为副部长；第四部负责国防经济，部长吴鼎昌，何廉、黄季陆为副部长。不久，蒋介石以未经宣战，不必另设名目，"仍以军事委员会委员长的名义和已成立各部的组织，执行一切职权"，① 又否定了大本营的设置方案，仍以军事委员会为抗战最高统率部，所设大本营各部均转隶军事委员会。

9 月 17 日，军事委员会成立了农产、工矿、贸易三个调整委员会，分别负责"调剂农村经济"、"保充实业生产"、"保持国际市场"，由周作民、翁文灏、陈光甫分任主任委员，并在这三个委员会之下设水陆运输办事处，负责战时运输事务，由卢作孚负责。

财政金融方面，7 月 15 日，由财政部颁布《修正妨害国币惩治暂行条例》，宣布对破坏法币稳定、危害金融秩序的行为予以严惩。八一三事变之后，财政部又于 15 日紧急发布《非常时期安定金融办法》7 条，主要是限制提存、遏制挤兑，以防止资金外逃，为了校正限制提存给工商业正常资本周转带来的困难，后又颁布 4 条补充办法。7 月末，财政部授权中中交农四大银行组成联合贴放委员会，负责办理战时贴现和放款业务，以实施对银行和工商业的战时救济，不久又成立四行联合办事处，以加强银行间的联系和协调。国民政府又先后颁布《金类兑换法币办法》、《人民捐献金银物品收受及保管办法》等，规定兑换只能按中央银行每日牌价，交由

---

① 秦孝仪主编《先总统蒋公思想言论总集》卷 14，台北，中国国民党党史会，1984，第 626 页。

中中交农四大银行及邮政储金汇业局收兑。8月30日，国防最高会议通过《总动员计划大纲》，其中有关战时财政金融的具体规定有："1. 改进旧税，变更稽征办法，维持固有收入；2. 举办新税，另辟战时特别财源；3. 发行救国公债，奖励国内人民及海外华侨尽力购买，指充战费；4. 核减党政各费及停止不急需之一切事业费支出；5. 修改关税进口税则，使消费品输入减少，战时必需品输入增加；6. 我国所产大宗而适于各国需要之物品，得由政府办理输出，交换战时必需之入口货品；7. 整理地方财政，增加收入，紧缩支出，使有余力补助中央战费。"①

物资方面，7月21日何应钦主持的实施总动员谈话会即决定对粮食实施统制。8月20日，行政院发布《战时粮食管理条例》，决定设立战时粮食管理局，统筹粮食的生产、消费、储藏、价格、运输、贸易及分配事宜，随后又发布《食粮资敌治罪暂行条例》，禁止并严惩非常时期私运粮食出口或资敌行为。国防最高会议通过的《总动员计划大纲》也明确规定加强粮食管理，禁止面粉出口。

二　工业内迁

全国抗战之初，南京政府经济方面的临时应对措施中，最突出的就是沿海工矿企业的内迁。

中国近代工业的一个显著特点，应该说是缺点，就是布局的极不合理。新式工业主要集中于沿海、沿江及东部重要铁路沿线城市，内地各省交通梗塞，封建性的小农经济占绝对优势，缺乏新式工业所必需的各种经济条件，现代化工业极少。据实业部对雇工30人以上，或以油、电、汽为动力的工厂登记统计，1936年初，苏、浙、鲁、闽、粤及上海、南京、青岛、威海、天津等沿海省市的工厂，数量占全国70.75%，资本额占70.49%，工人数量占76.99%，其中上海分别占全国的31.39%、39.73%、31.78%。② "战前后方较具规模之民营厂家，在四川仅有电力厂一，水泥厂二，面粉厂五，纸厂一，机器厂二；陕西有纱厂一，面粉厂二；贵州有

---

① 《国民党政府财政金融动员计划大纲》，《民国档案》1987年第1期，第33页。
② 《民国二十一至二十六年工厂登记统计》，转引自孙果达《民族工业大迁徙》，中国文史出版社，1991，第1页。

纸厂一；江西有机器厂一。后方较大之工厂，仅此而已。"①而且其产量在全国也处于无足轻重的地位。这种畸形的布局，是中国近代半殖民地半封建经济发展的必然结果，也是它的典型特征。当这场空前的敌我力量悬殊的全面战争爆发后，它的弊害就暴露无遗了。

中日之间的力量对比中，日方无疑占有明显优势，一旦战争爆发，特别是在战争初期，中国必定会丧失部分领土，位于东南沿海的中国工业精华也必定饱受摧残，毁于战火。因而，在1932年"一·二八"事变之后，许多有识之士就提出一旦爆发全面战争沿海企业的出路问题，建议应将各种新式工厂分移于各省，使战时人民生活资料、战地的给养，不致感受缺乏，而固有的一点新式工业不致完全破坏。资源委员会战前拟定的国防工业建设计划中，也提出在湖南中部如湘潭、醴陵、衡阳之间，建设国防工业中心，并计划在鄂南、赣西以及湖南等各省从事重要资源的开发，以造成战时中国主要经济重心。

卢沟桥事变后，7月21日举行的实施总动员谈话会即已决定，筹划对粮食、资源、交通、金融、财政等实施统制，其中指定资源统制由资源委员会、实业部、财政部、全国经济委员会、交通部、铁道部会同筹办，由资源委员会召集。随后，资委会等七部会会议决定，成立财务、矿冶、燃料、机器化学、棉业、建筑材料、牲畜毛革和专门人才八个小组，分别从速讨论，建议动员办法。在机器化学组28日的小组会上，资委会专门委员林继庸就战时军需供给问题，建议"迅速迁移机器及化学工厂，以应兵工急需"。资委会当即决定派遣林继庸等三人赴沪与厂家洽商，并约请厂家代表赴南京共商办法。林继庸在上海的活动受到上海机器五金制造业同业公会主席、上海机器厂老板颜耀秋，新民机器厂胡厥文，新中工程公司支秉渊等爱国企业家的积极响应，颜、胡二人还随同林继庸一起赶赴南京，共同议定机器厂迁移内地办法。

根据7月21日实施总动员谈话会的决定，资源委员会会同财政部、军政部、实业部组成工厂迁移监督委员会，负责主持上海地区工矿企业内迁。资委会8月9日提出《补助上海各工厂迁移内地工作专供充实军备以增厚长期抵抗外侮之力量案》，主要内容是：上海机器厂家的各类机器约

---

① 陈真等编《中国近代工业史资料》第1辑，三联书店，1957，第90页。

有 2000 部，连同工具价值 400 万元。装箱、搬运及津贴，需要政府拨给 40 万元；另给奖金 20 万元；购地、建筑等费 200 万元，请政府以低息借给厂家，10 年清还；建厂需地 500 亩，估值 5 万元，请政府拨给。此外，上海大鑫钢铁厂、中国工业炼气公司、大中华橡胶厂、康元制罐厂、民营化学工业社也表示愿意搬迁内地，请求政府给予协助。据估计，上海工厂迁移总计需要政府津贴迁移运费及技术工人川资津贴费用 56 万元，划给地皮 500 亩及借给建筑等费 329 万元。次日的行政院第 324 次会议，对资委会的提案做出如下决议："奖金暂从缓议，余通过。由资源委员会、财政部、军政部、实业部组织监督委员会，以资源委员会为主办机关，严密监督，克日迁移。关于印刷业之迁移，由教育部参加监督。"在得知行政院的决议后，资委会副秘书长钱昌照立即召集林继庸及财政部、实业部、军政部代表组成监督委员会（简称监委会），以林继庸为主任委员，前往上海主持一切内迁事宜。8 月 12 日上海内迁工厂推举颜耀秋、胡厥文、支秉渊、叶友才、严裕棠、余名钰、吕时新、王佐才、赵孝林、项康元、钱祥标等 11 人组成上海工厂联合迁移委员会，在监委会指导及监督下进行工作。经监委会认可，"迁移地点以武昌徐家棚附近为集中地点，再分配东上宜昌、重庆，南下岳阳、长沙"。[①] 由此开始了中国近代史上空前的工业内迁运动。

迁移委员会很快制定了《迁移须知》，指定迁移路线。许多爱国的民族企业家在这场内迁运动中态度明确，行动积极，表现出强烈的爱国主义精神。8 月 27 日，第一批共 21 艘内迁民船，装载着顺昌机器厂、上海机器厂、新民机器厂、合作五金厂等 4 家企业机件和 160 余名技工，驶出上海，取道苏州，转赴镇江—武汉。

创议内迁之初，内迁工厂的范围仅限于机器、化学工厂中与国防军事攸关的企业，并无大规模内迁民营企业的规划，而且当时上海大多数企业对内迁意义并不明了，态度也并不很积极。尤其是一些大企业，或是冀望于租界的保护，将工厂迁进租界；或是改头换面，挂上外商的招牌，托庇于外国资本的保护；或者畏惧内迁的艰难，对内迁后的前途缺乏信心；甚至个别心存投日之念，百般阻挠。因此，资委会最初的方案对内迁企业比

[①] 《抗战时期工厂内迁史料选辑（一）》，《民国档案》1987 年第 2 期，第 36、46—47 页。

较优惠，也有号召和鼓励的目的在其中。

八一三事变爆发后，面对日军的狂轰滥炸，更多民营工厂纷纷要求加入内迁行列，要求内迁的企业数量猛增，有的还提出一些要求政府包下来的条件。如中华国货产销协会、中华工业总联合会、上海市国货运动联合会3个轻工业团体在要求内迁的呈文中，提出依照目前实际需要，至少须拨款400万元，方可勉敷应用。如果拒绝这些企业的内迁要求，不仅会伤害他们的爱国热情，也不利于抗战时期的后方经济，而答应这些条件，不仅监委会无此准备，而且远远超出了上海工厂迁移监督委员会的职权范围。何况原来预定的56万元内迁费，财政部仅于9月8日拨到15万元，而截至9月1日已支出16.6万元。钱昌照一面请求行政院通过变通办法，增加内迁范围和拨款，一面电嘱林继庸：内迁工厂仍"先以行政院原案部分为范围"。官方的这一态度，激起一些急欲内迁的民族企业家的不满。9月18日，钱昌照又向行政院提出《迁移工厂扩充范围请增加经费案》，提出新增3种关系重要亟应迁移的工厂，但行政院并没有很快答复。此外，在如何安置已迁工厂和恢复生产上，也已暴露出许多亟待解决的问题。①

9月23日，行政院第330次会议针对资委会18日的提案做出新的决定：民营企业的内迁，"请工矿调整委员会召集军政、财政、实业、教育四部及资源委员会审定办理"。② 9月27日，工矿调整委员会正式成立，主任委员翁文灏主持召开有财政部、军政部、实业部、军委会第三和第四部及资委会代表参加的会议，讨论资委会要求扩充内迁范围、增加内迁经费的提案，认为这些工厂均与国防有关，除吴蕴初所办各厂迁移补助费减为40万元外，其余全部通过。会议重新拟定了整个计划，决定为调整工业以应抗战时期军需民用起见，将内迁范围由以前的机器、化学工厂正式扩大到所有厂矿。

根据新的内迁计划，迁移之工厂分为两种，一为指定军需厂矿，一为普通厂矿。所谓指定军需工厂，即国防上必需该厂之助，政府机关有确实分配工作或定制货物之计划，而该厂于迁移后确能担任此项工作，并在原

---

① 《钱昌照回忆录》，中国文史出版社，1998，第56—57页。
② 《抗战时期工厂内迁史料选辑（一）》，《民国档案》1987年第2期，第36页。

料、动力、人工等方面均可有供给办法者，由政府统一令其迁移。此类工厂之迁移，由政府按其个别情形酌予补助。指定军需工厂的范围，以下列各种工厂为主：（1）兵工所需之机械工厂、化学工厂、冶炼工厂；（2）动力及燃料工厂与矿厂；（3）交通器材制造工厂；（4）医药品工厂；（5）其他军用必需品工厂。上述各种工厂，由兵工署、军需署、后方勤务部（交通器材工厂由后方勤务部提出）、第三部、第四部提出种类及名单与所需定制货物之种类、数量或分配工作计划，交由主持迁移机关，根据需要缓急，原料、动力、人工供给情形，迁移后开工所需时期及经费限度，斟酌选定，与各机关分别商洽或开会共同决定之。选择工厂时，尽先选择上海已经迁出或即将迁出之工厂。其内迁补助办法，由主持机关斟酌各厂情形与各关系机关分别商洽，拟具意见，呈请军事委员会委员长核定。其息借办法，由工矿调整委员会临时个别决定。

普通工厂为军需工厂以外的工厂，凡自愿迁移，呈经政府核准者，得予以免税、免验、减免运费、便利运输、征收地亩等之援助，惟因财政所限，不补助迁移费。关于迁移后之安插及工作问题，亦由厂家自行筹划为原则。普通厂矿具有精巧技术制造能力，经主持机关认为有特别援助之必需者，得筹定息借办法办理。

至此，宣布上海第一批应迁各厂迁移现行办法告一段落。为对金融情形与工业需要能兼筹并顾，所有上海工厂迁移善后与以后工厂迁移事宜，统由工矿调整委员会主持。在工矿调整委员组织尚未完备以前，由第三部暂行负责，遇有问题时，可与第四部或其他主管机关会同办理。

这个新的内迁原则，明确并扩大了内迁范围，提高了内迁主管机关权威性，理顺了内迁工作中各方面的关系，使前一阶段上海工厂迁移监督委员会欲办而无力办的工作，可以迅速而有序地开展起来。另外，这一新原则偏重与国防有关的厂矿，也使许多非直接与军事有关的工厂，困于经费等原因而未能内迁。

11月14日，资委会、第三部、第四部、军政部、财政部、实业部等机构代表组成了新的以孙拯为主任委员的厂矿迁移监督委员会，全面接管上海及沿海地区民营工矿的内迁工作，如对民营企业发放迁移补助费、组织内迁的运输力量和沿途免验免税等。同时，监督委员会进一步派员赴苏州、无锡、常州、九江、芜湖、郑州、开封以及浙江、山东各处抢运物资，劝导和联系民营厂矿内迁。

鉴于上海迁厂时期没有统一通行证，而使运输多受阻碍，经呈请军事委员会批准，资委会印发了"军事委员会货运特种护照"，并由行政院加盖"本照所载货物准予免税放行"印章，由监委会负责核发内迁厂家，以便内迁物资沿途运输。各厂家的内迁物资，因此能够顺利通过各驻防区畅行无阻。工矿调整委员会还商请铁道部同意，对经由铁路运输的内迁机器、半制品、材料等物资，凭工矿调整委员会的证明，运价给予半价优惠。工矿调整委员会还与农产、贸易两个委员会在镇江设立联合运输处，负责内迁物资运输船只和车辆的征集分配。

在全国抗战爆发之时，国民政府主持经济建设的机构如实业部、建设委员会、全国经济委员会等，根本没有战时经济建设的全盘计划，提出民营工厂内迁主张的林继庸仅是资委会的专门委员，原案中内迁企业也仅限于与军事关系密切的机器、化学工厂等。内迁运动兴起之后，虽然也有一些轻工业、纺织工业工厂提出内迁申请，但限于职权、财力以及上海短时间内即陷于敌手的客观形势，大多数企业特别是轻纺工业未得及时撤出。

随着日本侵华战争规模的日渐扩大，内迁工作也随之扩展到无锡、苏州、鲁东、豫中、江西、湖北、湖南等地。战争初起，马乱兵荒，笨重的机件辗转搬移，实非易事。而且当时长江上的轮船多已被征作军用，工矿器材的输送大部分只得仰赖民船，而民船的运输能力低微，且易遭敌机的袭击，负责办理的人员因此不得不设法利用一切可能的运输工具，以达成使命。

上海工厂内迁之初，虽然官方指定到武昌徐家棚附近集中，然后再分配西上宜昌、重庆，南下岳阳、长沙，但实际工作过程中，还是把武汉当成了目的地。资委会先后派员赴武汉寻找供内迁工厂落脚的厂房、仓库和宿舍，但是进展并不顺利，只找到四处空地：一是武昌的毡呢厂，约有2000平方英尺；二是燮昌火柴厂，约3000平方英尺；三是大兴公司的空地，约7万平方英尺；四是武昌文佛禅寺，约2000平方英尺。对于内迁到武汉的百余家工厂来说，这点地方无疑是杯水车薪。

工矿调整委员会接办内迁工作后，加强了在武汉地区的征地规模。10月14日为寻找新工业区而抵达武汉的林继庸，选中了武昌城外的洪山与簸箕山附近的荒地。翁文灏对这一选择非常满意，因为那里土地空旷，水陆交通方便，且地势较高，无洪涝之虞，是理想的工业区基地。11月22日，工矿调整委员会在汉口成立武汉办事处，一方面抢运沿江至武汉一带的物资；一方面设法从兵工署接来一批定货，交给迁汉各工厂复工承造。

工矿调整委员会又先后与湖北省政府、民政厅、警察局及武昌市市政处商定有关征地及安全保护等事宜；与汉口市商定在汉口硚口一带征地及租借汉口日本租界内房屋事宜；与国民党湖北省党部特派员和汉口市党部特派员商定劳动管理及训练事宜；与暨济水电厂议妥由汉口日夜供应电力，以过江电缆送至武昌，专供内迁工厂使用。此外，工矿调整委员会还制定了工业区的全面规划。但是，在武汉的征地遭到一些地主的阻挠。至12月初，受官方补助迁移费或予以便利的由上海迁到武汉的工厂已达123家，机器材料12000吨以上，工人1500人，恢复开工的却只有约20家。"初到之工厂，迁移已近四月，尚不能开工，以致厂家怨嗟，工人愤激，对于政府信用深抱怀疑。"①

国民政府方面本欲按战前设计，在汉口至宜昌间建立新的工业中心，因此初期内迁工厂大都以上述两地为目的地。不料战事的进展表明，南京政府还是过高地估计了自己的军事实力。12月13日南京失守以后，武汉遂成为日军攻击的重点目标。蒋介石电令工矿调整委员会：筹划战时工业，应以川黔湘西为主。工矿调整委员会只得放弃在武汉筹建新工业区的计划，动员武汉地区的民营工厂继续西迁。

计划再次内迁之时，首先被提到议事日程的就是关系军需民用的纺织工业。工矿调整委员会认为，第一步至少需迁出纱锭5万枚，其中震寰厂、裕华厂共3万枚，申新厂2万枚。1937年12月29日和1938年1月2日，工矿调整委员会两次召集武汉各纱厂负责人开会，讨论纱厂迁川事宜。

1937年底，国民政府对于工厂内迁也有了较为全面系统长远周详的计划。工矿调整委员会除尽力协助工厂内迁四川外，还规定工厂迁桂、迁滇的协助办法：按照地方情形和原料供给情况，计划将纸、糖、麻织、硫酸、橡胶、机器、罐头、印刷工厂迁往广西；除了由武汉内迁一部分工厂前往广西外，同时计划将最初未及迁出的留沪工厂和广东的部分工厂陆续迁往广西；云南适宜发展纺织、电器、机器、五金、制药、制纸、颜料、

---

① 《抗战时期工厂内迁史料选辑（一）》，《民国档案》1987年第2期，第37页。

油漆、冶炼及煤矿等工业，计划由沪、港、粤选择适当工厂迁往云南；此外湘西、贵州、陕西等处也均有工厂迁往。

工矿调整委员会于1938年3月初改组为工矿调整处，成为国民政府专门主管民营工矿企业机构，翁文灏自兼处长。3月22日，工矿调整处召集武汉三镇的机械业厂家开会，讨论迁移问题，催促各厂做好一切准备，一俟紧急命令到达，数天之内即须迁离武汉。

1938年6月，武汉告急，由上海等地内迁和原在武汉等地的厂矿，以及资源委员会战前在湘鄂等地规划新建的工厂，均被迫再度西迁：一部分向南，迁往湘西、湘南及云贵；一部分向北，赴陕西；一部分向西入川。

鉴于日军进攻加剧，形势日趋严重，7月15日驻武汉各政府机关接奉命令于5日必须内迁重庆，工厂的内迁步伐也进一步加快。工矿调整处颁布了武汉工厂拆迁的选择标准如下：

（一）纺织染厂类：1. 国人经营之纱厂应全部拆迁。2. 拆迁纱厂的所有布机应一律随厂内迁。3. 小型织布业亦设法协助其内迁以增加后方生产。4. 染厂之拆迁与地点之分配，均以能适合该地方需要而定。

（二）机器五金工厂类：1. 资财在5000元以上规模较大者，应由其单独迁移。2. 设备虽然比较简陋，但能制造兵工厂所需之用具，或能承担制造某项器材之一部分者，应由其自行组合，共同迁往同一地点，联合经营。3. 各工厂所有之动力设备应全部内迁。4. 凡工厂太小不拟内迁者，其优秀的技术工人应由政府协助迁往后方，并给予合适之工作。5. 各工厂所有的原料，如生铁、铜材、铜块等，包括废料在内，应尽量迁往后方备用，以免资敌。

（三）其他各项工厂：1. 凡资财价值在5000元以上者，应一律内迁。2. 工厂虽小，但其设备较先进者，应一律内迁。3. 凡后方对该工厂之产品或设备需要者，应一律内迁。4. 凡该工厂之设备、工具与其他工业有关系者，应一律内迁。5. 凡该工厂之技术工人为后方所缺乏者，应一律内迁。①

---

① 张朋园、林泉访问纪录《林继庸先生访问纪录》，台北，中研院近代史研究所，1984，第98—99页。

8月5日，马当要塞失守，蒋介石手令限期拆迁武汉各纱厂。7日，工矿调整处宣告限各纱厂即日停止清花，克日迁出，否则实施炸毁。10日，经济部命令各纱厂加紧拆迁，并派出人员进驻工厂督促，按照所定工作进度，每日具报。12日，敌机飞临武汉轰炸徐家棚、刘家庙一带，日军从三面对武汉形成包围之势，形势极为紧张，武汉已呈不稳状态，而关于工人迁徙遣散、军队行动与拆迁物资运输等又频生矛盾。工矿调整处联合军委会政治部、交通部、武汉行营、卫戍司令部、市政府、新生活运动促进委员会妇女指导委员会、振济委员会等共同协商，订立紧急措施，使内迁工厂及随迁工人的车辆、车费、沿途食宿及疏散费等均得到妥善解决。到8月中旬，武汉的工厂已大部迁移。10月22日，工矿调整处留汉人员全部撤离，武汉内迁工作结束，三天后武汉三镇陷落。

此次由武汉迁移的工厂（包括从别处迁汉后再迁的），经工矿调整处协助及登记在案者共304家、物资50182.5吨、技术员工1万余人，分别迁往川、黔、桂、陕等省。①

表1-3 武汉内迁工厂统计

业别	工厂数（家）	物资量（吨）
纺织染工业	71	26150.4
机器五金业	122	7314.3
电器无线电业	17	3051.5
陶瓷玻璃业	10	2851.7
化学工业	31	1725.5
印刷文具工业	22	2149.1
食品罐头工业	15	1723.9
煤矿业	7	4832.8
其他工业	9	383.3
共计	304	50182.5

资料来源：张朋园、林泉访问纪录《林继庸先生访问纪录》，第110—111页。

此外，其他地区也有厂矿响应号召内迁西南，如河南的中福煤矿将一些重要设备器材内迁四川。

---

① 张朋园、林泉访问纪录《林继庸先生访问纪录》，第110页。

武汉失守时，大规模的工业内迁基本完成。以后因战局的变化，局部也有零星内迁。中国工业建设的重心随着武汉内迁的结束，由东南移到了西南大后方。

第二阶段的内迁与上海工厂内迁有了很大的变化，从单纯为国防军工目的，转为以战时后方经济建设为目的；从单项、个别工厂的内迁，转为全面、大规模的工业内迁；从劝导、鼓励内迁，转为强行统制性内迁。而且政府所特别关注内迁工厂为：机器、电力供给的设备，煤矿的设备，化学工厂、纺织厂、面粉厂及其他对军事有重要意义的工业。例如，第一是全中国最大规模的钢铁厂，汉冶萍公司在湖北汉阳及大冶的重要冶金设备，其重量共4万余吨，均被卸除，迁入内地。政府还购置了汉口六河沟公司的熔炉，运入四川。这些工厂设备成为战时在大后方建立钢铁工业的基础。

工厂内迁运动持续到1940年底，才完成了伟大而艰苦的万里长征，各工厂在大后方指定的区域内，复厂开工。据统计，至1940年底，在战区受政府补贴而内迁的民营工矿业单位约450家，机器设备及材料约重12万吨，技术工人共15000余人。其中机械厂181家，电气器制造厂29家，化学工厂56家，食品厂22家，玻璃及瓷器厂15家，钢铁厂2家，以及纺织厂和其他工厂若干家。内迁工厂中，机械工业占40.4%，化学工业占12.5%，纺织工业占21.65%，钢铁工业占0.24%，电器工业占6.47%，饮食工业占4.71%，教育用品工业占8.26%，矿业占1.78%，其他工业占3.79%。[①] 至于国营的资委会各厂、兵工署所属兵工厂等也同时全部内迁西南，且规模较民营企业更为庞大。工厂内迁的地点以四川为最多，其次是湖南、陕西及广西等。

表1-4 内迁机器和材料重量

单位：吨

年度	煤矿业	钢铁工业	机械工业	电力及电器工业	纺织工业	化学工业	其他工业	总计
1938	4833	18152	5162	3052	26150	6506	6228	70083

---

① 翁文灏：《行政院工作报告》，秦孝仪主编《中华民国重要史料初编——对日抗战时期 第四编　战时建设》（3），第584—585页。

续表

年度	煤矿业	钢铁工业	机械工业	电力及电器工业	纺织工业	化学工业	其他工业	总计
1939	6268	37152	13254	5300	30822	8093	5148	106037
1940	7457	37242	18578	5375	32116	9756	5842	116366

资料来源：《经济部的战时工业建设》，《资源委员会公报》第1卷第1期，1941年，第92页。

全国抗战初期的厂矿内迁运动，在政府主管机构和民营企业数万人的共同努力之下，将中国工业仅有的一点基础，从淞沪一带敌人飞机大炮火网的空隙中，由火车、轮船、汽车、独轮车、骡马、木船，抢运到武汉，在一部分有关军需工厂短期开工之后，又络绎地踏上更辛苦的征途，迁往西北西南，并在后方各地从事开荒、建厂开矿，在过去荒芜冷落的地区，相继建立起若干新的工业中心。较边远的，如西康的会理、西昌，青海的西宁，甘肃的兰州、玉门、永登，云南的会泽、巧家，也都有了现代化的厂矿事业。它不仅对战时后方经济开发建设、支撑民族持久抗战起到了极其重要的经济基础作用，同时也对改变中国工业的不合理布局、推动内地工业的发展起到极大的促进作用。沿海企业设备和技术力量内迁后，在后方新建或扩充原有厂矿，或者生产出后方原先无法制造的设备、产品，或者扩充生产能力，提高产品技术水平，为保障基本供应，支撑持久抗战做出了伟大的贡献。

在民营厂矿内迁的同时，国营厂矿的内迁也是工业内迁运动中的重要内容。内迁国营厂矿中的最重要部分就是兵工企业。这些企业虽然数量不及民营厂矿多，但其规模、技术水平远非民营厂矿可比，而且官方军方的背景也使它们的内迁运输条件让民营厂矿望尘莫及。国营工厂的内迁，始自参谋本部1932年8月《兵工整理计划》。该计划提出将地处沿海前沿和靠近前沿地区兵工厂内迁的设想，但直到七七事变爆发，这个计划并没有得到很好执行。兵工署只将所属上海兵工厂的枪弹厂、炮弹厂和制枪厂迁并金陵兵工厂，制炮厂、火药厂迁并汉阳兵工厂；济南兵工厂枪弹厂迁并四川第一兵工厂。其中包括炮兵技术研究处的株洲兵工厂筹备处，兵工署直属上海炼钢厂、金陵兵工厂、军用光学器材筹备处（南京）、航空兵器技术研究处（南京）、迁移西安的济南兵工厂（改为陕西第一兵工厂筹备处)、中央修械所(南京)等。其他兵工厂为免"因迁移而致绥靖所用之弹药减少供应起见",都暂不移并。①

第三节 战时体制与财经方针

1938年3月,国民党在汉口召开临时全国代表大会,通过了《抗战建国纲领》,提出"抗战建国并举"的总方针,确定战时经济建设的任务是:"以军事为中心,同时注意改善人民生活。本此目的,以实行计划经济,奖励海内外人民投资,扩大战时生产。"随着武汉、广州的陷落,国民政府迁都重庆,抗日战争进入了相持阶段,经济也由战前的备战和战初的紧急应对,转入战时建设以支撑持久抗战的新时期。如蒋介石所言,"今后抗战之成败,全在于经济与金融的成效如何"。②

一 战时经济机构的调整

1937年末1938年初,国民政府国防最高会议常委会又决定放弃大本营的组织形式,仍以军事委员会为军事首脑机构,同时对战争初期成立的几种应急性临时机构重新调整组合,经济机构也进行了大的调整。国民政府的经济由战前的备战和战初的紧急应对,转入战时建设时期。

1938年元旦公布的行政院改组方案是,蒋介石辞去行政院院长兼职,以孔祥熙为院长,张群为副院长。经济机构方面,在行政院原实业部的基础上组建新的经济部,国民政府直属的原建设委员会、全国经济委员会的水利部分及导淮委员会,以及抗战爆发后新成立的军事委员会第三部及第四部、农产调整委员会和工矿调整委员会等几个应急机构,也都并入经济部。行政院原任秘书长兼资源委员会秘书长、军委会第三部部长的翁文灏出任经济部部长,经济委员会原秘书长秦汾、行政院政务处处长何廉分别担任政务次长、常务次长。

根据国防最高会议1月7日通过、国民政府14日公布的《经济部组织

---

① 《参谋本部为检送兵工厂整理计划草案致军政部函》(1932年8月29日),转引自黄立人《抗日战争时期工厂内迁的考察》,《历史研究》1994年第4期,第121页。
② 重庆市档案馆、重庆市人民银行金融研究所合编《四联总处史料》(上),档案出版社,1993,第155页。

法》,"经济部管理全国经济行政事务",成为全国经济行政最高机构,设"一总务司,二农林司,三矿业司,四工业司,五商业司,六水利司",并预留了"因事务上必要时,得设资源、农业、水利等委员会"的空间。"部长综理本部事务,监督所属职员及机关。"① 根据该法,经济部成为国民政府全国工矿、农林、水利及商业等经济行政综合管理机关。实业部原有农业、工业、商业、合作、渔牧、劳工司及林垦署,分别划归为农林、矿业、商业等司,其所属农本局、中央农业实验所、江西农村服务区管理处等一仍其旧。原建设委员会的电气行政工作并入工业司,事业部分划归资源委员会,电气试验工作划归中央工业试验所。全国经济委员会的水利部分归属水利司负责,所属的各流域水利局或水利委员会一仍其旧。原属军委会的各机构,第三部、第四部工作分别划入相关各司,其中第三部管理的燃料工作专设燃料管理处;原资源委员会采矿室及冶金室划出,专门成立了一个矿冶研究所;原工矿调整委员会改组为工矿调整处,为经济部直辖机构;农产调整委员会易名为农业调整处,附属于农本局;原军委会资源委员会改为经济部直辖。改组后经济部的附属机构包括资源委员会、工矿调整处、燃料委员会、中央工业试验所、中央地质调查所、矿冶研究所、全国度量衡局、商标局、中央农业实验所、农本局,以及黄河、扬子江、珠江等水利工程机构。

与战时后方工业发展关系最密切、最直接的两个机构是主管国营工矿建设的资源委员会和负责协助民营工矿的工矿调整处。1938年3月,资源委员会正式改隶经济部,职能进一步扩大:负责创办、管理及经营基本工业;开发及管理经营重要矿业;创办及管理经营动力事业;办理政府指定之其他事业。以后,它陆续建立了200多个国营工、矿、电企业,成为国民政府属下专门掌管后方国营工业建设的主要机构。原军委会工矿调整委员会改称工矿调整处,其基本任务是负责办理和监督各地民营工厂内迁,并筹建新工业区,督促内迁工厂复工;协助和指导民营厂矿建设,调剂其产品运销分配;筹措必要的资金,进行工矿贷款,辅助设计规划以及材料、动力之供需调节和技术员工之调整与训练;等等。

1940年以后,大后方经济情形更加严峻,经济行政事务愈趋繁巨,为

---

① 重庆市档案馆编《抗日战争时期国民政府经济法规》上册,档案出版社,1992,第1页。

提高效率，在经济机构应逐渐由集中转向更加专业的思想主导之下，大后方经济权力和机构发生了一系列的调整。

先是1939年11月，国民党五届六中全会通过《调整党政军行政机构案》，其中经济行政方面，决定将经济部原管部分工作分出，设立农林水利部。1940年7月，正式成立农林部，下设农事、林业、渔牧、农村经济等司及垦务局，原经济部农林司及附属农事机构全部移转该部。

1940年上半年，因四川重庆、成都等地米价飞涨，导致军米采购工作迟滞，直至7月"应购军米还不能集中"，引起国民政府高层震怒。蒋介石亲自召见翁文灏，要求加强粮食管理。7月14日，国防最高会议秘书长张群召集相关部门举行粮食工作会议，讨论并通过本年秋收后军粮民食统筹办法，制定了粮食的筹集采用征购和田赋折谷征实、加强粮食市场管理等办法，并决定成立专门机构——全国粮食管理局。7月30日，行政院第475次会议通过设置全国粮食管理局的决定，将原本由经济部农本局负责的粮食管理工作移交该局负责。8月，该局正式成立，局长为卢作孚，副局长有何廉、熊坤韬、何北衡（后又于1941年5月成立粮食部，由财政部原次长徐堪担任部长）。

1940年11月，原由经济部主管的合作行政、劳工行政及合作事业管理局等附属机构，也移交给新近由国民党中央党部改隶行政院的社会部接管。

1941年9月，又成立行政院水利委员会，将原经济部经管的水利事业划归该会专管。

然而，全国粮食管理局的成立，并未能有效抑制粮价的上涨，而且随着粮食价格上涨，大后方花纱布及日用百货等各类物品价格也开始轮番上涨。负责日用百货等物资管制的经济部商业司及平价购销处，由于仅有2000万元的平价基金，周转不灵，加上运输困难等原因，根本无法完成平抑粮食、服用品（花纱布）、煤炭及日用品四类物资物价的任务。再加上宜昌失守，特别是大后方15省粮食歉收，造成粮价飞涨，民怨沸腾。有人遂乘机攻击经济部商业司司长兼平价购销处处长章元善等人营私舞弊。戴笠即奉令指挥军统人员，于1940年12月28日将章元善及国货联营公司西南业务处经理寿墨卿等10名经济部相关官员集中拘传，掀起"平价大案"风波。一时间经济部上下人心惶惶。经济部部长翁文灏与次长秦汾、粮食管理局局长卢作孚、农本局总经理何廉等愤而呈请辞职。虽然蒋介石以翁文灏"公平廉洁、声名甚佳，不能准予辞职"，①并准许章元善等由翁保释，但还是对经济部相关机构进行了调整。

1942年2月，在经济部下成立了专门负责管理"非常时期日用必需品之供求与价格"的物资局。物资局内设督导处、管制处，负责对公司行号的检查，对投机囤积等不正当营业的管制。原农本局、平价购销处、燃料管理处等机构划归该局管辖，同时还增设了食油管理处和纸张管理筹备委员会等。由于物资局所能运用的资金数额有限，而且平价工作范围实际上被限于重庆一地，因此对物价的平抑效果有限，同年12月该局又被撤销。农本局也于1944年3月被改组为花纱布管理局，并由经济部改隶孔祥熙任部长的财政部。

1944年11月，战时生产局成立后，经济部燃料管理处、工矿调整处、行政院液体燃料管理委员会等又先后移交该局管辖。

除此之外，抗战时期，蒋介石及国民政府对经济主管机构还曾有过多次的调整改革议案，但因种种原因或胎死腹中，或未曾落地实施。如在1940年7月6日的国民党五届七中全会上，蒋介石提交了一份《于行政院增设经济作战部，并设置战时经济会议，加强经济行政效率，适应长期抗战需要案》。方案提出：在行政院增设经济作战部，将经济部改为工商部，专管工商及矿业事务。同时在行政院设立一个以行政院院长为主席，财政、经济作战、交通、工商、农林各部部长，及运输统制局主任、后方勤务部部长、四联总处常务委员参加的经济会议。蒋介石的议案获得全会的通过，并于7月11日在报纸公开发表。从12月开始，在每周二行政院例会前或之后举行经济会议，1941年12月后经济会议改在周三举行。但是经济作战部始终未见成立，因此经济部改为工商部的方案也从未实施。

1940年末1941年初，还曾有过设立粮物工平价执行总局的设想。据《翁文灏日记》载，1940年末平价大案爆发之时，翁文灏与经济部次长秦汾、何廉于12月29日夜访位于炮台街的孔祥熙宅，说明事件经过，请求保释相关人员，准其外出办公。谈话期间，孔祥熙"出示蒋致彼手令，言应于行政院内设粮、物、工平价执行总局，以孔为主席，谷正纲、贺耀组

---

① 李学通、刘萍、翁心钧等整理《翁文灏日记》，中华书局，2010，第588页。

为总干事，于有关各部调用二三人，分期降价，不必多数事业费，务必从事实行运动云云"。蒋介石还将亲手拟定平定粮价、物价、工价方针，提出经济会议商研，并于1941年初审查核定了《粮食物工平价执行总局组织纲要》。但贺耀组对该局的组织方法颇有微词，认为"实等于经济会议之秘书处，不如仍作为秘书处"。虽然孔祥熙坚持应该设立，并提出以其本人为主任、以贺耀组为副主任、谷正纲任总干事的人事方案，然而该局最终未曾设立。此外，行政院会议中，还曾有过关于物资总监部职掌的讨论，但亦未见下文。①

随着1941年12月8日太平洋战争的爆发，国际局势和中国抗战形势都发生重大转变，大后方的经济及相关机构也出现了新的变化。国民党于1941年12月召开的五届九中全会通过了《加强国家总动员实施纲领案》。1942年3月，国民政府颁布了《国家总动员法》及其实施纲要，随即将行政院经济会议改组为国家总动员会议，成为综理和推动国家总动员事务的最高统摄机构。

日本侵占法属印度支那、英属缅甸后，切断了中国西南唯一对外通道滇缅公路，对华经济封锁进一步加剧，大后方经济困难变得愈加严重，工矿业生产特别是民营企业生产也因此出现萎缩的局面。为应对经济危机，提高后方生产能力，国民政府又仿照美国体制，于1944年11月新设立战时生产局。

除此之外，抗战期间国民政府其他与经济建设相关的机构也多有更迭。

交通与通信方面。由于全国抗战爆发后，东部地区重要铁路线先后沦陷，1938年初的行政院改组中撤销了铁道部，将原铁道部、经济委员会公路部分、军委会的水陆运输联合办事处，全部归并交通部，交通行政归于统一。由于缺乏权威，军政机关各自为政，后方公路运输极为混乱。为改变这种局面，解决积压物资抢运问题，军事委员会于1940年3月设立运输统制局，对公路交通运输实行军管。任何机构的物资运输、车辆调配，均须报经运输统制局批准，甚至将交通部公路工程业务也一律移交该局。滇缅公路中断以后，后方公路运输量大为缩减，1943年又撤销了运输统制

---

① 李学通、刘萍、翁心钧整理《翁文灏日记》，第584、592、581页。

局，仍由交通部设立公路总局负责公路运输业务。1944 年，公路运输的混乱情形再度引起高层关注，于是又将公路运输业务重新收归军委会，将公路总局和运输会议合并改组，于 1945 年元旦成立军委会战时运输管理局，邀请美军人员参与管理，直到抗战胜利。

战前水路运输由交通部航政局主管，航运发达之省设有航务管理机构，各自为政，如四川省为川江航务管理总处，广西有航务管理局，福建则分区设航务处。抗战时期，在交通部主持下，为适应战时需要，积极开发内河航运。随局势和航运变迁情形，航政机构也屡经调整，主要是统一航政管理，划分中央与地方航政权责。

电信方面，1943 年恢复设立电信总局，主持全国电信业务，分区设立电信管理局，而将交通部电政司改组为邮电司。

航空机构方面，除加强原有之中国航空公司外，1939 年 9 月中方与苏联民航总局合组中苏航空公司。对德绝交后，将原中德合办之欧亚航空公司收归中国单独经营，并于 1942 年改组为中央航空运输公司。

金融财贸方面。1938 年初由原军委会贸易调整委员会、对外易货委员会等机构组成贸易委员会，划入财政部，总揽一切对外贸易行政管理，以及出口外汇的管理等。贸易委员会下辖复兴商业、富华贸易和中国茶叶三个公司及东南、西北两个运输处。1940 年贸易委员会撤销，所营业务移交复兴等三个公司。

金融机构方面，1939 年 9 月，国民政府颁布《战时健全中央金融机构办法》，将原四联办事处改组为四行联合办事总处（简称四联总处），"负责办理政府战时金融政策有关各特种业务"。四联总处设理事会，由"中央银行总裁、副总裁，及中、交两行董事长、总经理，中国农民银行董事长、总经理暨财政部、经济部代表"组成。[①] 理事会设主席一人，常务理事三人，主席总揽一切事务，常务理事襄助主席执行一切事务，财政部授权四联总处理事会主席在非常时期对中央、中国、交通、农民四银行可为便宜之措施，并代行其职权。四联总处理事会由蒋介石亲任主席，中央银行总裁孔祥熙、中国银行董事长宋子文和交通银行董事长钱永铭为常务理事，理事有翁文灏、张嘉璈、徐堪等军政财经金融等机构首脑。理事会下

---

① 《抗日战争时期国民政府经济法规》上册，第 640 页。

设战时经济、战时金融、农业金融设计、全国节约建国储蓄劝募等四个委员会和秘书处。其中，战时经济委员会内设物资处、平市处及特种投资处；战时金融委员会内设发行处、贴放处、汇兑处、收兑金银处、特种储蓄处及农业金融处。四联总处实际职权范围涉及战时与金融相关之一切重要经济领域，成为战时最权威的财政金融机构和经济中枢。

二　战时财经方针

1938年3月，中国国民党临时全国代表大会确立了国民党和国民政府在抗战时期的大政方针，并做出调整战时党政制度及人事任免等一系列重要决定。会议通过的《抗战建国纲领》、《中国国民党临时全国代表大会宣言》、《非常时期经济方案》和《工业政策实施要案》等文件，明确提出了中国战时经济的总方针和总政策。

"抗战建国并举"，就是国民党临全大会为战时经济确立的总方针，而"以军事为中心，同时注意改善人民生活"可谓是战时经济的总任务。为实现上述支撑抗战军事、改善人民生活的目标，国民党在《抗战建国纲领》中提出的政策和策略是："实行计划经济，奖励海内外人民投资，扩大战时生产"；"全力发展农村经济，奖励合作，调节粮食，并开垦荒地，疏通水利"；"开发矿产，树立重工业的基础，鼓励轻工业的经营，并发展各地之手工业"；"推行战时税制，彻底改革财务行政"；"统制银行业务，从而调整工商业之活动"；"巩固法币，统制外汇，管理进出口货，以安定金融"；"整理交通系统，举办水陆空联运，增筑铁路、公路，加辟航线"；"严禁奸商垄断居奇、投机操纵，实施物品平价制度"。[①]

临全大会通过的《非常时期经济方案》规定了经济工作的总任务。一是推进农业以增生产：安定农民生活，增产有用作物，积储并调剂农业特产，活跃农村经济，改进土地分配。二是发展工矿以应供需：保存固有工矿设备，筹设国防急需工厂，妥筹燃料动力供给，促进农村手工业，辅导民营事业，兼顾资本劳工利益。三是筹办工垦以安难民。四是发展交通便利运输：添设国内交通线，开拓国际交通线。五是分别地区调剂金融。六是管理贸易以裕外汇。七是厉行节约以省物力，养成良好生活习惯，限禁

---

① 荣孟源主编《中国国民党历次代表大会及中央全会资料》（下），第486—487页。

奢侈品。①

随着武汉、广州的陷落，国民政府迁都重庆，抗日战争进入了相持阶段，经济也由战前的备战和战初的紧急应对，转入战时建设以支撑持久抗战的新时期。

（一）战时财政金融政策

财政关系国计民生，被视为庶政之母，战时更为国家生死存亡所系。《抗战建国纲领》中对财政金融方面提出三项总目标和总任务："推行战时税制，彻底改革财务行政"；"统制银行业务，从而调整工商业之活动"；"巩固法币，统制外汇，管理进出口货，以安定金融"。②

战争初期，国民政府战时财政金融工作即围绕上述目标，以稳定金融、增加政府财政收入为目标，制定实施了一系列政策措施。

财政方面。推行战时税制，调整税收，改间接税为直接税；改定征课标准，提高税率；扩充征税品目，创设新税；对盐、糖、烟、火柴实行专卖；等等，以改变因传统关税、盐税、统税三大税收锐减和军费支出剧增造成的旧税短收、财政收支严重失衡的局面。在增加税收的同时，开展募集内外债活动，一是向苏美等友邦争取借款，二是在国内发行公债和开展募捐献金运动，以弥补财政赤字。

1941年4月，国民党召开五届八中全会，通过《改订财政收支系统议决案》，提出"改进财政系统，制定国家与自治两大财政系统"的方案，决定将全国财政分为"包括中央与省之财政通盘筹划，统一支配"的国家财政和"以县为单位，俾收因地制宜之效"的自治财政两大系统。③ 财政部遂召开第三次全国财政会议，制定《战时财政改革决议案》，其主要内容是：自1941年下半年起，将各省田赋改归中央征收，地方支出由中央统筹；田赋由货币改征实物，以保证军糈公粮的供应。自1943年起，在川滇康等9省改征实为征借，发行粮食库券，不付现金，后更改为直接在交粮票上签注，作为借粮凭据。

金融方面。实施金融统制，统一发行和四行专业化；统制外汇，平衡

---

① 章伯锋、庄建平主编《抗日战争》第5卷，第10—15页。
② 荣孟源主编《中国国民党历次代表大会及中央全会资料》（下），第487页。
③ 国民党中宣部编《抗战六年来之财政金融》，编者印行，1943，第15页。

国际收支。1939年实行《公库法》，以中央银行经理国库，强化了中央银行的地位。1942年3月，蒋介石发布加强统制四行手令。依据其要求，四联总处通过了《四行业务划分及考核办法》、《统一发行办法》、《统一四行外汇管理办法》等条例。按照上述法规、办法及其他相关规定，所有法币的发行，统一由中央银行集中办理，各省地方银行的存券和准备金，均归中央银行保管，中中交农四行原有货币发行权统一集中于中央银行，使中央银行成为银行的银行。与此同时，中中交农四行也实现了专业化分工，中央银行负责货币发行、外汇收支、代理国库、汇解军政款项、调剂金融市场；中国银行经理政府国外款项收付，发展与扶助国际贸易、经办进出口外汇等；交通银行办理工矿、交通及生产事业的贷款与投资、国内工商业汇款等；中国农民银行办理农业生产贷款投资、土地金融业务、合作事业放款、农业仓库信托及农业保险等。

外汇统制方面。抗战爆发后，为稳定汇价，巩固法币信用，国民政府实施了外汇统制政策，1938年3月起，陆续颁布《购买外汇请核办法》、《出口货物应结外汇之种类及办法》、《进口物品申请购买外汇规则》等，规定外汇出售由中央银行统一办理，结束了中国、交通和农民三银行的外汇出口权和外汇无限制供给政策，所有外汇使用一律经中央银行审核；出口货物所得外汇，均按法定汇价售予中国、交通两行；非必需品进口申请外汇则不予供给，以节省外汇资源。①

（二）战时经济建设方针

由于沿海港口被日军封锁，中国向来仰赖于外国进口的各种货物及原料无法输入，许多军需民用的供应和企业生产发生重大困难。国民党在《抗战建国纲领》中提出"开发矿产，树立重工业的基础，鼓励轻工业的经营，并发展各地之手工业"的战时后方经济建设原则。据此原则，经济部确立了"充分利用国内原有机器，以增加内地制造能力，调剂各地产销盈虚，以维持重要市场之需要；努力协助农业金融，推广农村合作，以奖进农业生产"的基本目标。② 经济部部长翁文灏上任之初，为经济部规定

---

① 《抗日战争时期国民政府经济法规》上册，第679页。
② 《经济部公报》第1卷第13期，1938年，第642页。

的四大任务是：（1）促进农业生产。其要点为"对于已耕之地，继续推广施肥，改良种籽，防止病虫，促进水利"。设法垦殖未耕荒地。推动农村金融及农产运销，以促进农业生产顺利进行。"使后方农业生产能力，不但可以满足战时前后方之需要，且有剩余产品，可以运销国外，以易取战时必需之资料。"如粮食、棉花、桐油等项，皆由政府设法购销。（2）建设基本工矿。因为后方原有工业基础极为薄弱，经济建设的重点是，于短期内在钢、铁、铜、电气、煤矿等基本工矿业方面迅速取得成效，奠定基础。（3）提倡民营事业。对于各种轻工业以及已经具有一定基础的化学、机械、电工、纺织、造纸等工业，国民政府采取提倡和协助民营企业经营的方针，"政府对于法定手续，当迅速处理，并当以保息补助等各项方法，协助鼓励"，"期使民营事业，在内地各处，逐渐活动"。（4）发展特品贸易。国民政府为提高出口换汇能力，对于主要出口货物，如桐油、茶叶，均设立专门公司经营，经济部除参与其中外，对于钨锑等特殊矿产，继续原资源委员会集中统制管理模式，以提高产量，扩大出口。[①]

为实现上述任务，推动后方工矿业发展，国民政府也采取了许多积极的政策和措施，以国民政府或经济部的名义先后制定和修订颁布了一系列法令、条例，以扶持和优惠奖励后方工矿业发展，其中包括《非常时期工矿业奖励暂行条例》、《特种工业及补助条例》、《经济部工矿调整处核定厂矿请求协助借款原则》、《奖励工业技术暂行条例》、《经济部小型工业贷款暂行办法》、《非常时期华侨投资国内经济事业奖励办法》，经济部工矿调处也制定有《协助招募技工暂行办法》等相关制度和办法。当局制定这些法律、条例、办法的基本目标指向，就是想用资金帮助民营各工矿企业购备生产必需的进口材料及机件、招募培训技术员工、奖励工业技术发明等方法，鼓励和扶助民营工矿业的发展。

国民政府1938年6月7日修正颁布了《工业奖励法》和《特种工业保息及补助条例》，12月1日又颁布了《非常时期工矿业奖助暂行条例》。事实上，在全国抗战爆发前，国民政府已于1934年4月20日颁布有《工业奖励法》，1937年4月12日还颁布了《特种工业保息及补助条例》。但是战前颁布的这些法律、条例中，奖励的方法太少，设立获奖门槛过高。

---

① 《经济部公报》第1卷第4期，1938年，第189页。

受《工业奖励法》奖励的项目只享有：减低或免除出口税、减低或免除原料税、减低国营交通事业之运输费、给予奖励金以及准许在一定区域内拥有 5 年以下专制权之权限，而且投资额必须达到 100 万元以上，方得呈请保息或补助。而新颁布的《非常时期工矿业奖励暂行条例》，把奖助的办法由 5 项增加至 9 项：（1）保息。以实收资本年息 5 厘、债票年息 6 厘为限度，期限至多 5 年。（2）补助。以出品每年生产费及市价为标准，酌量给予现金。（3）减低或免原料税。（4）减低或免除出口关税及转口关税。（5）减低或免除转口税及其他地方捐税。（6）减低国营交通事业运输费。（7）地租减免。租用公用土地，免除地租，以 5 年为限，免租期满得按当地租金标准酌减，但减低之数，不得超过租金标准 1/2。（8）协助向银行或以其他方法借用低利贷款。（9）协助向交通机关谋材料、成品、机件及工人生活必需品运输之便利。条例不但给予后方从事生产事业的资本以保障，并且因为可以免除捐税、免除地租各种方便，无形中提高了资本的价值。奖助标准也取消了实收资本 100 万元以上的限制，规定国人在后方所办有关国防民生之重要工矿业，实收资本"已达必要数额"，即可呈请奖助。[①]

《特种工业保息及补助条例》规定，对投资在 100 万元以上，从事"一、制造各种原动力机，二、制造各种电机，三、制造各种工作机器，四、冶炼各种金属材料，五、采炼各种液体燃料，六、制造各种运输器材，七、其他政府认为应予以或补助之重要工作"的企业，可以请求经济部保息。保息以 7 年为限，实收资本年息 5 厘、债票年息 6 厘。

关于工业技术的奖励方面，国民政府 1932 年 9 月 30 日颁布过《奖励工业技术暂行条例》，但只规定受奖励者可享有 10 年或 5 年的专利权。1939 年 4 月 6 日国民政府公布了新的《奖励工业技术暂行条例》。11 月 20 日，经济部又公布了《奖励工业技术补充办法》，规定：如研究机械、化学物品或方法，只要已有发明或创造的具体计划及图式，可具呈请书及说明书图式及实验计划，呈请经济部审查合格，即可由经济部指定所属研究机关厂场予以实验之便利。呈请人在实验期间生活如有困难，经济部得照

---

① 本段及以下两段，见秦孝仪主编《中华民国重要史料初编——对日抗战时期　第四编　战时建设》（3），第 660—664、647—653 页。

技工之俸给，给予半年或一年之生活费补助。

为适合后方民营资本发展的需求，国民政府还实施奖励小工业及手工业发展的政策。经济部1939年2月25日公布《小工业贷款暂行办法》，规定经营纺织、制革、造纸、金属冶制、化学、陶瓷、农林产品制造及其他有贷款必要的，资本在1万—5万元的小工业，可呈请经济部周息3厘至5厘的贷款。为改良土法手工业技术起见，经济部又于1940年3月28日公布《小工业示范工厂暂行办法》，在四川、西康两省设立制革、造纸、手工纺织、制糖、烛皂、玻璃等示范工厂，参用机器及手工混合制造，以便当地人民仿效。[1]

经济部工矿调整处作为民营企业的主管机关，在积极协助民营厂矿内迁和推动民营资本投资内地工厂方面发挥了重要作用。为协助民营厂矿发展，工矿调整处制定了《核定厂矿请求协助借款原则》，规定凡是与军事有关，为民生所必需，可增加出口或减少进口，可增加内地生产及制造能力，所拟计划能于相当时期内完成的厂矿，都可以提出申请，要求协助借款。借款的种类分为：第一是迁移借款，包括运输费和技工旅费；第二是建筑及增加设备贷款，以协助内迁工厂的复工和新建厂矿；第三是营运资金借款，包括用于购买材料、发付薪资及一般管理费用等。

为便利政府、人民及外资在建设事业上易于合作，国民政府1940年3月21日颁布《特种股份有限公司条例》，确定可由政府发起组织特种股份有限公司，准许本国人民或外国人认股参与，发起人不享受特别利益，但公司股份半数以上由中国人所有，董事过半数为中国人，董事长及总经理由中国人充任。[2]

国民政府希望通过上述方法，对于国人兴办工矿企业加以协助，鼓励国人出钱出力，发展后方工业，以增国力而裕民生。鼓励民间资本投资的政策，也确实收到一定的效果。战时大后方的民营企业资本在100万元以上者达到几十家，如华西建设公司资本达5000万元，华侨胡文虎投资2500万元成立华侨西南实业公司，其他还有中国兴业公司、大西南实业公司、西宁兴业公司、民权贸易公司、惠川公司、华一公司、华威公司等。

---

[1] 《抗日战争时期国民政府经济法规》下册，第167、69页。
[2] 《抗日战争时期国民政府经济法规》下册，第233页。

此外，通过经济部1938年9月30日公布的《修正矿业法实施细则》、10月19日修正公布的《非常时期农矿工商管理条例》、12月15日公布的《国营矿区管理规则》等法规条例，国民政府确立了对重要农矿工商企业及物资实施战时统制管理的基本制度。

1941年4月，国民党五届八中全会就经济部起草、以蒋介石名义提交的《国防工业三年计划》及《国防工业十年计划纲要》，议决工业建设基本方针七项：

> 一、加速促进兵工所需原料及制品之生产，以应军事需要；二、积极增加出口物资换取外汇；三、尽量培植民生必需品之生产，以维持后方人民生计；四、建设基本工矿事业，以奠定工业化之基础；五、进行程序：择最急迫需要而可迅速完成者尽先进行，务须使生产之增加能与经费之支出相应；六、经营方式：督促国营事业，护导民营事业，协力并进；七、准备方法：工业本身之设计外，兼注意培养技术人员。①

太平洋战争爆发后，日本先后占领了美属菲律宾、关岛、威克岛，英属香港、马来西亚、新加坡、缅甸，荷属东印度以及法属印度支那等地区。特别是由于缅甸被日军占领，大量滞留在滇缅公路沿途仰光、腊戍等地中国急需的工业设备器材被日军炸毁，中国对外的唯一陆路通道滇缅公路被切断，外国援华物资无法内运，中国出口偿债货物也无路可走，进出口贸易几乎完全中断。鉴于战争形势的变化和大后方经济状况，国民党在1941年12月15日召开五届九中全会，通过《加强国家总动员实施纲领案》，号召"全国公私从事人员及技术人员，皆应对其业务锐意振作，提高工作效能，增进物资生产，务使以同样之人力与设备，产生更大更优之成果，以充分供应战争之需要"。九中全会又通过了《确定当前战时经济基本方针案》，针对变化了的形势，对大后方经济工作提出新的方针："非战时必需之工业建设，未办者暂时一律停止举办，已经办者应设法将其资金与设备转移于国防及民生必需生产之用途。""扶助小工业之发展，应督

---

① 《国防工业三年计画大纲》，台北"国史馆"藏档：01112000011051a。

促政府照历届决议,加紧切实施行。""指定负责机关,设法招致沦陷区及其他口岸之技术人员与熟练工人,从事后方生产事业。"①

1942年3月,国民政府颁布《国家总动员法》及其实施纲要。为确保战争物资供应和人民生活必需品的基本保障,国民政府通过实施《国家总动员法》,进一步加强了对经济的统制,建立起高度集中的战时统制体制。该法将兵器、弹药及其他军用器材,粮食、饲料及被服用品料,药品、医药器材及其他卫生用品,船舶、车马及其他运输器材,土木建筑器材,电力与燃料,通信器材,上述器材生产修理支配供给及保存所需之原料及机器,以及其他经政府临时指定的物资,均划属为总动员物资。对于这些物资,政府于必要时可对其生产、贩卖、使用、修理、储藏、消费、迁移或转让及交易价格、数量等,加以指导、管理、节制或禁止。②

1942年以后,大后方经济出现了严重的物资匮乏、通货膨胀、奸商投机、囤积居奇现象。国民政府财政支出较战前增加30多倍,入不敷出严重,引发后方财政困难,只能依靠银行垫款和增发货币,政府因此提出了裁并军事机关以减少军费,调整裁并行政机构减少政费开支,减少事业经费,停修部分铁路、公路的对策,结果造成生产萎缩。加之物价飞涨,通货膨胀,后方经济尤其是民营工矿业发展日感困难。为解决后方工业生产中的困难,"增强生产的效果",国民政府于1943年6月,在重庆召开了有经济主管部门负责人、各省政府代表、农工矿各界代表等260余人参加的第二次全国生产会议。经济部部长翁文灏在开幕式上强调:要以整个国家的最大利益为前提,"深念不以无益害有益之必要,相助相成,庶足更为提高生产的实效",一方面协助经营特为得力的厂家,增多产量,以供需要;同时依据事实缓急先后之分,停止无益实际需要的生产。③1943年9月的国民党五届十一中全会,对于战时工矿经济进一步提出:"凡于军事民生关系较少之政务与事业,当力求紧缩,即于军事民生有关之费用,亦当力求核实节省,以减轻人民与国库之负担。"全会也注意到"近来若干工矿事业,或因原料缺乏,或因出品滞销,或因运输困难,生产有减退之势,后方新兴之钢铁事业,因与使用钢铁之一切企业未能配合,几陷于停

---

① 荣孟源主编《中国国民党历次代表大会及中央全会资料》(下),第746—747页。
② 《中华民国史档案资料汇编 第五辑第二编 财政经济》(1),第167页。
③ 李学通编《科学与工业化——翁文灏文存》,第533页。

产之状态……必须设法维护,勿使减产"。①

国民政府及其相关部门先后颁布的这些法律、条例,既确立了以统制经济为基本特征的抗战时期大后方基本经济法律框架和基本经济体制,也体现了鼓励、奖助后方国营民营工矿业共同发展,以增强抗战军事实力,保障后方人民基本生活,争取抗战胜利的基本方针,其产生的实际作用基本是积极和正面的。

综观国民政府抗战初期的经济政策,在总体上顺应了全国抗战的潮流。由于战时经济政策的调整,逐渐扭转了抗战初期的被动局面,促进了大后方经济的发展,初步改变了西南、西北地区的落后面貌。随着战时经济的开发与建设,大后方形成了重庆、川中、广元、川东、沅辰、桂林、宝鸡、昆明、贵阳、宁雅、甘青等11个工业区,建立了冶金、机械、化工、电器仪表、纺织、食品等上百种工业部门,生产涉及当时中国有能力生产的所有产品,形成了基本能够自给的工业体系。这一成绩是在后方人民不懈努力、团结奋斗、付出很大牺牲的基础上实现的。抗战初期实施经济统制,稳定了经济,中期和后期在实施中则弊端丛生,使人民备受扰累。再如增税和发行公债,极大地加重了人民的负担。客观条件局限,更兼党治腐败,政府官僚机构恶习成风,虽然法规法令很多,终难全面落实,以致治标多、治本少,讲得多、做得少,使战时经济开发与建设的目标远未达到。

---

① 秦孝仪主编《中华民国重要史料初编——对日抗战时期 第四编 战时建设》(3),第294页。

第二章
后方经济的发展（上）

在一场工业化时代的战争中，一个前工业化的国家，如何能战胜一个工业化的国家？中国人民以八年巨大的代价、惨烈的牺牲和超常的努力，诠释了为什么抗日战争是"战争史上的奇观，中华民族的壮举，惊天动地的伟业"。战时大后方及各敌后抗日根据地工农业以及交通运输等经济各领域发展的"壮举"，正是这场"奇观"和"伟业"最强大的支撑力。就战时大后方经济发展而言，以内迁国营及民营工矿企业为骨干，在战前现代工业几乎一片空白的西南西北地区，建立发展起若干新的工业中心，既生产出武器弹药，也生产出布匹纸张等生活日用必需品，保障了战时中国基本的军需民用，为持久抗战提供了不可或缺的物质力量。没有战时后方经济的发展，也就不可能有所谓正面战场的抗战。

第一节 建设后方工业

全国抗日战争爆发前，中国西南西北地区工业基础十分薄弱。据1937年的统计，川滇黔桂湘陕甘七省共有工厂237家，仅占全国工厂数的6%，资本额1523.4万元，仅占全国工业资本额的4.08%。[1]加上宁夏、西康两省，全部发电容量也只有17943千瓦，占全国的4%。而且这些工厂大多是轻纺工业，企业规模小，技术陈旧，经营管理落后，特别是钢铁、化工、动力能源等重工业尤为缺乏。战争的消耗和大量内迁人口基本生活的需求，既对大后方工业发展提出了严峻挑战，也为后方工业发展创造了有利时机。

国民政府工矿建设的最高主管官员经济部部长翁文灏，提出了战时工

---

[1] 陈真等编《中国近代工业史资料》第4辑，第97页。

矿建设的四项基本任务："第一，增加军需原料和制品的生产，以提高国防能力；第二增加出口物资的生产，以提高对外的支付能力；第三增加日用品必需品的生产，以安定人民的生活；第四，发展基本工矿业，以奠定工业化的基础。"[①] 为了迅速有效地达成上述目的，经济部一方面用国家资本在后方兴办各种重要工矿事业；一方面协助战区的重要民营工矿内迁后方，并对后方民营企业实施奖励协助政策，积极推进在西南西北发展矿冶、电力、机械、电器、化学等工业，建立新的工业中心，并扩充设备，增加产量，以期不断提高自给能力，满足抗战之需。在朝野各界的共同努力下，抗战时期中国大后方工矿建设取得了巨大发展，为战时大后方军需民用提供了基本保障，为持久抗战提供了巨大的物质力量。

一　国营工矿业的发展

除兵工生产由军政部兵工署直接负责外，战时国营工矿事业的兴办，主要由经济部资源委员会负责进行。依照经济部所定"以西南诸省为主要地区，开发各种矿产，建立国营重工业，而于民营工业及乡村工业为普及、调整和提倡"的计划，在资源委员会的努力下，战时国营工业获得了极大发展。

资源委员会从1938年起由军委会转归经济部直辖，从战前筹划经济动员而兼事重工业建设之机关，变为纯粹的国营工业（主要是基本工业、矿业、电业）建设经营机关。该会原正副秘书长翁文灏、钱昌照，分任正副主任委员。翁文灏为国营工业所划定的范围包括：一是国防所急需应特别经营的；二是有统筹或统制之必要的；三是规模宏大，非寻常财力所能举办的；四是国防民生所亟需而盈亏无甚把握的；五是为民营工业供给动力或燃料的。依照这一范围，资委会先后扩建、改建和新建了一大批国营工业企业，特别注意机械、电气、冶炼、化学等基本工业的建设；与国防及对外易货有关的矿产资源的开发，如煤、铁、石油、铜、钨、锑、锡、汞等；也特别注重发展电力企业，为后方各新兴工业中心供给动力。

---

① 《战时工业》，第33页。

（一）矿冶工业

矿冶工业一般也被称为重工业。依照经济部当时的标准，矿冶工业划分煤、石油、钢铁、铜铅锌、钨锑锡汞、金6小类。

现代工业产生以来，重工业的生产能力和生产水平往往被视为一个国家工业实力和工业化程度的重要指标，也是一个国家国防力量的基础。近代中国的重工业水平一直远远落后于西方列强和日本，洋务运动失败以后更是一蹶不振。民国初年，张謇虽提出过"棉铁主义"的口号，但在第一次世界大战时期即所谓中国资本主义发展的黄金时代，中国工业也主要是轻工业有所进展，重工业基础仍然极为薄弱。九一八事变以后的国民政府经济备战时期，对于发展重工业也曾订立了一个五年计划，欲在湘、鄂、赣三省建立中国重工业基地，但计划尚未彻底实施而日本全面侵华战争爆发。因此全国抗战爆发以前，中国西南西北地区的重工业几乎是一片空白。

1. 煤矿业的发展

民国时期，中国工业动力能源主要来源于煤炭，而当时探明的煤田主要集中于东北、华北。全国抗战爆发后，华北及长江中下游各主要产煤区域均告沦陷，而素称煤藏贫乏的西北西南大后方，企业内迁、人口辐集，能源动力的需求极感迫切。为满足后方生产、生活需要，开发煤炭资源，成为后方工业中占有重要位置的工作。

抗战时期，资源委员会采取独办或与地方政府合营或与民营资本合作的形式，先后在湖南、江西、四川、云南、陕西、甘肃、西康及两广各省，陆续开办与本地需要相当的煤矿24家。

（1）湖南是华中地区煤藏相对富庶的地区，全国抗战爆发前的经济备战时期，为适应建设湘赣工业中心的需要，资源委员会即对该地区的煤矿资源进行了相关的调查，制定了开发计划。抗战爆发后，华北产煤区沦陷，湖南成为粤汉、湘桂铁路机车燃煤和后方工业用煤的重要供应地。资委会最初于1937年9月与中英合办的中福公司，合组成立了湘潭煤矿公司，计划利用中福公司从河南焦作内迁的器材，开发湘潭谭家山煤矿，以供粤汉铁路及中央钢铁厂的需要，但受战事影响，不久即停工撤迁，转入四川。1938年10月，资委会又与民营中兴煤矿签约，将其1938年7月创办的湘乡恩口煤矿局改组为恩口煤矿公司，以供湘黔铁路之需，不久也因战局紧张、湘黔铁路拆轨而被迫停工，后将全部器材转让给云南明良公司。湖南各主要煤矿战时生产情况大致如下。①

祁零煤矿局。为供应湘桂铁路燃煤需要，资委会于1938年10月在易家桥设立祁零煤矿筹备处，1939年10月该矿正式出煤，1940年4月改为祁零煤矿局。该局共有4个矿区，共计查明储量达894.9万吨。正式开采的易家桥矿区靠近湘桂铁路，且有轻便铁路通至湘江，运输方便。1939—1944年，该局合计产煤达26.2万余吨。

辰溪煤业办事处。为协助民营惠民公司增产及承担燃料管理处委托的统收煤炭的工作，资委会于1938年8月设立辰溪煤业办事处。在该处协助下，惠民公司增加排水设备，解决困扰生产的积水问题，产量日增，所产煤炭均交该处收购。该处还于1940年11月创办一炼焦厂，月产焦炭600吨。1939—1945年，辰溪煤矿办事处共收购烟煤达34万余吨，1940—1945年自产焦炭1.8万余吨。

此外，资委会还于1938年10月与民营的湖北大冶源华煤矿公司合作，利用源华内迁的器材设备，成立辰溪煤矿公司，开采辰溪县桐湾溪等处矿区，以供应该地兵工厂等企业之用。但因地质条件复杂，虽经多年试采，其产量有限。

湘南矿务局。资委会于1939年9月成立湘南矿务局，先后开采永兴、耒阳、资兴等处煤矿，部分矿场系与湖南省建设厅合办。1940—1943年，湘南矿务局共产煤（白煤、烟煤）达275736吨，产焦炭7317吨。因该局以调节供需为经营方针，煤炭售价不以市场涨落为转移，常常以低于市场价格甚至低于政府所定限价销售，因此对稳定战时湖南的煤价、保障市场供应起到重要作用。

湘江煤业公司。该公司由资源委员会与民营湘江煤矿公司和金城银行合作经营，1944年2月正式成立，开采湘潭杨嘉桥煤矿，以供粤汉、湘桂铁路之需。该矿储量丰富，煤质甚佳，但因交通不便，仅于1944年开采了1.1万吨。

（2）江西是资委会在抗战前既已着手开发的后方工业区之一。江西西

---

① 章伯锋、庄建平主编《抗日战争》第5卷，第364—367页。

部是长江以南煤矿储藏较丰富地区，抗战爆发前，为筹备供应预定中的中央钢铁厂炼铁燃料，资源委员会于1936年组建江西高坑煤矿筹备处，开始试探工作。经探明该地储量约2000万吨，而且煤质甚佳，适宜烧炼冶金所需焦炭。抗战爆发后，各地需煤孔亟，资委会加紧了对高坑的开发，整理土井，积极生产，以供浙赣铁路用煤之需，并于1938年改组为高坑煤矿局。但该矿因过于靠近前线，不得不于1939年将重要设备拆运，拨予湖南祁零煤矿局。1940年后战局相对稳定，高坑煤矿部分恢复生产，以供当地需要，焦炭则运销湘桂路沿线工厂。因时常受战争影响，该矿产量并不稳定，1937—1944年，共产煤14.7万余吨、焦炭1.17万余吨。

江西另一个重要煤矿是天河矿。该矿成立于抗战爆发前的1937年2月，由资委会与江西省政府合办。资源委员会开发天河矿煤炭的目的，一是为筹设中的钨铁厂提供燃料；二为预计由德国进口设备成立的提炼煤油厂供应原料。七七事变后，原定计划均因抗战爆发而放弃，天河煤矿所产煤炭主要供应吉赣一带工业区所需燃料，但也因地处前线，时开时停。1937—1944年，天河煤矿出产煤11.4万余吨，1938—1944年产焦炭7943吨。

（3）抗战爆发后，贵州地当西南交通要冲，内迁及新建工厂较多，而且随着湘桂铁路修至贵州，需煤日多。资委会先后在贵州省建设的煤矿有贵州煤矿公司、南桐煤矿和黔南煤矿筹备处等。

1941年资委会与贵州企业公司合作成立贵州煤矿公司，接办巫峰山筑东矿场，扩充开采。1944年，黔桂铁路拟通贵阳，该公司积极开发林东煤田。该矿煤质佳，储量大，可供铁路机车燃煤之用。筑东与沙河两矿靠近贵阳，运销便利。1941—1945年，该公司共产煤105451吨、焦炭21035吨。

南桐煤矿。为在后方建立钢铁工业基础，资委会在与兵工署1938年春合组钢铁厂迁建委员会的同时，也成立了贵州南桐煤矿筹备处。钢迁会计划开采贵州南川、桐梓两县交界的桃子荡煤田，为该会的大渡口钢铁厂提供能源。1940年2月，筹备处正式改称南桐煤矿。该地煤炭储量丰富，估计约有4500万吨。南桐煤矿先后开凿五座直井，日生产能力可达500吨。另外该矿洗炼设备齐全，有大量长方形、圆形炼焦炉，可月产焦炭1400余吨。1939—1945年，南桐煤矿共产煤71.5万余吨、焦炭14.2万余吨。

黔南煤矿筹备处是因为1944年黔桂铁路通到独山，资委会为因应铁路用煤需要于1944年秋而设成立的，主要开采都匀、荔波的煤田。因为该处煤层薄煤质差，而且交通不便，生产能力不高，日产在 50 吨左右。

（4）资委会在云南的煤矿主要有两处，一为明良煤矿局，一为宣明煤矿公司。

明良煤矿局最初为民营的云南明良煤矿公司。抗战爆发后，昆明工厂增多，燃料需要日增。为提高产量，增加供应，资委会与明良公司于 1939 年 8 月签订合同，将公司改为官商合办，增加投资，扩充开采设备，提高产量。1945 年，资委会又进一步收买了全部商股，改公司为局。该矿矿区甚广，储量约 5000 万吨，从 1939 年至 1945 年，共产煤约 36.5 万吨、焦炭 2992 吨。

宣明煤矿公司由资委会与云南省财政厅合资兴办。1939 年，资委会以宣威的 3 处国营矿区与云南省财政厅的宣威煤矿筹备处合作，共同成立宣明煤矿筹备处。宣威煤矿原为兴建叙昆铁路而办，以供应铁路机车燃料为目的，后因叙昆铁路停工，煤产销路不畅，于是改为专门炼制冶金所用焦炭，运销昆明各厂及云南钢铁厂。该矿自 1941 年开始洗煤炼焦，但因地理位置偏僻，所产煤炭需用牛车运至木乃冲，改由汽车或驿运运至曲靖，再由火车运至昆明。受运输条件限制，该矿产量一直不高，1939—1945 年，共产煤 43638 吨、焦炭 15718 吨。

（5）四川省是战时后方用煤最多的省份，民营煤矿虽雨后春笋般成长，但仍不能满足社会需求，于是资委会先后在四川成立了四家比较大的煤矿企业。

官商合办的嘉阳煤矿公司。1939 年，资委会与中福公司合作，并加入民生公司、美丰银行、德丰公司、川康平民商业银行等商股，组成嘉阳煤矿公司，以湘潭谭家山煤矿迁川的机器设备和技术人员为基础，在四川犍为、屏山交界的芭蕉沟设立矿区。该矿当年 6 月开始出煤，其后工程逐渐扩充，产量不断增加，生产能力达至日产 500 吨。该公司所产煤炭最初全部由经济部燃料管理处统购，分配给重庆附近工厂，1940 年 10 月以后改由煤矿自行运销。因运输能力有限，该矿产能实际未能充分发挥，1939—1945 年，共产煤 55.7 万多吨。

威远煤矿公司的前身是财政部盐务总局为供应自贡盐场用煤成立的黄荆沟煤矿局，后来因矿井积水太大，又缺乏排水设备，致使生产陷于停顿。资委会联合中福公司，于 1940 年加入投资，将其改组为威远煤矿公司，增添设备，扩充开采，使其生产能力逐渐增加到日产300余吨的水平，所产煤炭除供应自贡盐场外，还在威远及附近矿厂销售，同时附带炼焦，专供威远铁厂炼铁之用，可月产焦炭300余吨。1941—1945年，该矿共产煤37.7万余吨、焦炭8101吨。

建川煤矿公司前身是抗战初由中国矿业公司创办的巴县白市驿煤矿。为进一步扩大企业规模和产量，1941年资委会与中国银行加入资本，将其改组为建川煤矿公司。改组后，公司积极增加开采设备，修筑轻便铁路，以方便运往大渡口及重庆一带销售。该矿1941—1945年共产煤53.6万余吨、炼焦2063吨。

1941年，资委会还与四川省政府及少数商股合办四川煤业公司，经营江北县桶井镇、广元县杨家岩的煤田。因为所属矿厂交通困难，运输不畅，生产能力未能完全发挥，仅勉强维持，战时共产煤26545吨、焦炭1621吨。

（6）受交通不便等因素的影响，战前西北地区现代工业极不发达，新式工厂尤属罕见，煤炭的需求和开采都不兴旺。抗战爆发后，兰州地区工业渐兴，需煤较切。为解决兰州及附近地区煤荒问题，资源委员会于1941年与甘肃省政府合资成立了永登煤矿局。1943年11月，永登煤矿局又与甘肃省政府所办的阿干镇煤矿合并，改组为甘肃煤矿局。永登窑街的煤质甚佳，当时估计储量为2000万吨，但黏性较弱，不能炼焦，而且交通不便，运输困难。阿干镇煤矿矿区太小，而且煤质疏松，没有大规模开采价值。1942—1945年，甘肃煤矿局共产煤44398吨、焦炭213吨。

另外，资委会、甘肃省政府与中中交农四行还于1942年1月合组成立了甘肃矿业公司，由甘肃省政府主办，经营静宁罐子峡煤矿与徽县共济炼铁厂，并在1942—1943年一度受甘肃省政府委托经办阿干镇煤矿。

除上述各矿公司外，资委会还有几家属于矿业公司自采自用性质的附属煤矿，如云南锡业公司的乌格煤矿、川康铜铅锌矿务局的益门煤矿等。

虽然受交通运输能力等因素局限，各矿的生产能力并不能得到充分发挥，特别是屡受战事影响，无法正常生产，例如1944年湘桂失陷，造成湘南矿务局等7家企业被迫相继停工，1944年产量大减。但是，截至抗战胜利，资委会所属各国营煤矿，历年所产煤炭总量计达到3792889吨、焦炭246517吨，为战时后方冶炼、交通航运、化学等工业发展及民众生活用煤提供了基本保证。

表 2-1　资委会所属各矿历年煤炭产量

单位：吨

年份		1937	1938	1939	1940	1941	1942	1943	1944	1945	合计
祁零煤矿局		—	—	6143	50290	42577	51514	58111	53649	—	262284
辰溪煤矿办事处		—	—	22849	41400	49063	58176	54844	52899	61258	340489
湘南矿务局	白煤	—	—	—	7455	63969	95097	83350	—	—	249871
	烟煤	—	—	—	2348	8960	8617	5940	—	—	25865
湘江煤业公司		—	—	—	—	—	—	—	11066	—	11066
高坑煤矿局		13868	55217	19932	—	12771	22067	17123	6244	—	147222
天河煤矿筹备处		4737	19784	1327	11178	26462	20617	15486	14422	—	114013
粤北工矿公司（八字岭）		—	—	—	—	—	—	2165	—	—	2165
西湾煤矿		—	3124	17037	39248	52921	49855	27541	9989	—	199715
贵州煤矿公司		—	—	—	—	6388	21600	24765	27019	25679	105451
南桐煤矿		—	—	16913	52377	107859	150958	127052	142248	117709	715116
黔南煤矿筹备处		—	—	—	—	—	—	—	—	5889	5889
明良煤矿局		—	—	8836	34046	59181	57375	64849	74720	65904	364911
宣明煤矿公司		—	—	37	10198	9934	9102	5860	4762	3745	43638
嘉阳煤矿公司		—	—	17207	57158	64031	101473	107919	108618	100784	557190
威远煤矿公司		—	—	—	—	1885	47073	99190	102549	123740	374437
四川煤业公司		—	—	—	—	2170	10296	8659	2290	3130	26545
建川煤矿公司		—	—	—	—	777	21998	24765	42584	46609	136733
甘肃煤矿局		—	—	—	—	—	3249	7864	14326	18959	44398
乌格煤矿		—	—	—	—	6200	5975	10451	14718	10902	48246
益门煤矿		—	—	—	—	—	2456	5633	6010	3627	17726
总计		18605	78125	110281	305617	515148	737500	751659	688113	587935	3792889

表 2-2　资源委员会各煤矿区历年焦炭产量

单位：吨

年份	1937	1938	1939	1940	1941	1942	1943	1944	1945	合计
辰溪煤矿办事处	—	—	—	1087	3357	4279	3433	2856	3099	18111
湘南矿务局	—	—	—	490	1667	3306	1854	—	—	7317
高坑煤矿局	81	1091	—	—	890	4026	3715	1906	—	11709

续表

年份	1937	1938	1939	1940	1941	1942	1943	1944	1945	合计
天河煤矿筹备处	—	23	475	1005	2080	2891	1447	22	—	7943
西湾煤矿	—	90	595	82	1389	1094	19	—	—	3269
贵州煤矿公司	—	—	—	—	2308	9142	766	5058	3761	21035
南桐煤矿	—	—	2613	1171	24810	37713	29114	17082	30251	142754
明良煤矿局	—	—	—	21	43	57	1254	722	895	2992
宣明煤矿公司	—	—	—	4310	2481	3886	1635	2063	1461	15718
威远煤矿公司	—	—	—	—	1885	412	1687	2656	1461	8101
四川煤业公司	—	—	—	—	132	415	774	36	264	1621
建川煤矿公司	—	—	—	—	78	1142	649	194	—	2063
甘肃煤矿局	—	—	—	—	—	—	—	123	90	213
乌格煤矿	—	—	—	—	—	237	1013	955	1079	3284
益门煤矿	—	—	—	—	—	169	88	130	—	387
总计	81	1204	3704	8188	41134	69966	46916	33976	41466	246517

资料来源：表2-1、表2-2均据张伯颜《抗战八年来之煤矿业》，章伯锋、庄建平主编《抗日战争》第5卷，第376—377页。表中数字有不合之处，原书如此，待考。下同。

2. 创办石油工业

抗战爆发以后，因为大后方铁路缺少，运输绝大部分依赖汽车。而沿海口岸的陷落，致使进口燃料来源基本断绝，原本完全依赖进口洋油的中国公路运输面临瘫痪的危险。液体燃料成为大后方最重要也是最紧缺的物资，甚至有"一滴汽油一滴血"之说。

国防设计委员会早在成立之初，即制定有《战时燃料及石油统制计划》，目的是保证战争一旦爆发可对液体燃料实施有效管理和分配，同时也曾组织在陕北和四川进行石油勘探和试采。资源委员会成立后，继续进行液体燃料的开发工作，并开始制定具体的投资发展规划。资委会制定的《重工业建设五年计划》（1936年3月公布）中，对开发包括汽油、酒精在内的液体燃料工业等也列有具体的规划和投资。国民政府在战前的这些工作，为抗战爆发后液体燃料工业的迅速起步奠定了基础。

（1）玉门石油的开发

抗战初期，由于玉门地理位置偏僻，虽然早已发现丰富的石油蕴藏，但国民政府尚未做开发的打算，而仍然以陕西、四川为重点勘采之地。

作为地质学家出身的经济部部长翁文灏，很早即意识到石油将成为未来工业的重要能源。在其担任实业部地质调查所所长时期，即曾派人着手中国石油地质调查，并撰写了《甘肃玉门石油报告》。关于玉门石油蕴藏情形，中国古籍早有记载。近代以来，玉门石油也曾引起多方兴趣。光绪年间，一位名叫林辅臣的比利时人就曾建议甘肃当局开发玉门的石油。1935年7月，顾维钧、周新民等5人以大陆银行、金城银行为后盾，向南京政府提出请求授予甘肃、新疆、青海省石油探采权，以5年为期。当时南京政府经过审议，认为"此种矿业依总理遗教应归国营。惟目前国库竭蹶，无力经营，与其弃置，似不如利用人民资力提早开发"，由实业部等拟定特许权状16条，准许开发。顾维钧等人1936年成立了中国煤油探矿公司筹备处，聘请中外技术人员于1937年开始对柴达木盆地和玉门进行地质调查，但最后未能提出工业开采依据，也没再进一步勘探。

抗战爆发后，为保障战时运输所需，翁文灏决定尽快着手开发玉门石油。然而要想开发石油，首先必须收回给予顾维钧等人的开采特权。根据实业部拟定的16条特许权状及有关规定，顾维钧等人的勘探期限为5年，开采期限则自勘探期满日起有效期20年，并延续有效20年，即共45年。依此计算，到1980年政府方可收回，这使翁文灏感到非常棘手。然而，他在细读有关玉门石油开采特权的所有文件之后，终于找到了收回这一特许权的凭据。翁文灏发现1935年实业部将顾维钧等人的申请上报以后，行政院8月28日的第226次会议决议："交内政、外交、军政、财政、实业五部，并函请全国经济委员会暨军事委员会资源委员会会同审查。"8月31日上述部门召开会议，就此问题提出8项原则。其中之一规定："在呈请特许案核准后六个月内开始探勘。"中国煤油探矿公司筹备处虽然派人对青海、玉门一带进行了地质调查，但也可以说没有进行严格意义上的"探勘"。如果以1935年11月1日国民政府颁发第82号训令作为核准日期，那么到1938年无疑早已过期。于是由资委会以中国煤油探矿公司未能如期开发为由，提请经济部收回了玉门石油开采特许权。1938年6月12日，资源委员会在汉口成立负责主持筹备玉门油矿勘探、开发事宜的资源委员会甘肃油矿筹备处。

勘探玉门石油的另一个困难是缺少钻机。虽然资源委员会在四川有一部从德国引进的旋转钻机，但是当时对四川石油也抱有很大的期望，不可能抽调玉门。如果从国外购买,资金、运输都是问题,而且缓不济急。翁文灏又想到了当年因红军占领陕北资委会撤离时遗留在延长的两台顿钻。他亲自商请当时驻武汉的中共代表周恩来,请求中国共产党予以协助,得到周恩来热情支持。资委会于1938年6月18日正式函请八路军驻汉口办事处,请予以协助。办事处主任钱之光20日复函同意筹备处人员赴陕北迁运钻机,并说明"已商准周恩来同志介绍本军驻陕代表林伯渠同志,于张心田主任到陕时就近照料一切。并转电延安陕甘宁政府"。[1] 10月18日两套钻机及配件安全运抵咸阳。资委会又将江西高坑、湘潭、萍乡各地原用以采煤的钻机四架移运玉门,增加钻井能力。12月26日,筹备处主任严爽、地质学家孙健初和技术员靳锡庚一行骑着骆驼抵达风雪中的戈壁荒漠玉门老君庙,拉开玉门开发的序幕。

1939年3月,勘测队不等钻机运到,就已确定井位,用人工挖掘了第一号井,27日见到该井工业油流,日产1.5吨。8月11日即利用刚刚由陕北运到的两台顿钻钻井探得K(干油泉露头)油层,日产原油达10吨。K油层的发现为大规模开发玉门石油提供了科学依据。地质学家孙健初写出《甘肃玉门的地质》报告,确认该处地质是良好的储油区域,具有大规模开采价值。

尽管1939年当年玉门就产油428吨,加工了71吨,然而在当时的条件下,大规模开发玉门石油还有许多困难。一是气候条件恶劣,地高天寒,戈壁荒漠寸草不生,一切生产、生活物资均需由数十公里甚至上千公里外运入;二是地理位置偏僻,远离交通干线,运输困难;三是资金困难,石油勘探、开采和冶炼的大量设备国内不能制造,大部分需要进口,正值抗战国家财政支绌,资金从何而来?

1940年9月8日,资源委员会副主任委员钱昌照等亲往玉门调查研究,探寻油矿发展的前景和开发的可行性。在听取专家报告、查看有关材料、了解玉门附近的情况后,由孙越崎等根据战时需要、油矿当时的情况和将来的发展,草拟了一份《甘肃油矿二年扩充计划》。按照这一计划,两年内,共需投入7400万法币和300万美元,用于购置设备材料、运输、安装等,到1942年8月玉门油田可达到每日产炼原油7万加仑的能力。

---

[1] 玉门油矿史志编纂委员会《玉门油矿史(1939—1949)》,西北大学出版社,1988。

1942年9月至1943年2月，再投资150万美元、3000万法币，用于扩充炼油厂。① 翁文灏对这一计划表示积极支持，并立即上报行政院请求批准，但是这个计划上报以后，遭到孔祥熙等人的反对。孔祥熙提出招商承办，实际上等于搁置不办。在一次会议上，钱昌照再次提出开发玉门石油问题，并激动地说："中国如果是一个上轨道的国家，在抗战以前这样的矿早就该开发了。时至今日，再不开发，太不像话了。请大家好好审议，立即决定。"② 钱的提议仍然遭到朱家骅、陈果夫、徐堪等人的反对，认为那样的环境和条件下开油矿，生产出汽油来在抗战期间肯定也用不上，而主张把有限的外汇用在直接从国外购买兵工器材，而不应该用在缓不济急的石油开发上。为此翁文灏与孙越崎专程登门拜会行政院院长兼财政部部长孔祥熙，当面说明计划，试图说服孔祥熙支持开发计划。③ 资源委员会随即向美国订购了共计4500吨的新式采油、输油、储油及炼油的全套设备。

与此同时，资源委员会为解决油田运输问题，与西北公路局签订《为运输机件及供应油料互助合约》，规定：油矿所购机料从重庆等地运往矿区所需车辆，除该矿自有者外，不足之数自公路局负责调用；从1940年9月起，油矿所产汽油除已订约预售者外，按重庆市价7折，尽先供给公路局。此外，油矿为解决运输困难，还向国外订购了500辆卡车。为解决工人缺乏的问题，经军政部同意，从1941年4月起，玉门、酒泉、金塔、安西县应征壮丁拨给该矿充当工人。

1941年3月16日，资委会撤销油矿筹备处，在重庆正式成立甘肃油矿局，任命孙越崎为总经理。在翁文灏的积极支持和协助下，孙越崎选调各方面的技术专家和专门人才参加油矿开发，壮大了玉门开发的队伍。1941年10月，玉门的职工总数已达2900余人，产出原油280万加仑，炼出汽油24万加仑、煤油14万加仑、柴油20万加仑，大部供给西北运输之用。④

1941年12月8日爆发的太平洋战争，让资委会依靠美国进口设备大

---

① 《甘肃油矿两年扩充计划》，转引自郑友揆等《旧中国的资源委员会——史实与评价》，第91页。
② 钱昌照：《国民党政府资源委员会始末》，《回忆国民党政府资源委员会》，第9页。
③ 孙越崎科技教育基金管委会组织编写《孙越崎传》，石油工业出版社，1994，第145页。
④ 《翁文灏致蒋介石签呈（1941年11月14日）》，台北"国史馆"藏档：003－010301－0792－0133x。

规模开发玉门的计划成为泡影。1940年底资委会的玉门油矿扩充计划获批后，立即派人赴美订购设备，其中包括每日可炼原油63000加仑，炼出的汽油可达到原油64%的一座炼油厂。订购的设备于1941年6、7月间陆续由美起运来华。按正常运输程序和时间，这些设备先到达仰光，然后再经滇缅公路辗转运至重庆，重庆距玉门尚有2550公里。整个运输过程大约需时10个月，设备安装亦需10个月。如果一切就绪，预计1943年全年玉门可出汽油880万加仑飞机、汽油100万加仑、柴油200万加仑、煤油100万加仑。太平洋战争爆发之时，玉门油矿订购的设备除少部分在美待运外，多数分散于香港、仰光、腊戌等地运输途中。由于香港、仰光很快沦陷，大部分机械设备落入敌手。据统计，在仰光、腊戌、畹町等地相继沦陷时损失的设备共12773件，总重2077.95吨，价值70余万美元；在香港损失的卡车等零件价值近19326美元及2207港元。抢运入境的物资仅拼凑成4架钻机，最可惜的是炼油设备全部损失。而且资委会在1942年度重工业预算中，已经提出新的扩充投资400万美元计划，其中一半用于购买炼油设备，可日炼原油14万加仑（其中飞机汽油5000加仑）。翁文灏甚至于11月又提出了一个在此基础上再追加250万美元用于购置炼油设备的方案。①

进口设备的路被断绝，油矿开发只能自力更生立足国内。四川油矿探勘处的德制钻机紧急调往玉门，其他设备也就国内能够办到的尽力搜罗，油矿局还向重庆的工厂订购了车床、水泵、油泵、炼油釜闸门等配件。从各地收购的各种钢管、马达、水泥、重晶石等，千里迢迢运往玉门。由于国产钢材质量不高，又无耐温耐压的无缝钢管，只好自行设计制造釜式蒸馏炼油炉，而自制釜式炼炉最高也只能提炼20%的汽油。

尽管有如此大的困难，油矿局还是提出了1942年要比1941年提高9倍产量、生产汽油180万加仑（约合5000吨）的宏大目标。1942年7月翁文灏亲自到玉门帮助解决困难。经全局职工、技术人员拼力奋战，玉门油矿的开发迅速走上正轨，形成生产规模。1942年11月，180万加仑的目标提前实现。1942年8月29日，蒋介石与甘肃省主席谷正伦及胡宗南等

---

① 《翁文灏致蒋介石签呈（1941年11月14日）》，台北"国史馆"藏档：003-010301-0792-0133x。

亲往玉门油矿视察，听取了孙越崎的汇报，了解戈壁荒滩上油矿及炼厂的生产状况，对玉门油矿短期内所取得的成就深表嘉许，当场犒赏一万元。①

整个抗战时期，玉门油矿从无到有，从小到大，历经日机轰炸扫射、1941年的井喷大火和1943年的特大水灾等重重艰难险阻。1939—1945年，玉门共钻井61口，其中最深者达900余公尺，原油产量共7866万加仑，炼产汽油1303万加仑、煤油511.7万加仑、柴油71.7万加仑，此外还有石蜡等副产品。②到抗战结束时，玉门炼油厂已能日炼原油5万加仑。这些产量在今天看来微不足道，在当时却给抗战增加了巨大的物质力量。"战时川、甘、陕、新及宁夏、青海部分区域，凡所用油皆赖其供应"。③特别是汽油多供给西北地区的军事机关、公路局等交通运输部门，煤油、柴油则多销往重庆等后方城市。整个抗战期间，资源委员会共投资近188794万元（合战前币值约1178万元）开发石油，发展中国的石油工业，其中仅玉门油矿即达145044万元，占投资总额的87%。④

鉴于孙越崎为建设玉门油矿、开发中国石油工业做出的卓越贡献，1942年8月中国工程师学会授予他中国工程界最高荣誉——金质奖章。抗战时期玉门油矿的开发建设，不仅生产出了大量的燃料、能源，有力地支持了抗战，而且还培养造就了中国自己的石油工业队伍，为以后中国石油工业的发展奠定了基础。

(2) 其他地区的石油开发

全国抗战爆发前，资源委员会根据重工业开发计划，于1936年9月在四川巴县高立四川油矿探勘处，从事巴县、达县地区油田勘探。战时除甘肃玉门油矿外，对四川的石油调查与钻探致力最多。虽然在巴县石油沟未发现大的油源，但开采获得了大量的天然气，战时重庆的轮渡及海棠溪、南川间的公路汽车燃料，使用的均是来自巴县的天然气。此外在威远臭水沟、隆昌县圣灯山的钻探，也发现了丰富的天然气，提供给当地制盐业作为燃料。由于甘肃玉门油矿已有生产，为移缓就急，四川钻井器材一部分

---

① 《孙越崎致翁文灏钱昌照电》，台北"国史馆"藏档：003-101301-0688-0041a。
② 张丽门、何葆善：《十年来之中国石油事业》，谭熙鸿主编《十年来之中国经济》，中华书局，1948，第H8页。
③ 《抗战八年来之油矿经营纪实》，《资源委员会季刊》第6卷第1—2期合刊，1946年，第5页。
④ 郑友揆等：《旧中国的资源委员会——史实与评价》，第97页。

被调运甘肃，勘探工作受设备限制，未能进一步深入。

表 2-3 战时历年天然气产量统计

年份	1941	1942	1943	1944	1945
产量（立方尺）	26720	233112	266988	272502	296792
折合汽油（加仑）	8908	77704	88996	90934	98931

资料来源：《十年来四川钻探石油工作纪实》，章伯锋、庄建平主编《抗日战争》第 5 卷，第 398 页。

新疆乌苏独山子油矿也是清末时即有油苗发现。1937 年 7 月，新疆省政府设立独山子油矿，与苏联方面合作开发经营。1940 年开始建炼油厂，计划可日炼原油 5.5 万加仑。1943 年新疆督办盛世才与国民政府关系改善以后，经中方交涉收回独山子油矿，苏方将各种采炼设备与人员撤回。甘肃油矿局奉资源委员会令，负责独山子矿的接收复工工作，将已封之井重开出油，恢复生产，每月可产汽油 3 万加仑。后因新疆地方政局变动，生产陷于停顿。①

3. 钢铁工业的消长

钢铁工业是重工业的基础，被视为衡量一个国家工业化程度的标准，因为它体现了一种综合工业生产能力，如地质勘探水平、铁矿石开采能力、煤铁资源的优劣多寡、投资能力的大小等。

民国时期中国钢铁工业极为薄弱，据经济部统计处的调查，抗战前全国只有化铁厂 8 家，年最大生产能力不过 60 万吨，而在 1933 年调查时，其中 3 家已经停闭。全国钢厂不过七八家，最大生产能力不过 10 万吨，其中国人自己创办的规模较大的钢铁厂只有汉阳钢铁厂。1934 年，全国钢铁实际生产量，铁为 15 万吨，钢 5 万吨。② 1937 年，全国用机械冶炼的生铁产量为 958683 吨，钢 556347 吨，而其中日本占领下的东北就分别占去了 84.8% 和 93.5%。中国人自办的铁厂，仅有汉口六河沟炼铁厂和山西阳泉保晋铁厂两家，钢厂仅有上海炼钢厂等 4 家，年产量不足 4 万吨。这也致使中国关内 99.9% 以上的铁矿石输往日本及其占领下的东北。仅有的几家

---

① 章伯锋、庄建平主编《抗日战争》第 5 卷，第 317—318、395 页。
② 《经济部统计处关于战时后方工业统计报告》，《中华民国史资料汇编　第五辑第二编　财政经济》（6），第 326 页。

钢铁厂多是土法冶炼，产量低，质量差。特别是后方各省，抗战前钢铁工业几乎是一片空白，没有一家现代意义的钢铁企业，仅有一些只能制造农具及一般铁器的旧式铁厂。在土铁业较为发达的四川，抗战前每年的土铁产量达到42000吨。① 由于没有现代冶炼技术和设备，这些土铁的质地较硬，容易脆裂，不能制造兵工器材及现代机械。

针对钢铁基础薄弱的现状，为了因应日益迫近的战争形势，在资源委员会拟订的重工业五年发展计划中，中国重工业发展地区在平汉路以西的中部地区，具体包括：在湖南湘潭和安徽马鞍山分别建立年产30万吨优质钢材的钢厂，可以供给中国一半的需要；开发湖南湘乡及茶陵的铁矿，建设炼铁厂，争取达到年产30万吨铁的规模。该计划预计引进国外成套设备和技术，并于1936年聘请了德英两国的专家协助建设。

然而由于七七事变爆发后战事进展迅速，湖南、安徽很快面临日军威胁，虽然从德国引进设备筹建的湘潭中央钢铁厂，德方设计已经告一段落，厂址建设已经完成土地平整，建造厂房、码头等工作也已就绪，但因为临近战区，也不得不拆迁转移。急迫的战时需求促进了战时钢铁工业的勃兴。

西南地区当时因已探明的煤铁资源均十分贫乏，没有适宜建设钢铁厂的条件，所以战前资委会没有在大后方建设钢铁厂的设计。战事爆发以后，不仅兵工生产对钢铁的需求甚殷，而且内迁工厂恢复生产、新工厂建设也都需要钢铁设备，因而对钢铁及钢铁制品的需要量也急剧上升。但是因为钢铁企业的建设周期长，投资效益慢，非立时可竣。到了1939年下半年，大后方原有存铁和内迁时抢运内地的生铁皆已用罄，进口的钢铁原料大幅度减少，后方土法冶炼的生铁又因质量太低，不能车刨，致使大后方工业呈现严重的"铁荒"。钢铁界鉴于后方煤铁原料分布散漫，不得不先着力于小型炼铁炉之建设，以期迅速即推广生产，解决铁荒问题。

资委会1938年提出的《西南各省三年国防建设计划》中，预定三年投资713万美元、500万元法币，兴建一批小型炼钢炉和熔铁炉，达到年产生铁2万多吨、钢材7万多吨的生产能力，加上内迁的民营企业及四川原有民营企业的产量，年总产量可达到生铁3.4万吨，钢材8万吨，能基

---

① 靳树梁：《四川钢铁工业之动向》，《资源委员会季刊》第1卷第1期，1941年。

本满足后方生产所需。可惜，这一计划由于外汇和交通运输的困阻，只停留在纸面上，最后仍然只是个计划。1939年底，资委会又提出了一个新的《举办国营工业三年计划》，并获准实施。按照新计划，三年投资146万美元、5105.5万元法币，建设大渡口钢铁厂等，争取在1942年实现年产生铁5.1万吨、纯铁3600吨、钢材4.08万吨的目标。此后至抗战结束的数年间，资委会共投资89023万元法币，先后与兵工署及地方政府等机构，联合兴建了大渡口钢铁厂、资渝钢铁厂、电化冶炼厂、威远铁厂、资蜀铁厂和云南钢铁厂等6个钢铁企业。

1940年5月，大渡口钢铁厂赶建的20号炼铁炉首先开工，生产灰口生铁。1941年人和炼铁厂及试验炼铁厂的5吨炉及中国兴业30吨炼炉先后开工，出产灰口生铁。其他如大昌、荣昌、永川的5吨炉等均接踵出产。1942年2月，大渡口钢铁厂百吨炼铁炉开工，1943年云南钢铁厂的50吨炼铁炉亦相继开炉生产。到1943年，大后方拥有炼铁厂114家，其中公营（包括国营和省营）16家、民营98家，资本约为1.2亿元；有炼钢厂10家（公营6家，民营4家），资本约1亿元。[①]

此时，后方钢铁工业生产出现了另一个问题，即生产供过于需，生铁销路停滞，钢材之需转急。后方原有少数工厂用半吨至3吨之电炉制炼钢品，成本过高，产量小。在提高炼钢能力方面，建造平炉需费多而历时久。为尽快消纳生铁、解决钢品供应，又有创设轻而易举之酸性柏士麦炼钢炉的建设和实施。1942年度，大华铸造厂首先以柏士麦钢问世。柏士麦炼钢原料须用硫少之土铁掺和锰铁、硅[②]铁以达适合于柏士麦炼钢之生铁的成分。白口土铁又发现新用途，销路转旺。但柏士麦法虽有设备简单操作便易的优点，但因含磷过高影响钢品性质，不合兵工生产需求，于是平炉建设乃更积极进行。1943年兴业公司及大渡口钢铁厂平炉相继试炼成功，后方炼钢有了基础。其他如特殊钢及工具钢之制炼、有电化冶炼厂之高周波感应炉、兵工署第二十八兵工厂之坩埚炉，均先后生产。

虽然公营钢铁厂的数量不多，但企业规模、生产能力、产品的种类和产量，较之民营企业都要高出很多。最大生产能力每年生产铁约5.5万吨、

---

① 《经济部统计处关于战时后方工业统计报告》，《中华民国史档案资料汇编　第五辑第二编　财政经济》(6)，第326页。

② 当时称矽。

钢2万吨,[①] 产品除生铁外,可以生产圆钢、方钢、扁钢、八角钢、钢轨、钢板、螺丝、螺母、铆钉等,种类较之民营企业要丰富很多。

例如,资委会参与兴建的钢铁企业虽只有6家,但其规模和生产能力都是后方民营企业不可企及的。资委会通过兴建这些钢铁企业,使其生铁生产能力从1940年的2494吨,占后方总产量的5.5%,跃居到1945年的22556吨,占46.5%;钢产量从1941年的116吨,占后方总产量5.8%,增至1945年的10206吨,占56%。在整个后方八年的总产量中,资委会的铁、钢产量分别占15.9%和51.1%。[②]

各主要钢铁企业战时发展过程和生产情况如下。

大渡口钢铁厂。抗战初期工业内迁之际,国民政府对钢铁工业的内迁尤其重视,1938年3月由资源委员会与兵工署在汉口联合成立钢铁厂迁建委员会,负责迁运沿海沿江重要钢铁企业,作为战时在大后方钢铁工业发展的凭借和基础。钢迁会的主要任务就是内迁上海炼钢厂、六河沟炼铁厂及汉冶萍钢铁厂的设备和人员。9月,由军政部特先期拨款260万元,钢铁厂迁建委员会利用拆运至重庆大渡口的汉冶萍公司、六河沟炼铁厂及上海炼钢厂设备,建立了大渡口钢铁厂。该厂主要原料来自綦江铁矿和南桐煤矿,下辖7个制造所。第一制造所为动力厂,主要设备有两台1500千瓦的蒸汽透平交流发电机及锅炉设备。第二制造所负责生铁冶炼,有两座炼铁炉,分别为100吨和20吨。第三制造所以炼钢及铸造为主,有两座10吨碱性平炉,小型炼钢炉3座,3吨及1吨半电炉各1座,3吨柏士麦炉1座;铸铁方面有4吨半熔铁炉4座,1吨半熔铁炉1座。第四制造所生产钢材,分钢条钢轨、钢板及钩钉三厂。钢条厂主要设备有18英寸二层三联式钢条及轻钢轨轧机1套,14英寸、12英寸及10英寸三层二联式钢条轧机各1套,主要产品为各种钢条、轻钢轨、角钢及钢轨。钢板厂有34英寸二重三联式钢轨轧机及30英寸二层三联式钢板轧机各1套,另外还有钢板压直机、剪钢板机、热剪机及热锯机。钩钉厂主要设备有螺钉机、钩钉机十余部。第五制造所研究高温炼焦。第六制造所制造耐火材料、水泥,其

---

① 《经济部统计处关于战时后方工业统计报告》,《中华民国史档案资料汇编 第五辑第二编 财政经济》(6),第326—327页。
② 《抗战八年来之我国钢铁工业》,《资源委员会季刊》第6卷第1—2期合刊,1946年,第93—101页。

中生产耐火砖的设备为圆窑、方窑各2座,马弗窑及试验窑各1座;生产水泥的有3座立窑及碎磨机等。后来耐火材料归并第三所,第六所撤销。第七制造所担当机械修配,以修造机件锉刀、铁钉、五金及兵工器材为主,有车钻刨工作机百数十部、蒸汽锤3部,制钉机及制锉机各2部。此外大渡口钢铁厂还有一个运输所,负责厂内及附近码头原料器材的卸载和运输。

该厂20吨炼铁炉于1940年5月20日开炉生产灰口铁;1941年炼钢、轧钢设备相继开工投产;1942年2月,100吨炼铁炉投产,成为后方规模最大、设备最全的钢铁业巨擘。钢迁会又于綦江蒲河附近设立大建分厂,20吨的炼铁炉1943年开始出铁,成为战时兵工原材料的主要供应基地。

表2-4 大渡口钢铁厂历年产量

单位:吨

年度	1940	1941	1942	1943	1944	1945	共计
生铁	2932	4441	12170	11699	2255	524	34021
钢锭		113	1231	4063	6551	6201	18159
钢品	—	—	960	1200*	2500*	2000*	6660
铸钢			10	50*	150*	122	332

注:*系估计数字。
资料来源:章伯锋、庄建平主编《抗日战争》第5卷,第329页。

表2-5 大渡口钢铁厂产品种类

类别	尺寸
圆钢	2分至3英寸
方钢	3分至4英寸
扁钢	5分、2分及2.5分
八角钢	6分、7分及1英寸
钢轨	8公斤、35磅、85磅
钢板	长6至8英尺,宽3至4英尺,厚度2分至1英寸
螺钉及螺母	4分、5分、6分、7分及1英寸
铆钉	3分、4分、5分、6分、7分及1英寸

资料来源:章伯锋、庄建平主编《抗日战争》第5卷,第328页。

资渝钢铁厂。资渝钢铁厂位于四川巴县甘家碑,前身系1941年10

月成立、1943年7月建成的资源委员会资渝炼钢厂。自1943年下半年开始，因四川生铁产量过剩，资委会为调整产业结构，救济濒临倒闭的一些钢铁企业，1944年将资和钢铁冶炼公司炼铁厂及陵江炼铁厂合并改组为资渝钢铁厂。资和钢铁冶炼公司炼铁厂，是资委会与民生实业公司1943年共同投资，由原协和炼铁厂改组而成，4月开炉，7月即因原料供应不继而停产。陵江炼铁厂是资委会1939年初与经济部矿冶研究所合资建立的一家试验炼铁厂，1940年夏开始生产，开后方小型炼铁炉之先河。合并改组后的资渝钢铁厂有两所炼铁厂，一个是位于潼家溪的原陵江炼铁厂，有5吨炼铁炉、坩埚炼钢及翻砂设备；另一个是位于石门的原资和炼铁厂，有20吨炼铁炉；另有甘家碑炼钢厂一所，设备分为炼钢、轧钢及修造三部分。炼钢部分主要有酸性柏士麦炼钢炉半吨及1吨半各1座、两吨熔铁炉1座、3吨熔铁炉2座。铸造部分有离心铁管浇铸机1部，附1座后方仅有之32英寸三切熔铁炉。轧钢部分有17英寸三重三联式钢条及轻轨轧机、22英寸三层一挡钢板轧机各1套。修造部分则有供电、供水、修理及运输相关设备，如车钻刨等工具机30部，小型熔铁炉、打风机、起重机等。

表2-6　资渝钢铁厂历年产量

单位：吨

年度	1942	1943	1944	1945	合计
生铁			2521	3255	5776
钢锭及铸钢	207	435	524	1665	2831
钢品	34	112		1551	1697

注：原资和产生铁1026吨，陵江产生铁1650吨。
资料来源：章伯锋、庄建平主编《抗日战争》第5卷，第331页。

表2-7　资渝钢铁厂产品种类

种类	品名	备注
生铁	高硅生铁	掺加土铁翻砂
	翻硅生铁	
钢品	钢轨	12磅及16磅
	元[圆]钢	1英寸2分至3英寸

续表

种类	品名	备注
钢品	方钢	1英寸2分至3英寸
	角钢	
	扁钢	

资料来源：章伯锋、庄建平主编《抗日战争》第5卷，第330页。

电化冶炼厂。1941年7月，资源委员会将其位于四川綦江三溪镇的重庆炼铜厂、綦江纯铁炼厂及綦江炼锌厂合并改组为电化冶炼厂，后又添设一炼钢厂。该厂共分为四个部分：第一厂为炼铜厂，第二厂为纯铁炼厂，第三厂为电冶合金钢厂，第四厂为平炉炼钢厂。纯铁炼厂原计划将綦江所产铁砂，用转窑在低温下还原成纯铁，以作炼钢原料，但因綦江铁砂含硅过高，不能达到预期标准而终止。电冶合金钢厂系利用高周波感应电炉，将废钢、土铁及铁合金制炼成合金钢。平炉炼钢厂原计划与纯铁炼厂配套，利用纯铁炼厂所产纯铁炼钢，但纯铁炼厂发展不顺，该厂也迟迟未能投产。合金钢厂主要有美国Ajax Northrup公司制造的200开维埃（KVA）高周波感应电炉全套设备。炼钢厂有15吨的平炉1座，有16英寸二层四联钢皮轧机1套，另有各种候选设备如车床精细铣床等。该厂还有完备的研究室和各种试验设备，如万能试验机、金属显微镜等。1944年1月电炉开始生产，以制作汽车配件的SEA3120\3140型号钢材为主，产量最高时每月将近20吨。产品成分可达到含磷含硫在0.04以下，S编号的产品达到美国SEA标准。平炉1945年初开始出产，产量约为60吨。

威远铁厂。该厂原系川军第三十四军筹办，后移交四川省政府，又被转赠予西南实业协会，1939年春由新威冶炼公司接办，1940年冬由资源委员会收购后，添设机器，兴建厂房，开采矿山，采购材料，改组为威远铁厂，于1942年末竣工开炉。该厂主要设备有三节熔铁炉1座、15吨炼铁炉及附属设备2座、洗煤机6座、长方形炼焦炉20座，每日平均产铁达10吨，开工当月产铁18吨。1943年1—9月共产铁1695吨，1944年1—10月产铁1913吨，1945年7—12月产铁1468吨，合计出生铁5094吨。

资蜀钢铁厂。其前身是重庆民营人和钢铁冶炼公司，1944年由资源委员会收购，改组为资蜀钢铁厂。民营人和公司1940年春试制成功小型炼铁炉，开始生产灰口生铁。1941年因生铁滞销而又自建钢厂，1942年9月出产钢锭。后因资金周转不灵，于1943年宣告停工。资委会收购以后，于当年11月恢复炼铁厂生产，1945年5月炼钢厂亦开始试炼。该厂有7吨炼铁炉2座，在人和沟有圆形炼焦炉2座、长方形炼焦炉7座；在八字岩有圆形炼焦炉2座、长方形炼焦炉10座，有4.5吨熔铁炉1座，1吨半及半吨柏士麦炉各1座。自1944年11月开炉起，当年生铁产量达244吨，1945年3月，月产量达到生铁177吨、焦炭239吨、铁铸造件56吨。

云南钢铁厂。该厂由资源委员会、兵工署与云南省政府合作创办，设于昆明西南安宁。1941年开始建厂，以易门铁矿和宣威、一平浪的焦煤为原料。1943年5月底50吨的炼铁炉正式出铁，11月1吨的柏士麦炼钢炉出钢。此时正逢后方工业下滑的形势，产品销路不畅，炼钢炉时开时停，抗战结束后即全部停工。

表2-8　云南钢铁厂历年产量

单位：吨

年度	1943	1944	1945	合计
生铁	3134	3642	3510	10286
钢锭	2	175	196	373

注：炼铁炉每年5月开炉，10月底停炉。
资料来源：章伯锋、庄建平主编《抗日战争》第5卷，第335页。

兵工署第二十四厂。为适应兵工生产的需要，兵工署1938年3月收购原四川军阀熊克武兴办的重庆钢铁厂，更名为兵工署第二十四工厂，大力扩充炼钢、轧钢设备。1939年1月电炉正式开炉出钢，1942年柏士麦炉开始产钢。其炼钢的原料主要为土生铁、毛铁、废钢，而钼铁、铬铁则多赖战前存货。主要炼钢设备有3吨碱性电炉2座、3吨柏士麦炉1座、1吨半的熔铁炉3座、10吨的平炉2座。轧钢设备有12英寸的三层五联钢条轧机1套，24英寸的三层二联式钢坯轧机及24英寸二层二联式钢板轧机各1套。该厂各种配套设备比较齐全，能够生产圆钢、方钢、扁钢及钢板等多种类产品。

表 2-9　兵工署第二十四厂钢产量

单位：吨

年度	1938	1939	1940	1941	1942	1943	1944	1945（1—6月）	合计
电炉钢锭	2300*	2330	2387	2357	2527	2390	3003	1737	19031
柏士麦炉钢锭					184	260	330	410	1184
钢品	500	1800	1000	1000	2920	2610	2990	未详	12820
铸件				28	162	418	466	未详	1074

注：* 为估计数字。

资料来源：章伯锋、庄建平主编《抗日战争》第5卷，第336页。

兵工署第二十八厂。设于重庆磁器口的兵工署第二十八厂，是大后方唯一生产合金钢的企业。该厂于1938年开始筹建，1941年3月开始出产，1942年11月正式进入生产期。第二十八厂由兵工署材料试验处处长兼任厂长，利用材料试验处在耐火材料、试提纯钨及改良钢铁等方面的技术成果，使生产水平大有提升，但由于原料设备的限制，难于大量生产，只得采用坩埚炼钢法。该厂分为四部分，第一所制造硅铁及钨铁合金为主，设备有400KVA的硅铁炼炉、200KVA的钨铁炼炉各1座，但抗战结束时尚未正式开炉生产。第二所以提炼纯钨为主，但设备简陋，没有白金锅、滤纸，只好以铁锅、布袋替代。第三所用坩埚炼钢，有坩埚压制机1部、焦炭坩埚炉12座。第四所负责合金钢的锻制，有锅炉汽锤及各种锻轧设备。

表 2-10　兵工署第二十八厂合金钢产量

单位：吨

年度	1943	1944	1945	合计
硅铁	45	95	88	228
锋钢	28	45	56	129
冲模钢	52	56	50	158
其他合金钢	52	14	10	76

资料来源：章伯锋、庄建平主编《抗日战争》第5卷，第337页。

此外，资源委员会还曾经与西康省政府合办有西康会理钢铁厂，并计划在甘肃皋兰筹备甘肃炼铁厂，因为各种困难未能实现。

表 2-11　抗战时期后方历年钢铁产量

单位：吨

年度	1938	1939	1940	1941	1942	1943	1944	1945	合计
生铁	41000	41466	55182	66836	77499	70000	40130	20867	412980
钢品	900	1944	1500	2011	5793	7707	13361	12048	45264

注：生铁包括白口铁和灰口铁。

资料来源：章伯锋、庄建平主编《抗日战争》第 5 卷，第 343—344 页。

表 2-12　战时后方钢铁生产指数

年度	1938	1939	1940	1941	1942	1943	1944 上半年	1944 下半年	1945 1—3月	1945 4—6月	1945 7—9月
白口铁	100	116.67	150	106.5	82	56.84	56.68	66.68	40	35.72	27.64
灰口铁	100	118.75	648.63	1299.25	3134.25	4058.31	1725.37	3532	2486.57	33.0299	4273.13
钢品	100	211.12	350.56	875	2214.44	4973.33	6520	9113.33	12426.67	12520.99	11260

资料来源：章伯锋、庄建平主编《抗日战争》第 5 卷，第 344 页。

1941 年前后是后方钢铁工业发展的黄金期，不仅白口铁年产量增长迅猛，战前还不能生产的灰口铁，也得到突飞猛进的发展。另外，土铁仍然是钢铁出产的大宗。1941 年，四川、西康、云南、贵州、广西的土铁产量共计 70500 吨。在后方各省的钢铁生产中，四川的成绩最为突出。到 1941 年，四川土铁生产已经由战前的年产 1 万吨，增加至 5 万余吨，灰口铁由零增加至每日产量五六十吨，市场上由求过于供变为供过于求。[①]

抗战初期，后方钢铁工业发展突飞猛进，呈现出一派兴盛局面的原因有下列几点。

第一，战时的客观需求，为后方钢铁业提供了极好的发展时机和巨大的空间。抗战爆发后，急需大量的武器弹药、兵工器材，对钢铁工业发展提出了迫切的要求；大批内迁后方的工厂，以及后方各类新式工厂建设，都需要建筑厂房，修造设备，因而后方地区对钢铁的需要一下子比战前猛增。迫切而巨大的市场需求，是抗战初期后方钢铁工业迅速勃兴的最根本和直接的原因。

第二，政府对钢铁业的统制和投入保证了以国营为主体的后方钢铁工

---

① 朱玉仑：《四川之钢铁》，《资源委员会季刊》第 1 卷第 1 期，1941 年，第 26 页。

业体系的建立。1940年1月24日，经济部颁布施行《钢铁管理规则》，规定"钢铁之管理事务，由经济部会同军政部组织管理委员会办理之"。有关钢铁的生产、使用、销售、转运，统归钢铁管理委员会管理，对钢铁业实施统制。① 但是作为投入大、成本高、周期长的公营钢铁业，要在短时期内建成并满足兵工业的需要是不可能的，比较现实的做法是开发现有的土铁业。

政府对钢铁工业的统制措施，在一定程度上打击了私人资本企业，保证了在特殊的战争环境下，作为重工业基础的后方钢铁工业的迅速起步和发展，另外，钢铁工业是一个需要大投入的行业，在当时条件下，没有政府的统一管理和资金投入，是不可想象的。在实行经济统制的同时，国民政府从国防和军事需要出发，制定了重点发展重工业的建设方针，加大了对重工业的投资比重。1940—1942年度，政府以国库拨款、四行投资、四行贷款的形式，配给工业的资金总额为20454万元，其中分配给重工业的资金总额（不含酒精、化工等）达17073万元，约占83.5%。② 抗战中，经济部资源委员会一直致力于钢铁工业发展，有较大的投入。截至1942年10月31日，资源委员会投入资渝炼钢厂、资和钢铁公司、威远铁厂、陵江炼铁厂、电化冶炼厂、重庆耐火材料厂、云南钢铁厂的资金达17002194元。③ 另外，经济部对土铁业采取了鼓励和扶植政策，也是促成战争初期冶铁业迅速发展的重要因素。经济部钢铁管理委员会成立以后，立即在钢管会下成立土铁管理处，并颁布《管理土铁实施办法》，有关土铁的收购、出售价格、运输、供应概归土铁管理处管理，同时也规定，为了增加土铁生产，土铁管理处将根据实际情况给予各土铁生产厂商资金周转及技术和原料上的协助。④

第三，煤、铁矿业及电力工业的发展，为钢铁工业发展提供了保障。矿产资源的开发是重工业建设的重要前提，"工矿并举"是抗战时期国民政府发展经济的重要方针。对后方各省矿藏资源的调查和开发，在战前已

---

① 《抗日战争时期国民政府经济法规》下册，第66页。
② 四联总处：《经济三年计划实施办法》，重庆档案馆藏档，转引自黄立人等《抗战时期国民党政府开发西南的历史评考》，《历史档案》1986年第2期，第117页。
③ 《资源委员会钢铁及液体燃料事业概况》，《档案史料与研究》2001年第1期。
④ 《抗日战争时期国民政府经济法规》（下），第67页。

经由资源委员会及其前身国防设计委员会着手进行。抗战爆发后，为了保证钢铁业的正常运转，经济部对钢铁生产原料实行国家统制，规定铁矿原则上由国家经营，如果国家不自主经营，可出租给私人办理，并规定小铁矿面积在 2 公顷以下者，可准私人领采。经济部进一步加快了对川滇两省之綦江、涪陵、彭水、易门等地煤铁资源的开发，并加强统一管理，或划定国营矿区由政府经营，或出租给民营企业开采，扩大了生产规模，提高了产量。现代工业的发展"有赖于电力的供给"。企业内迁以后，对电力需求迫切，负责办理国营电力事业的资源委员会除将原汉口、宜昌、长沙等地发电设备内迁西南，创办新电厂外，特别是在成、渝、昆三个地区，建设电力供应网，以供给企业所需，也为钢铁工业的能源供应提供了必要的保证。

第四，冶金技术的进步使钢铁产量迅速提高。大批工业技术人才的内迁，充实了后方钢铁工业的技术队伍。同时，政府加大了对重工业技术方面的投入。1938 年 2 月 28 日，国民政府颁布《经济部矿冶研究所组织条例》，成立矿冶研究所，负责对钢铁及非铁金属以及采矿选矿工程技术、燃料开发及利用等方面的研究。①

抗战爆发后，由于对灰口铁的需要增加，同时针对后方各省矿藏不丰、运输不利的特点，经过技术专家研究，设计制成了 5 吨小型炼铁炉，并由专家研制了小型柏士麦炉。中国兴业公司的 30 吨炼铁炉，可以自制硅铁锰铁。资源委员会电化冶炼厂利用低温碳素还原的方法，可以采用品质较低的矿砂，生产纯铁，程序简单快捷。这些技术的运用使后方钢铁业在较短的时间内发展起来并取得了不菲的成绩。

战时后方钢铁工业发展的重要特点之一，就是国营企业占据主导地位。战时后方国营钢铁业虽然起步迟，但发展迅猛，后来居上，无论是资金、设备、技术还是生产能力都占据主导地位，民营企业无法与之相比。

在资金上，国营铁厂平均资本为 600 余万元，民营厂则不过 20 万元，资本在 100 万元以上的铁厂共 12 家，国营即占 9 家。炼钢方面差距更大，国营厂平均资本 1500 万元，民营厂则只有 80 万元，并且只有四川、云南有炼钢厂，且几乎都是国营。云南两个钢厂都是国营，四川 8 个钢厂中国

---

① 《抗日战争时期国民政府经济法规》（下），第 43 页。

营占半数，但是资本和动力 5 倍于民营。① 由于炼钢业对资金、技术要求比之于铁业要高得多，且投资周期较长，所以民营厂商一般都投资于资金少见效快的冶铁业。

从生产能力来看。16 家国营铁厂每年最大生产能力约 55 万吨，而 98 家民营铁厂每年最大生产能力不过 4.4 万吨；6 家国营钢厂每年最大生产能力约 2 万吨，4 家民营钢厂每年最大生产能力约 1.9 万吨。

战时后方钢铁工业发展也存在许多问题和不足，一是布局不平衡，过于集中于重庆地区。从地域看，战时钢铁业以西南地区发展较为迅速，规模较大的钢铁厂都集中在四川，特别是重庆地区，重庆成为战时后方地区最大的钢铁工业中心。在冶铁厂中，四川的数量最多，约占后方全部铁厂的半数，其次是江西、云南，然后是甘肃、湖南。虽然湖南的铁厂数居后方第三位，但是规模都小。这种布局较为集中的现象，固然是囿于战争的特殊环境和自然条件，但也造成后方钢铁工业发展的弊端。1943 年，西南地区钢铁滞销，而远在西北的甘肃却在闹铁荒，急需大量的钢铁。② 布局的不平衡，不仅制约了钢铁工业的进一步发展，也对其他工业的发展带来了一定的影响。二是发展不均衡，铁业快于钢业，炼钢强于轧钢。1941 年前，铁业发展迅速，从工厂数量和产量上，铁业都远远超过了钢业。钢业的滞后影响了对铁品的消纳，是导致抗战后期铁业衰落的原因之一。自 1942 年，钢业有了较快的发展，钢厂数量增加，产量也大幅上升。钢业中，炼钢能力大于轧钢能力。由于轧钢设备简陋，致使产品单一，圆钢、方钢、竹节钢是企业的主打产品。产品的单一和轧钢能力的薄弱，一定程度上影响了其销量，导致产品滞销。

此外，战时后方新兴的钢铁工业还存在许多先天的缺陷，这就是原料和动力不足，运输不畅，再加产品滞销等原因，造成钢铁厂开工不足，空有其大的生产能力，但实际产量不高。以当时最大的国营钢铁生产企业钢迁会为例，在其生产的全盛时期即 1942—1943 年，其实际生产量仅及其最

---

① 《经济部统计处关于战时后方工业统计报告》，《中华民国史档案资料汇编　第五辑第二编　财政经济》(6)，第 326—327 页。
② 《工矿调整处西北区驻兰办公处抄送西北土法炼铁之检讨等签呈》(1943 年 12 月 19 日)，《中华民国史档案资料汇编　第五辑第二编　财政经济》(7)，第 336—337 页。

大生产能力的 50%。①

4. 特矿品生产

对特矿品的统制，其直接结果便是中央政府掌握了重要的外贸资源，增加了财政收入和易货贸易资本。抗战爆发后，特矿品又成为重庆政府偿还贷款和战时债务的重要物资，为支援抗战发挥了巨大作用。

1939 年春，国民政府宣布将锡、汞、铋、钼等矿品也列入国家统制范围，并于同年 5 月、6 月分别在贵州晃县设汞业管理处，在广西桂林设锡业管理处，执行统制责任。至此，国民政府通过资源委员会所推行的国家对特矿产销经营统制体系完全建立。

钨的产量维持在 9000 吨至 1 万吨，1944 年因湘桂战事运输受阻，赣钨预令停工，故产量减少。锑自 1937 年至 1941 年，经常维持在 8000 吨以上的产量。太平洋战争爆发后，内外运输俱感困难，美国方面对锑表示不欲接受，国内又必须尽快改运价值较高的钨、锡，各地积压存锑为数甚巨，不得不减少生产。锡的存量 1940 年较大，其中大部分为统制前滇省的存锡未获销路而于是年交收的。1944 年桂林沦陷，政府积极鼓励滇锡的生产，定有黄金收锡办法，故 1945 年锡产量达至近 2000 吨。②

资委会统制的特矿品先后主要销往德、英、苏、美四国。抗战爆发前和抗战初期，钨锑矿砂主要输往德国，用于偿还德国的信用贷款，而这些贷款主要用于进口资委会发展工业的机械设备及抗日军队的武器。1936—1938 年出口德国的钨砂分别为 5091 吨、8037 吨和 8962 吨，占同时期中国出口钨砂和德国进口钨砂的绝大部分。③ 抗战爆发以后，特矿品则主要输往苏联、美国。1937—1948 年，资委会外销钨砂中，输往苏联达 40765 吨，输往美国达 39705 吨。同期外销锑产品中，运美 26324 吨，运苏 12360 吨，运英 13635 吨。外销锡产品几乎全部输往美苏，其中出口美国 26352 吨，出口苏联 11706 吨。汞、铋、钼等则绝大部分输往苏联。④

1937 年八一三淞沪战争爆发后，长江口被日军封锁，特矿品贸易对外交货地点被迫改为香港。赣钨由赣县大庾，经南雄、曲江、广州运往香港

---

① 重庆市档案馆等合编《抗战后方冶金工业史料》，重庆出版社，1988，第 131 页。
② 章伯锋、庄建平主编《抗日战争》第 5 卷，第 421 页。
③ 〔美〕柯伟林：《蒋介石政府与纳粹德国》，陈谦平译，中国青年出版社，1994，第 151 页。
④ 郑友揆等：《旧中国的资源委员会——史实与评价》，第 274 页。

出口，湘钨也被迫经由粤汉、广九铁路出口。1938年9月20日武汉危急之时，资委会将驻上海、武汉的两个事务所合并改组，并接收了广州事务所的粤钨贸易，改称资委会国外贸易事务所，11月迁港办公。10月广州失守，粤汉铁路又被阻断，资委会再令湘锑、赣钨的运输改由湘、桂经越南海防出口，并于当年11月在海防设立分所，专门办理收货转运事项。同时，国内在桂林设钨锑联合运输处，负责矿品运输，以桂林为各地矿品总集中地，除昆明—海防线等几条支线外，大部分矿品，经桂林、柳州、南宁、同登一线，转道海防出口。

日军占领越南后，海防出口路线受阻，交货地点只有香港、仰光，运送途径则只有靠滇缅公路，因此运输矿品的集中地也由桂林移至贵阳，运务处也迁至贵阳。运输的主干线改为由衡阳、桂林，经柳州、三合、贵阳、昆明、畹町、腊戍至仰光，或转香港。同时因为对苏偿债贸易的需要，资委会又开辟了对苏交货的西北线。西北线运输是将特矿货品由贵阳集中北运，经重庆、广元、兰州，抵达甘肃与新疆交界的猩猩峡。猩猩峡以西的运输由苏方负责自行派车接运。

太平洋战争爆发后，香港、仰光相继被日军占领，面对特矿品外销更加艰难的局面，国民政府加强西北线运输，提高对苏交货数量，同时由美方利用"驼峰"运输的回空飞机，在昆明接运特矿品运往印度。由于资委会的努力，抗战时期中国对苏美的借款，由特种矿品以易货偿债形式清偿部分几乎都得到很好的执行，既有力支持了抗战，也维护了国家的信誉。

表2-13 战时钨锑锡汞产收与外销数量

单位：吨

	年度	1937	1938	1939	1940	1941	1942	1943	1944	1945	总计
钨	产收	11927	12556	11509	9543	12372	11897	8973	3226	—	82023
	外销	14057	7985	7801	2915	14276	7402	10320	7707	3393	75856
锑	产收	14597	9463	12017	8469	7989	3510	428	204		56677
	外销	8583	11112	5482	873	8041	89	—	—	1567	35747
锡	产收	—	—	1840	16497	6994	8087	4418	1570	1878	41234
	外销	—	—	208	1947	6459	3601	7260	6460	1756	27391
汞	产收				169	91	120	163	118	103	62	826
	外销				—	137	128	195	96	88	23	667

续表

年度		1937	1938	1939	1940	1941	1942	1943	1944	1945	总计
合计	产收	26524	22019	25535	34600	27495	23607	13937	5103	1940	180760
	外销	22640	19640	13491	5572	28940	11287	17676	14255	6739	139661

资料来源：杨景炳：《抗战八年来之钨锑锡汞业》，《资源委员会季刊》第6卷第1—2期合刊，1946年。

5. 铜铅锌等金属矿的开发

铜铅锌等有色金属矿产是军需工业的重要原料，战前资源委员会已经着手开展相关矿产的勘探与开发工作。七七事变后，国防与民生都对矿产资源的需求更加迫切，资委会也制定了铜铅锌矿的开发计划，内容包括：一是积极进行勘探，估定矿床蕴量、价值，为大规模开发做好准备工作；二是就原有矿区，利用可能人力、物力，加紧生产，以应兵工需要；三是管制及收购存料，集中资源，以应国防民生需要；四是对已经生产或收购的粗制品加以复制精炼，以应兵工及工业需要。

战前资源委员会已组织地质矿冶专家开展对铜铅矿资源的调查与勘探，如1936年组织的阳新铜铁勘探队，在湖北阳新、大冶进行勘探工作，后因抗战爆发而中辍。抗战时期，资源委员会在四川彭县及云南东川、西康会理铜矿较富地区，增置机械设备，扩大产量，但终因矿藏分布区域多在崇山峻岭、交通不便之地，以致采运维艰，无法达到理想状态，实际产量与需要相去甚远。

彭县铜矿。四川彭县是铜矿的重要产地，清末即曾设局经营，民国初年达到年产120吨的水平。资源委员会于抗战前的1936年成立了彭县铜矿筹备处，积极从事勘探和生产布置，聘请德国技术专家至现场考察，拟订了年产电解铜2000吨的开发计划。但是因矿砂中硫、铁成分太高，而国外设备又因战争无法输入，生产极为困难。1941年以前平均年产量在50吨左右，后奉令结束。

川康铜铅锌矿务局。1938年资源委员会成立川康铜业管理处，负责西康地区铜的管制、收购工作，亦兼顾勘探。1943年铜业管理处更名为川康铜铅锌矿务局，专门致力于铅锌生产。

滇北矿务局。云南的铜矿明末即有开采，至清乾隆时期达至极盛。抗战前官商合办的东川矿业公司在此经营，年产维持在200吨左右。为了开发东川铜铅锌矿，资委会1939年与云南省政府合作成立滇北矿务公司，后改滇北矿务局，约请相关地质矿冶专家，对矿产资源进行了认真的调查勘探，同时收购滇省存铜，设法生产，以应兵工生产需要。该局初期以收购为主，1942年因必要器材已陆续到矿，设备较为完整，开始自采自炼，间有部分零星收购。1939年、1940年度，粗铜产量均在300吨以上，其后在180吨至200吨之间，自产粗铜量自1942年起年保持在180吨左右。①

表 2-14 战时川滇粗铜产量

单位：吨

年度	1939	1940	1941	1942	1943	1944	1945	总计
滇北矿务局	313	338	167	176	194	206	182	1576
彭县铜矿筹备处	57	40	39	2	—	—	—	138
合计	370	378	206	178	194	206	182	1714

资料来源：章伯锋、庄建平主编《抗日战争》第5卷，第415页。

资源委员会在重庆设有炼铜厂（后改名电化冶炼厂），电炼川康两省存铜，以供兵工生产需用。电化冶炼厂以川康铜业管理处及该厂自行收购的存铜及铜元制钱等为原料，1939年4月开始生产，原计划日产电铜3吨，成分为99.93%，但是因为铜料来源难以为继，生产能力不能充分发挥，平均年产量不过二三百吨。自1941年至1945年，电化冶炼厂总计产铜约2500吨。

资委会1939年将由长沙内迁昆明的中央炼铜厂改为昆明炼铜厂（后改昆明电冶厂），任务是电炼滇北矿务局所产粗铜，以供电器工厂生产工业用铜线。该厂9月开始生产，以收购东川矿业公司存铜500吨开始，以后逐年由滇北矿务局供给铜料，并收购土铜，原计划日产电铜4吨，也因原料供应不足，年产量仅有200吨，最多时达到年产400余吨，电极铜成分为99.93%。自1939年至1945年，总计生产电极铜3000吨左右。自1942年开始，该厂利用闲余设备生产电极锌，但产量不多。

铅锌两矿常常伴生，也都是重要的战略物资。抗日战争爆发前资源委员会曾派专家对国内铅锌矿开展普查，特别注意于湖南常宁水口山。当时探明的铅锌矿主要产地，除水口山外，有云南会泽的矿山厂、鲁甸的乐马

---

① 胡祎同：《抗战八年来之矿业——铜铅锌》，章伯锋、庄建平主编《抗日战争》第5卷，第414页。

厂，以及云南的班洪、贵州的威宁、西康会理的天宝山等。

湖南水口山为中国主要的铅锌矿产区，清末曾设局经营，成立有炼铅厂，1932年成立炼锌厂，而且设备机械化程度较高，抗战前产量最多时达到月产铅砂600吨、锌砂1200吨。1938年长沙大火后，因矿砂不能外销、经济困难及器材短少等，水口山铅锌矿的产量逐渐减少，1943年月产铅砂100余吨，锌砂因无法运出几乎全部堆积矿山。1944年湘桂战事中，机器设备西迁，器材毁损，矿洞湮没，生产完全停顿。

1943年资委会川康铜业管理处更名为川康铜铅锌矿务局后，专门致力于铅锌生产，所属矿区为西康会理天宝山的铅锌矿。该地矿脉既厚，矿质又佳，清代即有铅锌生产。天宝山的铅锌矿自1942年开始生产，并于益门设炼厂，所产净锌第一年即达百吨，第二年达140吨，最高时可月产可达15吨。

表2-15 康滇净锌产量

单位：吨

年度	1939	1940	1941	1942	1943	1944	1945	总计
川康铜铅锌矿务局	—	—	—	121	141	191	148	601
滇北矿务局	40	13	20	60	47	73	95	348
合计	40	13	20	181	188	264	243	949

资料来源：章伯锋、庄建平主编《抗日战争》第5卷，第416页。

滇北矿务局经营的矿区包括云南会泽等地，铅锌矿开采历史亦很悠久，民国初年至1938年一直由官商合办的东川公司经营，但产量不稳，铅较多，锌较少，铅每年产200吨，初期连同收购的年产量可达120余吨，锌产量年约50吨，有时月产量也可高达20吨。所产之铅用土法鼓风炉冶炼，纯度为99.53%，虽较湖南之铅逊色，须再加处理，方合于工业用途，但已足可适用军工生产之需。

川康与滇北所产净锌均用土法蒸馏，川康净锌纯度约为99.82%，滇北净锌纯度初期仅有98%，后经多次改进后，能够达到约99.02%。

表2-16 滇北矿务局历年净铅产量

单位：吨

年度	1939	1940	1941	1942	1943	1944	1945	总计
产量	262	326	277	94	95	178	106	1338

资料来源：章伯锋、庄建平主编《抗日战争》第5卷，第415页。

全国抗战时期，大后方川滇康地区共产粗铜 1714 吨，电铜约 5500 吨，净铅 1338 吨，净锌 949 吨，收购铅 4500 吨。这些金属材料的生产虽然为满足后方军工生产与民生需要做出了重要贡献，然距预期目标与实际需量依然相差甚远。事实上，抗战时期包括战争开始以前，地质调查准备工作已有相当成就，但大规模开发的计划迟迟不能付诸实施。造成这种状况的主要原因为：一是交通运输不畅。矿区地处僻壤，路途险阻，对外联系运输不便，内部生产的矿砂外运困难，各种生产必需的器材运入也不容易，因此工程进展迟缓。另外，中国国际交通的封锁，使得国外先进生产设备器材无法输入，土法生产的效率和质量都大受影响。产品的产销不畅，使资金周转不灵，业务扩大困难。二是人力缺乏。矿区大多地处贫瘠地区，人烟稀少，工人招募不易，而且征兵服役苛扰不堪，致使较大工程无人力兴办。三是因为土法生产，需要更多的人工，又使人员工资占到成本的 80% 以上，而战时物价影响，随时波动，致使资金不敷周转，经济感受威胁，产量难以增进。

（二）机器工业

机器工业是生产工具的制造者，一向被视为工业之母，但战前中国现代机器工业的发展尚处在极为幼稚的时代。全国机器制造厂虽超过 1000 家，但规模都很小，资本最大者不过 50 万元。即使机器工业最为发达的上海，机器厂也多以修理机器和制造零件为主，动力机及工作机等重要机器的制造为数极少。每年进口机械设备花费达四五千万元之多。

抗战期间，国民政府工业建设的主管机构不论是资源委员会还是工矿调整处，都对后方机器工业发展极为重视，历年拟定的各种工业发展建设计划中，对机械电器工业的发展目标也都详细罗列，并采取了许多政策措施，推动后方机械工业发展。

资源委员会利用国营工业的资金和技术优势，将经营机械制造业的重点放在发展机床、电机等大型机器设备和技术要求高的精密仪器制造上，先后在大后方建设了中央机器厂、宜宾机器厂、甘肃机器厂、江西机器厂和江西车船厂，虽然数量不多，但在战时后方工业生产中发挥了无可替代的作用。

至 1943 年，后方机器制造厂达 682 家，资本达 3.3 亿元，工人数量在

3万人以上，使用动力1.6万余马力，在后方各类工业中占到第三位。其中公营工厂为50家，公营资本占到机器工业总资本的70%以上。地域分布上，四川最多，次为广西，再次为贵州、云南、甘肃和湖南，[①] 其产品也以制造工具机、作业机及动力机为主。

表2-17 战时后方机器厂分类（1943年）

类别	厂数（家）	类别	厂数（家）
动力机制造厂	58	车辆制造厂	51
工作机制造厂	303	船舶修造厂	25
翻砂厂	100	机器修造厂	29
零件制造厂	116		

资料来源：章伯锋、庄建平主编《抗日战争》第5卷，第260页。

中央机器厂。其前身为机器制造厂筹备委员会。为发展国防工业，抗战前的1936年9月，资委会与航空委员会为合作筹建飞机发动机厂，成立了机器制造厂筹备委员会，并派人赴国外洽商、订购设备，全国抗战爆发之际，已在湖南湘潭下摄司建起部分厂房，从瑞士进口的部分设备也已运到厂地。后因资委会与航委会意见分歧，放弃了飞机发动机制造计划，决定将其改建为普通机器厂。1938年2月资委会决定：（1）机器厂改建云南。有关人员立即赴昆明附近勘察厂址，建造厂房，争取在最短时间内开工生产。（2）已抵达湘潭、香港的设备机件，均集中越南海防，经滇越铁路转运昆明。（3）有关职员、技工分成三部分，选择厂址、建造厂房、拆运机器设备同时进行。（4）工厂迁滇后的主要任务是，生产汽轮发电机及内燃机、发电机，并准备生产飞机发动机，承制后方急需的普通机械。在总经理王守竞的领导下，经筹备委员会职员、技术人员和工人全力以赴的努力，1939年初迁至昆明北的茨坝部分开工生产，1939年9月正式改称中央机器厂。

中央机器厂分为5个分厂，分别设计制造蒸汽轮机、蒸汽锅炉、内燃机、发电机及车辆和有关器材。1941年8月，日机空袭昆明，给中央机器厂造成极大破坏。11月，资委会对该厂进行调整，同时将主要机器设备迁

---

① 章伯锋、庄建平主编《抗日战争》第5卷，第260—262页。

进山洞生产。改组后的中央机器厂分为7个厂：第一厂为金属冶炼厂，负责钢铁五金的冶炼和锻造；第二厂为锅炉厂，负责设计制造蒸汽锅炉及器材；第三厂为内燃机厂，负责内燃机及有关器材的设计和生产；第四厂为发电机厂，生产大型发电机及器材；第五厂为工具机厂，设计制造各种工具机及有关器材；第六厂为纺纱机厂，生产纺织机械；第七厂为普通机器厂，生产不属上述六厂生产的一般机械。

凭借雄厚的资金和技术力量，中央机器厂成为大后方唯一的全能机器厂，其产品的数量和质量都是大后方机械行业中的佼佼者。该厂利用瑞士先进技术生产的两套2000千瓦电站成套设备，是中国人生产电站成套设备之始。中央机器厂还创下了中国机械工业的许多个第一。第一个齿轮、铣刀、分厘卡、飞机起落架等，大后方许多工厂所需要的各种原动机（发电机、柴油机、煤气机、水轮机等）、车床都来自中央机器厂。中央机器厂在战时共生产各种规格、型号的发电机、柴油机等50台，车、铣、钻、刨床600多台，数十套大型梳棉机、钞锭等纺织机械，此外，还生产炮弹引信、机枪零件、地雷、迫击炮弹等。

宜宾机器厂。为满足四川新兴工业发展的需求，资委会1940年决定在四川宜宾筹设机器制造厂，次年正式成立中央机器厂四川分厂。该厂先后向国内外订购机件，并收购了建华机器厂、衡阳九经机器厂的全部设备，产品主要有内燃机（包括煤气机和柴油机），各种工具机及车、刨冰、钻床，各种作业机，如印刷机、抽水机、碾米机等。

甘肃机器厂。为开发西北工业，1940年10月资源委员会与甘肃省政府签订《合办甘肃省工矿电事业合作办法》，1941年3月联合成立甘肃机器厂筹备处。筹备处派员接收了原甘肃省机械、造币两厂，作为临时工厂，并向国内各机器厂订购了设备，于1941年9月正式成立甘肃机器厂。该厂主要产品分为三类：车、刨、钻等工具机及工具；抽水机、鼓风机、各种制呢机器、空气压缩机和汽车变速齿轮等；其他产品，如锅炉、绞车、轴承等。

江西机器厂。该厂是资源委员会与江西省合办的企业，设于泰和城郊。战前江西工业基础极为薄弱，现代机械工业几乎是一片空白，所需机器、工具，甚至简单的零件，均仰给于省外。抗战爆发后，交通梗阻，输入困难，为谋自给，并促进地方经济建设，1940年1月，江西省政府与资委会订立《合作建设江西省重工业办法大纲》，将原有的民生机械厂、电讯器材修造厂、车船制造厂等合并改组为江西省民生机械厂，并增加资本、扩充设备。1942年4月，车船制造厂和电讯器材修造厂分出经营，7月更名为江西机器厂。该厂主要生产木炭发动机、车床、刨床、各式煤气炉，及一些五金用品、汽车配件、机器配件等。因受湘桂战事影响，自1944年开始，江西机器厂被迫一再迁移，濒于停工。

江西车船厂。其前身为江西省车船制造厂，江西省与资源委员会1940年初所订合作办法中，将其并入江西民生机械厂。1942年4月，江西省重工业理事会决定，仍将车船制造厂独立经营，改名为江西车船厂，保持与资委会的合作关系。该厂产品以骡马车、浅水拖船为主，也生产蒸汽机、锅炉、抽水机等。

表 2－18　战时后方机器厂生产指数

年度	1938	1939	1940	1941	1942
工具机	100	204	296	367	340
蒸汽机	—	100	492	747	581
内燃机	100	151	429	706	715

资料来源：章伯锋、庄建平主编《抗日战争》第5卷，第262页。

（三）电器工业

战时后方电器制造业，以公营各厂发展最有计划，而且规模大，技术水平高，除少数不重要的产品如单节电池、灯泡外，公营企业的产品占有较大优势。资本方面，公营厂约占电器制造工业总资本的90%，特别是资本500万元以上的大型工厂均为公营，平均资本约350万元，民营资本多半为10万至50万元的小厂，平均每厂资本只有15万元；公营厂的工人数量两倍于民营企业；动力则是民营厂的6倍。公营厂中，又以资委会所属各厂最为重要。

中央电工器材厂在资委会所办各电器制造企业中规模最大，供应最广。作为经济备战工作的一部分，1936年7月资委会成立了以恽震为主任委员的筹备委员会，计划投资1400万元，引进欧美先进技术设备，分设四厂：一厂制造各类电线，二厂制造真空管和灯泡，三厂制造无线电话器材，四厂制造电力器材。筹备委员会一面与欧美厂家洽谈技术合作合同，派青年工程师出国实习；一面选定湘潭下摄司为厂址，购地千亩，兴工建筑。工厂尚未建成，抗战军兴。武汉失守以后，湘潭逼近前线，该厂奉令迁移，一部分迁桂林，一部分迁昆明。

第一厂迁至昆明，1939年7月正式开工，主要产品为电信与电力传播所用之裸铜线、镀锌铁线、铅包线、军用被覆线等，其中裸铜线达到年产2000吨生产能力，但因原料铜来源有限，生产能力未能充分发挥。

第二厂在湘潭时即已开工出产，1939年春在桂林南郊正式复工出货。该厂所制造的真空管为中国国产真空管之嚆矢，1940年生产各类收讯管3万个，足供全国之需，各类发讯管1000余个，可供所需半数。该厂引进当时美国最先进的技术，产品也依照最先进的技术标准制造，品质优良，不让舶来，大大满足了军政部、交通部及中央广播事业管理处等机构所需各种收发讯管、整流管、长途电话用真空管等的需要。该厂所产日月牌灯泡为后方家喻户晓的日用电器。1941年该厂又在重庆设立专制灯泡的支厂，除生产普通灯泡外，还生产飞机用、战车用各种特型灯泡，并试制成功荧光灯。

第三厂原来设计的制造范围非常广泛，凡军用商用各种电话机、交换机以载波机等均在其生产范围，但抗战时期为应战时需要，全力于军用皮盒电话机、磁石式电话、磁石式交换机及附件的制造。

第四厂前身为1927年成立于上海的建设委员会的电机制造厂，"八一三"以后辗转迁移武汉、宜都等地，1938年改为中央电工器材厂第四厂，专门发展电力机器制造。该厂又分为昆明、桂林、重庆、兰州四个部分。其中昆明厂制造变压器、开关设备、电表、小型电动机；桂林厂制造发电机、干电池及蓄电池；重庆厂制造干电池和蓄电池；兰州厂专门制造干电池。日月牌干电池、蓄电池为大后方驰名产品。1940年12月该厂更名为中央无线电器材厂。

中央无线电机制造厂。该厂为战时国内最大的无线电器制造厂，其前身是资委会与湖南省政府合资在长沙筹建的湖南电器制造厂。1936年9月电器制造厂边筹建边生产。抗战初期，京沪各厂停工内迁，该厂则全力以赴赶制军用收发报机，以应抗战急需，发挥了重要作用。1938年2月，中央广播事业管理局加入合办，4月更名为中央无线电机制造厂。1938年末，该厂全部迁入桂林。1939年在云南昆明设分厂，并将重庆修配所扩充为分厂。桂林总厂主要生产军用机、交通机、无线电话机、收音机、手摇发电机、电源设备等，昆明厂着重大型发射机及航空用收发机的制造，重庆厂着重于中小型发射机及收讯机制造。该厂抗战期间生产各式大小收发讯机1万余部，60%供军事机关，30%供交通部门。

中央电瓷厂。电报电话线路及电力网，每年需用的绝缘电瓷数量庞大，但战前中国并不能生产，完全依赖进口。1936年7月，由资委会和交通部合资兴办的中央电瓷厂在长沙成立，1937年末正式出产，年产电瓷30万件。1938年10月武汉沦陷前，电瓷厂迁往沅陵，次年5月恢复生产，但因原料缺乏，产量仅达产能的一半。1939年10月又在四川宜宾设厂，因交通不便，1943年5月迁到衡阳，改名为中央电瓷厂衡阳分厂，1944年7月开工，又因湘北战事，撤迁贵阳。该厂主要产品为电信用绝缘子，主要供应交通部、军政部、航空委员会、中央广播事业管理处及各无线电厂，1942—1944年生产绝缘子电瓷约207万件。

此外，资源委员会1941年4月还在甘肃华亭县发口镇筹设华亭电瓷厂，1943年1月正式开始生产，实为中央电瓷厂的分支。两年中该厂共产绝缘子及其他电瓷件90万件，主供应交通部电信总局、军政部交通司，以及西北地区各电厂。1942年4月，资委会与江西省政府合作，将原江西电讯器材厂改称江西电工厂。

1944年湘桂战役中，衡阳、桂林等地各厂奉令撤迁，中央电工器材厂的第二厂电子管部分迁昆明，灯泡部分并入重庆二支厂。桂林的无线电总厂等被迫撤迁，迁运途中器材遗失，所受损失颇重。

表2-19 战时后方电器工业产量

名称	单位	公营	民营	合计
发电机	千瓦	2481		2481
	部		103	103
手摇发电机	部	112	585	697
移动发电机	部		35	35
电动机	马力	3609		3609
	部		1192	1192

续表

名称	单位	公营	民营	合计
无线电收发报机	部	1866	514	2380
电话机	部	4529	230	4759
变压器	部		2062	2062
	千伏安	6979		6979
电线	吨	655	78	733
	码	2747890		2747890
电泡（灯泡）	只	226425	300000	526425
电池	只	205247	10957	216204
	打	52607	230513	283120

资料来源：章伯锋、庄建平主编《抗日战争》第5卷，第263页。

表2-20 战时后方电器工业主要产品生产指数

年度	1938	1939	1940	1941	1942
发电机	100	710	1217	1809	1747
电动机	100	10360	14420	26059	12332
变压器	100	81	127	236	351

资料来源：章伯锋、庄建平主编《抗日战争》第5卷，第262页。

（四）化学工业

化学工业对于抗战军需供应与民众的日常生活均有重大意义，如盐酸、硫酸、硝酸、纯烧碱、氨水等，是制造军火之重要原料。其他还有焦炭及液体燃料、水泥、耐火材料及皮革等，都与工业及民众生活息息相关。

中国具有近代化规模与设备的化学工业，肇端于上海的江南制造局，其产品以硫酸与硝酸为主，后有各省火药局的设立。清末的重要近代化工厂包括：光绪十七年（1891）成立的上海伦草造纸厂，光绪二十四年成立的天津硝皮公司，光绪二十五年成立的上海华昌造纸厂，光绪二十七年成立的重庆森昌泰火柴公司，光绪二十八年成立的上海制革公司、江南制革公司，光绪三十一年成立的上海祥文烛皂制造公司，光绪三十二年成立的天津造胰公司，以及光绪三十三年成立的上海龙章造纸厂，等等。民国以后，化学工业日渐发达，各种新兴民营化学工厂有：山东鲁丰制碱公司，上海天原电化厂、开成造酸厂、天利氮气厂、江南化学厂、新亚制药厂、浦东酒精厂、大中华制钙厂、求盛酒精厂、天津渤海化学公司、利中三酸厂、唐山得利三酸厂、永利硫酸铔厂、西安集成三酸厂、太原西北化学厂，以及广西梧州的两广硫酸厂、广东惠阳与揭阳的制糖厂，等等。据统计，1932—1937年调查登记的化学工厂总数为534家，工人共有6万余人，其中1/3以上位于上海，其他沿海地区占50%以上，内地各省的化学工厂只占全部的8%。① 截至1936年，全国共有制酸厂12家，总资本不超过500万元，其中以天利氮气厂、两广硫酸厂、广东硫酸厂、开成造酸厂、天原电化厂和渤海化学公司化工厂规模稍大，各厂全年的产量计盐酸6万余担，硫酸25万余担，硝酸400余担。全国制碱厂不过六七家，年产碱86万余担，其中以塘沽永利为最大，资本及产量都占到全部碱厂的80%，其次为上海的天原、开元及肇新三家。战前中国酸碱化工业，以1937年3月开工的永利亚厂规模最大，可日产硫酸铔150吨、硝酸40吨，但战争爆发初期即全部沦陷。②

　　战前中国化学工业多偏重于日用品方面，如蜡烛、肥皂、火柴、化妆品等，与国防关系密切的酸碱化学（重化工业）工业发展速度极为缓慢，在西南西北地区更是几乎没有任何基础。抗战之初，在政府协助下迁入内地的60家民营化学工厂，共有约8000吨化学工业机器与原料、1300余名技工，成为战时后方化学工业的基础。

　　抗战时期，后方化工企业多是因应战时需要而设，以从事液体燃料代用品的制造为主，如酒精厂、油料厂，其次为酸碱厂、水泥厂、耐火材料厂等，其他如造纸、火柴、皮革等化学工业，亦皆成效卓著，为满足战时后方军用与民生所必需，提供大部分供应。资源委员会在云南昆明、甘肃徽县、江西吉安各办有一个化工厂，但规模均有限，其中昆明化工材料厂以制造纯碱、烧碱为主，甘肃厂生产碱及硫酸，江西硫酸厂则用钒金接触法制酸，产量有限。

　　动力酒精生产。所谓动力酒精是指酒精浓度在90%以上的酒精，可以代替汽油作为燃料使用。无水酒精掺和汽油作为液体燃料，当时在国际上

---

① 《战时工业》，第582页。
② 章伯锋、庄建平主编《抗日战争》第5卷，第264页。

如美国、德国等国家都得到广泛推广和运用。战前中国酒精工业水平落后，销路不畅，全国仅有9家规模较大的酒精生产厂，产量每年在500万加仑，尚感到销路困难。而且生产的酒精也不是用作液体燃料，而是掺和高粱酒作为饮料。集中在东南沿海的这些酒精厂，抗战爆发后相继沦陷。

后方酒精工业的建设，以资源委员会投资设厂首开其端。战前经济备战时期，资委会即拟在四川内江椑木镇设立工业酒精厂，派员入川考察厂址，询购设备。全国抗战爆发后，为弥补后方汽油的不足，资委会先是设立了动力油料厂，从事由植物油提炼汽油、柴油及润滑油的试验和生产，并对战时液体燃料工业做了三年发展规划，计划在1939—1941年，投资1679万美元、国币710万元，在后方各省分别设立四川酒精厂（内江）、四川第二酒精厂（资中）、云南酒精厂（昆明）、贵州酒精厂（遵义）、甘肃酒精厂（兰州）、四川第三酒精厂（简阳）以及煤炼油厂，同时开发植物油提炼汽油等试验，力争把动力酒精从1939年的29万加仑到1941提高至203万加仑，代汽油从年产20万加仑提高到79万加仑，以应对后方急迫的汽油及其代用品的需要，增加国内自给的能力。[①]

1938年春，资委会利用上海中国酒精厂的图纸，从重庆民生机器厂订购了蒸馏机，与四川省政府合资创办了四川酒精厂，8月出货，9月即达到日产95%纯度酒精1000加仑的水平。资源委员会还收购接办了原由陕西省政府1937年秋开办而后亏损严重的陕西（咸阳）酒精厂，于1938年12月迁移到四川资中，更名为资中酒精厂。资中厂原料丰富，交通便捷，设备精良，管理得法，效率极高，产量颇多，成为后方酒精工厂的典范。1940年春，资委会又在泸县设酒精厂，初日产酒精300加仑；在昆明设云南酒精厂，日产酒精1500加仑。是年冬，资委会又于贵州遵义设酒精厂，利用陕西酒精厂的蒸煮及糖化设备，以玉米为原料，日产酒精1500加仑。滇越路被日军封锁后，滇缅公路尚未通车之前，资委会将大后方建设目光投向西北，在甘肃设酒精厂于徽县，日产酒精300加仑，资中酒精厂的咸阳分厂也改组为咸阳酒精厂，此后又于重庆北碚设北泉酒精厂，于简阳设简阳酒精厂。战时资源委员会所属后方国营酒精厂共计9家。

[①] 《资源委员会西南各省三年国防计划》，《中华民国史资料汇编　第五辑第二编　财政经济》（6），第93—94页。

表 2-21　资源委员会所属各酒精厂历年产量

单位：加仑

年度	1938	1939	1940	1941	1942	1943	1944
四川酒精厂	71816	271058	281683	505309	570445	500000	483507
资中酒精厂	—	—	307234	470178	602276	627834	561537
泸县酒精厂	—	—	8578	98267	381982	500597	517835
北泉酒精厂	—	—	—	22250	117820	251915	303295
简阳酒精厂	—	—	—	—	205410	438200	415775
云南酒精厂	—	—	—	38430	282324	177783	120415
遵义酒精厂	—	—	—	17021	90909	303030	322622
甘肃酒精厂	—	—	—	2511	23417	12417	629
咸阳酒精厂	—	8482	71560	144410	121654	34048	100377
合计	71861	279540	669055	1298376	2396237	2845824	2825992

资料来源：章伯锋、庄建平主编《抗日战争》第 5 卷，第 407 页。

军政部交通司、后方勤务部和兵工署的兵工厂也分别开办了一些酒精厂。如军政部 1940 年设第一燃料（酒精）厂于内江，日产酒精 2000 加仑；1941 年设第二燃料（酒精）厂于纳溪，日产酒精 2000 加仑。兵工署第二十三厂 1942 年春又开设了酒精厂；兵工署第二厂开设了附属酒精厂和光大酒精厂等。

此外，值得一提的化学企业是中央工业试验所窑业原料示范工厂。该厂设于重庆，由中央工业试验所于 1939 年 11 月开工建设，1940 年 5 月开始出品。产品一为耐火材料，如中性火砖、酸性火砖、坩埚火泥烧粉等；二为精制原料，如长石粉、硅石粉、萤石粉、方解石粉等；三为陶瓷制品，如化学瓷、电用瓷、工业用瓷等，为钢铁企业所必需原料和设备。1942 年 1—6 月该厂出产精制原料 109 吨，耐火材料 915 吨，陶瓷制品 2 万余件。产品主要供应重庆周围钢铁企业如大渡口钢铁厂、资和炼钢厂及各兵工厂等，产量有限，供不应求。①

（五）电力工业

电厂是工业的原动力，是一切现代工业的基础。近代中国电力事业始

---

① 《战时工业》，第 636—637 页。

于 1882 年外商在上海租界设立的上海电气公司，1905 年京师华商电气公司成立。此后中国各大城市虽先后建立官办或商办电气公司，但规模甚小，设备简陋，仅足照明之用，工业动力，往往各厂自备机器，外资电厂始终处于主导地位。战前中国电厂共计 460 家，发电容量为 63 万余千瓦。其中虽然外资电厂仅有 10 家，但其发电容量占到全国的 44%，而且上海、江苏、浙江、山东、河北、福建、广东等沿海各地，共占有发电容量的 90% 以上，内地电厂寥寥无几。[1]

电力工业也是国民政府战时后方国营工业建设重点，后方国营电厂几乎完全是在抗战后开始建设的。抗战前，国民政府由国民党元老张静江主持，于 1928 年成立了创办和经营国营电力工业的建设委员会。建设委员会成立后，一面制定各项电气法令，一面创办电厂，先后创办了首都电厂、戚墅堰电厂、西京电厂，1937 年将首都电厂、戚墅堰电厂改组成扬子电气股份有限公司。抗战爆发后，在资源委员会主持下，以为后方工业中心提供动力为目标的国营电厂建设取得了较大的成绩。

1. 火力发电

要使中国具备持久抗战的经济力量，必须在大后方建立新的工业中心，这是对日持久抗战的必要条件。建立新的后方工业中心，涉及后方工业如何布局，原料、能源动力有无保障。电力工业是供给原动力的，能源动力工厂的设立是工业发展的前提。经济部部长翁文灏认为："国营事业特为注重者"，第一项即是"迅设电厂，以树立工业生产中心"。但是，战前中国工业的畸形布局，西南西北大后方各省有电厂的地方原本不多，电厂设备简陋，根本不能满足抗战后方工业发展的需要。

有鉴于此，资委会在战前也曾拟定在全国大规模发展电力工业的方案，包括在四川、湖南、浙江等地兴建一批大型电厂。因为经费的关系，抗战爆发前，资源委员会只在湖南湘潭兴办了一个湘江电厂，为在该地兴建的工厂提供能源，后也被迫内迁。战前已向国外订购的 2000 千瓦及 1000 千瓦电机多套设备，也因战争爆发后沿海港口被封，内运困难，不得不先将邻近战区的发电设备尽量拆移，修理利用。资委会先后从常熟、九

---

[1] 孙玉声：《抗战八年来之电气事业》，《资源委员会季刊》第 6 卷第 1—2 期合刊，1946 年，第 141 页。

江、汉口、连云港、郑州、长沙、宜昌及浙赣路沿线各地，拆迁了30余套、总重量在5000吨以上的发电设备。

1938年初行政院改组，原建设委员会并入经济部，经济部在资委会下成立了专办后方电业建设的电业处。原建设委员会从事国营电厂建设的机构、人员，大多集中到了资委会电业处，如陈中熙、陈大受、许应期、单基乾等，成为电业处的技术骨干。

武汉沦陷前，资委会将各地拆迁的发电设备尽可能运往四川、云南，一方面扩充已有电厂的设备，另一方面在新的经济中心地区，由政府开办电厂，供给动力，以便内迁企业的建设和生产。1937—1938年，内迁工厂除一部分入川外，许多工厂因川江运输困难而于湖南株洲、衡阳和湘桂铁路沿线，及湘西沅陵、辰溪一带落地复工。上述各地除汉口、长沙的电力尚能应付外，其他各地均极感缺电的困难。为解决上述工业中心地区的电力问题，资委会着力于在湘潭办理湘江电厂，专供下摄司一带工厂用电，同时也设法在湘西沅陵、辰溪成立电厂。

1938—1939年，在迁川工厂集中建厂复工的四川万县、宜宾、五通桥地区，资委会与四川省政府合办万县电厂，独资兴办宜宾馆电厂、岷江电厂。在另一个后方工业中心昆明，由于新厂的兴办，原有民营电力事业远远无法满足需要，资委会成立云南电厂工程处，筹办昆湖电厂。资委会还与贵州省政府合作，扩充贵阳电厂；在西北重镇兰州，与甘肃省政府合办兰州电厂；在交通要冲的汉中，筹办了汉中电厂；在后方食盐供给总汇的自流井，与川康盐务管理局合办自流井电厂。1939年底，资委会拥有11家电厂（除上述电厂外，还有建设中的龙溪河水电厂和从建设委员会接收的西京电厂），其中8家已投入使用，装机容量达7986千瓦。[①]

1940年以后，中国抗战正面战场战局趋于稳定，战线相对固定，后方工业发展对电力的需要更加强烈和迫切。资委会一方面增加发电设备的生产，创设新厂，同时设法维新和更换陈旧设备，扩大原有各厂的发电能力。

为适应实际需要，或应地方政府的请求，资委会又陆续创办和合办多家电厂。如1940年与青海省政府合办西宁电厂，装配90千瓦柴油发电机，

[①] 章伯锋、庄建平主编《抗日战争》第5卷，第265页。

后又于湟水支流上建筑水电发电厂，安装 200 千瓦水轮发电机一座，于 1945 年装竣发电。1941 年与广西省政府合作兴办柳州电厂，其设备系自湘潭内迁的 2000 千瓦发电机，1944 年春安装完毕，是年冬柳州陷落，电厂遭到破坏。1941 年，四川泸县电厂装置 2000 千瓦设备一套，1944 年秋完成发电。天水电厂先安装煤气机及柴油厂，同时开发借河水力，1945 年春完成 200 千瓦设备。西昌电厂先装置 60 千瓦煤气机，同时在东河上建水力发电厂，安装小型水轮发电机 4 座，共 220 马力。1942 年兴办长沙及衡阳电厂。长沙市原有电厂颇具规模，可惜全部毁于文夕大火。资委会着手恢复时期，中日军队先后三次会战长沙，发电厂设备也随军事的进展而运进运出，1944 年夏着手安装 2000 千瓦设备之时，长沙再度沦陷，电厂亦被破坏。衡阳电厂与此相似，自 1942 年春开始安装 1000 千瓦设备，至 1944 年 4 月底完成，5 月试车，6 月衡阳沦陷，电厂全部被毁，功败垂成。

1940 年以后，后方物价上扬，发电成本随之高涨。为了防止推波助澜，引发通货膨胀，经济部不敢抬高电价，却使得发电厂本身的营业收入无法维持自身的设备维护修理。资委会电业方面每年的拨款大都用来补贴设备维修，只有一小部分用于基建单位，抑制了国营电业的发展。

因为资委会所属国营工厂规模较大，多自备发电机，所以资委会所属电厂除建于省会城市的多用于照明用电外，其余绝大部分以供应工业用电为主，而且主要是供应非资委会所属工厂。据 1944 年的统计，资委会各电厂用户的用电量，兵工厂占 19.6%，化工制造厂占 19%，其他的电工、机械、纺织、钢铁、造纸、煤矿等厂矿共占 33.2%。在规划和逐渐形成的后方 39 个工矿中心中，有 17 处中心主要或大部分依赖于资委会所属电厂供应动力。[①] 如四川的自流井、五通桥、宜宾和泸州乃四川中心地区，其余如西宁、天水、西安、汉中、西昌、万县、贵阳、柳州、昆湖，也均被视为后方经济中心区域。资委会电厂无疑对促成这些工矿中心的形成起到了积极推动作用。此外，龙溪河水电厂供应重庆，都江电厂供应成都。资委会还准备开发螳螂川水力，以供给昆明市区。

至 1945 年抗战结束时，资委会有电厂 19 家，装机容量 34024 千瓦，与抗战初期相比增加了 12 倍多，占后方电业的 52%。战时生产局成立后，

---

① 郑友揆等：《旧中国的资源委员会——史实与评价》，第 84、85 页。

又计划从美国进口 5000 千瓦电机,当设备运至印度时日本宣布投降,战争结束了。据统计,1937—1945 年,资源委员会系统各发电厂共发电 221708 千度。①

2. 水力发电

为节省燃煤,尽量利用水力发电,资委会着力开发和建设水力发电厂。在国防设计委员会开展的调查工作中,开发水力电力是其中一个重要内容,并先后组织专业人员对黄河壶口、长江上游、甘肃、浙江等地的水力资源进行了专门调查。1935 年,资源委员会又组建水力勘测队,在浙江东部的飞云江,四川的岷江、青衣江、大渡河、马边河、龙溪河等地勘测水力资源,编制开发计划,拟订了《四川水力发电计划》。

战时资委会主办的最重要的水力发电工程是龙溪河电厂。龙溪河电厂位于重庆下游 40 公里,水力资源丰富。1937 年 7 月,资源委员会成立四川龙溪河水力发电厂筹备处,随后在四川长寿县龙溪河建立下硐水电站,自行设计制造了一套 800 千瓦容量的水电机组。1941 年 9 月,龙溪河水力发电工程处完成桃花溪水力电厂工程,装机容量 876 千瓦。

与此同时,资委会还进行了下清渊洞及回龙寨等水力发电工程的建设。下清渊洞工程于 1943 年末完成土木工程,向美国订购 3000 千瓦设备,因战事滞留未运,向英国订购的设备,运抵仰光后沦于日军之手,资委会只得自行制造 1000 马力水轮机两部,先行装置,于 1943 年底完成。在四川万县的壤渡河,1940 年建筑仙女洞、鲦鱼口两处工程,也因向美国订购的机件未能到达,改为装置两座国产的小型水轮发电机,共 520 马力。岷江电厂先于 1939 年完成 200 千瓦汽轮发电机,后又装置拆迁自宜昌的 500 千瓦及湘潭 2000 千瓦汽轮发电机,分别于 1941 年及 1945 年先后完成发电。

表 2-22 资源委员会所办水力发电厂统计

河流	地名	水头(公尺)	发电容量(千瓦)
桃花溪	四川长寿	80	930
下清渊洞	四川长寿	40	1500
仙女洞	四川万县	53	200

---

① 郑友揆等:《旧中国的资源委员会——史实与评价》,第 83 页。

续表

河流	地名	水头（公尺）	发电容量（千瓦）
鲢鱼口	四川万县	15	220
东河	西康西昌	25	180
藉河	甘肃天水	20	400
湟水河	青海西宁	20	200
褒惠渠	陕西汉中	12	200
合计			3830

资料来源：朱大经著《十年来之电力事业》，《资源委员会季刊》第6卷第1—2期合刊，1946年，第48页。

1938年，资委会聘请美国古柏公司水力专家到四川大渡河及川西一带勘测水力，钻探水文。同时，为了开办岷江水电厂，资委会特成立岷江电厂水力勘测队，担任大渡河下游的水力测量。资委会还与清华大学合作组织云南省水力勘测队，勘测了螳螂川等河流。此外，还有资源委员会与华北水利委员会合作组成的柳江水力勘测队。为了集中勘测力量，1940年1月资源委员会在重庆成立以水利专家黄辉为总队长的水力发电勘测总队，任务是勘测水力丰富之河流，选定形势优越之水力地址，加以研究设计，拟具开发计划。战时经该总队勘测的河流如下：

四川省：大渡河、马边河、龙溪河、大洪河、壤渡河、桃花溪、沤水、小安溪、庆符河、高坑溪、威远河、荣溪河、花滩溪、龙洞溪。

西康省：安宁河、孙水、东河、海河。

贵州省：猫跳河、修文河、李官河、泉河、小桥河、南明河。

云南省：螳螂川、巴盘江、横江、洒雨河、大关河、牛栏江、大水沟、金沙江、瑞丽江。

湖南省：资水。

广东省：瀚江、杨溪、浈水、武水。

广西省：柳江、龙江。

浙江省：大溪、松阴溪。

甘肃省：黄河、洮河、大夏河。

陕西省：冷水河、滑水、褒水、渭水。

青海省：大通河、湟水。

湖北省：清江。

江西省：修水。

以上共计13省53条河流。

1944年5月，资委会邀请世界著名的水电工程专家、美国垦务局总工程师萨凡奇（J. L. Sovage）来华考察长江水力资源，寻求大规模发展后方水电的途径。在资委会的协助下，萨凡奇实地考察了长江三峡，提出了400余页的《扬子江三峡计划初步报告》，就开发三峡水电工程方案、工程造价、综合效益、中美技术合作等做出初步计划。在资源委员会的积极推动下，国民政府将三峡开发工作交由资委会具体负责，并于1945年5月成立了三峡水力发电计划技术研究委员会，开始前期技术准备工作。抗战胜利后，中美签订合约，正式着手工程建筑，不久因国民党发动全面内战，工程被迫下马。

（六）兵工生产

国民政府兵工企业的主管机构是军政部兵工署。兵工企业的生产也是战时后方工业发展史的重要部分，而且其生产能力及产品数量与战争关系甚大，但因涉及军事机密，具体生产状况以往较少了解。兵工企业在战争初期的内迁行动与民营企业完全不同，因为是完全军事化的管理，不仅行动快，规模大，而且资金和运输条件能得到比较充足的保障，是民营企业无法相比的。至1941年4月，后方主要的兵工厂及分厂有21家，抗战胜利前后则达到32家，员工、兵夫约8.8万人。[①]

现按照各厂名称顺序分别略述如下。

第一兵工厂。前身是近代著名的汉阳兵工厂，1928年后由南京政府军政部兵工署直辖。抗战爆发后，该厂奉令内迁湖南辰溪，1938年11月正式更名为第一兵工厂。自1939年3月起，第一厂在辰溪陆续开工，恢复生产，包括枪弹厂、机关枪厂、火工厂、机器厂等。不久该厂又奉命迁往重庆，并对生产内容进行了调整，将第十一兵工厂已迁至重庆的制枪厂、炮弹厂划归第一厂，第一厂尚未迁移重庆的枪弹厂、机关枪厂及动力厂拨予第十一兵工厂，已迁至重庆的枪弹厂部分设备划拨第二十五兵工厂。抗战

---

① 张守广：《抗战大后方工业研究》，重庆出版社，2014，第200页。

期间，第一兵工厂主要生产中正式步枪，各式炮弹、手榴弹，后手榴弹改为枪榴弹和6公分迫击炮弹，1945年时，达到日产步枪4000余支，各式炮弹万余枚及部分武器零件、铜条的能力。①

第二兵工厂。原为汉阳火药厂，1938年6月奉令迁往湖南辰溪，7月改名为第二兵工厂，1940年秋在辰溪开工出产，并添设黑药制造厂。是年10月，因日军迫近，该厂再次奉命迁至四川巴县，1943年复工。

表2-23 第二兵工厂历年产品产量统计

年份	1937（1—5月）	1938	1939	1940	1941	1942
七九步枪药（公斤）	187896					
自来得手枪药（公斤）	4870					
七五陆炮药（公斤）	2816					
黑药（公斤）				36000	36000	12000

资料来源：章伯锋、庄建平主编《抗日战争》第5卷，第429页。

表2-24 第二兵工厂历年各项出品统计

年份	1937	1938（1—5月）	1941	1942（1—5月）	合计
硫酸（公斤）	2765734	987870			3753604
硝酸（公斤）	457790	185655			643445
依脱（公斤）	207556	114800			322356
汽油（加仑）			2400	7000	9400
柴油（加仑）			16000	24000	40000
灯油（加仑）			2000	2500	4500
提炼酒精（加仑）			12000	3000	15000

资料来源：章伯锋、庄建平主编《抗日战争》第5卷，第429—430页。

第十兵工厂。前身名为兵工署炮兵技术研究处，1936年开始筹备，以制造各种火炮为目标，并于11月接管原汉阳兵工厂所属炮厂，欲在湖南株洲建成国内规模最大的现代化兵器制造厂。抗战爆发后，炮兵技术研究处分别迁往武汉、长沙、株洲等地。1938年5月株洲临时枪弹厂正式开工，日产枪弹4万发，6月即奉令迁往重庆。同时，汉阳炮厂迁往湖南沅陵，

---

① 章伯锋、庄建平主编《抗日战争》，第428—429页。

成立修械场，担任修炮工作。该部分1939年划归第一兵工厂。1939年2月，原在衡阳的汉阳炮厂第一分厂迁至广西桂林，改名为炮兵技术研究处桂林修炮厂。因国外订购的设备滞留缅甸、昆明等地，到1940年6月，迁往重庆的枪弹厂方开工生产。1941年元旦，炮技处奉令结束，迁到重庆部分改组为第十兵工厂，先后出产榴弹和破甲弹等。

第二十兵工厂。原川东绥靖公署子弹厂，1937年8月由兵工署接管，改称四川第一兵工厂，次年2月改为兵工署第二十兵工厂。该厂先后接收华兴机器厂、金陵兵工厂和陕西一厂筹备处制造枪弹的设备，改组扩充，下辖第一至第九制造所，以制造七九尖圆步机枪弹为主。

表2-25 第二十兵工厂历年出品产量

年份	1937	1938	1939	1940	1941	1942	1943	1944	1945
七九尖圆步枪弹（千粒）	7915	101345.6	72000	51729.5	54268	75134.5	65050	70193.13	64558.81
7.62步机枪弹（千粒）	—	—	425	183.5	250	—	69.6	44.8	—
7.63手枪弹（千粒）	—	—	—	1000	3039.55	3052.5	2107.5	720.8	—
代造零件及其他（千件）	—	17566.248	5106.998	7620.255	2901.125	4856.188	7393.19	6748.345	8453.85
代造各种铜锡锌皮（公斤）	—	56282.7	82799.2	36912	32969	49438	12274.8	160535.5	174084
4号甲雷（个）	—	13100	21650	30200	38200	81500	55000	63510	94224

续表

年份	1937	1938	1939	1940	1941	1942	1943	1944	1945
启拉利轻机枪（挺）	—	1900	—	—	—	—	—	—	—

资料来源：章伯锋、庄建平主编《抗日战争》第5卷，第431页。

第二十一兵工厂。前身为兵工署金陵兵工厂，起源于清末金陵机器局。该厂抗战前主要生产马克沁重机枪、八二迫击炮及其炮弹以及七九步机枪等。八一三淞沪事变以后，先是枪弹厂奉命入川，与四川第一兵工厂合并，随后全厂西迁，于1938年3月在重庆江北复工，改称第二十一兵工厂。1939年2月，增设步枪厂、轻机关枪厂，3月在云南安宁设安宁分厂，利用从德国购置的新式制炮及炮弹设备，生产炮弹和甲雷。1944年，第四十兵工厂改称二十一厂綦江分厂，主要生产马克沁重机枪、捷克式轻机枪、八二迫击炮及炮弹及七九步枪等。其中安远分厂以制造八二迫击炮弹为主，每月产量由2万发渐增至4万发，甲雷每月产量4000枚、八二迫击炮黄磷弹每月产5000枚。

表2-26 第二十一兵工厂历年出品产量

年份	1937	1938	1939	1940	1941	1942	1943	1944	1945
马克沁重机枪（挺）	626	1060	1971	2468	1860	1980	2680	2986	3063
捷克式轻机枪（挺）	—	—	892*	900	150	930	2041	2020	2900
八二迫击炮（门）	440	110	1136	900	500	760	1381	1140	1084
中正式步枪（支）	—	—	—	—	—	—	—	24500	62000
八二迫击炮弹（颗）	298920	481126	568262	509184	322504	319094	380000	424300	207782
八二黄磷弹（颗）	52500	33200	5860	42690	28450	10500	8000	15000	28000

续表

年份	1937	1938	1939	1940	1941	1942	1943	1944	1945
黄磷手榴弹（颗）	—	9000	58400	58000	106000	25000	10100	18000	27000
一二〇迫击炮（门）	—	—	—	—	—	—	—	—	49
一二〇迫击炮弹（颗）	—	—	—	—	—	—	—	—	3288
八一迫击炮弹（颗）	920	—	68464	81930	50892	17614	—	—	—
破甲枪榴弹（颗）	—	—	—	—	—	—	—	—	1000
破甲枪榴弹发射筒（具）	—	—	—	—	—	—	—	—	100
汉式七九步枪（支）	—	—	41500	53814	31500	46600	33100	350	—
大十字镐（把）	—	—	—	—	—	—	—	—	4000
小十字镐（把）	—	—	—	—	—	—	—	—	8000
手枪信号弹（粒）	154280	65000	182000	8000	—	—	—	—	—
七九尖圆机步枪弹（万粒）	2802	—	—	—	—	—	—	—	—
方圆形梯恩梯药包（个）	1150000	1881334	180000	—	—	—	—	—	—
防毒面具（具）	28980	—	—	—	—	—	—	—	—
滤毒罐（个）	51200	—	—	—	—	—	—	—	—

注：*其中有342挺系启拉利式。

资料来源：章伯锋、庄建平主编《抗日战争》第5卷，第432—433页。

第二十二兵工厂。1936年9月在南京开始筹办，原名军用光学器材工厂，计划从德国、瑞士进口设备与材料，生产军用望远镜等光学仪器。

抗战爆发后，先迁到重庆，后移往昆明，1939年12月正式命名为第二十二兵工厂。主要生产望远镜、迫击炮准镜、测远镜，并修理光学器材。1940年生产望远镜600余架，试制成功迫击炮瞄准镜25架、五角测远镜100具，修理光学器材630余件。1941年生产中正式测远镜70架，望远镜752——法式迫击炮瞄准镜2136架、奥式11架，代制36倍野炮水准镜100具，修理光学器材400余件。1942年与五十一兵工厂合并为第五十三兵工厂。[①]

第二十三兵工厂。前身为1936年2月在河南巩县成立的巩县兵工分厂，1937年11月奉命内迁四川，次年4月更名为兵工署第二十三兵工厂。1943年5月设重庆分厂，1945年1月成立昆明分厂。该厂为当时国内最大的军用化学厂，主要生产硫酸、烧碱等化学工业原料，及防毒面具等防毒器材。

第二十四兵工厂。原重庆电力炼钢厂，1937年划归兵工署，更名为重庆炼钢筹备处，开始出钢，1939年改名为第二十四兵工厂，并添设火砖部，生产制造耐火材料。

第二十五兵工厂。原为炮兵技术研究处枪弹厂，1938年该处枪弹机器迁至重庆，1939年元旦成立第二十五兵工厂，后又接收了成都厂的少数枪弹生产设备，使其枪弹制造设备达到10套，以制造枪弹为主，并出产木柄手榴弹等。1939年生产七九圆步弹1020余万发，尖步弹500余万发，木柄手榴弹8.1万余枚。1940年生产圆步弹1410余万发，尖步弹1900余万发，机弹100余万发，空包弹160余万发，木柄手榴弹18.5万余枚。1941年因日军空袭频繁，被迫移入山洞，生产受到影响，全年共生产圆步弹1300余万发，尖步弹2050余万发，11公分冲锋弹10万发，空包弹10万发，木柄手榴弹35.9万余枚。

第二十六兵工厂。1939年10月成立，设于四川长寿，以制造高级军用炸药为目的。1943年至1944年7月，生产碳酸钾95吨。因从美国订购的各种设备直至1943年12月方运到，1945年初始正式出品，主要生产氯酸钾。

第二十七兵工厂。前身为1937年3月成立的航空兵器技术研究处，主

---

① 本段及以下几段，见章伯锋、庄建平主编《抗日战争》第5卷，第433、436—437页。

要从事有关空军兵器的技术实验与试造工作。抗战爆发后迁至武汉,后迁到四川万县。1939年该处设计的二八式枪榴弹试制成功,开始大量生产。1942年11月扩编为第二十七兵工厂,专门从事枪榴弹生产,1944年月产量由5万枚渐增至10万枚。

第二十八兵工厂。前身为兵工署材料试验处,因试验成功罐钢的冶炼、合金电冶及纯钨的提炼等,遂设立合金工厂,炼成锋钢、冲模钢等特殊钢材。1942年11月更名为第二十八兵工厂,制造出产锋钢、冲模钢、磁钢、硅铁、纯钨等特种钢材和材料,因设备不齐,产量有限。

第三十兵工厂。前身为济南兵工厂,抗战爆发后内迁西安,成立陕西第一兵工厂筹备处,后迁武汉,再转入川,1938年底在重庆南岸开始生产,并更名为第三十兵工厂。该厂原制造枪弹设备划归第二十兵工厂,遂主要从事木柄手榴弹、二七式掷榴弹、二七式掷弹筒和缓燃导火索生产。

表2-27　第三十兵工厂历年出品产量

年份	1938（10—12月）	1939	1940	1941	1942	1943	1944	1945
木柄手榴弹(颗)	169100	1534887	606144	1086421	963690	750000	630000	783000
二七式掷榴弹(颗)	—	82795	163558	252190	222770	227000	308000	294000
二七式掷弹筒(门)	—	10300	7702	5709	9148	6000	50	2000
缓燃导火索(米)	—	—	6000	50000	90000	—	15000	90000

资料来源：章伯锋、庄建平主编《抗日战争》第5卷,第439页。

此外还有第三十一、四十、四十一、四十二、四十三、四十四、五十、五十一、五十二、五十三等多家兵工企业,主要由原地方兵工厂改编,因设备和技术条件局限,生产水平、数量有限,或主要从事军械修理等。

表2-28　战时兵工署各工厂概况(1945年8月)

厂名	地址	主要产品	人数(人)	机器(台)
第一工厂	重庆	步枪、七五炮弹	5071	1703
第二工厂	四川巴县	无烟药、黑药、酒精	2247	357

续表

厂名	地址	主要产品	人数（人）	机器（台）
第十工厂	重庆	三七炮弹、六〇迫击炮及弹	2739	712
第十一工厂	湖南辰溪	枪弹、五七炮弹、手榴弹	5114	1178
第二十工厂	重庆	枪弹、甲雷	4374	1131
第二十一工厂	重庆	步枪、机枪、迫击炮及弹	10370	3424
第二十一工厂綦江分厂	四川綦江	枪弹、八二迫击炮弹	2559	767
第二十一工厂安宁分厂	云南安宁	八二迫击炮弹、甲雷	2272	553
第二十三工厂	四川泸县	防毒面具、氯酸钾、酒精等	2516	1710
第二十三工厂重庆分厂	重庆	定制军用各件	344	56
第二十三工厂昆明分厂	云南昆明	黄磷	142	44
第二十四工厂	重庆	钢料、枪榴弹筒	4471	893
第二十五工厂	重庆	枪弹、手榴弹	3267	1430
第二十六工厂	四川	氯酸钾	1285	199
第二十七工厂	四川	枪榴弹、药包	3190	677
第二十八工厂	重庆	合金钢、硅铁	1018	130
第三十工厂	重庆	手榴弹、掷榴弹	2762	515
第三十一工厂	陕西兴平	手榴弹、修械	1517	214
第四十一工厂	贵州桐梓	轻机枪、步枪	3913	1118
第四十二工厂	贵州遵义	防毒面具、防毒眼镜	745	344
第四十四工厂	贵州贵阳	手榴弹、手枪	2459	221
第五十工厂	重庆	炮弹、迫击炮、战防炮等	3890	740
第五十工厂成都分厂	四川成都	迫击炮弹	1359	336
第五十工厂筹备处	云南宜良	手榴弹、药包	1066	156
第五十三工厂	云南海口	测远镜、望远镜、瞄准镜、轻机枪、指南针等	2873	1734
第五十三工厂贵阳分厂	贵州贵阳	修理光学器材	141	53
钢铁厂迁建委员会	四川巴县	钢料、生铁	12281	1796
东南区第一分厂	福建长汀	轻机枪、手枪	691	115
东南区第二分厂	福建南平	步枪、手榴弹	1233	320
东南区第三分厂	福建永安	八二迫击炮及弹	438	107

续表

厂名	地址	主要产品	人数（人）	机器（台）
东南区第四分厂	福建将乐	轻机枪、复装子弹	693	105
东南区第五分厂	湖南桂东	轻重机枪	693	105
合计			87733	22943

资料来源：中国近代兵器工业档案史料编委会编《中国近代兵器工业档案史料》第3辑，兵器工业出版社，1993，第131—133页；张守广著《抗战时期大后方工业研究》，第198—200页。

表 2-29　兵工署各兵工厂实际产量

年份	1940	1941	1942	1943
七九步枪（支）	54510	39000	59200	66831
信号枪（支）	38	400	2420	910
轻机枪（挺）	1324	2440	6000	9391
重机枪（挺）	2982	2380	2290	2940
八二迫击（门）	900	500	760	1381
6公分迫击炮（门）	—	—	200	1100
三七战防炮（门）	—	—	24	40
七九枪弹（粒）	113878000	120584580	140010340	144050000
八二迫炮弹（颗）	641900	413661	545192	715979
6公分迫炮弹（颗）	—	7944	92144	203118
15公分迫炮弹（颗）	9642	6345	4964	22805
七五山野炮弹（颗）	61614	23072	62956	119638
三七炮弹（颗）	—	244838	286143	209980
掷榴弹、枪榴弹（颗）	809262	828280	978499	1001864
手榴弹（千粒）	3700	5759	4697	2733
信号弹（粒）	104150	30000	—	40150
梯恩梯药包（千粒）	1113	260	1546	928
防毒面具（副）	101810	102000	101500	71500
防毒衣（套）	20024	9960	19547	6266
望远镜（具）	500	550	1450	3850
瞄准镜（具）	25	263	3492	—
测远镜（具）	—	65	20	60
指南针（个）	—	—	—	1150
制造费（千元）	66544	239151	887522	24666954

资料来源：章伯锋、庄建平主编《抗日战争》第5卷，第457—458页。

除兵工署外，军事委员会的航空委员会也拥有数家飞机制造厂和飞机发动机制造厂。

第一飞机制造厂。原为设于广东韶关的韶关飞机制造厂，1938年迁至昆明，改名为第一飞机制造厂。抗战期间，第一飞机制造厂先后仿制生产双翼轻型飞机20余架、E-15苏式飞机30余架。

第二飞机制造厂。前身为设于南昌的中央飞机制造厂，抗战初迁至四川重庆，1939年改组为第二飞机制造厂。该厂设备比较完备，抗战期间先后仿制生产E-15双翼驱逐机、E-16单翼驱逐机、重型轰炸机等苏式飞机，以及教练机、小型运输机、滑翔机等。

第三飞机制造厂位于成都，由原海军上海制造飞机部门和其他航空工业单位合组而成。

中央垒允飞机制造厂。前身为中央杭州飞机制造厂，1939年迁至云南瑞丽。该厂从1939年至1940年制造、组装、改造飞机100余架。因1940年10月遭日机轰炸，损失惨重，工厂疏散，后曾在缅甸八莫设发动机分厂，在仰光设临时装配车间，承担为飞虎队及驻缅英国空军装配、检修飞机的任务。1943年结束。

大定飞机发动机制造厂。1939年在昆明筹备设立，因遭敌机轰炸，最后选址于贵州大定，战时先后生产30余台塞克隆G-105型飞机发动机。①

二 民营企业的勃兴与工业管制

为推动后方工矿业发展，国民政府在积极发展国营工矿事业的同时，也对民营企业采取了一系列扶持奖助的政策和措施，具体工作主要由经济部工矿调整处负责推进。

（一）对民营工业的奖助政策与措施

抗战时期，以国民政府或经济部的名义先后制定和修订颁布了一系列法令、条例，既确立了以统制经济为基本特征的抗战时期大后方基本经济法律框架和基本经济体制，也体现了鼓励、奖助后方民营工矿业发展，以增强抗战军事实力，保障后方人民基本生活，争取抗战胜利的基本方针，

---

① 张守广：《抗战大后方工业研究》，第206—207页。

其产生的实际作用基本是积极和正面的。

在扶持和优惠、奖励后方工矿业工业发展方面，经济部工矿调整处也制定有相关制度和办法。国民政府希望通过这些制度和办法，对民间兴办工矿企业加以协助，鼓励国人出钱出力，发展后方工业，以增国力而裕民生。这些鼓励民间资本投资的政策收到了一定的效果。战时大后方的民营企业资本在 100 万元以上者达到几十家，如华西建设公司资本达 5000 万元，华侨胡文虎投资 2500 万元成立了华侨西南实业公司，其他还有中国兴业公司、大西南实业公司、西宁兴业公司、民权贸易公司、惠川公司、华一公司、华威公司等。

工矿调整处对民营企业的奖助方式主要有贷助资金、供应材料、定购产品和奖励技术进步、培训技术工人等。

工厂内迁之际，国民政府更多关注能直接帮助兵工制造的机械、电器、化学等企业，另外一些与民生有重要关系的纱厂、面粉厂等也得到帮助。除采取低息利贷款，供民营厂矿作迁建之用外，政府还自海外大量购储各种工业原材料，协助技术员工内迁，以应各厂的需要；同时颁布《兵险法》，以保障各工厂内迁之时不因遭受空袭而无以为继。内迁民营工厂依照政府批示分别迁到各指定区域，开始重建或新建之时，经济部亦采取多项政策措施对后方新兴工矿事业加以奖励和协助。

一是资金协助。鉴于敌机空袭造成工厂生产被迫停顿，以及由此引起资金周转不灵，米煤等物价高涨，工资飞涨，以致生产成本增加，企业亏损甚巨，难以支撑的形势，国民政府以提供资金支持，或迁移安全区域，或开凿防空洞，建筑防护设备等措施，力图将企业损失降至最少。1938 年至 1945 年 2 月底，由经济部直接办理或工矿调整处办理的直接贷助金共计 2.4 亿元。

二是器材协助。根据各种机器工业的需要，由政府代为规定价格，公平处理，按需要供给，使产销两方都有裨益。同时又由政府自外国购入五金器材，并以其中一部分用于补充企业急需。例如，利用部分美国信用借款购进 1000 吨器材，以公平价格提供给各厂之用。1938 年，工矿调整处拟定了购储材料、工具计划，统筹购储各厂共同需用的材料，次年又设立材料库，先后向国内外收购大量工业材料、器材、工具，分配厂矿，另外还有保息补助、小工业贷款等。

三是对生产产品提出计划及指导。经济部提出为适应战时需要，各工厂应尽先增加生产需要的物品，将不十分急需的东西暂停制造。例如，因为战时后方急需电信机，而且需要量很大，为保证产品供应，工矿调整处即要求华生、华成等厂停止电风扇的生产，改制小型发电机暨无线电发动机等。

推动民营工业短期内获得迅速发展的原因有三。

第一，对日抗战的客观需要，为工业发展提供了巨大的市场。战争造成物资消耗的猛增，强烈刺激了军火、药品、交通工具等多种工业及相关产业的发展；沦陷区人口大量迁移后方，也增加了对工业产品的需求。另外，战争又使正常对外贸易锐减，特别是日用消费品的进口几乎断绝，使以前依赖外国或沿海地区产品的内地市场，完全要依靠自己的生产。

第二，民营企业家在团结抗战、共赴国难的爱国主义精神激励下，为积极改变后方工业的落后面貌，以实际行动支援抗战而努力奋斗，克服了重重困难，在内迁的基础上，不断扩大生产规模，改进生产技术，提高生产效率，增加产品产量。

第三，经济部工矿调整处对民营企业实行积极协助和奖励政策，也对民营工业的发展起到了推进作用。工矿调整处成立之初，处长翁文灏曾向厂家表示："国民政府工矿调整处是为厂家服务的，不是个做官机关，要官民打成一片。"

经济部还积极推动民营企业家的联合合作。在工矿调整处的建议下，1939年及以后陆续在重庆成立了全国工业协会、迁川工厂联合会、国货厂商联合会、西南实业协会、战时生产促进会、中小工厂联合会等战时民营企业联合组织，既方便了政府与企业家间关系的沟通，也有助于企业之间的联络。翁文灏还经常参加重庆企业家的"星五聚餐会"，倾听企业界的呼声，宣讲政府经济政策。1940年，翁文灏为星五聚餐会百次纪念刊题词："共同奋斗，发扬国光。"

（二）民营工业发展概况

表2-30　后方民营企业情况统计（1942年）

类别	厂数	工人数	资本（元）	动力设备（匹）
水电工业	63	2099	15813180	30475
冶炼工业	111	10747	27427794	1308

续表

类别	厂数	工人数	资本（元）	动力设备（匹）
金属品工业	153	6500	22604200	957
机器制造业	632	21550	91042023	8543.50
电器制造业	75	2212	11497200	1403.50
木材及建筑业	45	1460	5416254	517
土石品工业	101	8362	32530900	3447
化学工业	701	28202	139159663	15132
饮食品工业	328	8852	6420200	8322
纺织工业	543	58713	148043577	12153.75
服饰品工业	139	8398	10338880	160.25
文化工业	189	4705	18128160	484
杂项工业	22	2645	3512600	145
合计	3102	164445	589774631	83048

注：资本、工人数和设备栏中，各有一些企业数字不明，未予列入。
资料来源：章伯锋、庄建平主编《抗日战争》第5卷，第266—267页。

1. 钢铁工业

由于抗战初期的迫切需要和政府的扶持政策，大后方民营钢铁业得到迅速发展。从1939年至1942年夏，被称为后方民营钢铁业的黄金时代，主要表现在具有一定规模的冶炼厂数量大为增加，生产能力和产量迅速提高。特别是1942年国营企业大量出产以前，钢铁主要依赖于民营企业。与国营钢铁企业不同，大后方民营钢铁企业数量多，而且以土铁生产为主。

经济部先后在四川土铁业较为发达的陵江、大昌、永川、荣昌、上川、清平、永和等地，协助当地的土铁厂建立了十余座小型新式炼铁炉，于1941年先后出铁。[①] 到1941年四川各地兴建的小型铁炉有21座，日产量239.5吨。[②] 这些民营炼铁炉大多为5—20吨，不仅投资少，见效快，而且也适应了后方各省铁矿储量的特点。例如，四川虽然铁矿储量较广，但多为菱铁矿，矿层薄储量小，如果设立50吨以上的铁厂，必然造成原料困难。

据经济部统计处统计，到1943年5月，大后方有民营铁厂98家、钢

---

① 朱玉仑：《四川之钢铁》，《资源委员会季刊》第1卷第1期，1941年，第26页。
② 靳树梁：《四川钢铁工业之动向》，《资源委员会季刊》第1卷第1期，1941年，第9页。

厂 4 家，每年最大生产能力分别达到 44000 吨和 19000 吨。① 从地域分布上，这些民营钢铁企业以重庆最为集中。据重庆冶制工业同业公会统计，1942 年重庆共有会员工厂 22 家，其中炼铁厂 18 家、炼钢厂 4 家（未入会者 2 家），至 1943 年底会员工厂增加至 26 家，虽然只占四川 1694 家工厂总数的 1.5%，但是资金总额达 46605.1 万元，占全川工厂总资金的 17.1%。②

在后方所建的民营钢铁厂中，以中国兴业公司、渝鑫钢铁厂、中国制钢公司、中国电力钢铁厂规模较大，其各厂设备及生产情况大致如下。

中国兴业公司在战时后方是一个特殊的钢铁企业，虽然官方一直将其归为民营企业，但实际上是官商合办。该公司由华联钢铁股份有限公司、中国无线电业公司及华西兴业公司矿业组合并成立，最后股本扩大到 12 亿元，其规模仅次于大渡口钢铁厂，其中官股占 91.5%，商股占 8.5%。1940 年该厂电炉正式开工，次年炼铁炉、轧钢机也相继投产，1942 年平炉与柏士麦炉也先后出产。

该公司的设备主要有：炼铁部分有 30 吨炼铁炉及附属设备，在涪陵铁厂有 1 座 15 吨炼铁炉，在永荣铁厂有 1 座 5 吨炼铁炉；炼钢部分有 10 吨平炉 1 座，并有附设煤气炉 3 座，热炉 2 座，炼白云石炉 1 座，此外还有 1 吨的电炉及 1 吨半的柏士麦炉各 1 座；轧钢部分有 10 英寸三层五联式钢条轧机、18 英寸的三层四联式钢条及轻钢轨轧机各 1 套，另有生产耐火砖的八室砖窑等。该公司生产能力达到每日可产生铁 90 吨、马丁钢锭 60 吨，其产量占到后方民营钢铁厂总产量的 1/3，而且产品种类多，举凡各类生铁、轻钢轨、方圆钢、角钢、扁钢、工字钢、槽钢、钢板均能生产。

表 2-31　中国兴业公司钢铁产量

单位：吨

年份	1940	1941	1942	1943	1944	1945	合计
生铁	—	970	5095	1954	2455	8241	18715
钢锭	153	303	1179	2352	2857	2027	8871

---

① 《经济部统计处关于战时后方工业统计报告》，《中华民国史档案资料汇编　第五辑第二编　财政经济》(6)，第 326—327 页。

② 中国人民政治协商会议西南地区文史资料协作会议编《抗战时期内迁西南的工商企业》，云南人民出版社，1989，第 105 页。

续表

年份	1940	1941	1942	1943	1944	1945	合计
钢品	—	271	732	1535	2080	1800	6418
钢铁铸件	94	78	72	82	234		560

资料来源：《战时工业》，第456页。

渝鑫钢铁厂。该厂前身为上海大鑫钢铁厂，是内迁民营企业中唯一的钢铁企业。内迁重庆后，大鑫与卢作孚的民生实业公司合资经营，改名为渝鑫钢铁厂股份有限公司，1938年9月开始陆续复工生产。大鑫由上海内迁的设备仅有2座1吨电炉、3座熔铁炉。组建渝鑫以后，积极扩充设备，建设分厂，在后方民营钢铁企业中实力最为雄厚。厂内炼钢部分拥有5吨平炉1座，1吨碱性电炉2座，1吨柏士麦炼钢炉2座，3吨熔铁炉5座；轧钢方面，有10英寸三层二联式钢条轧机、12英寸三层四联式钢条轧机、17英寸三层三联式钢条及轻钢轨轧机各1套。全厂员工达千余人，每月可以生产灰口铁140吨、钢锭150吨、钢品100吨。

表 2-32　渝鑫钢铁厂历年产量

单位：吨

年份	1939	1940	1941	1942	1943	1944	1945	合计
生铁	350	410	487	1235	1265	1460	850	6057
钢品	144	454	660	774	1120	1260	1174	5586

注：生铁系清平铁厂所产。1945年产量迄9月为止。
资料来源：《战时工业》，第458页。

中国制钢公司。为解决后方生铁生产过剩的问题，1942年中国制钢公司成立，1943年春正式生产。该公司分为炼钢、轧钢及机器三部分。炼钢厂有1吨柏士麦炼钢炉、3吨熔铁炉各1座。轧钢厂有10英寸三层三联式钢条轧机1套。每月平均产钢约30吨，主要为圆钢及特种铸造件。

2. 机械制造业

在沿海地区内迁的民营企业中，所占比例最大的是机器制造业。因为机械工业是生产工具的制造者，许多机器厂与军事订货有密切关系，所以成为内迁企业中，政府首要的补助对象。400余家内迁工厂中，有181家属于机械工业，内迁的设备也有1.3万余吨。这些工厂产品主要分为：

（1）兵工器材，专门从事辅助兵工厂生产；（2）动力机，如蒸汽发动机、柴油机、煤气发动机等，包括锅炉；（3）工具机，计有车床、刨床、钻床、铣床、磨床等；（4）作业机，如织布机、造纸机、轧油机、面粉机、针制机，各种制革机、鼓风机、子弹机、洗煤机、卷扬机、压路机、印刷机等；（5）交通工具类，计有木炭汽车、柴油、兽力货车及船舶。然而内迁的民营工厂和西南地区原有的机器工厂规模都很小，主要以制造生产机器配件、小型工具和从事修理为主，缺乏大型动力机械、工作用机的制造能力，技术水平也比较落后。

3. 电器工业

电器工业与电信交电关系最为密切，也是关系国防的重要工业，但战前中国电工电器行业规模极小，工厂数不过六七十家，资本不过三四百万元，而且多为制造家用电器。战前的经济备战时期，资源委员会已着手中国电器工业的规划，先后与交通部合资在长沙成立了中央电瓷厂（1936年7月），与湖南省政府合资在长沙筹建湖南电器制造厂，同时在湖南湘潭下摄司筹建中央电工器材厂等。

全国抗战初期工厂内迁运动中，内迁民营电器制造厂28家，机器原料5000余吨。战时各厂大多根据军事需要改为生产战时急需产品，如某电扇厂改为生产无线电发报机。1939年下半年，国营各厂对于裸线、真空泡、军用电话机、干电池等，民营各厂对于无线电收发报机、手摇电机均已大量制造，其他如电灯、电池等各项器材亦皆积极扩大生产，增加产量。至1943年，后方电器制造厂已增到98家，资本总额达到约1亿元，技工有8000余人。[1]

4. 化学工业

全国抗战之初，在政府协助下迁入内地的民营化学工厂共有60家，机器、原料约8000吨，技工1300余人。其中迁入四川者40家，机器、原料等3400余吨，技工600余人；迁入湖南者9家，机器、原料3800余吨，技工590余人；迁入陕西者3家，技工30余人；迁入广西者1家，机器、原料各100余吨；迁入其他省的有7家，机器、原料500余吨。这些内迁的工厂与人员，成为战时后方化学工业的基础。在政府积极奖助和企业家

---

[1] 章伯锋、庄建平主编《抗日战争》第5卷，第262页。

的奋斗努力之下，经过数年努力，后方民营工业得到突飞猛进的发展，其中酸碱化学工业发展最为蓬勃，1940—1941 年达到极盛时期，新建工厂数分别为 154 家和 261 家。①

与钢铁、机械行业不同，抗战时期大后方的化工厂以民营为主，1943 年，后方共有化学工厂 826 家，其中民营 701 家，规模最大的是天原电化厂。天原电化厂设于重庆，是 1937 年由上海内迁四川的民营企业，由著名民族工业家吴蕴初于 1928 年创办。该厂以电解食盐方法，专制烧碱、盐酸、漂白粉等化工制品。内迁后自 1940 年开始出货，1944 年资本增至 1000 万元。该厂出产 45Be 液碱、200Be 盐碱及 35% 漂白粉等，设有陶器部，专为其他化工企业制各种耐酸碱的陶制器皿。

轻化工行业中，酒精工业所取得的成就最引人注目。战时酒精生产企业国营民营均有，但民营企业在数量上占大多数。特别是滇越铁路被封锁后，液体燃料供应困难，四川民营各厂风起云涌，资中、内江一带成为全国酒精工业的中心，建有沱江实业公司酒精厂、泸县金川酒精厂、重庆上川酒精厂等。1941 年是后方酒精工业的黄金期。

造纸业。抗战前西南地区手工造纸业一向比较发达，所生产的产品以毛边纸为主。毛边纸虽可供书写之用，但报纸、印刷用纸等，则主要依赖进口纸张。战前后方地区现代造纸厂仅有四川嘉乐、贵阳永丰及湖南造纸厂，每天可以生产报纸约 2880 令。

全国抗战爆发后，有上海的龙章造纸厂、湖北的硚家矶造纸厂、湖北省造纸厂及浙江杭州的中元造纸厂等造纸企业，在政府协助下内迁。上海造纸厂及松江造纸试验所两家的机件也相继由后方的造纸厂家购买内运。原有的四川嘉乐厂在政府协助下扩充规模，已经停产的永丰、湖南两厂渐次复工。因为大量政府机关、科教文化机构和人员的内迁，后方纸张需要剧增，为了满足社会急需，官方除协助内迁造纸厂尽快复工外，也积极指导利用现有设备，制造手工土报纸及印刷用纸，因而手工纸产量较战前有很大提高。

四川、湖南、江西、贵州、陕西、云南、广西等地先后兴办了中元造纸厂等造纸企业。截至 1942 年，后方已有机制造纸厂 14 家，年产达到数

---

① 本段及以下几段，见《战时工业》，第 583—585、655、648、655—657、586—587 页。

千吨。这些造纸厂有民营，有国营，也有官商合办，规模不等，技术不一，生产能力也有很大差别，产量少者日产半吨，多者日产达五六吨。

中元造纸厂设于四川宜宾，是原设于苏州的内迁民营工厂之一。该厂以化学木浆为原料，出产道林纸、蚕种纸、绘图纸、牛皮纸及特种纸等。

设于嘉定的嘉乐造纸厂，是战前四川唯一的机制纸厂，因经营不善和进口纸的竞争，生产时作时辍。抗战爆发后，四川成为后方政治文化中心，纸张需要量剧增。该厂利用政府贷款，订制机器，以稻草及废纸为原料，每日产量可达 2.5 吨。

正中造纸厂，原名新蜀造纸厂，由正中书局与民营企业家合作兴办，于 1938 年发起成立，1939 年 7 月正式生产，出产牛皮纸、书面纸、新闻纸等。1941 年由正中书局独资接办，改名正中造纸厂，日产约 1 吨，全部供正中书局需要。

设于四川铜梁的铜梁造纸厂，前身为工矿调整处与中央工业试验所合资创办的铜梁实验示范厂。该厂采用机器制浆和手工抄纸，以改良手工造纸为宗旨，1940 年由民营广成造纸公司收购，1941 年 11 月正式出货，产品有新闻纸、打字纸卷、烟纸及各种薄纸，日产约 1 吨。

表 2-33　1942 年后方主要机器造纸厂概况

省别	厂名	资本（元）	产品名称	月产量（吨）	附注
四川	中央造纸厂		新闻纸道林纸	120	未能达到预计产量
四川	嘉乐造纸厂	600000	新闻纸	70	—
四川	中元造纸厂	1000000	道林纸牛皮纸	20	—
四川	正中造纸厂	1200000	新闻纸包皮纸	30	—
四川	建国造纸厂	6000000	印刷纸特种纸	105	筹建中
四川	铜梁造纸厂	600000	各种薄纸卷烟纸	20	—
湖北	建设厅造纸	1100000	印刷纸	18	—
贵州	西南造纸厂	50000	新闻纸火柴纸	30	原名永丰纸厂
云南	云丰造纸厂	1200000	新闻纸包纱纸	45	—
陕西	益生造纸公司	400000	印刷纸新闻纸	30	筹建中
湖南	湖南省造纸厂	300000	印刷纸	30	手工纸，机器纸尚在筹备中

续表

省别	厂名	资本（元）	产品名称	月产量（吨）	附注
广西	广西造纸试验所	75000	牛皮纸印刷纸	15	—
广西	益宜造纸厂		印刷纸	15	—
江西	赣县造纸	700000	新闻纸印刷纸	50	筹建中

资料来源：《战时工业》，第566页。

抗战时期，虽然大后方机制纸生产在积极推进，但仍满足不了社会实际需求，因而也为后方民营手工造纸业留下一线生机。手工造纸业利用原有设备，制造手工土报纸及印刷用纸，而且产量较战前大为增加，尤以四川最为明显。四川以夹江、梁山、广安和铜梁为四大重要产纸区。因夹江盛产竹子，造纸多以竹子为原料，出产彩色纸、火纸、对方、贡川、连史、土报纸等，产量较战前增加3倍以上。梁山过去以制造烧纸为大宗，抗战后逐渐改制土报纸，可月产8000令。重庆市面的土报纸多来源于梁山。广安有制纸业80户，产品有广贡土报纸、毛边纸、有光纸，全县年产纸有七八千担（每担3600张）。铜梁产纸区集中于大庙、虎峰两地，以出产土报纸为主。此外，合川、泸县等，也有手工造纸的槽户，但产量不多。1939年、1940年，重庆周围出现许多手工纸小厂，其造纸技术要比一般传统槽户更优，制浆设备间或采用机械，并掺用松香、明矾等材料，实际是一种半手工半机械生产，出产的土新闻纸、书面纸品质也比其他槽户更好。

表 2-34　1942年四川主要手工纸厂概况

厂名	厂址	资本额（元）	产品名称	附注
川东公司造纸厂	江北	100000	土报纸、纸板	—
杨家沟造纸合作社	重庆	50000	包纱纸、书面纸、传票纸等	半机械厂
盛荣和纸厂	合川	20000	改良手工纸	—
纪仑纸厂	北碚		改良手工纸、纸板	半机械厂
赈济委员会第二工厂	合川广安	200000	土报纸	半机械厂
泰新造纸厂	青木关	12000	改良手工纸	—
汤泉造纸厂	铜梁	75000	改良手工纸	—
丰都纸厂	丰都	50000	纸板新闻纸	半机械厂

续表

厂名	厂址	资本额（元）	产品名称	附注
兴华公司造纸厂	泸州	100000	纸板新闻纸	半机械厂

资料来源：《战时工业》，第 569—570 页。

制革业。全国抗战前大后方地区皮革多由国外输入，重庆制革业除求新制革厂系机器制造外，其余约 30 家完全还是传统手工作坊，规模有限，工人不超过 300 人，所产皮革多为制鞋之用。全国抗战期间，因军用制革与工用皮带、皮结等需要大增，而外货不能输入，使后方制革业获得大规模的发展。全国抗战初期，先有汉口的汉中制革厂内迁重庆（后于 1941 年被兵工署收购），后有光华、华胜、大成等民营机器制革厂成立，至 1945 年，已有机器制革企业 8 家。据重庆第一区制革业公会 1944 年统计，共有会员 438 家，其中制皮 172 家，制鞋 174 家，皮件 92 家，总资本额约 2051 万元。1945 年 5 月统计，全市制革工厂有 434 家，资本总额约 41431 万元，工人达 7000 人以上，主要出产军用皮革、工用皮革、衣服皮革等。

表 2-35　1945 年重庆制革工厂统计

类别	工厂数（家）	资本额（千元）	工人数（人）
制皮	181	17741	2715
皮鞋	162	10869	3240
皮件	91	12821	1365
合计	434	41431	7320

资料来源：重庆市档案馆、重庆师范大学编《战时工业》，第 648 页。

战前重庆为牛羊皮出口中心，抗战后出口停止，全部内销成为制革业原料，但传统制革技术落后，产品质量不高。后方工程技术人员积极致力于替代品的研制，如战前出产机器皮带均用外国进口的胶皮带，抗战中因胶皮带几乎全部不能进口，后方制革厂于 1942 年研制替代品获得成功。各种所需化学原料，因外国进口断绝，后方工程技术人员积极研制改由土产代替。例如，利用树皮仿制制革不可或缺之栲胶，用五倍子与青杠代替进口重革鞣料，用五倍子代替铬盐等，均获得成功。战时重庆的皮革工业产量 1939 年至 1941 年逐渐增加，于 1941 年达到全盛，全年产销轻重革在 10

万张以上。自1941年，受通货膨胀、捐税繁重、管制不合理及购买力低下等因素影响，产业不景气现象日趋严重，产销减少，1944年仅出产7万余张。

水泥业。抗战爆发后，不论国防军事工程、铁路公路的建设，以及大量内迁企业的复建，百端并举，水泥成为必不可少的建筑材料，市场需求激增，需要水泥至多且迫，各种供应指令络绎不绝。官商合办的四川水泥公司，是战时西南地区最重要的水泥制造厂家，先后为内迁工厂的复建供应水泥15万余桶；为国防工事及修建机场跑道等，供应水泥8万余桶；供应滇缅铁路、叙昆铁路、宝天铁路、陇海铁路、綦江铁路等25万余桶，西南公路、川滇公路、川陕公路、汉渝公路、西北公路等15万余桶；供应资委会各发电厂、机器厂和民营各纱厂等共24万余桶。

南洋华侨庄怡生、张木森，与中国茶叶公司1940年于昆明合资创办中南橡胶厂，资本100万元，机器及原料都是由马来亚运来，专门翻制汽车轮胎及生产各种机器的橡胶配件，1941年陆续在贵阳、重庆、曲江等地设厂。

大后方还有12家玻璃制造厂，除生产精制理化用玻璃器皿外，也试制玻璃镜片与耐热玻璃等，生产技术较战前有较大进步。

5. 电力工业

除资源委员会主办各电厂外，后方其他主要发电企业还有：重庆电力公司是后方最大电厂，容量11000千瓦，主要供应重庆用电，虽容量不少，但仍负荷过重，不能充分满足需要，重庆各区拉闸限电时有发生。成都启明电灯公司，容量3000千瓦；昆明耀龙电气公司，容量3940千瓦，其中2690千瓦为水力发电。[1]

6. 纺织业

纺织工业是中国近代工业中进步最为显著、发展规模和水平都比较成熟的行业，第一次世界大战时更是一度繁荣兴盛，全国抗战爆发前，已形成上海、天津、青岛、武汉等多个纺织业中心，全国共有约500万纱锭。在抗战初期的内迁运动中，内迁的纺织机械所占吨位最多，共3万余吨、

---

[1] 孙玉声：《抗战八年来之电气事业》，《资源委员会季刊》第6卷第1—2期合刊，1946年，第146页。

97家工厂，其中内迁四川的占65%，内迁陕西的占30%。[①]

抗战时期大后方的纺织工业以民营企业的中小纺织厂为主。1943年，大后方共有纺纱厂76家、资本17800万元。其中，大型纱厂的锭数为30余万枚，但开工者约有17.6万枚，小型纺织机有1.5万余锭。这些仅相当于战前中国全部纱厂的10%，全部中资纱厂的15%。虽然1941年大后方产纱共8万件，较1938年增加6倍，但也仅相当于全国抗战前中国全部纱产量的4%，相当于中资纱厂产量的10%。

战时后方纺织业发展的一个特点是公营厂家逐渐增多。1943年的76家纺纱厂中，有33家属于公营，其中大型纱厂有8家，锭数为11.1万枚（实际开工为5.4万枚），小型公营纱厂10家，7000余锭。

就地区而论，后方民营纺纱厂规模以四川为第一，陕西第二，云南第三，湖南第四。从上海等东部沿海地区内迁重庆的有申新、豫丰、裕华及迁自湖北的沙市等纱厂，1939年又迁来国营纱厂两家。因为一些关键性机器国内无法制造，尤其是钢丝车所用钢丝布更非进口不可，所以除内迁工厂外，战时后方难以添设新厂，扩展锭数极为有限。1940年以后，相继从印度进口了一些小型纺纱机。据统计，1942年重庆的纱厂共生产棉纱4.5万件，其中大部分为二十支纱，小部分为十三支半的粗纱，可织布180万匹布，主要供给军用。战时后方原料极度缺乏，而整染等各项原料尤为缺乏。[②]

除四川省外，陕西省是战时棉纺织工业的中心之一，有5家资本在千万元以上的民营纱厂。1944年5月，川陕两省大型纱厂共产棉纱8941.3件，其中四川各厂产4614.6件，陕西各厂产4326.7件。

表2-36 1944年5月川陕两省大型纱厂产量

省别	厂名	纱别	件数
四川省	豫丰渝厂	二十支	940.0
	裕华渝厂	二十支	1203.5
	沙市渝厂	十支、二十支	811.8
	申新渝厂	十支、二十支	623.5
	豫丰合厂	二十支	1035.8

---

① 本段及以下两段，见章伯锋、庄建平主编《抗日战争》第5卷，第265页。
② 本段及以下几段，见《战时工业》，第611—613、621、627、628页。

续表

省别	厂名	纱别	件数
	五厂合计	十支、二十支	4614.6
陕西省	广元大华厂	二十支	597
	西安大华厂	十六支、二十支	1284
	西咸阳厂	十六支、二十支	536.7
	蔡家坡厂	十六支、二十支	501
	申新宝厂	十六支、二十支	1408
	五厂合计	十六支、二十支	4326.7

资料来源：《战时工业》，第 621 页。

中国纺织公司是由中国、交通、农民银行和中央信托局四家国营金融机构联合重庆裕华、沙市、申新、豫丰、维昌等纱厂，于1942年投资创办的，初创时资本2000万元，后因资金不敷应用，增资为5000万元，其中花纱布局投入资金2000万元，并将公司改组为特种有限公司。公司有印度小型纺纱机2016锭、铁木织机40台，此外有烘干机4部、染机12部，每月可产棉纱40件、棉布800匹，染漂布坯2万余件。

由卢作孚创办的大明纺织染公司，最初仅设织、染二部，1944年增资2000余万元，添设纺纱部，改为纺织染公司，有织机220台、染机16部。因受花纱布管制局委托织染布匹，生产能力受棉纱配给量限制未能充分利用。

沙市纺织公司，原设于湖北沙市，1941年迁至重庆复工，有锭1万余枚，可月产纱800件。

棉纺织一向为男耕女织的中国传统小农经济的支柱之一，西南地区布厂的情况与纱厂差别较大，除极少数采用机器外，主要是手工业工厂。机器织布厂的出现在民国以后，所用主要是铁木织机即脚踏机。这种机器较手织机生效效率高，其产品价格又比动力织机便宜，但一人仅能操控一机，生产效率远较动力织机为低。抗战以前，重庆的织布业一度兴盛，产量达百万匹以上，除裕华、蜀华稍具规模外，其余均为家庭手工业或副业。民初开办的裕华、蜀华两厂经营土布最久，其中最大的裕华厂，资本达到1200万元。但1933年以后呈日渐衰落之象。抗战军兴，后方人口激增，布匹需要增加，而机布、洋布来源逐步断绝。因时势需要，织布工厂纷纷成立，土布生产、运输一度兴盛，在重庆商业经济中占据甚为重要的地位。最兴盛之时，重庆计有织户2100家，织机16000台以上，其中约30%承织军布，有重庆市土布业公会及军服布织户联谊会等同业组织。1943年春，重庆土布业公会会员包括生产户及运销户，共有1000多家，摊贩不计其数，全市从事土布业职工不下5万人。① 对于花纱布管制局规定办法虽多抨击，但是各织户利润固定，无市场涨落风险，业务均能维持。

由于受以花易纱或以纱易布政策的限制，所有原料花纱均须向管制机关领取，所有成品布匹均须向管制机关送缴，生产厂家所得者为花纱布管制局额定之工缴及少量余纱，但工缴则往往核定之时与公布实行之时相差数月。政府管制渐趋严厉，原料缺乏情况越来越严重，运输艰难，途中苛杂之多甚于往昔，以及捐税的加重、技工被征服兵役或力役等，既不能自由生产亦不能自由贸易，其他各业所受之难均不无感受。

据花纱布管制局重庆处1943年底的调查，重庆土布业共约700家、织机5000架，平时织机平均开工、停工及损坏未修者各占1/3，原料之供求，每厂平均所得量仅为需要量的5%，故各厂设备只有一部分利用，相当一部分设备闲置，土布业渐趋萧条。

毛纺织业。战前重庆并无羊毛市场，也无毛纺织工业。抗战以后，因为国外产品禁止进口，毛织品供给大为减少，西北羊毛不能大量出口，所以发展国内毛纺织业成为后方的需要。同时因为出口受限造成羊毛价格低廉，故毛纺织成为有利可图之业。1938年春，原设武昌的军政部制呢厂内迁重庆，为重庆毛纺织业的开端。嗣后民营民治毛纺织厂、中国毛纺织厂先后于1942年、1943年7月建成开工。重庆的这三家毛纺织厂主要产品为毛呢、哔叽及军毡。由于原料质量较低，而且大部分机器，如梳毛机、精梳机、走锭纺纱机等国内不能制造，因此毛织品的产量和质量都受到极大限制。

7. 机制面粉工业

在近代中国的民族工业中，机器面粉工业是仅次于纺织业的第二大产业。第一次世界大战期间，中国面粉业得到迅速发展。全国抗战爆发前的1936年，全国共有机制面粉厂169家，资本总额在6800万元以上，日产

---

① 张守广：《抗战大后方工业研究》，第267页。

面粉 50 余万袋。

全国抗战初期工业内迁运动中，也有部分面粉企业内迁西南西北地区。1943 年，后方有机制面粉厂 70 家，资本总额 2700 万元。1941 年产量为 400 万袋，1942 年为 500 万袋，是 1938 年的 3 倍。面粉厂主要集中在陕西、四川两省，其次为广西、湖南，再次为云南、江西。面粉业以民营企业为主，公营厂家除甘肃的雍兴公司所办面粉厂，及贵州企业公司面粉厂规模较大外，其余规模均不足道，产量约占总产量的 4%。[①]

陕西是后方机制面粉工业的重镇。全国抗战初期，内迁陕西的面粉厂有 6 家。西安的泰记和合面粉公司由河南许昌迁入，1941 年改组复工，资本 100 万元，主要设备有钢磨 3 部、45 匹马力的煤气机 1 部、木炭引擎 2 部，可年产头等粉 32500 袋、二等粉 87500 袋、四等粉 3 万袋，年需小麦 4.5 万包。1938 年由武汉迁入宝鸡的福新五厂，有 12 部大型钢磨和 3000 千瓦发电机 1 组，规模最大，资本雄厚，1941 年 11 月复工，可年产面粉 60 余万袋，需小麦 40 余万担。1943 年迁入西安的福豫面粉公司，有钢磨 6 部，每日可产面粉 1344 袋，需小麦 10 万斤。另外有迁入渭南的同兴面粉厂，迁入褒城的三泰面粉公司，迁入宝鸡的大新面粉厂和福新五厂宝鸡分厂。

战时陕西各地尤其是西安，一度出现了兴建面粉厂的热潮，既有官营也有民营，以民营为主，例如西北纺建公司第一面粉厂，以及永丰、裕丰、宝成、建中面粉厂等。

表 2-37　战时陕西省面粉厂统计

名称	设立时间	厂址	资本额（万元）	工人数（人）	钢磨（部）	动力设备 电动机（部）	动力设备 马力（匹）	日产量（袋）
象峰面粉公司	1941.8	渭南	30	70	6	2	25	300
西安面粉厂	1940	西安		24	7	3	55	480
西北纺建公司第一面粉厂	1940	西安	500	96				1040
雍兴公司岐山面粉厂	1940	岐山	5.2					300
战干面粉公司	1941	西安	20					

---

① 章伯锋、庄建平主编《抗日战争》第 5 卷，第 266 页。

续表

名称	设立时间	厂址	资本额（万元）	工人数（人）	钢磨（部）	动力设备 电动机（部）	动力设备 马力（匹）	日产量（袋）
晋丰面粉厂	1942	西安	285		3			200
民丰面粉厂	1943	西安	300	37	3			100
永丰面粉公司	1943	西安		70	5		51	600
复兴面粉厂	1943	西安						
福中面粉厂	1943	西安	250					
宝成面粉厂	1944.3	西安	150	25	3	1	30	280
同丰面粉厂	1944.3	西安						
福利面粉厂	1944	西安		74	4	1	80	370
明德面粉厂	1944	西安	3000					
建中面粉厂	1945.11	西安		30	6	1 木炭引擎	105	90

资料来源：王荣华著《危机下的转机——抗战时期的陕西机制面粉业》，《抗日战争研究》2014 年第 1 期。

战时陕西机制面粉工业迅速发展的原因有四。

一是人口增长导致面粉需求上升，是陕西机制面粉业发展的最主要原因。抗战时期陕西是西北地区内迁人口最多的省份，陕西、甘肃等后方省份驻军多。内迁陕西的军政机构、学校及各地难民等，不包括流动人口，有 300 万人左右。西安 1936 年人口近 19 万，抗战胜利时则达到 39 万余人。陕西总人口不少于 960 万，而且多为习惯面食的北方人。

二是原料供应较为充足，为陕西面粉工业的发展提供了客观的条件。陕西粮食作物以小麦为主，为发展面粉业提供了坚实的原料来源。为解决战时军糈民食，相关机构和组织推广小麦改良品种，扩大种植面积，成效显著，战时陕西小麦产量呈现稳定的增产之势。据测算，良种推广后，陕西每年小麦总产量可增加 225 万余担。

三是内迁企业的带动。工厂内迁促进了西北工业包括机制面粉工业的发展。内迁面粉工厂带去了资金、技术和技术人员，刺激了西北机制面粉工业的发展。

四是工业与交通的总体发展提供了保障。内迁或新建的机器厂，可以大量制造制粉机器，宝鸡的申新机器厂、西北机器厂可以制造钢磨、打麦机、筛麦机、工作母机，面粉机。陇海铁路的开通及川陕甘各线公路的相继建成，大大改变了西北交通落后状况，方便了农产品的运销，带动了陕西及西北地区的商业繁盛。据统计，1940—1943 年，陕西机制面粉平均产量占到后方总产量的 67%，1940 年则高达 76%。①

机制面粉工业也是重庆轻工业的重要方面之一，对民食供应贡献颇大。1943 年，重庆有 5 家面粉企业 6 家工厂，有每月最高 10.3 万袋面粉产能，因原料供应、动力供应及机器修理等关系，实际最高产量约 7 万袋，一般 5 万袋。②

重庆的面粉生产受粮食部陪都民食供应处管制，小麦系由粮食部委托中粮公司购储委员会统购供应，每月供应总量约 3 万石，各厂按所需之原料小麦配给，委托代理加工，每袋给加工费 45 元，半月一付，每月一结。面粉厂所产之面粉系由民食供应处统筹配销，面食公会获配销量约占 41%，机关团体部队获配销量占 34%，面饼油条及饼干业获配销量约占 25%。配销价格分限价及厂价两种，限价每袋 300 元，机关团体部队配领之面粉属之，厂价每袋 380 元，其他配领之面粉属之，每个袋子作价 40 元。

每袋面粉原料包括运费在内约 700 元，加工费 45 元，生产成本远高于厂价 380 元，更高于限价 300 元约一倍半。市面每袋面粉的黑市价格超过 550 元。

四川最大的面粉企业为复兴面粉公司，1934 年成立，抗战时期，经 1938 年、1943 年两次扩充，1944 年在重庆牛角沱、江北相国寺和南充设 3 个面粉厂。一、二厂有钢磨 8 部，三厂有钢磨 4 部，全部生产能力达到一天 2200 袋，因受政府统制，生产能力仅实现 40%。1943 年下半年每月限产 3.1 万袋，1944 年上半年每月限产 25106 袋。

成立于 1940 年的福民面粉公司，面粉厂有磨粉机 5 部，碾米厂有砻谷机 3 部、碾米机 2 部，每月实际出产面粉约 1.8 万袋，熟米 1000 市石，亦是代理民食供应处加工。

天城面粉公司是 1940 年秋由金城银行发起的股份有限公司，有四轴钢磨 5 部。该厂与民食供应处订立的加工代制合约是，每月制粉 9032 袋，每

---

① 孙本文：《现代中国社会问题》第 2 册，第 260 页。
② 本段及以下几段，见《战时工业》，第 637—639、641—643 页。

袋加工费 45 元，副产品麦皮归该厂自销，由民食供应处每担扣回 24 元。该厂生产能力可日出面粉 700 袋，但仅获 9032 袋的月配额，约当生产能力之半，致使业务经营不经济，但因仅限于加工，原料不需资金购储，故营运资金不多。

岁丰面粉公司为重庆原有面粉企业，生产能力为每日 350 袋，每年平均磨面粉约 8 万袋，加工统制后，每月配额为 4400 袋，不足生产能力之半。

其他民营的轻工业还有食品工业，其中以由冼冠生 1918 年创设于上海的冠生园食品公司最为著名，主要生产饼干及罐头食品等。八一三淞沪事变前该公司即与军需当局商定承制军用食品，大量制造听装黄豆牛肉罐头。事变后该厂内迁武昌，于 1937 年底开始制造军用罐头，不久奉令迁入湘西，再迁重庆。

南洋兄弟烟草公司是民营烟草工业的代表。该公司 1939 年 3 月成立，董事长为宋子文，资本约 1125 万元。工厂有大型卷烟机 11 部，其中 6 部为大川公司所造，其余 5 部为上海大鑫公司出产，每月可产卷烟约 200 箱，通常每日仅产 3 大箱，推销与售价均照烟草专卖局规定办理，每月需烟叶 4 万余斤，卷纸 200 斤。全年销货收入约 6900 万元。因其与中国银行关系密切，资金充足，周转灵活，业务与财务状况良好，但受统制限制，未能充分发展。

1938 年成立的蜀益烟草公司，为重庆三大烟草公司之一，有仿美式卷烟机 6 部，每部每小时能卷烟 2 万支，日常仅开三四部，仿美式切烟机 3 部，开一两部，动力机有仿英式发电机一部，仿英式 40 马力柴油机一部。原料以许昌、资阳两地所产烟叶为主，四川郫县、渠县等地所产次之，纸来自沪港为主，中元造纸厂出品次之，产品均由专卖局收购配销。

（三）物资管制

由于沿海经济发达地区先后沦陷，物资来源减少，需求多，供应缺，在大力推进生产的同时，国民政府不断强化对铁、钢、水泥、煤炭、棉纱及几种日用必需品等重要物资的管制。从前棉纱布系归农本局管理，煤炭归燃料管理委员会管理，日用品由平价购销处负责。为谋事权统一，以专责成，1942 年国民政府在经济部下成立了物资局，专门负责物资管制工作，以求提高效率，真正达到抑平物价的目的。

国民政府为管制工作设定了三个主要目标：增裕供应、分配用途、平衡物价。

抗战爆发以后，国民政府西迁，同时军队、政府机构、文教团体及大量难民随之而来。据估计，到1940年由战区迁移至后方的人口约达5000万，使后方地区人口由战前的1.8亿人增加到2.3亿人，[1]造成后方各种物资需求量大增，而以当时大后方地区生产能力，再加上交通阻断，运输困难，不可避免地出现来源日减、供应困难、供不应求的局面。战时经济首先注重的工作当然是增加生产。然而生产能力的提高，产品数量的增加并非立等可取，所以在增加生产的同时，尽力争取各种渠道充裕物资来源。管理内销物资，增裕供应，成为物资管制的首要目标。例如，战前四川并没有现代化的纺纱厂，抗战以后，虽然内迁企业新设一些纱厂，纺纱机达到50万锭，但所产棉纱量仍然不敷应用。经济部通过努力推动棉纱生产设备的制造，为纺织业的扩大和发展提供方便和可能，以带动机制棉纱生产，增加供应。

就战时后方整个经济形势而言，物资紧缺的局面一直没有根本转变。因此如何根据需要，权衡轻重，最合理分配有限的物资，调节供需，以发挥其最大效力，也是战时后方经济动员、物资管制最重要的内容。

由于生产能力不足，棉纱一直是后方紧俏物资。为保障军队及后方民众的穿衣问题，国民政府对后方棉花、棉纱、棉布实施统制政策，棉纺织业完全在官方统制之中，将农本局改组为物资局之下专掌战时国内棉花、棉纱、棉布的管制事宜的机构。

管制办法。由物资局派人常驻各厂，监督每日出纱数量，根据各纱厂所报成本，核定纱价，按日呈报。棉纱作为中间物品，以往市场最易被商人操纵，做投机生意。为避免此种弊病，政府对购买棉纱的户头和数量采取限制政策，只有设机织布者可购纱，否则不准购买，后又改为各厂所产之纱全部由国家统购。统收棉纱后，采用以纱控布政策，由农本局将棉纱发给各机户。机户织成布后，政府以纱易布，仅由农本局给以织布工资。1943年春物资局撤销后，将农本局由经济部移出，改组为财政部花纱布管制局，继续办理花纱布管制。1943年夏，因棉花价格无从统制，花纱布管

---

[1] Chang Kia-Ngau, *The Inflationary Spiral* (Wiley & Technology Press, 1958), p. 25.

制局又将管制上移，从事于棉花的统收。各棉花产地所生产的棉花，全由花纱布管制局统购，纱厂所用的棉花均由该局供给。实际上，纱厂已无营业，仅是代政府纺纱，以取得必需的工资及其他费用，最终形成了统购棉花、以花控纱、以纱控布的局面。最初后方纺织业曾略现繁荣，后因棉纱供给过少，外纱来源断绝，大部织机无纱可织，1943年以后形成有织机、有工人而无棉纱可织的现象。

煤炭供应方面，以往因为兵工厂需要量很大，使得其他国营或民营企业方面常常因煤炭供应不足而生产受到限制。因此经济部于1939年5月12日颁布《管理煤炭办法大纲》，专设燃料管理处，负责对煤炭企业的管理，并经与军政部、交通部会同洽商，达成对煤炭供用比较合理的分配比例：兵工厂得18%，电力企业得13%，轮船运输业得31%，工业企业得30%，民间家用部分得20%。

价格管制是战时后方经济管制中最为困难也是最受诟病的部分。国民政府经济部以"平衡物价"为目标，对日用品价格的管制，采用定价、限价、平价三种方法。（1）所谓定价，主要以煤炭为对象。例如将重庆市煤炭价格依照其生产成本，加上运费，确定一个固定的市场价格，不得违反。（2）所谓限价，主要以棉纱、棉布为对象。实施棉纱布限价之初，确实取得了相当的成效。但后因日本对沿海各口岸加紧封锁、禁止上海棉纱布输入内地，以及西南国际通道因抢运军用物资，对于各种日用必需品输入吨位加以限制等因素影响，造成棉纱布价格上涨，限价政策失败。（3）对于内衣、毛巾、肥皂、牙刷、火柴等日用必需品，国民政府采取的是平价政策。经济管制当局明白，对这些日用小商品管制不易，不可能采取定价或限价手段，因此经济部成立平价购销处，从四行借贷一笔基金，作为批购货款，从生产厂家运购这些日用必需品，于各处设立许多平价供应站，备各界购买。所售价格，一般均比市场价格略低，以达到平抑市场物价的效果。[①]

第二节 推进农业生产

农业生产所关系之基本衣食，不但是前方将士所必需，也是后方民众维

---

① 秦孝仪主编《中华民国重要史料初编——对日抗战时期 第四编 战时建设》（3），第668—669页。

持生活所必不可少。后方粮食的自给自足是抗战时期农业最为基本的工作。

抗战前的中国是传统农业国家,农业人口占全国人口的80%以上,出口贸易品80%以上为农产品,农业不仅是中国经济的基础,也是中国经济的支柱。特别是自1933年起,棉花、小麦、稻米的输入量逐年大减,战前中国粮食生产已经基本能达到自给自足的水平,米、麦虽年有进口,但进口量与全国生产量相比较,所占比例不大。以稻米而论,平时国内可产10亿担,制成白米约7亿担,洋米进口平均每年为1600万担,占国内生产量不到3%,小麦的情形也大致相仿。①

表2-38 全国抗战前中国稻米小麦棉花输入量

单位:吨

年份	稻米	小麦	棉花
1933	1295400	1353062	120606
1934	771053	550656	116321
1935	1296448	594416	54866
1936	310349	161421	40690
1937	345725	86767	15318

资料来源:沈宗瀚著《中国农业科学化之开始》,薛光前编《艰苦建国的十年》,台北,正中书局,1971,第219页。

一 战时农业政策与机构变迁

日本发动全面侵华战争后,冀、鲁、苏、皖、晋、察、绥、湘、鄂、粤等传统农业区、鱼米之乡的大片国土沦陷,农业蒙受重大灾难,遭受沉重打击,约1/2的耕地面积、2/5的耕牛、1.3亿的农业劳动力或丧失或陷于战火,② 农作物产量大受影响。西南西北地区战前农业处于封闭落后的状态。四川虽称天府,但1930年代以后,需要年年外购湘米。西南地区棉花种植面积仅有全国的3.1%,产量仅有全国的4%,云南、广西的棉花、布匹等也需从省外输入。保障后方军民足食足衣供应,是中国坚持持久抗

---

① 翁文灏:《抗战三年来的经济》,重庆《中央日报》1940年7月7日。
② 时事问题研究会编《抗战中的中国经济》,中国现代史资料编辑委员会,1940,第30—31页。

战的物质基础和前提，也是国民政府必须面对的生存难题。

1937年8月，新成立的军事委员会设第四部（部长为实业部部长吴鼎昌，副部长为何廉），即设有负责小麦杂粮生产的粮食组，随即军事委员会组织了农产调整委员会。1938年1月经济部成立后，设置主管农、林、蚕、垦、渔、牧等业的农林司，将原军委会农产调整委员会改组为农产调整处，改隶经济部农本局，原稻麦改进所、棉业统制委员会、蚕丝改良委员会等机构，并入经济部直辖的中央农业实验所。1940年专门成立农林部，原经济部所辖属农业事务由该部接管。

为落实农业改良政策，国民政府成立中央农业改良机构，调整充实省、县及县以下各级农业推广机构，建立农业推广督导制度，为战时全面的、大规模的农业改良奠定了组织和制度基础。为充实粮食生产，国民政府农林部又增加经费，发动中央及各省农业机关，举办大规模粮食增产工作，并于1941年2月特设粮食增产委员会，主持粮食增产的推广工作。自1944年7月起，粮食增产委员会与农业促进委员会合并改组为农业推广委员会，成为永久机构，负责协助各省推广工作，先后协助川、桂、黔、甘、闽、鄂、湘、豫、浙、陕等10省成立省农业推广机构，设立推广实验县14个，设立县农业推广所578所。

为适应战争形势，国民政府也积极调整农业政策，1938年3月国民党临时全国代表大会通过的宣言中强调，抗战期间首宜谋农村经济之维持，更进而加以奖助，以谋其生产力之发展。《抗战建国纲领》中提出"以农立国，以工建国"的原则，强调"以全力发展农村经济，奖励合作，调节粮食并开垦荒地，疏通水利"为农业基本方针。

大会还通过了《战时土地政策草案》，提出：（1）中央及地方政府应特设土地利用指导管理机关，发展农业生产技术，统制其生产种类，提高土地利用精度；（2）特设垦务机关，调查公私荒地，制定开垦计划，统筹办理全国垦务；（3）扶导和组织各种农业合作；（4）农产品除农家日用品和军需品外，属工业原料和出口品者，均归国家特设之国际贸易机关统制，以换取外汇及军用品；（5）整理地籍，实行地价税、增价税、遗产税，并一律采取累进税制；（6）中央设土地银行，发行土地债券，活泼农业金融；（7）奖励人民以土地呈献政府，没收汉奸土地，征收利用不良之土地，依法分配于伤兵难民；（8）公私荒地之承垦，首为受伤阵亡将士家属，次为战区难民，再次为各地无土地之贫农；（9）地租不得超过地价7%，并严禁任意撤佃抗租。草案还提出了土地税采用累进制，贷款农民应由中央继续扩大贷款范围，交由行政院办理等。这些成为战时大后方农业的基本政策。

1939年1月，国民党五届五中全会提出要加速开发大后方农业。同年4月，第一次全国生产会议对大后方农业生产的开发建设做了全面规划，拟定了以增加粮食产量为中心的战时农业生产政策的要点，把改良旧式农业经营，改良种子，防治病虫害，改进肥料、农具，兴修水利等推广农业科学应用，作为农业增产的具体方针。

二　农业增产措施与效果

国民政府战时农业生产政策的核心是增加粮食及其他农作物产量，满足抗战军需民用。抗战爆发之初，虽然大批人口内迁西南西北大后方，而且沿海被敌封锁，洋米输入困难，因为1938年、1939年后方连年丰收，后方粮价与战前相比并没有出现暴涨的局面。但是毕竟后方的大量军队、公教人员需要吃饭、穿衣，而华北的产棉区和华东的产丝区都已沦陷，大批壮丁被征召入伍，农业劳动力备感缺乏，同时国家亟须出口经济作物，换取外汇，支援抗战，因此增产粮食和发展经济作物仍然是农业面临的迫切任务。

当时最亟须解决的当然是战争爆发后粮食供应问题。因为平时粮食不足尚可依赖洋米洋麦输入，战时海口被敌封锁，必须设法增加产量，始能供应军糈民食。为此，粮食组副组长沈宗瀚提出以推动各省粮食增产为核心的"小麦杂粮紧急措施纲要"，并亲赴山东，"与建设厅及有关机关会商数日，决定粮食生产工作的要点"：一是将本年秋已经收获中棉的515万亩棉田和21万亩烟叶地改种小麦，另外早熟的大豆地219万亩全部种上小麦，以期增收小麦300万担；二是次年春季将原有棉田、烟地面积十分之七八均改种高粱、小米、甘薯等。①

抗战初期后方米价尚能平稳，进入相持阶段以后，随着国民政府控制地区缩小，沦陷区的扩大，粮食生产减少，地主与粮商普遍囤积稻谷，粮价逐渐上涨，1940年6—10月，重庆米价飞涨二三倍。为保障战时军粮民

---

① 本段及下段，见沈宗瀚《抗战时期的粮食生产与分配》，台北"国史馆"藏档：006-010801-00003-036。

食供应，国民政府的战时农林建设均以实现农业增产，增加粮棉产量，及繁殖役畜、防治兽疫作为中心工作，采取了包括改良旧式农业经营，推广农业科技应用，如改良种子、防治病虫害，改进肥料、农具，兴修水利等多方面措施。农林部成立后，1941年专设粮食增产委员会，农林部部长陈济棠担任主任委员，统一领导全国粮食增产工作，发动中央及各省农业机关，推动全国粮食增产，以应对抗战的需要。

(一) 增加粮食产量

1. 扩大粮食种植面积，推广冬耕。战时大片国土沦陷，可供增加的粮食种植面积有限。为提高战时农业产量，满足军需民用的基本供应，国民政府积极制定推广冬耕办法。西南各省传统上冬季稻田多休闲不种，战时在西南水稻区推广稻田冬季添种一季小麦、豆类，每年7月起即由各省主管机关发动办理，要求农户在冬季不得无故将稻田空置不用。推广冬作，成为抗战时期后方粮食增产的重要手段。

1938年，广西推广各项冬作达346267亩，至1939年冬，共增面积40万亩，增加产量32万担。[1] 广东省54县中1939年冬耕总面积为4869607亩，杂粮总产量为25477815担；1940年，全省冬耕总面积为11523456亩，杂粮总产量为56799419担。[2] 1941年，后方19省（四川、湖南、广东、广西、云南、江西、福建、浙江、西康、陕西、河南、甘肃、青海、山西、绥远、宁夏、安徽、贵州、湖北）中，推广冬作和夏作面积达22985910亩，增加粮食产量达42620745担，占所有增产措施成效的45.62%。[3] 1943年，后方19省推广冬作成效估计为30235352担，[4] 1944年为25670433担，仍占所有增产措施成效的67.64%和68.61%。[5]

---

[1] 广西省政府十年建设编纂委员会编《桂政纪实（民国廿一年至民国三十年）》中册，编者印行，1946，第21、27页；邱昌渭：《广西县政》，桂林文化供应社，1941，第182页。
[2] 广东省政府秘书处编《广东年鉴（民国三十年度）》第4册，编者印行，1942，第10编第2章。
[3] 行政院编《国民政府年鉴（第一回）》，重庆，编者印行，1943，第217页。
[4] "三十二年度后方十九省粮食增产措施面积及成效总表"，行政院《国民政府年鉴（第二回）》，重庆，编者印行，1944。
[5] "三十三年度后方十九省粮食增产措施面积及成效总表"，行政院《国民政府年鉴（第三回）》，南京，编者印行，1946。

据1944年度统计,后方冬作面积比战前增加了20%,达到5000余万亩,以广东、福建、广西地区成效最为显著。例如,广西省有水田面积1900余万亩,其中一季稻田面积1200余万亩,除过去高亢或低洼及山岭过高、阳光不足地带不宜于种植冬作物外,适于种植冬作物的水田至少占60%,即约有750万亩,"而原有小麦面积仅30余万亩,尚可大量扩充"。

1944年后方各省农作物种植面积和产量增加的情况见表2-39。

表2-39 后方各省农作物种植面积和产量增加情况

增加面积项目	面积(亩)	增加产量(担)
冬耕	20743893	21794034
利用冬闲田	2594520	7173007
垦殖	954651	1191683
减少不重要的作物	5854	6117
糯稻改种籼稻	1087289	298772
桐林间植	7201	7361
共计	25393408	30470974

资料来源:沈宗瀚著《抗战时期的粮食生产与分配》,台北"国史馆"藏档:006-010801-00003-036。

2. 改良品种,提高单位面积产量。因为用扩大耕地面积以提高产量的增产空间有限,于是提高单位面积产量就被视为农业增产最可靠的方法。为此国民政府除设立农业推广机构外,还设立了改良作物品种繁殖场及各省推广繁殖站,1941年,设立了西南和陕西两个改良作物品种繁殖场;1942年,在四川、贵州、广西、湖南、陕西、云南、甘肃、江西、广东、福建、湖北11省分别设立推广繁殖站,并在河南省设了分站。各繁殖站分别担负本地区内有关农林垦牧等调查、实验、繁殖、制造、示范工作。

中央农业实验所还在四川、贵州、云南、湖南、广西、陕西、河南等省设立工作站,与各省农业改进机关合作,从事各种农业改进与研究,育成的水稻品种有"中农4号"、"月湖籼"、"中农7号"等,在川桂推广,产量较农家品种增高14%左右;"中农1号"、"黔农1号"在川湘黔滇等省推广;在湖南的稻种改良工作,育成"黄金籼"、"胜利籼",产量甚丰。麦作育种的新品系,如1939年育成的适于长江流域的"中农28",较农家小麦增产12%,"中农166"较农家种增产达19%—63%,"中农690"增产达19%—

28%，"中农62"则增产达20%—42%，均系早熟坚秆，且能抵抗条锈病、黑穗病等。"中农483"则成熟极早，适于棉区及水稻区轮作的需要。①

其他后方各省，在粮食作物和经济作物改良和推广方面也取得一定成绩。据统计，战时完成改良稻种130种，推广约300万亩，每亩增产约60斤；改良麦种约50种，推广约200万亩，每亩增产约40斤；双季稻每亩可增产200斤。②

表2-40 战时后方各省农业改良品种增产情况

增产项目	面积（亩）	增加产量（担）
推广改良稻种	3270188	1646234
推广改良小麦品种	2629212	798820
推广晚稻品种	436600	436600
推广杂粮良种	382971	126499
推广双季水稻	282223	560721
增施肥料	1994393	923584
利用稻田改良农具	10570	2114
推广木薯	50000	15000
共计	9056157	4509572

资料来源：沈宗瀚《抗战时期的粮食生产与分配》，台北"国史馆"藏档：006-010801-00003-036。

3. 防治作物病虫害。近代以来中国农作物的病虫害，以蝗虫为害最烈，其他如螟虫、黑穗病、稻苞虫、棉蚜虫等也颇为常见。防除灾害、减少损失、保障丰收也是战时提高农业产量的重要手段之一。

抗战时期，后方防治病虫害主要为防治稻螟虫、棉蚜虫和小麦黑穗病。中央农业实验所协助各省农业机关，进行防治病虫害研究与试验，如在四川、湖南等地进行稻虫防治试验，在陕西、贵州等省进行麦病防治试验，在四川、陕西等省进行烟草水防治棉虫试验，在成都、耒阳等地进行防治甘蓝等菜虫试验，在重庆进行仓储改进及仓害防治试验等。中央农业实验所还研制、改进各种防治病虫害药剂和器材，在重庆和成都分设杀虫

---

① 章伯锋、庄建平主编《抗日战争》第5卷，第660—661页。
② 章伯锋、庄建平主编《抗日战争》第5卷，第658页。

药剂与器械制造厂。

表 2–41 1941—1944 年粮食增产成效

工作类别	推行面积（亩）				推行成效（担）			
	1941 年	1942 年	1943 年	1944 年	1941 年	1942 年	1943 年	1944 年
提高单位面积产量类	6621119	8965752	20045655	8579886	4286222	5436965	12546659	4057972
增加食粮种植面积类	40154440	36324209	32677300	25393408	84179431	62423980	39317049	30485974
防除灾害类	10223452	11603254	10050450	59715749	4940184	4690721	6368137	2448712
总计	56999011	56893215	62773405	93689043	93405837	72551666	58231845	36992628

资料来源：章伯锋、庄建平主编《抗日战争》第 5 卷，第 659 页。

表 2–42 后方十九省粮食增产措施增收情况

单位：担

年份	1941	1942	1943	1944
推广冬耕	42620745	43265591	30235352	25671433
推广改良稻种	1141715	1866617	2755147	1217200
推广改良麦种	225415	368291	862194	628504
推广杂粮良种	42766	914254	7006050	27715
推广再生稻	136500	541679	374936	390372
推广双季稻	1379244	917092	768592	404611
防治病虫害	1972212	1246406	1607145	817559
增施肥料	1361077	791105	649364	487489
修建小型农田水利工程	2987972	2215672	3915232	1163535
总计	51867646	52126707	48174012	30807418

资料来源：《国民政府年鉴》第一、二、三回，第 1 编第 12 章。

（二）推动棉花种植和增产

1936 年，全国棉花产量为 1400 余万担，棉花由入超转为出超，棉花的供给基本自足。日本发动全面侵华战争后，全国主要产棉区除陕西以外，冀、鲁、豫、晋、苏、鄂等省多数沦陷或成为战区，损失棉田 4000 万亩以上。西南地区战前棉花种植面积仅为全国的 3.1%，棉产量仅占 4%，自给尚且不足,而且因为棉绒太短,不适宜纺纱,因此增加棉花产量,保证军需民用,成为抗战时期大后方农业生产的一项重要任务。

中央农业实验所及各省农业改进机构,积极进行棉花增产改良试验和推广。在四川、陕西、河南、云南等省举办的中美棉育种、中印棉杂交育种试验中,引入原本适宜于黄河流域的美国品种"斯字棉",及适宜于长江流域的"德字棉"获得成功。国民政府农业主管部门,在后方各省大力推广斯字、德字、脱字等优良棉种,并推动在四川、云南等省增加优良棉花种植面积,增进棉花生产。四川自豫西引种德字棉,平均产量超过当地土棉35%,各地引种原关中平原的斯字棉,产量也比土棉超出65%。[①] 1938—1941年,川、陕、豫、滇及其他各省推广优质棉种4384843亩,1942年推广1656164亩。[②]

1943年除鄂中受战事影响外,各地棉花收成较好,棉花种植面积比上年增加2309268亩,增产皮棉1234566担,另设棉种管理区8区,严密改良棉种之繁殖与保纯。1944年因豫、湘、桂棉区相继沦陷,损失棉田180万亩,而且陕川两省夏旱秋涝,致使棉花产量较上年减少,但是另一方面国民政府继续举办棉花生产贷款并加大了贷款额度,据统计,川、陕等后方10省共增加棉田190余万亩,计产皮棉38.6万担,陕、川、滇改良棉花的栽培面积扩充了219万亩。虽然战时棉花改良取得了一定成效,后方棉花产量较战前有大幅度的增加,但是棉花产量与实际需要相差仍然较大,战时供应紧张的局面一直未能改变。据统计,大后方每年需要原棉大约在300万担,其中纱厂用棉约60万担,军用棉约20万担,造纸及公用棉约10万担,手工纺织及棉絮用量约200万担。[③]

表2-43 1943—1944年后方各省棉花增产成效

年份	棉田面积 (推广良种面积及扩充棉田面积,亩)	增加皮棉产额 (担)	备注
1943	2309268	1234566	因推广良种增产皮棉2121765担,扩充棉田增产皮棉1201801担

---

① 章伯锋、庄建平主编《抗日战争》第5卷,第659页。
② 《国民政府年鉴(第一回)》,第219页。
③ 章伯锋、庄建平主编《抗日战争》第5卷,第659、660页。

续表

年份	棉田面积（推广良种面积及扩充棉田面积，亩）	增加皮棉产额（担）	备注
1944	1910431	391317	因豫、湘、黔、桂战区扩大，且雨水失调，故增产成效不及上年

资料来源：章伯锋、庄建平主编《抗日战争》第5卷，第660页。

（三）发展农业推广事业，落实改良措施

除了积极推进上述增加粮食、棉花产量的政策与技术措施，以保障抗日军民足衣足食外，抗战时期大后方的农业推广事业，还涉及肥料、蚕桑、农村副业及辅导水利、垦殖、农贷等。

四川、陕西、广西、甘肃、河南、湖南、湖北、贵州、福建、浙江等省都成立了农业推广委员会或推广组，县一级成立农业推广所，负责主持各地农业推广工作。截至1945年3月，各地成立推广所492个。自1939年至1942年，农业主管机构共举办了43个训练班，训练后方12省各级实地参加农业推广工作的督导及技术人员2039人。1943年起，人员训练工作改由各省县自行举办。1942年起，先后在四川、陕西、甘肃、贵州、云南、广西、湖北、湖南、江西、福建、广东等省设立了11个推广繁殖站（另有一豫西分站），1945年起实行分区管理，繁殖站调整改设为华西、华中、西南、西北、东南5个地区站。

推广委员会和推广繁殖站，成为战时推广农业先进技术和方法的中坚力量，为大后方农业增产增收发挥了重要作用。抗战期间，各站共繁殖优良稻种1.7万余亩，小麦3.9万余亩，棉及特用作物1700余亩，杂粮2500亩，果苗8.4万余株，苗木820余万株，鱼苗10.9万余尾，制造病虫药剂2800余万CC。[1]

改进土壤、肥料。中央农业实验所从1942年起，在各省举行地力保持及田间肥料试验，至1944年完成14省85处田间肥料试验，制成中农混合指示剂，用简捷方法测定土壤酸度。为增加磷肥供给，四川省农业改进所

---

[1] 郑起东：《抗战时期大后方的农业改良》，《古今农业》2006年第1期，第52—66页。

于 1939 年成立成都、泸县、合川 3 座骨粉厂，共制成骨粉 362339 斤，推广 186173 斤，肥田约 6309 亩。1940 年增设绵阳、重庆、五通桥 3 厂，共制成骨粉 493082 斤，推广 288318 斤，肥田 9607 亩。① 1943 年以后，农林部与江西、浙江、广西、广东、西康、湖南、陕西、福建、河南和宁夏等省各合办一座蒸制骨粉厂，截至 1944 年 9 月，各厂共制成骨粉 354265 斤，缓解了各地磷肥短缺的困难。② 绿肥、堆肥技术也在后方各省得到推广。陕西省关中侧重夏季豆科绿肥，在陕南则推广冬季苕子绿肥。1942 年，陕西在长安、咸阳等 10 县推广夏季麦田绿肥 39016 亩，在沔县等 10 县推广冬季稻田绿肥 78143 亩，并在关中区和陕北区制造堆肥 3572145 担，可施田 131943 亩。③

防治兽疫。全国抗战初期，主要由中央农业实验所协助各省进行兽疫防治工作。1941 年 6 月，农林部在桂林成立中央畜牧实验所，负责改良家畜品种，增进兽医技术，研究家畜饲养管理及畜产加工等，同时陆续在各地设立相关机构，推广兽疫的防治。

例如，1941 年 2 月在兰州创设西北兽疫防治处，其主要任务为防治牛羊以及驿运盐运牲畜的疫病，设有第一、二、三、四、五流动防疫队和宁夏、青海两工作站。1943 年秋，青海牛瘟蔓延，死亡惨重，农林部组织青海兽疫防治大队负责扑灭。同年，该大队设立湟源、西宁两血清厂，并随时组织防疫分队驰往疫区加紧防治。1944 年 1 月，该大队改组为青海兽疫防治处。1942 年河南旱灾严重，农民屠宰耕牛为食，农林部为防治兽疫，保护役畜，将原洛宁第六耕牛繁殖场改组为河南兽疫防治处。

中央畜牧实验所还先后于贵州湄潭设立第一兽疫防治总站，云南昆明成立第二兽疫防治总站，广西桂林设立第三兽疫防治总站。1943 年 5 月，将原设第一、第二兽疫防治总站分别改组为贵州、云南兽疫防治队，隶属东南兽疫防治站。此外还有西昌垦牧实验场兼办兽疫防治工作。中央畜牧实验所附设有荣昌血清厂。总计，抗战期间制造血清菌苗 3980328CC，直接防治牧畜 156413 头，挽回家畜损失总值在 4.69 亿元以上。④

---

① 《四联总处四川农贷视察报告书》，《四联总处史料》（上），第 47 页。
② 《国民政府年鉴（第三回）》，第 1 编第 12 章，第 5 页。
③ 《陕西省农业改进所卅一年度工作总报告》，油印本，1943，第 74—75 页。
④ 章伯锋、庄建平主编《抗日战争》第 5 卷，第 663 页。

表 2-44 1941—1944 年兽疫防治成效

年度	制造血清菌苗（CC）	防治牧畜（头）	间接保护牧畜（头）
1941	263625	24032	120160
1942	1053412	15296	76480
1943	1465731	26368	131840
1944	1197560	90717	453585
合计	3980328	156413	782065

资料来源：章伯锋、庄建平主编《抗日战争》第5卷，第664页。

作为制造降落伞的必需原料，生丝成为战时中国重要的出口换汇物资。由于江、浙、粤、鲁、皖等省传统产丝区沦陷，蚕丝来源枯竭，为促进战时蚕丝生产，中央农业实验所积极进行家蚕、柞蚕及桑树品种的改良，以及蚕与桑树病虫害的研究防治，育成虫质强健、丝质优良的"中农29号"蚕种，极大地改进了蚕茧质量。四川设立了四川蚕丝改良场和乐山蚕丝实验区，云南设立了蚕桑改进所，湖南、广东、河南、西康分别设立了蚕桑改良场，并在川、滇、康三省分别设立了示范丝厂。1944年，农林部组织蚕丝委员会，并与第三战区司令长官部合办苏、浙、皖蚕丝业复兴委员会。

总之，战时农业改良以及推广工作，增加了粮食作物和经济作物的产量，提高了经济作物的质量，对于保障战时后方军粮民食发挥了积极作用。

（四）农田水利工程建设

发展农田水利，是提高农业生产效率、增加农产品产量的重要措施。农林部农事司设立了专门科室主管全国农田水利行政工作，并设立农田水利工程处，负统筹规划之责，搜集各省水文气象资料，协助各省举办农田需水量试验，并协助各省从事农田水利工程建设。

其中由中央拨款兴办的大多集中于西北各省，例如战前开工建设的陕西省梅惠渠，在1938年完成，实现引石头河水灌溉岐山、眉县农田13万亩。1938年兴工建设黑惠渠，引黑河水灌溉周至农田16万亩，1942年完工。甘肃省完成洮惠渠，引洮河水灌溉临洮一带农田35000亩，1938年完成，改善工程1944年完成。湟惠渠、溥济渠皆于1939年开工，于1943年、1944年先后完成，共灌溉农田7万亩。1943年起中央拨专款，督导甘肃水利林牧公司负责兴办河西地区农田水利，整理旧渠，1944年灌溉受益农田达到80余万亩。至1945年3月，在后方18省，完成工程65处，灌溉面积1209861亩，此外有4处实现局部放水，灌溉287500亩；完成整理旧渠工程，受益面积达4074680亩。①

除由中央拨款推动的大型水利工程外，国民政府还以贷款方式在各省普遍推动小型水利工程建设。先是1938年农本局与成都行营及四川省政府合组农田水利贷款委员会，以贷款兴办川康两省水利工程。此后各省相继仿办，由农本局与各省订立贷款合同，由四行投资，所需款项农本局贷给八成，其余二成由各省自筹，称"二成垫头"。

从1941年起，由粮食增产委员会拨款，协助各省推进农田水利督导工作，核发专款，在广东、江西、湖南、广西、贵州、福建等省举办农田水利建设示范工程，并先后与粮食部拟订《非常时期修筑塘坝水井暂行办法》和《服役兴修小型水利办法》。1942年，农林部直接派员赴各地督办农田水利示范工程，并先后设立测量设计队，及川东、川北、黔西等处防旱督导站。1943年，川北、川东、黔西3处防旱督导站测量查勘塘坝工程10万余亩，督修塘坝工程5万余亩。1944年，上述防旱督导站改称第三测量设计队及第八工程队、第七工程队，继续督导各有关地区兴修塘坝、水井等工程。第一、第二、第三等工程队及第一测量设计队，除第一工程队协助川北各县办理防旱工作外，其余分别在南溪、江安及重庆附近地区工作，计推进测量、查勘工作7万余亩，督修工程1万余亩。农林部于同年将第四工程队调赴广西柳州沙塘，并于粤南设立第二测量设计队，粤北设立第五工程队，湖南设立第六工程队，协助各地办理抗旱工作，查勘测量工程凡4万余亩；1943年，拨发小型农田水利工作督导费145万元，协助福建、广东、甘肃、山西、湖南等省，督导民众自动兴修；1944年，拨付各省施工督导费570万元，并于四川、湖南、广西、江西、广东、福建、贵州、湖北、浙江、陕西、甘肃、河南、新疆、山西、湖南15省，另筹"二成垫头"款1900余万元，与农民银行合作筹措小型农田水利贷款8900

---

① 章伯锋、庄建平主编《抗日战争》第5卷，第665—666页。

余万元，由农行统筹贷放于四川、西康、湖北、湖南、广西、贵州、云南、广东、福建、江西、安徽、浙江、河南、陕西、山西、甘肃、宁夏17省。农林部依照《非常时期强制修筑塘坝水井暂行办法》，与各省订立1944年度推进小型农田水利工程工作纲要，推动各省督饬普遍兴修。①

小型农田水利工程建设实施的结果，在相关各省不同程度地产生了经济效益。如湖南省至1942年4月，完成修建塘17543口、坝5481座，灌溉面积16152755亩。② 四川省1942年完工的各项工程，实现灌田达335000亩，每亩平均增产稻谷2担，计收获67万担。③ 湖北省至1944年共完成水井1213口，堰坝1424座，蓄水库29座，沟渠969道，涵闸4座，池塘1245口，堤垸13座，水车935架，受益田亩292590亩。④

表2-45 战时后方各省农田水利工程建设概况

年度	贷款数额（元）	完工工程		局部放水工程	
		工程数	灌溉亩数	工程数	灌溉亩数
1938					
1939	11450000	2	46800	1	13000
1940		4	43740		
1941	47400000	9	91870	1	110000
1942	214295000	7	127393	7	338561
1943	457150180.12	21	321880	10	374600
1944	674257550.92		288278	4	287500
1945	697828424.22				

注：此外整理旧渠，完成的工程可灌溉2239068亩农田。
资料来源：章伯锋、庄建平主编《抗日战争》第5卷，第666—667页。

三 农本局与福生庄的工作

推广农产贷款，也是战时后方融通农业金融，以推动兴办农田水利、改良农业技术而达到增加农业产量目的的一项重要工作。

---

① 《国民政府年鉴（第三回）》，第1编第12章，第6页。
② 《国民政府年鉴（第一回）》，第7章，第93页。
③ 《四联总处四川农贷视察团报告书》，第37页。
④ 《国民政府年鉴（第三回）》，第1编第6章，第5页。

抗战时期，在国民政府与农业相关的各类机构中，有一个特别的组织——农本局。该局于1936年4月筹备，9月正式成立，原本是一个农业信贷管理机构，主要任务是促进农村信用的流通和农产运销，取"农为邦本"之意，故名为农本局。战前该局虽然为实业部所辖，但有一套相对独立的组织管理系统，1938年初，原军委会农产调整委员会改组为农业调整处后加入农本局，农本局也划归经济部直辖，但其政策方针仍由农本局理事会决定。理事会有理事25名，理事长是行政院院长兼财政部部长孔祥熙。理事会下设总经理，主持实际工作，著名经济学家何廉以经济部次长兼任农本局总经理。农本局以推动在农村建立分配信用的基层组织农业信用合作社、农业合作金库和农产运销的基层组织、农民自有自营的农业仓库，促进农业生产为工作目标。内迁重庆以后，农本局的主要业务分为两大系统，一是农本局传统的农业信贷、农产运销；一是将原农产调整委员会棉业办事处改组为"福生庄"，专门办理棉花、棉纱、棉布（简称花纱布）的购销业务。1938年末，农本局又被赋予了粮食控制方面的任务，特别是米的分配和价格控制工作，即储备军粮，保证军队需要；采购和销售大米，维持后方粮价稳定。

农本局将在农村建立分配信用的基层组织单位和农产运销的基层组织，作为自己最迫切的任务。何廉设想，首先组织农业信用合作社，吸收和分配农业信贷，在此基础上成立以县为单位的县合作金库，先由农本局注入开办资金，以后改为由基层信用社认股，然后逐渐成立省合作金库、中央合作金库，形成全国范围的合作金融网。农产储运方面，他认为小自耕农、佃农没有足够的粮食储存条件，收成后不得不立即出售，而此时正是粮价最低之时，如果建立仓库网，农民自有自营，可减少中间商人的剥削。农本局先后在后方各省建立了农业合作金库和农业仓库达200余处。[①]

由于当时中国重要产粮地区大部分沦陷，后方人口激增，物资匮乏，物价上涨，通货膨胀愈演愈烈。作为战时首都的重庆是米的消费中心，农本局应重庆市的要求，从1939年冬到1940年夏，陆续按政府价格将从各地收购的大米投入重庆市场，以平抑市场粮价。1938—1939年正值后方各省农业丰收，人们尚担心谷贱伤农，但到了1940年夏，物资不足和物价高

---

① 《何廉回忆录》，中国文史出版社，1988，第156页。

涨的情形日渐显现，大后方米价开始飞速上涨。农本局按高昂而持续上涨的市价采购粮食，然后按很低的官价每天供给重庆市场3000担平价米，在资金和人力上都越来越成为沉重负担。因为行政院规定公务员眷属一律供给平价米，蒋介石要求农本局购进更多的米，但财政部部长孔祥熙给何廉的回答是："我们没有这笔钱。"① 另外在米的定量分配上，由于农本局的审慎与严格监督，引起许多抱怨和压力。米价的上涨更让农本局的工作不断受到来自许多方面的攻击。有人不断在背后煽风点火，大造舆论，攻击经济部、农本局营私舞弊，财政部次长徐堪甚至把掺杂沙子的低劣米摆到了行政院的会议桌上。

果然，1940年12月"平价大狱"中，经济部农本局的部分工作人员，如福生庄的经理吴味经、农业调整处负责粮食工作的沈国瑾等被拘押，隔离审查。虽然查账的结果是"账簿清清楚楚"，"没有问题"，但是何廉还是被迫辞去经济部次长和农本局总经理职务。农本局的粮食购销工作由专门成立的全国粮食管理局负责，各地农业仓库移交粮食管理局接收，农业信贷业务也全部移交中国农民银行接办。农本局成为只负责花纱布运销调剂工作的机构，而且福生总庄撤销，各地分庄由农本局直接管辖。

农本局的花纱布购销工作，就是从产棉区采购棉花，运销后方，供纺织企业和人们日用。负责这项工作的农本局继任总经理是著名的民族资本家穆藕初。

农本局为采购棉花在各地产棉区均设有办事处，下设福生庄，专办棉花的收购业务。抗战初期，福生庄主要通过上海等地购进棉纱棉布，经香港内运，广州沦陷后改道越南海防，经滇越路到昆明，转运重庆。由于战场形势的日益恶化，这条路线越来越困难，并且很快就被切断。福生庄的目标只好限定在大后方地区。战时后方产棉区分为陕豫、襄樊、滨湖、浙东、川中五区，以陕西、河南为主。在这些产棉区的主要收购点和集运点设有分支庄负责收购。原棉集中运输需要打包，农本局为此还与上海银行合资，在陕西泾阳设立了打包厂。棉花打包后，由农本局运输处组织车辆负责运输，通过铁路运到宝鸡，再经公路运往广元，然后转水路南下到重庆。

---

① 《何廉回忆录》，第175页。

全国抗战爆发后，中国棉纺织工业中心城市全部沦陷，内迁后方的棉纱厂只有20余万纱锭，生产能力不足，机纱产量远不足以供应后方需要。为此农本局积极推广家庭手工纺纱。其方法是利用农本局建立的合作金库和农业仓库系统，由福生庄将收购的棉花先运到各县的农业仓库存储，再由合作金库通过合作信用社将棉花分配给农民，在家中进行传统的手工纺纱。福生庄在四川江津、合川、遂宁、璧山等处设立分庄，辅导农村妇女开展手工纺织，逐渐推进。纺好的纱由农本局按价付给农民现款或棉花，收进的棉纱则集中运往后方工厂织布或销售。这样既缓解了后方纺织厂生产能力不足的压力，又增加了农民的收入。1941年初改组以后，农本局更加积极采取放花收纱、以花换纱、放纱收布、以纱换布等办法，并从事制造纺纱机、清花机、弹花机和训练技术员工等相关工作，以增加产量和市场供应能力。为此农本局特设工务处，"努力建设各种小规模之铁工厂、纺纱厂，以为由手纺到机纺之过渡"；为了加强运输力量，还合并改组了运输处，订购车船，"以加增运输为手段，以达到增进生产之目的"。农本局由从前以农贷及农产品购销为主，渐变为以生产为主要业务的机构。[①]

1942年初，物资局要求农本局西安办事处，先收旧棉后收新棉，但所订的收购价格是旧棉低于新棉。因为旧棉所含的水分要比新棉低，在斤两上要轻得多，如果以比新棉低的价格出售，农民会吃亏，因此不愿交售。物资局则指示，如农民不肯出售旧棉，可以适用"行政命令"，挨户搜查，强迫农民交售。福生庄表示，福生庄人员只能对收购棉花的品级、质量担负业务责任，到农民家中搜查，强迫农民交售，超出了其职责范围，福生庄既无权也无力办理。结果福生庄仅收到几千斤棉花。在蒋介石主持的国家总动员委员会会议上，军需署抱怨军用棉花供应不足，影响了棉军衣的生产。蒋介石雷霆大发，以穆藕初对政令阳奉阴违、贻误重要业务之罪撤职查办。1943年初，在奉命将花纱布管理工作移交财政部成立的花纱布管理局后，农本局于4月正式撤销。曾为农本局的工作投入了大量精力的何廉对此不胜惋惜："我一生中最好和精力最盛旺的岁月投入农本局的工作，我认为我们完成了大量的工作……我们眼睁睁看着我们的工作毫无理由地

[①]《农本局概况》，《近代史资料》总113号，中国社会科学出版社，2006，第112—135页。

土崩瓦解了"。①

第三节　战时财政金融

抗战时期，国民政府的财政始终处于极度困难状态，而且通货膨胀愈演愈烈。形成这种局面的最根本原因当然是日本侵华战争的破坏、消耗及工业中心地区的陷落，同时也是战前国民党政府忙于内战、疏于建设、法币改革不久、财政基础尚不巩固的后果。为了筹措经费，维持抗战的进行，战争期间，国民政府不断推出新的财政金融法令法规，力图建设和健全战时财政金融体制，开源节流，增强财政力量。

一　战时财政政策与措施

国民党临全大会议定的《抗战建国纲领》，将推行战时税制、彻底改革财务行政列为经济建设的中心工作之一。国民政府抗战时期的财政政策主要包括以下方面。

（一）整理租税体系，推行专卖制度

1. 整顿租税体系。战前国民政府的财政收入主要来源于债款和租税，而租税则以关税、盐税和统税为主。1936年，关、盐、统三税占到政府全部财政收入的51.06%。1937年财政预算中，以上三种税收占总税收的92%，占全部财政收入的77%。但是，此三项税收不仅都是间接税，较少弹性，而且战争爆发后一方面政府支应浩繁，另一方面国土大面积陷落，特别是沿海地区海关沦陷，进出口贸易受阻，工业中心地区也遭受严重破坏，原有主要税源遭受严重打击，关税、盐税、统税收入大规模缩水。关税自36900万元减至8600万元，盐税自22860万元减至10100万元，统税自15600万元减至9100万元。②国民政府面临税源丧失、财源枯竭的困局，为开辟财源，充实国库，改革税制以增加收入，扭转不利财政状况，刻不容缓。

国民政府首先着手旧税的整理，一是扩大转口税及统税的征课范围；

---

① 《何廉回忆录》，第194页。
② 粟寄沧：《中国战时经济问题研究》，申新印务公司，1942，第136页。

二是改定课税标准，将以前的从量课征改为从价课征；三是调整税率，提高统税、烟酒税、印花税及关税税率。

盐税一向是中国政府财政收入的重要源泉之一。抗战爆发后，关、统两税收锐减，盐税也受到影响。然而盐为人民日用必需品，税源稳定且广泛持久。重庆政府始终没有放弃对盐税的重视，而且通过改订课征标准等，加重了盐税的课征，使盐税依旧保持了在财政收入中的重要地位。1941年9月起，盐税改从量征税为从价课税。1942年又对盐实行专卖，停止从价征税，改于盐价内提收专卖利益。1943年10月开始加征战时食盐附加税，每担300元。1944年3月又开征"国军副食费"，每担1000元。1944年，盐税在重庆政府税收中已独占52.89%，其重要之处由此可以概见。1945年1月盐专卖撤销后，对盐税再加调整，为每担110元，并调整战时附税，为每担1000元。[①]

在扩大推广统税范围方面，国民政府于1942年4月开征茶叶税，1943年3月起在全国各产区开征竹木、皮毛、陶瓷、纸箔等统税，为掌握物资，控制物价，1943年度举办棉纱、面粉统税征实。

抗战爆发后，各省为增加收入，恢复了类似厘金的过境税，造成对运输货物重叠征收，形成省际的经济壁垒，妨碍商品流通，进而影响物价。1941年第三次全国财政会议决定，将各省市原有货物产销税、税务饷捐管理费及其他对货物征收具有通过税性质的一切税捐一律裁废，由财政部统一改征战时消费税，于1942年4月公布实施。

遵照国民党五届八中全会"消费税务改行从价征税制"的决议，1941年9月起，凡货物税一律由从量征收改为从价征收，凡直接税一律改为累进制。

2. 创办新税，扩大直接税体系。1939年1月开征非常时期过分利得税，并将各省的战时利得税、战时商捐等名目一律取消。1940年7月开征遗产税。1940年12月开征食糖税，并一度改办专卖。营业税原为各省市征收的地方税，1941年第三次全国财政会议之后，由财政部统一接管，统一征收。1943年1月开征财政租赁税及财产出卖所得税。

3. 推动专卖。为调剂社会供求，制止囤积居奇，以增进税收，平抑物

[①] 董振平：《论抗战时期国民政府的盐税政策》，《抗日战争研究》2004年第3期。

价，国民政府决定对部分商品实行专卖制度。1941年3月国民党五届八中全会决议举办专卖后，财政部成立专卖事业设计委员会，确定对盐、糖、火柴、烟四种商品实行专卖，从原料产制到成品配销，全部纳入政府统筹之中，1942年1月首先成立川康区食糖专卖局，4月7日成立火柴专卖公司，5月1日成立烟类专卖局。7月1日又于财政部设专卖事业司，总司其事。糖的生产分散，不适于专卖，1944年夏取消专卖，改征统税。盐、火柴，实行专卖效果显著，烟未能全部收购专卖。1944年8月，将烟类专卖局、火柴专卖公司及其分支机构一律裁撤，专卖事业司改为专卖事业管理局，全国划分为11区，各设一专卖事业局，下设分局。直至战后的1946年2月专卖机构方全部撤销。

（二）改订财政收支系统

1941年4月国民党五届八中全会通过《改订财政收支系统案》，决定将全国财政划分为国家财政与地方自治财政两大系统。省级财政纳入国家财政系统，省预算编入国家预算，独立成一系统的地方自治财政以县为单位。1941年11月8日国民政府明令公布了《改订财政收支系统实施纲要》，宣布自1942年1月开始施行。这一措施大大加强了中央政府的财政权力和统筹能力。

（三）田赋收归中央，改征实物

作为传统农业国家，田赋历来是中央政府的主要税收，近代以来田赋渐由征实物改征现金。1928年，国民政府将田赋划归地方收入。抗战爆发后，后方粮价日涨，而田赋仍旧，采购军粮的货币支出因粮价的上涨而成为国库的重大负担。为保证军粮供应，并减少中央财政的货币支出，降低通货膨胀的危险，1941年夏，国民政府决定，一是抗战时期将田赋收归中央接管，二是田赋由原来的征收现金改为征收实物。8月，各级田赋管理机构陆续成立，9月开征。至1942年11月上旬，后方各省已征收的实物及法币，较原核定数超过7%，与以往各省田赋平均每年仅征七八成相比大不相同。1942年又进一步实施征购征借，征实、征购数额较上年又有较大增长。田赋征实，极大缓解了国民政府战时的经济窘困。国民政府还以田赋制度为基础，逐渐实施地价税、土地增值税，进一步完备了土地税制。

（四）发行公债与筹借外债

仅凭税收不可能完全支应庞大的战争费用，战时国民政府的另一个重要财源是依赖于内债的发行和外债的筹借。据统计，战时国民政府共发行各种国内公债 19 种，债务总额折合法币 223.06 亿元；另外还从苏、美、英等国筹借外债。

1. 公债的发行。发行公债筹资于民，既可将剩余购买力转移于政府，回收政府发行的大量货币，又可吸纳民间资金，体现有钱出钱有力出力的原则，不失为解决财政困难的有效之策。战时国民政府发行多种公债，希望借此筹措战费、增加财力、回笼货币，乃至控制物价。

表 2-46　战时公债发行数额

债券名称	债额	利率（%）	折扣
二十六年救国公债	国币 500000000 元	4	0
二十六年整理广西金融公债	国币 17000000 元	4	0
二十七年国防公债	国币 500000000 元	6	0
二十七年金公债	英金 10000000 镑	5	0
二十七年金公债	美金 50000000 元	5	0
二十七年金公债	关金 100000000 元	5	6
二十七年赈济公债	国币 30000000 元	4	98
二十八年建设公债	国币 600000000 元	6	0
二十八年军需公债	国币 600000000 元	6	0
二十九年军需公债	国币 1200000000 元	6	94
二十九年建设金公债	英金 10000000 镑	6	98
二十九年建设金公债	美金 50000000 元	6	98
三十年军需公债	国币 1200000000 元	6	0
三十年建设公债	国币 1200000000 元	6	0
三十一年同盟胜利美金公债	美金 100000000 元	6	0
三十一年同盟胜利国币公债	国币 1000000000 元	6	0
三十二年同盟胜利公债	国币 3000000000 元	6	0
三十二年整理省公债	国币 173000000 元	6	0
三十三年同盟胜利公债	国币 5000000000 元	6	0

续表

债券名称		债额	利率（%）	折扣
总计	国币	15020000000 元		
	英金	20000000 镑		
	美金	200000000 元		
	关金	100000000 元		
共合国币		22306000000 元		

资料来源：章伯锋、庄建平主编《抗日战争》第 5 卷，第 117 页。

抗战时期，国民政府发行的公债直接由普通民众购买的数量有限，实际大部分是由银行抵押借垫。而银行则以抵押的公债作为货币发行的准备，开动印钞机，增加通货发行，其结果不可避免地导致通货膨胀的发生，进而形成恶性循环。

1942 年，国民政府欲利用美国 5 亿美元借款的一部分发行同盟胜利美金公债，以回笼法币，控制物价，结果却发生孔祥熙等舞弊营私的"美金公债案"，成为战时后方最大政治丑闻，并导致孔祥熙下台的结局。

2. 外债与对外贸易。关于国民政府战时举借外债的数量，各种统计并不一致。战时国民政府外债的来源最主要的是苏、英、美三国的借款；1938 年 3 月至 1939 年 6 月，中国首先与苏联签订了 3 次易货购料借款；自 1939 年 3 月起，陆续向英国借款 4 次；自 1939 年 2 月起，先后向美国借款 5 次。太平洋战争爆发后，国民政府与美国订立租借协定，美国将大量抗战所需物资，以租借的方式让与中国。

（1）苏联对华贷款与易货贸易。苏联是第一个援助中国反抗日本侵略的国家，特别是在抗战初期（苏德战争爆发以前），中国所接受的外来援助主要来自苏联。

1938 年 3 月 1 日，中苏在莫斯科商定了一笔利息为 3%、为期 5 年的 5000 万美元的易货贷款协定，即《关于使用 5000 万美元贷款之协定》。协定的主要内容是：苏联对华提供 5000 万美元贷款，供中国"购买苏联生产之工业品及设备之用"，中国则以苏联所需的茶叶、皮革、丝绸、棉花、桐油、锑、锡、锌、镍、钨等农矿产品折价偿还。这也是战时中国第一笔美元贷款协定。同年 7 月 1 日，中苏又商定了第二笔贷款协定，数额也是 5000 万美元；1939 年 6 月 13 日又签订了第三笔 1.5 亿美元的苏联援华贷款。第二、第三笔苏联对华贷款协定内容，与第一笔基本相同。抗战时期苏联与中国签订了总数为2.5亿美元的贷款协定。①

1941年6月苏德战争爆发后，苏联因其本身卫国战争的需要，于10月24日正式照会中国政府，中断了第三笔易货贷款的支付，停止了对华经济援助。抗战时期，中国政府实际动用的苏联对华贷款合计为1.73亿多美元。为此中国先后连本带息共偿还了苏联价值2亿多美元的货物，其中向苏联输出钨、锑、锡、汞等特种矿产品53238.74吨，农产品则有绵羊毛21295吨，山羊绒304吨，茶叶31486吨，猪鬃1119吨，驼毛1026吨，生丝301吨，以及各种皮货5407000张。②

（2）美国对华借款与租借法案。日本发动全面侵华战争初期，美国采取中立、不干涉的立场，没有对中国提供实质性的援助。

中美于1937年7月8日达成的白银黄金互换协定，实际是币制改革的继续。该协议规定，中国将6200万盎司白银，以每盎司0.45美元价格售与美国，以售银所得购进美国黄金，存于美国，作为发行货币的准备。以此黄金为担保，美国向中国贷款5000万美元。同年底，中国再次出售5000万盎司白银，并将黄金抵押贷款权从6个月改为无限期。不久，美国又同意将这些贷款用于平准基金以外的目的。因此中国共获得了1.38亿美元的贷款，其中4800万实际由中国用于采购抗战所需物资。

随着日本对华侵略的扩大，美国明显感到在华利益受到了损害。在国民政府多方努力下，美国政府先后通过5次对华借款，向中国提供了必要的经济援助。

受中国政府指派的上海商业储蓄银行总经理陈光甫，于1938年9月赴

---

① 关于抗战时期苏联对华贷款次数及数量，各种史籍有不同的说法，如孔庆泰《太平洋战争爆发前苏联对华军事援助述略》（《历史档案》1991年第1期）一文认为，抗战时期苏联援华贷款共计8笔5.56亿多美元。中共中央党史研究室编写的《中国共产党的历史》则认为"1937—1940年，苏联给予中国购买军火的贷款共4.5亿美元"等。（第1卷下册，中共党史出版社，2002，第599页）根据中方相关档案和苏方记载，2.5亿美元之说较为可靠。

② 李嘉谷：《合作与冲突——1931—1945年的中苏关系》，广西师范大学出版社，1996，第119页；斯位德科夫斯基：《苏中经贸关系史（1917—1974）》，莫斯科，1977，第148页，转引自中国人民抗日战争纪念馆编著《抗战时期苏联援华史论》，社会科学文献出版社，2013，第91页。

美设立世界贸易公司，开展接洽美援事宜。1938年12月15日宣布达成桐油借款（1939年2月8日签订），美国向中国提供2500万美元、利息4%的借款，用于购买美国工业及农业产品，中国以出口战略物资桐油22万吨抵偿。中国于1942年3月偿清了该笔借款的全部本息。①

1940年4月20日，中美又达成2000万元借款，仍然是用于购买美国工业及农业产品，中国向美运售滇锡4万吨，以收入提成作为还本付息基金，故该笔借款又称华锡借款。至抗战胜利时，"历年到期本息，均经照数偿付"。

1940年6月，蒋介石又派宋子文赴美，专门接洽美国援华事宜。10月22日，中美签署了2500万元的钨砂借款合约。合约规定，由美国进出口银行提供贷款，以中国向美国供给总值3000万美元的钨砂，分期偿还。到抗战胜利时，该笔借款的"全部本息均已偿清"。

1941年2月4日，中美签署5000万元金属借款，其中半数支用现款，半数用于向美国购买工农业产品。中方先后向美方交付了总值6000万美元的钨、锑、锡等稀有金属矿产品。抗战胜利后，中方也将该笔借款"全部本息偿清"。

1941年4月1日，宋子文与美国财政部部长摩根索（Henry Morgenthau, Jr.）签署了中美平准基金协定，与英国签订中英平准基金协定，4月25日中美、中英分别换文，设立统一的平准基金委员会。平准基金借款共5000万美元，利率1.5%，由美国财政部购买中国法币，以实现美元与法币汇价的稳定，促进两国贸易。

1941年以后，美国开始了全新的租借法案援华时期。根据美国国会通过的租借法案，凡是对美国国防安全具有重大意义的国家，可以租借形式从美国获得武器、军用物资、粮食等。1941年5月6日，罗斯福（F. D. Roosevelt）总统宣布将中国列为这种援助的受益者之一。6月20日，中美签订《中美抵抗侵略互助协定》（简称《租借协定》）。

太平洋战争爆发后，美中先后对日正式宣战，成为战时盟友，双方关系也进入了一个新的全面合作阶段。1942年3月21日，宋子文又与摩根

---

① 本段及以下几段，见《抗战时期美国援华简述》，台北中研院近代史研究所档案馆藏外交部档案：11-NAA-08855。

索签署了中美第五次借款协定，即《1942年中美5亿美元借款协定》，亦称美国财政援助借款。第五次借款的主要用途包括：发行民国31年美金公债基金1亿元；发行美金节约储券基金1亿元；购买黄金2.2亿元，用以收回法币，稳定战时经济；购买美墨布匹2500万美元，解决战时布荒；购买印钞器材2000万美元；支付印钞费用34442488.31美元；手续及运保费557511.49美元。

据白皮书统计，抗战胜利之前，美国对华提供的租借援助为8.457亿美元，各种军用装备约合5.2亿美元。[①]

（3）其他外债。除苏美两国之外，英国是战时对华借款较多的另一个国家，主要包括：1939年3月中英平准基金借款，金额500万英镑；1939年8月中英第一次信用借款，300万英镑；1941年4月中英新平准基金借款，500万英镑；1941年6月中英第二次信用借款，500万英镑；1944年5月英国财政援助借款，500万英镑等。[②]

事实上，七七事变之后至抗战结束这一时间段内，中国还有其他举借的外债，包括铁路借款、易货借款等，例如，1938年4月的中法湘桂铁路南镇段借款，1940年3月的中法叙昆铁路借款等。有统计认为，抗战时期中国所借外债共27笔，总额达12.6亿美元左右。[③]

表2-47 战时财政收支情况

单位：百万元

年份	1937	1938	1939	1940	1941	1942	1943	1944	1945
租税收入	450	211	483	266	667	4164	15325	34351	102252
债款收入	256	18	24	7	127	362	3886	1988	62818
非税收入	108	85	231	1050	516	1103	1191	1863	47811
总收入	814	314	738	1323	1310	5629	20402	38202	212881
银行垫款	1195	853	2310	3834	9443	20081	40857	140090	1043257
军费	1387		1536	3773	4880	11148	22961	44006	191119
债务费	373		546	346	1386	2569	3491	5219	7016

[①] 美国国务院编《美国与中国的关系》，世界知识出版社辑《中美关系资料汇编》第1辑，世界知识出版社，1957，第100页。
[②] 章伯锋、庄建平主编《抗日战争》第5卷，第214页。
[③] 金普森：《外债与抗日战争的胜利》，《抗日战争研究》2006年第1期，第7页。

续表

年份	1937	1938	1939	1940	1941	1942	1943	1944	1945
粮食费					1458	3109	8598	13869	
建设支出	167		368	557	985	2269	3315	12513	24816
紧急支付命令			64	138	279	1028	11392	73204	862388
其他	164		283	474	1015	4388	9059	22828	129750
总支出	2091	1169	2797	5288	10003	24511	58816	171639	2258346
租税收入总支出（%）	21.52	18.05	17.27	5.03	6.67	16.99	26.06	20.01	8.42
债款收入总支出（%）	12.24	1.54	0.86	0.13	1.27	1.48	6.61	1.16	5.17
银行垫款总支出（%）	57.15	72.97	82.59	72.50	94.40	81.67	69.47	81.62	85.86
军费总支出（%）	66.33		54.92	71.35	48.79	45.48	39.04	25.64	15.73
债务费总支出（%）	17.84		19.52	6.54	13.86	10.48	5.94	3.04	0.58
粮食费总支出（%）					14.58	12.68	14.62	8.08	
建设总支出（%）	7.99		13.16	10.53	9.85	9.26	5.64	7.29	2.04
紧急命令总支出（%）			2.29	2.61	2.79	4.19	19.37	42.65	70.97

资料来源：章伯锋、庄建平主编《抗日战争》第5卷，第165—166页。

二 战时金融统制与效果

战时国民政府把以财政之力量控制金融，以金融之力量扶助经济，以经济发展力量充实财政，作为金融工作总方针。全国抗战初期，以稳定局面，加强对金融的管制为中心工作。随着战争的进展，维持外汇市场法币币值稳定，成为金融工作重要内容。太平洋战争爆发后，因为交通阻隔，外贸断绝，金融工作转而以加强内地外汇管理为主。

八一三事变发生后，为应对储户挤兑和资金外逃等金融市场的恐慌现象，国民政府先是公布《非常时期安定金融办法》，限制提存，以阻止资金外逃；同时决定调整中央金融机构，由中央银行、中国银行、交通银行和中国农民银行立即组织成立四行联合办事处，作为战时中国金融的枢纽。联合办事处还在各地成立许多分处，主要是配合厂矿内迁，办理贴放等，对国民政府的战时临时应对措施予以资金支持。

1939年，国民政府颁布《战时健全中央金融机构办法纲要》，将四行联合办事处改组为四行联合办事总处，由以前各行之间的联络协调机构，成为综揽一切财政金融事务的最高决策机关。四联总处的成立，标志着国民政府战时财政金融编制体制的初步形成。①

抗战初期，国民政府在安定金融办法之后，又积极采取调剂金融办法，颁行《内地贴放办法》，并在全国12城市成立四行联合贴放委员会，负责办理贴现放款事宜，以应对工厂内迁和发展农矿工商事业的需要。为发展农业生产，国民政府1938年4月公布《改善地方金融机构办法纲要》，规定各地方金融机关可依照该办法领用一元券及辅币券，准备金只需交纳二成，其余可以生产事业票据、资金证券等充之，以推动生产事业的发展；同时，指令中国农民银行对典当业予以资金上的援助，以维持平民生计，并会同农本局及各省合作金库办理合作农贷事宜。财政部为满足大后方农矿工商各生产事业对金融的需求，首先在四川办理贴放，后在大后方全面进行实行，以鼓励对生产建设的投资。

为稳定币制，促进国际贸易，同时防止敌伪套取外汇，国民政府1938年3月颁布《购买外汇请核规则》，对外汇购买实行限制。中央银行设立外汇审核处，专门负责进口外汇的审核管理，加强对进口贸易的请汇审核。是年，又规定24种货物（后改为13种）出口贸易所得外汇收入，均须结汇，一律售与中国银行或交通银行，以法定汇率换取法币。1939年中英商洽平准基金借款，设立外汇平衡基金委员会，由汇丰银行和麦加利银行担任500万英镑，中国银行与交通银行担任500万镑，作为平准外汇基金，以稳定外汇，保持法币信用。1939年6月国民政府两次变更汇价，并禁止奢侈品进出口，将请汇审核全部集中于财政部外汇审核委员会，1941年1月起，改在重庆出售外汇，将金融重心由上海移至重庆，以减少对上海外汇市场的依赖；同时利用美国贷款充实外汇平准基金，改"外汇平准基金委员会"为"平准基金委员会"，于行政院设外汇管理委员会，提高职权。

国民政府1942年又颁布《统一发行办法》，将法币发行进一步统一收归中央银行，指定中央银行为唯一拥有货币发行权的银行，各省地方银行钞券亦由中央银行接收。1935年法币改革后，国民政府将货币发行权归于中中交农四行。1942年的统一发行办法，使中央银行成为"银行之银行"，

---

① 陈雷：《经济与战争——抗日战争时期的统制经济》，合肥工业大学出版社，2008，第157页。

同时实行银行专业化。各行的业务范围也重新进行调整，确定中国银行为发展与扶助国际贸易专业银行，交通银行为发展工矿交通及生产事业的专业银行，中国农民银行为发展农业生产及办理农业金融、土地金融、合作金融的专业银行。这一改革使金融系统进一步专业化。对于普通商业银行则实施金融管制，不准增设新行，限制增设分行，缴存存款准备金，并严格限制其资金的运用。

太平洋战争爆发后，面对国际交通受阻、封锁日益严密、对外隔绝、外货来源断绝、物资供应紧张、物价上涨的形势，为加强对金融管制，国民政府修正补充了《非常时期管理银行暂行办法》，通过加强对银行检查，封存准备金提缴，强化放款限制，取缔银行兼营商业等办法，收缩信用，抑制通货膨胀；同时提倡储蓄，吸收游资，为吸收储蓄，推出各种储蓄券。1942年美国借款成功后，国民政府发行1亿元美金储蓄券，强制推行储蓄，规定：收购物资价款，搭付储蓄券1亿元；购粮时搭付5亿元储蓄券；购盐时搭付1亿元储蓄券。大后方储蓄额因此大幅度上升，1942年10月总储蓄额达到10.27亿元，1943年10月更达到21.5亿元。

1943年6月，国民政府改变黄金国有政策。1939年9月以来实行的黄金收归国有，不许自由买卖，政府收兑黄金，采炼金砂，以充实国库的黄金政策废止，同时《取缔金类收售办法》也同时废止，取消黄金买卖的限令，准许自由买卖。同时还利用美国政府1942年提供的5亿美元贷款中的2亿美元，向美国购买黄金500余万两，由中央银行将其交由中国农民银行及中国国货银行逐渐在市场抛售，欲借出售黄金，达到吸收游资、回笼法币、减低社会购买力、调剂通货、稳定物价的目的。据统计，截至1945年6月，法币折合黄金存款达6266117.5万元，连同黄金存款（包括外币定期储蓄）约2764228.3万元，共回笼法币9030395.83万元，相当于同时期法币发行量的22.68%，对于缓和通货膨胀理应起到一定作用。[①] 但是腐败的国民党权贵巨富借机从事黄金投机，以致黄金价格迅速上涨，投机之风盛行。随着市场对黄金需求的增加，黄金现货的短缺，黄金价格更是不断提高，引起物价波动，形成黄金与物价的竞赛。自1944年9月，法币

---

① 张志康：《黄金政策之检讨》，《金融知识》第4卷第1、2期，转引自杨菁《试论抗战时期的通货膨胀》，《抗日战争研究》1999年第4期，第104页。

折合黄金存款开办，只要黄金提价必引起金融波动，存户挤提，银行存款减少。1945年3月更生出提价消息外泄，内部有关人员提价前大批买进，提价后即高价卖出的黄金舞弊案。一方面，政府继续不断发行新钞，使利用黄金政策收缩通货的效果大打折扣；另一方面，黄金政策的运用助长了投机，更刺激了物价的飞涨。

第三章
后方经济的发展（下）

交通的通畅，是持久抗战不可或缺的重要保障，甚至关系着战争的胜败，同时也是战时经济发展的条件。战时国民政府控制的西南西北大后方地区，交通运输处于极端困难之中。国民政府利用包括铁路、公路、水运、航空和驿运等一切可行的方法和工具，基本维持了大后方交通不辍，货运通畅。战时国民政府实行贸易统制政策，对贸易产品的生产、运输、进出口和销售，实行严格的控制与管理。特别是农矿产品对苏联、美国的易货偿债业务，以及美国租借物资的采购运输，集中利用有限资源，成为维持国际信誉和战时军需民用的重要凭借。针对日本对华经济掠夺与破坏，为打破敌人以战养战的妄想，中国采取针锋相对的政策，通过经济绝交，对日禁运，查禁敌货，以及从敌占区抢购、内运重要经济物资等手段，还与日本进行了一场没有硝烟的经济作战。

第一节　战时交通与运输

交通运输与建设是战时经济的一个重要方面，道路的通畅与否是直接关系战争胜败的关键因素，是持久抗战不可或缺的重要保障。全国抗战爆发后，原交通运输较发达的东部地区多沦于敌手，国民政府退守交通落后的西部。西南西北大后方地区或崇山峻岭或荒漠戈壁，无论各省之间还是国际的交通运输都处于极端困难之中。战时交通的主要任务便是配合军事，保证运输与通信的通畅，同时为战时经济建设、商品流通提供必要保障。大后方的广大工程技术人员和职工，克服重重困难，付出巨大代价，在极其艰难的条件下，积极利用包括铁路、公路、水运、航空和驿运等一切可行的方法和工具，维持了大后方交通不辍、货运通畅，为抗战胜利做出重要贡献。

一 战时交通管理体制的调整

为适应战时需要，国民政府交通运输及建设主管机构在整个抗战时期迭有兴革变迁。

铁路运输。七七事变爆发后，国民政府于1937年7月24日颁布《铁路战时运输办法》，对铁道运输实行军管，组建成立指挥全国铁路军事运输的铁道运输司令部。司令部设运输司令、副司令各一人，各路设线区司令，以长江为界，南北各设一总调度所，统筹使用所有车辆。全国抗战爆发之初至武汉撤退，虽然许多铁道线路相继沦陷，但主要运输任务仍然由铁路承担。随着东部各铁道线相继沦陷，铁路在运输中的重要性大降，因此1938年初行政院改组时，铁道部被撤销，并入交通部，铁道部部长张嘉璈转任交通部部长。

公路运输。抗战前，国民政府在全国经济委员会下设有公路处，负责办理全国公路工程建设与运输业务。全国抗战爆发初期，军事委员会在农产、工矿、贸易三个调整委员会之下曾设立了水陆运输办事处，由卢作孚全权负责，在指挥协调工矿内迁中发挥了重要作用。1938年初，经委会公路处改隶交通部，名为公路总管理处。

抗战之初，许多官方机构购置车辆，自办运输，抢运物资，各自为政，因此货运走私、交通事故等问题层出不穷。为解决交通运输混乱无序的局面，国民政府1939年2月在重庆召开公路水道交通会议，成立行政院水陆运输联合委员会，由交通部、军政部、经济部、航空委员会、兵工署、贸易委员会、西南运输处等机关派代表组成，以求交通运输行政的统一。但委员会成立以后并未能发挥应有作用，交通运输中存在的问题仍然如故。有鉴于此，1940年3月的全国运输会议决定，在军事委员会内设立运输统制局，对交通运输实行军管。

运输统制局成立后，不仅从交通部接管了公路运输业务，也从铁道运输司令部、军事运输总监部接管了铁路和军事运输业务，大后方所有军、公、商一切车船驮马运输工具，任何机关的物资运输、车辆的调配，均由其统一指挥调度和使用。运输编制局每月制定配运计划，发给各物资和运输单位按计划交运和承运。凡不在配运计划内的物资和车辆，一律不准运输和行驶，违者即由监察处各检查站予以查扣。① 参谋总长何应钦亲任该局主任委员，后方勤务部部长俞飞鹏为参谋长，主持日常工作，铁道运输司令钱宗泽为副参谋长。原交通部所辖公路运输及工程机关也一律改归运输统制局，公路处更名为公路工务总处，原下辖各公路管理处改组为工务局，专管工务事宜。1942年5月由于滇缅公路中断，大后方公路运输大量减少，1943年5月运输统制局撤销，公路业务仍归交通部负责，设公路总局办理。交通部部长曾养甫亲兼总局长。

此外，军事委员会1937年冬成立西南进出口物资运输总经理处（简称西南运输处），对外称西南运输公司。该处初由交通部次长曾养甫为主任，后由宋子良接任。西南运输处初设广州，后迁昆明，专门负责经由滇缅公路的进出口物资运输，先后在西南各地及香港、河内、海防、仰光等多处设分支机构，最多时有23个运输大队（包括两个华侨司机组成的大队）、3300多辆汽车。因为管理混乱、货物积压较多，1940年4月缅甸遮放仓库又发生爆炸案，西南运输处备受舆论指责，1940年10月由陈体诚接替宋子良，对西南运输处进行了较大的调整，后于1941年10月奉令结束其业务，一并移归新成立的中缅运输总局接管。中缅运输总局由俞飞鹏任局长。1942年5月，日军侵入缅甸，滇缅公路中断，该局业务大减，1942年6月缩编改组为滇缅公路运输局。

滇缅公路中断后，大后方对外联络及美国援华物资等主要依赖空中的"驼峰"航线，由印度空运至昆明，再由滇缅公路运输局、西南公路局接收转运。为管理空运物资的核实、分配及转运，1943年11月成立军事委员会运输会议，为大后方运输最高指挥机构，由何应钦兼主任委员，钱大钧任秘书长，军政、后勤、交通、经济、财政、外交各部及航空委员会、国际物资供应处等部门负责人担任委员。另外还成立了优先管制委员会，通过每月召开会议的形式，讨论决定空运货物核实、运量分配比例关系，然后分别通知中国航空公司、运输会议驻印度总代表和美方联系执行。由于指挥与行政分离，周折费时，运输效率不高。滇缅公路恢复以后，公路运输管理依然紊乱。在史迪威的建议下，1945年初再度将公路总局和运输

---

① 中国人民政治协商会议西南地区文史资料协作会议编《抗战时期的西南交通》，云南人民出版社，1992，第59页。

会议合并改组为军事委员会战时运输管理局,任命俞飞鹏为局长,龚学遂为副局长,并由史迪威的副参谋长美军麦格鲁少将(R. B. McClure)任副局长,后又加派马罗上校(Marlowe)为助理副局长,运务、工务、机料等处也都有美军人员参与工作。而中印空运的吨位优先分配工作,则由战时生产局接管。战时运输管理局成立后,运输能力与效率均大有提高。抗日战争胜利后,战时运输管理局于1945年12月结束工作。

航运。近代以来,中国现代水上航运逐渐发展,至抗战爆发前,在交通部登记注册的轮船总吨位约80万吨,木船总吨位约33万吨(还有更多未经注册的)。据估计,长江流域的中下游7个省中有大小木船17万只,总吨位为85万吨。[①] 抗战爆发初期,一方面航运界在国民政府党政机构西撤,工业、教育、文化内迁中,担负了极其繁重的运输任务,发挥了重要作用,特别是以卢作孚为总经理的民生公司,调动所有运力,在1200余木船的配合下,奋战40余天,抢在日军进攻之前,将堆积在宜昌的大量内迁物资和有关人员全数抢运入川,为民族持久抗战和大后方工业振兴、经济发展,做出了重大的贡献;另一方面,在焦土抗战的总战略之下,大量航运船只被迫沉没于江河之中,用于堵塞航道,以迟滞日寇入侵,做出巨大牺牲;还有很多或被敌军击沉,或被强掠,全国航运船只损失惨重。

为适应抗战形势,国民政府对航政机构进行了调整,以统一责权,强化航政管理。因华北华东的沦陷,天津、上海两航政局先后停办,汉口航政局改组为长江区航政局,管辖川、鄂、湘、赣、苏、皖等省航运,广州航政局改组为珠江区航政局,负责粤桂两省航政业务。经交通部与四川、广西、福建等省政府洽商,将中央与地方之航政权责加以划分,以前由各地方机关管理之船舶,分别由长江区、珠江区及福州等航政局处接管,统一了大后方的航政管理。

驿运。所谓驿运,系指以人、马、车、船等非机动运输工具和动力进行运输的方式。战时驿运起于驮运。为扭转战时因铁路、公路被毁与沦陷,后方运输能力锐减的局面,1938年10月,全国水陆交通会议通过了"利用全国人力、兽力,增进货运",以补机械运力不足的决议。1939年1

[①] 江天凤主编《长江航运史》,人民交通出版社,1992,第415页。

月，交通部在重庆正式成立驮运管理所，并在各重要线路设立驮运管理分所，开办运输。1940年2月，交通部为了指挥便捷，将驮运管理所撤销，各线驮运分所改组为车驮运输所，一律隶属公路运输总局。为更大发挥驿运作用，1940年7月，全国驿运会议在重庆召开，正式提出恢复传统驿运制度。同年9月，交通部成立驿运总管理处，综理水陆驿运行政，统筹全国的人力、兽力运输事宜。驿运总管理处将原车驮运输所经营的线路改组，称干线，由中央办理，设联运主任办事处，统辖全线业务及联运。大后方各省也陆续成立省驿运管理处，开辟线路（统称支线），增造车船，扩大范围，提升运力。

二 战时交通建设与贡献

（一）抗战时期铁路的沦陷与建设

全国抗战前中国铁路多集中于东北、华北及东南沿海地区，七七事变爆发后，东部铁路沿线成为最主要的战场，重要铁路线相继沦于敌手，损失惨重。据统计，战时因沦陷或被迫拆除破坏的铁路1399公里，铁路在抗战时期的交通运输中所占比例相对较小。但全国抗战初期，交通运输尚多依赖铁路，滇越铁路也曾是对外交通的重要通道。而且抗战中后期也有陇海、粤汉、浙赣等部分路段通车。抗战期间国民政府还陆续赶筑了湘桂、黔桂、川滇等线，总计1875公里。由于战争形势的不断恶化，以及材料缺乏，物价腾昂，战时铁路建设难以按计划循序推进。

从1937年七七事变爆发至1942年的五年中，铁路承担军事运输量达2158万人次、443万余吨物资，而且未发生一次重大事故。[1]

全国抗战爆发前，钱塘江大桥贯通，浙赣铁路全线完工，准备开通广州、上海间直达列车。七七抗战爆发，华北各路及京沪铁路机车车辆和重要物资，由此疏散至西南后方数百列车，两广军队亦得借此路开赴前线。随着战事进展，浙赣铁路被迫逐段放弃。

因战场推进到湖南，湘黔铁路在1939年株洲至蓝田通车营业后，于5月被迫停工，将材料设备移至黔桂铁路。

---

[1] 张公权：《抗战中之铁道运输》，章伯锋、庄建平主编《抗日战争》第5卷，第554页。

由湖南衡阳至广西镇南关外同登的湘桂铁路，抗战初期开始建设，由衡阳至桂林一段于1938年底前赶筑完成，实现通车。1939年桂柳段通车，湘桂线由桂林展筑至柳州。

因为华北及长江以南各条铁路如湘黔、粤汉、浙赣等，从东部各地拆迁内运的路轨材料、设备、机车等不少，因此国民政府决定继续将湘桂铁路由柳州向贵州延长，建筑黔桂铁路，以便利军事运输。1939年4月由柳州起筑，1940年10月铺轨至宜山，次年2月通达金城江，1942年2月至六甲，6月至独山，1944年春铺轨至都匀。1944年，日军发动"打通大陆线"的豫湘桂作战，先后攻占衡阳及桂林、柳州，中方又被迫将湘桂、黔桂两路彻底破坏。[①]

全国抗战前即已开工的成渝铁路，虽然全国抗战爆发后工程仍在进行，但从法国预定的材料运至香港后，因交通阻塞，一直未能内运，故未能于战时实现铺轨通车。

叙昆铁路计划。为打通四川与云南的交通，抗战时期国民政府计划修筑由四川叙府（宜宾）至昆明的叙昆铁路。1937年底，由铁道部与四川、云南两省联合组织了川滇铁路公司，负责叙昆铁路修筑，1938年4月开始测勘。1939年12月中法签订叙昆铁路借款合同，以本路财产及将来收入为抵押，并以法银团与中国建设银公司协助中国开发叙昆铁路沿线矿产等为附带担保。1940年3月1日合同生效。但因1940年9月法越当局允许日军进入越南，中方将滇越铁路河口大桥破坏，切断滇越交通，向法方订购的材料无法由越南运入昆明。中方将滇越路河口至芷村150公里拆移，修建了叙昆路昆明至曲靖段于1941年3月通车。后因材料缺乏，由曲靖通车至沾益后即行停工，1942年被迫放弃，结束工程。

打通国际交通线的努力。抗战军兴，华北与东南沿海沿岸各埠先后被日寇封锁，中国的国际交通只好转而谋求向西南西北方向发展。

滇越铁路。全国抗战前即存在的滇越铁路，在全国抗战初期成为中国对外联络的重要通道，大量物资由滇越铁路自越南运入大后方。1940年秋，日军在越南登陆后，为防止敌人沿铁路渗入云南，中国曾将滇越路由河口至芷村段拆除，昆明至碧色寨段则由法人维持。1943年中国与法国维

---

① 凌鸿勋：《中华铁路史》，台北，台湾商务印书馆，1981，第174页。

希政府绝交后，于8月1日全路收回。

湘桂铁路南镇段。抗战爆发后，为扩大西南方向的国际通道，国民政府拟将湘桂铁路向南延伸，修筑一条由广西桂林经柳州、南宁出镇南关与越南相接的铁路，时称湘桂铁路南（宁）镇（南关）段。经中法两国达成协议，1938年4月开工。越南境内同登至中越国境线部分由法方负责，进入中国境内后又继续铺轨80公里。虽然该路后来因为日本在北海登陆而中止，但对抢运物资还是起到了相当的作用。

与此同时进行的还有滇缅铁路计划。抗战爆发后，滇越铁路无法满足战时需要，必须开辟其他国际通路。虽然广西方面有公路可通越南谅山，云南方面有新筑的滇缅公路连接仰光，但公路运量有限且成本较高，无法满足需要。1938年初，交通部与英国公司洽商建造滇缅铁路，计划以缅甸腊戍为起点，通向中国边境，全程约200公里。该路须赖英国提供材料，中缅之间一段未定国界先要将界务问题解决，而且腊戍至边境一段地方贫瘠，没有经济开发价值，更重要的是英缅政府无此建筑资金，除非由英国政府补助，但英国政府一不愿出钱，二是自身材料已感不足，不愿出口，也不愿为出口做信用担保，外交上更不愿有得罪日本的举动。中国政府将招商局的四艘海轮出售给怡和洋行，充作购料之款，另由财政拨款200万元。该路于1939年春正式开工，定于1942年底完成。中方先利用滇越铁路运料，赶筑东段，但是西段迟迟未得结果，而且英国在日本压力下，于1940年7月宣布封闭滇缅公路，禁止物资内运，所有此前存于仰光及香港的设备材料准备内运者都受阻。后因形势变化，英缅政府于10月恢复滇缅公路交通。1941年2月，英国又决定资助缅甸建筑滇缅铁路缅甸段，中方将存于仰光的130余公里钢轨让与缅方。滇越铁路被炸断后，滇缅铁路西段加紧赶筑。中国利用美国租借法案向美洽商材料，1941年5月美国政府批准1500万美元的滇缅铁路材料，又增借300万元运输费。租借法案成立后，特别是太平洋战争爆发后更加快了铁路建筑工程。然而，1942年3月日本攻占仰光，4月一切筑路工作被迫停止。

西北方面。为连通西南与西北交通，建设一条平汉路以西的南北干线，1940年开始实施天水至成都的天成铁路计划，同时，还进行将陇海路由宝鸡向西延展至天水以至兰州的宝天铁路建设。宝天路初由陇海铁路局兼办，后于1942年成立专门负责该路修筑的宝天路局。但该路不仅资金困难，而且有隧道 120 余座，工程艰巨，时断进续，进展缓慢，抗战胜利后的 1945 年底方修通至天水。

国民政府迁川以后，川、陕、鄂三省间交通日显重要与繁重，除天水至成都的天成路线已测定外，交通部还组织铁路测量总处，分别派出测量队对可能修筑的路线进行勘测，如重庆至陕西紫阳的川陕铁路渝紫段，川、陕、鄂铁路由广元至湖北襄阳的广襄段，同时进行测勘的还有兰州至新疆乌苏、兰州至宁夏、兰州至青海、成都至西昌、成都至嘉定、成都至康定铁路等。

（二）公路建设

由于东部交通发达地区大部分沦陷，大后方地区交通运输面临极大的挑战。铁路建设难度大、成本高，因此扩大公路运输能力，提高运输效率，保持与外部世界的交通联系，成为战时国民政府面临的重要任务。战时大后方公路建设方面，仅 1940—1942 年新筑路线即有 20 条，总计 4200 公里。[1]

1. 西南方向

全国抗战初期，中国维持对外联系的陆路交通，西南方向的有湘桂公路、滇缅公路。

湘桂公路由湖南衡阳至广西镇南关，连接越南公路、铁路，全长 1140 公里，是西南重要国际通道。因路况较差，渡口较多，桥梁太少，经过整修改善，大大提高了运输能力。

滇缅公路由昆明至边界畹町，全长 959 公里，其中昆明至下关段 411 公里勉可通车，下关至畹町 548 公里需要新修。为此由中央政府拨款 300 余万元，交云南省实施。该路翻越滇西横断山脉，跨过澜沧江、怒江两条大河，工程极为艰巨，1937 年 12 月开工，1938 年 11 月提前两个月全线打通。该路在抗战期间成为中国大后方与外界联系的最重要的通道，为抗战最后胜利发挥了不可替代的作用。

此外，还打通自长沙经衡阳通至九龙，全长 1100 公里的湘粤港公路，

---

[1] 康时振：《1940—1942 年的公路工程概况》，章伯锋、庄建平主编《抗日战争》第 5 卷，第 505 页。

以补粤汉铁路之不足。

国内公路方面，为加强以重庆为中心的公路交通，还先后由中央拨款修筑了几条公路：从重庆经大竹、达县、万源至陕南西乡，通往汉中的汉渝公路；从四川泸县经毕节、宣威、云南曲靖，到昆明的川滇东路；由乐西公路（四川乐山至西昌）和西祥公路（由西昌至云南祥云）组成的川滇西路；由四川内江至乐山的川中公路；由成都经雅安、泸定至康定的川康公路。

广西贺县至广东连县的贺连公路，是粤桂交通要道，全路长153公里，1939年9月通车。

1941年，工程技术人员还奉令勘测由西昌经中甸、德钦通往印度的中印公路，后因缅甸沦陷而中止。1942年4月仰光失守后，交通部又组织踏勘新印路线，寻找由新疆联通印度的线路。8月，为配合修筑利多公路（中印公路即史迪威公路）及滇西反攻，开始兴筑自保山经腾冲至密支那，全长389公里的保密路，同时敷设了自印度加尔各答至昆明的中印油管。

2. 西北方向

全国抗战初期，首先整修了自西安至兰州的兰西公路，兰州至猩猩峡全长1179公里的甘新公路，以及西安至汉中、汉中至成都、兰州至西宁的各条公路。甘新公路成为西北方向与苏联沟通的重要国际通道，担负着接收苏联援华物资的重要任务。

新建公路有：1940年竣工的烈阳公路（宁羌县烈金坝至阳平关），成为联系川陕公路与嘉陵江水道的捷径。徽白公路长约36公里，由甘肃徽县至陕西白水江镇，是联络甘川水路的重要线路，1941年底完成通车，使西北货物可由白水江镇上船，经水路入川。宝平公路（陕西宝鸡至甘肃平凉），全长172公里，是西兰、川陕两路的联络线，1940年开始修筑，1944年3月打通。

此外，1943年开始新修了从康定经道孚、甘孜、石渠至青海歇武的康青公路，以及从青海西宁经大河坝、黄河沿、歇武到玉树的青藏公路，但只是作为四川到西北的备用通道，1944年建成后并没有实际使用。①

---

① 赵祖康：《战时公路建设》、康时振：《1940—1942年的公路工程概况》，章伯锋、庄建平主编《抗日战争》第5卷，第494—498、504—509页。

（三）航运建设

国民政府西迁以后，为扩展大后方运输力量，积极设法提高西南地区内河航道运输能力。因地理原因，西南地区虽然河流众多，但大都河床复杂，水流湍急，航道窄，险滩多，战前航运并不发达。交通部为改善航运条件，增加运力，采取了以下措施。

其一，大力加强西南地区河道疏浚，特别以川江和珠江河道为重点，改善和提高通航能力和安全水平。因大后各地特别是川、鄂、湘三省水道地处上游，险滩林立，航运异常困难，交通部门大力加以整治疏通，设法炸滩浚浅，建坝导流，建设绞滩设施，开辟纤道，增设标志。例如嘉陵江，以前每年在枯水期间，广元以上不易通航，经过整治，使嘉陵江全年可通至白水街；在若干地方如綦江，则建设船闸，以期加强运输能力，延长通航时期，并减少航行危险。据1941年统计，正在整理之水道共计3879公里，测量设计准备整理之水道共计5375公里，合计9254公里。[①]

在全国抗战初期抢运物资进川之时，交通部即饬令汉口航政局组织绞滩管理委员会，办理机器绞滩事宜。航政局于1938年秋在川江建成青滩等重要绞滩7处，不仅大型江轮得以上驶，马力较小的轮船亦可往来无阻，而且大大提升了货船的运载能力和速度。此后交通部将这一经验逐渐推广，在湘西的沅江、酉水，四川的嘉陵江、乌江，也分别建设绞滩设施，至1941年底，共建成或用机器或用人力的绞滩56站，川江的青滩、泄滩等机器绞滩站，能绞3000吨轮船上驶。[②]

其二，奖励造船业发展，增辟内河航线，推广水陆联运。为解决广西运输船只不敷分配情形，交通部于1939年12月在柳州成立了西江造船处，并在融县、柳城及柳州设立造船工场。因实行粮食征实政策后，四川粮食运输顿趋繁重，对船只需求至为迫切，1941年1月，交通部在重庆设立川江造船处，在三汇、昭化、宜宾设造船工场，承造大量木船，后又于綦江、泸县、阆中、江口、渠县设分工场。至1942年，西江、川江两造船处共建造大小木船2300余艘、计3万余吨，另造有浅水轮船6艘，特种浅水轮2艘，煤

---

① 翁文灏：《战时经济建设》，中央训练团，1941，第15页。
② 何墨林：《1939—1942年的全国航政概况》，章伯锋、庄建平主编《抗日战争》第5卷，第618页。

气机浅水轮 5 艘。① 但是由于战前所有新式造船厂均设于沿海各口，日寇全面侵华战争后，各厂沦于敌手，损失惨重，内地新设各厂规模较小，且器材来源缺乏，无法大量制造轮船，战时航运运输能力受到极大限制。

其三，调整航政机构，强化航政管理。全国战争初期因华北、华东的沦陷，先后将天津、上海两航政局停办。武汉、广州失守后，汉口、广州航政局也分别内迁重庆、梧州。1941 年 8 月，交通部将汉口航政局改组为长江区航政局，管辖川、鄂、湘、赣、苏、皖等省航运，1943 年又将广州航政局改组为珠江区航政局，负责粤桂两省航政业务。交通部与四川、广西、福建等省政府洽商，将中央与地方之航政权责重新划分，把以前由各地方机关管理的船舶，分别由长江区、珠江区及福州等航政局处接管，统一了大后方的航政管理。

战时后方逐渐形成了以重庆为中心，以长江为干线，以与干线相联系的支流为支线的水运系统网。就其运输性质而言，分为国际运输线、军事运输线、物质运输线三项。国际运输线以水运干线如金沙江、嘉陵江、西江等为主，并与陆运配合，以承担对外贸易货物运输为目的。乌江、酉水、沅江、清水江、湘江、桂江等主要是使前后方之水陆运输充分衔接，承担军事人员与物资运输为主。物资运输线主要是利用水道，使煤炭、粮食、棉花等出产地与消费地区之间取得联系，如綦江、沱江、岷江、涪江、都柳江等，主要承担着这些货物的运输。②

（四）驿运的恢复

驿运制度在中国流传久远，是古代官方兴办，用于传递公文、接待往来官员、运送官方物资的运输系统。近代以来，因为新式交通工具的兴起，驿运逐渐衰落，民国初年正式裁撤。抗战军兴，中国主要的铁路、公路干线和现代运输工具大部被日寇占领或毁坏，西南西北后方不仅现代运输工具欠缺，而且燃料匮乏，运输能力薄弱，各种军需民用物资的供应受到严重影响。为克服困难，打破封锁，国民政府在尽力维持和发展铁路、公路运输的同时，决定建立驿运机构，复兴驿运制度，作为战时交通运输

---

① 何墨林：《1939—1942 年的全国航政概况》，章伯锋、庄建平主编《抗日战争》第 5 卷，第 617 页。
② 翁文灏：《战时经济建设》，第 15—16 页。

的应急措施。

1938年10月，鉴于武汉、广州等交通重镇的失守，后方运输日趋困难，国民政府召开全国水陆交通会议，商讨解决之道。会议通过了"利用全国人力、兽力，增进货运"，以补机械运力不足，并由交通部专设机关从速办理的决议。1939年初，统筹全国的人力兽力运输事宜的驮运管理所在重庆成立。

驮运管理所成立之初，即利用由叙府至昆明的驿运旧道，开办叙昆线驮运，征用民间驮马，运载桐油等至昆明，回程装运军公物品。驮运事业由此开端。随即又开辟了由柳州至贵州三合的桂黔水运线，由重庆经贵阳至六寨的川黔线，由宝鸡至广元的川陕线，由泸州到昆明的泸昆线，及由乐山至西昌、康定经西昌至昆明的川康滇线等。

1940年初，交通部成立公路运输总局后，为指挥便捷起见，撤销了驮运管理所，原各条驮运线路的驮运分所改组为车驮运输所，一律归公路运输总局统辖，同时设板车制造厂，统筹制造各式板车分配各线使用，以提高运输能力。

1940年7月15日，军事委员会召集全国驿运会议，讨论通过了在全国范围内推展驿运的各项方案、章程，并决定在交通部内专设驿运总管理处，负责全国驿运的计划设计和指导监督，随后川、陕、甘、豫、鄂、湘、滇、粤、赣、浙、闽、皖、宁等省驿运管理处相继建立，负责主持本省驿运业务的实施。由交通部主办的线路称为驿运干线，由各省主办者称为驿运支线。战时大后方的驿运业务在1943年底达到高峰。

1944年秋天以后，由于"驼峰"运输的开辟，以及因液体燃料供应的增加，公路运输量增多，驿运的作用日渐萎缩。战时运输管理局成立后，驿运总管理处和各省驿运管理处相继撤销，驿运业务统一划归战时运输管理局办理。抗战胜利后，战时运输管理局遂将驿运业务停办，"一任人民自由经营，不加管制"。由国民政府办理的驿运在1945年底完全停止。

抗战时期大后方先后开辟了多条驿运干线。由于战局发展引起的运输量的变化等原因，驿运线路迭有变化，或由省线升为干线，或由干线降为省线，其重要者如下。

由叙府至昆明的叙昆线，以接运西南进出口物资为主，是最早兴办的驮运线路，后因往返货运不能平衡，南行回程太长，于1942年交云南省接办。

以运输出口的钨砂和进口的汽油为大宗货物的黔桂线，由马场坪至金城江陆运和三合至柳州的水运两段组成。后因环境变化，货物来源不畅，该线于1941年8月结束，陆运划归川黔线，水运交由广西省经营。

自万县至恩施，全长319公里的川鄂线，主要为接济前线军粮，后因物价不断上涨而军运价格不升，亏损甚巨，于1941年移交战区接办。

川湘及嘉陵江线，即川陕、川湘水陆联运线，自广元沿嘉陵江，经重庆、涪陵、彭水而至湖南沅陵，全长1548公里，主要运送的货物是米、盐。该线原系官商合办，后于1942年另组川陕川湘水陆联运总管理处办理。

以运输钨砂、食盐、交通器材为主的川黔线，于1940年9月由车驮所改组而成。该线自重庆经贵阳以迄马场坪，并附有浦河至南川、江口至江津、三溪至万盛场、八寨至都匀、三合至长安、三合至瓮城河、瓮城河至瓮坝郎、遵义至思南等水陆线，总里程达2214公里。

泸昆线以接运由西南进口的军用国防物资为主，于1940年9月由车驮所改组而成，自泸州沿川东公路至昆明，并附泸州至叙永水运线，总长共1010公里。

原为川陕车驮运输所管理的陕甘线，1940年9月改称川陕驿运干线。该线包括广元至宝鸡和天水至双石铺两段，并附辖六安至阳平关、阳平关至广元、汉中至褒城3条辅助线，总长902公里，所运货物以棉花、水泥、钨砂、军品、茶、糖为大宗。

甘新线原名陕甘线，自天水经兰州至猩猩峡，全长1548公里，并辖酒泉至石油河、安西至敦煌两条辅助线，总长2225公里，是大后方最长的驿运线路。该路运输频繁，以接运苏联援华物资和出口苏联的羊毛、钨砂为主。

1942年设立的川陕线为四川入陕的重要通道，陆运自重庆至成都，水运自重庆达广元，全长1645公里。该路以粮、糖为货运大宗，也办理重庆至成都间的客运。

到1944年底，全国驿运干线计有川黔、川滇、川陕、甘新和新疆5条线路，总计水陆里程达到6689公里。

支线方面，川、滇、粤、桂、赣、湘、浙、闽、皖、豫、康、青12省设有驿运管理处,全部支线水陆里程达 21319 公里。①

此外还有三条国际线路:新苏线,自猩猩峡经迪化(乌鲁木齐)至与苏联接壤的霍尔果斯,长 2013 公里;新印线,自新疆叶城至印度列城(亦称叶列线),其中又因季节分东西两线,东线 1005 公里,西线 1160 公里;康藏印线,自康定经拉萨至印度噶伦堡,全长 2501 公里。

随着驿运路线延长,运输物品数量不断增加,驿运地区不断扩大,运输工具与方式也有变化发展。1940 年全国驿运会议以前,驮运政策是以统制政府及民间的运输工具为主。随着货运量的提升,运输工具不敷应用,于是由最初的驮马扩大到胶轮大车、板车、骆驼、木船等。政府方面放弃以前的统制政策,采取以自力运输为主,普遍发动民众参与驿运,因此除少数干线运输繁重、民间工具不足,由政府自行增造或贷款与民间增造外,大部分工具动力是利用民间自有工具。

据 1943 年统计,干线方面,官方先后自造胶轮板车 2549 辆,胶缘板车 6022 辆,大船 183 艘;由官方控制的民间工具及动力种类有:各式板车 1 万辆,骡马 23000 余头,骆驼 11000 头,人夫 32000 余名,船筏 100 余艘。

支线方面,浙、皖、赣、闽、粤、湘、江等东南地区,经常控制的民间工具及动力,有人夫 18 万余名,各式板车、手车各 5000 余辆,人力车 1500 余辆,竹皮筏 10 万余只,畜力 3800 余头,大车 50 辆,木船 30800 余艘;云、贵、川、桂、鄂等西南地区,有人夫 10.5 万余名,板车 3400 余辆,手车 6100 余辆,人力车 134 辆,畜力 4000 余头,木船 1.7 万余艘;陕、甘、豫等西北地区,有人夫 3.2 万余名,手车 7600 余辆,人力车 400 余辆,竹皮筏 40 余只,畜力 6.2 万余头,大车 1.12 万辆,木船 47 艘。②

据 1941 年驿运总管理处和四川等 9 个省处的统计,共征用运夫 40 多万人。广大运夫在极其艰难的条件下,用简陋的工具车拉肩扛,为保证前线和后方的物资供应,为抗战胜利做出了无名贡献与牺牲。

---

① 俞飞鹏:《十五年来之交通概况》,转引自陈红民《抗日战争时期的驿运事业》,《抗日战争研究》1997 年第 1 期,第 160 页。
② 王炳南:《1940—1942 年全国驿运概况》,章伯锋、庄建平主编《抗日战争》第 5 卷,第 638—645 页。

表 3-1　1940—1942 年驿运运量统计

年度		1940（9—12 月）		1941		1942（1—10 月）	
		运量（吨）	延吨公里	运量（吨）	延吨公里	运量（吨）	延吨公里
干线	川黔	4089	3546021	31197	2421952	15361	2191574
	黔桂	325	157394	1266	264512（6 个月运量）	—	—
	川陕	5071	1815072	31907	11824489	1950	445685
	陕甘	5814	3868169	36142	75011448	39250	13197205
	泸昆	295	239463	1511	490649	4105	1226630
	叙昆	580	24753	—	—	—	—
	川陕湘联运	—	—	15182	7470084（8 个月运量）	—	—
	川鄂	—	—	191	39885	—	—
	甘新	—	—	—	—	22075	9685164
	泸昆	—	—	—	—	4105	1226630
支线	安徽省	4197	5481743	95571	11841136	95571	11839136
	陕西省	—	—	105780	9785375	132056	8198657
	福建省	—	—	84633	1794687	99878	5439432
	广西省	—	—	66589	9998336	36384	3391607
	江西省	—	—	30434	3084700	166741	23039072
	甘肃省	—	—	15806	4075369	38573	9606015
	四川省	—	—	15138	1511799	12435	2211814
	湖南省	—	—	1873	372155	124668	4766532
	河南省	—	—	—	—	8336	1009038
共计		20371	15132615	533220	139986567	797383	106247565

资料来源：章伯锋、庄建平主编《抗日战争》第 5 卷，第 645—646 页。

表 3-2　1943—1944 年各类交通工具货物运量

年度	1943		1944	
	数额（吨）	比例（%）	数额（吨）	增幅（%）
铁路	3741429	61.8	1611606	-57
公路	324313	5.4	130383	-60
航空	19663	0.3	27171	38
驿运	1965312	32.5	—	—

续表

年度	1943		1944	
	数额（吨）	比例（%）	数额（吨）	增幅（%）
总计	6050717	100	—	—

资料来源：陈红民著《抗日战争时期的驿运事业》，《抗日战争研究》1997年第1期，第160页。

虽然驿运的工具简陋，与铁路、公路相比，速度和运能也不可相提并论，但在抗战的特殊时期，在中国大后方的特殊环境和条件下，发挥了巨大的作用，在抗战运输中扮演了重要角色，具有举足轻重的地位，如表3-2所示，1943年在各类交通工具全部货物运量中，驿运所占比重已达32.5%，仅次于铁路列第二，远在公路和航空之上。

第二节 发展对外贸易

抗日战争时期，国民政府实行贸易统制政策，成立了对外贸易的统制机构，利用法律和行政手段，对贸易产品的生产、运输、进出口和销售，实行比较严格的控制与管理，集中利用有限资源，对于维护国家外贸主权，支援神圣抗战与世界反法西斯战争，维持战时军需民用，都具有积极意义。

一 战时外贸政策演变

国民政府的对外贸易统制制度萌芽于抗日战争前，成熟于抗日战争中。战时贸易统制政策的实行，可以确保最大经济绩效的实现，是战时各国普遍的政策和办法，也是中国抗战形势下各种因素作用的一个必然产物。也有学者认为，事实上国民政府对国际贸易从来没有一个固定的方策，只是依据事实的需要而决定贸易的统制范围。[1]

抗战以前的中国对外贸易有两个显著特征，一是长期的入超，国际收支严重不平衡，二是洋商的操纵。结果导致中国在对外贸易价格、运输、汇兑结算等方面都处于被动地位，不仅国家经济受到损失，民族企业也不

---

[1] 李卓敏：《我国的国际贸易政策》，方显廷编《战时中国经济研究》，商务印书馆，1941，第175页。

能从中受益。全国抗战爆发后，原本薄弱的中国对外贸易面临崩溃的境地。对外贸易尤其是出口贸易急剧下降。上海、天津、广州三大重要对外口岸，1937年下半年比上半年进口额下降了80%左右。① 全国外贸总值1937年上半年为108887.3万元，下半年仅达70276.7万元，为上半年的64%。② 严峻的战争形势，迫使国民政府改变自由贸易政策，加速推行贸易统制。

在全国抗战爆发之前，不论官方、企业界还是经济学界不少有识之士都曾提出，为改变中国对外贸易的劣势，应由国家施行统制贸易政策。1937年初，国民政府经济建设委员会提出以500万元为资本，按官四商六的比例成立官商合营的中国国际贸易公司的计划，设想该公司专门经营进出口业务，出口货物分丝、茶、桐油、矿产、农产品、手工艺品及皮毛等若干类，进口部分则以机器、五金为主。这个计划未及实行，日本全面侵华战争就爆发了。

全国抗战爆发后，对外贸易更有了一种新的意义，出口贸易，不论是易货贸易还是易货偿债，都是战时军需民用必需物资进口的交换品，也成为国民政府外汇的重要来源。"有了外汇我们更可巩固金融，并从国外输入生产工具"，所以"输出贸易是我们国防力量的一个重要来源，在我们的重要工业还没有发达之前，我们应当十二分的重视输出贸易"。③

由于东南沿海重要对外贸易口岸相继沦陷，对外贸易尤其是出口贸易量急剧下降，军事委员会成立了贸易调整委员会，实施应急措施，以维持对外贸易。贸易调整委员会试图以政府的力量在运输、贷款方面，尽量给予从事出口贸易的企业一切便利，必要时可自行采购物资直接出口，希望通过出口贸易换取必要的物资。这是从自由贸易向统制贸易的一个过渡，但无论在资金和规模上，还是职权和工作范围上，都远不足以应对迅速发展的战争形势。

1937年9月财政部提出《增进生产调整贸易办法大纲》，9月13日经国防最高会议通过，确定对进出口贸易实行管制。大纲规定："出口物产，就原有国营及中外商营经理出口机关，办理收买输出等事项，由政府组织

---

① 郑友揆：《中国的对外贸易和工业发展》，第158页。
② *Monthly Returns of the Foreign Trade of China*, pp. 413-414, 转引自陆远权《论抗战时期的国民政府贸易委员会》，《三峡学刊》1995年第1期。
③ 翁文灏：《抗战三年之经济建设》，重庆《中央日报》1940年7月7日。

贸易调整委员会以督促管理之,并予以资金运输之充分协助及补助其亏损。"进口物品,除军用品外,其必需物品应许其照常进口,或酌量减低其关税,其半需物品关税照旧,至于奢侈品则增加关税。10月,国家总动员设计委员会通过《总动员计划大纲》,规定对外贸易要由国民政府统一办理,即"我国所产大宗而适于各国需要之物品,得由政府办理输出,交换战时必须之入口货品"。1938年3月的《非常时期经济方案》中提出:"国际收入平衡最关重要,政府应限制进口及增加出口,以求达此目的。"要求应设法"以减少或阻止非必需品与奢侈品之输入",并通过办理兵险、改良品质、对相关贸易商行提供协助和便利、由政府购买货品向国外推销等方式,以增加出口。① 6月21日,行政院公布的《鼓励土产出口调整市价维护生产办法》中提出:凡出口货物投保兵险时,经贸委会证明确系外销货物,保险费由政府代付;出口货物转口时,可免收转口税;对出口货物各水陆运输机构应给与充分便利,或由贸委会代运、代垫运费。以此减轻出口商的成本。② 这些规定,就成为国民政府战时对外贸进行统制的基本政策。其根本目标是促进外销物资的输出,以便用有限的出口物资,换取必需的战略物资与外汇,维持军需财政,补充工业及民用必需品,以满足抗战的需要。

此后,因为接受苏联信用贷款、英美贷款,均须以出口货物抵偿,于是国民政府的国际贸易政策逐渐趋向国营的途径。特别是因为交通的困难,如时论所言"出口贸易的困难大抵都可以总括在一个标题下,就是交通困难",③ 必然造成运输成本、保险费用增加,民营公司经营日益难于发展,更加速了对外贸易向国营方向的演进。而且除争取易货偿债的物资之外,国际贸易也成为实施外汇政策的手段,同时具有兼顾平衡币值的作用。

战时国民政府实行外贸统制政策,而且表现出统制范围逐步扩大的趋势。全国抗战之初,国民政府即明令禁止金银及其制品、钢铁、各种金属及其制品、粮食、棉花等重要物品出口。1938年初,财政部宣布外汇管理办法,规定出口商品所得外汇,必须依照官方汇率向指定银行售结,欲借外汇管理以间接统制贸易。同年6月,茶叶实行统购统销,由贸易委员会

---

① 章伯锋、庄建平主编《抗日战争》第5卷,第14页。
② 李卓敏:《我国的国际贸易政策》,方显廷编《战时中国经济研究》,第179页。
③ 李卓敏:《我国的国际贸易政策》,方显廷编《战时中国经济研究》,第178页。

独家经营。对美桐油借款成立后，自1939年7月始，桐油及猪鬃也与钨、锡、锑等战前已归资源委员会实行统制的特种矿产品一样，成为政府统制物品，统购统销，以维持对美、苏、英的易货偿债贸易，实施外汇管制，出口所得外汇必须依照官方汇率，向指定银行售结。

太平洋战争爆发后，尤其是1942年4月日军占领缅甸以后，中国对外贸易主要通道几乎完全中断，仅能依赖"驼峰"空运，运力大受影响，统销物资外销严重受阻。行政院遂决议废除桐油等统购物资内销的禁令，同时放开商民经营桐油出口限制。为了增加外贸易货物品，财政部又分别于1943年3月及5月将生丝和羊毛列入统购统销物资，并分别划定四川、浙江、苏南、皖南、云南为生丝统制区域，陕西、甘肃、宁夏、青海、绥远、四川、西康为羊毛统制区域，统一由复兴商业公司负责收购、制定价格并管制运销，并尽先用于对外易货与国内军需，其他公私机关及个人均不得经营。

出口贸易奖励与管制措施。太平洋战争以前，国民政府的对外贸易因抗战的需要而迅速发展扩大，同时采取各种奖励办法，积极增加出口货物品种，扩大出口物资数量。"政府对于奖励输出货物生产的方法，共有四种：一为改良生产的技术，二为举办贷款，三为直接管理钨锑锡汞等矿产，四为直接管理桐油、猪鬃、茶叶、羊毛等的出口贸易。以上所举各种货品的出口，平常总计在六万万元左右，但经政府奖励之后，自然可增加，如全国钨砂的产量经中央实施统制不过三年左右，但生产量已增加几至一倍，锡的生产近年亦大有增加，桐油出口从一个不甚重要的地位升至第一位，都是显著的例子。"①

1938年4月，财政部颁布《商人运货出口及售结外汇办法》、《出口贸易应结汇之种类及办法》，规定应结外汇货物种类，凡商人报运应结外汇货物，均须照章向中国银行或交通银行办理结汇手续，银行再凭承购外汇证明书按法定汇率折合法币交付商人。同年7月，财政部又公布《出口货物结汇领取汇价差额办法》：一是规定对凡经过批准进口的单位或个人，必须向中国银行或交通银行购买外汇，购买者除用于支付官价汇率规定的数额外，必须另加"外汇平衡费"；二是规定出口货物所获得的外汇一律

---

① 翁文灏：《抗战三年之经济建设》，重庆《中央日报》1940年7月7日。

上缴中国、交通两行，但可领取法价与中交两行外汇挂牌价格的差额，结汇银行可以向结汇人收取银行向例应得的手续费，但不得超过差额的3%。因战时法币贬值，汇率提高，国民政府把官价汇率按市场汇率供给外汇，实际上是通过促使进口商品价格上涨来减少国内对进口商品的需求，从而间接地限制非必需品的进口。[①] 1938年10月，国民政府公布《禁运资敌物品条例》，限制对日本及其占领区的出口，1940年，为鼓励出口贸易的发展，又将上述办法加以修订，规定仅14种商品须结汇出口，结汇比例也由90%降至70%—80%。

进口贸易的管制，也是自实施进口外汇管制开始。1938年1月15日，国民政府宣布56种物资为重要进口商品，凡进口这些商品者，可优先供应外汇；凡进口奢侈品和国内能生产的商品，则一律不付外汇。3月12日，政府又颁布《购买外汇请核办法》，规定自3月14日起，停止无限制供给外汇，并停止交通、中国农民等银行出售外汇业务，外汇出售业务只能由中央银行总行及其香港通讯处办理。凡需要外汇的单位，一律须向中央银行申请，申请时必须详细填报进口国内公司的名称、进口商品的种类和用途，由中央银行审查核定后，再按法定汇率售予外汇，以此来限制进口。该办法实施后，所有申请者中被批准的最高比例仅为37.5%。国民政府还颁布了《进口物品申请酌买外汇规则》，规定进口国内国防民生所必需物品可以向财政部申请购买外汇。

美国对华租借法案成立后，由中国国防物资供应公司办理租借法案内购料事宜。1938年7月，财政部公布《非常时期禁止进口办法及禁止进口物品表》，对非必需品进口予以限制。太平洋战争爆发后，国民政府于1942年5月公布《战时管理进口出口物品条例及附表》，对禁止进口物品予以调整，同时为了鼓励必需品进口，平抑国内物价，对必需品的进口予以减免关税的奖励。

二 外贸机构的沿革

全国抗战前，南京国民政府的对外贸易主管机构为实业部国际贸易

---

① 陈晋文：《抗战时期国民政府对外贸易统制政策述论》，《抗战史料研究》2013年第1期，第50页。

局，另有资源委员会对外贸易事务所和官商合办的中国茶叶公司等有限的几个直接从事对外贸易的国营机构，其余的对外贸易都是由民营或外商经营。全国抗战时期，由于国民政府实行对外贸易统制政策，从事国际贸易的国营机构不断扩大，而且随着政策的变化与调整，对外贸易统制机构和经营机构也屡经变迁。

全国抗战爆发后，由于国内运输阻滞，沿海重要对外口岸相继陷落，对外贸易急剧下降。起初，军委会采取战时体制，先是于1937年10月15日在上海（不久即迁至汉口）成立军事委员会贸易调整委员会，财政部一次拨付2000万元的营运资金，担负对于全国国际贸易事业促进调整之责。该会被赋予的主要任务是疏通货运，并对外贸企业予以资金、运输之协助及补助其亏损，试图以政府的力量在运输、贷款方面尽量给予出口事业一切的便利，疏通存货，必要时可自行采购物资直接出口，希望通过出口贸易取得必要的物资。

由于战局的发展，沿海沿江口岸相继沦陷，为了适应战争需求的变化，1938年初政府调整机构之际，考虑到对外贸易同外汇、对外借款协定的履行以及总的经济动员紧密相关，将军委会贸易调整委员会改组为直属于财政部的贸易委员会，并将原来实业部国际贸易局并入。除由资源委员会办理的特种矿产品出口，中央信托局一度办理易货购料及出口业务外，易货偿债、出口外汇管理等国际贸易业务，均由贸易委员会主管。

贸易委员会的职能及统制任务主要为：对于进出口贸易的管制；对于国营对外贸易的督促与考核；对于商营对外贸易的调整协助；对于出口外汇的管理；对于借款购料易货偿债的筹划查核清算；其他关于物资供应的调节；等等。即对出口产品的收购、储运和进口物品的种类、数量实行统一管制，对茶叶、桐油、生丝、猪鬃等出口产品实行统购统销；对民营对外贸易进行调整；统一办理资金借贷、保险和兵险的投保以及外汇的结算等；协助经办出口商品的加工包装等营销业务。本来只是一种业务经营机构的贸易委员会，被授予管理出口外汇的权力，实际具有了"在对外贸易的绝对权威"的地位，成为国民政府战时外贸统制的主管机关。

贸易委员会下设出口贸易处、进口贸易处、财务处、外汇处、技术处、储运处，另设有外销物资增产推销委员会。此外，贸易委员会还在后方各省设有分会或办事处，分别负责各地对外贸易统制工作。1940年机构进一步调整改组，贸易委员会将其所经营的具体业务移交其下属的富华贸易公司、复兴商业公司、中国茶叶公司三家国有公司，以及其海外代理机构等业务机构。

营运资金方面，调整委员会时代已拨付2000万元，其后又增加5000万元，最后又增加了3000万元。1940年贸委会业务移交复兴等三公司之际，财政部又拨予三公司各1000万元，贸委会亦将原有资金所定购的货物及各项投资，分别移交三公司接收，其中富华公司接收全部货物资产5/10，复兴公司接收3/10，中茶公司接收2/10。原有1亿元划拨复兴公司3000万元，富华、中茶各2000万元，所余3000万元为三公司临时周转金。[①]

在出口方面，除特矿产品的出口仍由资源委员会经营外，其他出口物资均由这三家公司经营。这些机构直接营运对外贸易，负责调整输出贸易，主办出口物资如猪鬃、桐油、生丝、茶叶等统购统销业务；管理出口外汇，最初由贸易委员会办理全面出口物资的外汇结算，其后缩小结汇范围，以24类物品为限，后缩为13类；管制进口贸易，抢购战区物资，扶助后方生产。

在国营贸易公司中，中国茶叶公司是由实业部于1937年5月正式成立的国营股份有限公司。实业部以提高茶叶品质，确定标准并扶助改进一切产制、运销事项，推广贸易，复兴茶业为目标。公司的业务范围包括关于国内外茶叶贸易及代理运销事项、关于机制茶场之设置及经营事项、关于茶叶生产之辅导及改良事项等。全国抗战初期，中茶公司在贸易调整委员会的指导下负责茶叶收购、运输和销售事宜，"集中力量，以谋直接对外贸易之推进"。1938年10月迁至重庆后，中茶公司于1940年5月改组为国营专业公司，隶属财政部贸易委员会。抗战时期，中茶公司成为全国茶叶的垄断机构，其所收购茶叶的56.5%用于易货偿债。太平洋战争爆发后，上海租界及香港均沦于敌手，中茶的进出口业务几乎全部停顿，1942年底归并复兴公司。

全国抗战之初，贸易调整委员会即以富华公司的名义办理在上海、香港及长江沿岸物资的运销业务，1940年1月正式成立富华贸易公司实体，资本为1000万元，隶属财政部贸易委员会。桐油、茶叶以外的一切外贸物资

[①] 杨树人：《十年来之国际贸易》，章伯锋、庄建平主编《抗日战争》第5卷，第714页。

的对外销售，如猪鬃、肠衣、羊毛、皮张、生丝、药材等物资的收购、加工、运销、储存等外贸业务，均由该公司主管，并附设有猪鬃厂、洗毛厂等承担外销物资加工。公司设总务部、财务部、业务部、储运部等，并在各地设有9个分公司和30多个办事处。1942年11月，富华公司并入复兴商业公司。

复兴商业公司的规模最大，存在的时间也最长。全国抗战初期，银行家陈光甫奉派赴美国谈判借款，签订了桐油借款协议。美方同意以桐油为抵押对华借款，并要求中国创设一国家资本贸易公司，以便与中美合组的世界贸易公司分别负责履行借款合同。1939年10月，世界贸易公司在美国成立，专门负责桐油借款在美领款、购料及售油还款业务。在国内则成立复兴公司，由财政部拨付1000万元作为公司资本。根据美方要求，复兴公司接受国家委托，承担国内桐油的收购、运输和对外销售，以完成对美借款的偿付，并负责在美国采购中国所迫切需要的各种战略物资。公司总务、业务、储运、财务四部负责人，公司董监事及主要管理人员分别由政府主管财政经济的官员及银行家出任。1941年7月，公司营业范围进一步明确为经营进出口贸易以及接受中外各公司、商行委托代办进出口货物。太平洋战争爆发后，富华公司和中茶公司业务合并到复兴公司，于是复兴公司实际成为执行战时国家对外贸易统制政策的唯一国营公司。

三　战时国际贸易实况

全国抗战以前，中国国际贸易久处逆势，一直为入超国家，赖以维持国际支付的出口产品主要为农矿原料物品，一为农产品，如丝、茶、棉花、花生及花生油、芝麻；二为林产品，如桐油；三为畜产品，如蛋及制品、猪鬃、羊毛、山羊皮、牛皮、肠衣；四为矿产品，如钨砂、纯锑、锡、铁；五为手工业品，如挑花品、绸缎及绸茧。[①]

农、林产品方面最大宗的出口商品为桐油和茶叶。例如，每年桐油出口贸易价值总额约7000万元，加上其他油料，合计每年约1500万元，约占出口总额的1/5。但是中国桐油出口贸易，权操洋商，他们控制市场信息，囤积居奇，投机经营，使国际市场上桐油价格大起大落，飘忽不定，中国桐油出口贸易大受影响，利权外溢，而国内桐油种植粗放，桐种劣化，经营混

---

① 翁文灏：《抗战三年之经济建设》，重庆《中央日报》1940年7月7日。

乱，在国际市场上的竞争能力逐渐丧失。有鉴于此，实业部于1936年8月与地方政府及民间共同组织创立中国植物油料厂股份有限公司。中国植物油料厂的主要业务为代理贮炼桐油，以便利运输，抗战爆发前，先后在上海、汉口、长沙、芜湖、杭州、温州设立6个贸易办事处，在上海、重庆、万县、汉口、常德、长沙、芜湖设立榨油机或炼油设备7家，开展对桐油的购销业务。

全国抗战爆发之初，中植公司将上海及川湘各地所购桐油抢运出口，并于1937年9月成立香港办事处，继续办理桐油的国外贸易。后因国民政府实施外贸统制，桐油出口由复兴公司专营，中植公司的外贸业务结束。

复兴公司最初专以完成对美借款的偿付为任务，承担国内桐油的收购、运输和对外销售，并负责在美国采购中国迫切需要的各种战略物资。1940年10月，财政部公布《全国桐油统购统销办法暨实施细则》，指定全国各地桐油之收购运销事宜，由复兴商业公司统一办理。1941年7月，复兴商业公司增加营运资金，并进一步明确了公司营业范围，即经营进出口贸易以及接受中外公司、商行委托代办进出口货物。

1942年4月日军占领缅甸后，中国外贸陆上通道中断，仅能依赖"驼峰"空运，因运力所限，统销物资外销严重受阻。除了生丝、猪鬃因量轻价昂仍可继续出口外，桐油体重价低，空运得不偿失，行政院遂决议废除桐油等统购物资内销的禁令，同时放开商民经营桐油出口限制。后因汽油来源几告断绝，大后方各种桐油提炼汽油工厂勃兴，导致桐油价格大涨，甚至出现囤积居奇现象。1942年7月财政部又颁布了《全国桐油调节管理暂行办法暨实施细则》，重申桐油为统购统销货物，规定其外销业务仍由复兴公司统一办理，该公司可秉承财政部贸易委员会审核给证，由商民结汇报运出口；内销可由商民经营，贸易委员会则授权根据桐油的产销情形指定管理区域，参酌生产成本及供需情形，随时规定价格购售桐油。

富华公司裁撤后，全部业务合并到复兴公司，于是复兴公司业务范围大为扩展，除经销桐油外，原富华公司经营的猪鬃、羊毛、生丝等土特产品，也成为复兴公司业务范围。自1944年起该公司开始兼营进口业务，即以外销所得之外汇在国外购置电器、颜料、药品等国内紧缺物资，经营的范围日益扩大。

桐油出口在全国抗战前最高年份为1936年，达到86万担，价值7300万元。抗战爆发后的1937年增至102万担，价值8984.6万元。此后虽实行统购统销，但因交通运输困难，出口数量逐年降低，1939年为335016担，1940年232470担，1941年209895担。虽然贸易货物数量减少，但因价格呈上涨趋势，价值不降反升，1939年为3360.5万元，1940年5635.8万元，1941年升至9934.4万元。1942年9000担，1225.5万元；1943年至1945年都只有1000担，价值则分别为41.2万元、279.2万元和5535.9万元。①

茶叶一向为中国传统出口贸易大宗商品，民国以来也因外人任意操纵，国内茶商经营不善，遂致一落千丈。国内有识之士曾呼吁应使用国家的力量实施统购统销，力谋改进，恢复已失市场。1936年，安徽省发起成立皖赣红茶运销委员会，宣布统制两省红茶，由省政府直接贷款，直接运销，但遭到外商抵制。1937年5月1日，实业部成立中国茶叶股份有限公司，拟由技术及推销两方面着手。在技术方面，延聘英籍顾问，注重出产品之标准化，并在英国伦敦设经理处，美洲及非洲摩洛哥等处亦经派员调查，取得相当联络，直接对外贸易。全国抗战爆发后，财政部于1938年6月7日颁布《管理全国茶叶贸易办法大纲》，宣布对全国茶叶外销实行统制政策。中茶公司1938年10月迁至重庆，成为全国茶叶的垄断组织。最兴盛时期中茶公司下属分公司达到100余家，其所收购茶叶的56.5%，用于易货偿债。②

表3-3 战时茶叶出口数量及价值

年度	数量（公担）	价值（万元）
1937	406572	3078.7
1938	416246	3305.4
1939	225578	3038.5
1940	334925	10457.1
1941	91180	4596.7
1942	1000	66.8
1943	—	0.5
1944	3000	1178.5
1945	5000	2312.5

资料来源：谭熙鸿主编《十年来之中国经济》，章伯锋、庄建平主编《抗日战争》第5卷，第734页。

---

① 章伯锋、庄建平主编《抗日战争》第5卷，第734页。
② 陶德臣：《民国时期的中国茶叶股份有限公司》，《茶业通报》2002年第1期。

从成立之日起到 1945 年，贸易委员会收购了 130 多亿元的外销物资，销售了价值达 81 亿元的物资。其中收购桐油 1839305 公担，猪鬃 80880 公担，生丝 26714 公担，茶叶 1004974 公担，兽皮 6807694 张，以及羊毛、蚕茧等其他物品。①

表 3-4 主要农产品出口货物量值

年度		1937	1938	1939	1940	1941	1942	1943	1944	1945
猪鬃	数量（公担）	40449	36338	33237	35567	26922	640	2720	19430	6030
	价值（万元）	2792.1	2806.4	4111.8	9418.4	13304.1	264.1	3341.3	41554.4	42609.6
生丝	数量（公担）	40769	31313	46511	37971	29163	22430	—	—	1210
	价值（万元）	4530.5	3328.8	13070	25899.8	20313.3	1351.6	6872.5	22194.2	108309.1
绵羊	数量（公担）	124106	38055	12720	9517	4377	—	—	—	2410
	价值（万元）	1942.7	705.1	248.4	548.4	348.1	—	—	—	21684.9
茧丝	数量（公担）	7313	5362	4594	1417	1065	—	—	—	200
	价值（万元）	691	463.7	546.6	469.9	563.2	—	—	—	11239
苎麻	数量（公担）	132998	111918	11732	20227	11224	6000	200	—	—
	价值（万元）	507.3	451.3	64.1	714.3	422.3	1097.2	140.1	—	—
丝织物	数量（公担）	4113	4622	9262	9503	10044	—	—	—	60
	价值（万元）	567.9	589.6	1437.6	2933.7	6250.8	—	—	—	1497.9

---

① 孙健：《中国经济史——近代部分（1840—1949 年）》，中国人民大学出版社，1989，第 668 页。

续表

年度		1937	1938	1939	1940	1941	1942	1943	1944	1945
棉织物	数量（公担）	50071	79469	147102	139386	203325	47	—	92	224
	价值（万元）	798	1364	3679.7	7954	20328	102	—	573	5025.3

资料来源：谭熙鸿主编《十年来之中国经济》，章伯锋、庄建平主编《抗日战争》第5卷，第734—735页。

国民政府对钨、锑等具有国防战略价值的重要工业原料在全国抗战前即已开始统制。全国抗战爆发以后，资源委员会继续办理，并将受统制的特种矿产品扩大为钨、锑、锡、汞、铋、钼和锌等，这些特种矿产品的生产、运输和销售，特别是出口贸易，完全由资源委员会统办。

1938年10月6日，国民政府颁布《非常时期农矿工商管理条例》，把钨、锑、锡、汞等14种金属及其制成品列入统制的范围，并规定：为适应战时需要，经行政院核准，经济部可以将相关企业收归政府办理，或由政府投资合办。1939年5—6月，资委会分别在贵州晃县设立汞业管理处，在广西桂林设立锡业管理处，分别担负相关统制工作。资源委员会国外贸易事务所将原驻沪、驻汉分所相继迁往香港，改组为驻港贸易事务所。

经济部1939年12月又公布《矿产品运输出口管理规则》，再次确认由资源委员会负责执行钨、锑、锡、汞、铋、钼等六种矿产品收购运销的统制管理，各矿产品采炼商人应按定价直接售于资委会或其委托机关，收购价格应顾及厂商利润；这些矿产品在内地运输时，须有资委会的运输护照，如运输出口，须凭资委会填发的准运单报关，请领护照时应交验矿照或省主管机关证明文件；必要时资委会可对该矿产品出口数量加以限制；为谋矿产品的生产增加、品质改良，应对采炼商人在贷款或技术方面予以必要的指导。

1945年8月，国民政府又公布了《战时管理矿产品条例》，加大对特矿品走私的处罚力度，规定：凡对私购私售特矿产品者，处1年以下有期徒刑、拘役或科相当于收购该项矿产品价格5倍以下罚款，其矿产品没收之；对私运、私自出口者，处两年以下有期徒刑、拘役或科相当于当地收购该项矿产品价格10倍以下罚金，其矿产品没收。

因为国际形势的变化，全国抗战前的中德特矿品的易货贸易宣告中断。自 1938 年 3 月起，中苏先后签订了三次贷款协定，苏联同意中国提供总数为 2.5 亿美元的贷款。协定规定，中国应以苏联所需的茶叶、皮革、丝绸、棉花、桐油、锑、锡、锌、镍、钨等农矿产品折价偿还。资源委员会由此开始担负起办理对苏联易货偿债矿产品的任务，1938 年即交付第一批计钨砂 200 吨、纯锑 300 吨、锡 358 吨、锌块 500 吨，第二批钨、锑、锡、锌各 200 吨，总共价值 184.12 万元。[①] 1940 年因滇缅公路被封，矿品外运困难，只交运了 5583.1789 吨矿品，较上年度减少了 59%。[②]

欧洲战事爆发后，各国对矿产品的需求量增加，对苏易货、对美偿债成为特矿品出口的主要任务，而且需要的数量极大。1940 年以后，资委会不仅对特矿产品收购和运销进行统制，还进一步采取措施以加强统制特矿品的生产。

太平洋战争爆发前，对苏美易货偿债贸易主要运输方式是海路，经由香港出口，部分在越南海防或缅甸仰光转运。1940 年因日军在海防登陆，滇越路被切断。太平洋战争爆发以后，香港、仰光相继沦陷，海外通路断绝，矿产品外运困难，贸易量大受影响，交货地点与运输线路也大有改变。西南方面以前主要靠滇缅公路，后改在昆明交货，利用美方"驼峰"运输的回空飞机装运输出。部分货物也经由西北陆路，交货地点初为新疆哈密，后改为甘新交界的猩猩峡（猩猩峡以西由苏方负责），以缩短运输路线，减少运费。1944 年以后，因大后方物价波动，成本升高，特矿品产量大为减少，而且因交通运输困难及湘桂战事影响，特矿品出口锐减。对美交货地点大部改为昆明，小部分在叙府、泸州装机运出。

其中向苏联输出钨、锑、锡、汞等偿债矿产品 53238.74 吨，[③] 农产品则有绵羊毛 21295 吨、山羊绒 304 吨、茶叶 31486 吨、猪鬃 1119 吨、驼毛 1026 吨、生丝 301 吨、各种皮货 5407000 张。[④]

[①] 二档馆藏国民政府财政部档案，见章伯锋、庄建平主编《抗日战争》第 5 卷，第 732 页。
[②] 《资源委员会国外贸易事务所 29 年度业务报告》，章伯锋、庄建平主编《抗日战争》第 5 卷，第 732—733 页。
[③] 李嘉谷：《合作与冲突——1931—1945 年的中苏关系》，第 119 页。
[④] 〔苏〕斯拉德科夫斯基：《苏中经贸关系史（1917—1974）》，第 148 页，转引自中国人民抗日战争纪念馆编著《抗战时期苏联援华史论》，第 91 页。

表 3-5 主要矿产品出口货物量值

年度		1937	1938	1939	1940	1941	1942	1944
钨砂	数量（公担）	165178	123577	106891	28737	101109	—	—
	价值（万元）	4075.8	5049.2	4467.5	1361.6	10102	2	—
纯锑	数量（公担）	125202	71826	57067	52841	9847	—	—
	价值（万元）	1000.1	565.7	485.6	888.1	525.7	—	—
锡锭	数量（公担）	130772	117916	105890	63493	75667	11000	1000
	价值（万元）	3971.7	3598.7	3279.3	3826.9	11887.2	1621.2	442.6
铁矿砂	数量（公担）	5865300	786341	1017042	2303613	5084590	3000	11000
	价值（万元）	229.4	28.1	41.3	243.1	1059.8	330.5	4199
生铁	数量（公担）	—	39839	—	1	4200	—	—
	价值（万元）	—	40.7	—	—	13.7	—	—

注：1943 年、1945 年没有统计数字。
资料来源：谭熙鸿主编《十年来之中国经济》，章伯锋、庄建平主编《抗日战争》第 5 卷，第 735—736 页。

战时国民政府施行对外贸易统制，初步扭转了近代以来中国对外贸易长期入超的趋势。抗战时期，国民政府的对外贸易入超呈逐年递减之势，到抗战胜利前甚至还出现了少量出超。更重要的是，通过战时对外贸易统制，国民政府获得了大笔的外国信用贷款，同时通过易货贸易，进口了大量的武器装备和进行重工业建设的机器设备，有力地支持了中国的抗日战争。

第三节 对日经济作战

抗战时期，大后方在努力增加生产以保障对日作战和人民基本生活需求的同时，还与侵略者进行着另一场没有硝烟的经济战争——物资争夺战。

一 日本对华经济掠夺与破坏

日本发动全面侵华战争以后，凭借长期积累的军事优势，短期内侵占了中国大片领土。但是，面对中国"举全国力量从事持久消耗，以争取最后胜利"的持久消耗战方针，日本"速战速决"的目标失败，陷于持久战的泥淖而无法自拔，徒耗大量国力而不能取得决定性胜利。就侵华军费而言，前三年战争耗去119.94亿余元，1939—1940年度预计共为164.54亿元。1936—1937年度政府财政预算支出为其国民总收入的6.14倍，1939—1940年度则为2.7倍。[①]

日本是个资源贫乏的国家，据国际联盟当时的统计，在73种原料与食料中，日本能够自给的只有20种。与军备有密切关系的24种重要矿产品，除锰、钴、钨等四五种勉强可以自给外，其余皆仰赖于海外输入，并靠输出轻工业品如棉织物、生丝等平衡收支，但其输出额远不及输入额。因此，日本的对外贸易，历年皆为入超，其中1937—1939年度对欧美各国入超值共计约18亿元。[②] 以当时日本的国力，当然经不起这样巨量的长期消耗，于是提出了"以战养战"的策略，想通过战争的掠夺，从中国取得战费和军需物资，弥补自身资源的不足，减轻经济负担，以支撑侵略战争。

九一八事变以后，日本在中国东北实行殖民统治，虽然也进行了一定的经济投资，但其根本目的是掠夺更多资源和财富。例如，当时东北地区每年生铁产量最少达320万吨，钢产量最少达185万吨，但其本身轧钢产量每年不过60万吨，其余的钢铁都运往日本，供其本国工业之用。另外，日本还大肆掠夺东北地区丰富的森林资源，东北木粕厂每年产量约为1.4万吨，但这些木粕大部分并不用于东北，而是运往日本以供其人造丝及造纸工业之用。[③] "满铁"对中国东北地区的经济掠夺更是众所周知。

七七事变以后，日本更加紧了对华北、华中地区的经济掠夺。1938年，日本在华北设立"华北开发株式会社"，其资本为44.3亿日元，而且

[①] 翁文灏：《抗战三年之经济建设》，重庆《中央日报》1940年7月7日。
[②] 翁文灏：《抗战以来的经济》，胜利出版社，1942，第78页。
[③] 《日本对华掠夺与我们的经济复员工作》，重庆《中央日报》1945年10月4日。

获准可以发行10倍于其资本数值的公债。这个依据日本政府法令组建的公司，垄断了华北所有重要的经济事业，包括电力、矿业、工业、盐业、铁路、公路、河运、港口、电报、电话等，均由其严格统制。事实上，该公司就是日本政府用以垄断并统辖华北广大富源的强大经济武器。日本进行这些"开发"工作的唯一目的，就是掠夺更多的资源和财富，以提高其对华作战力量，实现"以战养战"。1937年7月至1940年底，日本还直接劫取了10000多亿元的中国关税收入。[①]

日本一方面通过对沦陷区直接进行经济掠夺和统制，以达到"以战养战"的目的；另一方面又对中国大后方和敌后根据地进行经济封锁和走私、抢购或倾销，以实现摧毁中国抗战能力的梦想。如日本通过发行伪币兑换法币，诱使法币从大后方流入沦陷区，打击国民政府的财政金融；同时用兑换来的法币到上海的外汇市场上套取外汇，从欧美进口战略物资，以增强其经济实力，维持侵略战争。日本还通过对沦陷区的物资掠夺和统制，对国统区和游击区的走私或抢购，打击和破坏大后方的工农业生产。

日本在不断强化对中国沿海封锁的同时，又向大后方大举走私日货。从沦陷区走私运到大后方的各种货物，不仅有生活必需品，还有大量的奢侈品，甚至大量的鸦片等毒品也都夹运进来，一时间敌货充斥大后方市场。日本利用走私日货大量吸取法币，然后用来抢购大后方的钨砂、茶、丝、麻、猪鬃、桐油、生漆、棉花、粮食及牛羊皮等重要战略物资；或到上海、香港的金融市场上套取法币外汇基金，以便从国际市场进口所需物资。

二 国民政府的对敌经济作战

国民政府也不得不对日寇采取针锋相对的方针，开展对日经济作战。国民政府的对日经济作战分为两个时期。

第一个时期为1938年1月至1940年8月，主要内容是经济绝交，对日禁运，查禁敌货，统制外汇，查禁伪币，严禁法币流入沦陷区。

1938年1月，国民党中常会通过《国民经济绝交办法》，规定由各地抗敌后援团体或经济绝交委员会负责办理当地日货登记，并要求原运销日

---

① 刘耀桑：《中日经济战》，广东新建设出版社，1941，第26页。

货的商铺做不进日货的切结。对于凡是1937年8月13日以后购定的日货，一概予以没收。没收的货物或直接消费，或以拍卖所得充作慰劳及救济用途。凡经济绝交后仍继续购定日货，或将日货改充其他国家货物及国货者，以通敌论罪。

同年10月27日，国民政府公布《查禁敌货条例》和《禁运资敌物品条例》，饬令各地军政当局及海关认真严厉查禁。

《查禁敌货条例》规定：凡是敌国及其殖民地，以及在敌人控制之下、有敌人资本或供敌人利用的工厂所生产的货物，皆在查禁之列。查禁敌货的目的，一是防止敌人以剩余的工业产品倾销大后方，套取法币或换取货物；二是减少和压缩敌货市场，使其国内工商业因失掉市场而自趋崩溃。而且抵制敌货的工作，并不限于国内和后方，同时也在有华侨分布的南洋群岛、菲律宾、安南、暹罗等地方，大力号召抵制敌货。

《禁运资敌物品条例》要求：凡国内物品足以增加敌人实力的，一律禁止出口运往敌国、敌人的殖民地或委任统治地，以及已经被敌人暴力控制地区，使敌人无从施其诡计。该条例规定的禁运资敌物品范围很广，共有80类170余种，主要分为两种，一种是可以直接供应日本军需制造的物资，如钨、锡、锑、汞、煤、盐、矿砂、棉花等；一种是虽然不能直接供应敌人军需制造，但如由日本获取后可以转而输出外国换取外汇以购回军需物资的，如桐油、猪鬃、茶叶、羊毛等。

为加强禁运工作，1940年财政部在各地设立货运稽查处，分区协助海关办理禁运事宜。货运稽查处初设六区：湘鄂区、冀鲁豫区、浙赣皖苏区、晋陕区、广东区和广西区，后调整为八区：广东区、广西区、湘鄂区、苏皖赣区、闽浙区、冀鲁豫区、晋陕区和甘宁绥区。据统计，1938年中国对日输出为1.16亿元，1939年降至6600万元，减少了1/2，对日禁运工作收到明显效果。[①] 但货物被禁运，则可能使从事该物资生产的企业及其员工因产品失去销路而身受困苦。为此，国民政府又颁行《禁运资敌物品收购救济办法》，责成贸易委员会、农本局等机关分别收购禁运资敌物品。对可以出口者，运输出口，增加外汇；不能出口者，则运至后方储存，以备军需民用。对于我方收购力量所不能达的沦陷区域等，则号召人

---

① 翁文灏：《抗战以来的经济》，第81页。

民仅以自给为限，改变生产种类或生产数量，务使日本得不到我们的物资。

由于形势的变化，1940年8月以后，对敌经济作战进入了一个新的时期。

1940年6月，法国殖民政府屈从日本要求，封闭了中国对外重要通道滇越铁路，禁止物资输入中国。不久，英国也迫于日本的压力，于7月宣布封闭滇缅公路3个月。一时间，中国大后方与外界的联络几乎被完全切断，中国进出口贸易断绝，国际援华物资也无法输入，大后方物资供应严重匮乏。7月，国民党在重庆召开五届七中全会，讨论了党务、政治、外交、财政、经济、教育、内政、交通等各项报告，尤其是关于战时经济问题。会议议决把经济部改为工商部，专管工商业及矿业，在行政院内增设经济作战部（后因故未能成立）和战时经济会议，以适应长期抗战的需要。面对大后方严峻的经济局面，国民政府主动改变对敌经济作战的策略，于是经济作战进入第二个时期，主要内容是从敌占区抢购、内运重要经济物资。

这一时期的标志性事件就是1940年8月13日，行政院颁布了《进出口物品禁运准运项目及办法清表》。行政院宣布：对于后方迫切需要的若干物品，"不问其来自何国或国内何地，一律准予进口"。后方迫切需要的物资包括：米、谷、小麦等粮食，棉花、棉纱、棉布，钢铁及五金材料，机器及工具，交通器材及配件，通信器材及配件，水泥，汽油、柴油、润滑油，医药用品及治疗器材，化学原料，农业除虫剂，食盐，酒精，麻袋，电工器材及配件，教育文化必需品等。除上述物品外，其他的敌方货物，特别是对毒品和奢侈品，仍然一律查禁。这标志着国民政府的对日经济作战，已由禁运敌货改为利用敌货以助抗战，也等于非正式承认了利用走私方式从沦陷区输入必需品的合法性。

10月，经济部又公布"特许进口物品"14类，规定特许进口物品有：粮食、棉花、钢铁、五金材料、机器及工具、交通通信器材及其配件、水泥、汽油、医药用品、化学原料、农业除虫药剂、食盐、酒精、麻袋等。针对大后方纱布供应紧张状况，经济部还特别于1941年4月制定《奖助纱布内运办法》，对于由沿海各口岸、各战区及接近战区各地贩运棉纱至大后方者，其自备的交通工具，可呈请平价购销处向运输统制局商请，免予征用，并在雇用车船时尽量给予便利，还可呈请平价购销处介绍投保运输险和兵险。经济部还规定了提供低息贷款、免征地方转口捐税、简便沿途关卡检查手续等办法，以鼓励和协助抢购物资内运大后方。

与此同时，对重要物资的输出采取了更为严厉的禁止措施，公布了"禁止出口物品"：金银铜铁及其制成品、通货（法币或外币）、米、麦、豆、什粮、棉花、棉纱、食盐、国父遗墨、官署档案、名人原稿以及其他经专案指定禁止出口的物品。

太平洋战争爆发以后，虽然国民政府开始获得国际上更多的援助，但是由于日本占领缅甸，滇缅公路再次中断，国际援华物资内运困难，中国大后方经济困难局面进一步加剧，加强对日经济作战，加紧抢购抢运沦陷区物资，愈来愈显得迫切和重要。财政、经济两部1942年5月11日会同宣布：废止以前颁布的《查禁敌货条例》与《禁运资敌物品条例》，同日又颁布了《战时管理进出口物品条例》。新条例规定：进口货物，不再以敌友为取舍的标准，凡属军需物品、日用必需品及以前禁运的蚕丝织品、呢料、印刷用纸、普通食物用具等，一律予以弛禁；不论来自什么国家或国内什么地方的物资，均一律准予进口。与此同时，原来规定禁止进口的物品，则被削减至59项。对敌禁运具有了"于抵制敌人侵略之中，还带有利用敌货以助我抗战之意"。①

6月26日，行政院又颁布《战时争取物资办法大纲》。大纲列举了21种应由沦陷区抢运进入大后方的物资，包括：汽油、柴油及各种机器油，机器工具及零件，钢铁及五金材料，动力及电工器材与零件，通信器材及配件，交通器材及配件，航空器材及零件，医药用品及治疗器材，化学原料，食盐，酒精、木精，冶炼用之特种耐火砖材，棉类及其制品，麻类及其制品，羊毛及粗毛制品，猪鬃，米、谷、麦、豆、面粉，纸张（禁止进口者除外），皮革，各种废金属及其废制品，银币及制钱铜元、光板铜元等。办法大纲规定，要对抢运上述物资进入大后方的公司行号，在汇兑、运输、沿途安全等方面由国家及地方金融机关、运输统制局以及沿途军警予以种种便利，并且可以由中央信托局承保兵险，甚至由主管机关给予奖金。1943年4月，在财政部名义下，成立了由戴笠负责的战时货运管理

---

① 翁文灏：《战时经济建设》，第18页。

局，并在各地设立分支机构货运管理处和货运管理站，专门负责抢购和输入沦陷区物资。

与此同时，对于出口物资的管制也渐趋放松，允许后方部分物资如桐油、柏油、药材等土特产品输出，目的是换取大后方有用物资的输入。1943年10月，财政部颁布了《封锁线输出输入实物结算办法》，规定：凡由大后方向沦陷区输出准许出口的物品，一律要领取实物结算出口证，而且必须按照政府规定的输出输入物品的比例价值，在一定限期内向大后方输入相等价值的必需品，然后由各地货运管理机构核发凭证，凭以报运。

全国抗战初期禁止法币流向敌占区，目的是防止敌人换取外汇扰乱金融。太平洋战争爆发后，英美对日宣战，日本手中的法币失去价值。1942年初国民政府认为法币运往沦陷区已失去资金逃避、扰乱汇市的作用，实际主要用途是为购买沦陷区的物品，在这种形势下，法币外流已对我有利无害。此时法币外流，一方面可借以增加后方物资的供给，另一方面可以减少大后方法币的流通数量，减轻通胀，因此不必再加限制。但为避免引起日伪的注意，而阻碍大后方商民抢购沦陷区物资，原有限制法币外流办法不明令予以取消，而由财政部密饬各检查机关，停止检查钞券工作，甚至秘密伪造印制"特券"，作为从沦陷区抢购物资的资金。

总之，抗战时期的对日经济作战，既是中日全面战争较量的组成部分，也是国民政府整个经济工作的重要内容之一。虽然中日在经济战场上的较量中，日方更多居于主动地位，频频出招，从物资走私、套取法币外汇、发行伪币、破坏金融，到阻断交通、抢购物资，层出不穷，以达到其"以战养战"的目的，但国民政府也采取了必要的措施，包括实行沦陷区游击破坏等方式，做出了适当的应对。国民政府的对日经济作战，并没能从根本上击退日本的经济侵略，但一定程度上削弱了其经济侵略的力度，缓解了日军对大后方的经济压迫，粉碎了其妄图通过经济战来使国民政府崩溃的图谋，也加剧了日本在中国沦陷区的经济危机，加速了其崩溃灭亡。

第四章
危机与应对

自全国抗战开始以后，国民政府统治下的大后方经济在支撑抗战中发挥了极其重要的作用。特别是后方工业，在1938年至1941年间，新厂繁兴，产额骤增，呈现一派突飞猛进之势。但自1941年下半年开始，特别是1942年以后，大后方经济疲惫现象尽显，突出表现是物价上涨、通货膨胀、工业生产下滑，而且困难日增。国民政府也采取了多项措施应对，力图扭转局面，虽有所收获，但实际效果有限。

第一节 通货膨胀与田赋征实

一 通货膨胀与物价上涨

从1940年开始，中国大后方通货膨胀、物价上涨的情况日趋恶化，愈演愈烈，并且引发工业生产困难乃至整个后方经济衰退。

全国抗战爆发后，国民政府财政收入原本主要依靠的关、盐、统三大税收，因为税源地的大部丧失，税收收入锐减。1937年度，政府的税收实际只有4.1亿多元，1939年度也只有4.3亿元左右，与1936年度的税收收入10.41亿元相比，减少了60%左右。[①] 与此同时，战争造成的军费支出猛增，因此政府的财政收支出现严重失衡，形成庞大的财政赤字。据行政院院长兼财政部部长孔祥熙向国民参政会报告，1937年度，军政、军务、债务补助及建设专款、战务等项目共支出183594万余元。收入锐减而支出增加甚巨，以致收支相抵不敷之数达142307万余元。1939年1—10月，国库现款支出185800余万元，现款收入仅有18170余万元，收支相抵

---

① 中央财政金融学院财政教研室：《中国财政简史》，财政经济出版社，1980，第255页。

不敷高达167630余万元。为弥补财政的巨大亏空，财政部除发行总额达12亿元的建设、军需两项公债外，还发行了5亿余元的短期国库券，以资挹注。①

国民政府弥补财政赤字的主要办法是依靠国家银行的垫款，而银行垫款的绝大部分，则是靠增发法币。1937—1944年法币发行量增长约115倍。自1937年6月至1945年6月，国民政府战时各年法币发行情况为：1937年6月发行额为140700万元，1938年底为230500万元，1939年底428700万元，1940年底787400万元，1941年底1513800万元，1942年底3436000万元，1943年底7537900万元，1944年底18946100万元，到1945年12月更猛增至103190000万元。② 由此可见，法币的膨胀趋势在全国抗战爆发初期即已显现，但在1939年以前尚处于渐进发展阶段，从1940年开始，货币发行量猛增，不可避免地引起纸币贬值和物价普遍上涨。

物价是社会经济的晴雨表。物价的波动起伏，不仅映照着整个社会经济生活的兴衰，也直接关系到每个社会成员物质生活水准的高低升降。因物资供应紧张而引起物价上涨，应该说这是战争时期不可避免的普遍的"正常"现象，是战争状态下物资消耗急剧增长和物质生产不足这一矛盾运动的必然结果。然而，抗战后期大后方物价上升的情势，超出了"正常"的范畴，达到一种近乎疯狂的境地，成为战时后方经济危机的重要推手。

全国抗战初期，因为1938年和1939年大后方粮食连续两年丰收，日用物品的存量尚足，而且日军也未能将中国对外商贸口岸如香港、越南、缅甸等全部封锁，沦陷区及国外物资仍可内运，所以大后方物价虽有上涨，但币值相对而言还比较稳定。但是，因旱灾影响，1940年国民政府控制地区15个省的粮食产量普遍下降，稻谷夏收较往年减产了20%。占15个省粮食产量1/5的四川省，1940年产量仅及常年的六成八。③ 随着宜昌的陷落，湘米济川受阻，四川粮食供应更加紧张，引发后方特别是重庆粮

---

① 章伯锋、庄建平主编《抗日战争》第5卷，第125、131页。
② 转引自张静如等编《国民政府统治时期中国社会之变迁》，中国人民大学出版社，1993，第114页。
③ 蒋君章：《近五年来我国粮食生产概况》，《经济汇报》第5卷第6期，1942年。

价暴涨。重庆的大米价格指数从1940年5月的213，上升到1941年1月的1004。① 粮食产量的下降，导致了粮价、食品价格乃至整个物价的上升。②

表4-1 战时后方物价指数

时期	趸售物价指数 固定基期（1937年1—6月为基期）	趸售物价指数 连环基期（上年年底为基期）	零售物价指数 固定基期
1937年12月	100	—	107
1938年12月	166	166	141
1939年12月	335	202	266
1940年12月	1143	341	1001
1941年12月	2464	216	2483
1942年12月	6000	244	5829
1943年12月	15785	263	17340
1944年12月	45475	288	48035
1945年2月	78654	—	93328

资料来源：章伯锋、庄建平主编《抗日战争》第5卷，第749页。

战时后方物价上涨大约经过了三个时期。

1938年10月以前为第一个时期，因为抗战初期国民政府对于通货的发行还比较慎重，发行额平均每月仅增加2%—3%，而且依照法定价格无限制供给外汇，所以最初物价上涨的趋势尚比较和缓。

1938年10月以后，物价涨势渐次加剧。由于广州、武汉沦陷后，内地交通转运困难加剧，与此同时，政府西迁，各机关、学校的公教人员及大量难民的内迁，大后方地区社会需求陡增，使物价上升压力加大，仅是因为粮食获得丰收、英美贷款成功，所以物价涨势尚处于可控范围。1937—1939年，银行吸收民间存款分别为21.8亿元、27.5亿元和46.1亿元，而银行垫款分别为12亿元、35亿元和23.1亿元，法币发行量为14亿元、23亿元和43亿元。

1940年以后，滇越、滇缅路相继停运，又爆发太平洋战争，造成大后

---

① 张公权：《中国通货膨胀史（1937—1949）》，文史资料出版社，1986，第17页。
② 杨菁：《试论抗战时期的通货膨胀》，《抗日战争研究》1999年第4期，第93页。

方国际交通阻断,外援断绝,进口物资锐减,供应紧缺更形严重。1944年的进口量比1941年降低78%,仅为1937年总进口量的6%。① 国内则宜昌失守,川湘之间交通中梗,西南与东南各省隔离,而且日寇对后方轰炸破坏,对交通与工业生产影响甚大。除这些客观因素外,主观上,国民政府因财政支绌,加大货币发行量。在多重因素作用下,1942—1945年后方物价上涨了100多倍,进入飞速上涨的时期。

战时后方之所以爆发以通货膨胀、物价飞涨为特征的经济危机,受到多种复杂因素的影响,总体而言,主要有三个方面。

首先,后方通货膨胀经济危机的根本原因是日本侵略战争的破坏、消耗,而且随着战事的持续,战争消耗日见浩繁,1940年军费支出达到财政总支出的74%。庞大的军队和公教人员数量,使大后方消费的刚性需求日趋增长,让大后方物资,如粮食、布匹等生活必需品供求矛盾紧张。战前贫瘠落后、工业基础薄弱的西南西北地区,战时生产能力的提升又受到种种客观条件的制约,无法从根本上保证物质的充分供给,造成后方总需求与总供给的严重失衡,供求矛盾日趋加深。

其次,东南富庶之区沦陷,失去税收来源,而后方工业基础薄弱,有限的生产能力、极低水平的国民收入,大大限制了政府增加税收、发行公债的能力,造成政府财政收入锐减,无法满足巨额开支的需要。入不敷出的结果必然是政府财政赤字越积越大,1940年政府赤字比1939年增长近一倍。为了弥补日趋庞大的财政赤字,国民政府不得不更多地依赖于用银行垫款、增加法币发行量、印制大面额钞票的政策解决财政困难。尽管采取了强制储蓄、紧缩信用等手段回笼货币,但货币投放量同时以几何级数增长。

第三,严重的供不应求和法币发行量的急剧增加,更影响着民众对货币的信心,于是竞相储藏物资,以期保值,加上投机者囤积操纵,进而与物价上涨形成恶性循环。物价愈涨,囤积愈甚,因囤积获利快捷,社会资金更多地流向囤积而非生产。一时间"工不如商"、"商不如囤"成为社会上流行的风气,结果导致社会扩大再生产投资不足,甚至生产规模和能力普遍下降。生产能力下降,则社会商品供给更加减少,反过来更推动物价

---

① 张公权:《中国通货膨胀史(1937—1949)》,第27页。

上涨,使社会经济的运行处于恶性循环之中。

以上三者相互作用影响,推动大后方通货膨胀向恶性发展。除此之外,其他因素还包括:后方交通运输能力有限,运费高昂,使正常的商品流通受阻,增加了生产成本;因敌机轰炸的破坏,生产企业意外损失的补偿也增加了生产成本;运价、物价上涨,反过来又增加了企业生产原料和劳动力成本;囤积物资因居奇而涨价,造成这些物资的生产利润相对较高,于是生产者趋之若鹜竞相生产,在社会总生产能力有限的情况下,这必然会造成其他物资的产量下降,引发新的供给失衡,从而促使物价更猛烈地上涨;再如,由于田赋征实以及随后的征购、征借,使市场上的粮食供应减少,加剧了民众对粮食供应的紧张感,投机家借机囤积,引起粮食乃至食品价格的急剧上涨,也导致劳动力成本提高。这些也进一步推动了物价的上涨。

面对经济危机,国民政府并非没有警觉或毫无作为,也曾陆续采取多种应对措施,力图挽救,抑制后方物价上涨、通货膨胀,如强化金融管制,努力平抑物价等。

(一) 强化金融管制

对银行实施全面管理。为加强对全国银行钱庄的管理,落实金融管制措施,1942年7月财政部公布《财政部派驻银行监理员规程》和《财政部监理官办公处组织规程》及其办事细则,规定在重庆以外各重要都市设置银行监理官办公处,分区执行监理银行工作,在省地方银行及重要商业银行派驻银行监理员。银行监理员的主要任务是,加强贴放用途事前审核与事后稽核,督促驻在行提缴存款准备金及储蓄存款保证准备等。后因辖区辽阔,经费、人力均感不足,难以实现所定任务,监理员办公处于1945年3月奉令裁撤,而将省银行及商业银行业务授权中央银行监督,县银行业务授权各省财政厅监督,并由财政部建立巡回稽核制度,随时督促考察,并检查中交农三行及中信、邮汇两局业务。[①]

严格管理信贷业务。1940年物价开始出现暴涨后,四联总处进一步加强对银行业务的监督管理,督促银行将资产运用的方向由商业投机转向农

---

① 章伯锋、庄建平主编《抗日战争》第5卷,第99—100页。

工矿生产；限令国家各行局的贴放信贷业务，均应投放于与国防有关及日用必需品的生产事业，并严定其偿还期限及到期不还之处分办法，以杜绝运用之不经济及不肖者之囤积居奇。严督之下，国家各行局的贴放格局发生了明显的变化，生产性贷款开始占据主要地位，至1944年12月底，四联总处核办贴放数额计达330.1亿元，其中大部分为协助工矿生产事业贷款。① 四联总处核放的工矿贷款呈逐年升高之势，1940年占贷款总额的14.8%，1942年达到34.7%，1943年为59.1%，1944年更增至72.1%。②

针对以营利为目的的一般商业银行、钱庄贷款多以商业放款为主，滥授信用于商业投机机构，以致投机风行的状况，国民政府加强了对商业银行的管制。1940年8月7日，财政部公布《非常时期管理银行暂行办法》，并于1941年12月9日再加修正。暂行办法的核心内容是：严格限制增设新行及分行，督导各银行增加资本，调整分支机构，以免各地畸形发展；各银行缴存普通存款准备金，借以收缩通货；严格限制资金运用，规定非常时期银行应以协助后方生产发展、增加物资供应为主要业务，督促银行将信用投放于生产建设事业；不得从事买卖货物或其他投机行为，取缔银行经营商业，囤积居奇。对抵押放款的对象及期限财政部也做了明文限制，并规定了对违反此项者的严厉处罚措施。

1942年5月，财政部又专门颁发《管理银行抵押放款办法》和《管理银行信用放款办法》，对抵押放款、信用放款做了更为具体严格的限制。例如，"银行承做个人信用放款，除因生活必需，每户得贷予两千元外，其余一律停放"；"银行承做工商各业信用放款，数额在五千元以上者，应以经营本业之厂商，已加入各该业同业公会持有会员证，并取具两家以上曾在主管官署登记之殷实厂商联名保证其到期还款，并担保借款系用于增加生产或购运必需物品销售者为限。放款期限最长不得超过三个月。每户放款不得超过该行放款总额百分之五，各户总计不得超过百分之五十"等。③

其他措施还包括推进储蓄，吸收游资以回笼货币，减缓通货膨胀。国民政府在大后方开展了声势浩大的节约建国储蓄运动，通过开办各类名目的储蓄，提高存储利率，广开储源，使存储额有了较快的增长。据统计，

---

① 章伯锋、庄建平主编《抗日战争》第5卷，第99页。
② 《中央银行月报》新2卷第6期，1947年。
③ 《抗日战争时期国民政府经济法规》上册，第677—678页。

1938—1945 年，每年所吸收的储蓄余额分别为 248243185 元、303048145 元、554665930 元、1229054862 元、3064523086 元、8435385554 元、18796900000 元、73422500000 元。① 这些办法对调剂通货、弥补政府财政赤字多少起了一些作用，但它无法遏制日趋疯狂的通货膨胀。

（二）管制物价

战时大后方的物价管制工作是从 1939 年初开始的。由于物价上涨，1939 年 2 月 7 日，行政院颁布了《非常时期评定物价及取缔投机操纵办法》15 条，规定由地方主管机关会同当地有关商会或经营日用必需品的同业公会成立平价委员会，办理当地日用必需品评价事宜。平价委员会以生产者与消费者双方兼顾为原则，按照日用必需品的生产及运销成本，评定合理之价格，并规定了评定物价的标准和对违反规定投机操纵者处罚办法等。但实际上这个办法并没有得到很好的贯彻执行。

1939 年 12 月 5 日，经济部又颁布《日用必需品平价购销办法》和《取缔囤积日用必需品办法》。与此同时，在经济部内成立了平价购销处，主办西南西北各省必需品的平价购销事宜。四联总处以低利率贷给平价购销处 2000 万元作为营运资本，由平价购销处委托农本局的福生庄、燃料管理处及中国国货联营公司代为购买粮食、燃料及日用品等物资，然后以平价卖出，以达到平抑物价的目的。而且除平价购销处外，对"其他公私机关凡以平价供销日用品为目而需用资金者，总处亦均尽量协助"。例如，1940 年 3 月，四联总处贷给协和药品公司流动资金 90 万元港币，专为采购药品，廉价供后方之用；4 月，以押汇方式贷给战时医疗药品管理委员会 50 万元，以救济内地药荒；7 月，贷给江西省第四战区交易公店 10 万元作为流动资金，以平抑物价。② 由于平价购销处营运资金太少，官方评定的价格常低于商品成本，所以商人常常藏匿物资不售，导致许多商品有价无市。而平价购销处掌握的物资有限，其供应难以满足市场的需求，因此即使平价供应的物品低于市价，也不能抑低一般市价。由于物价的上涨不能抑制，民怨载道，于是 1940 年末具体主持平价工作的经济部商业司司长

---

① 《四联总处史料》（中），第 184 页。
② 《四联总处史料》（下），第 284—285 页。

章元善等被军统拘押审问，上演了一场"借人头平物价"的"平价大狱"。

为了强化对管制工作的领导，国民政府进一步提高物价统制主管机关的层级。1940年12月成立经济会议，作为全国最高平价专责机关，统筹办理全国一切平价事项。经济会议指定粮食部主管粮食平价事项，经济部主管工矿产品及指导各地日用必需品平价事项，社会部主管工资平价及指导厉行节约事项，交通部主管铁路、水路、驿运运费平价，运输统制局主管公路汽车运费平价，外汇管理委员会主管内运物资价格与外汇关系事项，四联总处主管筹划物价平准基金事项，各省县地方行政机关主管各地零售日用必需品及工资平价事项。11月，又于经济部下设立物资局，统辖农本局、平价购销处、燃料管理处等机构，分别负责平定服用品、一般日用品及燃料的价格。物资局内设督导处、管制处，负责检查公司行号投机囤积等不正当营业。

战时后方重要民生必需品的管制，除粮食以外，以棉花、棉纱及布匹的管制最为突出。此项工作最初由经济部平价购销处负责纱布的购销与平价。1940年后纱价上涨，土布价格随之高扬，平价购销处乃于8月11日公布《放纱收布办法》，以棉纱供给重庆市及附近织布机户，代为织成土布，借以增加市场供应量，遏制市场价格的疯涨。物资局成立后，对于花纱布的管制，改为"以花控纱，以纱控布，以布控价"。对各厂店进行存货登记，并统收厂纱，分配供应。对公教人员实行定量购布，规定每人一次可购平价布一丈五尺，至于一般市民平价布匹的购买，则由农本局福生庄重庆分庄发售。

1942年3月，国民政府颁布《国家总动员法》，4月将经济会议改组为国家总动员会议，物资局也随即撤销，物价管制工作交由总动员会议物资处接办。物资局撤销后，农本局改组为花纱布管制局，并脱离经济部，改归财政部所属。该局成立后，一是扩大管制范围和地区，将管制范围由半管制扩大到全面管制，管制地区由四川一省扩大至整个大后方；二是继续实行"以花控纱，以纱控布，以布控价"政策，加紧收购棉花，并以棉花向纱厂换纺机纱或纺土纱，把其中80%的花纱布供应军需，20%供应公教人员及一般民众。6月22日颁布的《国家总动员法实施纲要》规定，对国家总动员物资之交易价格、数量加以管制，由经济部、粮食部、军政部、财政部、交通部、运输统制局及卫生署分别掌理。其中粮食由粮食部负责，盐、粮、火柴等专卖品由财政部负责，其余日用必需品仍由经济部负责。总动员会议综理推动、联系、配合、审议与考核工作。平定物价成为总动员会议的重要工作之一，先后通过各种管制物价的方案。

1942年9月总动员会议制定《加强管制物价方案》，并于10月29日获得国民参政会第三届第一次会议通过。方案确定暂由国家总动员会议常务委员会为管制全国物价最高决策机关，行政院副院长及各部部长为常委，并颁布了实施管制的重要方针10条。会议指定财政部负责易货偿债物资（桐油、茶、丝、猪鬃）及专卖物品（盐、糖、火柴、烟类）的限价、金融的管制、税法的调整、预算的紧缩；经济部负责对日用必需品（花、纱、布、煤焦、食油、纸张）的管制与限价；社会部负责对各地工资的限制、工商团体的管制；交通部负责对运价的限制、运输的便利、邮储事业发展等，并各自规定《加强管制物价方案实施办法》，自1943年1月15日起一体实施。这标志着物价管制进入以限价为中心的管制阶段。

实施办法规定，以1942年11月30日的原有价格为标准，应特别注重民生重要必需品如粮、盐、食油、棉花、棉纱、布匹、燃料、纸张等物资的运价、工价，价格的订定由中央各专管机关与各地政府会商办理。总动员会议还先后成立湘桂粤赣区、川康鄂区、滇黔区、陕豫晋区、甘宁青绥区和闽浙皖区等限政联合办事处，专负省际及中央与地方限价业务联系之责。

1943年3月，总动员会议又颁布《限价议价物品补充办法》，调整限价物资范围，将规定的限价物品种类缩小至粮、盐、食油、棉花、棉纱、布匹、燃料、纸张8种民生重要必需品为主，其余各项必需品采行议价方式。

1944年6月，国民党五届十二中全会修正通过了《加强管制物价方案紧要措施》，提出扩大"征实"的数量及范围，加紧空运输入必要物资，以充实政府掌握的物资；采取从稳定布价粮价入手，减低运价，统筹国防民生重要工矿事业资金、机器及原料的供给，以扶助生产稳定价格；对限价物品如纱、布、棉、盐生产及公用事业采取贴补办法，后方各重要城市逐步实行食盐计口分配，军人及公教人员生活必需品尽量筹发实物。物价管制的重心进一步转移到实物控制的阶段。

1945年初总动员会议裁撤后，关于物资及物价的管制，由各部会分别负责执行，即粮食价格归粮食部，盐、布价格归财政部，一般物价归经济部，运价归交通部，工资归社会部管理。

总体而言，国民政府战时管制物价的政策和措施，在极端困难的情况下，一定程度上实现了保障军需民用的基本目标，但是控制日用必需品价格的目标则基本没有实现。

二　田赋征实征购征借

田赋是中国历史中最悠久的租税，一直是历代中央政府的基本收入。国民政府于1928年将田赋划为地方税的一种。抗战爆发以后，中央政府财政支出剧增，而以往政府税收主要来源的关、盐、统三大税收收入大减，于是田赋日渐受到国民政府的重视。受自然灾害的影响，1940年大后方出现普遍性的歉收，1940年农业生产比1939年减少10%，1941年又下降了13%。农业减产，引发后方粮价上涨，并由此带动后方整个物价的上升。1940年11月时，四川粮价达到每斗40余元，较上年同期上升了十五六倍，盐煤、棉纱价格上升约10倍。[①] 为控制实物以保证军粮民食的基本供应，国民政府决定实行田赋征实，即由征收现金改为征收实物。

面对四川粮价比上一年暴涨十五六倍的局面，为从根本上解决战时军需民用粮食问题，四联总处于1940年11月提出"最适当之方法，莫如田赋改征本色"的建议，理由是：其一，"法简易行"，粮价高涨之时，"并不加重人民负担"，粮价跌落之时，"农民亦不致有折钞纳税转多亏累之弊"；其二，实施田赋征实，政府一方面增加了粮食实物，同时减少货币支出，从而降低通货膨胀压力。[②] 1941年4月2日，国民党五届八中全会通过《各省田赋暂归中央接管，以便统筹而资管理案》，不仅确定"中央为适应战时需要，得依各地生产交通状况，将田赋之一部或全部征收实物"，并且进一步提出"为调整国地收支并平衡土地负担起见，亟应仍将各省田赋收归中央整顿征收"，由中央统筹斟酌各地供需情形。同年6月，第三次全国财政会议进一步讨论确定了中央接管田赋的步骤、管理机构和各项整理实施办法，确定："自民国三十年下半年起，各省田赋战时一律征

---

① 李学通、刘萍、翁心钧整理《翁文灏日记》，第562页。
② 《四联总处史料》（下），第274页。

收实物；田赋征收实物以三十年度田赋正附税总额每元折征稻谷二市斗为标准；各省征收实物，采取经征经收划分制度，凡经征事项由经征机关负责，经收事项由粮食机关办理。"①7月，行政院成立粮食部，并颁布《战时各省田赋征收实物暂行通则》16条，作为推行田赋征实的正式依据。当时确定，除东北四省及河北、察哈尔、新疆以外，其余各省一律征收实物。田赋为赋税之一，收归中央后归财政部主管，各省县设田赋管理处负责主持。县以下征管机构为经征由田管机构负责，经收由粮食机关办理。田赋征实试办一年之后，因粮户纳粮手续繁琐，深感不便，于是自1942年起经征与经收合并为一。各地推行集体完粮、分保完粮及巡回征收。1943年又将省县两级机构合并为省县田赋粮食管理处，受财政、粮食两部指挥监督。

田赋征实若按原有标准由现金折合实物，开始征实的1941年预计可收谷麦23万市石，但这样的数量即使仅供应军粮一项也不能满足需要；而且田赋以土地为标的，所征粮食实物无论在品种、地域、时间上也不能完全适应军公粮的实际需要。因为征实不足，于是在征实之外，政府又推行定价征购。所谓征购就是政府根据各地实际需要及粮食价格，分省核定需要征购粮食的数量、标准价格，用现金或粮食库券、储蓄券从粮户手中购买，随同田赋一起征收。为了节省粮食征购带来的巨额现金支出，减少货币供应，国民政府于1943年在川、滇、康、陕、甘、闽、桂、粤、浙9省实行改征购为征借，即政府连现金、库券也不再发，只是打借条，甚至还发动无偿捐献，安徽省参议会就提出请改征借为捐献。1944年度，各省征购一律改为征借，并在川陕等省试办累进征借。在有粮出粮、粮多多出，减轻国库负担的名义下，大后方农民粮户付出了巨大牺牲。

表4-2 历年征实征购征借粮食数量

单位：石

年度		1941	1942	1943	1944	1945
征实所得	谷	19261363	28887176	28035852	22393903	11911038
	麦	4075310	5820707	7147123	6078406	2970410

---

① 中央银行经济研究处编《卅一年上半期国内经济概况》，编者印行，1942。

续表

年度		1941	1942	1943	1944	1945
征购所得	谷	13469278	26848409	11000129	—	—
	麦	6314733	4410108	1991739	—	—
征借所得	谷	—	—	13787234	24474041	13253350
	麦	—	—	2514327	4003395	1457028
合计	谷	32730641	55735585	52823215	46867944	25164388
	麦	10390043	10230815	11653189	10090801	4427438
总计谷麦		43120684	65966400	64476404	56958745	29591826

资料来源：章伯锋、庄建平主编《抗日战争》第5卷，第674—675页。

田赋征实是抗战后期国民政府实施的最重要经济政策之一。实行田赋征实，首先是让政府获得了大量粮食实物，使军公粮的供应得到最基本可靠的保证，粮食供应和粮价控制更加易于着手，减少粮价上涨因素对粮食供应的影响；其次是节省了政府为购买粮食而支付的巨额现金，从而减少了货币支出，减缓通货的恶性膨胀。事实证明，田赋征实是抗战时期减轻大后方通货膨胀压力的有效措施。

实行田赋征实和粮食征购征借，本身有种种不易克服的困难和弊病，而国民党政权的政治腐败更加剧了征实过程中的弊端。例如，由于交通运输的不畅，路途遥远的纳粮农民缴粮输送困难，机关重叠，手续周折，粮民疲于奔命，所费盘缠甚至超出所纳之粮的数倍。征收之中，粮食等级标准不统一，衡量单位不统一，致使各种弊端层出。征收人员营私舞弊，勒索敲诈，粮官成为发国难财的肥缺，官场中"从政不如从良（粮）"之说流传甚盛。

第二节 工矿业的衰退与调整

自全国抗战开始以后，1938—1941年，后方工业新厂繁兴，产额骤增，呈现一派蓬勃发展的态势，被称为后方工矿业的黄金时代。不仅资源委员会所属国营工业如此，民营工业同样有一个突飞猛进的发展。但好景不长，至1941年下半年，大后方工业即显疲惫之态。此后，运输困难与物价高涨等各种实际困难接踵而至。新设工厂数量增长放缓和投资规模缩小，产量指数逐年下降，工厂减产、合并、出顶，以及"以商养工"、"以商代工"的现象接连出现。特别是钢铁、机器、液体燃料、煤炭、电工器材、水泥、碱酸等生产用品类，"随工业苦难而销路特艰"。① 造成后方工业衰退的原因比较复杂，既有外在的客观因素，也有战时后方经济自身不可避免的内在原因，各行业衰退的时间、具体表现以及产生的原因也各不相同。虽然国民政府极力设法挽救，后方企业界也不畏艰苦，努力扭转，工矿业生产尚能续为支持，但危机景象日益严重。

一 战时后方经济衰退的表现

后方工矿业发展出现疲惫之态是从1941年下半年开始的。虽然1942年新设工厂的数量还在继续增加，但经济困难仍在加剧，而且1943年以后情况进一步恶化。

经济衰退最直接的表现是新设工厂数量增长速度放缓，投资规模进一步缩小。

表4-3 大后方工业工厂数量变化情况

年份	登记设立工厂数（家）	各厂平均资本额（千元）	指数
1936	300	393	100
1937	63	352	89.6
1938	209	414	105.5
1939	419	289	73.5
1940	571	103	26.2
1941	866	53	13.5
1942	1138	9	2.1
1943	1049	14	3.6
1944	549	6	1.5

资料来源：吴承明著《中国资本主义与国内市场》，第79页。

表4-3统计数据显示，后方企业平均资本额的最高峰出现在1938年，达到41.4万元的水平。此后虽然后方工厂的数量仍在不断增长，并于1942年达到最高峰，但平均资本额在逐年下降。这意味着新增企业多是投

---

① 《行政院公报》第7卷第9期，1943年，第12—13页。

资额不大的小型企业,而且1942年以后,新设立工厂的增幅也随即收窄,逐年下降。

工业困难最为显著的领域为机器业及钢铁业。为弄清后方工业困难的实际状况,明了造成危机的真实原因,经济部曾指定工矿调整处就工矿较多的重庆附近地区,于1943年9、10月间举行了两次经济调查。调查结果显示,以1943年1—8月与1942年同期比较,"消费用品产量均见增加,唯属生产用品之钢铁业、机器业则渐呈减产趋势"。① 后方工业困难情形以机器业及钢铁业为甚。

另据国民参政会经济建设策进会秘书处研究室所编《一年来我国之生产金融与物价概况》所载后方工矿生产指数表,除出口品1942年以后有所下降,特别是1943年有大幅下降外,后方工矿业生产的总趋势仍是在逐年增长,而且工矿各业产品的产量,绝大部分也仍然在增长之中。②

表4-4 战时后方工矿生产指数

年度	1938	1939	1940	1941	1942	1943
总指数	100	130.57	185.85	242.96	302.17	375.64
生产用品	100	129.66	181.13	230.61	272.12	316.07
消费用品	100	145.63	306.27	404.07	685.77	1010.61
出口品	100	122.27	115.41	158.52	119.64	60.62

资料来源:《战时工业》,第180—181页。

表4-5 工矿业主要产品产量比较

产品	单位	1943年7月至1944年3月	上年同期产量	较上年增幅(%)
煤	千吨	4848	4760	1.9
汽油	千加仑	2831	1531	84.8
煤油	千加仑	811	494	65.0
电力	千度	164501	141855	15.9
生铁	吨	19901	16364	21.7
钢	吨	7324	4661	57.1

---

① 《工矿调整处关于重庆市各工厂生产情形的调查报告》(1943年9月20日),《中华民国史档案资料汇编 第五辑第二编 财政经济》(6),第174、179、180页。
② 《战时工业》,第180—181页。

续表

产品	单位	1943年7月至1944年3月	上年同期产量	较上年增幅（%）
动力机	千瓦	8075	5094	58.5
工具机	部	1620	851	90.3
作业机	部	1950	1843	9.8
电动机	马力	9272	7647	20.1
变压器	千伏安	10620	9390	14.2
酸碱	吨	4080	3073	32.7
水泥	桶	9060	2085	305.9
机制纸	吨	2568	3905	-34.2
棉纱	件	86466	86550	-0.2
毛呢	千米	341	110	219.2

资料来源：《战时工业》，第180—181页。

表4-5所列16种重要产品中，有14种产品的产量都是增加的，减产者只有两种，表面上似乎不失繁荣景象，但实际状态并不乐观。

1943年被视为后方机械业的"大难年"，衰退成为机器行业最突出的现象，但是具体表现也颇为错综，并非哀鸿一片。例如，重庆市附近在政府注册登记的364家机器厂中，1943年已歇业者55家、停工者13家，约占总数的19%。然而就各企业内所使用工具机的总数言，全部工厂共有工具机3135部，歇业及停工者共为265部，即占总数的8%；就机器厂的资本数量而言，则全部机器厂的资本额为28000万元，而歇业及停工各厂的资本共为1500万元，亦约占总数的5%。由此可见，被迫歇业及停工的，全是那些规模较小、资本较少的工厂。总体而言，机械行业的生产能力并未因此而有大的降低，所以1944年所生产的工具机数量虽也较上年同期略为减少，但所生产的作业机数量，仍比上年增长了170%以上。昆明、桂林方面也有同样的现象。[①]

战时大后方钢铁业，特别是民营钢铁企业，在1941年至1942年上半年曾出现了一段黄金发展期，衰落的现象是从1942年夏天开始的，而且是呈急剧下滑的态势。衰落的具体表现就是产品大量滞销，供过于求，造成工厂倒闭。

---

① 《战时工业》，第184页。

据经济部工矿调整处1943年9月对重庆市818家工厂（其中有184家冶炼企业，5座轧钢机和95座炼铁炉中的83座）进行调查的结果，重庆各钢铁企业，1942年1—8月灰口铁产量为10398.34吨，1943年同期减少至6555.22吨。白口铁产量从1941年9月至1942年6月的31450吨，减少至1942年10月至1943年6月的23940吨。① 重庆钢铁产量之所以减少，最直接的原因是产品的滞销，导致工厂资金周转困难，无力继续开工，甚至被迫关闭。尤其是原本资金就不雄厚的民营钢铁厂，一旦产品滞销，极易造成资金链断裂，必然濒临倒闭。

重庆钢铁工业同业公会在1943年11月呈送行政院的报告中说，在加入该同业公会的22家企业中，已有14家铁厂停炉，1家钢厂完全停顿，其余3家钢厂仅勉强开炉，但产量甚微。② 另有资料显示，1942年，四川万源县67家铁厂中倒闭了48家，导致4万多人失业。③

表4-6 四川民营钢铁业产销情况

单位：吨

年份	钢 产量	钢 销量	钢 销量占产量比（%）	铁 产量	铁 销量	铁 销量占产量比（%）
1940	631	—	—	2190	—	—
1941	1757	—	—	7339	5262	71
1942	2300	2194	95	15983	11710	73
1943	4188	2204	52	8200	7983	97

资料来源：《经济部拟三年来四川省民营钢铁事业》，《中华民国史档案资料汇编　第五辑　第二编　财政经济》（7），第320—335页。

表4-6显示，1942年和1943年四川民营钢铁企业共销售钢材4398吨，仅占同期产量6488吨的68%，库存钢材2090吨。1941—1943年共销灰口铁24955吨，只占同期产量的79%，库存铁6000多吨。

---

① 《工矿调整处关于重庆各工厂生产情形的调查报告》，《中华民国史档案资料汇编　第五辑　第二编　财政经济》（6），第179—180页。
② 李本哲：《重庆钢铁机器业主体的形成及其兴衰》，《抗战时期内迁西南的工商企业》，第110页。
③ 《万源县总工会等关于民营铁厂倒闭工商失业情形致国民政府呈》（1942年4月20日），《抗战时期内迁西南的工商企业》，第317—319页。

不仅资金薄弱的民营企业如此，国营钢铁厂也同样未能幸免。例如，资源委员会所属的平桂矿务局，1943年1—6月，生铁产量为1227吨，销量仅为301吨。① 大渡口钢铁厂的生铁产量，从1943年的11699吨，下降到1944年的2255吨。② 其他厂的产量也都不同程度有所下降。

大后方液体燃料工业在经历短暂的黄金发展期后，也开始呈现出工厂减产、停工、倒闭的现象。其原因主要有二。一是原料价格暴涨，生产成本剧增。制造工业酒精的主要原料是糖蜜，随着大后方酒精工厂的不断增设，糖蜜产量逐渐不敷使用，无法满足工业需求，遂又扩大到以桔糖和干酒为原料。生产原料的严重缺乏必然引起价格上升。后方糖蜜价格1938年春每万斤仅仅七八十元，1940年下半年增至2000余元，1941年12月更陡涨至7000多元，三年内上涨了近百倍。桔糖价格1940年底每万斤尚在4000元，1941年底涨至1.6万元，一年内涨了3倍。干酒的价格1939年每百斤40余元，1941年12月陡涨至300多元，涨了近7倍。③ 二是流动资金困难。原料价格的疯狂上涨，导致生产成本剧增，给生产厂家的流动资金带来极大困难，而酒精收购的价格又受到政府统制限制，压得很低，致使企业越生产越亏本严重。

企业生产蚀本的结果只能是减产停工，工厂严重开工不足，实际产量大大低于生产能力，整个后方酒精工业实际产量仅仅达其生产能力的50%，造成极大浪费。以资源委员会投资的北泉酒精厂为例，该厂1941年6月仅仅开工两天，1941年7—9月及1942年3月则整月停工。在这种情况下，一些小厂纷纷倒闭。

液体燃料工业危机造成的一个直接恶果，就是严重影响了后方交通运输的正常运行。酒精工业因原料价格过高，液体燃料委员会未能按照实际成本评议价格，造成企业亏累甚巨，相继停工或减产。5—6月四川省酒精工厂自动停工者达2/3，除国营5家工厂外，民营开工者重庆附近仅十余家，成都附近4家。因为军方需要，液委会遂决定调整酒精价格，以增生

---

① 《战时工业》，第183页。
② 王子祐：《抗战八年来之我国之钢铁工业》，《资源委员会季刊》第6卷第1、2期合刊，1946年，第93页。
③ 金贵铸：《抗战八年来之酒精工业》，《资源委员会季刊》第6卷第1、2期合刊，1946年，第137页。

产，5月酒精每加仑由1月最低405元、最高443元，提高到最低635元、最高685元，7月调整后最低增至840元、最高895元。因原料干酒价格平稳，酒精工业渐有复苏之象。战时生产局成立后，美国酒精制造专家来华协助酒精生产，成立液体燃料顾问委员会。后方酒精月产共约70万加仑，其中民营40万，国营30万。因后方军用需求，每月需要量达到100万加仑，生产局决定以此为增产目标。①

后方煤炭企业同样受到影响，煤炭产量的增长幅度低，反映了工业需求不振。因为一般工业不振，煤炭的供应对象开工不足，市场对煤炭的需要减少，影响到煤炭的销售和生产。嘉陵江区是后方主要产煤区之一，产量占后方煤焦总产量的1/6强，在四川省尤占重要地位，但这远非该地区煤炭企业的实际产能。因为物价高涨，企业生产成本增高，而政府的核定价格未能及时调整，无法达到鼓励增产的目的，煤矿的利润大幅收窄，煤炭企业缺乏生产积极性，因此造成煤炭企业产量不能大量增加，实际产量远在生产能力之下。此外由于受运输能力的限制，出产的煤炭不能及时运出，存煤无法运清，资金周转困难，产量也不可能有大的提升。就产量最大的天府煤矿而言，虽然运输设备居后方各矿之首，然而已有的运输能力达饱和状态，仍然有2万多吨煤炭积存无法运清。1942年冬，嘉陵江地区存煤已积6万吨左右。以位于四川犍为县的嘉阳煤矿为例，该矿供应对象为岷江流域重要工业，每年产量的绝对数量均有增加，1942年比1941年增产了33284.68吨，而1943年仅比1942年增产3575.24吨，1943年不仅产量增幅放缓，销量只达到9.6万吨，比上年的10.55万吨减少了近1万吨。

煤矿业公会请求政府贷款，以促进生产。1943年8月，煤矿业公会代表行业向政府呼吁，指拨专款，简便手续贷与矿商，以充裕矿业资金，促进生产。他们提出的具体要求包括：继续举办存煤垫款，以利各矿周转；继续贷放食粮借款，以储购矿工食米；请协助人力运输，合筑运道，改进运输设备；鼓励生产，备款收购剩余产品；统购统销物资应请尽量收购，以防产品积滞影响生产；请依煤质优劣分别定价；严格遵守限价，合理调整价格。

---

① 本段及以下几段，见《战时工业》，第192、182、195页。

由于后方煤矿业呈萎缩之势，1944年全年大小各矿全年总产煤量比上年减少150万吨左右，仅有约500万吨。入冬后，煤炭消费增加，存煤已罄，而增产不及，结果造成1944年各用煤地区有半数感觉煤荒。后方7处产煤区，除衡阳、桂林沦陷外，重庆、成都、西安均感煤荒严重。虽实行产运贴补，但仍求过于供，电力及一般工业均因煤源不足受到严重影响。政府实施煤价管制，年初重庆每吨为1076元，3月提到1722元，矿商仍不敷成本。9月起，政府按标准成本贴补40%，11月起改贴补60%。岷江区的嘉阳，年初每吨煤1218元，3月、11月两次提价后，达到每吨2814元。战时生产局成立以后，专设煤焦增产委员会，负责协助各矿增产，改良炼焦，以求节省成本，增加产量。

大后方的不同地区、不同行业，对此次工业危机的感受也不尽相同。钢铁滞销的情况以四川省最为显著，四川省特别是重庆周边的钢铁企业，因为销路不畅，产品过剩，停工及减雇之现象颇为严重。但在云南、广西、湖南各省，不仅已有的钢铁各厂运行尚佳，而且仍然有新厂设立。在西北地区的陕西、甘肃等省，因为缺乏新式钢铁工业，甚至还有钢铁供应不足之感。

另外，就钢铁业本身而言，钢的销量相对较好，铁的销售更为困难；国营工厂因为资金相对充裕，虽产品滞销仍可勉强支撑，而民营工厂更多要考虑成本与利润，因产品滞销，周转资金困难，不愿意做赔本买卖，多歇业停工。

钢铁及机器都属于生产用品类的主要物品，危机的表现主要是产品销路困难。至于消费用品，如棉纱、毛呢、面粉、肥皂、火柴、水泥、纸张、玻璃等的生产，则尚能继续进行，甚至还有相当的增产。化学工业产品，如硫酸、烧碱、酒精、电石等，亦能支持，并无根本困难。[①]

二 战时后方经济衰退的原因

战时后方经济衰退出现的原因错综复杂，但也并非无迹可寻。

1940年5月之前，后方物价虽有上涨，但尚属平缓，而且各地物价指数均在500左右，然而自1940年5月以后，前后方物价指数差距逐渐加

---

① 翁文灏：《后方工业现状及其困难》，《战时工业》，第288页。

大。如5月重庆与桂林两地指数相差58点,重庆与福州相差107.3点,而12月,重庆与桂林相差达到535.4,与福州相差达到649.3。重庆自5月至12月,物价指数上涨了647点。造成大后方物价飞涨的原因复杂,经济部部长翁文灏根据经济部搜集的各地物价指数分析认为,运输问题最为关键。1940年6月15日宜昌的陷落,造成货物内运最经济的路线长江被切断,以前衡阳由水路经宜昌至重庆,运货1吨,运费不过400元,而宜昌失守以后,由陆路运输的运费达到每吨9000元。9月日军进入越南,中国大后方第二条最经济的运输路线滇越路又被切断,以前由海防至重庆,每吨货物运费约5000元,而改由仰光则需1万元。仰光至重庆和衡阳至重庆的陆路,不仅运费高而且运量小,造成重庆供给减少,物价飞涨。[①]

其次是农产价格上涨,推动各类物价飞涨,导致企业生产经营成本提高。1940年秋,四川因自然灾害而歉收,大米收成仅有1939年的58%。又因运输不畅,湘米无法顺利入川接济,重庆、成都米价1940年12月达到每石百元以上,而衡阳只有18元,桂林也只有22元。由此引发大后方农产价格上涨,而且远过于自制工业品及一般商品,引发物价飞涨。而物价上涨的结果使得人工成本增加,导致企业生产经营成本自然提高。与此同时,物价飞涨引起囤积居奇,囤积的结果使市面供应愈发紧缺,如此形成恶性循环。企业生产者由于经常不能充分得到政府供应的原料,致使工厂不得不减产或停工。1943年,棉纺织厂由于原棉供应不足,被迫减产50%,最少的也在30%左右。为了得到配给,民营企业费尽周折,打点官员,或到黑市上买高价,也进一步增加了企业生产成本。

而民营企业规模小,资金短缺,抗风险能力弱。据中国西南实业协会的调查,就四川省390余家民营厂矿中有确定资本数量的工厂统计,总资本额合计仅有3.44亿元,而各工厂资本额最大的是中国兴业公司,为1.2亿元,其他各厂资本在2000万元以上者仅有1家,1000万—2000万元者仅有2家,800万—1000万元者1家,600万—800万元者2家,500万—600万元者1家,400万—500万元者7家,300万—400万元者3家,200万—300万元者17家,100万—200万元者21家,10万元以上100万元以下者154家,而资本额最小的工厂仅有数百元。企业规模如此之小,面对

[①] 本段及下段,见翁文灏《战时经济建设》,第13—14页。

原料、机器、工价不断高涨，开支增加，成本提高，自然不免有资金周转不足之虞，更谈不上扩大规模、增加生产。该调查显示，四川省692家工厂中，属于资金不足者即有187家，占困难企业的27.02%。虽然四联总处自1937年9月至1941年12月，总共发放3.675亿元的工业贷款，其中贷与民营企业的为2.212亿元，但这是整个大后方各地的总数额，平均到每个企业，自然是杯水车薪。

流动资金不足问题，不仅在民营企业中普遍存在，即使在资源委员会所经办的企业中也非常突出。1942年底，资委会向四行借款的流动资金仅占其固定资产的15%，再加上各厂矿举借之款，也不足25%（美国工厂流动资金占固定资产的60%），再加上运输困难，原料飞涨，进料和销货需费时日等因素，造成流动资金严重不足，所属酒精厂几乎到了不能继续进料的地步。[①]

再有是民营企业技术设备水平低，产品缺乏竞争力，开工不足，产品积压，交通断绝，燃料不足，外来物资减少，工业设备器材、原料缺乏，生产能力下降。调查统计显示，不少企业感到困难的是设备器材不足。据调查统计，被调查的四川省692家工厂中，感到器材困难的企业最多，有228家，占困难企业总数的32.95%。[②]

随着太平洋战争爆发，特别是1942年以后，美国对华借款和租借法案的实施，大批美国援华物资源源而来，尤其是先进的生产设备的支持，使国营企业生产能力、技术水平获得大幅提升。而无论生产规模还是技术设备，都无法与国营工厂竞争的后方民营工厂，接收军工订货急剧减少，结果造成工厂开工不足，生产能力得不到发挥，设备闲置，产品积压。比如机器制造，1943年5月经济部的《后方工业概况统计》称："目前机器制造工业与过去有一显著不同之点，即为公营之抬头。过去机器工业泰半属于民营范围，目前已有公营厂50家，而均为资本充足、规模较大者。"到1943年5月，国营资本在机器制造业中占比达70%以上，民营资本远不能与之抗衡。而同期的生产指数是不断增长的，如工具机生产，1938年为100，1939年为204，1940年为296，1942年为340，1943年为367，整个

---

① 曹立瀛：《中国战时酒精工业之研究》，《资源委员会季刊》第5卷第1期，1945年，第116页。
② 《战时工业》，第156—157页。

国营资本飞速增长，相反民营制造厂却日益萎缩。钢铁业中，重庆民营钢铁厂1942年底积存的钢材、灰口铁956吨，积压资金3324万元，占四川全省41家钢铁厂登记资本的24%。

在各类困难情形中，每个企业具体的困难原因又各不相同。

表4-7 各工厂困难情形统计（1944年）

困难原因	厂数（家）	占分类困难厂家比例（%）	占困难厂家总数比例（%）
属于资金方面者	187	100	27.02
扩大组织资力不足	60	32.09	8.67
似贷款者	13	6.95	1.88
周转金不足	73	39.04	10.55
被灾后资力不足	12	6.42	1.73
添购原料资力不足	29	15.50	4.19
属于器材方面者	228	100	32.95
材料购置困难（缺乏材料）	124	54.38	17.92
材料运输困难（工具及人）	66	28.95	9.54
材料价格上涨（收购不易）	38	16.67	5.40
属于动力方面者	40	100	5.78
电力不足	20	50	2.89
燃煤不足	13	32.50	1.88
柴油不足	5	12.50	0.72
窃电无法制止者	2	5	0.29
属于技术人员者（流动性大招募不易）	64	100	9.25
属于生产成本高涨方面者	74	100	10.69
工料价格上涨	36	48.65	5.20
技术员工伙食上涨	21	28.38	3.03
技术员工薪俸上涨	17	22.99	2.46
属于销路方面者	27	100	3.90
其他	72	100	10.41
技术人员征服兵役困难	14	19.45	2.02

续表

困难原因	厂数（家）	占分类困难厂家比例（％）	占困难厂家总数比例（％）
疏散困难	8	11.11	1.16
空袭时生产困难	6	8.33	0.87
食米供给困难（粮价上涨不易购置）	44	61.11	6.36
总厂数	692	—	100

资料来源：袁梅因著《战时后方工业建设概况》，《战时工业》，第156—157页。

另一方面，政府对民营企业的经济政策有所改变也起了一定的作用。抗战初期，大后方公营工业比较薄弱，所以国民政府比较重视民营工业，内迁及复工初期，采取扶助奖励政策，提供各种低息贷款等，使民营工业获得了较快的发展。随着1941—1942年国营兵工厂及重工业企业迁建新建完成，大后方国营工业渐成气候，资金、技术及生产能力民营企业都无法望其项背，政府越来越重视和倚仗国营企业。政府给民营企业的贷款越来越少，许多民企破产、减产或是转让。另外，战时各种捐税和摊派，多如牛毛，导致大后方民营企业负担沉重，难以承受。

而且政府经济统制政策的负面影响，加剧了工业危机。为了更有效地抵抗侵略，保障战争胜利，政府战时对国内企业与重要物资实施统制，以求将有限力量集中最急需之处，是各国通常都会采用的有效方法。在抗战前期，国民政府对工矿业实行的经济统制政策，也为达到人财物的合理使用，满足战时军需民用物资的供应，发挥了相当重要的作用，因此也得到民营工商业者的欢迎。他们甚至希望对民营、省营乃至国营工业，从原料的供应、职工的维持、资金的周转，以至产品的分配，都施行更为全面的统制。但是，随着战争形势的变化和后方经济的发展演变，工业统制政策的弊端也逐渐显露出来，统制就逐渐演变成对民企的抑制，也加剧了抗战后期工业生产的危机。其中有政策本身不可避免的，有些是客观条件造成，有些则是政府执行政策中的偏差。

例如，对于物价上涨、成本增加，政府政策反应迟钝乃至机制失灵，对产品的收购价格没有及时调整，致使企业产品生产成本实际上已高于收购价格。"在1942年以后，我们承接军公定货的厂商做一次蚀一次本，家家搞得焦头烂额"。不做军公定货,"开工又不足,坐吃山空也维持不下去"。就后方纱布的限价而言,1942年二十支细纱每股限价是1400元,织成一匹细布需用纱1.1股,而用此细纱织成的细布,每匹限价只有1450元,仅原料而言已亏本90元,如再加上工资、利息等其他成本,每匹细布若按限价出售,亏本200多元。到1943年,昆明原来的30余家织厂,已倒闭了20家。[1]

政府对液体燃料的销售实行严格管制,各厂酒精必须卖给军政部、交通司或液委会,买卖双方一般3个月订立一次合同,买方仅仅预付价款25%,酒精厂须垫购原料,成品成交后才能够领得货款,资金因而积压,无款周转,陷入停工。[2]

云南个旧锡矿几乎全部倒闭的主要原因,也是因为收购价格过低。1944年1月4日的《商务日报》指出:"目下资委会核定锡价每吨为11万元,据锡业公会计算,每吨实需成本31万元,相差甚巨。该地米价已较战前涨300倍,而锡价较战前上涨尚不足40倍。不仅如此,政府收购又不立付现款,旧欠厂商款项竟达3000万元之巨。"[3] "在中小生产占优势而官僚政治渗透到底的中国,管制政策并不能收调整之功,只有障碍生产、增加成本的作用而已。"

第三节 挽救危机的措施与效果

成本上涨,资金短缺,产品积压,已成为抗战后期工业企业发展面临的几大难题,如何挽救衰落中的后方工业,更是摆在国民政府和大后方工业界面前的一个难题。为解决这些问题,国民政府1943年4月举行工业建设计划会议,6月召开第二次全国生产会议,研究在可能范围内,充分利用全国之人力、物力、财力,解决或减少当前工矿界之困难的政策措施,达成战时增产之目的。为挽救后方工业危机,经济部等国民政府后方工业主管部门和民营企业家绞尽脑汁,费尽心机,并采取了许多措施,如扩大工业

---

[1] 陶大庸:《限价声中的工业》,《中国工业》第21期,1943年,第12页。
[2] 转引自李为宪《关于成都工业的考察报告》,《中华民国史档案资料汇编 第五辑第二编 财政经济》(6),第251页。
[3] 陈真等编《中国近代工业史资料》第1辑,第157页。

贷款，增加资金投入；发动新工程、新事业，以扩大钢铁、机械等生产用品的销路；设法减除运输困难；积极推行技术奖助；以及成立中国工业协会；等等。这些措施办法虽然收到了一定的效果，但并没有解决根本问题。

一 挽救的思路与措施

针对钢铁工业的困难，经济部提出的解救思路，一是开源，发动与钢铁产品种类相配合的新工程、新事业，扩大对钢铁的需要，刺激钢铁和机械工业的发展，以畅"生产用品"销路；二是节流，力促各厂矿企业尽力减低制造成本，以降低产品价格，使产品售价与市场购买力相配合。关于发动新工程与新事业，经济部提出的方案有：（1）铺设轻便钢轨，尤以用于煤矿运输为最宜；（2）建造浅水轮船；（3）建筑公路、桥梁；（4）承制军用钢品；（5）制造工业机器，同时发动新工业之创设，以资配合。

（一）钢铁业的调整与拯救措施

钢铁工业的兴衰，是战时后方工业发展的一个侧面，也是战时大后方经济发展过程中具有典型意义的例子。

产业结构的不合理和人力物力的巨大浪费是后方钢铁业发展不力的主要症结，当时的有识之士已经看到了这点，因此提出了调整产业结构的思路。1941年7月，经济部矿冶研究所所长朱玉仑建议：统一整合重庆各钢铁厂，在长江和嘉陵江上分别建立两个大的钢铁厂。长江上以大渡口钢铁厂为中心，在嘉陵江上将中国兴业公司、资和钢铁厂、试验炼焦厂、人和钢铁厂合并为嘉陵江炼钢厂，以原有各厂为第一、二、三等分厂；扩充原来的炼钢和轧钢设备，改组为轧钢厂；将原来的火砖厂扩充为耐火材料厂；扩充试验炼焦厂。经过这样的整合，长江、嘉陵江两厂的原料供应可以互相补充，嘉陵江流域的各小型炼铁厂也归政府统一管理，原材料可以统一供应，减少成本，提高经济效益。[①]

由于财力和人力所限，以及各方面的矛盾，经济部并没有完全按照朱玉仑的建议实行，但也对企业做了一些调整、并购。例如，由资源委员会收购一些民营厂矿，同时针对铁品滞销，产能过盛，而炼钢、轧钢能力薄

---

① 朱玉仑：《中国钢铁工业之过去现在与将来》，《经济建设季刊》第3卷第1期，1944年。

弱的问题，增建新的钢厂。四川綦江铁矿、渝鑫钢铁厂、资蜀钢铁厂、威远铁矿、江北铁厂先后被资源委员会收购并重新组合。1943年，经济部工矿调整处曾拟定一个拯救钢铁业的计划，提出一些设想，如增加工业贷款，扩大对企业的资金供应；开发公用事业，实施新的修造矿山、铁路工程，增造轮船，建设钢铁桥梁项目，以及扩大制造飞机炸弹等政府定货，增加对滞销产品的需求，以之消纳钢铁企业产品。但是这一计划被四联总处以所需资金数目太大为由拒绝了。

这些措施一定程度上挽救了濒临倒闭的民营企业，使抗战后期钢铁工业得以继续维持，并使钢产量有所提高。1944年，钢产量达到13361吨，为历史最高水平。

除了调整产业结构外，全国第二次生产会议后，国民政府向后方钢铁机器工业投放1亿元订货贷款，用于机器订货，向钢铁企业收购滞销钢材2755吨。战时生产局又投放了100亿元订货，并用20亿元收购了无法继续经营的钢铁、机器、电工酸碱等50余家工厂的机器设备。①

尽管如此，增加工业贷款依然是国民政府拯救钢铁业的一大措施，政府在1944年初给民营钢铁厂的工贷总共23000万元，② 但是僧多粥少，杯水车薪，收效甚微。何况这仅是权宜之计，治标不治本，正如时人所说："普遍救济，普遍维持，苟延残喘，必至一败涂地。"③ 大后方钢铁业的衰落已经是不可扭转的趋势。抗日战争结束后，中国兴业公司、渝鑫钢铁厂等厂停业遣散。

（二）发动新工业，扩大对机械工业的需要

对机械行业经济部也制定了具体的推进计划。

一是扩大定制机器范围。经济部由工矿调整处于1943年3月制定了一项定制机器专案，并拨出法币1亿元作为定金，向相关机械生产厂家提出制造价值2亿元机器的定货。截至该年8月，预定第一批制造的机器全部

---

① 李本哲：《重庆钢铁机器业主体的形成及其兴衰》，《抗战时期内迁西南的工商企业》，第111页。
② 中国工业经济研究所：《工业问题座谈会纪要合辑》，《近代史资料》总121号，中国社会科学出版社，2010，第221页。
③ 朱玉仑：《中国钢铁工业之过去现在与将来》，《经济建设季刊》第3卷第1期，1944年。

定齐。这批定货大约达到了后方民营各机器厂全部生产能力的 1/4。

表 4-8　定制机器情况（1943 年）

产品	数量	产品	数量	产品	数量
锅炉	8 座	铣床	18 部	煤气机	15 部
发电机	38 部	鼓风机	17 部	龙门刨床	25 部
变压器	42 具	汽绞车	1 部	钻床	39 部
起动开关	51 具	蒸汽机	8 部	插床	10 部
车床	53 部	配电板	50 具	面粉机	1 部
牛头刨床	54 部	马达	13 部	印刷机	3 部

资料来源：翁文灏著《后方工业现状及其困难》，《战时工业》，第 289 页。

第一批定制机器为发动新的工业建设项目提供了条件。在经济部主导下，在四川创立造纸厂及水力发电厂各 1 所，扩充水力发电厂 2 所，创立西昌水力发电厂 1 所，并供给四川、陕西、新疆专用发电机 3 处。至于其他的定货如工具机、电动机、变压机、锅炉、起重机及鼓风机等，则配售各厂矿，作为扩充或补助设备。上述项目实施的结果，使接受定单的承制厂家不再因为存货而积压资金，而且可以整批生产，降低了制造成本；对于用户而言，接受的货物及时迅速，免去定制、催交及缓不应急的种种困难；对于政府主管机关而言，可兼收分配制造及提高精度之效。

二是推进企业界发动新事业和已有事业的扩充。如筹划推进中国毛纺织厂扩充计划，预计将该厂现有生产能力扩充 10 倍，交由各机器厂大批制造毛纺机器，分期付款，按期偿付，为机器工业创造工作机会。经济部还积极筹划推动，由湘桂铁路沿线各机器工厂与纺织界联合，共同发起建立新的纱厂，共同担任发起人。纱厂采取公开招股的方式集资兴建，不足股份，由各机器厂分任。纱厂的机器由机器厂制造，将来工厂建成，开工生产以后，机器厂可将纱厂股票售出，以充制造机器之资金。如此，可吸引社会资金逐渐投入工业生产。至于新厂之发起及股份之分担，政府亦可参加倡导，以资协助促进。其他工业，如面粉、榨油、麻袋、纸张等厂，均可仿照此项办理。

三是号召企业设法减低产品的制造成本，以争自存。在政府看来，由于过去工作充裕，产品销路无忧，企业注重成本的心理不免减低，甚至认为水涨船高，可以无虞。随着物价上涨，产品销路缩减，社会购买力降低，企业要迅速适应此种环境，设法减低成本，方能推广销路。当局也提出了减低产品成本的具体建议：（1）制造专业化，勿使种类太多，以致准备工作太繁，而分散制造力量。此项办法早经倡导，初步已见成效，尚应循此途径更进一步。（2）各厂专业化后，其能大量制造者，即应添制特种工具及样版，应能出品迅速，人工减少，而精确程度亦随之增高。（3）物料之节省，则在专业化后技术专精，废件及重制均可减免，同时注意管理，力免耗费，均可使物料减少。（4）钢铁所需原料应均属笨重，所耗运费特多，故应改良运输，节省人力，亦可使成本减低。[①]

（三）液体燃料产业的救济办法

国民政府为了挽救液体产业的危机，采取了一系列措施，对液体燃料加以整顿，严格管理，并试图通过行政力量实行救济。这些救济办法和补救措施最突出的一点是力保国营企业和一些效益好的民营企业。其具体措施主要有以下几点。

（1）规范酒精厂的建设，对酒精工厂实行严格登记和管理。1941年2月，经济部及液体燃料管理委员会联合制定《酒精制造业管理规则》，规定："设厂地点，应择原料产地、市场附近或运输便利之区"；"所需原料，当地或其他临近区域足以供给，不致影响原有各厂之生产者"。凡是新设的厂，必须由经济部对其设备、机器、制造方法、生产成本以及原料供应进行审核，合格者方准设立。已经设立的，要限期重新审核登记。对于呈准登记的，经济部随时进行考察，如果发现设备陈旧，成本过高，管理松懈，品质退化以及每月产量不及原有设备生产能力1/2连续达两月者，给予警告，限期改善，或限令停业。经过重新审核，已经在经济部备案的68家工厂，有25家因为不合格而被取缔。

（2）集中收购原料以减低成本。鉴于酒精原料价格日益趋高，为保证原料的供应，早在1939年10月，资源委员会所属的资中酒精厂与四川酒精厂组织驻内江联合办事处，统一采购糖蜜。1942年3月，资委会又成立酒精业务委员会，统一产品销售和原料收购、分配。

（3）加强对原料的管理，并保证国营企业的供应。1941年8月，由于

---

① 《资源委员会公报》第5卷第6期，1943年，第60—61页。

"糖蜜来源日少，黑市价格远超官价，趋势为无从购进"，资委会呈请四川省政府发布命令，准许该会"必要时依照官价直接向漏棚和其他糖蜜囤户收购，统筹分配各处应用"。① 1942 年 11 月 3 日，行政院通过由经济部制定的《川康各酒精厂所需糖蜜桔糖红塘分配办法》，规定红塘、桔糖、漏水为特定酒精原料，不准配作他用，只准酒精厂购用。1943 年 7 月，行政院通过《四川省酒精厂购买酒精类原料办法》，严格划定酒精原料运销区域，明令禁止私运原料出境，所有糖蜜由军政部及资委会所属各厂尽先购买。② 同时，对原料实行严格管制，植物油炼油厂及酒精工厂，要按期申报购进原料和每日售出的成品。

（4）归并调整液体燃料工厂，以减少资金和原料的浪费。从 1941 年起，经济部将部分省营企业改为中央及地方合办，由资委会投资或接办，1944 年 12 月又命令原隶属各军事机关的液体燃料工厂由资委会统一接收，计有军政部所辖各厂 16 家，西康行辕所辖 3 家。经过归并，资委会所属的液体燃料厂达 23 个单位。1944 年，鉴于桐油供应不足，价格上涨，行政院决定停办植物油炼油厂，并由经济部拟具分区分期停办代汽油生产之办法，以节省原料。

除上述措施外，经济部还采取了督促各厂改良制造技术以节约原料，改善厂务管理以节省开支；设法多运玉门矿油以减少酒精用量，以抑制酒精原料价格的上涨；请国家银行宽借各厂流动资金，减少利息负担，以降低成本；请财政部对于酒精厂的土酒税及糖类专卖利益维持现有利率，不再增加，以求原料价格之稳定等措施。③

国民政府管理政策和补救措施的出台，虽然明显滞后，但毕竟是"亡羊补牢"，客观上说，在挽救液体燃料工业危机方面取得了一定的成效。抗战后期，液体燃料工业得以继续发展，从产量上看，无论是石油还是酒精，逐年有所增加，酒精产量从 1941 年的年产 500 余万加仑提高到 1944 年的 700 余万加仑，并维持到抗战结束。特别是资源委员会所属的酒精企业产量增长迅速，从 1941 年的年产约 130 万加仑增加到 1942 年的 280 万

---

① 《资源委员会公报》第 1 卷第 5 期，1941 年，第 48 页。
② 《资源委员会公报》第 5 卷第 3 期，1943 年，第 12 页。
③ 《经济部关于 1943 年 7 月至 1944 年 6 月工作报告》，《中华民国史档案资料汇编　第五辑　第二编　财政经济》（5），第 352—398 页。

加仑，1945年经过调整归并后增加到401万加仑。① 玉门油田原油产量从1942年的1400万加仑上升到1945年的2000余万加仑。当然，政府的补救措施是以牺牲中小民营企业为代价的，从1941年起，民营企业产量在整个后方液体燃料工业中所占的比重越来越小，民营企业停产、倒闭的很多，如甘肃省在经济部登记的9家酒精厂，到1944年底只剩下了3家。

战时液体燃料工业是在战争突然爆发下为应付战时交通运输的需要而匆忙上马的，缺乏必要的科学论证和合理的规划，在资金、物资、技术、人员等方面都准备不足，也缺乏有效的管理机制，整体发展水平很低。战争之初，由于国家需油孔急，在政府的鼓励下，在巨额利润的刺激下，企业蜂拥而上，特别是一些不具备条件的小厂也匆忙上马，导致液体燃料工业发展失衡，造成资金、原料的大量浪费。缺乏有利的环境也是造成液体燃料工业发展缓慢的原因。同时由于设备缺乏、技术落后，整个行业效率不高。以玉门油矿为例，由于所有设备都依赖进口，一旦订购的器材无法运入，生产即陷入困境。缺乏采油工具，油矿无法进行大规模的开采；裂炼设备缺乏，只能依靠自制的蒸馏机，一直到战争结束，其汽油的提取率一直徘徊在20%左右，产量不高。战前和战争爆发后，政府在石油工业中投入了巨额资金，但是巨额的投资没有换来高额的产出，汽油产量远远没有达到战前国民政府制定的年产5000万加仑的目标。四川油矿勘探处到1945年共产天然气100余万立方米，折合汽油37万加仑，比较资源委员会在此的投资额，每加仑汽油需要3.4元，代价非常大。因此有人评价说，抗战时期石油工业是"耗资多，收益小，费力大，工效低"。

因此从整体上看，后方液体燃料工业发展极不平衡。本应作为液体燃料重要支柱的石油工业着手最早，投资最大，但因缺乏经验，走的弯路最多。在四川、陕西一直没有发现大的油源，最有开发价值的玉门油田又由于迟至1939年才正式勘测开钻，动手较晚，地理位置偏僻等原因，影响了其对战时交通运输作用的充分发挥；代汽油、煤炼汽油等工业囿于原料缺乏和技术不成熟，虽经多方试验和努力，最后也几乎不了了之。

此外，资源委员会还竭力推进国营矿产资源开发，于1942年8月公布

---

① 金贵铸：《抗战八年来之酒精工业》，《资源委员会季刊》第6卷第1、2期合刊，1946年，第137页。

《全国矿产勘察办法》之后,又于1943年4月举行全国地质矿产会议,目的是加强地质工作与矿冶工作的相互配合,以利增产,并限定各种重要金属矿业的勘察必须在1943年内完成。资委会还于1943年2月公布《工作竞赛推行委员会工作竞赛奖励办法》,奖励工矿企业举行工作竞赛,以提高生产能力,增加工业品产出。

(四) 促进民营企业增产的措施

(1) 贷借资金。1943年度,由经济部工矿调整处拨款3500余万元贷给民营企业,其中实得贷款最多的是化学工业,次为煤矿,又次为纺织业及机器业,又次为钢铁业,按其用途性质,则以建筑及设备为数最巨。与此同时,四联总处投放工业贷款共20亿元,其中经工矿调整处协助审核后核准的贷款,共为18.4亿元。

(2) 供应器材。一是向国外购进工业必需而大后方不能自制的设备器材,例如煤矿所用之钢丝绳,纺织所用之钢丝针布及刺毛辊筒,造纸用之铜丝网及毛毯,以及橡皮带、电焊丝、硅钢片等,以供民营企业之急用,保障大后方重要工业生产的持续不辍。二是采购大后方工矿企业销路较滞之器材产品,将其转运于其他确有需要的区域,以达到调剂盈虚的效果。此项工作主要由工矿调整处负责。1943年,由工矿调整处材料库向民营企业收购的工业必需器材,共价值1.79亿余元。其中投入1.3亿元以上,采购生铁、元条、竹节钢、纯碱、烧碱等;工矿调整处与新疆省商定,将价值1.5亿元之器材由四川运往新疆,用于在新疆建设纺织、钢铁厂。

(3) 定制机器。1943年,工矿调整处共向民营企业定制了价值1.76亿余元的机器。

(4) 继续实施技工训练计划。抗战以来,国民政府每年拨出一定款项用于后方技工训练,每年培训技工约1800人,其中有300人补助较有规模的民营工厂。在继续实施技工培训计划的同时,实施民营工矿企业技术人员分类登记及对失业人员介绍就业工作,截至1943年底,已登记者2180余人,确已就业者772人。

(5) 对工业器材及设备实施管制。由工矿调整处对企业产品及设备实施普查登记。截至1943年,向工矿调整处登记的大后方工厂共3226家。

登记企业现存产品与材料有：钢料 6300 吨，铁料 8200 吨，钢铁板 1100 吨，钢铁管 285200 米，铁钉 97000 余桶，灯泡 5413 余只等。通过工业登记，使政府主管部门对大后方各民营厂矿的需要及供应能力，有了比较清晰的了解和认识，也可以此作为向相关企业提出具体定制计划及核发准购证、准运证的依据，同时提示企业产品的发展方向和目标，使各行业间的供需有一定可遵循的轨道，避免重要设备器材被无故空置。工业器材及设备的管制，一定程度上减少了工业生产的盲目性，增强了计划性，特别是有助于经济危机下后方工业生产的维系。①

经济部还提出促进建立国内资本市场的设想。经济部认为，对于属于长期投资性质的工业投资，发行企业证券是最为适宜的筹集方式。因为中国尚无工业证券市场，使社会资本与技术双方不易发生联系，如果设立证券市场，则可以按照发起新事业的办法，由金融界及新发起的工业企业通过向社会发行企业证券的方式，获得企业发展所需资金，同时使社会资金逐渐投向工业发展。至于现有厂矿企业，也可以通过证券市场向外吸收社会资本，获得扩充发展的资金。经济部因此将建立证券市场列为"当前要务"。"闻证券市场近已由有关各方筹商推进，倘能见诸事实，则间接对于钢铁机器之销路问题，大有助力也。"

另外，经济部还号召企业纠正投机观念，自力更生发展中国工业。经济部认为，中国工业建设资金不易筹措的原因之一，与社会上一些流行的错误观念有关。特别是抗战后期，一些人以为胜利业已在望，国外机器即可接踵而来，如果按目前法定价格换取外汇，向国外订购机器，较国制机器为廉。比如，美国纱锭售价每锭约在 30 美元，按法价折合不过六七百元，而国产纱锭每锭在 8000 元以上。又如发电机，美国价格每千瓦为 80 美元，折合法币不过 1600 元，而国产发电机每千瓦则需 1.6 万元。相形之下，实觉悬殊。经济部明确表示："在此武力抗战时代，国际运输为量有限，且应尽先运入作战物品，故吾国工业界之任务，更应特重自力更生，尽先使用本国产品，不宜过重依赖此时不能取得之外来供应。"号召后方工业界必须自为努力，切实经营。②

---

① 秦孝仪主编《中华民国重要史料初编——对日抗战时期　第四编　战时建设》（3），第 701—709 页。
② 《资源委员会公报》第 5 卷第 6 期，1943 年，第 60 页。

除经济部作为工业生产主管机构采取诸多解救工业生产困难的措施之外,四联总处也于1943年2月设立原料购办委员会(1944年8月改组为四联总处原料物资购办委员会),设立购料基金,制定《代购生产原料实施办法》、《自购生产原料统筹支配办法》等,并指定各行局投入大量资金,从平抑物价的角度,以为生产企业代购生产原料的方式,利用金融力量,控制物资,以协助后方企业解决流动资金不足、原料供应困难的问题,推动生产。

原料购办委员会购料的形式分为"代购"和"自购"两种。除接受公营、民营生产机关申请购买生产原料借款,经呈报核准后,由指定的行局代为购办外,四联总处原料购办委员会也可根据调查估计生产机关"生产原料之产储量,并就生产机关之生产能力及所需原料数量",由各行局自行"预作适时之采购运储",然后配售给生产单位。自行采购的生产原料以棉花、蚕茧、谷类、五金原料、煤焦、液体燃料及其原料为限。

1943年度,四联总处共购办生产原料总额104715万元,其中由各行局代购原料价值4.5亿多元,自购部分为6.3亿元。其自行采购的价值2600余万元酒精原料,与资源委员会商定合作办法,配给四川、资中两酒精厂应用。1944年,四联总处继续办理并扩大购料资金,其中自购部分在上年度8亿元所购原料售得价款可以随时拨充继续办理购料外,又另增10亿资金,扩大购办生产原料的范围。10亿元指定限于增购棉花、液体燃料及原料、煤焦、纸张、五金原料、食油原料、纯碱与烧碱及其他化学原料等7种主要生产原料,其中棉花4亿元,液体燃料及原料1.6亿元,煤焦、纸张各1.5亿元,五金原料9000万元,食油原料3000万元,纯碱等化学原料2000万元。该年度实际办理约17亿元,包括代购4.88亿元,自购12.16亿元。[①]

资源委员会还与四联总处原料物资购办委员会达成合作购办原料暨垫款收购成品协议,按照协议,购料款总额1.2亿元,购铁砂、煤焦及五金、油料,由购委会按照成本让售予资委会所属各钢铁厂,并由购委会提供垫款9000万元收购钢铁厂所存钢品。[②]

---

① 《四联总处史料》(下),第354、366页。
② 《四联总处史料》(下),第361页。

四联总处统筹购买生产原料的原意在于由官方掌握更多实际生产原料供给，以平抑物价，维持工业生产。但在实际操作过程中，各行局所购物资并未全部及时配售给生产单位，而是自己囤积以谋私利。购办委员会于1945年5月撤销，购买原料业务停办。

二　战时生产局的成立与作用

（一）成立的背景

自1942年开始的大后方经济困难愈来愈严重。据经济部部长翁文灏1944年9月6日向国民参政会所做经济报告："工矿业在二十七年、二十八年、二十九年乃至三十年间，物价虽上涨，而工业生产指数仍照常发展……但自三十一年以迄今日，因运输困难与物价高涨关系，工矿事业逐步入艰苦支持时期。"特别是煤炭、钢铁、机器、电工器材、水泥、碱酸等生产用品类，"目前随工业苦难而销路特艰"。[1] 造成这些困难的原因，既有政府政策的因素，如面对严重的通货膨胀，不敢投入资金推动生产发展，甚至军用品的采购也大幅缩减，需求萎缩；也有交通不畅、运力不足，进一步加剧生产成本的客观原因；更有不法官僚、商人囤积居奇，推动物价上涨。上述各种因素叠加，形成恶性循环，中国大后方的经济确实亟须一番大手笔的改革，以爬出泥沼，为坚持抗战提供物质保障。

就当时国际形势而言，世界反法西斯战争取得重大进展，开罗会议之后国际反法西斯统一战线进一步巩固，中国作为其重要成员，国际地位提高，美国对中国在远东太平洋战场的作用愈发倚重，并对未来寄予更多期待。面对危机中的中国经济，美国需要加大对中国援助力度，以强化中国抗战能力，使其更有效地抵抗和牵制日军。

1944年9月，美国战时生产局局长纳尔逊（D. M. Nelson）奉美国总统罗斯福之命来华考察。纳尔逊来华前罗斯福总统给他的指示中，要求他了解和研究中国当前经济对其继续进行战争的影响，并提出美国的对华经济对策，但重点是研究分析中国战后的经济条件，尤其是战后美国与中国的经济关系。

---

[1] 《行政院公报》第7卷第9期，1944年，第12—13页。

9月6日，纳尔逊与赫尔利（P. J. Hurley）一同作为罗斯福总统的私人代表飞抵重庆，次日的记者招待会上，纳尔逊表示："我等来华主要使命系计划如何于短期间将日本击溃"，并以此作为出发点，"与中国当局商讨目前军事和战后的经济问题"。所谓目前军事问题，就是解决蒋介石与史迪威之间军事指挥权的矛盾，这是赫尔利来华的主要任务。纳尔逊要做的则主要是研究战后美国与中国经济关系问题。但当纳尔逊在重庆会见政府官员、工商业人士，对中国大后方经济状况调查了解一周以后，发现重庆政府当前的经济问题十分严重，帮助中国政府解决当前经济危机成为其首先要考虑的问题，战后中国经济合作被置于次要地位，于是纳尔逊于9月13日向蒋介石提出成立中国战时生产局的建议。

作为美国战时生产局局长，纳尔逊在推动美国经济由平时向战时转换，提高美国工业战时生产能力，为战争提供充分物质保障方面发挥了重要作用。美国战时生产局（War Production Board，WPB）成立于1942年1月16日。纳尔逊是首任局长。美国战时生产局以转换和扩大战前的平时产业、规范和统制战争期间生产、满足战争的需求为目的。其主要任务是维护国家的战时生产设施，帮助国有企业获得军工生产合同和建立贷款记录，指导民用工业生产转换为军用，同时负责钢、铝、汽油、取暖油、金属、橡胶、塑料等稀缺生产资料的配给，禁止不必要的工业生产活动，如尼龙和冰箱的生产，以及控制工资和价格。战时生产局的工作使美国的战时工业得到极大的好转，如丝带厂转为生产降落伞，汽车工厂改为建造坦克、机枪，过山车制造商转为生产轰炸机维修平台等。战时生产局保证工厂能够得到必要的材料，在最短的时间内生产战争所需的物资。美国的巨大生产能力，不仅为其自身参与第二次世界大战也为同盟国集团战胜德意日法西斯提供了物资保障。美国战时生产局的成功，也让纳尔逊对向中国推广战时生产局模式充满信心。

（二）组织与人选

纳尔逊来华之前并无成立中国战时生产局的成案。经过先后与外交部部长宋子文、经济部部长翁文灏、交通部部长曾养甫、财政部次长俞鸿钧等多次会谈，对中国大后方经济状况进行了详细考察，在9月13日中午与蒋再次会见之时，纳尔逊直接提出了设立中国战时生产局的建议。据蒋介石日记记载:"纳氏建议必欲先设立生产局,集中一切生产事权,而后乃有建设经济可谈也。"蒋的感觉是:"此人见解高明,处事笃实,殊为可佩。""其言虽婉,而其意甚严。"蒋"甚佩其言",当即表示"非如此不可",并决定"派曾(养甫)与之切商进行计划也"。14日中午,蒋再次约见纳尔逊,专门"谈生产局与增加空运吨位事"。蒋认为:"纳尔生(逊)此来华协助我经济建设甚热忱,而非其他美国人对我一意指摘而毫无建设之贡献者可比。如果能照其此次之表示如计实施,是乃我建国获一重要一步骤也。"18日,蒋又把纳尔逊、赫尔利二人接到其住处黄山,进一步深入交谈。19日一早,蒋与赫尔利一同登山游览,并同至纳尔逊住处,"详谈经济改革与建设问题,自九时半至十二时止"。① 在此次长谈中,纳尔逊对中国大后方经济提出了系统的评价和政策建议。他认为,中国经济情形甚为严重,但并非无望。阻碍中国后方生产发展的原因,一是紧缩的财政政策,使生产无法发展;二是落后的运输状况,仅有的6000辆卡车也因缺乏零件只有一半可用;三是通货膨胀之下的限价政策。他开出的药方是:仿照美国方式,设立战时生产局,进一步强化对生产的控制与管理,加大对后方工业的投资,美国派遣技术专家来华,协助中国企业提高生产能力,以保障战时军需民用。蒋当场力邀纳尔逊亲自来华主持中国战时生产:"必须君来主持,此事之成功关键在此。""君之来华为中国最大之希望,如君不来,中国似无希望。"②

1944年11月16日,即纳尔逊再度来华的同一天,中国战时生产局在重庆正式成立。中国战时生产局局长则并非蒋此前指派"与之切商"的曾养甫,而是经济部部长翁文灏。

战时生产局设在重庆中央无线电器材厂内,机构设有八大处:秘书处、优先处、材料处、制造处、军用器材处、运输处、采办处、财务处,几乎完全仿照美国战时生产局。不久(1945年1月)行政院液体燃料管理委员会及经济部工矿调整处、燃料管理处也一并划归生产局(工矿调整处2月完全裁撤)。战时生产局各机构及负责人如下:局长翁文灏、副局长彭学沛,秘书处处长吴兆洪(后为吴景超),优先处处长彭学沛兼任,材料处

---

① 《蒋介石日记》,1944年9月14、16、19日。原件藏美国斯坦福大学胡佛研究所,本书所引为中国社会科学院近代史研究所中国近代史档案馆藏抄件,藏所下略。
② 《蒋介石与纳尔逊会谈记录》,《民国档案》1987年第3期。

处长张兹闿,制造处处长包可永,军用器材处处长杨继曾(兵工署制造司司长)兼任,运输处处长王炳南,采办处处长严家淦,财务处处长张悦联。

局务会议是战时生产局最高决策机构,局长翁文灏拥有最后决定权。战时生产局还设有由外交、财政、军政、经济、交通各部部长为当然委员的审议委员会,主席为局长翁文灏。战时生产局吸收相关政府部门负责人参与政策研讨与制定,目的是保障各机关的配合与合作,以减少执行中的扯皮与推诿。为保障中美之间的密切合作,生产局还成立了中美双方人员参加的中美联合生产委员会,由翁文灏、纳尔逊分任正副主任。由财政部和银行代表组成的战时生产财务委员会,主任委员亦由翁本人兼任。另外,生产局还设立了由中外专家组成的技术委员会;由实业界著名人士及政府有关人员组成各类顾问委员会,为战时生产局对于相关各项生产事业提供咨询,先后成立的有钢铁顾问委员会、煤焦顾问委员会、液体燃料顾问委员会、电力顾问委员会、汽车配件顾问委员会等;① 后来还成立了运输优先委员会,常务委员为翁文灏、陈诚、俞飞鹏,主席为翁文灏。② 战时生产局虽然名义上隶属行政院,实际受军事委员会即蒋介石的指挥监督。

全国抗战爆发以后,国民政府的经济主管机构曾有过多次调整,生产局的设立与此前经济机构的调整最大的不同是,这是一个中美合作的产物,而且美国人深度地介入了中国工矿业生产的组织管理。

战时生产局局长的人选,蒋最初指派的是交通部部长曾养甫,最后又改派翁文灏。这其中原因,蒋未明言,可能有三:一是战时生产局成立后所要统制管理的后方工业生产单位,不论国营、民营,基本都在经济部、资源委员会和工矿调整处所辖范围之内,而这三个单位的直接负责人都由翁文灏一人担任。如果曾养甫担任战时生产局局长,不仅机构叠床架屋,而且等于在翁文灏之上又加了一层领导,以曾养甫的年龄与资历,在国民政府的政治生态中,翁文灏会很难接受。蒋在9月19日与纳尔逊的谈话中,也表露出对"曾之资望不足"的担忧。二是曾养甫对战时生产局机构设置的观点与纳尔逊相左。例如,曾意欲将兵工署、资源委员会改隶战时

---

① 《战时生产局最近的工作》(1944年12月30日),章伯锋、庄建平主编《抗日战争》第5卷,第267—273页。
② 重庆《中央日报》1945年2月22日。

生产局的主张，遭到纳尔逊坚决反对。纳尔逊认为，战时生产局应为一联系机关而非执行机关，否则必出问题。① 三是可能也与曾的身体状态有关。从曾养甫1945年初即由于身体原因不得不辞去交通部部长职务赴美治疗的经历看，1944年末之时他的病应已有显现，使得他难以承担如此重任了。

中国战时生产局的成立，是在中国后方经济严重困难的情况下，由美国方面主动建议，蒋介石积极响应的结果。当然不能完全排除蒋欲进一步拉近与美国关系，特别是取得罗斯福的好感以排挤掉史迪威等种种的政治目的在其中，但提高中国战时生产能力、改善后方经济困难的初衷不应受到置疑甚至否定。同样，美国政府增强中国抗战实力，以牵制和消耗日本，减轻其自身远东太平洋方向压力的目标，也是鲜明而正大的，阴谋论的解释不足以服人。

（三）促进生产的措施

战时生产局成立正值纳尔逊第二次来华之际，翁文灏等人与纳尔逊就其工作内容和进行步骤连日进行了详细会谈，制定了《战时生产局组织法》，并奉蒋介石核准实施。据纳尔逊所言，"吾人之第一项步骤，为与中国经济部长翁文灏领导之若干中国官员合作，起草一中国战时生产局之基本法。此项法律赋予广泛之权力，但为蒋委员长所立即赞同。嗣后由行政院及立法院先后通过。吾人于组织及政策方面，与翁文灏博士密切合作，协助为中国军队加紧军火之生产，并协助中国政府，使其获致重工业之合作"。②

组织法赋予战时生产局的职权共有11大项：

一、关于军用品及民用物资之生产事项。二、关于国内外主要器材之购买事项。三、关于生产之优先次序事项。四、关于器材及从事工业人员之支配事项。五、关于紧急军用及民用物资之进出口事项。六、关于军用及主要民用物资国内及国际之优先次序事项。七、关于军用及主要民用原料成品之标准化及节约与原料成品规范之修订及技

---

① 《蒋介石与纳尔逊会谈记录》，《民国档案》1987年第3期。
② 郭廷以：《中华民国史事日志》，1945年12月20日，台北，中研院近代史研究所，1979。

术之改进事项。八、关于军用物资之购储事项。九、关于主要之战时生产所需原料、成品及设备之征用事项。十、关于房屋、公路、公共工程及其他建筑所用器材之限制使用事项。十一、关于生产及购买工业器材及建置工业设备所需资金之决定事项。

其职责范围不仅非常广泛,管得很"宽",而且管得很"严",生产局组织法同时规定:

> 战时生产局所定有关战时生产之计划及办法,各公私战时生产机构及政府管制机关均应照办。战时生产局所定有关生产之优先次序采办及建造方案,各公私战时生产机构及政府管制机关均应照办。战时生产局所定有关战时生产之物品运输方案,各运输机构均应照办。
> 对于供应军用及主要民用需要之生产工业之购买及工业设备之建置,战时生产局有决定其所需要增添资金之权。政府机关或公私事业,倘有为战时生产所需之闲置或过剩重要器材,如拒绝依照战时生产局根据现在法律所订之公平价格售与战时生产局指定之用户时,战时生产局有对上项器材按照既定价格购用之权。战时生产局为执行本法规定任务所需之资料记录等项,应由政府战时生产及统制机关及公私工商机构充分供给。①

翁文灏在回答记者采访时就曾说过:资源委员会和工矿调整处对生产局的指示自应"遵照办理","对经济部可以比较客气些说,是依照办理"。由此可见,与后方军需民用生产有关的一切生产、运输、采购及器材和人员的支配大权,均由战时生产局垄断,而且各相关公私机构"均应照办",不容置喙。

战时生产局成立以后,即紧锣密鼓地展开一连串动作,由局长翁文灏亲自向社会各界介绍成立战时生产局的目的及将要进行的工作,推动措施落实。

11月22日,战时生产局召集党政各机关及金融界开谈话会,说明其

---

① 《中华民国史档案资料汇编　第五辑第二编　财政经济》(5),第85—88页。

成立的目的和重要意义，介绍战时生产局将要开展的工作。22日下午，在国民党中宣部举行中外记者招待会，翁文灏和纳尔逊向社会各界公开报告了战时生产局将要进行事项的步骤。

11月23日，在中国全国工业协会等五个工业团体举行的招待会上，翁文灏与纳尔逊对中国后方工业界提出期望与要求，并相互交换意见。吴蕴初、潘仰山、何北衡、刘航琛、黄炎培、康心如、毛庆祥、王云五等后方工业界重量级人物到会聆听。潘仰山提出：一增加工业资金；二调整国营民营工厂之器材原料；三工业专业化、标准化；四与生产界联合设立生产设计委员会，研讨各项生产问题；五管制与捐税问题。章乃器、胡子昂等表达了工业界之期望与困难甚多。翁文灏表示对所提意见完全接受。

11月29日，翁文灏出席张伯苓主持的国民参政会招待会，向参政员介绍生产局的目的和措施。参政员王云五表示相信："今战时生产局成立，由素具才干之翁文灏先生担任局长，且得纳尔逊先生好意指导，定能获得成功。"纳尔逊则表示："必须在生产及供应获到胜利以后，英勇的中美士兵和指挥作战的将领，他们的素质才能在毁灭日军上充分发扬。我并不认为战时生产局是一切中国经济病的万应灵药，使中国生产重新向上增加，一旦生产向上增加，许多其他中国经济问题都将比较容易解决。"[①]

12月13日，翁文灏又专门举行外国记者会，向国际社会介绍和说明战时生产局"初步工作乃在计划生产及加强其他军需之生产"，并表示："中国政府对于战时大规模与有效之生产极为注意，目的不仅在加强保卫自由中国，抑且要积极准备为反攻及击溃日本之生产工作……其工作之开展，将以战事发展及收复失地为目标。将来各战区之反攻战事，不限于华北华中及华南方面，在东北各省亦必发动战事，故生产局将在全国增加物资生产。"[②]

与此同时，美国来华技术专家对大后方特别是重庆附近的煤矿（天府、南桐等）、钢铁厂（大渡口、中兴、渝鑫等）、小型机器厂、酒精厂、发电厂等分别进行考察，并与中国技术人员合作，解决各企业的若干技术

---

① 郭廷以：《中华民国史事日志》，1944年11月29日。
② 郭廷以：《中华民国史事日志》，1944年12月13日。

问题，以提高产品数量和质量。

11月，偕同纳尔逊来华的14位美国专家中，孔莱出任生产局顾问，其余则以技术专家的名义在各处任职。纳尔逊回国后又挑选第二批专家25人，再以纳尔逊代表团（Nelson Mission）名义于1945年来华。① 从专家的身份来看，主要有三类人，一是钢铁冶金专家，一是酒精燃料专家，还有一类是经济管理方面的专家。这些专家不少人曾在美国战时生产局工作过，他们针对中国战时的军需生产及交通运输存在的问题，协助中国后方生产企业改良生产组织方式，改革管理措施制度，改进生产技术，有针对性地将美国战时生产经验贡献于中国。

战时生产局最主要的任务、最直接的目标就是提高战时中国军需与主要民用必需物资的生产。生产局为此成立了"需要及生产优先委员会"，委员由政府主要需要机关代表充任，主席由局长指定，负责审查需要及生产计划以及国外器材的进口方案等。12月初，生产局又成立了以翁文灏为主任委员、纳尔逊为副主任委员的中美联合生产委员会。中方委员有经济部次长谭熙鸿和资源委员会副主委钱昌照，美方委员为孔莱和杰克伯逊。此外，战时生产局还成立了由中外专家组成的各种顾问委员会，为生产中的各项专业问题提供技术顾问与咨询，如钢铁顾问委员会、煤焦顾问委员会、液体燃料顾问委员会、电力顾问委员会、汽车配件顾问委员会、机械工业顾问委员会和电工器材顾问委员会等。纳尔逊本人还被聘任为国民政府高等经济顾问。②

针对当时后方工矿业存在的问题和困难，战时生产局对症下药，采取了一系列促进生产发展的措施。③

其一，采用预付定金的方式，向有能力生产的企业订货，以鼓励和刺激生产。生产局以提高战时后方工业生产能力为最直接的目标，而当时后方工矿生产企业面临的最大困难还不是生产能力不高，而是缺乏流动资金周转，无力购买原材料，企业开工不足。而那些银行、钱庄热衷流动性强的商业贷款，不愿贷款给生产企业。或者因贷款利息负担过重，生产企业利润空间被挤压殆尽，甚至于赔本经营，生产热情不高。美国人的方案

---

① 见《1945年美国纳尔逊代表团访华史料选》，《档案与史学》1998年第5期。
② 重庆《中央日报》1944年11月28日。
③ 章伯锋、庄建平主编《抗日战争》第5卷，第268页。

是：由政府出资，根据需要向有能力生产的企业订货，以鼓励和刺激生产。但是财政部则以通货膨胀为由，反对直接由政府财政拨款。为此，战时生产局与交通、中国、邮汇、中信四行局于12月中旬签订合约，以透支的形式获得100亿元资金，用于战时生产局向各生产厂家定制军用及其他重要设备、储购器材的垫款和订货款，至于为生产所需之周转金额，则仍由各行另行贷借。到1945年3月前，战时生产局与各有关厂家订定生产合同，共计支付17.6亿多元的预订款，用于订购军工器材，如大小手斧、镐、圆锹、甲雷壳、刺刀等共约110万件；制造必需的主要原料，如钢铁材料1230吨，非铁金属如铜、铝、锌，轻钢轨、轻便矿车及其他汽车配件、纺织品、化学品、木料等。

其二，购储与作战有关的物资，打击囤积居奇。由于后方通货膨胀严重，原材料与工业器材价格飞涨，一些企业或商人不事生产，转而从事投机生意，将稀少的原材料或工业器材囤积居奇，待价而沽，使有能力和愿望从事生产的企业由于不能以合理价格得到原材料和必要器材，或坐吃山空或关门倒闭。生产局的权力之一："政府机关或公私事业，倘有为战时生产所需之闲置或过剩重要器材，如拒绝依照战时生产局根据现在法律所订之公平价格，售与战时生产局指定之用户时，战时生产局有对上项器材按照既定价格购用之权。"至1945年3月，战时生产局已付"储备器材定金及价款"共1.64亿多元，购储了"镀锌铁线、电话机、铜炼炉、纯麻纤维节絮套、纯碱"等。

其三，向企业提供工业设备租贷服务。为充分利用公有设备及来自美国的租借法案物资，战时生产局制定《工业设备租贷办法》7项，将公有工业设备租贷于各厂矿，与之订立规约，规定具体用途、生产目标及其他必要条件，既增加了企业的生产能力，又可减少企业购置设备资金。

其四，筹垫资金。战时生产局制定《垫助资金办法》，在必要之情形下，对各厂矿予以资金之短期垫助。1945年3月止，战时生产局向酒精业务委员会、煤焦管理处、资渝钢铁厂，以及为复厂和增加煤炭产量项目提供短期垫款达8.01亿余元。

其五，协助技术。战时生产局厘定制造规范，一切成品集中检验及标准化，协助同性质之小工厂联合生产，鼓励各大厂专业化，以提高品质，减低成本，自美国聘请钢铁、炼焦、酒精、化工、纺织、电力、石油、机械、非铁金属等专家，分赴各厂矿，实地指导其技术改进。翁文灏对美国钢铁专家对增加中国战时生产做出的贡献给予了高度评价。

其六，代筹需要。对后方企业所需原料及器材而国内不能生产的，战时生产局提倡利用代替品，或由国外输入，或奖励研究试制，如硅钢片、变压器油等。

据翁文灏报告，战时生产局的这些政策措施收到了一定的效果。

（四）国内物资增产

战时生产局成立以后，采取了一系列有针对性的措施，收到较好的效果，官方生产情况有所改善。

（1）钢铁工业。战时生产局认为，钢铁是制造军用器材及其他民用物资最主要的原料，必须积极增产，而数年来后方钢铁工业不能充分发展的原因，在于原料短少，设备简陋，运输困难，以及市场缺乏。在与美国专家充分研讨之后，战时生产局提出了有针对性的增产办法。

在提高生铁生产能力方面，采取的主要办法为：增加采矿设备，以充裕焦炭及铁矿之来源；改进生产技术，采用蜂巢式炼焦炉，以改善焦质，节约煤炭原料；充分利用轻便铁轨及水运，改善运输条件，以期增加供应。在经营管理上，按照各企业原料品质、炼炉大小，通盘计划各厂所生产生铁种类与数量，以达到产销配合之目的。预计1945年铁产量可达3.4万吨，比上年增加2倍。[①]

在钢的生产方面，为增加原料供应，实行资助各厂自行采购和生产局采购分配各厂使用两种办法，其中资助中国兴业公司购土铁1000吨，为电化冶炼厂代购400吨，同时自购生铁200吨，以供分配各厂之用。[②] 同时在美国专家帮助下，通过技术改进，增加或补充各厂碾轧锻制及铸造设备，以增加钢品的种类，提高镀锌电话线、飞机炸弹、钢皮、钢板、电解铁皮等产品的生产能力，以适合于兵工生产之需要。

---

① 章伯锋、庄建平主编《抗日战争》第5卷，第267—273页。
② 本段及以下几段，见《战时生产局半年工作报告》，台北"国史馆"藏档：001-042000-0019。

表 4-9　后方钢铁产量

时期	铁（吨）	钢（吨）
1944 年 11 月	1462	1460
12 月	1635	1217
1945 年 1 月	1605	1939
2 月	1958	1482
3 月	2065	1900
4 月	2203	1836
5 月	2125	2246
6 月	2936	1510

在非铁金属方面，铜、铅、锌均为战时急需而后方生产远不足以供给需要的物资，为增加产量起见，战时生产局向滇北矿务局提供 5500 万元贷款，以添置开矿器材与运输设备，增加生产能力。至 1945 年 6 月底已定购生铜 120 吨，年底前可望再生产 120 吨。另外设法恢复旧原料如铜币的收购，至 6 月底已收到旧铜料 250 吨，年底前尚可续收 250 吨。战时生产局以每年产锌 300 吨为目标，向川康矿务局贷助 5000 万元，到 6 月底已实现出产 150 吨的目标。另外滇北矿务局也有 80 吨的产量。

（2）煤焦业。战时生产局指出，煤炭生产最困难的问题是运输能力不足、生产机械设备缺乏和井下工程未能充分发展。为提供企业生产能力，战时生产局采取的措施为：一是简化贷款手续，向企业提供垫助资金；二是协助各矿充实或改良设备，如换装锅炉、添置蜂巢式炼焦炉等；三是同时改定煤炭价格，使企业按照限价出售，同时公布奖励嘉陵江区春节前后增加产运煤炭办法。例如，战时生产局贷款 3000 万元给宣明煤矿，以供其建筑公路直通川滇东路，方便将煤运往昆明。嘉陵江区所需煤炭供应量的 40% 来自天府煤矿，为增加该矿动力供应，保障生产，战时生产局向天府提供 3 具锅炉。生产局还协助天府、建川等矿开凿新的矿井，发展井下工程，为未来增产提供基础。

表 4-10　后方煤炭产量

单位：吨

时期	四川	云南	陕西	贵州	其他	总量
1944 年 11 月	188430	19000	45000	17000	75000	344430

续表

时期	四川	云南	陕西	贵州	其他	总量
12 月	190250	19000	46000	17000	75000	347250
1945 年 1 月	186340	19000	45000	17000	75000	342340
2 月	170680	17500	42000	15000	75000	315180
3 月	194000	19000	45000	17000	75000	350000
4 月	217000	20000	45000	18000	75000	375000
5 月	225500	21000	45000	18000	75000	384500
6 月	228600	21500	45000	20000	75000	390100

（3）电力工业。因为工矿企业开工增加，对电力需求更多，特别是重庆、昆明、成都等地尤为迫切。为解决后方电力供应不足问题，战时生产局采取两项措施：一是在各地增设新发电机。战时生产局充分利用航空委员会、兵工署及云南锡业公司向美国订制的九套 1000 千瓦新发电机，分别装置于重庆、昆明、成都，以增加发电能力，同时督促自备发电设备的工厂，如中央造币厂、第五十兵工厂、大渡口钢铁厂等，将剩余电力供给民用。二是改进现有电厂发电情形及效率。在美国专家协助下，战时生产局实施对相关发电企业发电设备的改造计划。例如，改善第五十六兵工厂锅炉内部构造，协助军政部第一纺织厂修理透平发电机，建议第二十一兵工厂修理并装用 675 千瓦蒸汽透平机，添增机件以增加发电量等。

表 4-11　后方发电量

时期	度数（千度）
1944 年 11 月	15617592
12 月	16237636
1945 年 1 月	16813841
2 月	15680865
3 月	16868677
4 月	16892450
5 月	16901720

（4）液体燃料。为提高后方运输能力，在租借法案项下中国进口了大批美国卡车，因此对液体燃料的需求激增。为激励企业增加产量，保障液

体燃料供应，战时生产局采取了三项措施：一是资金协助。生产局向企业增加定货定金1.4亿元，还贷给企业流动资金5亿元，贷给设备费2.5亿元，同时并商请四行提供额度为18亿元的贷款等。二是设法鼓励杂粮种植，增加原料供给。酒精增产的一个困难是受到原料的限制。酒精原料百分之七八十为土酒，另百分之二三十为糖蜜。经过努力，后方的杂粮种植面积较上年增加三成，为提高酒精原料供应提供了可能。三是未雨绸缪，设法增加储存设备。战时生产局向美军洽借汽油空桶5万只，同时建造储酒精池，以免因缺乏容器而影响酒精产量。1945年1—3月，后方共产酒精约500万加仑，较上年度同期增产60%以上。战时生产局预计，1945年度酒精产量将达到3000万加仑。①

表4-12　后方液体燃料产量

单位：加仑

时间	汽油	煤油	柴油	酒精	代汽油	代柴油
1944年6月	391639	252674	20073	741000	6961	18850
7月	538233	200600	53225	902000	42500	49490
8月	560348	234479	29150	978000	23515	44970
9月	542500	251450	9032	1085000	8572	33050
10月	308395	147708	5900	1337000	8465	25255
11月	286000	130425	7102	1370000	26011	79074
12月	182800	66824	6206	1367000	28770	90487
1945年1月	167100	83790	1905	1573500	17136	60106
2月	125100	57950	2308	1634500	8432	20446
3月	378365	101384	7786	1783400	19800	49500
4月	322308	122111	21296	1413000	11060	84250
5月	384515	171815	59966	1758100	8000	90300
6月	346590	146075	23128	1877800	20000	91000

资料来源：《战时生产局半年工作报告》，台北"国史馆"藏档：001-042000-0019。

（5）兵工器材。战时生产局的增产工作分为两项：一为充实兵工厂设备，与美国专家检讨协助改进工作效率；二是扶助民营工厂从事军工生

① 本段及以下，见章伯锋、庄建平主编《抗日战争》第5卷，第267—273、285页。

产。除兵工署所属各厂外，另由兵工署提出要求代为定制兵工器材：82厘米的迫击炮弹84万枚，大小斧8万把，大小十字镐60万只，大小圆锹60万只，钢丝剪4.8万把，地雷16万枚，刺刀30万把等，交与从事兵工器材生产的国营及民营工厂，由兵工署发给图样及规格。截至3月，已支付定金贷款16.26亿元。

（6）其他方面。对于迫切需要的各种小型粮食加工机，如碾米机、磨粉机及蔬菜去水设备等机械，也筹划积极生产，例如，为军粮供应携带方便起见，战时生产局设计完成5吨和10吨容量的去水设备各一套。鉴于后方棉花缺乏，战时生产局提倡并设计棉麻混纺布，以节省棉花，并由该局与申新纱厂及花纱布管制局定制了货值1597万元的二十磅棉麻混纺布3600码。为增加汽车配件供应，战时生产局与战时运输管理局的汽车配件总库订立合同，由该库开具需要的汽车配件种类及数量，战时生产局垫款3亿元，向各生产企业定制汽车配件，由汽车配件总库分配。生产局还与中国制酸厂商议决定，由该厂出资增加设备，由生产局美籍专家艾伦协助提供技术支持；与嘉华水泥厂商定，由战时生产局贷款3000万元给该厂，以扩充设备增加生产能力。

战时生产局的工作也得到了民营企业家的肯定。据民营企业家颜耀秋回忆，1944年后方工厂越来越做不下去了，中小厂倒闭的越来越多，就在大家都认为经济要垮台了的时候，局势有了转变。"1944年秋天，战时生产局成立了。局长由翁文灏兼，副局长为彭学沛，业务由张兹闿负责。"战时生产局以几个大厂为中心厂，中心厂下面各有几个到几十个附属厂。生产局根据中心厂的生产设备和能力，提供军工定货任务，"在第一季开始时议定价格，材料由他们保证供给，工缴利润部分预付80%，实际上等于工资及其他开支全部预付，仅20%利润待交货后付清。这样厂家只承担利润部分的风险，其他可以未雨绸缪，不致受物价波动的影响了。价格由我们同业大家公开评议，估定后由他们审核。以后第一季度调整一次。我们有了固定生意，就好有计划地生产，非但能保本，而且也有了盈余。原来不知有多少厂预计熬不过年关的，这一下也破涕为笑，欢度春节了"。

资金问题是后方工业生产停滞的重要原因之一。生产局成立之始，从交通、中国、邮汇、中信四行局获得100亿元的透支额度，作为订货垫款、储购器材之用，至生产所需的周转金仍由各行另行贷借。因此，战时生产局派代表参加四联总处放款小组会,随时了解联络。

战时生产财务委员会制定了生产局财务方针,规定了垫助基金办法,将该局垫助资金种类分为短期垫款、长期资金两项。其中政府机关、国营机构为实行生产局核定生产程序需要追加预算或增资而未能及时领到款项时,可以向该局申请垫款;至于公私合营或民营企业,生产局认为必要时,也可予以资助款项,使其完成生产。自成立至 1945 年 3 月底,战时生产局拨付的资助款项达 27 亿多元,其中代付购料定金及贷款 17.64 亿多元,储备器材定金及价款 1.64 亿多元,短期垫款 8 亿多元。

(五) 国外物资的采办与分配

战时生产局的另一项重要工作是负责国外进口物资的采办与分配。战时生产局被赋予审定国外物资进口之权,无论任何机关,未经战时生产局审定,无权擅自从国外购运货物。这其中又分为美国租借法案内申请、国外借款内订购和现款购办三大类。

(1) 租借法案内申请物资。中国战时生产局成立后,原由军事委员会运输会议国际物资组负责的对租借法案内进口物资申请的审核及分配,移归该局接办。各机关向美国洽订租借法案物资,除军械制成品由军事机关核定外,其余均归由该局核定并向美方提出申请。战时生产局采办处内设国外物资组,承担请购申请具体事务的办理。以前空运昆明的物资系由滇缅公路局代办接收,自 1945 年 3 月一律改由生产局接办,集中接收,再行分配各机关。

截至 1945 年 6 月底,经生产局会同美方代表共同审定并向美方送交的 1945 年度物资申请清单共计 10 万余吨(已剔除 8 万余吨)物资。其中美方已同意在租借法案内供给者有 37095 吨,正在申请者有 14196 吨,改作现款购办者 11166 吨,尚待申请者 37548 吨。此外,还有各机关临时需要的零星物资,共 8177.28 吨,亦经生产局审查并向国外提出。为平抑物价起见,生产局还在租借法案内向美国订购了 5600 万码(约 9300 吨)布匹。①

(2) 国外借款内订购物资。国外借款内订购物资,是指美国租借法案

---

① 本段及以下几段,见《战时生产局半年工作报告》,台湾"国史馆"藏档案:001 - 042000 - 0019。

以外的国外借款购料。这项工作也改由战时生产局负责统一审查。具体内容主要是：由财政部在1944年英国5000万镑借款内，向英洽定拨出2000万镑，用于中国各机关向国外订购物资之用。后由各机关将所需采购物资共达103449.67吨估计总值约16560948镑清单，开送生产局。生产局审查剔除了1111.10吨，然后送交英国联合供应代表带返英国。另外，在1944年英镑借款内，战时生产局还代花纱布管制局在印度采购约3280吨棉花，代粮食部订购了20万只麻袋，并代军医署订购了1144座帐篷。

（3）现款购料。战时生产局成立以后，以前各机关临时以现款向国外购运货物，由中央信托局为购料代理人及申请出口证的办法予以取消。新办法是由战时生产局集中审查，然后转交各国驻华代表办理。截至1945年6月，已审查通过的各机关现款购料共达8877.09吨。

所谓进口物资的分配，系指进口物资由印度空运至国内的吨位分配。这也是战时生产局当时备受瞩目的一项工作。因为中印间"驼峰"航空运输的运力有限，空运吨位成为最热门的资源，各机关单位争先恐后。战时生产局成立以后，空运吨位的分配工作于12月由运输会议移至生产局负责。当时的"驼峰"航线上，除美军运输机负责的军用物资运输外，中国航空公司由印度飞往国内的运输量为每月2000吨。但是因为美军运输机运量不足，中航公司每月要划出1000吨位的运量，运输军事方面急需内运的武器弹药，所以战时生产局实际可资利用运输"其他器材"的运量，每月只有1000吨位。从兵工生产所需设备器材，到汽车配件、法币钞票，这些"其他器材"包括范围非常广泛。而这有限的运力，往往又因天气等原因而被迫取消，无法兑现。

表4-13 中印空运进口物资分配与实际运量

单位：吨

月份	1		2		3		4		5		6	
物资类别	分配数量	实际运量	分配数量	实际运量	分配数量	实际运量	分配数量	实际运量	分配数量	实际运量	分配数量	实际运量
紧急械弹	1000	937	1000	760	500	793	500	无[1]	—	249	—	—
兵工器材	300	230	208	268	205	205	300	无	790	368	800	695

续表

月份 物资类别	1 分配数量	1 实际运量	2 分配数量	2 实际运量	3 分配数量	3 实际运量	4 分配数量	4 实际运量	5 分配数量	5 实际运量	6 分配数量	6 实际运量
钞券及器材	200	164	144	122.5	160	160.5	186	20[2]	190	77	200	256.5
军用交通通信	50	40	32	28	—	—	45	无	45	18	45	37.5
普通交通通信	70	56	40	34	80	106	120	20	120	61	120	97
军用医药	—	10	20	17	—	—	20	20	15	7	40	32
民用医药	30	24.5	15	14	8	8.5	15	10	15	6	15	13
航空器材	50	40	32	27	32	32.5	40	10	40	16	45	36.5
汽车配件及轮胎	130	110	100	87	80	81.5	80	30	60	28	50	40.5
军需被服	50	50	88	75	106	75.6	500	—	—	—	30	24
工矿器材	40	32	15	20.5	24	24.5	30	20	45	19	50	40
客运飞机油	80	77	72	72.5	64	70	100	40	100	149	100	99.5
盐产器材	—	—	24	25	32	32.5	35	15	35	15	35	28.5
战时生产器材	—	—	—	—	—	—	20	10	35	14	40	32.5
花纱布	—	—	—	—	—	—	—	—	1000	784	909	763.5
纱布、军服	—	—	—	—	500	266.9	500	无[3]				

续表

月份	1		2		3		4		5		6	
物资类别	分配数量	实际运量	分配数量	实际运量	分配数量	实际运量	分配数量	实际运量	分配数量	实际运量	分配数量	实际运量
空运投粮	—	32.5[4]	—	2[5]	—	—	—	—	—	—	—	—
其他	—	—	—	4.5[6]	9	7.5	9	5[7]	10	10	21	12
总计	2000	1803	1800	1557	1800	1864	2000	200	2500	1821	2500	2172

说明：[1] 蒋介石电令专案。
[2] 包括6吨黄金。
[3] 行政院长宋子文谕令借予紧急械弹吨位。
[4] 滇缅公路投粮。
[5] 保密（云南保山至缅甸密支那）公路投粮。
[6] 政治部放映机。
[7] 包括教育部图书材料0.5吨、政治部放映机等6吨，军令部0.33吨。
资料来源：《战时生产局局长翁文灏的报告》，台北"国史馆"藏档：001-042000-00018。

生产局的工作重点是"战时军事急需各种材料之生产及适当分配，并认真改进重要工业产品的制造方法和技术，以期提高效率，增多产量，改善品质，同时致力于推进基本工业的建设基础及初步工作"。[①] 它的设立及成功运作，最直接的作用就是给日渐衰弱的中国后方工业注入一剂强心针，提高了中国抵抗日本侵略的军事与经济实力。战时生产局比较理想地实现了设立之初的目标，即扭转了后方工矿生产下滑萎缩的局面，提高了后方工矿业生产能力、工业管理和技术水平。战时生产局的成功，一定程度上也间接增强了中国政府与人民抗战必胜的信心，强化了反法西斯同盟国统一战线内部的联系，提高了中美之间的依赖与相互信任。

另一方面，战时生产局的工作也扩大了政府工业统制的范围，强化了工业统制的能力，对战后国民政府国营经济垄断地位的形成起到一定加速和催化的作用。不可否认，战时生产局主导下的国家统制经济的强化，压缩了民营资本的生存空间。因为在增强后方工矿业生产能力，增加产品数量提高质量，为抗战提供有形物质力量的同时，也使得国营资本成为最大的受益者，相对而言，民营资本被进一步控制，失去更多自

---

① 《战时生产局半年工作报告》，台北"国史馆"藏档：001-042000-0019。

由经营空间。

自中国开始近代工业化进程以来,中央政府经济上还从来没有过与外国政府如此紧密联系与合作的经历,这也使得美国最深度地了解中国工矿业的生产能力和水平等经济情报,并直接介入其中。蒋介石对此极为敏感,认为:"纳尔逊要求经济材料中有外汇及发行数,可知美国实想控制我财政也。"① 后来翁文灏在回忆中也对美国人的做法提出批评:"我这个局长,既受美国顾问的挟持,更受纳尔逊的监督,名为中国长官,实为美国人监督下的工具。"② 但是,将战时生产局说成"以政治联姻为目的的经济合作","饮鸩止渴",产生了无穷的后患,甚至将战后"美国独霸中国市场,美货泛滥,严重打击了中国的民族工业,使中国经济日益恶化"③ 的账算在战时生产局的头上,还是有失客观和公允。

1945年8月日本宣布无条件投降后,战时生产局停止付款定货,专心催收先前的定货,结清本息,交还银行,于1946年3月正式结束了16个月的历史。④ 虽然其存在时间极短,但对于抗战时期的后方经济特别是工业生产的影响还是巨大的。

---

① 《蒋介石日记》,1944年9月10日。
② 翁文灏:《重庆战时生产局与美国援华政策》,《文史资料选辑》第17辑,第71页。
③ 李湘敏:《抗战时期重庆战时生产局的建立及其作用》,《中国社会经济史研究》1999年第4期,第82页。
④ 李湘敏认为重庆战时生产局自建立之后仅存在了10个月。事实上,战时生产局是按其组织法中"本法自停战之日起六个月失效"的规定,于1946年3月结束的。

第五章
敌后根据地的经济

1937年全国抗日战争爆发后，在国共合作共赴国难的大前提下，中国共产党领导的八路军、新四军及其他人民抗日武装，在敌后开展独立自主的游击战争，并先后在华北、华中、华南等敌后地区建立了20多个抗日根据地。到抗战胜利时，中共领导的敌后根据地总面积达100万平方公里，人口近1亿。在这些敌后抗日根据地，中国共产党不仅建立起抗日民族统一战线的民主政权，而且确立了抗日民族统一战线的经济政策。在抗日救国十大纲领这一总方针以及毛泽东提出的"发展经济，保障供给"的经济工作和财政工作方针指导下，敌后根据地实行减租减息的土地政策，开展互助合作运动、大生产运动，发展农业生产；建立起独立自主的金融货币体系；执行"对内自由，对外统制"的贸易政策；反对和抵制敌伪及国民党的经济封锁，同敌人进行了封锁与反封锁的经济斗争，保护了根据地的经济发展；在财经工作中废除了过去的苛捐杂税，贯彻执行有钱出钱的合理负担政策；实行公私兼顾政策，积极发展根据地的工商业，建立和促进了新民主主义经济的发展，为敌后抗日根据地的巩固和扩大，为抗战胜利奠定了物质基础。

中共领导建立的陕甘宁边区及各敌后抗日根据地，大多是偏僻贫瘠、经济基础非常薄弱的地区。抗日战争进入相持阶段后，敌伪不断加强对抗日根据地的"扫荡"、"蚕食"、"清乡"，实行"三光"政策，给敌后根据地的经济造成极大破坏。皖南事变后，国民政府也断绝了对中共边区政权和军队的财政拨款，并且对根据地实行经济封锁，边区和根据地经济环境更为困难。为了克服经济困难，巩固和扩大敌后抗日根据地，中共中央、陕甘宁边区及各抗日根据地政府，出台了一系列发展根据地经济的政策和法规。中国共产党及其领导的各抗日根据地民主政权，"一面打击敌人，一面实行生产"，制定并实施了土地政策、财政税收政策、私营经济政策、劳动政策等诸多方面经济政策。这些经济政策与中共政治上的统一战线政策是相辅相成的，其最突出的特点就是，它既是战时的又是统一战线的。

第一节 减租减息运动

抗战时期，中国共产党经济政策中最重要、最突出的一点，就是在敌后抗日根据地实行减租减息的土地政策。这是中共抗日民族统一战线总政策的组成部分，也是中共在抗日战争这个特定的历史阶段对农民土地问题的基本政策。

基于卢沟桥事变后国内形势的变化和第二次国共合作局面的形成，为联合一切反对日本帝国主义的社会阶层，同他们建立起抗日民族统一战线，中国共产党把土地革命时期各苏区革命根据地的没收地主土地分给农民，实行耕者有其田的土地政策，转变为地主减租减息、农民交租交息的"减租减息政策"。减租减息政策不仅是一项经济政策，也是中国共产党抗战时期的政治方略。它的实行，不仅有利于削弱封建剥削，减轻农民负担，以适应农民改善生活的要求，同时又相当程度上维护了地主富农的经济利益，有利于争取和团结一切抗日力量，推动敌后根据地抗日民族统一战线的形成和发展，为争取抗战胜利奠定了坚实的基础。

减租减息政策的形成及其实际执行并非发生于一夜之间，也经历了一个发展变化过程。减租减息政策最早出现于第一次国共合作的大革命时期。中共最先在广东农民运动中提出减轻农民地租担负25%的口号，即所谓"二五减租"，亦称"四一减租"。北伐战争时期，湖南各地的农民，也开展了减租减息的斗争。在中国共产党推动下，1926年10月，国民党联席会议做出"减轻佃农田租25%"，"禁止重利盘剥，最高利率年利不得超过20%"的规定。减租减息成为大革命时期国共两党的一致主张。因此，在第二次国共合作局面形成之际，中共重提二五减租，作为抗战时期解决农民土地问题的政策。

1935年12月，中共中央政治局瓦窑堡会议正式确立抗日民族统一战线路线之后，中国共产党开始逐步调整土地政策，做出了许多重要的改变，如富农政策、小地主政策、分析阶级及一些特殊问题的决定等。1936年7月22日，中共中央发出《关于土地政策的指示》，提出"为要使土地政策的实施能够实现清算封建残余与尽可能的建立广大的人民抗日统一战线的目的",对现行土地政策要给以必要的改变。这个指示首先改变了以往苏区土改中地主不分田的政策,规定:一切汉奸卖国贼的土地、财产等全部没收;对地主阶级的土地、粮食、房屋、财产一律没收,没收之后仍分给以耕种份地及必需的生产工具和生活资料,地主耕种份地之数量与质量,由当地农民群众多数的意见决定之;对于自由职业者、技术人员、教员、医生、学生、小商人和手工业者等小业主的土地不应没收;富农的土地及其多余的生产工具(农具、牲口等)均不没收;等等。

在1937年2月10日《中共中央给中国国民党三中全会电》中,中国共产党在同意"在全国范围内停止推翻国民政府之武装暴动方针;苏维埃政府改名为中华民国特区政府,红军改名为国民革命军,直接受南京中央政府与军事委员会之指导;在特区政府区域内实行普选的彻底的民主制度"的同时,也对土地政策做出承诺:"停止没收地主土地之政策,坚决执行抗日民族统一战线之共同纲领。"同年5月,在延安召开的党的白区工作会议上,刘少奇在《关于白区的党和群众工作》的报告中透露,中央已将土地革命政策改为减租减息政策。

七七事变爆发后,中共中央在1937年8月1日《关于南方各游击区域工作的指示》中,提出了停止没收地主土地财产,和实行减租减息减税等合法斗争方式的要求。同月召开的中共中央政治局扩大会议即洛川会议,讨论制定了体现中国共产党全面抗战路线的《抗日救国十大纲领》,明确提出了以减租减息政策作为抗战时期解决农民土地问题的基本政策,中国共产党抗战时期的土地政策正式形成。10月16日,刘少奇又发表《抗日游击战争中各种基本政策问题》一文,对这一政策进行了更具体的阐述。刘少奇指出,因为民族危机的紧迫,为了联合国民党及其他一切党派共同抗日,中共停止没收地主土地的政策。在游击战争根据地的区域中,没收汉奸的土地分配给无地及少地的农民;逃走的地主的土地,无租息的分配给农民耕种;地方公有的土地,分配给农民;颁布普遍减租的法令,规定最高租额,减租至最低限度;保障农民佃耕土地之永佃权;等等。

减租减息政策,一方面要求地主减租债主减息,以减轻农民的封建剥削,减轻农民的负担,改善农民的基本生活状况,调动农民抗日的积极性;另一方面要求农民交租交息,顾及地主、债主的利益,以团结地主阶级，发动全民抗战，建立和巩固敌后抗日根据地。

虽然全国抗战之初中共中央就已经明确提出了停止没收地主土地，实行减租减息的土地政策，但是因为中共领导的各敌后根据地地域分布广泛，各地差异很大，即使在同一个根据地，各地区情况也不完全一样，因此这一政策的贯彻与实施并非一蹴而就，而是伴随着抗战形势的发展和敌后抗日根据地的不断扩大与巩固而逐渐展开和深入的。

1938年2月10日，在八路军以晋东北五台山为中心创建的晋察冀边区，边区行政委员会颁布了《晋察冀边区减租减息单行条例》，开始执行减租减息政策。条例规定：地主的土地收入，不论租佃、伴种，一律照原租额减收25%；此前所定利息收入，不论新债旧欠，年利率一律不准超过1分（即10%）；地租一律下缴；严禁庄头剥削；大粮、小粮、小租、送工等额外附加，一律禁止；高利贷一律禁止；租斗以通用公斗为准；地主未得租户、佃户或伴种户的同意，不准将土地转租、转佃、转伴种于他人。由此，减租减息在晋东北、冀西、察南和冀中广大地区相继展开。到1940年上半年，晋察冀边区的北岳区大部分地区实行了减租减息，其中第一、二、三、五专区的16个县中，总计减息32万余元，第二、五专区有1840余顷土地实行了减租，减租额达12290石粮食。①

然而，全国抗战初期，各抗日根据地尚处于初创时期，由于战争形势残酷，政权初建，百事待兴，根据地的工作大多集中于发动游击战争上，对改善农民生活的重要性认识不足，缺乏群众工作经验，并没有将落实减租减息政策作为工作的中心。因此这一政策最初只在群众基础较好的少数根据地得到了初步实行。大部分根据地把减租减息当作一种政策宣传，处于宣传和发动阶段，没有普遍认真彻底地实行，或者只是发布了相关法令并未实行，或既未发布法令，更未动手实行。同时，由于农民没有发动起来，他们不了解中国共产党的土地政策，或者存在思想顾虑，不敢主动站出来与地主交涉，争取自身利益；而地主中普遍存在着消极抵抗态度，一些地方甚至出现明减暗不减的现象，结果造成群众的积极性不能发挥，根据地无法巩固。例如，虽然1937年3月以后，陕甘宁革命根据地就停止了没收地主土地的政策，陕甘宁边区政府成立以后，边区也只是规定："甲、

---

① 黄韦文：《关于根据地减租减息的一些材料》，《解放日报》1942年2月11日。

凡地主土地在工农民主政府时代未被没收的,再不没收,土地所有权仍属地主。乙、已被没收了土地和房屋的地主回到边区来,可由政府分给与一般农民一样一份的土地和房屋并享有公民权。丙、出租土地给农民,只要地租不苛刻,政府不加任何干涉。"[1] 即便如此,仍有一部分地主豪绅不明大义,利用边区政府的统一战线政策,采取各种方式,强迫农民交还已被没收的土地、房屋、耕牛、农具等,偿还已被废除的债务和地租。另外,也有若干地方则犯了"左"的错误。

为了使减租减息政策在所有条件允许的地区都得到贯彻实施,针对这些情况,中共中央1939年11月1日做出《关于深入群众工作的决定》,明确指出:为了进一步发动和依靠群众,克服当前困难,争取抗战的彻底胜利,"在八路军、新四军活动区域,必须实行激进的有利于抗日民众的经济改革和政治改革"。经济改革方面,必须实行减租减息、废除苛捐杂税,以改善人民生活。已经实行的,必须检查实行程度;尚未实行的,必须毫不犹豫地立即实行。决定要求各地党组织和抗日民主政府,首先应该做好对农民群众的宣传、组织与发动工作,帮助农民提高觉悟,学习和掌握抗日民主政府颁布的有关政策法令,引导农民维护自身的合法权益。根据这一指示,从1939年冬季开始,减租减息运动在中共领导的敌后各根据地陆续普遍地开展起来。

例如,1940年2月,晋察冀边区修正公布了新的减租减息条例。晋冀鲁豫边区、山东根据地等也先后颁布了减租减息条例,开始实行减租减息。晋冀鲁豫根据地制定和颁布了适合本地区特点的施政纲领和减租减息条例,提出了"二五减租"和"分半减息"的口号。

1940年4月,中共中央北方局在山西黎城召开有冀南、太行、太岳等抗日根据地领导参加的高级干部会议,根据中央指示和华北敌后的形势,提出巩固根据地的建党、建军、建政三大任务,会议通过《对晋冀鲁豫边区目前建设的主张》,规定:"甲、切实实行减租减息,减租一般以二五为原则,减息减至一分半为标准。乙、减租减息后,佃户应按期如数交租,债户应按期如数交息,不得再行拖延和减免。丙、政府应实行低利借贷,

---

[1] 林伯渠:《陕甘宁边区政府对边区第一届参议会的工作报告》,中国社会科学院近代史研究所近代史资料编译室编《陕甘宁边区参议会文献汇辑》,知识产权出版社,2013,第16—17页。

救济贫苦人民，并应以没收之汉奸土地，分配或租给贫苦抗属及贫苦人民耕种。"① 不久，冀南、太行、太岳行政联合办事处正式颁布减租减息的法令，确定"五一减租"（减五分之一）和最高租额不超过375‰，禁止上打利、日得利、利加利、驴打滚等形式的高利贷剥削。

从1939年冬到1940年春，冀南、太行等地开始了减租减息和借粮、增资的斗争，取得了初步成效。太行区榆社、辽县、襄垣、平南等9个县7750户佃户，共减去租子17739余石，平均每户减去2石多。黎城一县在1940年中不到一个月的时间，就减去了104990元利息，共收回押地7590亩。即便如此，因为各种主客观原因，导致边区这一阶段的减租减息运动进展仍然缓慢，成效不够理想。例如，到1941年，冀南实行减租减息的地区还不到1/3；鲁西和冀鲁豫的8000个村庄中，实行减租的只有662个村，实行减息的只有280个村。②

皖南事变以后，特别是太平洋战争爆发后，由于日寇空前残酷的"大扫荡"和国民党顽固派的包围封锁，加之华北地区连年发生水灾、旱灾、虫灾等自然灾害，使中国共产党领导的敌后抗日根据地在1941年和1942年处于极端困苦的境地，根据地建设面临着严重的困难。为了进一步发动广大农民群众和团结调动社会各阶层人民一致抗日，巩固和扩大敌后抗日根据地，坚持敌后的长期斗争，在总结以往各地减租减息经验的基础上，中共中央政治局1942年1月28日通过了《中共中央关于抗日根据地土地政策的决定》及其附件《关于地租及佃权的问题》、《关于债务问题》、《关于若干特殊土地的处理问题》。

决定在研究总结各根据地执行土地政策过程中存在的一系列问题基础上，有针对性地提出了更明确清晰具体的规定和要求。其基本精神如下。

一是承认农民（雇农包括在内）是抗日与生产的基本力量。党的政策是扶助农民，减轻地主的封建剥削，实行减租减息，保证农民的人权、政权、地权、财权，借以改善农民的生活，提高农民抗日与生产的积极性。

二是承认地主的大多数是有抗日要求的，一部分开明绅士也是赞成民

---

① 《解放日报》1940年7月30日，转引自李永芳《晋冀鲁豫抗日根据地的减租减息运动》，《中国社会经济史研究》2005年第4期，第92页。
② 太行区党委研究室：《太行区社会调查（二）》（1945年），转引自李永芳《晋冀鲁豫抗日根据地的减租减息运动》，《中国社会经济史研究》2005年第4期，第92页。

主改革的。党的政策仅是扶助农民减轻封建剥削，而不是消灭封建剥削，更不是打击赞成民主改革的开明绅士。实行减租减息之后，仍须交租交息，保障地主的人权、政权、地权、财权，借以联合地主阶级一致抗日。只是对于坚决不愿改悔的汉奸分子，才采取消灭其封建剥削的政策。

三是承认资本主义生产方式是中国现时比较进步的生产方式，而资产阶级，特别是小资产阶级与民族资产阶级，是中国现时比较进步的社会成分与政治力量。富农的生产方式带有资本主义性质，富农是农村中的资产阶级，是抗日与生产中一个不可缺少的力量。党的政策不是削弱富农阶级与富农生产，而是奖励富农生产与联合富农，对富农的租息也须照减，也须交租交息，并保障富农的人权、政权、地权、财权。

在决定的附件一《关于地租及佃权问题》中，对实施减租减息的方针政策和具体执行方法，做出了明确的规定。中共中央的指示规定：一切尚未实行减租的地区，其租额即照抗战前的租额减低25%，即所谓的二五减租。在游击区及敌占区的点线附近，可酌情减低20%、15%或者10%，以能相当发动农民抗日的积极性及团结各阶层抗战为目的。附件二《关于债务问题》中规定，对于抗战前发生的借贷关系，应该以1分计息为标准，如果付息已超过原本1倍者，则停利返本，超过原本2倍者，则本利都要停付。[①]

这是抗战时期中国共产党关于土地政策最重要的文件之一。中共中央要求各地对决定及其附件认真贯彻执行，在敌后根据地开展大规模的减租减息运动。

同年2月16日，中共中央又向党内发出《关于如何执行土地政策决定的指示》，强调："联合地主抗日，是我党的战略方针。但在实行这个战略方针时，必须采取先打后拉、一打一拉、打中有拉、拉中有打的策略方针。"中共中央认为："目前严重的问题是有许多地区并没有认真发动群众向地主的斗争，党员与群众的热气，都未发动与组织起来"，"就是在最好的根据地中，亦有一部分地域尚未实行减租减息与发动群众斗争"。强调要反对右倾，要迅速实行减租减息，迅速把群众热情发动起来。[②]

[①] 《中共中央文件选集》第13册，中共中央党校出版社，1991，第286—287页。
[②] 《中共中央文件选集》第13册，第295—298页。

各抗日根据地据中共中央上述各项规定并结合本地区的具体情况，进一步制定和修改了有关土地问题的条例和法令。

另外，各敌后抗日根据地减租减息的具体规定和办法，也并不完全一律。如在晋察冀边区当时地主的地租一般为耕地总收获量的50%，二五减租就是从这50%的原租额中减去25%，即减去12.5%，使交租额实际为总收获的37.5%，亦375‰。这是按一般原租额为50%计算的。但是各地地主的原租额也不尽完全相同，有的地方或有的地主原租额高达60%、70%，所以二五减租后，佃户所交租额仍有超过375‰者。因此，1940年2月，边委会又公布了有6条18款和8项附则的《修正晋察冀边区减租减息单行条例》，除了重申"二五减租"、"一分减息"和取消一切额外附加及高利贷三个基本原则外，对佃耕地副产物、预收佃租契约等做了更为明确的规定和若干补充。修正条例明确规定："地租不得超过耕地正产物收获总领千分之三百七十五。二五减租后，地租仍超过千分之三百七十五者，应减为千分之三百七十五；不及千分之三百七十五者，依其约定。"即耕地正产物收获总额375‰为地租之最高额。修正条例的颁布，大大调动了边区广大农民进行减租减息斗争的热情和积极性，各地减租减息斗争走向高潮，过去那种"明减暗不减"的现象不复存在。1940年，据晋察冀边区北岳区16个县的不完全统计，减租12290余石，减息320600余元。①

在陕甘宁边区，1942年12月29日公布的《陕甘宁边区土地租佃条例》中规定：定租的减租率不得低于二五，"活租（指地分粮）按原租额减百分之二十五至四十，减租后，出租人所得最多不超过收获量百分之三十。土地副产物，皆归承租人"。②

为了使减租减息运动进一步深入地开展下去，1943年10月1日，又以中共中央名义发表了毛泽东撰写的党内指示《中共中央政治局关于减租生产拥政爱民及宣传十大政策的指示》（简称《十一指示》），再次强调了在困难时期开展减租减息运动的特殊意义，并要求"各根据地须责成各级党政检查减租政策实施情形。凡未认真实行减租的，必须于今年一律减租，减而不彻底的，必须于今年彻底减租。党委应即根据中央土地政策和

---

① 黄韦文：《关于根据地减租减息的一些材料》，《解放日报》1942年2月11日。
② 《陕甘宁边区参议会文献汇辑》，第245页。

当地情况发表指示,并亲自检查几个乡村,发现模范,推动他处"。① 中央要求各地纠正过去包办代替、恩赐减租的错误做法,放手发动群众,利用秋收时节对减租政策的实行情况进行一次认真的检查。

根据中共中央这一指示精神,各抗日根据地普遍地开展了一次严格的"查减运动",制定和修正了有关条例、法令,在充分发动群众的基础上,巩固和发展了已经取得的成果,有力地推动了减租减息运动的深入开展,使敌后抗日根据地出现了一个减租减息运动的高潮,取得了重大的成绩。

晋察冀边区政府不仅于1942年3月第二次修正公布减租减息条例,规定减租减息后必须交租交息等,1943年10月28日又做出《关于贯彻减租政策的指示》,要求各级干部"必须深入研究与熟悉租佃债息条例及有关土地政策的法令";"必须紧紧掌握保障地权佃权、照顾双方、团结抗战,增加生产的基本精神,具体分析不同地区、不同基础、不同地主(有大小中贫富开明顽固等)与佃户(有贫富进步与落后等),作各种不同的处理,克服粗枝大叶,一般地、形势地看问题与官僚主义作风";强调反对执行减租政策中的右倾,同时注意防止农民报复造成地主恐慌不安等过"左"现象发生,使减租成为农民群众的自觉行动。

1944年8月10日,山东省政委会发出《关于查减工作的训令》,要求把减租减息工作列为中心工作,限期完成。至1945年上半年,胶东地区9914个村,已实行减租的达6149个村,查减的4576个村。据牟平等7个县的统计,减租退租10130163斤。文登县群众查减反霸获得土地5万余亩,约占全县土地面积的1/10。②

在晋绥根据地,中共晋绥分局1944年8月28日发出《关于今年普及减租运动深入群众工作的指示》,推动了根据地的双减运动,一年中每个佃农从减租退租中平均得粮1石,雇工的工资平均增加了40%。③

同时,在一些游击根据地和新建根据地也开展了减租减息运动。如冀热边区,1944年秋广泛发动减租运动,至1945年3月,基本区约有1/3至1/2的村实行了减租,丰玉宁全县586个村子,约有500个村子减了租,

---

① 中央档案馆编《中共中央文件选集》第14册,中共中央党校出版社,1992,第97页。
② 《解放日报》1944年12月23日。
③ 《八路军一二〇师战史》,转引自财政部财政科学研究所编《抗日根据地的财政经济》,中国财政经济出版社,1987,第35页。

玉蓟宝有佃户的村减租的达到 2/3。①

在大力推动减租减息运动中，中共中央也十分重视纠正在减租减息工作中的"左"的倾向和过火行为的发生，针对某些根据地在实际工作中存在的没收地主土地的"左"的错误，中共中央在 1940 年 7 月 30 日发布的《关于在敌后地区没收大汉奸土地财产问题的指示》中，对没收土地的范围做了严格限定，强调要保护地主的土地所有权，严格区分普通汉奸和罪大恶极汉奸，对未投敌当汉奸的反共顽固分子的土地亦不予没收，明确规定：（1）没收政策仅仅是为对付个别的罪大恶极的大汉奸，绝不应没收一切汉奸的土地财产，绝不能把没收汉奸的土地财产变成普遍的没收土地与分配土地的运动；（2）对反共顽固分子，不论其罪恶如何重大，不论其勾结日寇有何证据，在其未公开投敌当汉奸前，均不应没收其土地财产，以区别于汉奸；（3）对伪军军官的土地概不没收，以利于争取伪军反正；（4）对于全家逃亡到敌占区的普通汉奸或普通地主之土地财产不应宣布没收，而应由政府暂代管，以低租租给农民，等其返回重新抗日时，即退还其土地财产。同年 12 月，毛泽东在对党内的指示《论政策》中再次强调："关于土地政策，必须向党员和农民说明，目前不是实行彻底的土地革命时期，过去土地革命时期的一套办法不能适用于现在。现在的政策，一方面，应该规定地主实行减租减息，方能发动基本农民群众的抗日积极性，但也不要减得太多。地租，一般以实行二五减租为原则；到群众要求增高时，可以实行到四六分，或到三七分，但不要超过此限度。利息，不要减到超过社会经济借贷关系所许可的程度。另一方面，要规定农民交租交息，土地所有权和财产所有权仍属于地主。不要因减息而使农民借不到债，不要因清算老帐而无偿收回典借的土地。"12 月 13 日《中央关于华中各项政策的指示》也强调，目前不是实行土地革命的时期，不要因清算旧债而没收地主土地。②

在 1942 年 1 月发布的《关于抗日根据地土地政策的决定》及其附件对执行土地政策过程中存在的一系列问题，有针对性地提出更明确清晰具

---

① 《冀热边区党委关于减租运动的简单总结》（1945 年 3 月 27 日），转引自《抗日根据地的财政经济》，第 36 页。
② 中央档案馆编《中共中央文件选集》第 12 册，中共中央党校出版社，1989，第 426、580、575 页。

体的规定和要求后,中共中央 2 月 4 日发出《关于执行土地政策决定的策略的指示》,全面阐述了要对地主阶级实行又团结又斗争的策略,和在斗争中争取多数鼓励少数,实行有理有据有节的策略。

抗日战争时期,在民族危亡的历史关头,中国共产党从建立广泛的抗日民族统一战线,团结一切可以团结的阶级、阶层和政治集团共同抗日的需要出发,从动员全国人民"有力的出力,有钱的出钱,有枪的出枪,有知识的出知识"的目的出发,制定和实行了减租减息政策。这一政策正确处理了民族矛盾与阶级矛盾的关系,妥善解决了农民与地主双方的切身利益,不仅促进了敌后抗日根据地的经济发展,也为扩大和巩固抗日民族统一战线、夺取抗战胜利,奠定了物质基础。

减租减息使根据地的广大农民收入增加,物质生活有了明显的改善和保障,生产积极性、抗日热情都有很大的提高,解放了农村生产力,有助于农业生产的发展和提高。在许多实行减租减息的抗日根据地,耕地面积不断扩大,促进了根据地经济的发展,为持久抗战提供了必要的物资保障。"减租提高了农民的生产兴趣,劳动互助提高了农业劳动的生产率。"① 例如,1944 年,太行区共开生荒地 25 万多亩、熟荒地 9.6 万多亩;冀西开生荒地 8356 亩、熟荒地 1.45 万多亩,修河筑地 2300 多亩,增加水渠 251 个、水井 66 口、水渠 192 道,旱地变水地 4940 多亩。②

减租减息政策在敌后抗日根据地的贯彻实行,使根据地各阶级对土地占有的关系和经济地位发生了一系列变化,贫雇农的经济地位显著上升,地主经济得以保留,有助于团结一切爱国力量,建立最广泛的抗日民族统一战线。据 1945 年 5 月太行区 12 个县 15 个典型村的调查统计,1942 年 5 月减租前与 1944 年查减后各阶层的土地变化情况为:地主(包括经营地主)从原来占全部户数的 3.25% 下降为 1.98%,所占土地从 24.63% 下降为 4.22%;富农从原来占全部户数的 7.25% 下降为 5.99%,所占土地从 18.68% 下降为 17.18%;中农从原来占全部户数的 37.8% 上升为 55.2%,所占土地从 37.02 上升为 68.85%;贫雇农从原来占全部户数的 50.83 下

---

① 《必须学会做经济工作》,《毛泽东选集》第 3 卷,人民出版社,1991,第 1016—1017 页。
② 《解放日报》1944 年 10 月 27 日。

降为33.82%，所占土地从19.23%下降为17.19%。[①] 地主与贫雇农两极大为减少，中农化的趋势已经极为明显。

减租减息也有力地支援了全民族的抗日战争，使中国共产党领导的八路军、新四军等人民抗日武装力量迅速发展壮大，人民战争路线得以实行，同时人民民主政权和敌后抗日根据地得以不断开辟、扩大和巩固。

第二节　互助合作和大生产运动

在敌后抗日根据地，除贯彻执行减租减息政策、开展减租减息运动外，中国共产党及其领导的抗日民主政权还积极推动开展农业互助合作运动，组织农民走集体化道路，以提高农业劳动生产率。

中共领导的敌后抗日根据地大多是贫困落后的农业区域，农民不仅受着封建的地租剥削，而且分散个体经营，缺乏畜力和生产工具，更缺乏抵抗自然灾害的能力，劳动生产率低下。减租减息之后，农民的生产兴趣增加了。为了进一步提高农业劳动的生产率，中国共产党积极"帮助农民在自愿原则下，逐渐地组织在农业生产合作社及其他合作社之中"。[②]

在长期农业生产活动中，中国民间也长期存在着各种形式自发地调剂劳力的互助合作习惯，如陕北民间的变工（农户间把人力和畜力相互交换调剂）、扎工（劳力有余而土地不足的农民集体出雇）、唐将班子等。全国抗战爆发前，中国共产党在陕北根据地也曾发展组织过"劳动互助社"、"犁牛合作社"等农村互助组织。

抗日战争爆发后，中共中央财政经济部1939年颁布《各抗日根据地合作社暂行条例示范草案》，同年3月陕甘宁边区政府制定公布《劳动互助社暂行组织规程》，对互助社的组织、社员、劳动互助、劳动报酬，以及优待抗日军人家属等做了具体规定。在边区各级政府的主导下，自上而下，以乡、村为单位，普遍建立了各种形式的劳动互助组织，如劳动互助社等。据统计，边区1939年有89982人参加劳动互助社，66347人参加义

[①] 太行区党委研究室：《太行区社会调查（二）》（1945年），转引自李永芳《晋冀鲁豫抗日根据地的减租减息运动》，《中国社会经济史研究》2005年第4期，第93页。

[②] 《毛泽东选集》第3卷，第1016页。

务耕田队,① 到 1941 年有生产合作社 30 个, 入股社员达 20 万人以上。② 互助社虽然在帮助抗属播种、除草、收割等生产中起到了一定的作用, 但也存在不少问题。政府通过行政干预的方式, 以乡、村为单位组织的劳动互助社, 被农民认为是义务耕田队, 摊派股金的"群众化"也被认为是摊派负担, 群众看不到合作社对自己有多大利益, 反而增加了群众的负担。

皖南事变以后, 敌后根据地在军事和经济上的压力陡然增大, 财政经济遇到空前的困难, 面对重重危机, 中共及根据地政府都把发展生产提到各项工作的中心位置。

1942 年 12 月, 中共西北局召开高级干部会议, 确立发展农业生产为边区第一位工作, 有计划地组织劳动互助, 发展农民集体劳动, 被视为发挥劳动力、提高劳动生产率的有效方式。毛泽东在会上所做的《抗日时期的经济问题与财政问题》报告中, 特别提出"应大力组织劳动互助, 大大发展农民的集体劳动"。《解放日报》发表《把劳动力组织起来》的社论, 肯定自发的变工和扎工范围虽然狭小, 但它适用于边区农村的实际情况, 如果能有计划地组织领导, 可使其成为发挥运营力提高生产的组织。

按照中共中央的指示精神, 结合开展大生产运动, 陕甘宁边区的劳动互助合作运动, 进入了一个新的自觉发展阶段。边区遵循自愿互利原则, "克服包办代替, 实行民办官助的方针", 采取当地农民所熟悉的以变工、扎工和唐将班子为主的方式, 农民"仍旧保存着个人的土地、耕畜、生产工具和各种财产的私有权, 但在进行生产的时候却把他们的人力、畜力以至生产工具几家合作起来进行集体劳动"。农业互助合作使私有经济体制基础和落后技术水平下的分散个体经济和劳动力组织起来, 成为"建筑在个体经济基础之上的集体劳动", 节省了人力畜力, 减少了资源浪费, 提高了劳动生产率, 形成一种比较有计划有组织的经济。1942 年延安县共组织扎工队 487 个, 吸收劳动力 4939 人, 占总劳力的 1/3。③ 1943 年, 陕甘宁边区参加劳动合作社的劳动力已达 81128 人, 占到边区有完全劳动能力

---

① 陕甘宁边区财政经济史料编写组编《抗日战争时期陕甘宁边区财政经济史料摘编》第 2 编, 陕西人民出版社, 1981, 第 424 页。
② 马冀:《抗日战争时期陕甘宁地区农业互相合作运动》,《河南理工大学学报》2008 年第 2 期, 第 165 页。
③ 《把劳动力组织起来》,《解放日报》1943 年 1 月 25 日。

人口的24%。同宜耀过去全县有22个唐将硬骨头子，1943年春有134个，人数增加了5倍，占63%；绥德义合区1943年参加变工的达1023人，占全部农业劳动力的90%。①

1943年，毛泽东在为中共中央起草的《十一指示》中，特别强调组织劳动力是发展生产的中心关节，"每一个根据地，组织几万党政军的劳动力和几十万人民的劳动力（取按家计划、变工队、运输队、互助社、合作社等形式，在自愿和等价的原则下，把劳动力和半劳动力组织起来）以从事生产，即在现时战争情况下，都是可能和完全必要的"。"共产党员必须学会组织劳动力的全部方针和方法"。毛泽东还在陕甘宁边区举行的第一届劳动英雄代表大会上，做了《组织起来》的报告，强调把群众组织起来，"是人民群众得到解放的必由之路，由穷苦变富裕的必由之路，也是抗战胜利的必由之路"。②

为了吸引更多的农民参加互助合作组织，更好地发挥互助合作组织在农业生产中的优势，陕甘宁边区还制定采取了一些有助于合作生产的奖励扶植政策和措施。例如，帮助参与合作社的农民解决种子、劳动工具和生产资金等困难。这些政策和措施也确实起到了相当的作用，据估计，"1943年在全边区春耕期间有10%至15%，在夏耘期间有40%左右，在秋收期间有30%左右的劳动力参加了各种劳动互助组织"。③1937年边区有合作社142个，社员57847人，1944年达到社数634个，社员182878人。④

在晋绥、晋察冀等敌后抗日根据地的互助合作和大生产运动中，还创造了以民兵不脱离生产为原则、劳武结合为基础的劳动互助形式。即民兵组织与变工组织相结合，平时从事生产，敌人来了就立即投入战斗。这种生产劳动与武装斗争相结合的互助合作形式，被推广到敌后许多根据地。

据不完全统计，到1944年，敌后抗日根据地组织起来的人数占劳动人口总数比为：陕甘宁边区45%，晋绥边区37%，晋察冀北岳区20%，山东区20%。1945年，晋冀鲁豫边区的太行区，每县平均组织起来参加劳动互助的人数达到2万余人，榆社县达到70%以上，平顺县则达到总劳动人

---

① 史敬棠等编《中国农业合作化运动史料》（上），三联书店，1957，第257、214—215页。
② 《毛泽东选集》第3卷，第912页。
③ 史敬棠等编《中国农业合作化运动史料》（上），第216页。
④ 《抗日战争时期陕甘宁边区财政经济史料摘编》第2编，第328页。

口的 77%；晋察冀边区的孟平、孟阳、易县、徐水等县达到 60% 以上，其中易县达到 82.7%，孟阳、平定、井陉等县，组织起来的耕畜数也达到 80% 以上，其中平定县达至 88%。① 农业互助合作运动，不仅提高了农业劳动效率，促进了农业生产的恢复，改善了农民的生活水平，而且引导农民走上互助合作之路。

与农业互助合作运动相伴随的，还有在陕甘宁边区及各敌后根据地开展的大生产运动。

大生产运动首先是在陕甘宁边区展开的。早在抗日战争爆发初期，针对边区部队扩大，边区机关学校人员增多，供应加大和经费不足的形势，中共中央就曾发出广泛开展生产运动，以保证物质供应自给自足的号召，发动机关工作人员和部队一面工作，一面生产，以保障战时物质供给。随着外部环境的日益恶化，边区财政供给困难加大，1939 年 2 月，中共中央在延安召开生产动员大会，李富春做了《加紧生产，坚持抗战》的动员报告，提出要依靠自己的力量，用自己的劳动，发展边区的工农业生产和商业贸易，"自力更生"。毛泽东发表了重要讲话，提出要解决边区 200 多万人的穿衣吃饭问题，就要"自己动手"开展生产运动。于是，生产运动从陕甘宁边区到敌后各个根据地逐步开展起来。

1942 年 12 月，中国共产党提出"自己动手，丰衣足食"的口号，号召敌后抗日根据地军民开展大规模生产运动，以克服经济困难。陕甘宁边区的部队实行朱德倡导的"屯田政策"，王震率领的三五九旅开赴南泥湾实行军垦屯田。

1939 年以前，三五九旅的经费完全由政府供给。1939 年以后，经过三年奋战，在缺乏生产资金和生产工具的极端困难的情况下，三五九旅把南泥湾变成了"陕北江南"，经费自给率逐年提高，到了 1944 年，实现了"耕三余一"的目标，成为大生产运动的模范。1944 年部队生产粮食 10 万石以上，除自给外，还上交余粮 2 万石，交公粮 1 万石。由"吃粮人"变成了"交粮人"。② 敌后根据地的各部队也发展了以自给为目标的农业和部分工商业，政府机关和学校发展了部分自给经济，敌后根据地抗日民主政

---

① 史敬棠等编《中国农业合作化运动史料》（上），第 506、709—714 页。
② 《抗日根据地的财政经济》，第 87 页。

府办了许多自给工业。

农民也组织起来发展农业生产。陕北延安的农民吴满有，1935年在土改中分得约70垧的山地，依靠自己的勤劳和节俭，从一个贫农成为富裕的中农，1941年收获粮食34石，缴公粮14.3石，公草1000斤，公债和公盐代金815元，1942年有牲畜200多头，土地增加到77垧，粮食42石，被边区政府评为特等劳动英雄，成为大生产运动中的典型。1943年《解放日报》发表了《开展吴满有运动》的社论，号召"向吴满有看齐"，指出吴满有的方向"就是边区全体农民的方向"。①

大生产运动的健康发展使陕甘宁边区和敌后抗日根据地的农业和工商业的产值迅速增长，人民负担大大减轻，军民生活明显改善。陕甘宁边区的粮食产量，1941年为163万余石（每石400斤），1942年为168万石，1943年达到184万余石，1944年为200万。农业生产的发展使救国公粮征收量逐年提升成为可能，边区在1941—1945年共完成835109石的救国公粮征收任务，其中1941年完成201617石，1942年完成165369石，1943年完成184123石，1944年160000石，1945年124000石。②

除了陕甘宁边区外，中共领导的其他敌后抗日根据地乃至游击区，也陆续开展了大生产运动，以克服面临的经济困难，巩固和加强抗战力量，坚持长期抗战。

晋察冀边区的许多游击区内于1944年进行了大规模的生产，敌后军民在频繁的反"扫荡"作战中，实现劳武结合，一面战斗，一面生产，并且收到了极好的成绩。

在新四军建立的华中抗日根据地，也参考借鉴陕甘宁边区和华北抗日根据地的经验，开展了大生产运动。中共华中局1943年1月发布《关于坚持敌后艰苦斗争的指示》，要求广泛发动军民普遍开展生产运动。新四军军部成立了以副军长张云逸为首的生产节约委员会，各师也成立了各自的生产节约委员会。华中根据地提出了"以发展自给自足的农业生产为主，而以发展手工业及与农业相适应的副业为辅"的生产建设方针，和"提高生产，改善生活，实行积蓄"的口号。各师及根据地以改善部队生活、实

---

① 《解放日报》1943年1月11日。
② 陕甘宁边区财政经济史料编写组编《抗日战争时期陕甘宁边区财政经济史料摘编》第6编，陕西人民出版社，1981，第152页。

现经济自给为目的,因地制宜,开展适合各自环境和条件的生产运动。①

例如,1943年新四军第二师生产粮食1.3万石,养猪1547头、鸡鸭鹅2.3万只,每人每月可吃到2.5—3斤肉,6钱油、盐,生产总额达2000万元。②

中共淮北区党委决定,主力部队每人每年要生产半担粮、百斤菜,地方部队做到每年粮食自给3个月,食油自给1个月。活动在淮北地区的新四军第四师虽然战斗频繁训练紧张,1943年的农副业生产仍取得很大成绩,据不完全统计,全师共开荒4655亩,收获小麦14900斤,水稻15000斤,玉米、黄豆34000余斤,红薯5万斤,菜籽500斤,苘麻7300余斤,蔬菜252465斤;养牛70头,毛驴33头,羊156只,猪1226头,鹅鸭4138只(产蛋29600个),鸡5800只(产蛋2600余斤),割芦苇16万斤,各单位合作社总计盈利115万余元。③ 而且新四军部队开展的生产运动,"对老百姓的生产热情、生产方法上也有推动及刺激作用",推动了根据地的大生产运动。

《解放日报》1945年1月31日发表社论,号召"整个解放区,必须全体一致地从事一个比过去规模更大的生产运动"。这场大生产运动,不限于农业生产,而是一场以农业为主体,包括工业手工业、运输业、畜牧业和商业等各领域,把一切老百姓的力量,一切部队机关学校的力量,一切男女老少的全劳动力,毫无例外地动员起来,组织成一支劳动大军的,全面覆盖的大规模生产运动。

农业互助合作运动和大生产运动,极大促进了陕甘宁边区和各根据地农业经济的发展,使陕甘宁边区和敌后抗日根据地克服了财政经济的严重困难,保障了部队机关的物资供给,粉碎了日伪和国民党顽固派妄图通过经济封锁,"困死"、"饿死"中共和敌后抗日根据地的图谋。

大生产运动减轻了根据地人民的负担,改善和提高了根据地军民的物质生活水平,密切和加强了根据地的军民军政团结,使中共和敌后抗日根

---

① 马洪武等编《新四军和华中抗日根据地史料选编》第6辑,上海人民出版社,1986,第205、420页。
② 黄爱军:《新四军大生产运动的历史考察》,《福建党史月刊》2007年第4期。
③ 《抗战在淮北》第1辑,长征出版社,1995,第98—99页,转引自黄爱军《新四军大生产运动的历史考察》,《福建党史月刊》2007年第4期。

据地的力量得到极大加强和巩固，为更好地开展敌后游击战争和争取抗日战争的最后胜利奠定了巨大的物质基础。

大生产运动也是中国共产党领导发动的自觉开展的大规模的经济建设运动，极大锻炼和提高了中共的民众动员、组织能力和做好经济工作的信心，使根据地的社会面貌发生了巨大变化，并为中共积累了经济建设的经验，培养造就了一大批从事经济建设和行政管理的干部。

通过大生产运动，中共领导的敌后根据地，不仅摆脱了经济上的对外依赖，而且建立和发展起一种新的、新民主主义的经济；以"自力更生"及"自己动手，丰衣足食"为精神动力的大生产运动，及其取得的巨大成就，也成为此后中国共产党和她所领导的政治力量战胜一切困难的榜样和精神资源，成为中国共产党最后夺取和建立全国政权的物质和精神准备。

第三节 公私兼顾发展根据地工商业

抗日战争时期中国共产党创建和领导的敌后抗日根据地，农业基础薄弱，工商业更是近乎空白，仅有的一点工商业，也多是家庭手工业和农村小商业。抗日战争进入相持阶段后，中国共产党领导的八路军、新四军坚持敌后游击战争，在整个抗战中的作用愈发凸显，因此敌伪也不断加强对抗日根据地的军事进攻，"扫荡"、"蚕食"、"清乡"、"治安战"，实行"三光"政策等，给敌后根据地的经济造成极大破坏。特别是皖南事变后，国民政府断绝了对中共边区政府和军队的财政拨款，实行经济封锁，边区和根据地经济环境更为困难。

为了克服经济困难，中共中央、陕甘宁边区及各抗日根据地政府出台了一系列经济建设的政策和法规，在积极推动减租减息、开展大生产运动、发展农业经济的同时，也十分注重发展根据地的工业、手工业和商业。抗战时期，在中国共产党抗日民族统一战线的总原则和总方针指导下，敌后根据地制定和采取了发展公营工商业和合作化工商业，保护私人商业，公私兼顾的工商业政策，建立和促进了根据地新民主主义经济的发展，为抗日根据地克服经济困难提供了物质基础，有力地支援了敌后战场的抗日战争。

以陕甘宁边区为例。地处中国西北的陕甘宁边区，抗日战争之前，地瘠民贫，经济发展落后，农业和家庭手工业占绝对主导地位，几乎没有工业，商业也非常萧条，"除粮食、羊毛外，其他一切日用所需，从棉布到针线，甚至吃饭的碗均靠外来"。①

全国抗战爆发后，中共中央和边区政府积极推动边区工业建设，提出"普遍地发展手工业和半机器工业……建立私营、公营、合股合作等手工业与家庭手工业，广织土布，求得足够供给群众自用。在手工业基础上，建立大规模的机器工业，供给抗战需要"的工业建设任务。② 特别是皖南事变以后，国民政府不仅停发了八路军的军饷和军需物资，而且对陕甘宁边区实行军事包围和经济封锁，甚至海外华侨和后方进步人士的援助也被阻止，使边区财政经济出现严重困难，日用工业品的供应颇为紧张。为粉碎经济封锁，坚持持久抗战，边区军民开展生产自救运动，随着大生产运动的开展，边区的工商业也获得了极大发展。

公营工业是陕甘宁边区工业的骨干。边区采取"集中领导，分散经营"的方针，除边区政府相关部门从事生产事业外，还鼓励党政军机关、部队、学校积极从事生产活动，规定各单位生产所得归生产单位所有，用于改善所属人员的生活，提高自给率，富余部分上交。到1944年，边区已有涉及机械、炼铁、煤炭、石油化工、纺织、被服、造纸、烟草等行业的公营工厂100余家，职工2.7万余人，工业必需品达到了自给半自给的水平，有效地保障了军需民用，使边区贫穷落后面貌有所改变。

在公营工业方面，陕北石油工业的恢复发展成为边区工业的一个亮点。1930年代初，国民政府曾在陕北延长、永坪等地进行了石油探勘和试验性开发。抗日战争爆发后，陕甘宁边区接管了油矿，石油成为边区重要的工业能源和抗战物资。为了保障供应，增加石油产量，提高质量，成为边区政府经济建设中的一项主要任务。边区政府在财政极为困难的情况下，对石油生产物资和粮食供给予以倾斜。边区石油工人也积极响应"自己动手，丰衣足食"开展大生产运动的号召，克服设备简陋、技术落后、生活条件艰苦等困难，使边区石油产量从1938年至1943年处于持续上升状态，1941年在延长七里村打出了新井，年产原油达到1.24万余桶，

---

① 《抗日战争时期陕甘宁边区财政经济史料摘编》第3编，第4页。
② 《抗日战争时期陕甘宁边区财政经济史料摘编》第3编，第11页。

1942年又打出一口新井，年产量增加到1.63万桶，1943年增加到6.34万桶，同时不断改进设备，提高炼油技术，1939年至1945年共生产煤油56809.5桶。

虽然由于客观环境和生产能力所限，如钻探和炼油设备落后（为了支援国民政府在大后方开发玉门石油，将钻机及锅炉蒸汽机拆迁调往玉门）、技术人员缺乏等，抗战时期陕北石油未能充分开发利用，但也基本保障了边区工业生产和建设对石油产品的需求，"百分之百地保证了无线电台及各机器工厂所需之各种产品，并供给了一部分汽车及点灯用油"。① "石油厂所生产各种油类除煤油可全部自给外，其他油类亦可解决公家之大部需要。"1944年边区的石油肥皂全部自给，且有能力供给邻近地区和前方需要。边区生产的白蜡油成为边区纺织生产中纺车最佳的润滑油，而且可"月产百箱洋蜡向外推销"。②

1938年边区建立了第一家公营的难民纺织厂，1939年又建立了黎明毛织厂。到1940年，陕甘宁边区公营纺织业已达到年产大布14700匹的产量，比1939年增长了10倍以上。但是边区纺织业还是以手工业为主。1942—1944年，陕甘宁边区的纺妇由7.5万增到15万余人，纺车由6.8万架增到14.56万架；纱也由78.5万公斤增到166万公斤，织妇由1.35万人增至6万多人；布由1.41万匹增到11.45万大匹，可满足全边区所需的2/3。

合作社工业也得到很大发展，1939年工业生产合作社10个，人数不到200人，1945年达到591个，人数近8000人。

在中国共产党抗日民族统一战线的总原则和总方针指导下，敌后根据地一方面积极发展公营工商业、合作社事业；另一方面"公私兼顾"，积极实行保护和扶持私营工商业发展的政策和措施，欢迎私人工商业者到根据地投资办厂，推进私营工商业的发展。

对于保护和扶持私营工商业发展的问题，当时在中共党内也存在争论，一部分人对允许私营工商业存在的必要性和私人资本主义合理发展的重要性，缺乏正确的认识。为统一全党思想，促进边区工业经济的发展，

---

① 陕西省总工会工运史研究室编《陕甘宁边区工人运动史料选编》下册，工人出版社，1988，第658页。
② 本段及以下两段，见《抗日战争时期陕甘宁边区财政经济史料摘编》第3编，第14、553、486页。

从理论和实践上明确认识在抗日民族统一战线的历史条件下允许私人资本主义经济有合理发展的必要性和重要性，中共中央和毛泽东对这一问题在全党进行了普遍的理论教育。

毛泽东指出：在现阶段，"应该积极发展工业农业和商品流通。应该吸引愿来的外地的资本家到我抗日根据地开办实业"。"应该避免对任何有益企业的破坏。关税政策和货币政策应该与发展农工商业的基本方针相适合，而不是相违背。"① 毛泽东于1940年1月在《新民主主义论》一文中指出，边区的经济形态是新民主主义经济，应允许和支持私营工商业在边区经济中得以充分的发展。1941年4月19日，毛泽东进一步指出："国营经济和合作社经济是应该发展的，但在目前的根据地，主要的经济成分，还不是国营的，而是私营的，而是让自由资本主义得到发展的机会，用以反对日本帝国主义和半封建制度。这是目前中国最革命的政策，反对和阻碍这个政策的施行，无疑地是错误的。"毛泽东同时强调："保护社会经济中有益的资本主义成分，并使其有一个适当的发展，是我们在抗日和建设民主共和国的时期不可缺一的任务。"② 他甚至还特别强调"发展经济的原则，主要民营，部分公营"；③"目前我党的政策，以奖励资本主义生产为主"，④ 要求把经济发展的重点放在扶持和鼓励私营工商的方面。

为了促进私营工商业的发展，实现边区工业品的自给自足，保障边区日用商品的供给，陕甘宁边区政府制定颁布了一系列保护、扶助和奖励私营工商业的政策，包括欢迎资本家到边区来投资，奖励工商业者扩展边区经济，鼓励私人企业，保护私有财产，欢迎外地投资，实行自由贸易，反对垄断统制，特别奖励私人设厂及投资各种工业，帮助已有民营企业的发展，使私营企业在全部工业中开始大大发展起来。

例如，在1939年4月4日公布的《陕甘宁边区抗战时期施政纲领》中明确提出："发展手工业及其他可能开办之工业，奖励商人投资，提高工业生产。"1941年5月1日的《陕甘宁边区施政纲领》第11条中规定：

---

① 《论政策》，《毛泽东选集》第2卷，第768页。
② 《〈农村调查〉的序言和跋》，《毛泽东选集》第3卷，第793页。
③ 中共中央文献研究室编《毛泽东年谱（1893—1949）》中卷，中央文献出版社，2002，第320页。
④ 《中共中央文件选集》第12册，中共中央党校出版社，第19页。

"发展工业生产和商业流通，奖励私人企业，保护私有财产，欢迎外地投资，实行自由贸易，反对垄断统制。同时发展人民的合作事业，扶助手工业的发展。"第 18 条规定："欢迎海外华侨来边区求学，参加抗日工作，或兴办实业。"甚至欢迎外国的资本家来边区投资设厂，举办实业，边区保护他们的合法权益和私有财产。①

1944 年 5 月，《西北局关于争取工业品全部自给的决定》规定，奖励边区地主商人创立工业并欢迎边区以外的工商业家来边区发展工业；政府应供贷资金协助私人资本工业；各工业机关及工厂……应派出一定技术人员指导民营工业的发展。② 为解决民营工商业资金的困难，政府应首先通过合作社的形式投资入股，发展公私合营的股份制合作社。

1945 年 3 月 28 日，陕甘宁边区政府还颁布实施《陕甘宁边区奖助实业投资暂行条例》11 条。具体政策和措施包括：欢迎边区内外的资本家、商人投资经营私营工商业；对投资边区的农业、工业、运输业及其他实业者，利用城镇公共地基建筑作坊、店栈、宿舍及其他实业需要之工程，其地基三年免收或减收租金；建修水利所增加的农业收益，或推广植棉的地亩，三年免收公粮；经营工业、运输业三年免收营业税；经营炼铁、造瓷、掘煤、榨油、运输等实业者，如因意外遭受损失，而该业主人愿继续经营者，得呈请该管县市政府转呈边区政府酌量予以帮助；投资人如因资金不足，又不愿或不能招股合办者，得呈请政府酌量予以贷款之协助，但此项贷款数量，不得超过投资人投资总额 1/3；投资人出产之成品及所需之原料，得享受政府减税或免税之奖助，如因原料采购困难或成品滞销时，得商请贸易公司酌量调剂之；投资人如遇天灾或遭意外致失生命或财产，妨碍继续营业时，得呈请政府酌量救济之。除以上规定奖助外，投资人如有需要其他奖助，亦得向政府呈请核办之。投资人享受边区人民所享受之民主自由权利及受一般法律之保护等。③

在劳资关系上，中共废止了苏维埃时代限制资本主义的劳动保护法，

---

① 《陕甘宁边区参议会文献汇辑》，第 42、110 页。
② 甘肃省社会科学院历史研究室编《陕甘宁革命根据地史料选辑》第 2 辑，甘肃人民出版社，1982，第 515 页。
③ 陕西省档案馆、陕西省社会科学院合编《陕甘宁边区政府文件选编》第 9 辑，档案出版社，1990，第 40 页。

颁布新的《陕甘宁边区劳动保护条例》,实行劳资兼顾的政策。一方面要求资本家必须保障工人生活上得到改善,使工人有工做,有饭吃;另一方面要求工人遵守劳资契约和劳动纪律,使资本家有利可图,以推动实业发展。①

在中共正确政策引导下,陕甘宁边区及其他敌后抗日根据地的工商业得以迅速地建立和发展起来,私营工商业也随之发展起来。到1943年,陕甘宁边区建立公营纺织厂23家,产量比1938年增加了274.6%;公营造纸厂11家,产量比1940年增加了552.2%。与此同时,合作社工业和私营工业也有发展,1943年,有织布合作社37个,织机179架,生产大布6000匹,私营织布业生产大布65334匹,有织机18167架。商业发展也很快,公营商店、合作社和私人商店有了大幅度增加。此外,其他敌后抗日根据地的工业也有迅速发展。如晋绥地区,到1945年公营纺织厂出布54600匹,私营织布厂出布1072913匹,煤铁业也有长足的发展。晋冀鲁豫的太行山私人织布达200万斤。②

陕甘宁边区私营工商业的发展,配合边区的公营工商业,为边区"发展经济,保障供给",克服财政经济困难,打破国民党顽固派对边区的经济封锁,为边区军民坚持抗战提供了物资保障,有力地改善了边区的社会经济条件,提高了农民群众的生活水平,增强了边区人民支援抗战的能力。同时,边区私营工商业的发展,壮大了边区的经济实力,为促进和发展边区的经济建设起了重要作用,同时为后来新民主主义革命取得全国范围内的胜利做出了积极贡献。

抗战时期,在陕甘宁边区及敌后抗日根据地,中共采取"对外调剂,对内自由"的商业贸易方针,即对外贸易为统制主义,对内贸易采自由主义,实施以公营商业为主导,发展合作商业,保护私营商业,各种不同性质的商业分工协作,各得其所的政策。

在陕甘宁边区,公营商业居于主导的地位。1938年边区政府将原贸易总局改为光华商店,1941年又成立边区贸易局(光华商店为其下属商业机构)。1942年贸易局改为物资局,除光华商店外,还设有土产公司、盐业公司、南昌公司等,并在关中、陇东、绥德、三边等分区成立分局。1944

---

① 《抗日战争时期陕甘宁边区财政经济史料摘编》第3编,第808页。
② 何刚:《抗战时期中国共产党经济政策述评》,《东南文化》1995年第3期,第81页。

年物资局又改为贸易公司。此外，还有各机关部队学校的公营商店。

边区的公营商业是随着抗战及边区形势的变化而逐步发展起来的。最初的光华商店，只是负责对外采购边区所需部分用品，仅有5万元资金。1938年，经营商业以积累资金成为光华商店的主要任务。1939年11月以后，除了继续积累资金外，光华商店又被赋予保证机关需要、供给工厂原料和代工厂推销成品的任务。皖南事变以后，在开展生产自救、发展工农业生产的同时，各机关部队学校的商业活动也日趋活跃，在克服经济困难中发挥了重要作用，但是也出现了一些各自为政、恶性竞争、侵犯群众利益的现象。

1942年12月，西北高干会议决定对边区商贸工作中出现的问题进行整顿，成立物资局，统一管理对外贸易和公营商店。1943年光华商店与盐业公司合并改组为光华盐业公司，1944年光华盐业公司又与运输公司合并，成立光华盐业运输公司。陕甘宁边区政府发起大规模食盐运销活动，对边区的贸易、财政、金融，以及军政机关供给和国统区人民生活都产生了巨大的影响，对边区社会经济的发展起到了积极作用。边区的公营商业在调剂物资、稳定物价、平衡进出口、增加财政收入、保证军需民用供应等方面，发挥了重要作用。

在公营商业之外，合作社商业也是边区和根据地商业的重要组织形式，是具有半社会主义性质的集体商业经济，既有群众集资兴办的合作社，也有各机关部队内部自办的，还有公私合股形式的，除了消费合作社、供销合作社外，也有综合性的合作社。在政府提倡和人民自愿的原则下，中共和边区政府采取"民办官助"的政策，使合作社商业得到蓬勃发展。1936年12月创办的延安南区合作社，几年时间便从一个单纯的消费合作社，发展成为经营手工业生产、消费、运输、信用以及各种服务事业的综合性合作社，毛泽东赞誉其是"真正被群众所拥护的合作社的模范"，并提出发展南区合作社式的合作运动，就是发展边区人民经济的重要工作之一。①

陕甘宁边区还制定了团结保护私营工商业、鼓励私人经营商业、奖励区外商人来边区经商的政策。1939年4月边区政府制定的《陕甘宁边区抗

---

① 毛泽东：《抗日战争时期的经济问题与财政问题》，苏北新华书店，1949，第44、46页。

战时期施政纲领》中,明确提出奖励商人投资、保护商人自由营业、发展边区商业的方针。边区的私营商业得到较快发展。1936年延安仅有私商123户,1941年增至355户,1944年达到473户。①

在晋冀鲁豫边区,先是冀南、太行区的一些专署、县建立了贸易机构,组织农副土特产品的收购、运销,大部分称合作社。有地方政府组织的,有部队组织的,也有县摊派股金成立的,大都处于分散的各自为政阶段,后来成立了统一的行政管理机构太行贸易总局。1940年8月冀南、太行、太岳联合办事处成立后,设立了联办贸易总局,统一领导冀南太行太岳区贸易工作。1941年8月边区政府成立后,于1942年7月将税务总局与工商总局合并为晋冀鲁豫工商管理总局。

集市贸易,是根据地建设中不可缺少的一个方面,起到了刺激根据地生产、提供军需、调剂人民物资联系、战胜伪币、支持抗日货币、促进根据地经济繁荣的重要作用。

第四节 合理负担的财税政策

在陕甘宁边区及各敌后抗日根据地,中国共产党实行以一切服从抗战需要、有钱出钱、合理负担为原则的财政税收政策,同时随着抗战形势的发展变化,制定并不断调整和完善财政税收政策及规章。

陕甘宁边区和敌后抗日根据地大多是交通不便、生产极不发达的经济落后地区。抗战初期,边区政府和敌后抗日根据地的财政主要依靠外来解决,其中大部分来自国民政府的财政拨款、国内外各界的捐助,以及缴获敌人的物资、没收土豪的财物等,在税收上,为了休养民力,边区采取了轻税收政策,尽量减轻人民负担。根据地建立以后,虽然重建了地方税收,但主要是征收农业税。随着抗战形势的发展和敌后根据地经济建设的展开,不仅根据地的农业经济获得了恢复,工商业有了一定程度的发展,财政收入也逐步转变为以税收为主。各敌后抗日根据地采取了适合本地区特点的财政税收政策,以动员、筹集抗日经费,保障抗战供给。

陕甘宁边区政府成立之后,就建立了自己的财政。在抗战期间,陕甘

---

① 《抗日战争时期陕甘宁边区财政经济史料摘编》第4编,第299页。

宁边区的财政经济大体而言经历了三个发展阶段。1937—1939年为第一阶段，边区的财政经济政策是力争外援、休养民力，"取之于民是很少的"。1940—1942年为第二阶段，根据地人民的负担有所加重。1943年以后为第三阶段，根据地实行发展经济、保障供给的方针，财税收入有较大改变。

抗战初期，红军改编为国民革命军第八路军后，国民政府按3个师4.5万人的编制，每月发给60万法币的军饷。据统计，1937年7月到1940年10月，中国共产党共收到国民政府发给八路军的军饷法币16405340元，国内外各界捐款资助法币8120234元，其中1400余万元拨交陕甘宁边区政府，占当时边区财政的82%。八路军的军装被服供应，最初也主要来源于外部，1937年由武汉领到4.5万套军服、帽子、皮带、绑腿、挂包、军鞋、军毯等，以及棉衣和部分大衣，1938年则改由国民政府发给部分原料和被服经费，边区政府又外购部分原料，在西安加工成被服运回边区。①

因此在取之于民方面，陕甘宁边区抗战初期征收的农业税即救国公粮很少。1937年10月，边区政府颁布《救国公粮征收条例》，规定公粮的征收原则为，辖区政府依据人民的力量、农作物收成和补充军粮的最低需要，本着军民兼顾的原则决定征收额。征收范围包括：耕种土地收获农作物，对租佃土地或耕牛务农者，只征收其地租或牛租中的收入部分；农林副业和小手工业的纯收益，即减除成本、费用后的净收入部分；畜牧业收益，只征繁殖的小畜和出卖皮毛部分，皮毛出卖按市价6折计算折粮。同时规定了许多减免优待的条件，如对移居难民免征公粮3年；对抗日军属和退伍、残废军人平均每人超过起征点2斗以内的，免征公粮；对新植棉田免征公粮3年；对长短脚户运盐及农户纺织与养猪的收益，一律免征公粮。在税率和起征点方面，采取全额累进征收，即以每户每人平均收获细粮的多少划分级别，全额累进征收。为照顾各地不同的经济情况，分别规定不同的起征点和起征率。救国公粮的税率很低，最高税率为5%，民众负担很轻。其征收办法为民主分配任务，自愿认交，民主评议。②

1937年，陕甘宁边区只征收了公粮1.3万石，1938年征收了1.5万石。后来由于队伍扩大、人员增加，1939年征收公粮5万石，1940年达到

---

① 《抗日根据地的财政经济》，第91页。
② 何先鹰等：《试论敌后抗日根据地的农业税》，《武汉大学学报》2003年第1期，第65页。

9万石。① 与此同时,边区还取消了42种苛捐杂捐,只征收盐税和部分货物税,并实行统一税制,降低税率。1938年边区政府征税27万元,1939年征税50万元,取之于民者很少。

如前所述,皖南事变也对边区的经济产生了严重的影响,为了克服国民党经济封锁带来的困难,中共中央和边区政府把发展经济建设当作边区的头等大事,同时也努力纠正以往财政经济工作上的种种偏向,强调首先要以百分之九十的精力帮助农民发展生产,然后以百分之十的精力从农民那里取得税收。毛泽东指出:财政政策的好坏固然足以影响经济,但是决定财政的是经济。②

在发展经济、保障供给的总方针下,边区政府连续颁布并不断修正和完善了一系列政策和法规。例如,取消旧的捐税和摊派,重新规定统一的累进税,重新设置新的农业税制。1943年5月,边区政府通过《陕甘宁边区统一累进税暂行办法》,次年又颁布《陕甘宁边区农业统一累进税试行条例》,制定并实行将农业收益与土地财产两税合二为一的税制,先在延安、绥德、庆阳三地进行试点,以便取得经验,研究推广。试行条例规定:第一,农业收益与土地财产均为农业累进税之税本。凡有土地者应负担土地财产税,凡经营农业生产者应负担农业收益税。两种税本用分计合征、统一累进的办法直接征收。土地税本一般按常年产量的15%计算,最高不超过租额的50%,以适应各地地租高低不同的情况,防止因征税而提高租额。自耕农的税本中应减除生产者消耗费用,佃农的税本中则须减除生产消耗与地租,以保证农户再生产的资本。凡属贫苦抗工属、农村中之长短雇工、移难民不满3年者,其收入一概予以免税。第二,为使各地区之间负担平衡和征收面基本一致,分别按不同经济情况和农民生活水平,规定差别起征税和起征率,以公斗为计税单位,按每人之平均粮计算,按户征收。第三,农业累进税以每段土地之常年产量为计税标准,在土地登记的基础上,评定常年产量。累进率分5级,最高税率为35%,使各地区负担平衡与负担面达于一定水平。第四,对副业收入的征收,凡属政府奖励发展者一律免税,一般副业就其收益部分作为税本。计算税收。第五,各县

---

① 《抗日根据地的财政经济》,第91—92页。
② 《抗日时期的经济问题和财政问题》,《毛泽东选集》第3卷,第894—895页。

市于农业统一累进税征收时，得以行政村或自然村组织评议会，评定各农户的产量和副业情况，进行评定计税，按照"钱多多出，钱少少出"的原则，力求公平合理负担农业税。在发动生产自给的情况下，政府努力稳定负担。1943年和1944年边区征公粮均为16万石，1945年征公粮12.4万石，其余则由政府、军队生产自给补充，基本实现了稳定负担。

各敌后抗日根据地也都采取了适合本地区特点的财政税收政策，在动员、筹集抗日经费，保障抗战供给中发挥了重要作用。

晋察冀边区政府是抗战时期中共在敌后建立的第一个抗日民主政权。在边区政府未成立以前，国、共、敌、伪各种军队及新旧政权混杂，任何机关都可以要粮要草，漫无标准地筹款筹粮，人民不堪其苦。八路军进入晋察冀后，最初依据与第二战区司令长官阎锡山达成的协议，根据部队需要，实行"县合理负担"办法，由各县逐级向下摊派。为了在敌后战争频繁的环境下有效地解决军粮供给问题，1938年1月晋察冀边区临时行政委员会成立后，停止实行规定的县合理负担办法，试行村合理负担，并废除了许多苛捐杂税。1938年11月，晋察冀边区改变了用现金购买军粮的办法，改为征收实物救国公粮、公草和公款。公粮负担办法，以每户全部收入折米计算，每人平均收入小米1石4斗以下者不收，1石5斗至2石者收3%；2石1斗至3石者收5%；3石以上者，每加1石递增1%，最高至20%为止。救国公粮制度，既考虑了人民的负担能力，使人民有粮出粮，便于交纳，同时对于征收的公粮，以分储各村为原则，实行"认交代储"的办法，即由一户或数户集中于一户存储。这一制度既便于粮食保管，减少运输之烦，部队也可以随处就村取食，不致发生缺粮挨饿的情况，得到老百姓与军队的拥护。

随着根据地的发展，税率不规范、征收机关不统一的问题日益突出，一些地区也出现了"左"的偏向，如负担大部分加到地主富农等富有者身上，影响了抗日民族统一战线的巩固。为此，1940年8月13日，中共北方局在《关于晋察冀边区目前施政纲领》中提出："实行有免征点和累进最高率的统一累进税（以粮、秣、钱三种形式缴纳），整理出入口税，停征田赋，废除其他一切捐税，非经过边区参议会，政府不得增加任何捐税。"同年11月10日，边区行政委员会公布《晋察冀边区统一累进税暂行办法》，并于12月15日公布暂行办法实施细则，率先在敌后根据地推行统一累进税制度，后又总结实践中的经验教训，进一步修订，于1942年5月正式颁布了《晋察冀边区统一累进税税则》。

统一累进税是边区税收制度上的一次重大改革。它不仅把过去征收的田赋、营业税、所得税、印花税、烟酒税及救国公粮等所有应纳税的所得和资产统一合并为单一税种，累进征收，而且把原来各级政府征税的权力，完全统一于边区政府，统筹统支。

边区政府在调查研究的基础上，制定了比较完善的计算方法，简明易行。按规定，纳税的计算单位为"富力"。土地计算为标准亩，以3年平均年产谷1石的耕地为标准亩，不同产量的耕地，均按标准亩折算。自耕地以每个标准亩为1富力，出租地每1.5亩、佃耕地每2亩折算为1富力。其他资产和土地以外的收入，按财产以200元计1富力，收入以40元计1富力。再将富力折成分，按分纳税。第一等每富力以1分计算，至十二等为2分6厘。税率采取超额累进税制，共分12等。第一至第六等以10%为累进率，第一等1个富力算1分，第六等1个富力算1.5分，第七等至十二等按20%累进，第十二等每个富力算为2.6分。1.5个富力以下部分免征，第十二等以后也不再累进。

在实践过程中，边区政府还根据边区经济情况、财政收支状况、农民负担能力等，对相关规定不断修正和调整。例如，1941年的修正案，将标准亩的标准由年产谷1石改为12斗。另外也根据各地区不同生产水平，因地制宜，如北岳区累进税起征点为1.5富力，冀中区为1.8富力。累进税后来也由12等改为16等，第一至第五等累进率为5%，第六至第十六等累进率为10%，第一等一个富力以0.8分计算，第十六等以2.1分计算等。

统一累进税的实行，一方面保证了边区的财政收入，增强了抗战力量，另一方面也减轻了广大百姓的负担。由于统一累进税的具体实施方案是建立在广泛调查研究基础之上，虽然扩大了负担面，使纳税人口由实施前的30%—50%扩大到占边区总人口的80%，但由于纳税人增多，使平均负担量相对减轻，体现了钱多多出、钱少少出的合理负担原则。据统计，1941—1945年，晋察冀边区北岳区人民负担占总收入的百分比，依次是8.06%、7.89%、6.81%、6.31%、8.33%，使人民的负担在合理承受范围之内。①

晋冀鲁豫根据地包括晋冀豫、冀南、冀鲁豫、鲁西、湖西等几个根据地，1939年面积达到10万余平方公里。各根据地建立之初，政权尚未统一，各区各县都是自定规章，就地取粮，随收随支，各自为政，出现了负担不平均、富户负担过重的现象，一度造成生产下降，加剧了财政困难。1940年4月，中共中央北方局黎城会议做出了统一边区政权的决定，确立了自力更生的财政经济工作方针，决定统一收支，并建立各种财政制度。决定提出了军二政一的开支比例，和人民负担不超过其收入30%的控制标准。9月，彭德怀在北方局高干会议的报告中明确提出，财政工作要统筹收支，量入为出，收支平衡，取消田赋，征收统一累进税，脱产人员不得超过根据地人口3%的要求。

1942年晋鲁豫边区颁布了《冀鲁豫边区合理负担暂行办法草案》，规定了统一累进税征收的具体办法，统一征收，合理负担，以改善人民生活，保障坚持长期抗日战争的必须供给。（1）以户为计算负担单位。各户资产收入以本户人口平均，依每人平均的多寡，按累进法计算每人累进数。各户人口每人的应累进数之和即为各户应负担数。（2）累进等级与累进率。累进等级分为12级，以1亩为累进级，超过免征点起至20亩为累进终止点，超过20亩以上之数不再累进。（3）减免优待。对每亩年收入在2斗以下之土地，在5年以内新开垦的生荒地，公营事业及官产的收入，土地副产物及家庭副业的收入，脱产抗日军人、民政工作人员、教职员所得生活费收入，因抗战伤亡所得抚恤收入等，享受减免优待。

山东根据地建立之初财政收入也主要是农业税，分为征收实物的救国公粮和征收货币的田赋两种。救国公粮的征收采取劝募方式，征收的标准、数量、时间、次数都不固定，部队走到哪里吃到哪里，随到随筹，随筹随用。这样就造成负担不平衡的现象，影响了群众的抗日情绪。随着根据地的发展和民主政权的建立，山东根据地也逐步建立起了救国公粮的征收制度。

山东省战时工作推行委员会成立后，于1940年11月公布了省临时参

---

① 魏宏运主编《抗日战争时期晋察冀边区财政经济史资料选编（财政金融编）》，南开大学出版社，1984，第545页。

议会通过的公平负担办法。办法分为甲乙两种：在未推行公平负担的地区，首先实行甲种办法，俟甲种办法之有效并逐渐清查地主财产后，即实行乙种办法。甲种办法规定，除特别穷户无力负担及特别富户应有特别捐助者外，将所有村户按每户贫富程度不同分为10等，按其能力分别负担。乙种办法则进一步细分，以每人平均地亩数为标准，按差额累进，实行比例分摊的办法。办法规定，按全县土地肥瘠程度将各村分为3等，分别确定负担地亩数：一等村每人7分，二等村每人1亩，三等村每人1亩3分。计算负担的办法是：各户每人平均地亩数扣除免负担亩数以后，按两亩为1级，分为12级，按每级增加10%的比率折合成负担亩数，即第一级1亩折1亩，至11级以上，1亩折2亩。以每人平均负担亩数组合成百户负担亩数，再按每户平均负担亩数，平均分摊该村应负担的公粮公款。

1942年8月，山东省战时工作推行委员会又颁发《关于修正征粮办法的决定》，废止甲乙两种负担办法，实行新的以农业收入为课征对象、有免征额的全额累进税制，即根据每户每年实际收获量，按累进比例征收。修正的征粮办法规定：每户全年收获量按人口平均，每人每年不足100斤者免征。以101斤为起征点，从101斤至1000斤，按每50斤为1级分为15级，第一级征收率为1%，第二至第三级每级征收率提高1%，第四至第九级每级提高2%，第十至第十三级每级提高3%，第十四、十五级每级提高4%，即第一级101—150斤，征收1%，二级征收2%，三级征收3%，第十五级征收35%。1000斤以上一般仍按35%征收，但遇军粮困难或富裕地主负担能力特强时，经政府批准，可以提高征收比例，最高不得超过45%。

作为土地财产税征收的田赋由土地所有者交纳。山东根据地建立之初，主要依据过去旧有钱粮办法征收，采取直接征收制，并废除中间剥削和一些苛捐杂税。除部分地区征粮食实物外，1943年前田赋以货币形式征收，自1943年秋开始，山东根据地的田赋也一律改征粮食实物，按省参议会的决定，每亩征粮5斤，夏季2斤，秋季3斤。

在新四军开辟的华中鄂豫边根据地，1942年边区第一届抗日人民代表大会通过的《鄂豫边区施政纲领》中明确规定：举办土地登记，通过清丈土地田亩，进行土地分类登记，使应纳的田赋、公粮与土地实际数量相符，税收能建立在可靠的基础上，以保证负担公平合理。1942年3月，边区人民代表大会决定田赋公粮实行累进制，征收实物。具体征收标准是：将土地的实际产量分为上、中、下等，每亩每年实收粮食3石以上者为上等田，3石至1石者为中等田，1石以下者为下等田。田赋由土地所有者负担，上等田每亩收谷8升，中等田每亩收谷6升，下等田每亩收谷3升。公粮亦按上、中、下等征收，地主与佃户负担各半，征收总量亦与田赋同。田赋、公粮严格按照纳税人财产等级和所得多寡为标准，施行累进税则税率。最高负担地主不得超过其收入的35%，富农不得超过20%，中农不得超过12%，贫农不得超过8%。

为了适应根据地经济发展和财政工作的需要，陕甘宁边区及各敌后抗日根据地也建立起了自己的银行与金融事业。

抗战初期，根据国共两党的协议，八路军、新四军的军饷由国民政府发给，陕甘宁边区及各敌后抗日根据地一律以法币作为本位币在边区流通。抗战爆发后，国内货币发行混乱，有法币，也有华北伪政权发行的联合准备银行的"联银券"及敌后各战区发行的小额货币和辅币等各种土杂钞。

在陕甘宁边区及各根据地采取了积极打击伪币、明令保护法币的政策。特别是太平洋战争爆发前，法币币值比较稳定，可以借助法币来标明抗币的币值，同时根据地进口物资也依赖于法币，因此在根据地内部抗币与法币等值流通。

陕甘宁边区1937年成立了边区银行。为了解决流通中辅币缺乏的问题，1938年6月，边区银行以光华商店名义，发行光华代价券，作为辅币流通，其面值为2分、5分、1角、2角和5角。因为国民政府反对在边区发行1元主币，所以1940年2月又增发了面值7角5分的光华商店辅币代价券，以代替主币券使用。

华北各敌后抗日根据地，为解决军费所面临的困难以及适应根据地建设和对敌斗争的需要，也各自发行小额货币，如晋察冀边区银行币、北海银行币、冀南银行币、鲁西银行币和西北农民银行币等。根据地发行的这些货币，最初主要是为了解决军需。因为根据地创建初期，部队不多，人员较少，通过随时筹粮筹款和没收汉奸财产的方式尚可解决急需。随着根据地的扩大和部队、机关人员数量的增加，临时筹粮筹款的方式，已无法全面保证部队的供给，而根据地工商业又十分落后，无税可征，军政经费十分困难。各根据地只得自行发行货币,以解决军费的急需,但发行量很小,实质上是法币的辅币,也是保护法币和打击伪币的一种措施。如鲁西银行从1940年5月成立到1941年7月,共发行483.74万元,其中用作财政透支的军费开支即达441.58万元,占发行总额的91.28%。①

毛泽东曾指示晋察冀边区:"一、边区应有比较稳定的货币,以备同日寇作持久的斗争;二、边区的纸币数目不应超过边区市场上的需要数量,这里应该估计到边区之扩大和缩小的可能;三、边区的纸币应有准备金,第一货物特别是工业品,第二伪币,第三法币;四、日寇占领城市及铁路线,我据有农村,边区工业品之来源是日寇占领地,边区农业产品之出卖地亦在日寇占领区域,因此边区应有适当的对外贸易政策,以作货币政策之后盾;五、边区军费浩大,财政货币政策应着眼于将来军费之来源。"②

皖南事变以后,国民政府停发了八路军、新四军的军饷,国共合作局面被严重破坏。不久又爆发太平洋战争,英美在华银行被日寇没收,法币无法换取外汇,敌伪对法币采取全面打击的措施,大量发行伪币,利用法币到大后方和敌后根据地掠夺物资,使法币迅速贬值。为了解决边区面临的巨大财政经济困难,发展自给经济,中共中央指示各根据地实行独立自主的货币政策,为防止敌伪向根据地排泄法币,明令停止法币在根据地内部的自由流通,抗币摆脱同法币的固定联系,达到独占发行的地位。

随着大生产运动等根据地经济建设的开展,也需要发行一定数额的货币。陕甘宁边区政府由边区银行发行边币,以建立自己的金融体系。为保障边区金融体系的建立,稳定边区金融,边区政府颁布了一系列金融法规。1941年2月24日边区颁布了《陕甘宁边区银行战时法币管理办法》(6条)和《陕甘宁边区财政厅审批法币出境实施细则》(18条),建立了法币出境审批制度。冀鲁豫边区于1942年9月公布了《统一市场货币暂行实施办法》,规定鲁西银行币为边区本位币。在华中各敌后根据地,也先后发行了江淮银行币、盐阜银行币、淮北地方银号币、淮南银行币、浙江银行币等多种货币,一般统称为"抗币"。为了维护边币地位,稳定金融秩序,1941年12月18日,边区政府出台了《破坏金融法令惩罚条例》

---

① 《抗日根据地的财政经济》,第365页。
② 《抗日根据地的财政经济》,第361—362页。

(11条),1942年又颁布了《禁止私人收售质押及私运现金出境惩罚条例》(14条),对生金银出境和保管做了严格的限制,严格控制了金银出境。①

1942年以后,伴随大生产运动和根据地经济建设工作的展开,大力支援根据地的经济建设,成为根据地银行的重要任务和主要工作。银行不仅为春耕、掘井、种子等农业生产提供优惠贷款,对根据地的工商业发展也给予了大力支持。1942年和1943年,鲁西银行用于支援工农业生产的货币发行,占同期发行总额的70%—80%以上。在鲁西银行创建的6年中,用于根据地农业和工商业的投资和贷款共达51450万元,占货币总发行额的21%。②

边区和根据地银行的建立和边币、抗币的发行,不仅解决了边区和根据地的财政困难,而且在扶持根据地工农业生产的发展、建立独立自主的经济体系、增强根据地抗战经济力量方面发挥了重要作用,也有力地巩固了根据地,支援了抗日战争。

抗战时期中国共产党领导的敌后抗日根据地的经济建设,为在敌后艰苦险恶环境下保存和发展党的力量、巩固根据地、坚持持久抗战,提供了坚实的物质基础,而且它所取得的巨大成就和丰富经验,更产生了深远的历史影响。

---

① 黄正林:《抗战时期陕甘宁边区的经济政策与经济立法》,《近代史研究》2001年第1期,第185—186页。
② 《抗日根据地的财政经济》,第366—367页。

第六章
战时的移民问题

战时中国出现了大规模的人口迁徙。这种人口流动，主要是因战争引起的，有主动内迁，有被动内迁，根据其意图，大致可分为文教内迁、工业西迁和难民内迁三种类型。抗战期间内迁大后方的民众，有2000万—3000万人。这是中华民族历史上一次人口大迁移。

第一节 文教内迁

全国抗战爆发前，中国的教育事业布局十分不合理。不论是公立、私立，还是教会主办的大学，绝大部分集中在东南沿海和平津等几个主要城市。据统计，全国抗战战前全国共有高等院校108所，仅平、津、沪三市就占了46所，在校学生占全国总数的2/3，另有河北8所，广东7所等。三市的学术研究团体、机关超过124所。中国易受敌人攻击之区，多为教育文化中心。全国教育事业的这种不合理布局，对大规模的战争是十分不适应的。

1937年卢沟桥事变后，日本开始全面侵略中国，中国的教育事业遭受了巨大的破坏。随着战火的蔓延，北平、天津和东南沿海等教育发达地区先后沦入侵略者之手，全国教育机构损失严重。1937年7月29日，日军轰炸并焚毁了天津南开大学。8月15日至10月间，日机对中国61个城市进行了轰炸，有意识地以大学等文化教育设施为破坏目标。[1] 11月，被破坏之大学、专门学校数目达到23所，包括上海的复旦、同济大学，南京的中央大学和广州的中山大学等，中学、小学更不可胜数。[2] 据国民政府教

---

[1] 参见王春南《侵华战争中日本对中国文化的摧残》，《抗日战争研究》1993年第1期，第159页。

[2] 参见高平叔编《蔡元培全集》第7卷，中华书局，1989，第191页。

育部的调查统计，"截至二十七年十二月底止，公私立专科以上学校之校舍、图书及设备，或焚或劫，或遭轰炸，损失大半。战前专科以上学校，全国共一百零八所。十八阅月以来，十四校受极大之破坏，十七校无法续办，七十七校则迁移勉强上课"。[①] 全国抗战爆发前，全国各大专院校共有教师7560人，职工4290人，在校生41900余人。战争爆发后，受战乱影响的教工有2000多人，学生则多达2万余人。至于战火所造成的财产损失，包括校舍、图书仪器、教学设备等即达3360余万元的惊人数字。[②] 而各大学数十年积累下来的大量科研文献资料，例如南开大学调查华北地区的研究资料，清华大学搜集的中国近代史档案，北京大学珍藏的中国地质研究文献，都是极其珍贵而今后又无法收集弥补的资料，均毁于战火，其价值是不能以金钱来衡量的。诚如国民政府教育部指出的："此项之损失，实为中华文化之浩劫。"[③]

此外，在基础教育方面，全国抗战前原有公立中学3125所，多数设在沿海各省，战事一起，蒙受影响，停办者极多，导致大批青年学生失学；而受战争影响最大的是初等教育，因为学生年龄小，无法迁移后方，多数小学都随着国土一同沦陷了。[④]

日军对中国高等教育机构的摧残，激起了全国教育界的极大愤怒。11月15日，中国教育界领袖中央研究院院长蔡元培、南开大学校长张伯苓、北京大学校长蒋梦麟及教授胡适、同济大学校长翁之龙、中山大学校长邹鲁、中央大学校长罗家伦、沪江大学校长刘湛恩、清华大学校长梅贻琦等102人联合发表长篇英文宣言，历数日本侵略者破坏中国教育机关之罪行，"实为对于文明之大威胁"，呼吁世界爱好和平的人们对日军暴行"协同我国一致谴责"。"如果此种威胁不能制止，则世界将无进步与和平之可言，且以为迟疑不决，即不啻与侵略者以鼓励，惟有举世决心实施有效制裁，始为保障文明最简便最迅速之唯一方法"。[⑤]

---

① 教育部高等教育司：《全国高等教育概况》（1939年3月），杜元载主编《革命文献》第56辑，台北，中国国民党党史会，1971，第70页。
② 《时事月报》第19卷第5期，1938年10月，第34—35页。
③ 时事问题研究会编《抗战中的中国文化教育》，中国现代史资料编辑委员会，1940，第32页。
④ 《抗战中的中国文化教育》，第41—44页。
⑤ 《大公报》1937年11月16日。

日本侵略者肆意要消灭中国的文化教育事业，但是纵在敌人飞机大炮的不断摧残之下，中国仍奋发兴学。南开大学遭受轰炸的第二天，校长张伯苓即对《中央日报》发表谈话称："敌人此次轰炸南开，被毁者为南开之物质，而南开之精神，将因此挫折而愈益奋励。"① 上海教授作家协会就在"八一三"的炮火下创办了战时大学，设校址于胶州路；② 田汉、钱杏邨等著名文化人创办了新中国大学；在陈立夫的积极推动下，战时建设大学也建立起来。1938年初，浙江省政府委任谷正纲、阮毅成等人创办省立浙江战时大学于丽水，为了纪念陈英士，翌年更名为浙江省立英士大学，1943年改为国立大学。③

然而，随着战火的不断扩大，一些主要城市相继沦陷。在沦陷区，教会大学因多在海外注册，有欧美关系，如北平的燕京大学、辅仁大学和协和医科大学仍得以继续开学，只是学生减少了很多，燕京大学在校生仅三百余人，各校所授课程也均须经日方检查通过，才能开设。上海各大学，除原设在租界的学校损失较小，得以继续开学外，其他大学也纷纷暂时迁入租界，以避战火，圣约翰大学迁到租界内的南江路新址，但学生仅剩430多人，大夏大学、复旦大学、交通大学、暨南大学、持志学院陆续迁进租界。甚至连原在苏州的东吴大学也搬入上海租界，该校理学院最初仍在江苏吴江上课，后因战乱全部搬入上海租界。杭州的之江大学、南京的金陵大学及金陵女子学院有部分院系被迫迁入上海租界。

但是沦陷区内的公、私立大学不可能都求得外国势力的庇护，很多学校刚刚遭受日军炮火破坏之后，又将陷入被敌伪接管、霸占的危局。中国的高等教育面临着被摧毁、被中断、被敌利用的危险。

"起来，不愿做奴隶的人们，把我们的血肉筑成我们新的长城。"面对日本侵略，不甘做亡国奴的广大爱国师生，同仇敌忾，共赴国难。为了打破敌人毁灭中国教育事业之毒计，保存民族教育之国脉，在敌人炮火威胁下，中国各类教育机构进行了历史上第一次由东部沿海向西部内陆地区的大迁徙，在异常艰苦的条件下继续教学。高校的内迁在一定程度上促进了中国西南、西北偏僻地区的发展。各内迁学校之艰辛与悲壮，令人叹为

---

① 《张伯苓教育言论选集》，南开大学出版社，1984，第227页。
② 《教育杂志》第27卷第9、10号合刊，1937年10月，第140页。
③ 《第二次中国教育年鉴》，总第612页。

观止。

在整个抗日战争期间，学校内迁运动几乎从未间断过，大致可分为三个阶段。

第一阶段，从1937年8月到1939年初。这是日本侵略军的战略进攻阶段。东南沿海各类学校中，除部分外国教会学校在英美等国的"保护"下得以存在，及少数教育机构就近迁入租界外，其余绝大多数大学或迁往西南、西北，或迁往附近山区暂时维持。

第二阶段，自1940年下半年至1943年春。这一时期由于英美与日本关系日趋紧张，形势日益恶化，特别是1941年12月太平洋战争爆发，上海租界和香港等地沦入敌手，华南各地也岌岌可危。许多教会大学和原迁入租界或暂时避居华东、华南山区的高等院校，又陆续向西南大后方迁移。

第三阶段，自1944年至1945年。这一时期，日军为"打通大陆交通线"，发动豫湘桂战役和黔南战役，又使大片国土沦于敌手，原内迁分散在广西、云南、贵州等地的高校，被迫再次迁入四川境内。据统计，全国抗战期间约有106所高校迁移，累计搬迁达300余次，迁校3次以上的有19所高校，其中更有8所竟迁校4次之多。[①] 换句话说，中国的高等教育几乎整个搬迁至内地。

最早内迁的高校是张作霖、张学良父子在沈阳创办的东北大学。1931年九一八事变后，日军占领沈阳。最初日军对文化机关尚有所顾忌，只是派其南满中学堂校长来校假惺惺地表示"慰问"，"劝告"同学们照常上课，还"慨然"表示愿为学校提供经费，实际上是想阻止东大内迁。东大师生加以拒绝。不少师生纷纷潜赴各地组织义勇军奋勇杀敌，苗可秀即是其中之一。鉴于形势危急，东大师生决定内迁北平，9月22日集体乘车西去。由于仓促就道，校中的档案、图书、仪器及各种设备，乃至公私财物，均未及运出，全部损失。八年苦心经营的成果，毁于一旦。东大师生被迫挥泪告别了沈阳。

东大师生抵平后，于10月18日开学复课。经校方洽妥，高年级学生分别到北大和清华借读，而农学院各系学生则全部到开封的河南大学借

[①] 苏智良等编《去大后方——中国抗战内迁实录》，上海人民出版社，2005，第198页。

读。1932年2月，校方又借得彰仪门大街原国货陈列所旧址，收容锦州东北交通大学逃难来平的学生，设立交通学院（后改为工学院）。

1920年代后期，东北的另一个军阀冯德麟之子冯庸，捐赠其父遗产，在沈阳创办私立冯庸大学。九一八事变后冯大逃难来平，在西直门内原陆军大学校址复校。1933年夏，因经费困难，张学良遂派员接管了冯大，并以冯大校址为东北大学校本部和文、法两学院院址。

东北大学于1932年8月招考入关后的第一期本科生。为了给从伪满逃来北平的青年学生补习功课，换取中华民国的高中毕业文凭（当时国民政府教育部不承认伪满高中毕业生学历），东大遂又在东总布胡同原俄文法政大学旧址，招考东北籍高中毕业青年，成立东北大学补习班。此后，以东北大学为主体，合并冯庸大学、东北交通大学等办起了北平东北大学。①

1937年平津沦陷后，国民政府教育部采取紧急措施，命平津两地的六所大学分别内迁到长沙、西安两地，组成长沙临时大学和西安临时大学。

长沙临时大学由北京大学、清华大学和南开大学组成。1937年8月在南京成立筹备委员会，以北大校长蒋梦麟、清华校长梅贻琦、南开校长张伯苓为筹委会常委，教育部部长王世杰为主任委员。筹委会一经成立，迅即办理校址勘定、科系设置、师资招聘、学生收受以及新设备的购设等事宜，并派专人前往长沙进行具体的筹备工作。三校内迁工作进展顺利。10月18日，三校学生即开始陆续报到。七七事变爆发之时，正值学校暑假。长沙临大采取报纸广告、电报、个人信件等方式，通知各地师生到长沙上课。接到通知的师生，都千方百计奔赴学校。10月25日，长沙临大正式开学，到校学生1400余人（内含借读生300余人），教师150余人。校址设在长沙城东，租借原圣经书院作为课堂及教师宿舍，理、工、法、商学院均集中于此，以德涵女校旧址为女生宿舍，原清朝驻湘的第四十九标营房作为男生宿舍。文学院最初也在长沙城内，后因校舍拥挤，便迁至距长沙50公里的南岳，又称长沙临时大学南岳分校。

北大、清华、南开三校原来院系较多，此时进行了若干调整归并，如历史、社会学合为一系，哲学、心理、教育合为一系，地质、地理、气象

---

① 王振乾、丘琴、姜克夫编著《东北大学史稿》，东北师范大学出版社，1988，第32—35页。

合为一系。全校共设文、理、工、法商4个学院、17个学系，教师阵容格外强大。文学院院长冯友兰、理学院院长吴有训、工学院院长顾毓琇、法商学院院长陈序经。各系主任也均为一流学者，如中文系朱自清、外文系叶公超、哲学心理学系由冯友兰兼任等。

为应付战争的需要，三校在原有课程的基础上，增加了一些科目。理工学院增添了化学战争、堡垒工程、当代工业三门服务于战争的课程；文学院增添了国际形势、国际概论等课程。此外，学校还增加了军事训练，学生都穿上草绿色军装，并统一发给绑腿和大衣。

长沙临时大学在战乱之际开办，困难是很多的。临大预算分配比例为：薪金65%，办公费12%，设备购置费14%，特别费2%，学生用费7%。由于经费短绌，教师的薪金根据教育部规定，从1937年9月起，一律以50元为基数，余额按7成发给。学生大多来自战区，生活无着，学校决定，战区学生准予缓交学费，并从学校经费中节省出5000元作为贷金，用以救济困苦学生。此后救济贷金，虽有种种名称，而长沙临大，实开其端。

那时最大的困难是图书资料、仪器设备极端缺乏。临大一面积极组织翻印教科书，以解决燃眉之急，一面同迁到长沙的北平图书馆、中央研究院历史语言研究所书籍管理部门订立图书借用办法。[1] 理学院各系则与长沙湘雅医学院合作，借用该院各项设备，并在邻近的孤儿院和德涵女校的空地上建起简陋的化学实验室和物理机械室。化学工程系的高年级同学则远赴重庆大学借读。

临时大学的创设，正值全国抗战初起、举国振奋的时候。虽然学校的物质生活和教学设施异常贫乏，但"临大的学生特别踊跃，教授们预备功课，更特别来得起劲。我们以这些事实警告敌人，中国的文化不是日本飞机大炮可以摧毁的。临大师生即以此自慰，以此告慰于国人"。[2] 开办初期，临大还广泛聘请社会各界名流到校讲演，其中有八路军驻长沙办事处负责人徐特立、刚刚出狱的陈独秀、军事委员会政治部部长陈诚，以及著名新闻界人士、《大公报》主笔张季鸾等。他们讲演的内容虽多为预测国

---

[1] 杨振声：《北大在长沙》，北京大学五十周年筹备委员会编《北京大学五十周年纪念特刊》，台北，传记文学出版社影印本，1971，第34页。
[2] 叶公超：《长沙教育近况》，《大公报》1937年11月21日。

际形势,分析抗战前途,但由于政治立场不同,思想观点各异,引起同学们的极大兴趣,这也反映出校方"兼容并包"的传统学风。因此有人称:"这个在搬迁中的临时大学,设备虽然简陋,大家却那么富有朝气。而生活愈简单,作事的效率便愈高,纠纷也愈少。"而且三个学校合在一起,"短长互见,既可取长补短;而人材集中,也为任何一校所不及"。①

临时大学在长沙只进行了一个学期的教学工作。南京沦陷后,日军自华北及长江一带步步进逼,还不断派出飞机对长沙进行轰炸,局势异常紧张。于是,长沙临大又奉教育部之命,迁往云南昆明。

1938年2月中旬,长沙临大开始搬迁。学校制定了两路入滇计划,一路由校本部、女生及年老体弱的师生组成,经粤汉路至广州,取道香港至越南海防,而后经由滇越路进入云南;一路则由身体强壮的教师和男生组成湘粤黔滇旅行团,徒步前往昆明。参加旅行团的学生共244人、教师11人。这次旅程长达3360华里,途经湘、黔、滇3省。其中除长沙至益阳一段乘船、沅陵至晃县一段乘车外,均系步行。除去乘船、坐车及休整的时间,实际步行40天,每天平均行程65华里,行程最长的一天竟走了95华里。② 4月28日,旅行团终于胜利抵达昆明。战时出任过驻美大使的北大教授胡适曾盛赞道:"临大决迁昆明,当时有最悲壮的一件事引起我很感动与注意:师生步行,历六十八天之久,经整整一千哩之旅程。后来我把这些照片放大,散布全美。这段光荣的历史,不但联大值得纪念,在世界教育史上也值得纪念。"③

长沙临时大学迁到昆明后,正式更名为国立西南联合大学。三校原来各有自己的学风,自敌占区迁出后,在很短的时间内就融合在一起,迅速步入正轨,并形成了独特的联大精神,可以说,三位校长的精诚团结起了关键作用。当时北大、清华两校是国立大学,而南开是私立大学。由于张伯苓是著名的教育家,主持南开校务二十余年,南开大学在社会上也有很好的声望,而蒋梦麟同张伯苓是多年的好友,长期担任南开校董会董事,参与南开大政方针的商议,因此,张伯苓离开昆明时能对蒋说:"我的表

---

① 杨振声:《北大在长沙》,《北京大学五十周年纪念特刊》,第35页。
② 吴征镒:《长征日记——由长沙到昆明》,西南联大《除夕副刊》主编《联大八年》,西南联大学生出版社,1946,第8—17页。
③ 胡适:《在联大校庆九周年纪念会上的演讲》,《益世报》1946年11月2日。

你戴着。"(意即你代表我)。张伯苓又曾任清华学校教务长及清华大学筹备顾问,而梅贻琦从15岁起即随张伯苓在严氏家塾读书,又是南开中学堂第一届第一班最优秀的毕业生,对母校始终抱有眷恋之情,所以三位校长能够团结合作,亲密无间。三校教授、学生水平也大体相当,他们自尊自爱,谦恭相待,正如有的教授所称:"大家彼此竞争,不仅希望个人好,而且更希望别人好。"①

同时,国民政府在全国抗战初期对三校的合作也相对重视。当南开大学遭到日军的蓄意轰炸和破坏的第二天,蒋介石即在庐山召见张伯苓、胡适、梅贻琦等人。张伯苓痛心三十余年的心血毁于一旦,即席表示:"南开已被日军烧掉了。我几十年的努力都完了。但是只要国家有办法,能打下去,我头一个举手赞成。南开算什么?打完了仗,再建一个南开。"蒋介石当即安慰张伯苓道:"南开为中国而牺牲,有中国即有南开。"②

由于三校的这种特殊关系,在处理问题时,大家都能够顾全大局,相互尊重和谦让,成为抗战时期联合办学的典范。

    万里长征,辞却了五朝宫阙。暂驻足衡山湘水,又成离别。绝徼移栽桢干质,九州遍洒黎元血。尽笳吹,弦诵在山城,情弥切。
    千秋耻,终当雪;中兴业,须人杰;便一成三户,壮怀难折。多难殷忧新国运,动心忍性希前哲,待驱除仇寇复神京,还燕碣。③

这是当年西南联大的校歌。它概述了联大内迁的时代背景,更抒发了联大师生热爱祖国和抵御外侮的豪情壮志。

西安临时大学同样是由两所在北平的北平大学、北平师范大学和一所在天津的北洋工学院三校组成,不同的是这三所大学都是国立大学。筹委会分别由三校校长徐诵明、李蒸、李书田和教育部特派员陈剑翛组成常委会代行校长职责。当时许多滞留平津的师生,得知学校在西安开学的消息后,由于华北陆路交通断绝,纷纷冒着被日军搜捕的危险,进入天津英、

---

  ① 吴之椿:《在联大校庆九周年纪念会上的讲话》,《益世报》1946年11月2日。
  ② 张伯苓:《四十年南开学校之回顾》,王文田等《张伯苓与南开》,第97页。
  ③ 北京大学校友联络处编《笳吹弦诵情弥切——国立西南联合大学五十周年纪念文集》,中国文史出版社,1988,扉页。

法租界,然后搭乘英国客轮经大沽入渤海,抵达山东的龙口或青岛上岸,急奔西安,先后到校学生1553人、教师159人。① 11月15日,西安临大正式开学。此后,西安临大还增设医学系于省立医院,天津女师家政系也并入临大。

由于西安城不断遭到日机轰炸,1938年3月,西安临大辗转迁往陕西城固等地。4月3日,临大接教育部令:"为发展西北高等教育,提高边省文化起见,拟令该校院逐渐向西北陕甘一带移布,并改称国立西北联合大学。"②

西北联大成立后,未能像西南联大那样团结合作,取长补短。实际上三校仍为临时性的联合大学。当时,联大校本部设在城固县城内的考院和文庙。在考院的大影壁上虽黑字白底大书"国立西北联合大学"八个大字,但在入门处仍分别悬着国立北洋工学院、国立北平大学和国立北平师范大学三个学校的校牌。原北洋工学院院长李书田虽是联大四常委之一,却一心致力于恢复北洋大学。他同当时的教育部部长陈立夫都是原北洋大学的毕业生,因此他的要求得到陈的支持。身为教育部特派员的陈剑翛,本应起维护平衡的调节作用,但目睹三校之间各自为政、矛盾重重的现状,他自觉一人单枪匹马,无济于事,于是干脆辞去联大常委职务,到湖北出任教育厅厅长。③ 由于人事上的纠纷,造成了三校无论形式和内容,都保持着各自的独立性,甚至连师生也都各自佩戴各校原来的校徽。

1938年7月,教育部再令西北联大各学院独立。联大医学院、农学院和师范学院分别独立为西北医学院、西北农学院和西北师范学院。由原北洋工学院、北平大学工学院合组的联大工学院,同东北大学工学院、私立焦作工学院合组为西北工学院。联大其余院系则合并为西北大学。④ 从此西北联大一分为五,远不如西南联大影响之深远。西南联大常委之一的梅贻琦,在战后纪念联大校庆九周年时曾感慨道:"前几年,教育当局说抗

---

① 《西安临时大学概况》,《教育杂志》第28卷第3号,1938年3月,第106页。
② 《平津沪地区专科以上学校整理方案》,该书编辑室:《北洋大学-天津大学校史》,天津大学出版社,1995,第240页;西北大学校史编写组:《西北大学校史稿》,西北大学出版社,1987,第45页。
③ 《西北大学校史稿》,第47—48页;李书田:《抗战前期与胜利后之北洋》,左森主编《回忆北洋大学》,天津大学出版社,1989,第139页。
④ 马恩春:《抗日战争初期的北洋工学院回忆片断》,左森主编《回忆北洋大学》,第90页;《西北大学校史稿》,第57—59页;《北洋大学-天津大学校史》,第241页。

战中，好多学校联而不合，只有联大是唯一的，联合到底。"① 梅氏所言的"联而不合"，实暗指西北联大。

在华东，南京的中央大学，由于受国民政府的偏爱，可以说是战时大学损失最少、内迁最完整的一校。至于江浙及上海地区众多大学，由于缺乏统筹计划，在内迁中损失惨重。

中央大学校长罗家伦，当时担任国民党中央执行委员。早在1937年春中日关系日趋紧张时，他就预计中日之间必将一战，遂命人将准备用于学校扩建的木料制成550个大木箱，钉上铁皮，以备长途迁徙之用。② 七七事变刚爆发，罗家伦即向蒋介石建议，把东南沿海的几所主要大学和科研机构西迁重庆。蒋接受了罗的建议，要求教育部指令中央大学和浙江大学等立即迁往重庆。八一三淞沪抗战爆发时，学校正值假期，大部分师生均已离校，罗家伦立即发出函电，催促师生迅速返校，准备内迁。同时所有的图书仪器和教学设备，也陆续装箱准备起运。8月下旬，罗家伦在教授会上正式提出迁校重庆的方案。他陈述了三点理由：（1）抗战是长期的，文化机关与军事机关不同，不便一搬再搬；（2）所迁地点以水路能直达者为宜；（3）重庆不但军事上险要，而且山陵起伏，宜于防空。该方案得到教授会的赞同。会后，罗家伦亲往中山陵蒋介石官邸，详陈西迁重庆的方案和理由，获得蒋介石的批准。③

此时，正巧四川省政府主席刘湘率大批川军请缨抗战，其中一路主力由民生公司轮运出三峡，经武汉开赴淞沪战场。罗家伦得知这一消息后，即请求民生公司总经理卢作孚，利用该公司军运返川的轮船装运中央大学图书仪器及教学设备。卢作孚是位深明大义的爱国人士，慨然应允中大由该公司负责无偿运抵四川。起运时有些大件设备不便装入客舱，公司不惜派员工打通舱位，以便装运。中央大学之所以能迅速完成内迁工作，除罗家伦筹划有方外，与民生公司的无私援助是分不开的。

10月中旬，中央大学师生及图书设备陆续抵达重庆沙坪坝。设于嘉陵

---

① 梅贻琦：《联大联合到底 三校原是通家》，《益世报》1946年11月2日。
② 罗家伦：《炸弹下长大的中央大学》，《教育杂志》第31卷第7号，1941年7月10日，第59页。
③ 南京大学校史编写组编著《南京大学史（1902—1992）》，南京大学出版社，1992，第153—154页。

江畔松林坡的新校舍自9月中旬破土动工，仅用42天即全部竣工。12月1日，中央大学开始上课，包括当年录取的新生在内共有学生1072人。从此，松林坡上空又升起了中大的校旗。①

中央大学整个西迁过程中，最感人的要算农学院牧场大批良种牲畜的迁移。由于缺少运输工具，罗家伦离开南京前，特意给牧场职工发放了安置费，并表示若敌军逼近南京，这些牲畜能迁则迁，迁不出就算了，学校决不责怪。然而牧场工人不忍心这批良种牲畜落入敌手，他们在技师王酋亭的组织下，冒着敌人的炮火，将这批来自欧美的良种牲畜，以及教学必不可少的实验动物运出南京，途经苏、皖、豫、鄂四省，有时雇不到运输工具他们就自行设法将鸡、鸭、兔类小动物装进笼子，驮在荷兰牛、澳洲羊、美国猪的身上，犹如沙漠中的骆驼队一样，有时一天只能走十余里。牲畜队历时整整一年，于1938年11月在宜昌乘船抵重庆。当中大师生在新校址再次见到这群从南京辗转数千里来到重庆的牲畜时，就像异地见到了久别的亲人一样激动万分。罗家伦晚年回忆这段经历时，仍深情地写道：

> 在第二年的深秋，我由沙坪坝进城，已经黄昏了，司机告诉我说，前面来了一群牛，很像是中央大学的，因为他认识赶牛的人。我急忙叫他停车，一看果然是的，这些牲口长途跋涉，已经是风尘仆仆了。赶牛的王酋亭先生和三个技工，更是须发蓬松，好象苏武塞外归来一般，我的感情振动得不可言状，就是看见牛羊亦几乎看见亲人一样，要向前去和它拥抱。②

南开校长张伯苓曾戏称："抗战开始后，中央大学和南开大学都是鸡犬不留。"③ 南开大学被日军飞机炸得鸡犬不留；中央大学则全部搬迁干净，连鸡犬都没留下。中央大学的西迁，不愧为战时高校内迁中的"得意之笔"。

---

① 《教育杂志》第31卷第7号，1941年7月，第61页；《南京大学史（1902—1992）》，第156页。
② 《抗战时期中央大学的迁校》，《罗家伦先生文存》第8册，台北，中国国民党党史会、"国史馆"，1989，第455—456页。
③ 刘敬坤：《中央大学迁川记》，中国人民政治协商会议西南地区文史资料协作会议编《抗战时期内迁西南的高等院校》，贵州人民出版社，1988，第248页。

在华南，随着京沪失守，日军加紧进攻广州。国立中山大学奉命自行选择地点搬迁后方。由于学校事先准备不足，仓促搬迁，损失巨大。1938年10月，中山大学初迁广东罗定不久，又决定改迁广西龙州。师生自罗定溯西江而上，进入广西。途中校方再次改变目的地，决定迁往云南澄江。大部分师生不得不又经广西出镇南关到越南河内，转乘火车经滇越铁路至昆明。另有数批师生进入广西后，即徒步经贵阳转昆明，或经百色入云南。自香港起程的师生，则乘海轮到越南海防登陆，经河内到昆明。那时的越南还是法国的殖民地，所有经过越南到昆明的师生员工及家属，都要办理出入境手续，许多人受到法国殖民者的种种刁难。至翌年3月下旬，中大师生共分16批800余人陆续抵达澄江。广大师生千里跋涉，一路忍饥挨饿，流离颠沛，尤其是负责押运工作的教工更为艰辛。当时参与押运图书仪器的图书馆主任杜定友教授曾做如下记述：

西行痛志

使命：护送图书，脱离险境，由广州运至云南澄江。

行期：自中华民国二十七年十月二十日零时三十分至二十八年二月二十二日下午五时三十分，凡一百一十五天。

行程：经过广东、广西、云南、香港、安南，停留十八站，凡一万一千九百七十余里。

行侣：离广州时，同行者中大图书馆同仁及眷属四十三人，中途离队者十四人，受重伤者一人，病故者一人，到达目的地时仅二十七人。

交通：步行、滑竿、骑马、公共汽车、自用汽车、货车、火车、木船、太古船、邮船、飞机。

饮食：餐风、干粮、面摊、粉馆、茶楼、酒店、中菜、西餐，甜酸苦辣。

起居：宿雨、泥屋、古庙、民房、学校、衙门、客栈、旅店、地铺、帆布床、木床、铁床、钢床、头二三四等、大舱，天堂地狱！

广州沦陷后一百三十天无县人杜定友泣记[①]

[①] 梁山等编《中山大学校史（1924—1949）》，上海教育出版社，1983，第97—98页。

由于国民政府在全国抗战爆发前,对日本侵华战争的严重性、紧迫性和长期性估计不足,因而对全国高校的内迁工作未能及早布置,直至战火燃起,才仓促准备,造成了许多本可以避免的重大损失。对此,国民政府也承认:"当时平、津、京、沪各地之机关、学校均以变起仓促,不及准备,其能将图书仪器设备择要移运内地者仅属少数,其余大都随校舍毁于炮火,损失之重,实难数计。"①

全国抗战爆发后,国民政府虽对内迁的各大学进行了支持与扶植,但总体来看,仍缺乏强有力的领导和长远周密的计划,基本上是让各高校自行设法,自筹搬迁,各奔东西,以致许多院校一迁再迁,颠沛流离,师生员工不断减少,图书仪器设备损失惨重。

同济大学在内迁的院校中是动作较早的,但在抗战期间仍辗转迁移达六次之多。七七事变爆发时,校长翁之龙有鉴日人处心积虑,深信淞沪不能苟免,即率全校师生撤离吴淞原址,首迁上海市区;八一三淞沪战役开始后,二迁浙江金华;日军在杭州湾登陆后,再迁江西赣州。此后,随着战事的不断扩大,学校又四迁广西八步、五迁云南昆明、六迁四川李庄。

蒋介石是浙江奉化人,对浙江大学是相当偏爱的。战前的浙大就有一批海内外著名学者,气象学家竺可桢、数学家苏步青、生物学家贝时璋等人在各自领域堪称佼佼者。然而,浙大在内迁中也辗转数次,先从杭州迁往浙东建德,继迁江西吉安和泰和,再迁到广西宜山,最后迁至贵州遵义。在两年三个月的时间里五次迁移,跨越五省,行程五千余里,实可谓历尽了艰难困苦。②"迁校次数最多的是广东文理学院,由广州迁至广西梧州,再迁藤县,三迁融县,四迁广东乳源,五迁连县,六迁曲江,七迁回至连县,八迁罗定。"③

内迁中损失最为惨重的要数山东大学。内迁至重庆后,全校师生所剩无几,财产损失殆尽,总额高达361万余元,该校只好暂时并入中央大学。截

---

① 《第二次中国教育年鉴》,总第11页。
② 孙祥治:《抗战以来的国立浙江大学》,《教育杂志》第31卷第1号,1941年1月,第8页。
③ 陈立夫:《战时教育行政回忆》,台北,台湾商务印书馆,1973,第17页。

至 1938 年底，仅内迁的国立 18 所高校的财产损失总计高达 2249 万元。①

战时内迁的高校，主要分布在四川、云南、陕西、贵州，其中四川最多，仅重庆一地就集中了 25 所，有复旦、交大、东吴、沪江、中央、之江文理学院、武昌华中大学、国立音乐学院、南京药学专科、中央政治学校、中央工业专科、中央体育专科、南京戏剧学校、上海医学院、上海立信会计专科、江苏省医政学院、吴淞商船专科（后改名为重庆商船专科）、武昌艺术专科、武昌图书馆学专科等。成都有内迁高校 7 所，多为教会学校，如金陵、齐鲁、燕京、金陵女子文理学院、北京协和医学院护士学校等，这是因为成都华西协和大学，与上述各校同受中国教会大学联合董事会管辖，便于寄居或借读。上海光华、北平朝阳两校也迁入成都。其他城镇，或因地方狭小，或因交通不便，一般只有一两所迁入，如武汉大学迁乐山，东北大学迁三台（曾先后迁北平、开封、西安），同济大学迁李庄。当时在重庆和成都的高校主要集中在重庆的沙坪坝、北碚的夏坝、江津的白沙坝、成都的华西坝，号称"大学四坝"，闻名一时。

迁往四川其他地方的高校还有：江苏省蚕桑专科学校（乐山）、国立艺术专科学校（璧山）、江苏省立教育学院（璧山）、交通大学分校（璧山）、山东大学（万县）、蒙藏学校（后改为国立边疆学校，迁万县）、上海法学院商业专修科（万县）、中央工业专科学校（万县）、山东药学专科学校（万县）、山东医学专科学校（万县）、南京佛学院（又名支那内学院，江津）、正则艺专（江津）、武昌艺专（江津）、南京戏剧学校（川南江安）、山西工农专科学校（金堂）、国术体育专科学校（北碚）、东亚体育专科学校（泸县）等。

迁往云南的高等院校主要有北京大学、清华大学、南开大学（合组西南联合大学）、上海医学院、国立艺术专科学校、同济大学、中法大学文理学院、中山大学（澄江）、武昌华中大学（大理）、广州协和神学院（大理）（以上未注明者均为昆明）等。

迁往贵州的高等院校主要有浙江大学（遵义、湄潭）、国立交通大学唐山土木工程学院（平越）、国立交通大学北平铁道管理学院（平越）、广西大学（榕江）、大夏大学（贵阳、赤水）、湘雅医学院（贵阳）、军政部

---

① 《战区国立专科以上学校损失概况》，《教育通讯》第 2 卷第 5 期，1939 年 1 月，第 20 页。

南京军医学校（安顺）、江苏省医政学院（贵阳）、之江大学分校（贵阳）等。而据1935年统计，贵州原来连一所大学也没有。

迁往广西桂林等地的高等院校主要有同济大学（桂东贺县，后迁李庄）、国术体育专科学校（桂林、桂南龙州）、无锡国学专修馆（桂林、北流）、江苏省立教育学院等。

迁往陕西的高等院校主要有北平大学、北平师范大学、北洋工学院（合组西安临时大学，含河北女子师范学院，后合组西北联合大学，先后迁西安、汉中、南郑）、山西工农专科学校（西安）、焦作工学院（西安，后迁甘肃天水）、山西大学（宜川）、河南大学（宝鸡）等。

原本在西部地区创办的高等院校战时被迫迁移的主要有四川大学（由成都迁峨嵋）、云南大学（理、工、农学院分别由昆明迁至嵩明、会泽、自贡）、贵阳医学院（迁重庆）、贵阳师范学院（迁遵义）、西北师范学院（由陕南城固迁兰州）、广西大学（由桂林先后迁桂东融县、黔南榕江）、桂林师范学院（先后迁桂北三江、贵州平越）、贵州农工学院（后改为贵州大学，工学院迁安顺，后迁遵义）、广西军医学院（先后由南宁迁桂西田阳，后改为广西省立医学院，再迁桂林，又分路迁昭平、贺县、融县和三江）、陕西省医学专科学校（由西安迁南郑）、国立中央技艺专科学校（由成都、南充迁乐山）等。[①]

除高校外，迁入重庆的学术研究机构主要有：中国最高学术研究机构中央研究院，1938年春从南京迁入；中央工业试验所，1937年从南京迁入，隶属国民政府经济部；中央农业实验所，1938年2月从南京迁入，是国民政府最高农业科研机构；中央矿冶研究所，1938年4月由南京迁入北碚，隶属国民政府经济部；中央地质调查所，1938年7月迁入，隶属国民政府经济部，是中国最早成立的地质研究机构；中国科学社生物研究所，1939年5月由南京迁入北碚；油料研究所，1938年迁入北碚，隶属中国航空委员会；陆军制药研究所，1938年迁入，隶属国民政府军政部；应用化工研究所，1938年迁入，隶属国民政府兵工署；弹道研究所，1937年冬迁入，隶属国民政府兵工署；中央水利实验处，1937年11月迁入，原名水工试验所，隶属国民政府全国经济委员会，1938年改

---

① 唐正芒等：《中国西部抗战文化史》，中共党史出版社，2004，第14—15页。

隶经济部，1942年1月改名中央水利实验处。这些官方机构人员都是随政府一起内迁的。

另外还有近20个民间科技学术团体迁重庆，包括中国工程师学会（1937年迁入）、中国水利工程学会（1937年10月迁入）、中国护士学会（1937年10月迁入）、中国化学学会（1937年11月随中央大学迁入）、中国度量衡学会（1937年迁入）、中国测绘学会（1937年迁入）、中国地理教育研究会（1937年迁入）、中国化学工程学会（1938年迁入）、中国农学会（1938年迁入）、中国气象学会（1938年迁入）、中国地理学会（1938年随中央大学迁入）、中国纺织学会（1938年迁入）、中国自然科学社（1938年迁入）、中华图书馆协会（1938年迁入）、中国教育学术团体联合会（1938年迁入）、中国科学社（1939年5月从南京迁入）、中国卫生教育社（1939年迁入）、中国矿冶工程协会（1940年8月迁入）、中华药学会（1942年迁入，后重新立案改名中国药学会）等。

东南沿海的新闻出版业也纷纷迁往西部地区。例如生活书店于1937年由上海迁到武汉，武汉沦陷前夕的1938年8月又迁往重庆，9月，总经理邹韬奋到渝主事。读书生活出版社于1937年由上海迁广州，广州沦陷前的1938年8月又迁赴重庆。生活书店和读书生活出版社在桂林等处设立了分店分社。新知书店总店于1937年由上海迁武汉，1938年12月又迁到桂林，并在重庆等地设分店。1944年9月桂林沦陷前总店又由桂林辗转迁到重庆。中华书局先由上海迁香港，香港沦陷后于1942年初迁往重庆。商务印书馆于1941年后将主要工作移到重庆。开明书店抗战爆发后由上海曾迁武汉、桂林，最后于1944年迁到重庆。此外，还有创办于上海的良友复兴图书公司、大东书局、世界书局、上海杂志公司、龙门书局以及创办于汉口的华中图书公司等出版机构也先后迁至重庆。除此之外，华北以及华东地区的重要报纸也陆续内迁（见表6-1）。

表6-1 抗战时期部分内迁报纸一览

名称	迁出地	迁入地	迁入日期
中央日报	南京	长沙	1938年1月10日
新民报	南京	重庆	1938年1月15日
时事新报	上海	重庆	1938年4月27日

续表

名称	迁出地	迁入地	迁入日期
南京晚报	南京	重庆	1938 年 8 月 1 日
中央日报	长沙	重庆	1938 年 9 月 1 日
新华日报	武汉	重庆	1938 年 10 月 25 日
大公报	天津	重庆	1938 年 12 月 1 日
自由西报（英）	武汉	重庆	1938—1939 年
益世报	北平	重庆	1940 年 3 月 24 日

资料来源：参见民革中央孙中山研究学会重庆分会编《重庆抗战文化史》，团结出版社，2005，第 178 页。

这些迁徙人员主要是从事文教事业的知识分子和青年学生。目前，没有明确的统计数据显示内迁文教人员的具体人数，但据孙本文观察，"大概高级知识分子十分之九以上西迁，中级知识分子十分之五以上西迁，低级知识分子十分之三以上西迁"。① 无论其界定标准如何，亦是数量巨大的一批人。②

他们虽然都是因为战争所迫而内迁大后方，但是与一般的难民内迁还是有着明显的不同，其中最重要的一点就是文教内迁人员肩负着保存中国文化的使命。例如中央大学搬运了 2000 余箱的图书仪器至重庆，校长罗家伦回忆道："有许多教职员先生，不顾自己的物件，不顾自己和家庭的安全，拼命为学校做保存图书和仪器的工作。"③ 而国立浙江大学辗转数址，一直带着 405 箱图书仪器和 20 余架钢琴，并协助文澜阁《四库全书》的搬运。④ 至于护送南京朝天宫库房文物的故宫博物院人员更不用说，他们前后分三批沿陆路和水路将近两万箱文物辗转运至重庆。

上述文教机关迁徙时的交通工具主要是火车、船舶、汽车等。经费来源有政府拨款，更多的则是自筹。各文教机构充分动员一切力量，保证内迁人员安全，有时甚至要利用教授的私人关系。许多学校的师生在特定路

---

① 孙本文：《现代中国社会问题》第 2 册，商务印书馆，1948，第 261 页。
② 参见苏智良等编《去大后方——中国抗战内迁实录》，第 213 页。
③ 《罗家伦先生文存》第 5 册，第 637 页。
④ 浙江大学校史编写组编《浙江大学简史》第 1 卷，浙江大学出版社，1996，第 64 页。

段还采用徒步方式，最长的走了1300公里。① 迁徙过程中，一般先由校方派人选定或者教育部推荐迁入地，然后分批运送学生、教职员及家属、仪器设备及书籍资料等。在迁徙过程中，还时常伴随着侵略者空袭的危险。湖南大学自长沙迁至湘西辰溪后，就遭到日军飞机的两次轰炸。② 浙江大学多次西迁，途经宜山时遭遇十余架日本飞机的轰炸，弹坑"直径约一丈五六左右"。③ 至于饥寒交迫、风餐露宿更是家常便饭。

尽管与青山秀水为伴，或者保留着许多不无浪漫情怀的描述，但这批新移民的生活毫无疑问是异常艰苦的。他们中的大多数尤其是青年学生，无论是在旅途中还是最终的目的地，大多只能居住在土坯草屋、盐商仓库、寺院、竹笆屋等，或40人一间，或百人一间，非但无舒适可言，简直是拥挤不堪。多数教授也是租住农舍民房。教学楼舍大多是临时搭建的简易房屋，有"铁皮屋顶、泥土墙面、有窗无玻璃的平房"，也有多校集资联合修建的教学楼（如华西协和大学的化学楼），还有土地庙（如同济大学）。国立中山大学迁滇后有报告表明：

> 各教室所用椅桌，均以木作柱，其上横置一板即为台，以土砖作基，其上横置一板即为凳。每桌四尺，按教室的大小而定多寡。宿舍内床铺均用木制辘架床，自修室兼膳堂，椅桌均以土砖为基，上置木板二块，用膳时用一面，自修时转用他面。④

读书照明主要是用煤油、汽油、菜油乃至桐油。多数学校仪器设备少而简陋，实验几乎很少进行。师生穿着简陋，可能比当地下层民众略好，冬天头上无帽，鞋底磨穿、袜子穿洞则是常有之事，女生旗袍也有补丁。⑤

广大师生不独教学、居住条件极差，而且由于战时粮食供应或配给不

---

① 参见西南联合大学北京校友会合编《国立西南联合大学校史》，北京大学出版社，1996，第28页。
② 《湖南大学被日机轰炸情形及迁校舍建筑、复员等问题的文件》，二档馆藏教育部档：五-5322。
③ 王春南：《侵华战争中日本对中国文化的摧残》，《抗日战争研究》1993年第1期，第161页。
④ 梁山等编《中山大学校史（1924—1949）》，第101页。
⑤ 参见《重庆抗战文化史》，第433页。

足、物价飞涨，他们长期营养不良。他们的膳食结构中，起初还有政府配给的被戏称为"八宝饭"的大米（即掺有沙石、老鼠粪便的劣质糙米），后来只有粗粮，蔬菜匮乏，食盐和食用油短缺，加上水土不服和医疗卫生设施缺乏，因此经常受到病患的侵扰，不少师生死于疟疾，或是患有伤寒、肺结核、肝炎、肠炎等。师生补贴家用的手段也是有限的。教师们只能卖图书、卖首饰、卖衣物旧货，有的刻图章卖钱，有的写稿卖文，有的兼职代课或做家庭教师；学生们则靠打零工做兼职（例如图书管理员、随军翻译等）聊以度日。

内迁的文教人员大多具有相对独立性、寄居性的特点，其主要经济来源也独立于地方财政。他们时常自称或被称为"外省人"，往往缺乏当地认同感，移居者与本地人之间基本处于一种各自独立的合作共存关系。一方面，地方政府尤其是那些与中央关系微妙的省份如云南，欢迎这些文教移民的入驻并提供某种便利，希望以此来提高本地的影响力；另一方面，外来者有时不可避免地同本地人发生利益冲突，因为他们都在消耗共同的资源。例如一位祖居重庆的经济学家回忆年幼的时候（抗战时期）"肚子总是空空的"，父亲也总是念叨"倒了日本人和下江人的霉"。所谓的下江人就是指从长江中下游迁到四川的外省人。① 重庆1937年人口大约48万人，一年后达53万人，到1945年则突破100万人。同济大学曾打算移往四川南溪，因为当地乡绅的集体抵制而未获成功。

无论在城镇还是乡村，新移民大都是以学术单位为纽带而组织、聚居在一起，例如今天成都华西坝还保留着"鲁村"、"宁村"这样的地名，均源自当年齐鲁大学、金陵大学内迁后的聚居区域。由于这些移居者的相对独立性，除必要的生活采购外，很少与当地居民交往，加之当地文化相对落后，甚至一度引起居住地民众的猜疑和骚乱。同济大学内迁四川宜宾郊外的李庄坝镇，当地居民曾撞见同济医学院和中央研究院体质人类学所的人体标本和解剖实验，"误以为师生在撕咬一堆人骨"，甚至陆续传出送菜农民被吃和"研究院炒吃娃娃"等谣言，以至于村民们"鸣锣敲鼓，聚众抗议"。②

---

① 《重庆抗战文化史》，第121页。
② 苏智良等编《去大后方——中国抗战内迁实录》，第25、252、437页。

随着战争的持续发展，新移民不断涌入，他们逐渐意识到移居的不易，与本地人的交往也不断增多。特别是移民中的年轻人开始慢慢适应当地文化，主动学习当地方言。据华裔女作家赵淑侠回忆幼年随父亲由华北迁重庆后的经历："红庙小学是我的母校，从校长、教员到校工，全是四川人，上课、下课说的全是四川话，把我们也都教成了道道地地的'川娃儿'，背书如果不用四川话背就背不通，吵架不用四川话吵也吵不痛快。"①

高素质人才的集中内迁，毫无疑问促进了西南、西北地区现代化的进程。这些移民为内陆偏远的城市乡村带去了知识和技术，为地方水利、矿业、医疗、建筑、能源、文化、教育等多项事业都做出过贡献。浙江大学校长竺可桢在内迁之初即明确表示，要"使大学的内迁与中国内地的开发得到结合"。为此，浙大特意避免迁往大城市，而要搬到那些从未接触过大学生活的城镇或者乡村。② 1938 年 3 月浙大迁至江西泰和县上田村，并为当地民众修建了防洪坝，创设了澄江小学和沙村垦殖场。修建防洪坝是文教移民为当地基础设施建设做出贡献的典型事例。据记载，浙大师生在了解到当地常受赣江泛滥侵袭的苦楚之后，主动联系江西省地方当局及泰和县政府，三方达成协议，由政府出钱雇用劳力，大学组织技术人员负责设计和施工，仅用了两个月的时间，赶在雨季来临前完成了全长 7.5 公里的防洪设施，包括涵洞、水闸、堤坝等，并在不久来临的洪水中充分检验了其有效性。从此"上田村一带未再遭水灾"。③ 另外，同济医学院教授唐哲、杜公振结合自己的教学研究，攻克了川南的痹病。这种疾病在四川南部地区长期流行，病人轻者浑身无力，重者上吐下泻、四肢麻痹，甚至可以导致死亡。唐、杜两位教授通过多次动物活体实验，查明了病因是由当地食盐中含有氯化钡所致，从此根治了这一地区千百年来存在的怪病。④

尤为重要的是，这些教学机构还吸收培养了大批当地学生，使他们逐步成长为当地社会经济文化建设的骨干力量。例如中山大学迁滇后，学生数量由 1736 人增加到 4161 人。中大从 1939 年夏开始设立先修班，招收高

---

① 《重庆抗战文化史》，第 405 页。
② 毛正棠、徐有智编《浙江大学》，湖南教育出版社，1990，第 35 页。
③ 《浙江大学简史》第 1 卷，第 51 页。
④ 《抗战时期内迁西南的高等院校》，第 66 页。另说为由塘沽南迁的私营企业黄海化学工业社攻克，参见苏智良等编《去大后方——中国抗战内迁实录》，第 112 页。

中毕业失学青年，前后共6届，结业后升入大学者近千人。① 又如西南联大于1938年增设师范学院，特意增加名额，放宽云南籍考生的录取标准。1943年联大又创办了三年制师范专科，主要招收云南学生，定向培养，毕业后全部留省工作。此外，联大还陆续在昆明创建了天祥、五华、长城、建设等中学，教师基本由联大师生担任。②

科教内迁还带动了西部科研机构的兴起。抗战期间，仅在重庆一地就新成立了十余个科研学术团体，其中包括很多科普机构，如1939年成立了中国农业推广协会、重庆自然科学座谈会，1940年成立了中华医学会重庆支会、中国青年科技协会，1941年成立了中国工程标准协会、中国业余无线电协会，1942年成立了中英科学合作馆，1943年成立了中国造船工程学会、中国发明协会、中国动物学会，1944年成立了中国昆虫学会，1945年成立了中法科学合作协会、中国科学工作者协会（简称中国科协）、中国土壤学会、中国农具学会等，此外还有1946年1月成立的中国医药改进会。这些科研机构不仅为西部文教科研事业的发展奠定了基础，更带动了大后方基层的科学普及工作。

中国共产党在抗战开始后，提出要广泛争取知识分子参加抗日民族解放战争。在中共的号召下，1938年出现了全国各地成千上万青年知识分子奔赴延安的热潮，其中包括不少平津的大学生。任弼时说过："抗战后到延安的知识分子总共四万余人，就文化程度言，初中以上百分之七十一（其中高中以上百分之十九，高中百分之二十一，初中百分之三十一），初中以下的约百分之三十。"③

陕甘宁边区在抗日战争前没有一所高等学校。中共中央来到陕北后，将原来的红军大学更名为抗日军政大学，学员最初主要来自红军干部。随着大批知识分子来到延安，抗大开始大量接纳外来的知识青年，七七事变后招收的第三期学员有两千多人，1938年4月招收的第四期学员近五千人。抗日军政大学还先后办了七所分校，很多人在这里经过学习后奔赴前线。

此外，中共还创办了陕北公学、鲁迅艺术学院等，大量招收投奔延安

---

① 梁山等编《中山大学校史（1924—1949）》，第101、108页。
② 《国立西南联合大学校史》，第2、97—98页。
③ 《胡乔木回忆毛泽东》，第279页。

的知识分子。"陕北公学,成立于一九三七年九月,是为满足当时全国广大青年渴求抗战的理论和方法,以便奔赴前线参加抗日救亡活动的愿望而设立的。""它当时名声很大,号召力很强。因此,蒋管区的广大青年,不断地来到陕公学习。""从陕公成立到一九三八年底,仅一年半的时间,就培养出六千余名干部。"[1] 陕北公学校长成仿吾在学校成立半年后写道:"卢沟桥抗战开始以后,全国青年学生来的更多了,他们首先从华北方面大批涌进来,接着就从全国各地像无数点线一样,继续不断的进来了。为着适应这样的客观要求,边区党政当局及一些教育家创办了这个陕北公学。""我们的课程暂定以下三门:(甲)民族统一战线与民众运动;(乙)游击战争与军事常识;(丙)社会科学概论。""我们的教学法不是单纯的灌注,而多采取讨论与集体研究的方式。""为着加强军事的训练,采取半军事的编制。""学生的管理,我们注重发扬青年们的自动性与创造性,但一经大家讨论通过的事情,是要完全执行的。""陕北公学是统一战线的学校,只要不是汉奸亲日派,经过规定的入学测验,没有严重的病,都能入校学习,因此也不分党派,更不分性别。"[2] 鲁迅艺术学院,成立于1938年4月(后改称鲁迅艺术文学院),先后设立文学、戏剧、音乐、美术等系,为部队和地方培养了许多文艺工作者,不少人后来成为新中国文学艺术工作的骨干。在这以后,边区还陆续成立了中国女子大学、延安自然科学院、延安大学等院校。

第二节 难民内迁

战争的破坏不可避免地会带来流离失所的难民,抗战时期的难民内迁形成了中国历史上规模最大的移民潮。据国民政府行政院调查设计委员会估计,抗战期间中国境内迁徙的难民总数约为4200万人。[3] 仅湖北一省就有难民485.6万人。[4] 据1938年远东评论社记者估计,江南各省超过1600

---

[1] 李之钦:《抗日战争时期陕甘宁边区的教育》,西北五省区编纂领导小组等编《陕甘宁边区抗日民主根据地(回忆录卷)》,中共党史资料出版社,1990,第315页。

[2] 成仿吾:《半年来的陕北公学》,《文献》第1卷,1938年10月10日。

[3] 《行政院善后救济总署业务总报告》,行政院善后救济总署,1948,第52页。

[4] 《湖北省抗战时期难民人数统计表》,湖北省档案馆:2/160。

万人移居西部。① 另外，据侨务委员会统计，战时由香港和东南亚归国的华侨达到 20.5 万人。②

抗战时期，难民潮的爆发有两个高峰，第一次是 1937 年 12 月至 1938 年底，日军发动全面侵华的战略进攻阶段；第二次为 1944 年 4—12 月，日军发动"一号作战"（即豫湘桂战役）攻势。这两次移民高潮都是由于日本发动进攻引起的。第一次高峰的开始是以南京陷落为标志。在此之前，难民内迁是局部性的，而且一般限于社会上层。③

战时难民形成的范围是全国性的，但各省并不均衡，以江苏、安徽、湖北等省最多，大致遵循向南、向西迁徙的轨迹。这些省份原是近代中国较富庶、人口密集的地区，而且是南京政府统治的核心地带，因此最容易受到日军的攻击而造成大批难民随政府西迁。在华北，难民的流动路线是沿着平汉、津浦、平绥铁路线及由海路向南、向西迁徙。在华东，难民大致沿着京沪、沪杭甬铁路及溯长江向西南迁徙。

初期难民多以农民为主，据江苏省镇江县 1938 年 6 月一份报告显示："农村中难民数约占总人口约三分之一至一半"。同月，该县自治分会长会议更指出："住户 70% 是难民。"④ 这从下面的江苏省政府民政厅二科 1938 年 12 月编制的灾况调查表中可见一斑（见表 6-2）。

表 6-2　江苏省各县灾况调查统计

单位：人

县份	死亡人数	难民人数	失业人数
嘉定	12888	242542	40696
金山	9997	155415	4820
松江	7900		
吴县	6795	388104	17401
武进	4842	200573	40466
丹徒	4524	478786	53973

---

① 孙本文：《现代中国社会问题》第 2 册，第 260 页。
② 《行政院善后救济总署业务总报告》，第 57—58 页。
③ 刘敬坤：《抗战史研究中一个被忽略的课题——我国抗战时人口西迁与难民问题》，《民国春秋》1995 年第 4 期，第 36 页。
④ 井上久士编『華中宣撫工作資料』不二出版、1989、11 頁。

续表

县份	死亡人数	难民人数	失业人数
江宁	4201	180082	13242
丹阳	4036	496817	29809
句容	1983	179250	2123
青浦	1950	199890	22000
江浦	1925	56975	5616
常熟	1400	638407	56590
昆山	1223	117807	6080
如皋	239	12011	330
无锡	223	16410	300
吴江	206	501802	1293
南通	9	830	500
金坛		48724	32050

资料来源：卞修跃著《抗日战争时期中国人口损失问题研究》，华龄出版社，2012，第117页。

但由于农民大多不愿离乡太远，因此真正远迁到西部的难民多以小商贩、小手工业者居多，例如1938年11月至1939年9月经过四川万县的难民登记注册者共有12.6万人，其中城市小商人占50%，工商学界占15%，农民占23%。[①] 1944年豫湘桂战役后，湖南、广西的大批难民涌入重庆，当年12月的一份抽样（样本数719）调查显示，有职业者266人，其中43%为商贩，手工业者占34.3%，工人占8.3%，还有公务员占5%。[②] 据日本在占领区的调查显示："平汉铁路沿线的河北省邯郸县由于战争和灾荒，县城原有的1.6万名居民中，有6000—7000人逃亡，保定城的8.6万名居民中，半数以上的人因为激烈的战争而逃往外地。"[③] 知识分子属少数，在本章第一节中已做了专题介绍。

战争爆发不久，1937年9月，国民政府在南京成立非常时期难民救济

[①]《振济委员会运送配置难民全州总站调查表》，二档馆藏档：116-66-41。
[②] 窦季良：《湘桂内迁难民就业问题选择研究》，《社会工作通讯月刊》第2卷第4期，1945年，第22页。
[③]《满铁调查月报》（1938年7月），转引自孙艳魁《苦难的人流——抗战时期的难民》，广西师范大学出版社，1994，第44页。

委员会，这是应急性的政府部委联合办事机构，在受战争影响的各省及行政院直辖市一级设立分会，在县一级设支会，分级负责难民的救护、收容、管理、运输、给养等事项。1938年4月，随着战事的扩大，国民政府又设立振济委员会，作为行政院下属部委一级的全国常设最高难民救济机构。它整合了先前带有局部临时性的振务委员会、非常时期难民救济委员会。该机构由行政院副院长孔祥熙兼任委员长，并由原振务委员会委员长许世英代理，将全国分为6个救济区，在难民迁徙的沿途设立26个难民运送总站，所属132个分站并166个招待所。振委会采取"寓振济于生产"的总方针，使"壮有所用，如为农夫可资助其垦殖，如为工人可介绍其工作，俾能发挥生产能力，以维持国民经济繁荣"。直属的省、县级振济会随之成立，至1941年，全国除东三省、热河、察哈尔、新疆、西藏外的22个省都成立了振济会，所属地方振济会1166个，救济难民9236887人。①

1945年1月，行政院又成立了善后救济总署，随着抗战胜利，陆续在收复区东北、冀热平津、冀绥察、浙闽、台湾、上海等地设15个分署和滇西、福建、中共抗日根据地等5个直辖办事处，并在上海、天津、青岛、九龙、广州、大连设储运局，接转联合国善后救济总署拨给中国的物资。善后救济总署继承了振济委员会的工作，并将善后救济作为工作重点，包括难民的输送复业、难民的福利、工商业损害调查、洪泛区灾情调查等。

表6-3 振济委员会历年难民救济人次

单位：人次

时间	救济人次
1937年8月至1939年	21805700
1940年	3842232
1941年	1074220
1942年	2208458
1943年	882846

---

① 秦孝仪主编《革命文献》第96辑，台北，中国国民党党史会，1983，第430—431、439—440页。

续表

时间	救济人次
1944年上半年	2243704
共计	32057160

资料来源：《中华民国统计提要》，二档馆藏档：6-47。

由振济委员会划定的难民运送总站的线路主要有以下几条：一是长江沿线至四川，沿途经武汉、沙市、宜昌、恩施、万县至重庆，可用交通工具为各类船只和汽车；二是武昌至贵阳，经株洲、衡阳、桂林、柳州等地，可乘汽车和火车，在长沙失守之前是较为安全的；三是上海至株洲，经海道至温州、金华，再沿浙赣铁路至南昌、株洲，这是东南各省难民内迁的重要路线；四是陇海铁路沿线，由河南许昌、郑州、洛阳经西安、宝鸡，至陕南、四川、甘肃等地，这是西北重要的内迁线路；五是安徽、福建至赣南线，经九江、南昌或经临川南下；六是大别山麓沿线，由皖西经河南商城、信阳、南阳至湖北，或由湖北东部经襄阳至鄂西北；七是香港经越南至重庆线，但这条线路价格不菲，至少需法币360.76元，非普通人可以采用。[1]

难民逃难，多数是以家庭为单位。例如前述1944年12月重庆的一份719人抽样调查显示，除144人单身外，余575人分属177个家庭，其中5口以下家庭161户（91%），平均每户仅3人。[2] 战时逃难的家庭多不完整。有的家庭成员中的老人主动或被迫留在家乡并未随迁，有的家庭成员可能在迁徙过程中死亡、走失或者从军，因此处于一种不稳定状态，离婚现象也较战前为多。[3] 临近战区的难民中，女性多于男性，主要原因是青壮年男性或从军或遇害。据《大公报》记者范长江观察："许许多多战区被难同胞，妇女尤占比较多数……交通工具是谈不到的，纵有，也不过独轮小车几辆，上面可以放些行李，甚而至于完全无代劳工具，重重的行李，通通自己背上。小脚老妇，黄发儿童，也得在地上徒步，红颜少女，

---

[1] 参见《代拟港渝行程及路费表》，香港《申报》1938年12月24日。
[2] 窦季良：《湘桂内迁难民就业问题选择研究》，《社会工作通讯月刊》第2卷第4期，1945年，第22页。
[3] 孙艳魁：《苦难的人流——抗战时期的难民》，第80页。

多也执绳挽车。"①当时11岁的山西晋城难民张淑珍回忆说："我家搬出来离城里十五里地，搬到那里。我一家子，谁都不见谁，走散了，也不知道姥娘（指外祖母——引者注）死到哪里了。我父亲在决死队里头，他跟上部队在外边跑……走了就没回来。"② 而在非战区，难民中男女比例大致相同，例如1939年9月湖南省振济会统计五县收容的9793个难民中，男性5074人，女性4719人，性别比为107.5∶100，与全国平均水平接近。③

如前所述，难民的迁徙方式主要是步行，使用现代化交通工具的只占极少数，原因在于这些交通工具本来就极为有限，况且并非免费，再加上战争的限制，只有少部分有钱又有关系的难民可以获取，有些时候车船票的费用竟高达"买一张票要一根金条"的程度。④ 许多难民冒险挤上车船，每每超载而异常危险。据当事人回忆，当时火车顶上也坐满了难民，通过隧道的时候，这些人大都被撞死。⑤ 人们"东西全不要了，能挤上去就行了……什么大姑娘、小媳妇，隔着窗户，撅着屁股往外屙屎屙尿的，有的是。因为一出来就没位了，没地方了……见到日本飞机就停，人呼啦啦下来往野地里跑，惨啊！"由于大多数逃难路线都经过山区，路非常不好走，家庭条件稍好一点的，还能想办法弄些钱，请人挑行李，挑年幼的子女。⑥ 而穷困的人家在天灾和人祸面前，就只能自己保命，顾不上其他了。1937年11月初太原陷落，难民挤渡汾河的经历给年仅15岁的王丕绪留下了这样的印象：

> 旧的汾河桥，又有部队，又有群众，又有大人，又有小孩。那时候的汾河水也大，过那个汾河桥的时候啊，好多人都被挤得掉到河里去了，特别是一些妇女抱着小孩的，没有办法啊，把小孩往河里"啪"一扔！没有办法只能顾自己了，现在不能想象。还有的把箱子呀，背的东西呀，全都扔了。那时候皮箱多的是，谁还顾得上捡呀，

---

① 范长江：《皖中战影》，《大公报》1938年3月12日。
② 张成德、孙丽萍主编《山西抗战口述史》（1），山西人民出版社，2005，第17~18页。
③ 《湖南省振济会遣送湘西入川难民年龄性别构成表》，二档馆藏档：118-16。
④ 参见陈真主编《寻找英雄——抗日战争之民间调查》，广西师范大学出版社，2006，第225页。
⑤ 苏智良等编《去大后方——中国抗战内迁实录》，第233页。
⑥ 陈真主编《寻找英雄——抗日战争之民间调查》，第58页。

只顾逃命吧！那时候，人山人海呀，简直是一点缝隙都没有，人挨人，跟插萝卜一样，一个挨一个。我那时候年纪小，怎么办呢，我就抱着一个大兵的腿，他身强力壮，就这么忽悠忽悠，最后总算是过了汾河桥。①

陈香梅在记述她1942年6月由香港逃往澳门时的经历说："船舱内已挤不进去，只好呆在甲板上，把行李放在身旁；坐定后根本不敢再移动，因为后面还有不少人你推我挤地要抢着上船来，假如稍微移动一下，位置就会被别人占去了。船行得很慢，大概人太多了，一定超重，还好没有沉船，不然大家都完蛋。"②

特别是1942年的河南旱灾，自当年夏天开始灾民逃难持续将近一年，沿途景况惨不忍睹。据当事人回忆，在河南各个城市的街头，到处都可以听到"卖娃了"的凄惨喊声。其后，随着灾荒愈演愈烈，卖子女在灾区已经无人问津，人们开始将自己的年轻老婆或十五六岁的女儿，用驴子驮到豫东、周家口、界首等人口市场卖为娼妓。时任第二战区副司令卫立煌的秘书赵荣声回忆，一次他过境河南叶县，旅店的伙计就介绍说："副官，今天晚上给你找个姑娘做伴好吗？价钱便宜，一夜只要一斤馍馍。"③有记者报道，在许宛公路上，大批被贩卖的妇女络绎南去，大"人客"（即人贩子）用架子车一车装五六个，小"人客"则带着一两个女孩徒步缓行，还有的买上一匹瘦马或一头瘠驴驮着一个将死未死的少女，也有一些骑脚踏车的商人，在车轮后架上带着十四五岁的女孩飞奔而去，而这些被卖的女孩早已瘦骨嶙峋。④1944年桂林大撤退，"路上太惨了，卖儿卖女，几个钱就把女儿卖掉了"。⑤

国民政府在难民迁徙途中虽然也提供了一定的方便，但限于人、财、物力，不过是杯水车薪。规按定，振济委员会所属的运送配置难民总站以及各省振济会均有协助难民内迁的义务。对那些无法步行的难民，振济委

---

① 张成德、孙丽萍主编《山西抗战口述史》（1），第4页。
② 《春秋岁月：陈香梅自传》，中国妇女出版社，1997，第60页。
③ 赵荣声：《回忆卫立煌先生》，文史资料出版社，1985，第262页。
④ 参见苏智良等编《去大后方——中国抗战内迁实录》，第297页。
⑤ 陈真主编《寻找英雄——抗日战争之民间调查》，第225页。

员会调查核实后，与当地公私交通机关联系，给予减免车票的优惠。各难民救济团体在条件允许的情况下，虽然也积极为难民提供交通便利，但这样机构少得可怜，也只能在个别大城市和交通要道略有作为，根本无法照顾到大多数的难民。

在迁徙的过程中，难民们往往居无定所。广西大学校长的白腾飞家人在由贵州向四川逃难的过程中，也只能是"晚上找个东西稍微遮一点雨，风是挡不住的，四面是空的"。① 难民在沿途条件好一点的地方还能讨到一些食物。但如遇到类似1942年河南全省范围的灾荒，难民们就只能忍饥挨饿了。此外，除了人为的危险，难民在逃难过程中的另一大困境就是疾病的侵袭。

留居在难民收容所的难民，大都一贫如洗，生活主要依靠收容机构的救济，每人每天大概能领到一磅的口粮，由负责人或者家庭代表凭专有票证排队领取。"发放的过程是这样的，桌子后面坐着由难民充任的粮食分发员，票证依次被盖戳、签注，大米则从一袋袋的米袋里舀出，再盛入难民们的米袋。监委会成员则站在那里从旁监督，偶尔他也会将手伸进难民的米袋里拨弄一番，检查一下米商送来的米是否足量，质量是否合格。"② 除了救济稻米之外，难民的食物中偶尔还会有些豆类或干咸菜。但是也有个别人"白天都经营着各式各样的小本生意"，有的竟然获利，而"由难民所迁出，搬进住宅区"，正式成为移民。③

收容所对难民的收容也是暂时性的，一般都有时限规定，超过时限的难民由政府迁到城市、市镇周边的寺庙或其他公共场所居住，并安置职业。地方政府一般先就难民求职种类进行登记，按照工业生产、家庭手工业、贩卖组合等就近安排工作。工业生产组合可由同业者三家或三人以上自动联合，生产品以民用及军需各半。家庭手工业则以原有家庭为单位依靠自身手工技能个别经营。贩卖组合为同乡或同业三家或三人以上自动组成，并优先出售专卖品及难民和家庭手工业产品。④ 那些原来在东部大中

---

① 陈真主编《寻找英雄——抗日战争之民间调查》，第58页。
② 苏智良等编《去大后方——中国抗战内迁实录》，第275页。
③ 参见陈存仁《抗战时代生活史》，广西师范大学出版社，2007，第33页。
④ 窦季良：《湘桂内迁难民就业问题选择研究》，《社会工作通讯月刊》第2卷第4期，1945年，第24页。

城市从事小生产的难民，移民到大方后主要从事原来的职业。通常在获得政府一定经济援助后，他们可以自己创办小产业独立谋生，成为难民的中坚力量。商人、小贩等其职业本身具有一定的流动性，比依赖土地为生的农民，更具有丰富的社会经验，对政府救济的依赖性较小。因而，他们能一定程度上适应迁徙和流亡的生活，是迁移的一个重要群体。例如，战时的桂林火车站旁边星罗棋布的小商店大都是难民开设的。浙江大学内迁时，就有小贩挑担随校迁移，直至贵州遵义，他们靠为师生服务而维持生活。这部分从事小商业的内迁难民的生活基本还是有一定保障的。

另外也有很多难民在政府组织下从事农业生产。战时西部诸省有很多荒地，地方政府会指导难民开荒。由于国民政府的大力宣传鼓励，四川、陕西、广西、贵州、云南、甘肃、江西、宁夏、青海等省纷纷成立了垦殖组织。陕西省黄龙山垦区就是战时最大的难民垦荒区，成立于1938年3月，1941年9月全垦区共收容难民26537人。从垦区经营方式来看，有国营、省营、民营三种；据统计，垦区实际开垦荒地共计1444209亩。[①] 至1939年10月，由各振济分站向黄龙山等各垦区输送的黄泛区难民已达到50079人。截至1940年6月，全国新开垦荒地342万余亩，可容纳农业移民超过59.2万人。[②]

那些到新垦区生活的难民，虽然暂时解决了温饱问题，仍会遇到许多自然和人为困难。由于政府为难民提供农具等生产资料，因此在收获粮食分配上具有专断之权，所有粮食作为公粮存入公仓，垦荒居民在生产中几乎没有经营自主权，生产何种粮食都必须由政府决定。在这种状况下，新移民的生产积极性自然不高，垦荒的实际成效并不如宣传的那样理想。

为了加强对新疆的控制，国民政府一度还吸纳大批难民赴新疆垦殖。1939年10月，第八战区副司令长官胡宗南建议："先在河南灾区招收十二岁至十六岁之男女儿童一万人，施以严格之移民训练，俟办有成效，再在豫陕甘各省，陆续招募，以十万人为目标。一万人之招考工作，预定六个月办理竣事，在陕准备及训练期间，亦定为六个月，期满移往肃州，再六个月即移敦煌入哈密，一面训练一面参加生产工作。"整个移民过程中实

---

① 《黄龙山垦区难民人数统计表》，二档馆藏档：116-594，转引自苏智良等编《去大后方——中国抗战内迁实录》，第310—311页。
② 秦孝仪主编《革命文献》第97辑，台北，中国国民党党史会，1983，第391、411页。

行军事化管理，注重军事政治教育，不仅由中央战时工作干训团掌握其"工作生活婚配"，还由军政部驻陕军粮局供给粮秣服装等开销专款。11月18日，蒋介石批准了胡宗南这一建议。①

为了实现抗战胜利和战后建国两大目标，国民政府对于部分逃难到后方的难民进行了一定程度的训练，除一贯强调注重军事与政治外，并相应地授之以必要的特种技术。经过短期训练，可以很快将一批从无纪律约束的农民组织起来，并调动各种社会力量，形成一股新的联合抗战的合力。② 同时，随着抗战空间的日益扩大，对人力和物力需求日益增加，国民政府对难民的组训工作也愈加重视，并制定了《加强难民组训实施方案》。根据相关统计，在整个抗战期间各地成立的难民组训委员会总计有21个之多，每次组训4万人，3个月为一期，仅1938—1941年受训难民就达147079人。③

国民政府还设立"小本借贷处"，专门借贷给贫苦无资而又有一定手艺的难民，作为资本从事小生产。振济委员会先后在重庆、西安、西康等地设立小本借贷处及分处数千个，最初的借贷数额10—500元不等。借款人来自15个省市，经营行业30余种，以江苏、安徽等省的难民为最多。其中，最早开始这项业务的重庆小本借贷处自1939年6月1日开业至10月14日的短短四个半月时间里，共向638户工商业经营者贷款46721.6元，平均每户70多元。但就全国而言，截至1944年3月，仅为2414人办理了贷款，间接受惠者1万人左右。而且这种借款本身有很多条件限制，例如规定申请贷款的难民需要有两户居民或者店铺作为担保，否则政府职能部门不受理申请。国民政府官员也承认对于这项业务是问询的人较多，而办理的人则少之又少，因此在大后方真正能获得贷款谋生的难民人数并不很多。④

战时，国民政府还组织难民兴修水利和铺路建桥。据统计，水利工赈共用工59133766人次。行政院善后救济总署在战时组织实施了百余项水利工赈救济项目。仅次于水利工程的是交通工赈，占整个以工代赈总量的1/5。

---

① 胡宗南：《宗南文存》，台北，中国文化研究所，1963，第102页。
② 苏智良等编《去大后方——中国抗战内迁实录》，第310页。
③ 秦孝仪主编《革命文献》第96辑，第10页。
④ 孙艳魁：《苦难的人流——抗战时期的难民》，第271页；苏智良等编《去大后方——中国抗战内迁实录》，第313页。

此外，尚有房屋工赈、市政工赈等。据统计，政府主持的以工代赈项目所供给的粮食多达 30 万吨，工赈总工数 1.8 亿人次，解决了 1000 万难民的短期生计问题，还是取得了一定的成绩。①

战时大规模难民在涌入内地的过程中，也增强了中华民族的民族意识。中国幅员辽阔，地域观念较重，传统社会尤其注重以家庭、宗族为纽带的地域文化。由于持久战争的破坏，原先的界限变得模糊。不论是迁移的难民还是后方的本地人，双方在接触过程中，都不可避免地意识到外在敌人的迫近，无形中强化了自我的民族意识。②

此外，伴随着大量难民的迁移，也在一定程度上调整了中国人口的分布。战前中国 83% 的人口密集居住在东部 17% 的土地上，西部则地广人稀。此次移民正可将人口由稠密地区向稀少地区疏散。战后经行政院善后救济总会援助返乡的难民仅 1493416 人，占难民总数很小的比例，虽有自行返乡者，但在西部定居的难民达到半数以上。③ 他们或是因为交通阻隔无法返乡，或是因为已认他乡为故乡而无意再迁。因此，这在一定程度上缓解了东部人口与资源的紧张，并有利于西部的初步开发。

整个抗战期间，从战地和沦陷区向大后方的难民迁徙，其特点主要表现为规模大、时间长。据战后国民政府振济委员会的统计，从 1938 年 4 月到 1944 年 12 月底，"各救济区救济难民人数为八百八十四万七千二百零八人；各省市振济会救济难民人数为一千零七十一万六千一百五十四人；各慈善机关团体救济难民之人数为三千零一十五万一千五百三十一人（49714893 人）"。④ 但这个数字并不准确，一是统计时间并不完整，仅 6 年 8 个月；二是各机构统计的是救济人次而非救济人数，其中有很大比例的重复统计。此外，还有众多无须救济自行逃难的难民并没有在统计之中。总之，"属于这种状况的迁徙人口，至今没有完全的统计。但有着从一千数百万人直至五千万人的种种不同的估计。一般认为，约在二千万到三千万人之间"。⑤ 这是中华民族历史上一次人口大迁移。

---

① 《行政院善后救济总署业务总报告》，第 94 页。
② 孙本文：《现代中国社会问题》第 2 册，第 264 页。
③ 《行政院善后救济总署业务总报告》，第 57 页。
④ 秦孝仪主编《革命文献》第 96 辑，第 9—10 页。
⑤ 刘大年、白介夫主编《中国复兴枢纽》，北京出版社，1997，第 81 页。

第七章
战时教育体制的变革

全国抗战爆发后，中国的教育界如何应对这场突如其来的战争，教育政策是否需要调整，内迁大后方的教育机构如何安置，逃离侵略者魔掌的广大学生如何救济，原来相对松散的教育机构是否需要加强统治以利抗战建国的需要，这一切都要求执政的中国国民党必须迅速制定对策。

第一节 教育政策的论争——"战时教育平时看"

战争爆发之初，全国的学校正值暑假。在各级政府的协助下，众多学校特别是高等院校纷纷内迁大后方。1937年下半年，部分内迁学校陆续开学复课。但伴随着隆隆的炮声，广大师生已很难再有一个安静的读书环境。大家都在思考一个问题：如何面对战争？由此引发了一场战时教育方针的争论。

当时，许多教育界人士鉴于"国难日亟"，认为学校应服务于抗战，调整学科，开设军事课；或认为教育应"以民众为对象，以本地社会情形为教材，以国家民族复兴为目标，如化学师生可从事军用品制造"；或提出"高中以上学校与战事无关者，应予以改组或即停办，俾员生应征服役，捍卫祖国，初中以下学生未及兵役年龄，亦可变更课程，缩短年限"。[①]

这种呼声在南京失守以后尤为高涨。当时由北大、清华、南开组成的长沙临时大学准备再度南迁昆明的决定刚一公布，首先在校内教师中引起激烈辩论，争辩的焦点集中在广大师生在反侵略战争中究竟应负何种责任的问题上。批评内迁的人问道：生死关头在即，急需领导动员三湘民众的

---

① 《第二次中国教育年鉴》，总第10页。

时候，远迁云南，道义上是否说得过去？决定内迁，不啻默认继续维持战前高等教育比捍卫国家更为优先。这一争论迅速扩展到学生中。学生自治会还派出代表赴汉口教育部请愿，反对内迁，要求参加抗战，并得到当地媒体的支持。①

北平师范大学原校长、时任西北联大常委之一的李蒸虽主张高等教育应予保留，但仍以内迁各大学设备损失惨重、校舍困难、影响教学为由，建议"在抗战期间，大学教育应以修业两年为一阶段，使各大学学生轮流上课，及轮流在前线或后方服务，满一年或两年后再返回原校完成毕业。各大学教授亦应分别规定留校任教及调在政府服务两部分"。②

不过也有教育界人士反对这一主张。教育部高教司司长吴俊升对战时教育即持不同见解，他认为，教育为百年大计，只应针对战时需要，采取若干临时适应的措施，不应全般改弦更张，使有关百年大计的正规教育中断。③ 重庆大学校长胡庶华指出："现代战争是参战国整个民族知识的比赛和科学的测验，大学的使命是高深学问研究和专门人材培养。纵在战时，仍不能完全抛弃其责任，否则不妨直截了当改为军事学校。"胡适在庐山谈话会上也向蒋介石提出："国防教育不是非常时期教育，是常态的教育"。④ 武汉大学校长王星拱甚至表示："尚有一个学生能留校上课，本人当绝不离校……至于学生最近要求变更课程，乃绝不可能之事。此实有事实上之困难，即如学生所谓抗战教育之课程，院长亦无法办到，各教授亦无此种学识，无法授课。"⑤ 对于鼓励学生投笔从戎，许多人士也不以为然。他们认为："无计划地使青年能尽上一士兵贡献，那无异是大学生等于中小学生，未免浪费过多。"因为"一个大学生去当兵，其效果尚不及一个兵；反之，在科学上求出路，其效果有胜于十万兵"。"若学生都参战，教育本身动摇"，而且"无作战经验，冒失的跑上前线，岂但送死而

---

① 查良钊：《抗战以来的西南联大》，《教育杂志》第31卷第1号，1941年1月，第1页。
② 李蒸：《抗战期间大学教育之方式》，《教育杂志》第28卷第9号，1938年9月，第15页。
③ 吴俊升：《战时中国教育》，薛光前编《八年对日抗战中之国民政府》，台北，台湾商务印书馆，1978，第110页。
④ 中国社会科学院近代史研究所中华民国史研究室编《胡适的日记》下册，中华书局，1985，第571页。
⑤ 《王星拱对记者的谈话》，《大公报》1937年12月5日。

已,还妨碍整个军事"。"即令学生确能胜任,然在他人也能做时,为何一定要学生去?"①

这一争论,还曾引起两位著名军事将领的兴趣,他们分别到长沙临大演讲,但观点截然相反。一位是湖南省政府主席张治中,他在演讲中开门见山,劈头就骂:"际兹国难当头,你们这批青年,不上前线作战服务,躲在这里干么?"虽骂得大家发愣,但同学们也不以为忤。另一位是陈诚,他向学生们分析了时局,同时征引郭沫若、周恩来、陈独秀等对于青年责任的意见,赞成学校内迁。他把大学生喻为国宝,指出国家虽在危难之中,但青年完成学业,极为重要。因为十年后,国家的命运全在他们手里。两年后,内迁昆明的西南联大教授查良钊对陈诚的言论仍深表赞许。他回忆道:当时"投笔从戎的浪潮蓬盍全国,于是长沙临大中乃有大批同学出走……再没有人梦想大学毕业了。这是学校进程中一个比较暗淡的时期;而就在这个时期中,学校当局决定了迁往云南"。"我这里得说,以后会有很多同学愿随学校赴云南,陈诚将军是给了很大影响的"。②

根据当时的争论,教育部详加考虑后认为:"抗战既属长期,各方面人材直接间接均为战时所需要。我国大学本不甚发达,每一万国民中仅有大学生一人,与英美教育发达国家相差甚远。为自力更生抗战建国之计,原有教育必得维持,否则后果将更不堪。至就兵源而言,以我国人口之众,尚无立即征调此类大学生之必要。故决定以'战时需作平时看'为办理方针,适应抗战需要,固不能不有各种临时措施,但一切仍以维持正常教育为主旨。"③

最高统帅蒋介石也参与了这场争论。他认为战时教育,不仅是民族救亡的需要,更是战后建国的需要。1939年3月,他在重庆召开的第三次全国教育会议上,曾做如下演讲:

> 目前教育上,一般辩论最激烈的问题,就是战时教育和正常教育

---

① 吴景宏:《战时高等教育问题论战的总检讨》,《教育杂志》第30卷第1号,1940年1月,第7页。
② 《教育杂志》第31卷第1号,1941年1月,第1页;郁振镛:《长沙临时大学一段古》,《学府纪闻·国立西南联合大学》,台北,南京出版公司,1981,第194页。
③ 《第二次中国教育年鉴》,总第10页。

的问题,亦就是说我们应该一概打破所有的正规教育制度呢?还是保持着正常的教育系统而参用非常时期教育的方法呢?……我们决不能说所有教育都可以遗世独立于国家需要之外,关起门户,不管外面环境,甚至外敌压境了,还可以安常蹈故,一些不紧张起来。但我们也不能说因为在战时,所有一切的学制课程和教育法全部可以摆在一边,因为在战时了,我们就把所有现代的青年无条件的都从课室、实验室、研究室赶出来,送到另一种环境里无选择无目的地去做应急的工作……总而言之,我们切不可忘记战时应作平时看,切勿为应急之故而就丢弃了基本。我们这一战,一方面是争取民族生存,一方面就要于此时期中改造我们的民族,复兴我们的国家,所以我们教育上的着眼点,不仅在战时,还应该看到战后。①

客观地讲,蒋的这些意见还是很有见地的。

1938年3月,新任教育部部长陈立夫上任不久,发表《告全国学生书》,再次肯定了"战时教育平时看"的方针。他进一步指出:"国防之内涵,并不限于狭义之军事教育,各级学校之课程不为必须培养之基本知识,即为所由造就之专门技能,均各有其充实国力之意义。纵在战时,其可伸缩者亦至有限,断不能任意废弃,致使国力根本动摇,将来国家有无人可用之危险。""今诸生所应力行之义务实为修学,此为诸生所宜身体力行之第一义。"同时他还针对有志从军的青年学生,决定由政府加以安置;愿意继续留校求学的青年,则需遵从规定,接受正规教育与适应战时需要的特别训练。②

此后,各地青年依志愿决定前途,情绪归于安定,正规教育得以照常进行。以长沙临大为例,当时在校生1400余人,大多数随校南迁昆明。不过据临大常委蒋梦麟回忆,仍有350名以上的学生自动留下来,参加组织动员民众抗日的工作。③ 其中报名参加湖南青年战地服务团,到国民革命

---

① 蒋中正:《今后教育的基本方针》(在第三次全国教育会议上的讲话,1939年3月4日),秦孝仪主编《先总统蒋公思想言论总集》卷16,第128—129页。
② 陈立夫:《告全国学生书》,《教育通讯》创刊号,1938年3月,第14页。该刊自第23期由汉口移至重庆出版。
③ 蒋梦麟:《西潮》,辽宁教育出版社,1997,第232页。

军第一军胡宗南部服务的就有清华学生会主席洪同、北大学生会主席陈忠经和清华民先队负责人熊向晖等20余名临大学生。① 著名物理学家吴大猷在回忆中记述了自己在这场争论中的思想变化:

>抗战开始时,我的看法是以为应该为全面抗战,节省一切的开支,研究工作也可以等战后再做。但抗战久了,我的看法也改变了,我渐觉得为了维持从事研究工作的人的精神,不能让他们长期的感到无法工作的苦闷。为了培植及训练战后恢复研究工作所需的人材,应该在可能情形下有些研究设备。②

1938年3月,国民党召开临时全国代表大会,确立了"抗战建国"纲领。根据"抗战建国"纲领的要求,战时教育政策不仅要符合抗战需要,更应为战后"建国复兴"打下良好基础。国民党的战时教育政策逐步明朗化,不但要维持原有正常教育,还要应战时和将来的"建国"需要不断扩大。

第二节 伟大的战时教育救济

全国抗战爆发之初,执政的中国国民党提出"抗战"与"建国"并重的纲领。为适应战时环境的需求和实现中华民族的伟大复兴,政府针对原有教育体制、政策进行了一系列改革,并同广大师生员工共同努力,创造了中国战时教育的辉煌成就。中国的教育事业,特别是遭受侵略者残酷破坏的高等教育不但没有中断,还在战争中得到发展和壮大,为"抗战建国"培养了大批人才。

武汉、广州失守后,侵华日军因战线过长,兵力不足,进攻势头相对减弱,抗日战争进入相持阶段。刚刚摆脱旅途艰辛的内迁各类学校,开始努力恢复正常的教学秩序。

此时,教育机构面临的最大困难是,背井离乡的青年学生大都失去经济来源。政府不仅要提供足够的学校,以保证他们有学上、有所"教"的

---

① 熊向晖:《历史的注脚——回忆毛泽东、周恩来及四老帅》,中共中央党校出版社,1995,第67页。
② 吴大猷:《抗战期中之回忆》,《传记文学》第5卷第3期,1964年9月,第7页。

同时，还要对他们有所"养"，解决他们的吃穿住行等需求。

为了保证流亡学生能够顺利完成学业，1938年2月，国民政府教育部颁布了《公立专科以上学校战区学生贷金暂行办法》11条。该办法规定：专科以上学校学生家在战区，费用来源断绝，经确切证明必须接济者，可向政府申请贷金。贷金分全额、半额两种。全额依据当地生活费用及实际需要决定。学生毕业后，再将服务所得缴还学校，其偿还期不能超过战事终了三年以后。① 最初，教育部规定贷金数额为"全额每月八元或十元"。此后，教育部根据大后方物价上涨幅度，并"参考各地生活程度增加至每生十元至十六元不等"。1940年5月，"教部以学生营养不足，影响健康至巨"再次要求提高学生膳食贷金，以保障"各地学生获得营养必需条件"为限。②

教育部最初设贷金制，"原期受贷学生将来就业后偿还。后来因责偿不易办到，并且法币贬值，即令能偿还，亦几乎等于不还，所以将贷金改为公费。后来非战区学生，因家庭不胜负担，也几乎都得了贷金或公费。此项支出费用浩大，几乎超出全体教育文化经费二分之一……据统计战时由中学以至大专学校毕业全赖国家贷金或公费以完成学业者，共达十二万八千余人之多"。③公费制是从1943年开始执行的，具体办法如下：

一、三十二学年（1943）度所招新生，一律不适用贷金制，另订公费生办法种类如左：

（一）甲种公费生：免学膳食，并得分别补助其他费用。

（二）乙种公费生：免膳食费。

二、国立专科以上学校新生，依照后列标准给予公费：

（一）师范、医、药、工各院科系学生，全为甲种公费生。

（二）理学院科系学生，以百分之八十为乙种公费生。

（三）农学院科系学生，以百分之六十为乙种公费生。

（四）文、法、商及其他各院科系学生，以百分之四十为乙种公

---

① 《教育通讯》第3期，1938年4月，第6—7页。
② 《教育部筹划增加专科以上学校学生贷金》，《教育通讯》第3卷第21期，1940年6月，第7页。
③ 陈立夫：《战时教育行政回忆》，第58—59页。

费生。

三、省立专科以上学校,亦适用是项规定。

四、私立专科以上学校新生,依照后列比例给予公费:

(一)医、药、工各院科系学生,以百分之七十为乙种公费生。

(二)理、农各院科系学生,以百分之五十为乙种公费生。

五、国立大学或独立学院新旧研究生,一律比照甲种公费生办理。①

大多数公立高校的青年学子是依靠贷金和公费制先后完成学业的,甚至私立学校的学生也可享受贷金或公费制。当时内迁重庆的私立复旦大学,享受贷金和免收学费的学生约占在校学生总数的30%,而私立院校一向以学费为主要来源,这30%的缺口,完全依靠政府的补助。②

1941年毕业于复旦大学的罗文锦回忆说:"笔者时属武汉沦陷区流亡学生,确无经济来源,经申请批准,每月可领贷金法币八元,以六元缴纳学校伙食,剩下二元作零用。"③ 当时8元钱的贷金是不少的,西南联大"学生的伙食费1938年每月7元,还可以吃到肉和鸡蛋"。④ 内迁成都复校的燕京大学,1944年注册新生380人,共收学费19万元,而学生享受政府颁发的生活补助费却高达25万元。⑤

中国的高等学府在战前大都集中在东南沿海的大城市,学生读书"年须数百元,非富有之家,无力送子弟入学,以至高等教育过于贵族化,不合平民主义的原则"。⑥ 那时,贫苦家庭的子女即使能考入大学,也付不起昂贵的学费,普通百姓是绝对不敢问津的。难怪有人指责当时中国的教育是"以富人为中心,以权贵为中心"。⑦ 战时的贷金制度,不仅保证了来自

---

① 《第二次中国教育年鉴》,总第53页。
② 吴南轩:《抗战以来的复旦大学》,《教育杂志》第3卷第1号,1941年1月,第27页。
③ 罗文锦:《回忆抗战时期内迁的复旦大学》,《抗战时期内迁西南的高等院校》,第203页。
④ 萧超然等编著《北京大学校史》,北京大学出版社,1988,第344页。
⑤ 梅贻宝:《大学教育五十年——八十自传》,台北,联经出版公司,1986,第336—367页。
⑥ 钟鲁齐:《长期抗战与吾国高等教育几个当前的问题》,《教育杂志》第28卷第2号,1938年2月,第18页。
⑦ 周谷城:《今日中国之教育》,《教育杂志》第19卷第11号,1927年11月,第1页。

沦陷区的学生继续求学，而且将近代以来高等教育贵族化倾向打破。一些家境清贫的学生，也能通过自己的努力，依靠政府的贷金和公费接受中学和大学教育。据统计，战时"专科以上学校学生获得此种贷金或公费者，每年常在五万人至七万人左右"，约占当时在校生总数的80%。① 这一数字远远超过战前10年毕业的学生总数。②

贷金和公费制，不仅适用于专科以上学校，同样在基础教育领域得到推广和实施。为解决流亡学生有所学、有所养，中央政府在大后方投资创办了一批国立中学。按教育部的规定，国立中学招收的学生不仅免除学费，还免费提供伙食、制服、书籍等，同样享受政府提供的贷金或公费，成绩优良的毕业生可免试升入大学。

要保证失学青年有学上，还要为他们提供足够的学校。战前中国原有一批私立学校，因受战争的影响，内迁后难以为继；还有部分省立大学因经费匮乏，也无法维持。为此，教育部千方百计筹措资金，对办学优良的私立或省立大学予以补助，甚至直接将它们改为国立，经费完全由政府负责。

厦门大学是私立改国立最早的大学之一，且由校方主动申请改为国立大学。1936年初，厦大创办人陈嘉庚将自己在南洋的企业缩减后，厦大经费日形支绌，而福建省政府也很难在经济上予以支持，学校主要靠中央政府的教育补助维持办学。1937年5月，陈嘉庚命厦大校长林文庆赴南京同教育部部长王世杰商谈，请求改为国立，由政府接办。林文庆到南京初步协商后电陈请示："若教部能继续补助，磋商维持私立，兄赞成否？"陈嘉庚为彻底解决厦大经费支绌的困境，保证厦大能长久维持，复电林文庆表示："俾厦大有扩展希望，请同意赞成，勿计较私立。"1937年7月1日，即全国抗战爆发的前一周，国民政府核定私立厦门大学正式改为国立，经费列入1937年度预算，从而有效保证了战时厦大能够内迁福建长汀恢复发展，成为粤汉线以东唯一的国立大学。1940年3月，福建省政府一度请求将厦大更名为福建大学，教育部为此电

---

① 《第二次中国教育年鉴》，总第12页。
② 战前10年毕业生总数一时难以查全，但1936年，无论学校数、教师数、学生数、均为战前10年的最高水平，而该年毕业的学生总数不过9154人，10年间毕业生总数在7万人左右。参见金以林《近代中国大学研究》，第329—331页。

询校方意见,陈嘉庚和学校广大师生表示反对。事后陈立夫当面向陈嘉庚表示:"厦大改名事,从兹作罢,以后决不复提起,并已函复福建省政府当局不准其要求矣。"①

1938年春,内迁重庆的私立复旦大学和大夏大学因经费困难,也向教育部申请改为国立。复旦最初要求保留校名和董事会,但后一条件未获批准。于是,复旦"国立决作罢论",而改向教育部继续申请补助费,并得到教育部增加补助费每年15万元。如是"勉力撑持又两年有半",到1941年9月,"学校经济真达山穷水尽之境,不改国立,势必中辍",于是再"恢复国立前议"。② 与此相类似的还有一批省立大学,如省立广西大学(1939)、河南大学(1942)、重庆大学、山西大学(均为1943年)因经费支绌,分别申请改为国立,并得到政府的批准。③

私立南开大学在战时同国立北大、清华两校合组西南联大,八年间学校经费完全"承政府全数拨付"。1942年2月,因"国内各大学纷纷改为国立",对南开怀有深厚感情的老校长张伯苓仍决定:"本以前奋斗之精神,维持私立",张氏还就战后复校问题亲自面求蒋介石设法维持。"蒋委员长仍本'有中国即有南开'之诺言,允对我校复校时,与国立大学同等待遇。"抗战胜利时,南开"教授人数,在西南联大占全校不及十五分之一,较之敝校战前相去悬殊",但政府核拨的西南联大复校经费30亿元中,南开"得八亿,北大得十亿,清华得十二亿"。此时,蒋介石希望南开改为国立大学,并答应学校经费由政府负担。张伯苓鉴于办学困难,只得同意,但仍表示以10年为期,经费"由政府全数补助。嗣后逐年递减十分之一,至第十一年,即全由本校自行筹措",再改为私立大学。④

教育部在想方设法维持战前私立大学的同时,还根据战时的需要创立

---

① 厦门大学校史编委会:《厦门大学校史》第1卷,厦门大学出版社,1990,第153、189页。
② 《关于改国立的电报文件》,复旦大学校史编写组编《复旦大学志》第1卷,复旦大学出版社,1985,第174—177页。
③ 《行政院关于省立广西大学改为国立呈与国民政府批》、《教育部关于省立河南大学改为国立呈与国民政府批令》、《行政院关于改重庆英士山西等大学为国立并恢复北洋工学院呈与国民政府批及有关文件》,《中华民国史档案资料汇编 第五辑第二编 教育》(1),第842—860页。
④ 王文俊等选编《南开大学校史资料选(1919—1949)》,南开大学出版社,1989,第93、89、90、97页。

了一批国立专科学校。鉴于战时大量沦陷区的中学生内迁大后方，为了稳定基础教育，教育部先后增设了贵阳师范学院、南宁师范学院、湖北师范学院，又将西北联大的师范学院独立设置，改称西北师范学院，以保证基础教育的师资来源。"为了训练社会教育人才和音乐人才，又曾设国立社会教育学院和国立音乐学院。江西省内缺少大学，曾有国立中正大学的创设，而浙江省内，因浙大迁出，又添设了国立英士大学。这是应当地的需要而设置的。"①

1940年以后，日本侵略者完全封锁了大后方通往境外的陆、海路交通，中国对外贸易一落千丈，直接影响了大后方的经济发展，加之豪门资本的强取豪夺及不法商贩的囤积居奇，导致大后方物价暴涨，货币贬值。为此，教育部及时拟订《战时救济大中学生膳食暂行办法》，针对物价飞涨，规定："凡有关学生生活之救济费、生活费等，请财政部于每年一、七两月预发半年，各学校经费亦请预发一个月，俾各校得就所领学生贷金款项及本校经费项下腾挪一部分，于春季一二月间及秋季七八月间尽量购储食粮，以备青黄不接、粮价高涨时，有备无患。"② 然而此办法实施不到三年，又面临着一系列的困难，教育部在1942学年度的工作报告中，曾检讨原因如下：

（一）现时各地粮价波动靡常，学校分布全国各省、市、县、乡、镇，区域辽阔，价格悬殊，且米质有高下，标准价格因之难以确定。

（二）遇地方灾歉，或其他特殊困难食粮缺乏时，学校虽得灾款，但无法购得食粮。

（三）各地粮价步涨，预算无法控制。本年度此项预算原列每月一千八百万元，一二三月份每月超支约一千一百万元，四五月份每月超支一千八百五十万元，六月以后每月超支二千万元，估计全年超支将达四万二千六百万元，占教育文化费支出百分之五十以上。倘粮价续涨，仍须续增。

---

① 《成败之鉴——陈立夫回忆录》，台北，正中书局，1994，第249—250页。
② 《伟大的教育救济事业》，《教育杂志》第30卷第8号，1940年8月，第41—42页。

为此，教育部建议自1943学年度，将师生员工"所需食米一律免费发给公粮，仅将学生副食费部分列入教育文化费项下，由教育部统支"。①1944年国民党五届十一中全会决议，由教育、粮食"两部视各地实物储备情形，随时会商，尽可能范围内价拨实物"。②此后，各院校每月从政府领取的贷金经费虽改按实物计算（以每人每月二市斗三市升的食米为标准），但副食费仍赶不上物价的飞涨。学生生活水平每况愈下，吃的是渗水发霉的黑米，菜是不见油盐的白水煮青菜。即使这样，有些学生还不得不把一日三餐改为两顿。③但在战争环境下，求学期间的基本生存还是有保障的。

全国抗战初期，广大教师的生活水平虽有下降，但同整个社会相比，还能保持一个较高水准。虽然自1937年9月起，教育部规定教师薪金以50元为基数，余额按七成发给，但那时的教授每月还能实得200余元，加之大后方物价低廉，实际购买力下降有限。曾在西南联大就读、后任教于北京大学的张寄谦教授回忆说，联大生物系的一位教授上课时常将教室搬到学校附近的小饭馆，买上几条活鱼，从鱼头讲到鱼尾，再请厨师做熟后和同学们一边吃一边解释鱼的"五脏六腑"。④

1940年以后，随着国家经济状况的恶化，法币贬值，物价暴涨，教授的宽余生活也荡然无存，他们和广大人民一同成为饥饿线上的挣扎者。到1943年下半年，联大教授每月薪金已由战前的350元降至实值仅合战前的8.3元。为了维持生存，教师们也只能"消耗早先的储蓄，典卖衣服以及书籍，卖稿卖文"。"而最后的资本只有健康和生命了"，"营养不良，衰弱，疾病，儿女夭亡"对教授们来讲，已不再是新闻。⑤吴大猷教授在回忆战时生活时曾写道：那时有许多教授"在街上摆地摊卖东西。我可能是教授中最先摆地摊的"。⑥

---

① 《中国国民党五届十一中全会教育部工作报告》，杜元载主编《革命文献》第58辑，中国国民党党史会，1972，第357页。
② 《五届十一中全会决议案教育部办理情形报告表》，杜元载主编《革命文献》第58辑，第388页。
③ 杨道南：《刻苦攻读　弦歌不绝》，转引自萧超然等编著《北京大学校史》，第344页。
④ 参见金以林《近代中国大学》，第266页。
⑤ 杨西孟：《九年来昆明大学教授的薪津及薪津实值》，《观察》第1卷第3期，1946年9月，第7页。
⑥ 吴大猷：《抗战期中之回忆》，《传记文学》第5卷第3期，1964年3月，第9页。

政府为改善教师生活，规定教师同国家公务员享受同等待遇，并制定了一些补助办法：自 1941 年 10 月 1 日起，发给平价食粮代金；凡教育部办的学校教职员，每人每月可报领二市斗一市升的代金；家属符合有关规定的，享受教职员的同等待遇；此外，教育部还推行"久任教员奖金"、"特别补助费"、"兼课钟点费"制度。但这些津贴每领一次，物价又暴涨在先。当时高校教师把薪金与物价比作龟兔赛跑，而这个兔子（物价）却不是那只睡觉的兔子了。英国科学家李约瑟博士曾在访问西南联大时，记下了两者间的比赛结果："薪给的增长仅 7 倍，而在云南生活费用已高到 103 倍"。但他同时又盛赞道：就是在这种环境中，广大教师仍表现出"不屈不挠的耐心和勇气，在他们国家的边远地区工作，同时在他们所处的逆境中，还表现着极端甚至快乐的情绪"。① 正是这种浓厚的民族情感所释放出的巨大能量，有效保证了中国教育事业弦歌不断，为国家培养了大批建设人才。

抗战期间，国民党政府推行贷金和公费制、创办国立中学、救济私立大学等一系列措施，不仅保证了那些背井离乡、原本富裕家庭子女的求学愿望，也为众多出身贫苦家庭的子女提供了接受教育，特别是高等教育的机会，在一定程度和范围内真正实现了教育平等的主张。

在残酷的抗日战争期间，国民政府为保证青年学生"有教有养"，竭尽全力，对教育的投入不断增加，"这一笔庞大费用在国家财务支出上仅次于军费"。② 而就教育经费的使用和实际效果而言，无论对贷金制和公费制给予多高的评价都不为过。

第三节　战时教育改革及其成果

抗战对中国的教育事业破坏极大。同时，在战争状态下，教育制度必须要做适度的调整，以适应战争和战后"建国"的需要。为此，国民党在教育改革方面付出了巨大的努力，并取得了很大的成绩。

全国抗战以前，中央政府向来不负责直接办理中等教育。在大学内迁

---

① 〔英〕李约瑟：《战时中国的科学》（上），张义尊译，台北，中华文化出版事业委员会，1952，第 99、104 页。
② 陈立夫：《战时教育行政回忆》，第 9 页。

的同时，为安置从沦陷区流亡到大后方的中学生就学，国民政府一改过去单纯由省市教育厅局主管中等教育的办学体制，于1937年12月首先在河南淅川上集创办国立河南临时中学，收容冀、察、绥、平、津等省市的中学流亡师生；此后，又在贵州铜仁设立国立贵州临时中学，在四川合川设立国立四川临时中学，收容苏、浙、皖、京、沪等省市的流亡师生。1938年2月，教育部颁布《国立中学暂行规程》，取消各校校名中"临时"二字。1939年3月，教育部公布《修正国立中学暂行规程》，将国立中学以地名命名的方式改为按成立的先后次序，以数字冠名。至1944年，共设立国立中学34所（其中有22校按数字命名）、国立大学附设中学16所、国立师范学校和职业学校14所，主要分布在大后方12个省区。

国立中学的建立，对战时教育的贡献主要体现在三个方面：一是不仅使来自沦陷区的中学生能够继续求学，更为抗战建国积蓄了力量；二是吸收了大量来自沦陷区的众多骨干教师，解决了他们的生存问题，并有效保证了学校的教育质量；三是国立中学由教育部主办，无论是师资水准、教学质量、毕业学生素质等方面均较各级地方政府主办的基础教育为佳，对战时中等教育的建设和发展具有示范效应。由于国立中学的创立，带动了大后方十余省基础教育的迅猛发展。至1944学年度统计，大后方中等教育的在校教师数及学生数、毕业生数和学校数量都较战前有大幅增加，仅国立中学就"收容学生约五万余人，安置战区中等学校教师亦有数千"。[①]

对于沦陷区的教育，国民政府也没有放弃。为防止日本侵略者的"奴化教育"，避免沦陷区青年为敌伪利用，教育部制定了《沦陷区教育实施方案》，在江苏、浙江、安徽、河南、河北、山东、山西、察哈尔、绥远9省及北平、天津、上海、武汉4市划分了50个教育指导区，设置专员、教育指导员、视察员等，并不断派遣督导员赴沦陷区从事秘密的战区教育工作。1939年5月，国民政府在敌占区成立战区教育指导委员会，将沦陷区重新划分为70个区。在抗战期间，凡战区教育督导人员活动所及的地区，大都设有教育研究会、文化协会、青年服务社等，并先后成立各战区教育工作队，联络敌占区的忠贞教师并吸收忠于国家但被逼服务于敌伪学校的中小学教师，借此阻滞日本的"奴化教育"，并设法维持敌占区各级教育

---

① 陈立夫：《战时教育行政回忆》，第13—15、29页。

工作。①

同时，为便利沦陷区优秀中学毕业生顺利升入大后方的大学，教育部还特制定《游击区各省市保送及选送高中毕业生升往内地专科以上学校办法》，规定：

（一）分保送与选送两种，保送与选送机关为各省市教育厅局。教育部派往游击区专员及督导员，亦得保送或选送。

（二）保送学生得免试升学内地专科以上学校；选送学生应参加本年度统一招生考试，或由部指定举行之甄别试验。

（三）保送生及选送生，以游击区内本年高中毕业生为限。凡迁移后方开学之学校或非本年毕业之学生，均不得保送或选送。

（四）保送学生，须依照下列各项办理：甲、游击区各省市之高级中学办理成绩特别优良者，得保送学生，但此项学校以事先由保送机关报经教育部认可者为限；乙、前项学校保送学生，每校至多以五名为限；丙、保送学生须思想纯正，毕业成绩总平均在八十分以上。

（五）选送学生，须依照下列各项办理：甲、选送名额必事先呈经教育部核定，不得超过各该省市本年度应届毕业生总数百分之十；乙、选送学生须思想纯正，毕业成绩总平均须在七十分以上。②

表7-1　1936—1945学年度全国中学教育发展概况

学年度	学校数（所）	班组数（个）	在校生数（人）	毕业生数（人）
1936	1956	11393	482522	76864
1937	1240	6919	309563	48264
1938	1246	8472	389009	52532
1939	1652	10024	524395	64285
1940	1900	13063	642688	83978
1941	2060	14392	703756	126673
1942	2373	17575	831716	179111

---

① 《第二次中国教育年鉴》，总第1351页。
② 《第二次中国教育年鉴》，总第536页。

续表

学年度	学校数（所）	班组数（个）	在校生数（人）	毕业生数（人）
1943	2573	19229	902163	202209
1944	2759	20122	929297	212783
1945	3727	28352	1262199	255688

资料来源：《第二次中国教育年鉴》，总第1428、1431—1434页。

中等教育尽管在全国抗战初期一度遭受严重创伤，但广大师生不畏艰险，共赴国难，很快得到了恢复和发展。据表7-1统计，除1937年，各项统计数据锐减外，自1938年开始稳步增长。1939年，在校学生数已超过1936年的水平。至抗战胜利的1945年，各项统计均比战前的1936年有大幅提高，学校数增长90.5%，在校学生数增长161.6%，毕业生数增长232.6%。

战时高等教育不但在数量上有所增加，还注重素质的改进。如教育部举办的统一入学考试，编印大学用书，审定教员资格，实行毕业总考制等措施，都是新创，积极进行，收有相当成效。

为了适应"抗战建国"的需要，提高大学生质量，并进一步改变以往文科招生过多、理工科招生偏少的比例失调状况，政府决定实行统一招考制度。教育部1937年在中央大学、浙江大学、武汉大学三校联合招生的基础上，于1938年推行国立大学统一招生考试制度。当年即有22所国立院校参加统一招考，1939年增加到28校，1940年又进一步扩充到包括省立大学和省立独立学院在内的41所公立各级高等院校。[①]

1938年，教育部设统一招生委员会，负责全国统一招生事宜，[②] 同时在武昌、长沙、广州、桂林等地设立12个招生区，各招生区设招生委员会，1939年扩大到包括"孤岛"上海在内的15个招生区。1940年，教育部把临时性质的招生机构改为"永久性质的公立各院校统一招生委员会"。统一招生委员会的主要任务是："一、订定招生规章；二、规定命题阅卷及取录标准；三、制定及颁发试题；四、覆核考试成绩；五、决定及分配录取

---

① 《第二次中国教育年鉴》，总第535页。
② 《教育部二十七年度国立各院校统一招生委员会组织章程》，《教育通讯》第21期，1938年8月，第14—15页。

学生；六、研究招生改进事项；七、教育部交议有关招生事宜。"① 此外，教育部还制定了各区招生委员会组织规则。② 统一招考制度的特点如下。

第一，统一考试科目。新生入学考试分笔试和口试。普通高校在新生入学前分别由各校进行口试，报考师范类院校的考生要在笔试后进行口试。

第二，统一命题。1938年，教育部规定由全国各区统一招生委员会自行组织命题。各区命题虽有部定标准，但各考区的试题不同，评卷更难一致，因此1939年改由教育部统一命题。1940年，教育部除统一命题外，并拟定各题的参考答案和评分标准。教育部还规定命题的范围及程度，以高中课程标准为限，命题的内容，以经过教育部审定的通用教科书为依据。

第三，统一阅卷。教育部规定各区招生委员会须聘请阅卷委员若干人，考生试卷由阅卷委员分科阅卷，并拟订评分标准，就各题可能的情形，拟订全对、半对、不对或优良中下劣五等的标准，注明各题各等应给的分数。评分采用百分制。

第四，统一录取标准。录取标准的统一，是保证高考质量的重要环节，同时也有利于国家根据对各类人才的需求调整录取标准。例如1940年统一录取的标准是：国文、英文、数学非零分者，第一组考生（指报考文、法、商、教育学院和师范学院文科）因人数过多，同时又为限制法科学生的关系，故提高录取标准，其标准分数应在280分以上；第二组考生（指报考理工学院和师范学院理科）投考人数多为工科，同时国家正大量需要此类人才，因此录取标准相对降低为260分；第三组考生（指报考医、农学院）因投考人数与需要额相差过多，故决定录取标准为240分。蒙藏及海外侨生，比照上述条件均可降低40分，予以照顾。此外，第二、三组考生数学为零分，标准分在280分以上，经覆核录取入第一组。有加试科目的，以加试科目分代替计入总分，再照上述各项办理。音乐、体育、美术的考生，文化课成绩在180分（标准分）以上，而国文、英文、数学均非零分，且术科成绩符合规定标准的，经复试后录取。统考录取的

---

① 《公立各院校统一招生委员会章程》，《教育通讯》第3卷第21期，1940年6月，第14—15页。
② 《二十九年度公立各院校统一招生各区招生委员会组织规则》，《教育通讯》第3卷第21期，1940年6月，第4—5页。

新生，入学后由学校预先试分系科，到学年结束时，由学校考核各生成绩、志愿并根据各系容量，正式分系。

教育部在实行统一招生考试录取以外，还制定了一套免试、保送办法。根据1938学年度的规定，各省市可保送高中毕业会考成绩优秀学生前列的15%和国立各中学高中毕业成绩总平均在80分以上的学生（至多以毕业生总数的15%为限）免试升学，由教育部审核后依照各生志愿分配学校。1939年教育部修改了保送办法，将国立中学毕业生的免试升学办法取消，并压缩高中毕业会考成绩优秀学生免试升学名额为10%。[①]

1938年第一届"统一招生报名者总计一万二千人，实际投考者一万零九百余人"，"共计录取新生五千三百九十三人"，"录取总额约占总数二分之一，较往年各校招生录取额百分比为高"。[②]

统一考试科目，统一命题，统一阅卷，统一录取标准，在提高整体考生质量、调整文理科学生比例方面取得了一定的成绩，报考实科和师范类考生明显增加。以1939年度统一招考为例，报考工科的考生占考生总数的36.2%，工科录取新生比例为42.1%。这一比例在战前是不可想象的，同时也符合抗战建国对人才的需求。

表7-2 1939年度全国统一招考各科人数比例

科别		应考人数（人）	百分比（%）	录取人数（人）	百分比（%）
实科	工	7244	36.2	2260	42.1
	理	951	4.8	506	9.4
	农	1503	7.5	243	4.5
	医	1281	6.4	341	6.4
文科	文	1713	8.6	382	7.1
	法	3850	19.2	690	12.9
	商	1160	5.8	276	5.1
师范		2304	11.5	670	12.5
总计		20006	100	5368	100

资料来源：《第二次中国教育年鉴》，总第534页。

---

① 钟健：《改善大学招生的演讲》，《教育杂志》第31卷第8号，1941年8月，第16—20页。
② 《国立各院校统一招生揭晓》，《教育通讯》第32期，1938年10月，第6页。

但统一招考的时间并不长，仅坚持了三年，参加统一招生的院校，主要局限在部分公立院校，至于私立院校及公私立专科学校，教育部仅核准招生名额和考试科目，余者仍自行办理。

统一招生委员会拥有"决定及分配录取学生"的权力，这引起一些教学质量较高的大学不满，认为降低了入学学生标准。当时地处"孤岛"上海的交通大学就登报称拒绝接收分配的学生。① 交通大学参加1939年度大学统一招生时，上海考区共报名2761人，其中报考交大者1180人，录取228人，录取比例为5.2∶1。上海交大为了保证招生质量，坚持高标准，1941年度恢复自行招生。报考人数1556人，录取213人，录取比例提高为7.3∶1。② 由于受战乱影响，交通不便，加之部分大学的反对，统一招考于1941年暂停举行。

统一招考暂停后，国民政府为了尽可能多地培养抗战的急需人才，仍努力改变文理科学生比例失调的现状。在公费待遇上，即明显体现了政府这一用意。工科学生是国家建设的骨干，师范教育是提高普通教育必不可少的师资保障，因此国家规定工学院和师范学院学生全部享受甲种公费，即免除全部学膳费，并补助一定的生活费用。其他学生按一定比例享受乙种公费，仅免除学膳费，而无生活补助。理科学生80%可享受乙种公费，文、法、商学院学生享受这一比例的仅占40%。这种做法曾引起很多教师的不满，特别是原以文理科为重点的北大教师的反对。当时，西南联大文学院教授朱自清指出："大学应该顾到百年大计，不应该为一时偏倚的需要而变质，近年来因为种种原因，大学生更只拥挤在工学院和经济系里，这是眼光短浅，只看在一时应用上。这是大学教育不健全的形象。"③ 为此，西南联大曾上书蒋介石和教育部部长陈立夫，对教育部只重实科不重文理科的做法提出异议。④ 当然，教育界反对只重"专才"，而轻视"通才"的教育方针，是无可指责的。但在国家、民族遭受外敌入侵的战争年代，把有限的教育经费更多地投入到培养大后方经济建设和军事国防急需

---

① 《抗战中的中国文化教育》，第69页。
② 刘露茜：《交通大学校史》，高等教育出版社，1996，第335页。
③ 朱自清：《论大学共同必修科目》，《高等教育季刊》第1卷第3期（"大学课程问题"专号），转引自萧超然等编著《北京大学校史》，第384页。
④ 萧超然等编著《北京大学校史》，第384页。

的专业人才上来，也有其合理的一面。

由于战时财政困难，不可能对大学的增设与扩充投入大量资金。教育部为了进一步发展高等教育，便把提高大学教学质量放在首位。

1927—1936年，中国高等教育虽然取得了较大的发展，但仍存在许多缺点，如学校分布大都集中在经济发达地区，课程不切中国需要，内容支离割裂，教员资格冗杂，学生学业程度相差悬殊等。抗战爆发后，在人力物力万分艰苦的情形下，维持和发展高等教育，自然应该格外校正这些缺点。为此，教育部高教司特别提出设立一个最高学术审议委员会，由大学校长、教授组成，此后一切有关课程规定、教材编写、大学教员资格的审查等学术问题，均交由该委员会审议决定，以避免教育行政人员专断和高校教师的顾虑。

1940年3月，学术审议委员会成立。委员会除教育部部长、次长及高教司司长为当然委员外，设聘任委员25人，由教育部直接聘任12人，其余13人由国立专科以上学校院长、校长中选出，其中文、理、法每科选举2人，农、工、商、医、教育、艺术、军事及体育每科选举1人。此25人必须为具备下列资格之一者：

（一）现任或曾任公立或已立案之私立大学校长或独立学院院长者；
（二）现任或曾任公立研究院院长或研究所所长者；
（三）曾任公立或已立案之私立大学教授七年以上著有成绩者；
（四）对于所专习之学术有特殊之著作或发明者。

学术审议委员会第一届25位聘任委员均为一时之选，13名经选举产生的委员是：冯友兰、傅斯年（文科）、竺可桢、吴有训（理科）、周鲠生、王世杰（法科）、茅以升（工科）、马寅初（商科）、颜福庆（医科）、滕固（艺术）、蒋梦麟（教育）、邹树文（农科）、马约翰（军事及体育）；由教育部直接聘任的12名委员是：吴稚晖、朱家骅、张君劢、陈大齐、郭任远、陈布雷、胡庶华、程天放、罗家伦、张道藩、曾养甫、赵兰坪，另加当然委员教育部部长陈立夫，次长顾毓琇、余井塘，高教司司长吴俊升。这批委员大多任职至抗战胜利，努力协助教育部推行改革。至1945年秋，因病故或离职等因素，前后曾增补吕凤子、柳诒徵、廖世承、徐悲鸿、徐诵明、钱端升、刘大钧、郝更生、朱经农、杭立武、赵太侔等人为该会委员。①

编写出高水平的教材，是提高大学教学质量的一个重要前提。战前的大学教材，大多直接选用外国成书，"不但学生所读之书，大半仍为外国课本，即用以说明原理之例证以及教师指导学生研究题目，大多采自西洋"。甚至在一些学校如"农科教授，对于世界其他各地之农业状况及方法所知极详，惟应用于其知识于中国之状况及方法时，反而感觉困难"。战前来华的国联教育考察团曾对此提出过严厉的批评："中国大学教学之计划，若不参照中国之实际生活，反参照外国大学教学之情况，则民族文化必致堕落，仅有模仿而无独创之研究与思想，则其所产生之后一代人材，亦必缺少适当之准备，不能各负其责，以解决中国当前之问题。"②此后国内教育界人士虽曾努力改进，但仍然是各自为政，同一学科的教材，在不同的大学更是五花八门，良莠不齐。这种脱离中国国情的教育内容，不仅造成教育上的浪费，而且不能满足抗战建国的需要。据战时教育部部长陈立夫回忆：

> 那时沿江、沿海都被日军占据了，所有大学都往后撤，我一一为之安顿下来。我发现这些大学都像外国租界。这个完全采用德国学制，那个完全采用法国学制，其他不是采美国制，即是英国制。但是采中国学制的又在哪里？课程五花八门，毫无标准，有关中国历史的部门为最缺乏。学政治或经济的不谈中国政治或经济制度史，谈农的不谈中国农业史，国文更是最不注重的一门功课了。我于是下了决心，请了专家订定大学课程标准，分"必修"、"选修"两种，把中国人应知的中国各部门的历史材料放入必修科，无教材的则奖励写作。使中国的大学像一座中国的大学，我排除了一切的障碍，收回了文化的租界。③

---

① 《教育杂志》第 30 卷第 6 号，1940 年 6 月，第 28 页；《第二次中国教育年鉴》，总第 866 页。
② 国联教育考察团：《中国教育之改进》，国立编译馆 1932 年版，台北文星书店 1963 年影印版，第 182—183 页。
③ 《成败之鉴——陈立夫回忆录》，第 251—252 页。

为此，教育部于1939年专门设立了大学教材编辑委员会。1940年该会在重庆北碚召开第一次会议，决定先编各大学共同必修科目用书，再编各系必修科目用书，再次是专业选修科目用书。编辑方法，一是采选成书，二是公开征稿，三为特约编著。①"至卅二年（1943）特约撰述者计五十八种，公开征稿得八十八种，采用成书计十七种，合共一百六十三部。"② 各种书稿，须经初审、复审、校订，并经该会常委会会议通过，由教育部核定付印，方可作为大学用书。至1947年，大学教材编委会共收到书稿331部，交由商务印书馆、正中书局、中华书局出版的有42部，正在印刷的51部，退回作者修改的29部，正在审核之中的17部，经审查不予采用的192部。此外，教育部又特约专家编著的有157部，并对部分已印行的大学用书加以甄选，经审查合格后，征得原书著译者的同意，略加修订，作为部定大学用书。③

统一教师资格是加强师资建设、提高教学质量的重要保障。抗战前教育部虽颁布了《大学教员资格条例》，但许多院校均依其学术地位与传统自行聘请。1940年5月，教育部学术审议委员会第一次会议制定并颁布了《大学及独立学院教员资格审查暂行规程》，规定大学教师分教授、副教授、讲师、助教四等及其任职资格。例如教授须具备下列资格之一：任副教授三年以上，著有成绩，并有重要之著作者；在国内外大学或研究院所得有博士学位或同等学力证书，继续研究或执行本专门职业四年以上，有创作或发明，在学术上有重要贡献者；其资格不合于教授的规定，但在学术上有特殊贡献，经教育部学术审议委员会3/4以上委员之认可者。④ 1940年至1947年10月，经教育部审查合格的专科以上教师共28批，其中教授最多，计2563人，其他依次为助教2497人、讲师1962人、副教授1205人。⑤ 1941年6月，教育部为"奖励学术文化之研究，而予优良教授以保障"，决定设置部聘教授，规定凡"任教授职十五年以上，对于学术

---

① 《教育部大学用书编辑委员会编辑计划》，《教育杂志》第31卷第6号，1941年6月，第41页。
② 陈立夫：《战时教育行政回忆》，第22—23页。
③ 《第二次中国教育年鉴》，总第505页。
④ 教育部参事室编《教育法令》，编者印行，1946，第212—213页。
⑤ 《第二次中国教育年鉴》，总第514页。

文化有特殊贡献者担任"。为博采众议，特别慎重起见，教育部除颁布《部聘教授办法要点》外，决定部聘教授候选人须由国内大学独立学院和已备案之全国性学术团体分别遴选，提交学术审议委员会，再由该会将各候选人分科制成名单，发交公、私立各院校教务长、各学院院长和各系科主任，各就本人之相关学科于名单中荐举二人，并注明对于被选举人之意见，以供该会审议时参考。1942年各科人选经学术审议委员会审议通过，特聘杨树达、黎锦熙、吴宓、陈寅恪、萧一山、汤用彤、孟宪承、苏步青、吴有训、饶毓泰、曾昭抡、王琎、张景钺、艾伟、胡焕庸、李四光、周鲠生、胡元义、杨端六、孙本文、吴耕民、梁希、茅以升、庄前鼎、余谦六、何杰、洪式闾、蔡翘等28人为部聘教授。1943年，教育部又特聘胡光炜、楼光来、柳诒徵、冯友兰、常道直、何鲁、胡刚复、高济宇、萧公权、戴修瓒、刘秉麟、邓植仪、刘仙舟、梁伯强、徐悲鸿等15人为部聘教授。①

毕业考试，是为了测量学生是否达到毕业水平，它是把握教学质量的最后一关。为此教育部决定自1940年起，要求专科以上学校实行毕业总考制。这一改革与过去最大的不同是，抗战前的毕业考试，只是"最后一学期之学期试验"，仅有两科考试内容覆盖最后一学年的课程。②"大学生之毕业，实可谓由零碎积累而成，只须在四年之中，听过必需之讲授，于四次年终考试，获得必需之分数，即可毕业。"③而新颁布的毕业总考制，规定毕业考试"除最后一学期学生所习之科目外，须通考二、三年级所习之专门主要科目三种以上"，不及格者不得毕业。④

毕业总考制公布后，东北大学、之江文理学院等高校即"遵办"。但是，浙江大学、中央大学应届毕业生请学校于1941年呈文教育部，强烈要求"展缓"或停止大学毕业总考。中央大学在其"呈请免本届毕业总考"的理由中，归纳了三点：一是无充分准备时间；二是体力有所不济；三是难以选择适合各校课程的应考科目。

---

① 《第二次中国教育年鉴》，总第873页；《教育部设置部聘教授办法》，《教育杂志》第31卷第9号，1941年9月，第41—42页。
② 《大学规程》，《教育部公报》第1卷第9期，1929年9月，第89页。
③ 国联教育考察团：《中国教育之改进》，第178页。
④ 《专科以上学校定今年实施毕业总考制》，《教育通讯》第3卷第23期，1940年6月，第3页。

对此，教育部在批复中指出，第一项所谓空袭或灯光间断减少准备时间一点，各校情形亦大致相同，似未可据为特殊理由。且值此抗战时期，青年学生"所可贡献"于国家者，唯有刻苦学习，如因复习时间稍受阻碍，即认为有减少考试科目的必要，则平时空袭对授课时间的损失，亦可要求减少课程，其无充分理由，显而易见。何况学校考试，旨在考核学生平日"所受理课业之体会程度"，并非鼓励临时准备争一日之所长。而总考科目仅有三种，且系二、三年级中所主修，如果学生平时勤奋学习，而能于处理新课之余温理旧业，值此总考时，所准备时间，当不过多。关于第二点，近几年一般学生，因物质生活较差，体力似有渐趋脆弱的倾向，当为另一有待研究的问题，且目前各校情形相同，似不能牵涉总考制是否举行。教育部还指出，原呈所述因各校以往课程之编制不一，对于总考所选订应考科目发生困难一节，是不明总考制的方法。总考制不同于"大学会考"，亦与中学毕业会考不同。总考制的考试科目，由各校就各系课程中的必修课目分别拟定，教育部"不予以划一之限制"。总之，教育部认为，大学毕业总考制的实施，不在加重本年学生的负担，而在于改良考试的内容。该项考试，无论从学生就业或社会需要方面着眼，均为必需而极"合理"的措施。此事关系提高学生程度及增进教学效率，且属通过之案。学生所请免于总考，未便予以照准。①

为了进一步加强管理，教育部于 1941 年 11 月公布并施行《专科以上学校学生学籍规则》，其中关于毕业考试的规定如下：

> 专科以上学校毕业试验，除考试最后一学期科目外，为使学生对于所习学科融会贯通起见，并须加考其以前在各年级所习之专门主要科目共三种，不及格者不得毕业。

> 毕业成绩及格者，得由校先行发给临时毕业证明书，俟正式毕业证书经部验发后再行换领。学生毕业资格，未经教育部核准备案的一律无效。在南京国民政府成立前，未经前北京教育部核准，及南京国民政府成立后未经前大学院核准的，均比照前项规定办理。②

---

① 房列曙：《论抗战时期中国的高等教育》，《抗日战争研究》1995 年增刊，第 284 页。
② 《教育法令》，第 254—255 页。

国民政府在加强对高校管理、注重人才培养的同时，也非常重视发挥高等院校的科研力量，为抗战服务。广大教师更是坚守岗位，埋头苦干。

早在1938年4月，国民党临时全国代表大会通过的《战时各级教育实施方案纲要》便指出："对于自然科学，依据需要，迎头赶上，以应国防与生产之急需"。"对于吾国文化固有精粹所寄之文史哲艺，以科学方法加以整理发扬，以立民族之自信。"① 这实际上是为战时高等教育定下基调。"迎头赶上"成了教育界的口号。武汉沦陷后，后方学术研究机关渐告恢复，研究工作亦粗能进行。而国民政府对于应用科学也"不惜用大量金钱增添若干新机构"。② 以重庆为例，1942年成立国防科学技术策进会，1943年及以后又相继成立市政工程学会、中国自动化工程学会、中国发明协会、战后建设研究会、中国工矿建设协进会等。这些学会聚集了大批高等学府的著名专家、教授，从事科学研究。他们在不放弃原有科研项目的基础上，纷纷调整研究重心，将主要精力放在应用科学研究方面。1941年，国民政府与美国达成桐油借款协定，经教育部部长陈立夫向财政部部长孔祥熙请求，获得拨款100万美元，供各大学向美国购置图书仪器，并于同年底运达国内。③ 1938年秋成立的国立师范学院即从此款中"奉教育部令拨美金一万五千元，充实设备"。④

战前各大学本有研究院所的设置，是由各大学有适当导师及优良设备之院系研究室发展而成，1936年共有研究所22个，分35个学部，但仅招有研究生75人。⑤ 战事发生后，各大学因迁校关系，研究工作多不能继续进行。1939年，教育部鉴于"抗战建国正在迈进之际，学术研究需要尤大"，"对于国立各大学原设有研究院所者，除令充实外，近并令人材设备较优之各校，增设研究所，由部酌给各校补助费用，统令于本年度开始招收新生。为奖励研究所学生起见，每学部并由部给予研究生生活费五名，每名每年四百元。各学部之其他研究生，并令各校自行筹给津贴"。仅据

---

① 《教育通讯》第4期，1938年4月，第9页。
② 赫景盛：《抗战七年来之科学》，孙本文编《中国战时学术》，正中书局，1946，第194页。
③ 陈立夫：《战时教育行政回忆》，第49页。
④ 《国立师范学院三十年度一般概括》，杜元载主编《革命文献》第60辑，台北，中国国民党党史会，1972，第357页。
⑤ 《第二次中国教育年鉴》，总第574页。

是年西南联大、西北联大、中央大学、中山大学、武汉大学、浙江大学、交通大学、西北工学院8所国立高校统计，恢复并增设研究所18个，分32个学部，所招研究生中享受教育部补助的即达160人。①

1940年以后，大后方物价飞涨，政府"对于研究院所补助费，亦酌予提高，按实科性质每学部发给三万元或四万元，指定作充实设备及研究材料之用。对于研究生生活费亦予增加，定为每名每年一千二百元，以期增加学生，从事研究"。②"至三十三年，大学研究所增至四十九所。各所共设八十七研究学部。研究生共有四百二十二人。比较战前，数量增加几倍。"③

内迁大学新设置的科研院系及招考研究生多以有关应用科学为主。如1942年，中央大学设立理、农、工、医研究所，中山大学设立农、医研究所，齐鲁大学和江苏医学院设医学研究所。浙江大学自杭州西迁时，只有3个学院、11个系，并无研究所，在校学生不过800余人。到1942年秋，该校虽经数度迁移，至贵州遵义时，已发展成为5个学院，并增设数学、生物、化学工程、农业经济4个研究所，在校学生达2500余人，是战前的3倍多。④但由于受战争影响，国民政府对"理论科学之研究机关，只是维持现状，上自独立之研究院，下至各大学之研究院与研究所，多是经济困难，不能发展，这又是我们引以为憾的"。⑤

为了促进战时高等院校的科学研究，奖励优秀研究成果，教育部学术审议委员会从1941年开始对从各大学中选拔出的科研成果予以奖励，至抗战结束，共举办了6届优秀成果奖励，获奖者多达330人。例如获得自然科学类一等奖的成果有苏步青的《射影曲线概论》、周培源的《激流论》、华罗庚的《堆垒素数论》等。吴大猷更是一人独得一、二等两项科研成果奖。此外，如冯友兰的《新理学》、汤用彤的《汉魏两晋南北朝佛教史》、陈寅恪的《唐代政治史述论稿》等著作，均分别获得哲学、社会科学类一

---

① 《国立各大学扩充研究院所》，《教育杂志》第29卷第12号，1939年12月，第52页。
② 《中国国民党五届九中全会行政院教育工作报告》（1941年12月），杜元载主编《革命文献》第58辑，第198页。
③ 《第二次中国教育年鉴》，总第575—576页；陈立夫：《战时教育行政回忆》，第48页。
④ 祝文白：《抗日期间的浙江大学》，《抗战时期内迁西南的高等院校》，第121页。
⑤ 郝景盛：《我国科学界目前之危机与今后应走之途径》，杜元载主编《革命文献》第59辑，台北，中国国民党党史会，1972，第123页。

等奖。①

　　尽管内迁高校的简陋环境，给教学科研工作带来了许多困难，但全国众多的高等学府和科研机构相对集中地迁到大后方，无形中又拉近了彼此间的距离，为它们相互之间以及与大后方高校之间的交流，创造了条件，这又给科研学术的发展带来了前所未有的繁荣景象。如四川大学与内迁成都的南开大学经济研究所共同组织四川经济考察团，从地理概况、土地人口、林木垦荒、工业生产等10个方面对大后方经济进行详细考察和研究，向政府提供了许多有益的建议；中央大学医学院、齐鲁大学迁入华西协和后，三校医学院联合上课，"以中大教授讲授神经解剖学，华大教员讲授有机化学、寄生虫学，齐大教员讲授组织学"，并将成都原有的4所小医院合并，称"三大学联合医院"。三方充分发挥各自优势，教学质量明显提高，连北平协和医学院的学生都来借读或实习。② 西南联大三校充分利用彼此仅有的设备、图书资料，弥补了各校科研条件的不足。尽管"三校有不同之历史，各异之学风，八年之久，合作无间。同无妨异，异不害同；五色交辉，相得益彰；八音合奏，终和且平"。③ 内迁昆明的中法大学与北平研究院镭学研究所精诚合作；西北农学院与内迁的植物研究所合组中国西北植物调查所，联合攻关。④ 合作研究的课题多数是应用科学项目或是对地方经济文化发展有重大意义的课题。

　　抗战期间，内迁高校的经费、资料、实验设备虽严重不足，但广大教师受爱国心的驱使，科研教学反得以超常发挥。"这七年间的科学进步与贡献，比起过去三十年来，在质在量皆有增无减"。⑤ 如苏步青、华罗庚、茅以升、竺可桢、周培源、吴大猷、严济慈、卢嘉锡等著名教授，不但潜心于科研，又注重培养人才，使许多青年脱颖而出。他们的研究成果

---

① 《第二次中国教育年鉴》，总第867—872页。
② 罗建仲、何光侃：《迁蓉的中央大学医学院》，《抗战时期内迁西南的高等院校》，第256、260页。
③ 冯友兰：《国立西南联合大学纪念碑文》，西南联合大学北京校友会校史编辑委员会编《国立西南联合大学校史资料》，北京大学出版社、云南人民出版社，1986，第134—135页。
④ 张瑾、张新华：《抗日战争时期大后方科技进步述评》，《抗日战争研究》1993年第4期，第108页。
⑤ 赫景盛：《抗战七年来之科学》，孙本文编《中国战时学术》，第181页。

有许多得到国际学术界的认同，其中甚至有的达到世界领先水平。华罗庚的数学研究硕果累累。1937 年全国抗战爆发后，为了报效祖国，他毅然中断了在英国的留学，回国执教于西南联大数学系，先后完成 20 多篇数学论文。1937—1941 年，苏联《报告》杂志每年都要刊出他的一篇论文。他的第一部学术专著《堆垒素数论》，成稿于 1941 年，其中有些结论时至今日仍被视作经典。物理系教授吴大猷在研究工作极不正常的情况下，进行了大量光谱学的实验，完成专著 1 本、学术论文 19 篇。同时他还指导青年学生进行科学研究，其中比较突出的是杨振宁的大学毕业论文和黄昆的硕士学位论文。杨振宁在美国获得诺贝尔物理学奖后，给老师吴大猷的信中说：我后来的工作及获得该奖金，都可以追溯于那年跟随您所做的论文。[①]

浙江大学校长竺可桢在抗战期间发表了近 40 篇论文，在地理学、气象学、物候学、海洋学、冰川学、沙漠学及自然科学史等学科都取得了较大成绩。该校教授王淦昌 1941 年写成的论文《关于探测中微子的建议》在美国《物理评论》刊发后，引起世界物理学界的震动。1943 年此文被评为该刊最佳论文之一。[②]

社会科学方面的研究成果也同样引人注目。闻一多的多种文学史著作、朱光潜的《诗论》、王力的《中国语法理论》、钱穆的《国史大纲》及冯友兰、贺麟、汤用彤、陈寅恪、金岳霖等人在这一时期的学术研究成果，都在中国学术史上占有重要的地位。

1937 年全国抗战爆发后，虽然中国的高等教育事业在敌人的蓄意摧残下损失惨重，造成部分大学或停办或合并，战区学生或失学或参军，但广大爱国师生团结一致，冒着敌人的炮火，纷纷内迁大后方，中国的高等教育不但没有中断，反而奇迹般地得以恢复和发展。同时，高校内迁，又进一步推动了西南、西北落后地区文化教育事业的发展。抗战之初大学学校数、教员数、学生数、毕业生数、岁出经费均大幅度下降。但自抗战进入相持阶段以后，政府为发展高等教育而执行的一系列合理措施，促进了大学教育的恢复和发展，自 1939 年始在校学生便超过战前人数。到 1940 年，高校

[①] 吴大猷：《抗战期中之回忆》，《传记文学》第 5 卷第 3 期，1964 年 9 月，第 7 页。
[②] 张瑾、张新华：《抗日战争时期大后方科技进步述评》，《抗日战争研究》1993 年第 4 期，第 119 页。

数、教员数、学生数、毕业生数均超过战前水平，此后逐年提高。

表7-3 1936—1946年大学专科以上学校统计

学年度	院校数（所）	教员数（人）	学生数（人）	毕业生数（人）	岁出经费（元）
1936	108	7560	41922	9154	39275386
1937	91	5657	31188	5173	30431556
1938	97	6079	36180	5085	31125068
1939	101	6514	44422	5622	37982650
1940	113	7598	52376	7710	61105940
1941	129	8666	59454	8035	102927050
1942	132	9421	64097	9056	233536650
1943	133	10536	73669	10514	654452335
1944	145	11201	78909	12078	3199190837
1945	141	11183	83498	14463	16766763264
1946	185	16317	129326	20185	

资料来源：《第二次中国教育年鉴》，总第1400页。

由表7-3可见，1945年高校数与1936年相比增加33所，上升30.6%；教员数增加3623人，上升48%；学生数增加41576人，几乎翻了一番。教师与学生的比例由1936年的1∶5.5提高到1∶7.5，师资利用率明显提升。教师素质也有明显提高，如西南联大179名正副教授中，"九十七位留美，三十八位留欧陆；十八位留英；三位留日，廿三位未留学。三位常委两位是留美，一位未留学，五位院长全为美国博士，廿六位系主任，除中国文学系及两位留欧陆，三位留英外，皆为留美"。[①]

从表7-3岁出经费一栏中，也不难发现直到1939年仍未达到战前水平。自1940年，教育经费虽年年成倍增长，但由于大后方的恶性通货膨胀，实际上反而大大降低了。以1940年为例，根据当年12月重庆趸售统计指数，每百元法币购买力仅相当于1937年6月的7.83元。1944年高校岁出经费虽是1937年的105倍，但其真正购买力每百元法币只相当于1937年6月的0.17元。[②] 这一事实连国民政府教育当局也不得不承认：

---

① 《联大八年》，第160—161页。
② 杨培新编著《旧中国通货膨胀》，三联书店，1963，第22页。

"表面数字虽增加极大，而实际拮据更甚于前。"①

根据教育部统计处1936—1946年度全国专科以上学校学生数报告表，还可发现以下几个现象。首先研究生、本科生、专科生均有不同程度的增加。1945年在校研究生、本科生、专科生分别是646人、69585人、13449人，而1936年则分别仅为75人、37255人、4592人，可见在校研究生发展最快，增长了近8倍。其次是专科生增长了193%，再次是本科生增长了87%。研究生主要是培养具有独立开展科研工作能力的研究人员，它发展速度最快，反映了战时科研发展的需要；专科生主要是造就应用型人才，它发展较快，是为了适应战时专门技术人才的需要。其次，大学女子教育有了较大发展。1945年在校女大学生比1936年增长了149%，明显高于同期在校男生的增长比例。②

1947年，教育部部长朱家骅在为《第二次中国教育年鉴》所写的序言中，曾感慨道："抗战八年间，我全国教育科学文化界人士冒危难、耐劳苦，淬砺奋发，维持全国教育文化于不坠，发扬民族意识，推进内地文化，凭战时仅有之贫乏物质，而自觉自力以适应教育上之需要，其艰苦卓绝之精神，非仅可歌可泣足为后人景仰，且亦足以动国际之观听，供盟邦之借镜。"③ 同时，国民政府对高等教育的重视，以及颁布的一些合理政策，如救济学生、增设学校、充实设施等也起到了一定的促进和推动作用。这些教育政策既适应了战时的需要，又符合国民党政权的统治利益。至于在此期间，国民党对广大学生实行的思想统制，加强"党化教育"等措施，不可否认，对高等教育的进一步发展，也产生过一定的消极作用。

第四节　教育统制中的"党化教育"

任何一个政府面对外敌侵略，为集中全部人、财、物力抗敌御侮，势必执行一定的战时统制政策，这是情理之中的事。战时执政的中国国民党也不例外。为了适应战时需求，在经费有限的情况下保证教育事业不因战火而中断，同时又要求它能最有效地为"抗战建国"发挥作用，政府必然

---

① 《第二次中国教育年鉴》，总第507页。
② 《第二次中国教育年鉴》，总第1412—1413页。
③ 《第二次中国教育年鉴》，"序言"，第1页。

要对教育事业进行一定的统制。正如美国学者艾恺所言："若由全世界近代史中来看，这是极普遍的现象，没有一个政府不想控制教育，何况是有四千年政教合一的传统，又正在为生存而奋斗的中国！"[①]

但在战时中国教育界，对此问题的认识并不完全一致。时任教育部高教司司长吴俊升在回忆战时高等教育改革时曾无奈地承认："第一阻力，即是过去高教一向是在自由散漫的空气之下进行的，无论在课程师资，成绩考核，训育实施和行政组织方面，都是校自为政，人自为政。如由教育行政机关对此等措施稍加一致的规定，使高等教育能增进效率达到一般水准，有些人未免认为干涉学术自由和不尊重教员清高地位。这是最大的心理阻力，也是一个微妙的问题。因为应付一不小心，便会引起所谓自由与统制的对立。"[②]

战时教育政策的制定、国立中学的创立以及对高等教育的改革（如统一入学考试、统一编印教科书、审定教员资格、实行毕业总考制等措施），应该说都是教育统制的一部分。此类政策尚能得到教育界的认可或赞许。但作为执政的国民党，其治国理念为"一党专政"，早在战前就计划将其意识形态灌输到教育界。只是由于教育界自身拥有一定的独立性，国民党的许多"党化教育"政策很难在各级教育机构，特别是私立院校中得到广泛推行。战时，由于政府在教育救济方面的投入相对提高，教育机构对政府的依赖程度逐渐加强，使国民党有条件逐步将其意识形态普及教育界。

战时出任教育部部长的陈立夫，长期从事国民党党务工作。他在战时主持教育改革的同时，为将执政党的利益扩张至战前相对独立的教育系统，最大的举措就是在学校设立国民党基层组织——学校党部，同时他还要求将三民主义等课程列为公、私立学校的必修课，被舆论认为是 CC 系向教育界的渗透和加强"党化教育"的典型。例如他任命 CC 系骨干程天放为四川大学校长一事，即被视为推行"党化教育"的明证，因其在上任之前曾在成都主持"党务工作人员干部训练班"，[③] 在浙大校长任内也有推

[①] 中研院近代史研究所编《抗战建国史研讨会论文集》（上），台北，编者印行，1985，第 423 页。

[②] 吴俊升：《教育生涯一周甲》，第 80—81 页。

[③] 《兴中日报》1938 年 11 月 18 日，转引自王东杰《国家与学术的地方互动——四川大学国立化进程》，三联书店，2005，第 255 页。

行"党化教育"的言行。① 程天放自接任川大校长后仅半年，就亲自介绍川大教职员、学生加入国民党者多达 400 余人。② 这些不仅为教育界所指责，甚至连当时美国驻重庆的外交官费正清也认为陈立夫是在搞"统制思想"。费正清（J. K. Fairbank）回美后，还"在哈佛大学发动倒陈运动"。"这件事越来越扩大渲染，几乎美国所有报纸都刊登着'陈立夫思想统制'。"③

陈立夫除在学校设立党部外，还利用掌握的资源，在分配教育经费时向学校提出种种要求，以加强"党化教育"。如 1939 年广西大学因财政困难，向教育部申请改省立为国立，经费由中央政府与广西省政府各半负担。教育部即以扣发经费相威胁，要求广西大学将左派教授千家驹解聘。当时千家驹并非中共党员，只是在许多右派人士心目中，"是一个'比共产党还要共产党'的文化人"。广西大学为了获取教育部的补助，无奈中只好在该学年结束时将千家驹解聘。④ 位于成都的私立华西协和大学校长张凌高同样为了获得教育部的补助费，被迫接受陈立夫、程天放的介绍，加入国民党。此后，张凌高为求得更多的经费支持，又先后经程天放介绍该校百余名师生加入国民党。⑤

1939 年 7 月，陈立夫与国民党中央组织部部长张厉生联名致函西南联大三常委之一的蒋梦麟，要求在校内建立国民党直属区党部。在联大高层的茶会上，蒋梦麟要求凡未参加国民党的联大领导和各院院长，应赶紧加入。⑥ 这年年底，陈立夫亲自到昆明考察云南教育，推动国民党教育政策的落实，包括统一课程设置、教学大纲中国化、统一教材及加强伦理教育。他在云南 12 天前后演说 35 次。在联大演讲时，他还鼓励学生为党、为国、为将来而学习，并握紧拳头与学生们共同高呼"抗战到底"、"民族第一"、"国家至上"等口号。从 1942 年秋开始，除三民主义课程外，学

---

① 竺可桢接任浙大校长后，曾在 1936 年 2 月 23 日日记中写道："余数日各方探访结果，知浙大自程天放长校以后，党部中人即挤入浙校。"见《竺可桢全集》第 6 卷，上海科技教育出版社，2005，第 29 页。
② 王东杰：《国家与学术的地方互动——四川大学国立化进程》，第 295 页。
③ 《成败之鉴——陈立夫回忆录》，第 284、320 页。
④ 千家驹：《去国忧思录》，香港，天地图书有限公司，1991，第 144 页。
⑤ 王东杰：《国家与学术的地方互动——四川大学国立化进程》，第 295 页。
⑥ 冯友兰：《三松堂自序》，第 325—326 页。

生又增加一门伦理必修课，这是应蒋介石的要求而开设的。① 至 1944 年 1 月，西南联大区党部召开党员大会，出席党员 79 人，请假 6 人，合计 85 人，其中教授 42 人，教员、教官、助教、研究生 25 人，职员 14 人，学生 4 人。有论者指出，这一时期，西南联大教师大约 40% 加入了国民党，"多数知识界精英将抗战胜利的希望寄托于国民党，加入国民党，在某种意义上也表示自己与执政当局共渡艰难一致对外的决心"。② 联大区党部还定期邀请党员教授举行学术讲演、国史讲习会、国际情势讨论会、新艺文座谈会等。同时，为了改善教师们日益降低的待遇，吸引教授参与，党部还规定演讲者每次可拿到 200—300 元（1945 年增至 5000—6000 元）报酬，并有聚餐机会，"在联大数日不得一饱，忧困交迫情形中，有此调剂影响实大"。③

三民主义青年团作为国民党的青年预备组织也由各级党部负责建立。仍以联大为例，负责筹建联大三青团分部的是历史系教授姚从吾。由于姚并不热衷政治，1941 年改换处事干练的心理学教授陈雪屏接替姚的职位。陈雪屏利用广大学生的爱国思想和其个人影响，很快将联大三青团成员人数翻了近一番，发展到 500 余人。每逢节日或纪念日，三青团就开展纪念活动，或举办夏令营，组织文艺演出，以争取更多的青年入团。④

陈立夫的所作所为并非只是他个人的思想，国民党总裁蒋介石对教育的思想统制深以为然。他在日记中就多次提到要对大学教育进行整顿，其重点是"大学教授统制与师范学校之改革"，并拟"召集各大学校长在党政班受训"。他还针对"各大学教授在讲堂反动之言论"，明令各校"青年团负责报告"。1943 年 3 月，蒋介石在重庆公开出版《中国之命运》一书，阐述了他对战后中国的设想。为了在全民中贯彻这一思想，他甚至"令中心小学与中学每班必备《中国之命运》"。⑤

---

① 〔美〕易社强：《战争与革命中的西南联大》，饶佳荣译，台北，传记文学出版社，2010，第 114、122 页。
② 王奇生：《革命与反革命：社会文化视野下的民国政治》，社会科学文献出版社，2010，第 233、237—238、242 页。
③ 《姚从吾致朱家骅函》（1943 年 5 月 18 日），转引自王奇生《革命与反革命：社会文化视野下的民国政治》，第 253 页。
④ 〔美〕易社强：《战争与革命中的西南联大》，第 300—301 页。
⑤ 《蒋介石日记》，1942 年 10 月 27 日。

蒋介石曾设想像统制军事那样统制教育。一次，蒋介石到贵阳一所小学视察，"见商务复兴第一册教科书，开卷即以猫狗教人，不胜忧闷"，他为此想"将各种小学教科书亲自批阅一道，大加修正方可"。① 不仅如此，蒋一度还想兼任全国各大学的校长，而对教育部部长陈立夫从教育管理的角度考虑，并不认同。据陈立夫回忆：

> 在民国三十二年二月，有一天晚上，蒋委员长把我找了去，那时经国弟也在陪他父亲吃饭。饭后，他向我提出了一个主意，他说："所有军事学校都是我兼校长，现在所有的大学我也来兼校长好不好？"我说："军事学校和文学校不同，军事学校是重绝对服从的，所以比较容易管，而文学校则不是那么简单，委员长如果兼各校校长恐怕有困难，我看与其兼大学校长，还不如来兼教育部部长，委员长如果担任部长，我来做次长好了。"因为我不赞成增加他的麻烦，所以这样说，他后来就想了一下，说道："那么我先试一个学校好不好？"我不好意思不同意他试，于是就答允了他，以中央大学给他试，他就做了中央大学的校长。本来教育部部长可以下命令给校长的，但是他兼任了校长，我就不好下命令给他了。当初我建议请他做教育部长，我做次长的原因，就是我是他的部下，怎能下命令给他呢？后来，我想了一个办法，在中央大学增设了个教育长的职位，把所有的命令都发给教育长……才算解决了这个问题。②

1943年3月7日，蒋介石正式"就中央大学校校长，对师生训话及巡视全校，与学生共食"。蒋介石自认为他兼任校长"皆具学风改造意义"。③ 陈立夫对此则持不同意见："蒋委员长时常奔波于前线战场上，不常去中央大学，军事学校学生不常见校长还可以，而文学校则需要常见到校长，所以他在百忙中去中央大学看看，有些学生也不认识他，常常会失礼貌，不向校长敬礼，过了几个月，他知道困难，就不再兼了。"④

---

① 《蒋介石日记》，1943年3月19日。
② 《成败之鉴——陈立夫回忆录》，第307—308页。
③ 《蒋介石日记》，1943年3月7日。
④ 《成败之鉴——陈立夫回忆录》，第308页。

尽管战时国民党千方百计地加强对学校的控制，但实际效果并不佳。国民党在学校推行的"党化教育"也大都流于形式。据一直生活在西南大后方、16岁（1942年）入军事学校（相对"党化教育"更强）的张朋园教授回忆："在一般人的心目中，讲授三民主义，就是卖狗皮膏药，有学问的人不担任三民主义课程，担任的人没有学问。"① 国民党组织部部长朱家骅（1944年底接任教育部部长）在一次党务工作会议上也无奈地谈道，学校党务"尚觉太差"，"教授与学生更有以谈党务为耻者。党员数量亦甚少"。②

战时国民党在校园的影响和作用到底有多大，从现有的文献资料审视，尽管国民党在校园内建立起一套组织，制定并执行"党化教育"政策，但它的实际影响力是十分有限的。例如，校园中的党员教师、训育主任等"党化教育"的执行者，并非完全像后来所描述的是一群令人讨恶甚或十恶不赦的党棍、特务。以西南联大为例，原来的三校校长、同为联大三常委的张伯苓、蒋梦麟、梅贻琦被公认为著名的教育家，又都是国民党员，蒋、梅二人还分别出任联大国民党区党部的监察委员和候补监察委员。其他学校，特别是国立大学也大致如此，如1940年成立的武汉大学区党部，全校计有党员90人，教职员有20人。杨端六、王铁崖等知名教授都曾当选为党部执行委员，校长王星拱为监察委员。③ 特别是被誉为"民主堡垒"的西南联大，成立于1939年的国民党区党部将党务工作办得有声有色，吸收了半数教授加入国民党，比例之高，恐为全国之冠。

《清华大学校史稿》在描写国民党对学校"控制与干涉"时写道："最主要的是规定各校必须设立以控制学生思想为目的的训导处组织。"④ 自然，训导长往往会被广大学生视为"罪大恶极"的"党棍"。而联大的训导长是被称为"联大最大的功臣"的查良钊教授。据联大毕业的刘绍唐回忆："查良钊先生确是所有学生一致推崇的好老师。胜利以后回到北平，所有联大的学生都把他抬起来。""因为他在抗战时期对学生的慈悲为怀，

---

① 《抗战建国史研讨会论文集》（上），第379页。
② 《朱部长对于组织工作之指示》（1941年6月），转引自王奇生《战时大学校园中的国民党：以西南联大为中心》，《历史研究》2006年第4期，第137页。
③ 吴贻谷主编《武汉大学校史》，武汉大学出版社，1993，第139页。
④ 清华大学校史编写组编《清华大学校史稿》，中华书局，1981，第296页。

使他们能在那样艰苦的环境下完成大学教育,大家都觉得查先生是很了不得的人"。[1]

对同一现象的表述所呈现出来的矛盾,很值得对"党化教育"的实际效果进行检讨。同样从已公布的各种文献来看,战时国共两党在学生运动中承担的角色,双方论述也存在着巨大的差异。如在大陆出版的清华、北大、南开校史都曾自豪地写道:"1944年的'五四',被联大称为'联大民主复兴的一天'。党(指中共)通过纪念'五四'青年节的活动,在联大掀起了一个民主高潮。""由中文系主举办的文艺晚会,校内外参加者达3000多人。"这次集会是"重新点燃了联大民主的火炬"。[2] 而国民党联大区党部主委、历史系教授姚从吾在晚会之后写给国民党中组部部长朱家骅的报告则称,这次活动完全是联大区党部有意策划的一次成功化解学生风潮的活动。他在报告中写道:校内左倾分子"初欲借救济费太少,激动风潮,志未得逞。嗣又欲因人心浮动,假纪念五四,扩大活动。幸五四天雨,团部、党部又分别防范,虽墙报五光十色,而集会实未举行。延至5月8日,由罗莘田(即罗常培)同志用中国文学系名义,联合八教授,召开一五四新文艺晚会,专以讲述文艺为限。目标转移,人心始复归镇定。八教授中,除闻一多、沈从文、卞之琳三先生外,主席及召集人罗莘田、杨振声、孙毓棠、李广田等均为党员。五四文艺晚会自七时起,至十二时止,参加者逾两千人,实属空前。希望经此一次发泄之后,人心能由此安定下去也"。[3]

为什么西南联大的师生会不约而同地选择"五四"这一天?这又同陈立夫推行"党化教育"有关。据陈立夫回忆:"原来在战前,已经非正式的以五月四日为青年节。我认为黄花岗起义比五四运动更能表现青年爱国、牺牲和奋斗的精神,所以便改以三月二十九日为青年节。"[4] 这自然引起有着民主自由思想的联大师生的强烈不满。闻一多就曾回顾道:"联大风气开始改变,应该从三十三年算起,那一年政府改三月二十九日为青年节,引起了教授和同学们一致的愤慨。"他同时还强调:"但,这并不意味

---

[1] 《抗战建国史研讨会论文集》(上),第422页。
[2] 《清华大学校史稿》,第405页;萧超然等编著《北京大学校史》,第358页;南开大学校史编写组编《南开大学校史》,南开大学出版社,1989,第309页。
[3] 《姚从吾致朱家骅函》(1944年5月14日),转引自王奇生《战时大学校园中的国民党:以西南联大为中心》,《历史研究》2006年第4期,第142页。
[4] 《成败之鉴——陈立夫回忆录》,第271页。

着反对国民党的情绪。"①

再对照相关档案，仍以西南联大为例，战时国民党党员人数较共产党党员多得多。仅以1944年2月统计，联大全体教师371人中，国民党党员超过150人，还不含职员和学生中的党员。②此外，还有一批以学生为主的三青团团员并未计算在内。而共产党在1945年底"一二·一"运动前，"有组织关系的党员只留下十几个人"，还要"由（云南）省工委分六条线分别联系"。按中共地下组织的工作原则，党员的组织活动大都是单线联系，联大仅有的十几名党员还要"分六条线分别联系"，其活动能量可想而知。但仅仅半年后，经过"一二·一"运动的洗礼，中共即在联大发展起3个平行的党支部，有党员71人。③

由此可见，国民党尽管在学校内建立起一套庞大的组织机构，但绝大多数党员，特别是大学教师和学生之所以加入国民党，主要是在全民族团结御侮的大背景下，他们将抗战胜利的希望寄托于执政的国民党身上，从某种意义上讲这只是出于他们同执政当局"共渡艰难一致对外"的决心。④国民党在校园内的组织系统实际发挥的"党化教育"作用是非常有限的。

广大教师、学生真正同国民党离心离德，大致始自抗战后期，特别是抗战胜利后，国民党在接收时表现出的种种腐败行为，以及为消灭共产党，不顾全国人民的反对坚持内战，最终引起广大师生与之彻底决裂。而恰在此时，令人难以理解的是，国民党竟在1945年6月召开的第六次全国代表大会上，正式以中央决议的形式，撤销学校党部组织。随后，全国各学校党部至同年12月全部停止活动。⑤从此，国民党基层组织从校园中消

---

① 闻一多：《八年来的回忆与感想》，《联大八年》，第10页。
② 《姚从吾致朱家骅函》（1944年2月12日），转引自王奇生《战时大学校园中的国民党：以西南联大为中心》，《历史研究》2006年第4期，第131页。
③ 王效挺、黄文一主编《战斗在北大的共产党人：1920—1949北大地下党概况》（北京地区革命史资料），北京大学出版社，1991，第166、168页。
④ 此论点王奇生在《战时大学校园中的国民党：以西南联大为中心》（《历史研究》2006年第4期）一文中有详细论证。
⑤ 《二中全会中央组织部工作报告》，李云汉主编《中国国民党党务发展史料·组织工作》（下），台北，中国国民党党史会，1993，第569页。国民党早在大革命时期就曾在其统治的广东地区教育机构中设立党的基层组织。在国共合作的大背景下，这些基层党部大都由中共或国民党左派控制，随着北伐凯歌高奏，学校党部也逐步扩大。但自1927年国共分裂后，国民党因害怕学生运动，取消了在教育机构设置的基层党组织。

失。而共产党则抓住这一有利时机，在大后方的各级学校迅速发展壮大自己的组织，努力开展反对国民党统治的学生运动。国共两党在青年学生中的影响力迅速逆转。

此外，抗战胜利后如何使收复区学校恢复正常的教学工作，也是教育当局面对的一个主要问题。然而，教育部首先考虑的则是依靠"党化教育"，对沦陷区专科以上学校学生进行"甄审"，具体办法为："收复区敌伪专科以上学校毕业生，经登记甄审及格者，由各区甄审委员会予以二个月至三个月之补习后，发给证明书，该项证明书由部予以验明，可认为相当于专科以上学校毕业证书。""甄试科目以国文、英文、三民主义为共同必试科目，其余参照大学或专科学校科目表由部规定颁发"。①

这一甄审办法颁布后，立即引起收复区广大学生的强烈反对。首先从南京掀起的反甄审运动，迅速蔓延到上海、青岛、北平、天津等地，参加学生近10万人，原日伪控制下的北京大学3000余名学生为反对甄审特向社会呼吁道："固然沦陷的政府是伪的，应绝对予以解散，然而沦陷区的老百姓绝不能指其为伪。固然沦陷区的行政机构是伪组织，有政治性的训练班或学校应予以解散，然而在学术机关的学校读书的学生，因为无力赴内地求学，又无力入私立学校，不得已委曲求全，这种只以求知识为目的的学生，是不能指其为伪的。"②曾任中国史学会会长的戴逸于1944年考入伪上海国立交通大学，即因不满政府称其为伪学生，而于1946年退学，改考北京大学历史系。

尽管教育部颁布的甄审办法规定，在敌伪所设具有政治性学校肄业生或毕业生，应一律不予登记，但国民党为了争夺抗战胜利果实，大量利用伪组织的原有势力，加强其在收复区的统治力量。如在北平伪组织统治下的警官学校与军官学校，不但不需要甄审，反而改为中央警校第五分校和十一战区干训团。③这些做法，更加激起了收复区广大学生的愤慨，北平学生自救会在《为反对不合理措施告青年书》中，就愤怒地喊出了自己对政府的不满：

---

① 北京市档案馆编《解放战争时期北平学生运动》，光明日报出版社，1991，第19页。
② 《我们的呼声——北平收复区北京大学全体学生》，《解放战争时期北平学生运动》，第9页。
③ 《解放战争时期北平学生运动》，第18、8页。

现在中国胜利了，我们又投入了渴盼八年的祖国的怀抱里。然而政府对我们陌生了，他对于敌人和汉奸们可以采用宽大的政策，敌人的武器可以不予以解除，特务、宪兵也仍然用来摧残我们同胞……但是政府是怎样安慰我们青年，来替我们青年设想呢？我们绝没有想到政府竟然把"敌伪"二字从真正的敌人和卖国屠民的汉奸、特务们头上摘下，罩在我们的青年身上，用不合理的甄审把戏来斫丧青年，用解散的手段来摧残教育，使得青年陷于失学的苦境……我们要质问政府：为什么对于侵略我们、屠杀我们的敌人和敌人的帮凶汉奸们可宽容，对于无辜的青年们却无所不用其极的加以戕害。①

由于收复区学生和社会舆论的强烈反对，教育部被迫于1946年2月又公布了一个"甄审修正办法"，只是规定国文、英文可以免试，"呈读三民主义报告及标点批注《中国之命运》"，则不但不修改，反而增加"三民主义不及格者"不得升级或任用的条件。② 从政府前后两次颁布的甄审办法中不难发现，其甄审的核心主要还是为了对收复区的广大青年进行"党化教育"，以此实行思想控制，防止共产党或中间势力对广大青年的思想影响。然而国民党在抗战胜利后执行的这一不合理政策，不但没有达到预期目的，反而因其强迫执行，更加激化了收复区的广大学生同政府之间的矛盾。北平市教育局在给教育部的报告中写道：

据报：平津局自甄审条例颁布后，一般学生因恐惧而生苦闷，奸伪见有机可乘，遂鼓惑学生组织反对甄审委员会，游行示威请愿，志在取消甄审办法。查其中三民主义青年团派在学生中工作者，多以公开形式争取学生，动辄以势力及威吓服人，致使学生时起反感，收效极微。而奸伪及民主同盟则针对学生隐痛，以谦虚、和蔼、忍苦、耐

---

① 《北平市警察局呈报学生反甄审活动》附件《为反对不合理措施告青年书》（1945年12月3日），《解放战争时期北平学生运动》，第23页。
② 左荧：《收复区学生反甄审斗争》，《解放日报》1946年4月16日。

劳之态度,在学生群内争取领导地位,收效颇大。①

当收复区广大学生为反对甄审而抗议的同时,1945年12月1日,以尚未复员的西南联大广大师生为主,在大后方又掀起了一场轰轰烈烈的反内战运动。由于国民党取消了学校党部,面对中共领导的学生运动,国民党只能依靠军警和特务的暗杀来震慑学潮,从而引起广大师生更大的愤慨,纷纷转向中共阵营,最终成为反对国民党统治的一股不可忽视的中坚力量,被中共领袖毛泽东誉为同国民党斗争的"第二战线"。

第五节 战后复员

1945年8月15日,日本宣布无条件投降,举国欢腾。坚持抗战八年之久的内迁各校师生,此时都盼望着早日返回故乡。

9月20日,国民政府教育部召开全国教育善后复员会议,商讨教育界所亟待解决的主要问题。会议认为:"第一点,我们究应如何趁各级学校复员的时机,在地域上作一相当合理的分布,使全国教育得到平衡的发展;第二点,收复区和光复区内如何肃清敌伪奴化教育的流毒,如何逐渐恢复正常的教育。"②

对于第一个问题,教育部提出:"复员"绝不是简单地"复原","我人对于战后专科以上学校之分布即其院系科别之增减,必须先有通盘计划,方足谋日后之合理发展"。③ 蒋介石在复员会议上也发表讲话,要求各校不要匆忙搬移,"准备愈充足愈好,归去愈迟愈好。政府不亟亟于迁都,学校也不应亟亟于回去"。④ 根据这一意见,各内迁学校开始有条不紊地工作着,一方面稳定师生情绪,继续教学上课;一方面努力做好一切东迁准备,如原校舍的接收修缮、师生迁移、物资输送、校产的处理、复员费用

---

① 《教育部抄发"平津教育当局颁布甄审条例后之反映"情报代电》(1946年2月22日),《解放战争时期北平学生运动》,第26页。
② 《全国教育善后复员会议开会致词》(1945年9月20日),王聿均、孙斌编《朱家骅先生言论集》,台北,中研究近代史研究所,1977,第197页。
③ 《教育行政工作之回顾》(1946年5月24日),王聿均、孙斌编《朱家骅先生言论集》,第190页。
④ 《第二次中国教育年鉴》,总第103页。

的申领、交通工具的组织等一系列工作。

经过近一年的努力,到 1946 年 5 月前后,内迁学校开始纷纷复员,返回原籍。

1946 年 4 月 23 日,教育部电令西南联大三校恢复原校。5 月 4 日,联大全校师生在昆明举行毕业典礼。梅贻琦代表联大常委会宣布西南联大正式结束。

同济、交通、中央、金陵、复旦、大夏等大学均是在 4 月中旬结束 1945—1946 年度的课程,开始东返。

在学校复员过程中,教育部非常重视改变原有高等院校在区域上的不合理分布状况。抗战爆发前,西部内陆省份相对于东部沿海和平津地区而言,高等教育是非常落后的。据 1934—1935 年调查统计,当时全国 110 所高校中,上海、北平即多达 41 所,而四川仅有 4 所,湖南、广西各 2 所,甘肃、陕西、云南、新疆等边远省份各有 1 所,贵州、西康两省竟一所大学也没有。[①] 为此,蒋介石在教育复员会议上特别强调:"今后国家建设,西北和西南极为重要。在这广大地区,教育文化必须发展提高。至少须有三四个极充实的大学,且必需尽先充实。除确有历史关系应迁回者外,我们必须注意西部的文化建设。战时已建设之文化基础,不能因战胜复员一概带走,而使此重要地区复归于荒凉寂寞。"[②]

到 1947 年,当内迁学校均已返回原地复员时,内地边远省份的高校数目亦有较大的增加。如陕西有 8 所,其中西安有 6 所;四川有 21 所,其中重庆有 7 所;甘肃有 4 所;云南、贵州各 3 所;西康 2 所。[③]

许多高校回迁时,会把一些图书仪器及教学设备无偿赠予内地省份,以示感激内地省份在抗战期间的支持帮助,还有一些教师为了发展内地教育事业,自愿留下来任教。如西南联大复员后,原联大师范学院留昆明独立设置,更名为国立昆明师范学院,教育部任命已受聘于南开教育系教授的查良钊任院长,北大教授罗庸、谭锡畴,清华教授杨武之、胡毅,南开教授蔡维藩、蒋硕民等,也分别向各校请假,留在昆明担任教学及行政职务。同时,联大常委会还通过《国立昆明师范学院与北京大学、清华大学、南开大

---

① 教育部统计室编《二十三年度全国高等教育统计》,商务印书馆,1936,第 16 页。
② 《第二次中国教育年鉴》,总第 103 页。
③ 《第二次中国教育年鉴》,总第 1401 页。

学合作办法》，并由梅贻琦、傅斯年、张伯苓具函，将西南联大校舍、校产、图书资料等有关清册，移交昆明师院。① 私立光华大学在上海本校复员后，经校董会决定，将内迁成都的光华大学分校校产奉赠给四川地方人士接办，改名为成华大学，亦即成都光华大学之意。② 西南、西北地区高校的增加，无疑对当地政治、经济、文化等各方面的发展起着极其重要的作用。

教育部为了调整高校的不合理分布，还曾计划将战前大学最集中的北平、上海两地的部分内迁高校留设原地或改迁他处。如由北平大学、北平师范大学、北洋工学院三校内迁陕西后合组的西北联大，至1938年7月分别改设为西北大学、西北师范学院、西北工学院三校。抗战胜利后，教育部正式下令西北师院"不得复员，留设兰州"；西北大学由陕西城固改迁西安，取消原北平大学；西北工学院复员回天津，恢复北洋大学校名。西北大学和北洋大学即遵令照办，而西北师范学院的广大师生强烈反对，要求复员返平。1946年3月，教育部被迫答应重新设立国立北平师范学院（1948年10月，恢复国立北平师范大学原名），西北师院仍留兰州，在校学生可以无条件转入北平师院。③

教育部还曾计划将同济大学留在四川。蒋介石在战后巡视宜宾时召见同济大学校长徐诵明，当面询问可否将学校改迁重庆续办，徐诵明告以师生员工盼望回沪，表示无法从命。④ 后因战前同济大学在上海吴淞的校舍已毁于兵燹，不堪应用，教育部部长朱家骅即为此表示将来可在苏州捐地千亩，"作为同济未来之永久校舍"。⑤ 但因师生反对，也未能实行。

大学复员东迁，校址选定也不无周折。如复旦大学内迁重庆后，因办学经费困难，代理校长吴南轩于1941年向国民政府申请将私立改为国立。"自此，学校经费较前充裕，各项设施更加完善，已发展为五院二十二系

---

① 《国立昆明师范学院设置办法》，清华大学校史研究室编《清华大学史料选编》第3卷下册，清华大学出版社，1994，第18页；陈雪屏：《国立西南联合大学简介》，《学府纪闻·国立西南联合大学》，第7页；《南开大学校史》，第318页。

② 莫健：《上海光华大学内迁成都》，《抗战时期内迁西南的高等院校》，第304页。

③ 北京师范大学校史编写组：《北京师范大学校史》，北京师范大学出版社，1982，第121页；冯大纶：《国立北平师范大学史略》，《学府纪闻·国立北平师范大学》，台北，南京出版公司，1981，第13页；西北师范大学校史编写组：《西北师范大学校史（1939—1989）》，青海人民出版社，1989，第9—10页。

④ 翁智远主编《同济大学史》第1卷，同济大学出版社，1987，第98页。

⑤ 《同济大学在沪复校校舍问题尚待解决》，《申报》1946年5月30日。

科的综合大学，成为大后方的著名学府。"① 战后，沪、渝两校合并，师生员工共计2000余人，原上海江湾校舍不敷应用。针对复旦的复员问题，蒋介石指示教育部将校址最好设于苏北。教育部初定海州，复改徐州，后因战前复旦曾接受吴稚晖转赠的无锡荣家在太湖边大雷嘴土地1014亩为建校地基，确定为无锡，但因重庆师生渴望东返，决定先行迁回上海江湾，并接收了复旦大学原址的汪伪上海大学等部分校舍复课，待无锡校舍建成后，再行搬迁。②

高校复员，的确是一项浩繁艰巨的工程。教育部也为此付出了巨大的努力。仅由教育部驻重庆办事处协助东迁的大专院校即达60所，师生员工6万余人。其他散处昆明、浙江、陕西等省市的国立专科以上学校，亦分别遵照部令，推进复员工作。教育部还通过复员工作，进一步调整了高校的不合理分布。国立大专院校校址同抗战爆发前的校址相比较，大致可分为五类："一、隔省迁移之专科以上学校二十七校；二、省内迁移之专科以上学校十四校；三、战时停顿战后恢复之专科以上学校八校；四、留设原地之专科以上学校十七校；五、接收改设之专科以上学校四校。""前三类均已于卅五年暑假，遵照指定地点迁移设立，并于秋后与四、五两类学校先后开学上课，至省私立专科以上学校，亦已由部补助经费，自行迁移复学。"③

抗战胜利后，教育部为重建东北教育，收容失学青年，于1946年8月接收了伪建国大学、伪新京医科大学、伪新京工业大学、伪中央师道学院、伪新京大同学院、伪一般职业训练所、伪新京女子师道大学、伪新京王道书院、伪新京法政大学、伪新京畜产兽医大学、伪民俗博物馆等11所机构，着手筹设国立长春大学。9月，黄如今被任命为校长，学校10月正式成立，分设文、理、法、农、工、医6个学院，收容青年学子3000余人，医学院首先开课，其他各学院也于年底正式上课。④

1945年8月，教育部设台湾区教育复员辅导委员会，任命罗宗洛为特

---

① 李本哲等：《复旦大学在重庆》，《抗战时期内迁西南的高等院校》，第211页。
② 《复旦大学志》第1卷，第179页。
③ 朱家骅：《教育复员工作检讨》（1946年12月28日），王聿均、孙斌编《朱家骅先生言论集》，第189页。
④ 《第二次中国教育年鉴》，总第641页。

派员，前往办理辅助接收教育事宜，同年11月接收伪台北帝国大学，奉令在原址设立国立台湾大学，罗宗洛为校长。台北帝国大学是1928年日本殖民当局设置的，先后设立了文政、理、农、工、医5个学部及热带医学、南方人文、南方资源科学3个研究所。该校占地极广，仅运动场就有十余亩，学校教学设备、图书仪器也很充实，藏书超过50万册（以日文为主）。接收以后的台湾大学将原有学部改为学院，文政学部分为文、法两个学院。同年12月，理、农、工学院临时招收了部分学生。1946年4月，学校又接收了部分留日返台的法、医学院学生。8月台大正式招收新生三次，两次在台招考，一次在杭州招考，共录取新生1855人。1948年学校学生增至2000余人，其中20%是外省人。①

在注重高等学校区域合理分布问题的同时，为了保证广大贫困学生能够平等地接受教育，教育部还对原有公费制进行改革，"将已往分科分系奖励与混合的办法，予以变更，定为全公费百分之四十，半公费百分之四十，使贫穷学子能享受公费，俾机会真能均等"。②

公费制度，是抗战期间国民政府为救济战区流亡青年完成学业而设立的，当时曾规定"至战事结束或学生毕业时为止"。抗战胜利后，公费制度本可废止，但教育部仍以"时局尚未宁靖，国民经济尚未好转，因规定凡已享受公费待遇之学生，仍维持至毕业为止"。同时规定自1947年起，各校所招新生中的师范生、保育生、青年军复员学生、边疆学生、革命及抗战功勋子女、就学荣誉军人等，一律享受全公费待遇，不受名额限制。复员以后，在继续推行公费制的同时，教育部为奖励家境清寒、确实无力负担就学费用的优秀青年就学，特设奖学金，其待遇为"免缴学、膳、宿费之全数，另加副食费"，膳食标准为"每月中等熟米二市斗三升或中等粉四十六斤"，"副食费标准随时酌定之"。③

但是，国民党为了实行其一党独裁统治，不顾全国人民渴望和平的愿望，撕毁国共两党签订的"双十协定"，将国家财政收入的主要部分用于

---

① 《第二次中国教育年鉴》，总第642—644页；张契渠：《台湾的学校和教育》，《教育杂志》第33卷第9号，1948年9月，第65页。
② 朱家骅：《全国教育善后复员会议期间纪念周讲词》（1945年9月24日），王聿均、孙斌编《朱家骅先生言论集》，第183页。
③ 《第二次中国教育年鉴》，总第56—57页。

大打内战，从而导致国统区经济不断恶化。当时教育部对教育界的危机，也不是毫无所察。它在一份致联合国教科文组织的报告中，无可奈何地哀叹道：

> 而尤为严重者，为教育人员目前精神之颓废。教育为一种精神工作，必须具有向上的理想与热情，方足以培养下一代国民之努力前进。抗战八年间，虽在敌人军事压迫之下，吾人尚能坚持"抗战必胜"的决心，憧憬着未来的光明，争取民族的生存，为国家造就新进的分子。乃自胜利以后，内乱不已，交通未复，经济日益艰窘，生活不能安定。因而影响教育人员，与其他人员一样，失去其坚持的信心。只求维持现状，而缺乏一种崇高的理想，不图克服目前的困难，以培育下一代的国民。此种危险，实较物资缺乏为更甚。此为吾人检讨过去之余，所不能不深自猛省者也。①

抗战胜利后，尽管教育部开展了大规模的复员工作，颁布了许多促进教育发展政策，并在一定程度上弥补了近代中国高等院校的不合理分布，其中的确含有某些合理措施。但是，我们不可能脱离大的时代背影，去空谈什么教育发展。特别是在战后，国民党政治上坚持独裁统治，发动内战，致使国家经济彻底崩溃，广大高校师生甚至连饭都吃不饱，发展教育事业更是无从谈起。

---

① 教育部：《一九三七年以来之中国教育》，杜元载主编《革命文献》第58辑，第58页。

第八章
战时大后方电影的发展

抗日战争可谓全方位地影响到中国历史的发展进程，而且，这种影响的广泛性、深刻性、持久性，在近代中国历史上亦可谓无出其右者。电影当然不能置身其外。

当全国抗战爆发时，以上海为中心、已经具有相当规模、年出品数十部的中国电影产业，立即受到战火的影响，致其生产停滞，市场萎缩，由此并导致中国电影业被分隔为后方影业与沦陷区影业两部分。其中的后方影业，虽然在规模及出品数量方面，远不能与复苏后的上海"孤岛"影业以及日伪影业相较，但其在20世纪中国电影发展史上具有后者所无之重要意义。后方影业的发展主要表现为电影制作的官营化、电影内容的教育化、电影放映的普及化，从而与战前中国电影的发展路径——电影制作的私营化、电影内容的市民化、电影放映的城市化大异其趣。这样的发展路径转向自有其缘由所在，最主要的动因来自战争，并在20世纪中国电影发展史上留下了自己的鲜明印迹，不仅在当时，而且对战后以至1949年以后中国电影的发展路径，都产生了具有深远意义的影响。

第一节　官营电影制作优势地位的确立

全国抗战爆发前的中国电影业，以上海为最主要的中心，超过全国电影出品的90%和电影观众的50%出自上海，从而使其成为当之无愧的中国以至远东电影之都。

自上海电影业创立之日始，即以民营公司为唯一形态，大小电影公司林立，他们共同创造出令后人不无艳羡的电影产业及文化形态。1927年国民党在南京执政后，因其奉行一党"训政"的"党治"理念，企图由"党治"而全面掌控社会的政治、军事、经济、文化的各个方面，建立国民党长期执政的统治基础。因此，国民党在依赖枪杆子起家的同时，也注重意识形态的功用，力图建立以三民主义为中心的一元意识形态体系，其统治触角开始伸向国家权力过去甚少涉及的文化艺术领域，电影亦为其中的重要环节，为国民党所十分重视。

1934年3月，国民党中央宣传委员会在南京召开全国电影公司负责人谈话会，主任委员邵元冲明确告诫电影界说："电影的力量是高于一切文字的宣传的"；电影应该"引起观众的建设兴趣，因而使他们赞助政府，积极建设，俾各种建设计划，早日完成"。① "资助政府"成为国民党对电影界提出的正式要求，为此，国民党一方面通过实行严格的电影检查，力图将民营公司的电影摄制纳入其框定体系之中，同时积极筹划官营电影事业，以建立直接服务于其统治的电影产业。

此前，1932年5月，国民党中央宣传委员会文艺科设立电影股，1933年10月改组成立中央电影摄影场（简称"中电"）。1933年9月，军事委员会南昌行营政训处电影股成立，1935年迁到汉口，改名汉口摄影场。汉口摄影场负责人郑用之曾提出："我们应采取的电影策略，是应该创办规模较大的国营影业开始，然后以投资的方法将商营影业合并，最终的目的是将全国的影业变为国营。"② 惟因物质基础不足及电影人才缺乏，战前的国民党官营影业成效不彰，除了拍摄一些配合当局政治需要的新闻纪录片及教育片之外，在最能影响观众的故事片方面，出品数量只有中电拍摄的区区两部，远远不能与上海民营影业相较。民营电影业仍为战前中国电影业的基本生态，其出品也以适应大众观赏要求的娱乐片为主体，远不能达到国民党所希望的"赞助政府"的目的。

抗日战争的爆发，使中国电影业面对的外部环境出现重大变化。八一三淞沪战事打响之后，上海已经处在战区。历时三个月的淞沪战役，严重影响到上海电影业，处在华界的各公司或为战火所破坏，或者停止拍摄活动，上海电影业一时间处在全面停滞状态。

与此同时，战争急迫需要发挥电影的宣传功用，向全国军民和全世界

---

① 《邵主任委员发表中国电影界应当注意的几件工作文云》，《中央电影检查委员会公报》第1卷第1期，1934年，第19—20页。
② 罗静予：《论电影的国策》，重庆市文化局电影处编《抗日战争时期的重庆电影》，重庆出版社，1991，第89页。

传达中国的抗战实况和抗战精神,并揭露日本的侵略暴行。1937 年 7 月 30 日,电影界人士在上海成立中国电影界工作人协会及其下属组织中国电影界救亡协会,提倡"集中电影界工作人员所有的力量,负起非常时期救国的任务"。① 由上海各电影公司组成的电影界同业公会亦派代表向国民政府提出,以每月 15000 元维持费,由中央统筹支配电影拍摄工作。但其后因为战争的影响,拍摄抗战电影的想法难以实现,而后方民营影业基础全无,也难以承担如此重任。这样就为官办影业的发展提供了特定的外部环境和契机,国民党于此亦不失时机地提出了发展以官办影业为主的全套计划。

1937 年 8 月 12 日,在淞沪战役爆发前夕,国民党第五届中常会第 50 次会议通过《战时电影事业统制办法》,首先分析电影界现况,提出作战期间思想与实力并重,电影在思想战方面所具深入普遍之功能,实凌驾一切文字宣传之上。但中电限于条件,不能单独应付全面之长期抗战;上海电影公司方面,虽经营较久,略具规模,但一受炮火威胁,则工作营业均将无法维持。照此情形,全国电影一入战时,非但无应用与策应之可言,实际已无存在之余地。反观敌人,则方以 500 万元投资于伪满之电影事业,做统制电影之准备。有鉴于此,该项办法提出了发展战时电影业的 10 条意见:

1. 中央电影摄影场会同军委会政训处电影股(汉口摄影场),联合上海各影业公司合组总机关,由中央电影事业处负责总其成,指挥及分配全部工作。

2. 商由上海各公司自动于最短期间迁移内地,或设临时总工场,由中央指挥继续工作,地点及运输由中央统筹办理。

3. 各公司自动缩编非必要人员至最低限度,由中央付与维持费,其余人员各就其所长,编为宣传队、流动剧团,或施以短期训练,加入放映队。

4. 制片标准重在宣传,停拍一切与国防及非常时期无关之戏剧长片,侧重于战事新闻纪录片之摄制。

---

① 程季华主编《中国电影发展史》第 2 卷,中国电影出版社,1981,第 16 页。

5. 总机关统辖之技术人员及机件等，除指定一小部分留为摄制短片之用外，一律由中央支配，分别编为摄影队、放映队，分赴前方后方工作。

6. 各项影片均由中央整理，视其内容分别送往国内外及前方后方宣传。

7. 工作人员之安全及交通，由中央会商关系机关统筹办法。

8. 一切制片原料由中央统筹，向国外订购，并核定其需要情形分配。

9. 影片全部收入，除以若干作为工作人员之酬劳费及抚恤费外，其余拨为总机关维持费及制片成本费，由中央统筹办理。

10. 总机关维持费及制片成本费，在未有收入或收入不足维持时，由中央指定专款。①

由此项办法观之，实际具有战时电影总方针的意义，国民党企图以战争为契机，建立对全国电影业的全面统制。在此，战争只是背景，统制则是实质，该项办法中的若干方面，如产业迁移、注重宣传等，与战争直接相关；但也有一些方面，如统筹原料、统支经费等，与战争的关联并不如此直接。显然，国民党制定此项办法时，对电影另有关系全局的深远考虑，而此项办法通过的时日是在战争刚刚开始，而战争初期最具标志性的淞沪战役尚未开战之际，更凸显国民党的用意主要在于电影统制，而非全在于电影与抗战的关系。

不过，也正因为如此，该项办法包含方面甚多，显得过于庞杂，实亦为国民党的能力之所不及。首先在领导方面，以当时中电和汉口摄影场的人力物力，都不足以承担对实力远远超过他们的民营电影业总其成的任务。其次在经费方面，战前每部电影的平均制作费用在5万元上下，以每年拍摄60部电影计，至少约需经费300万元，而1936年政府支出的文化教育事业费不到4600万元，其中大宗还为教育事业费，可见由政府统制全部民营电影业实为财力所难以负担。再次，淞沪战役开始后，上海战事非常激烈，政府对上海产业的迁移集中在更关系国计民生的重要工业方面，

---

① 台北中国国民党党史会藏档：5.3/297。

实无力再顾及电影业的迁移。因此，该项办法通过后，中电厂厂长罗学濂虽据此拟订了实施计划，对于组织和人力、物力之支配都有相当具体的规定，"经过中央核准以后，一度奔走于京沪道上。在原则上，虽得到上海电影从业员的热烈拥护，但因为制片者的踌躇未决，当八一三淞沪战事爆发时，即予这种进行以严重的打击。使全国电影工作者集中起来直接参加工作之计划，既遇到了障碍，所能办到的，只是分出中央电影摄影场本身的能力，间接地以经济力量来协助上海方面摄制宣扬抗战的影片"。[1] 该项办法除了其中第三、四两项有关宣传方面的内容得以基本落实外，其他方面多未能实现。

虽然国民党以抗战为契机整合全国电影业的计划未及实现，但后方民营影业的缺位及抗战宣传需要的现实，使国民党集中全力扶持中电和中国电影制片厂（简称"中制"）的制片活动。1938年10月武汉失守后，中电和中制均迁至重庆，并以此为基地，继续进行电影拍摄工作，重庆因而成为后方电影之都。

在中电和中制两厂中，因为中电隶属国民党中央宣传部，因此更多地得到国民党党务系统的支持。根据1939年3月国民党中宣部制定的电影宣传计划，要求中电在当年务须完成剧情片3部、纪录片4部，每月至少选辑精萃新闻片2部。该计划还提出了对香港和沦陷区电影的方针。

对于香港的电影政策："香港今已转为国片生产中心，以其具备各种制片条件，中央电影摄影场尽可以包工方式，委由彼方电影界中之重要人士，承摄直接或间接有关抗战之宣传影片。此项办法匪特成本较轻，且借以维持若干电影从业员之生活，不致流离失所。在间接方面之制片题材，以阐发伦理思想，发扬道德观念，补助社会教育等类为范围，剧本由中央电影摄影场编妥供给，并派员驻港监视工作，期能每两月出片一部，因其宣传意味并非正面提示，即在沦陷区内，亦可按普通营业关系，公开发行，专以抵制敌方之奴化宣传影片。其直接宣传抗战者，则尽先运赴南洋各地放映，彼能扩大对侨胞之抗战宣传。"

对于沦陷区电影，实行取缔与倡导兼施的政策，稳定沦陷区内电影公司及从业人员之民族立场，中央对其困难随时酌予补助，由中电代各影业

---

[1] 罗学濂：《抗战四年来的电影》，《抗日战争时期的重庆电影》，第432—433页。

公司办理出品在内地发行事宜，资力不足之影业公司，可由中电仍以包工办法协助其生产。①

不过，即便是国民党官方对中电颇为关照，但中电的经费仍然入不敷出。1939 年，中电的经费不到 20 万元，另外还有补助费、委托香港电影界包工制片费、推广内地影业市场基金等约 10 万元。② 以此 30 万元的经费，不及战前上海两大民营电影公司之一的明星公司年支出经费的一半，官营影业与战前上海民营影业的差距由此可知。1940 年，中电的年度经费较前增加 1 倍，1941 年又增加 1.5 倍，但由于通货膨胀的影响，实际增加数额有限。由于经费的限制，加上其他种种原因，中电在全国抗战期间拍摄的故事片总数不过 3 部也就是可以理解的了。

中制的情况稍有不同。全国抗战爆发后，汉口摄影场在 1938 年改组成为中国电影制片厂，隶属国民政府军事委员会政治部。因其隶属军方，直接服务于抗战，在军事为先的抗战时期，有利于疏通各方关系，经费方面也较中电的融通余地为大。再者，军委会政治部在抗战初期是国共合作的重要机构，中共为抗战和统战工作的需要，安排和动员了不少左翼艺术家加入中制，使其阵容较中电更为整齐。中制在最高峰时有员工近 500 人，远远超过中电的 100 余人，中制厂厂长郑用之还兼任政治部三厅六处二科科长（主管电影），有利于其统筹安排。抗战期间，中制拍摄故事片 15 部，其中 1941 年以前出品的 10 部影片，平均每片演出 72 天，观众 28 万人，另向国外输出拷贝 183 个，与中电相比较，其成绩显然更为明显。③

除了中电和中制之外，后方的官办电影企业还有隶属第二战区的西北影业公司（1935 年由山西省政府主席阎锡山投资创办，1940 年停办），隶属教育部的中华教育电影制片厂（1942 年创办），隶属农业部的中国农村教育电影公司（1943 年创办）。不过，除了西北影业公司拍摄了一部故事片外，这些电影企业的电影制作活动不多，拍摄的主要是一些纪录性和教育性影片。

总体而言，后方电影企业在抗战时期的发展存有诸多困难，其规模与

---

① 《中央宣传部半年中心工作计划》，台北中国国民党党史会藏档：5.3/127。
② 《1939 年中宣部半年经费预算案》，台北中国国民党党史会藏档：5.3/127。
③ 郑用之：《三年来的中国电影制片厂》，范国华等编《抗战电影回顾》，重庆市文化局，1985，第 114 页。

出品不仅不能与战前的上海电影业相比,即与处在日军占领区包围中的上海"孤岛"影业及其后之日伪电影业相比,亦逊色不少,其最主要的原因在于经济困难。两大官营电影企业每月的经费少得可怜,中电尚不及一个美国一般电影演员周薪的一半,中制也不过相当于其周薪;同时,拍摄电影的器材大半来自国外,购买、运输均不易,尤其是因通货膨胀的关系,平均价格较战前大幅度上涨,在经费紧缺的情况下,更加剧了拍片的困难。如中电厂长罗学濂所言:"我们不是巧妇,但也尝试着作无米之炊。我们不断地在设法补充我们的队伍、机械和给养,但是,我们的力量至多只能打打游击,我们还不能有计划地、大规模地配合着正规军作阵地战。"①

此时,后方电影的突出特点是完全由官营影业垄断,而没有民营影业的存在,其主要原因在于战争的影响。后方原先基本上没有电影业的基础,战争既起,上海民营影业无法内迁,后方又没有发展民营影业的经济与人才基础及市场环境,民营影业难以发展自有其缘由。更重要的是,战争爆发后,国民党刻意将电影业置于其控制之下,不仅决策官营影业的内迁,而且网罗了绝大部分迁至后方的电影人才,使得官营影业确立了在后方绝无仅有的垄断地位。这不仅与抗战时期国民党注重加强中央集权,实行对后方经济、文教、社会统制的趋向相一致,也得到电影界的一定认可。如时论所谓:"中国电影并不是给观众娱乐的,而是要去启蒙观众教导观众;更甚的处战时之中国电影,是更要把电影去启蒙观众,激发观众,更毫无娱乐性可观。因此为了要辟开中国电影国营之路,唯有国家来经营。在中国,电影事业唯有国营,唯有国营才可予中国电影步上新底道途。"②

第二节 对电影社会属性和教育功能的高度强调

电影虽为艺术门类之一,但其特殊性在于非常直观与形象,因此在诸门艺术中,电影具有最广泛的社会影响力。自电影传入中国之始,电影的社会属性与教育功能即被有识者所关注,并与中国传统的"文以载道"观

---

① 罗学濂:《抗战四年来的电影》,《抗日战争时期的重庆电影》,第434页。
② 唐煌:《电影国营论》,《抗日战争时期的重庆电影》,第9页。

念相结合,发展为电影的社会观和教育观。所谓"社会有一样艺术,包含着很强烈的教育的可能性,不论在何等阶级性别实施下,可以发生同样教育作用的效果。这就是戏剧,及戏剧性的艺术品电影"。在一些论者的笔下,电影首先不是娱乐或产业,而是补助教育的工具,增广见闻的珍品,改良社会的南针;对内表扬本国的民性,宣传本国的文化,介绍本国的风俗;对外则表演民族精神,联络国际友谊,沟通国际文化。因此,"为国谋改造计,为世界谋大同计,自不能不借重影戏"。总之,"多看一次电影,多增一分智识,娱乐尤在其次也"。①

国民党上台后,对电影的社会属性和教育功能同样十分注意。国民党在文化教育方面的主要领导人之一陈立夫认为:"电影不仅是娱乐的东西,而必须在娱乐之中包含着多量的教育文化上的意义。"还在1930年代初期,他即将发扬"民族精神"、"革命精神"、"国民道德",扫荡"那些充满着淫靡妖艳肉感等宣传罪恶的片子"作为中国电影应遵循的"新路线",提出"应该从积极方面努力,鼓励甚或设法资助中国有希望的影业家,提高他们的趣味,充实他们的内容";"集合群力,创造不违背中国的历史精神和适应于现代中国环境的作品,满足现代中国人的需要"。陈立夫提倡电影"教育文化上的意义",也即中国电影的"新路线",其主旨在于膜拜"四维八德"的"民族文化",讲求礼义廉耻、克己忍让的"国民道德",最后归结于以国民党服膺之三民主义意识形态为中心之"牺牲奋斗"。② 只是由于国民党在战前的电影业没有多少影响力,其电影"新路线"也无法付诸实施。

抗日战争的爆发,改变了中国电影所处的外部环境,抗日救亡成为文化领域最强有力的呼声,电影的社会属性和教育功能也因此而被提升至空前的高度。对此,电影界有较为充分的讨论和论述。有人认为:"今日中国所需要的电影,是要把电影的力量来启发观众或说是教导观众,而并不是为了要迎合观众口胃把电影去娱乐观众。"他们批评战前的"中国电影

---

① 徐观余:《电影在社会教育线上的使命》、煜文:《电影的价值及其使命》、尹民:《电影在娱乐上之价值》,中国电影资料馆编《中国无声电影》,中国电影出版社,1996,第550、433—439、531页。

② 陈立夫:《中国电影事业》,上海晨报社,1933,第3—6页。

一向在商人的经营下，始终是畸形的，从未步上过正直的道途"。①因此，战时电影的功能，"最重要的是民族意识的确定和抗战政治的认识"；"在这时期的电影出片者，不论是国营或商办，不要以营业性的心去估价影片，应以影片内容获取抗战宣传上的根本价值"。②"运用我们的国防电影教育那还有一大部分不懂得这次抗战意义和没有走上抗日阵线的人民，使他们了解这是民族解放与灭亡的战争，这是每一个中国人生与死的战争，让他们激痛、愤怒，然后他们才会自动地起来参加壮丁训练，组织人民抗日自卫军，组织游击队，才会把他们所有的力量贡献给国家。"③著名演员和导演袁牧之全面论述了抗战电影的社会属性和教育功能。他提出："神圣的抗战开始之后，我们同时开始了精神的总动员，而电影却正是最伟大的宣传武器。它不像文字那样，限制于智识分子的独享。它不像讲演，常常使听众因语言不同的关系，听了半天还不免隔膜。它是以具体的而且是活动的映像，直接的诉诸观众的视觉与听觉，使观众真切的看到现实。它可以是记录性的新闻片，它可以是煽动性的戏剧片。这样的电影，正是为我们所迫切需要的，为我们所必须加紧摄制，大量摄制的。"④

正因为如此，有人提出战时电影的题材应该着重反映抗战军事形势和前线将士英勇的事迹，鼓励民众抗战情绪，灌输民众抗战智识，暴露敌人的残酷行为，提倡国防建设事业，并表扬历代民族英雄的史实。⑤电影界的自发呼声得到了制片当局的首肯与支持。中制厂厂长郑用之提出："在抗战期中，我们的摄影机等于机关枪，我们的水银灯等于探照灯，我们要把握住更要好好的使用我们的武器……对于广大的不识字的民众，电影是更动人的一种。电影，新闻纪录片和故事片，可以把具体的事实一件一件映入一般观众眼里。我们凭借了想象力知道'敌机肆虐'几个字的背后存在着多少血泪，我们都更感动于房舍倒坍，熊熊大火，尸体横陈，血肉模糊的画面。我们读到'我们亦有壮烈牺牲'的时候，不免悲愤。当我们看到了千百健儿跋山涉水，奔驰沙场，挺立风雪之中，匍匐战壕之中，手里

---

① 唐煌：《电影国营论》，《抗日战争时期的重庆电影》，第7—8页。
② 小伦：《关于战时电影新闻片的话》，颜铀主编《重庆电影纪事（1905—1992）》，未刊，1995，第12页。
③ 袁丛美：《关于国防电影之建立》（9），《抗战电影》创刊号，1938年3月，第5页。
④ 袁牧之：《关于国防电影之建立》（6），《抗战电影》创刊号，1938年3月，第3页。
⑤ 施人倬：《抗战电影的题材及其处理格局》，《抗日战争时期的重庆电影》，第23—24页。

紧紧拿着武器，冲向敌人的写真，我们能不更为之奋起吗？……不仅在国内宣传，她还能够到国际间去，使全世界的人士认识了日本帝国主义的狞恶面目和我们的英勇奋斗。一个重大的任务，由神圣的抗战课给电影艺术了。我们应该立即担负起来。"①

中制技术厂长罗静予主张："中国电影国策的原则，应该是一个民族在艰危困苦中争取自力更生时，供应大众对他革命目标的精神食粮。"②中制的最高主管长官——军事委员会政治部部长张治中要求电影界，"负起改革过去电影界的一切积习的责任，重新建立新的抗建文化。我们不是没有目标的，我们更非把电影看做一种赚钱的事业，我们应把它看做国家最重要的宣传与教育"。③

正是因为抗战的关系，电影界自身及其主管机关对于电影功能建立了基本共识，即"中国现时所急切需要的，是普遍的教育，这个最完美的工具，就是电影"。④1938年1月，中华全国电影界抗敌协会在武汉成立，并发表宣言称：

> 我们要每一个电影从业员锻炼成民族革命战争中的勇敢的斗士，将自己献给祖国，将自己的工作献给神圣的抗战。我们要使每一张影片成为抗战底有力的武器，使它深入军队、工厂和农村中去，作为训练民众的基本的工具。我们要建立一个新的电影底战场，集中了我们底人才，一方面以学习的精神来提高自身底教育，又一面以集体的行动来服务抗战宣传。⑤

因此，在抗战时期后方拍摄的电影中，除了直接服务于抗战宣传的新闻纪录片之外，19部故事片出品全部以抗战为背景，其中军事题材5部，农村题材4部，揭露日本侵略及社会生活题材10部。战前中国电影的主流——适应市民阶层需要的娱乐片，在抗战时期的后方电影中完全不见踪

---

① 郑用之：《全国的银色战士们起来》，《抗战电影》创刊号，1938年3月，第6页。
② 罗静予：《论电影的国策》，《抗日战争时期的重庆电影》，第89页。
③ 张治中：《谈电影》，范国华等编《抗战电影回顾》，第101页。
④ 熊佛西：《电影教育问题》，《抗日战争时期的重庆电影》，第151—152页。
⑤ 《中华全国电影界抗敌协会成立大会宣言》，《抗战电影》创刊号，1938年3月，第17页。

影，这也是中国电影史上绝无仅有的特例。不过，由此带来的问题是，有些"初期暴露敌人暴行的片子，目的是煽动，在今天再放映给人家看，某些地方似乎是恐怖，显然不合要求"。而影片主题与内容过于单一与硬性，也使后方电影"不能在沦陷区放映，我们很少拿到沦陷区的经济，反之沦陷区（电影）可以吸收我们的经济"。①

值得注意的是，战前电影界以国共两党斗争为政治背景的左右翼之争，在抗战时期一致对外的大环境下，有了相当程度的缓解，尤其是在抗战初期表现得更为明显。中共在电影界的重要领导人阳翰笙，出任中制编导委员会主任，编写投拍了4部电影剧本。他在抗战初期提出对于战时电影的意见：

1. 我们要努力使那些未遭受敌人摧毁的公司不要再制作带有麻醉性的作品；
2. 我们要努力使许多在上海不能工作的公司从速向内地迁移；
3. 政府所建立的制片厂应该经费充裕，绝不应该以营业为目的，重要的任务在以电影来协助政府宣传民众、训练民众、动员民众；
4. 应该多面的去反映我们在抗战中的生活，反映民族的悲愤与愤怒，电影的形式应该简洁化，注意新闻片和简短的故事片、卡通片；
5. 应该建立全国放映网，组织放映队，使工厂和农村都能够有电影活动。②

这些意见与当时主管当局的做法基本上是一致的。至于电影的社会属性和教育功能，则一向为左翼论者所坚持，他们认为："电影在中国如其他艺术一样，为新社会而奋斗上必然地作为特殊的教育手段。"③

当然，在对于电影的社会属性和教育功能形式认同的一致之外，左右翼之间对于其实质仍有不同的体认。国民党所注重的电影社会属性和教育功

---

① 应云卫：《电影的新任务》，中共重庆市委党史工作委员会编《南方局领导下的重庆抗战文艺运动》，重庆出版社，1989，第145—146页。
② 阳翰笙：《关于国防电影之建立》（1），《抗战电影》创刊号，1938年3月，第2页。
③ 唐纳：《清算软性电影论》，广播电影电视部电影局党史资料征集工作领导小组、中国电影艺术研究中心编《中国左翼电影运动》，中国电影出版社，1993，第145页。

能，更多的在其为三民主义建国服务而非仅仅是抗战，而中共的建国理念则是毛泽东的新民主主义论。全国抗战之初，国共两党的矛盾因抵抗日本侵略的迫切要求而尚未凸显。抗战中期以后，随着战争进入相持阶段，国共两党矛盾日渐发展，不能不反映到社会生活的众多领域，电影界同样不能例外。

1941年2月7日，国民党中央宣传部成立文化运动委员会，其工作目标为"以文化力量增强抗战力量"，"以文化建设促进国家建设"，最终"完成三民主义的文化建设，实现理想的新中国"。① 文化运动委员会主任委员张道藩提出："文艺并不仅是'现实的反映'，'社会的表现'，'生活的实录'，而更负有'改进'现实，'发展'社会，'美化'生活的责任，文艺不是自然的抄写，而是自然的再组合"。他要求文艺家"不专写社会的黑暗"，"不挑拨阶级的仇恨"，"不带悲观的色彩"，"不表现浪漫的情调"，"不写无意义的作品"，"不表现不正确的意识"。② 其言论主旨在于国民党的"抗战建国"论，与战前国民党力图通过文艺实现教化的政策是一脉相承的。

国民党中央电影检查委员会主任委员罗刚在1936年召开的中国教育电影协会第五届年会上发言时就曾提出："国难时期的电影，应该是教育的"；其"最重要的任务就是建设精神国防"，提倡"民族意识的醒觉，与民族精神的发扬"；首要任务是"唤起国民民族意识，使自己知道国家与自身的密切关系及亡国的惨痛"。③

与"抗战建国"论相对应，国民党电影主管当局提出了"民族本位电影论"，主张"在复兴民族的浪潮中，在建立三民主义的新中国的旗帜下，在抗战建国的艰苦过程里，在启发民智、扫除文盲的教育原则上，我们更不能忽视电影这一新生的有效工具"。"为了教育民众，宣传民众，灌输民众以必要的知识，巩固其民族思想，则电影本身更非时代化、民族化不可。所以民族本位电影之建立，尚是一个根本的先决条件。"而"中华民族固有的优美道德，如礼义廉耻忠孝仁爱信义和平等，本是东方文化的基

---

① 《文化运动委员会告文化界书》，《南方局领导下的重庆抗战文艺运动》，第276—280页。
② 张道藩：《我们所需要的文艺政策》，《南方局领导下的重庆抗战文艺运动》，第281—288页。
③ 周晓明：《中国现代电影文学史》下册，高等教育出版社，1987，第47页。

本特质,亦将是民族本位电影的整个内容"。①还有论者更明确地将电影的宣传教育功能与对国民党及其领袖和服膺主义的信仰相联系,提出:"电影上所拍摄的一切,暗示力量强,而尤易引起群众的摹仿心;我们要把群众的本能、情绪与发展的倾向,统制于一个理想或一个主义之下,铸造崇高的国民性,形成伟大的民族性的范型,只有积极提倡社会教育,充分利用教育影片作为施教的工具。"②其间蕴含的政治意味至为鲜明,这当然与中共以抗战来建立新民主主义国家的民族革命战争论格格不入。

抗战中期以后,中电和中制电影制作的停滞,固然有种种客观因素的影响,但也不能不与国民党对左翼文化力量影响电影界尤其是中制的不满、压制和整肃相关(与左翼较为接近的中制厂厂长郑用之于1942年被免职)。在中共影响下的著名电影演员白杨曾经抱怨说:电影"出品是这样缓慢稀少,一部片子至少需要一年左右的时光,也许是经过长时间的深思熟虑以后制造的作品才是精湛的,才会有莫大的进步。但是事实表现并不如此,在质的方面见到若何进步吗?以我在这三年中稀微的经验,我并没有得到在智力体力上需要艰苦漫长岁月才得完成的伟大的拍片工作,而我多半时间是靠这吃不饱饿不死的待遇下消闲着,没有生气的等待着——好像老年人听从命运驱使似的等待着和现世界隔离"。③大批电影演职人员因无片可拍,只能改而从事戏剧演出活动。国民党虽然因此而阻止了电影界拍出自己所不喜欢的影片,但其通过电影宣传"抗战建国"的想法也大大打了折扣。

无论其内涵如何,对电影的社会属性和教育功能的高度强调得到了战时后方电影界的广泛认同。因此,后方电影出品高度的社会性、宣传性和教育性,也是其异于战前和战时"孤岛"时期上海电影的明显特征。

第三节 电影检查制度的延续与调整

一 战时电影检查制度的调整

国民党从1931年开始实行全国统一的电影检查制度,并因此而在相当

---

① 郑用之:《民族本位电影论》,《抗日战争时期的重庆电影》,第133—137页。
② 王平陵:《战时教育电影的编制与放映》,《抗日战争时期的重庆电影》,第155页。
③ 白杨:《我的话》,范国华等编《抗战电影回顾》,第161页。

程度上影响到中国电影的发展走向及市场需求。

1937年7月,中日战争全面爆发,不出半年,中国最大的工商业都市及电影重镇上海和国民政府所在地首都南京先后陷于日军,中央电影检查委员会亦不能不随国民政府西迁,在战争初期的混乱状况中,电检会的工作因此而暂告停顿。但国民政府并未因此放弃电影检查,11月,中央电检会组建驻粤办事处,区声白任主任,继续进行对未受战火波及地域的电影检查工作。[1] 但是,位于日军占领区的电影业,尤其是中国最大的电影市场——上海的电影业,却在实际上脱离了国民政府的电影检查。

当战火止息、电影放映恢复后,上海的影院因其地域所在而分为两类,一是在日占区的电影院,自然为国民政府管辖范围所不及;一是在租界"孤岛"的电影院,当时尚不在日军的直接管制下,中央电检会遂派出主任委员罗刚等驻沪继续电影检查工作。然因种种条件所限,"复以环境日劣,且外片经理人故意为难,检查工作未克执行如恒,遂决意撤退"。[2] 客观环境确使中央电检会在上海履行检查职责面临多重困难。例如,影片检查通过的放映执照无法随时寄达外地放映单位,日本又在上海开始实行邮政检查制度,更使"寄递执照深感不便",影响到检查的效率。[3] 中央电检会撤离上海后,1938年中,由国民政府主导的电影检查制度实际已告中断。

虽然中国的电影事业受到战争的严重影响,但国民政府因战争的爆发而更加注重电影的宣传和动员作用。为了因应抗战时期的特殊需要,在中央电检会实际无法在日占区履行职能时,1938年6月,国民政府决定将中央电影检查委员会改组为非常时期电影检查所,直属行政院管理,设检查员三人,由行政院派任,"检查方法及标准均依电影检查法、电影检查法施行细则及电影片检查暂行标准之规定,并特别注意取缔一切非战、利敌、浪漫、腐化或具有反动意识、动摇抗战、破坏统一之影片"。中央电影检查委员会及其上海、广州两办事处自此停止工作;[4] 同时以"抗战建国,同时并进"为指针,提倡拍摄"适合现实,把握时代重心,使能抓住

---

[1] 《中央电影检查委员会驻粤办事处主任徐浩致广州市政府公函》(1937年12月),广州市档案馆藏档:4-01-9-550。
[2] 《我国电影检查行政之沿革》,二档馆藏档:718-967。
[3] 《中央电影检查委员会驻沪办事处主任范叔寒呈中央宣传部》(1938年3月),广州市档案馆藏档:10-4-6。
[4] 《非常时期电影检查所暂行规程》(1938年6月17日),广州市档案馆藏档:10-4-6。

大众之心灵，而指示其向上之途径"的抗战影片。①

1938年7月，非常时期电影检查所在广州成立，主任徐浩，检查员区声白、梁华炎。9月又设立重庆办事处。但是，由于非常时期电检所在广州设立不过4个月，广州即失陷，因而被迫迁移国民政府战时首都重庆，其工作主要是在重庆展开的（另在香港和昆明设有检查员）。② 为了加强对战时电影的审查控制，1940年3月，国民党又在中央宣传部电影戏剧事业处下设剧本审查委员会，负责审查中外电影公司机关团体或个人拟行摄制电影之剧本。③ 1942年2月，杜桐荪接任非常时期电影检查所主任。1944年8月，非常时期电影检查所改组为中央戏剧电影审查所，杜桐荪任主任，刘养浩任副主任，隶属中央图书杂志审查委员会。④

与战前的上海等东部大都市相比，中国西部地区的都市，无论是数量还是规模都有限，电影市场也不很发达。国民政府迁移重庆后，西部地区的都市由于政府、产业以及随之而来的民众迁移，在规模上有所扩张，尤其是战时首都重庆、四川省会成都、西南对外交通枢纽昆明、西北重镇西安等城市，都经历了一轮明显的扩张过程。在这个过程中，电影市场亦相应扩大。

---

① 《电检所主任徐浩抵港商洽取缔毒素影片》，《申报》1938年9月19日。
② 战时大后方各地有些还有自己的电影检查规定。根据1942年5月12日重庆市政府通过的《戏剧电影检查办法草案》规定，凡公映之电影应提倡：（1）宣传三民主义；（2）鼓励爱国情绪；（3）促进社会教育；（4）破除迷信陋习；（5）提倡善良风俗。有下列情事之一者应停止演出：（1）表演有玷辱国体或有损国家利益者；（2）表演有侮辱国家领袖者；（3）表演有诽谤现政府之措施者；（4）表演有违背检查标准者。（重庆市档案馆藏档：0061-15-3200）昆明市政府则"命各电影院，嗣后不得再开映爱情片，而当开映激发爱国心、使人民抗战到底之决心之片，一切影片应借为宣传，并辅助社会教育"。见《昆明禁映爱情影片》，《申报》1939年11月9日。
③ 《中宣部部长叶楚伧致中央秘书处》（1939年10月3日）、《中宣部剧本审查委员会组织大纲》（1940年3月），台北中国国民党党史会藏档：5.3/133.14。
④ 据时人回忆，当时主管审查电影戏剧的部门是中央图书杂志审查委员会，这个组织的主任委员虽为国民党中宣副部长潘公展，而负责具体工作的是鲁觉吾。鲁和民主人士史良是亲戚，史良也做鲁的工作。舒湮衔命说服鲁觉悟，不必为顽固派效死，请他在审查剧本和演出时"手下留情"，放宽尺度，只需面子上交代得过去，何必与左派文化人结怨。舒告诉鲁："左派对老兄并无成见。我们要考虑自己能站得住，留个退路，低头不见抬头见嘛！"鲁是聪明人，性情也直爽热忱，深解大义，能识时务，只有深在个中的人，才格外了解国民党的腐败无能。日本投降后，他辞去公职，在上海和吴绍澍合办《正言报》，呼吁开放言论，反对压制民主，并参加民革，在新中国成立前后做了有益于人民的工作。见舒湮《微生断梦——舒湮和冒氏家族》，《作家文摘》2000年10月17日。

全国抗战初期，美国影片因"交通梗阻，由香港等地潜入内地者为数甚少，其间多为旧片轮流放映"。①1941年太平洋战争爆发后，美国成为中国的主要同盟国，随着援华美军的到来和国际交通线的打通，美国影片进口数量增加，更扩大了西南地区的电影市场。在电影制作方面，国民政府管制地域的电影制作虽然以宣传抗战为中心，但受制于物质条件，出品非常有限（自1937年全国抗战爆发，到1945年战争结束，总共出品19部，大约只有战前上海电影平均年产量的1/3）；后方放映的电影以上海租界"孤岛"出品为多，但受制于环境和交通等因素，这些影片既不能公开宣传抗战，流通亦受一定阻碍。而且，电影商人为了牟利，本能地企图逃避审查。如电检所报告所言："影片检查原有法定手续，惟战时社会变动急剧，一般片商因事实困难，或竟借故规避检查，影片之发行于内地者，在我行政管理之下，自不容有此种情事发生，除由地方政府主管机关就近考核外，本所亦随时派员实地调查，所最感严重者厥为港沪商人管理问题。各地之影业动态已如前述，年来漫无管理，自属每况愈下。当地舆论曾倡有'电影界必须有清洁运动'之口号。本所且拟特派专员分驻其间以资策动。无如所需经费按月虽仅为港币数百元，而迭经中央告行政院核拨近无着落。今后各地之调查与联络工作似不容偏废。至昆明目前为对外唯一交通孔道，许多新片先到昆明，片商借口交通困难，向地方审查机关缴纳保证金后即行放映，以致纠纷迭起，破坏检政统一，莫此为甚。"②

上述因素的存在，在不同程度上影响到国民政府的电影检查工作。

二 战时电影检查的内容

1939年非常时期电检所迁到重庆后，鉴于抗战大环境、国民政府管制地域的特点和电影输入的现况，其制定的工作原则是"取缔与倡导并重"，提出"检查工作之目的原不在消极之取缔，而在积极之倡导，盖使制片者有所遵循，然后优良之作风方易建树"。③就具体的电影检查工作而言，在内容上，主要是查禁那些不利于抗战民心士气的影片、鼓励抗战电影的制作和放映；在地域上，主要集中在国民政府管制地区的大城市，尤其是重

---

① 《电影检查所民国三十年年度工作计划》，二档馆藏档：2-6090。
② 《电影检查所民国三十年年度工作计划》，二档馆藏档：2-6090。
③ 《电影检查所民国三十年年度工作计划》，二档馆藏档：2-6090。

庆、成都、昆明、西安等处，并在美国影片输入的主要入口——昆明和香港（太平洋战争前）派驻特派检查员；在国别上，以检查美国和上海"孤岛"影片为重点。

在对外国影片的检查方面，非常时期电检所认为："外国入口之影片内容有关战时宣传，增强盟国胜利信念者应属多数，而涉及浪漫香艳神怪及荒诞等有违电影检查标准者亦复不少。"① 尤其是美国好莱坞影片，因其与中国国情的差别，战前就是电影检查的重点，战时仍然如此。在被检查的美国影片中，被删剪的场景和镜头不少，诸如反映中国题材影片中，凡是表现中国的贫苦和落后、中国男人抽大烟赌博、中国女人留小脚当婢女等，都会被删去；美国题材影片中，表现神异怪诞、抢劫偷盗、跳舞接吻、洗浴裸体的场景和镜头亦多被剪去。还有与战时情景相关或易引起某种联想的镜头亦必须删剪，如美国派拉蒙公司的《马德里末次车》中有士兵逃跑并持枪威逼长官的镜头，雷电华公司的《降落伞部队》中有士兵聚赌及以手枪威胁教官的镜头，被认为对于提升战场士气不利，要求剪去。美国片中所有正面提及日本和日军占领区的场景和镜头以及描写中国战场不利场景的镜头都必须剪去，如福斯公司的《中国女郎》剪去日机轰炸昆明镜头，环球公司的《日寇百年暴行录》剪去日本天皇、溥仪和汪精卫画像以及华界居民涌入租界避难的镜头。② 甚而卓别林的名片《大独裁者》也曾被认为是"有问题之片"，需要当局出面协调方可通过。③ 不过，因为中国观众一般不谙英文，也没有看过原片，对于这些被删剪的场景和镜头一般并无体认。

至于对国产影片的检查，由于国民政府管制地域的电影出品数量不多，而且都是国营电影制片厂的出品，以抗战题材为主，除了个别影片被认为有问题，需要删剪外，④ 多数并未受到电影检查的特别影响。

非常时期电检所关注的主要是上海租界"孤岛"的影片，这些影片数量不少，且拍摄于特殊的地域和时间，虽然其制作不受日本控制，但毕竟

---

① 《非常时期电影检查所电影检查工作报告》，二档馆藏档：2-6091。
② 成都市档案馆藏档：38-4-5504。
③ 《曾虚白工作日记》，1941年5月6日，《民国档案》2000年第2期。
④ 国民政府军事委员会所属的中国电影制片厂出品的《日本间谍》，被认为"内容有不妥之处"，对日本妓院情景描写过多，"对观众易引起不良影响"，被要求删改。见《非常时期电影检查所电影检查工作报告》，二档馆藏档：2-6091。

不能大张旗鼓地公开宣传抗战,而且格于环境,题材多为古装和武侠,情节打打闹闹,表演和制作粗糙,被电检当局认为"甚少有关于建国与革命之事者,但以社会教育伦理意义上言,此类商营公司之影片似尚有存在之价值,其中如有涉及爱情浪漫之情节者当即调回严予复查"。①此等影片的被删剪比例甚高,多数被删剪场景和镜头事涉那些被认为是庸俗的荒诞、打斗、胡闹、调笑的情节和场景。如国华公司的《孟姜女》剪去妓院胡闹镜头,《京华烟云》剪去主人发现妻子与友人奸情、别人向其妻求婚及四对男女在宾馆房间内对话等镜头;新华公司的《琵琶记》剪去群众跪地求雨、剃度诵经镜头,《金银世界》剪去拥抱、敲诈、赌钱吸毒镜头,《乐园思凡》剪去二女床上嬉戏、结婚下跪镜头;华成公司的《红线盗盒》剪去家妓坐节度使身上胡闹镜头;金星公司《地老天荒》剪去妓女与狎客同坐沙发、点火吸烟、拥抱接吻、打麻将、拎马桶镜头;等等。还有一些被认为事涉联想和敏感的场景也被要求删剪,如艺华公司的《广陵潮》剪去民众要求政府免税场景;金星公司的《李香君》剪去清兵入城及龙旗飘扬镜头;南华公司的《绝代佳人》剪去吴三桂与洪承畴谈话、吴三桂借清兵入关、李自成杀戮吴三桂家属、吴三桂迎接陈圆圆的场景;等等。还有,对上海"孤岛"影片检查与美国影片检查的不同之处在于,因为美国影片是英语发音伴以中文字幕,而多数中国观众甚至检查官不谙英文,故对白较少受检,而"孤岛"影片的中文对白则是检查及删剪的重点之一。如"孤岛"新华公司根据著名作家巴金的小说名作《家》改编的电影,其中师长逼婚的对白,男主角说"生下来就为着死","要反抗","仇人不是一个冯乐山,而是冯乐山所代表的制度","这种社会偷人抢人的反逍遥法外"等对白即被要求删去,而片中的《新青年》杂志亦被要求以《三民主义月刊》取代。②

除了对美国影片和上海"孤岛"影片的检查外,战时国民政府电影检查亦涉及苏联影片。由于战时中苏关系的恢复和好转,苏联已是中国的同盟国之一,故战前由于政治原因很少在中国放映的苏联影片,"遂应之源源输入,此系影片自有其本身之宣传作用,但求无大碍于民族国家及现社

---

① 《非常时期电影检查所电影检查工作报告》,二档馆藏档:2-6091。
② 《电影检查委员会公报》,重庆市档案馆藏档:0002-1-12、0061-15-3518、0065-1-586。

会者，不能不准予放映"。① 国民政府虽然在公开场合维持着对苏友好态度，但在私下里对苏联仍然不无警惕，尤其是担心苏联支持中共、宣扬共产主义理念，不利于国民党的统治。因此，国民党宣传系统的负责官员，尤其是那些不与苏联实际打交道的地方官员，对苏联在中国的战时文化宣传活动秉持着相当的警惕，电影自然亦不例外，故在审查时严格行事，如苏联影片《斯维尔德洛夫》因"与中国国情不合"被禁映。②

非常时期电检所虽然在检查苏联影片时严格行事，但还是有不少通过检查的苏联影片，在各地放映时遇到重重阻碍，"以多处地方政府不明中央态度，恒予留难，以致纠纷时起"。如重庆市政府社会局停映苏片《金钥匙》，陕西汉中禁映苏片《血肉换自由》及《大侠亚尔逊》等，"引起苏俄之抗议"，"以致苏联大使屡次表示不满等情事发生"。③ 对此，国民党不能不做出一定姿态，维持战时对苏友好关系。非常时期电检所特别通过行政院发出训令："迭据各方报告，各地对于中央电影检政多未能明了或切实遵行，尤以昆明、西安两地时有未经该所检查发给准演执照，或所发执照业经期满失效之影片，以特种办法，如押金或罚款等办法，任其公演，而业经核发准演执照之影片，尤其苏联影片，反有时加留难扣留，或密饬影院不予公演，以致苏联大使屡次表示不满等情事发生。查关于电影检查，中央早有电影检查法及电影检查法施行细则之规定，所有中外影片一律须经非常时期电影检查所（以前为中央电影检查委员会）之检查，一经核发准演执照，即可在各地公演，地方主管机关仅能检验其执照是否合法，或该片与执照是否相符。前述事件之发生，其依法送检并取得合法公演执照者，竟受非法干涉，而不依法送检者，反得逍遥法外，不特影响政府法令之统一与检政之尊严，甚或影响邦交，予外人于口实，殊属非是。"为此，行政院"即行通令各省市政府，严饬所属主管机关，须切实遵行中央颁布之电影检查法及电影检查法施行细则之各项规定，不得有所瞻徇，或妄加留难，以重检政"。④

---

① 《非常时期电影检查所民国三十年年度工作计划》，二档馆藏档：2-6090。
② 《电影检查委员会公报》，成都市档案馆藏档：38-4-5504。
③ 《非常时期电影检查所主任徐浩呈行政院》（1941年2月18日），二档馆编《中国现代政治史资料汇编》第3辑第92册，编者印行，1964，第259页。
④ 《行政院训令》（1941年2月27日），四川省档案馆藏档：41-6306。

1941年6月苏德战争爆发后，苏联陷入苦战之中，电影业也受到很大影响，出品减少，输华数量也相应大幅度减少，对苏联影片检查的矛盾有所缓解。

非常时期电影检查所自迁移重庆后，其工作大体顺畅。当然，"由于地幅辽阔，地方政令之不能统一，管辖上的鞭长莫及……投机片商利用较偏僻的地方偷映或已过时效的影片，或因昧于政令、改头换面、巧立名目企图蒙蔽一时的事件时有发生"。[1]但是，这些现象都发生在局部地区，没有从根本上影响电影检查的全盘工作和效率。

1944年8月，为因应形势变化，非常时期电影检查所改组为中央戏剧电影审查所，归属中央图书杂志审查委员会领导，直到战争结束，不过其组织架构和检查制度并无大的变化。

根据非常时期电影检查所的检查记录，从1942年5月到1944年7月，共计检查影片（包括初检片和复检片，也包括故事片和纪录片）如下：中国358部，美国954部，英国242部（绝大多数为纪录片），苏联266部（近半为纪录片），西班牙1部，荷兰1部；在这些影片中，共有138部影片被删剪，其中中国105部，美国26部，英国4部，苏联2部，荷兰1部；共有66部影片被禁映，其中中国56部（多为上海"孤岛"出品的古装武侠片），[2] 美国9部（多为犯罪及鬼怪片），[3] 英国1部，[4]禁映理由多为内容不合战时需要。[5] 从战时国民政府管辖地区的电影检查情形而论，基本延续了战前的规章制度和检查体制，只是根据战争的需要有所调整，重点在于查禁那些被认为不利于抗战的影片，尤其是上海"孤岛"影片，而对战前被严格检查的美国影片则有所放松。

---

[1] 罗学濂：《抗战四年来的电影》，《抗日战争时期的重庆电影》，第444页。
[2] 如华成公司的《新粉妆楼》、《玉堂春》，天一公司的《歌台艳史》、《杨乃武》，国华公司的《梁祝遗恨》、《惜分飞》、《三笑》等。
[3] 如华纳公司的《黑暗天宇》（描写匪徒犯罪行为暴露过甚），哥伦比亚公司的《神箭奇侠》（表现盗匪设置不法机关及种种陷害暗杀行为），派拉蒙公司的《脂粉大盗》（表演越货劫车），联美公司的《陶伯归来记》（表演鬼怪），等等。
[4] 英国伦敦公司的《古堡西行记》（内容表演鬼怪）。
[5] 《电影检查委员会公报》，重庆市档案馆藏档：0002 - 1 - 12、0061 - 15 - 3518、0065 - 1 - 586。

第四节　电影放映向农村乡间普及

与战时后方电影注重社会性、宣传性和教育性相对应,后方电影在艺术风格方面趋向通俗化,在放映方面趋向普及化,总体而言,扩大了电影在城乡民众中的影响力,也在一定程度上使观众经由电影而确立其对民族国家的认同和对外来侵略的反抗,有利于理性民族主义在抗战时期的确立与高扬。

抗日战争的爆发,使民众对中国国家前途与命运的关注上升到前所未有的高度,电影也因此成为民众了解抗战实况的重要手段。据时人所论,有关抗战的纪录片"是极简单的内容,甚至于是呆板的照相似的东西,但每一放映,观众都是像潮水一般地向电影拥去,这就说明了观众对于抗战的积极态度"。[1]战时后方电影之所以基本以抗战为背景,以战时生活的方方面面为题材,除了电影界在主观上的着力提倡之外,与观众在客观上的迫切需求也是分不开的。

为了对观众进行宣传和教育,并因其真实、直观而形象,且耗资较少,制作较为方便,战时后方电影出品了较多的新闻纪录片。"一百多个摄影师分布在全国各战区,用胶片纪录着我们前线将士英勇的战绩,随时向国内外作忠实的报道与宣传。"[2] 1937—1940年,中电拍摄了抗战实录片9部,一般新闻片31部,特别新闻片18部,歌唱短片4部,纪录片10部。中制拍摄了抗战实录片7部,军事教育纪录片5部,特别专辑片8部,标语卡通片6部,歌唱片7部,新闻片18部。在宣传抗日、鼓舞士气、坚定信心等方面,上述纪录性影片有故事片所不可替代的作用。

不仅如此,为了配合电影的宣传和教育功用,电影人还提出了制作"农村影片"的问题。他们认为,自从中国电影产生以来,"其制作的对象,都是都会的市民,换句话说,过去的中国电影,是为了满足都会的市民的欲望而产生的,所以过去的中国电影作品可以说是'都会影片'。而今天抗战电影的最大多数的观众,是农村的小城市市民与农民士兵,我们

---

[1] 赵铭彝:《抗战一年来的戏剧与电影》,《抗日战争时期的重庆电影》,第254页。
[2] 朱剑、汪朝光:《民国影坛纪实》,江苏人民出版社,1991,第327页。

必须制作农村观众为对象的'农村影片'"。因为"农村的观众比较都会观众，其智识不够，文化水准低下，都会影片的制作方法是大大的不适宜"。①因此，战时出品的故事片一般都比较注重纪实性，注重反映观众渴望了解的抗战实事。为帮助文化水平不高的观众了解故事情节，战时电影出品在艺术上普遍讲求故事简洁明了，表演朴素流畅，动作直观，叙事周详，节奏较慢，运镜中庸，为了避免方言对理解剧情的障碍，还尽量少甚而不用对白。总体而言，战时电影出品在通俗化方面充分发挥了电影的特性。

有论者总结战时后方电影的发展脉络为：1937年7月到1938年10月为第一阶段，电影的主题几乎集中在暴露敌人灭绝人性的暴行，以引起中国军民的气愤和杀敌的勇气，或表扬民族英雄的史迹。影片的内容大都为简单的故事，在技术上不甚讲究，并有相当明显的说教姿态。1938年10月到1940年夏为第二阶段，电影主题的范围是比较广泛的，宣传的对象比较多方面，影片内容也富有政治性。而且，因为抗战形势明白地显示着，抗战是必须长时期的，电影也就不慌不忙地恢复了技巧的讲究。第三阶段，民众对于单纯的正面宣传，毫无自我批判，过分乐观，而形成轻敌的艺术作品的意识发生了怀疑，电影创作方针有不得不应风转舵之势。②这也是抗战后期后方电影出品在故事情节方面与抗战的直接关联有所减少的原因之一。

1930年代中国电影的主要放映场所是城市电影院，而大后方电影院的数量在全国所占比例甚低。据1934年的统计，全国共有242家电影院，其中上海一地即有56家，接近总数的1/4；其他有较多电影院的地区还有广东37家、江苏27家、天津23家、浙江15家、北平10家。而在战时成为大后方的广阔的西南、西北地区，川、黔、滇共有12家（其中四川7家），陕、甘、宁仅有3家，合计才占全国总数的6%。③为此，电影主管当局和电影界自身都注意到向缺乏电影院的广大中小城镇和农村乡间推广与普及抗战电影的重要性。因为"国防电影只是应都市的观众所需要而

---

① 杨邨人：《农村电影的制作问题》，《抗日战争时期的重庆电影》，第94—95页。
② 史东山：《抗战以来的中国电影》，《抗日战争时期的重庆电影》，第423—424页。
③ 联华影业公司编译部编《联华年鉴（民国廿三年—廿四年）》，上海，1935，第11页。关于西南、西北地区电影院数量的统计可能未必完全真实，此处暂不论。

摄制，并且只能在都市映出，那不仅收效甚微，而对电影本身却是精神上与物质的浪费，所以不得不考虑到广大的普遍的映出这一问题。因此，必须组织广大的放映队，深入到那些没有电影院地区的民间去，然后才不失掉国防电影的效用"。① 也有论者提出，战时电影应该着重下乡（教育农民）、入伍（提高士兵素质）、出国（争取外援），让所有人都了解，我们是为求生存、求自卫而抗战。②

1939年，国民党中宣部在电影工作计划中提出，成立电影巡回放映队，举办电影放映人员训练班，成立各省区电影服务社，由各县影戏院派代表会同组织，专司各该省区内影片之租赁与分配事宜。③ 中电下设6个流动放映队。与此同时，主管文化宣传的军委会政治部第三厅也决定组建电影放映网，开办电影放映人员训练班。郭沫若和郑用之出任训练班正副主任，罗静予等出任技术教官。1940年，中制成立电影放映总队，郭沫若和郑用之兼任正副队长，下有10个流动放映队，队员104人。根据1940年上半年的统计，电影放映第一队在第三战区放映89次，观众101800人；第二队在第四战区放映58次，观众160400人；第三队在第八战区放映79次，观众631100人；第四队在第四、九战区放映86次，观众333900人；第五队在西康放映85次，观众214350人；第六队在第十战区放映45次，观众793350人；第七队在第五战区放映51次，观众367400人（八、九、十队在重庆地区放映）。④

在广大的农村乡间地区，以往人们很少看到电影，甚而根本不知电影为何物，抗战时期电影放映队的流动放映，使不少从未看过电影的农民有生第一次看到电影，不仅有助于通过电影向农民宣传抗日爱国思想，而且对于电影放映本身的普及也是有意义的。从上述电影放映队放映影片的场次及其观众人次的比例而言，平均每次放映的观众人数，最少者为1142人，最多者高达17630人，平均为6162人，由此亦可知基层民众对电影的欢迎程度。所以，当时人曾经这样描述电影对基层观众的影响："仅仅两

---

① 袁丛美：《关于国防电影之建立》（9），《抗战电影》创刊号，1938年3月，第5页。
② 施焰：《三则建议》，《抗日战争时期的重庆电影》，第4—5页。
③ 《中央宣传部半年中心工作计划》（1939年3月至8月），台北中国国民党党史会藏档：5.3/127。
④ 杨邨人：《农村影片的制作问题》，《抗日战争时期的重庆电影》，第93—94页。

架放映机和一块布幔,简便地装置在成千整万的群众面前,当那光的动作从放映机映射到布幔上时,它立刻会抓住了支配着成千整万群众的情绪,或者是笑,或者是哭,或者是感慨,或者是愤怒。"①

此外,教育部也努力发挥电影放映在社会教育领域里的作用。1938年陈立夫接任教育部部长后,"对于利用电影与播音施教的所谓电化教育,特别推进。先在社会教育司特增设一科,主管电化教育,并令各省设电化教育辅导处,先后成立者有十八省市。三十一年创设中华教育电影制片厂。又成立电化教育巡回工作队,分赴十九省市巡回示范"。② 据陈立夫回忆:

> 我们教育部有巡回教育车,车上有电影、幻灯片、唱片、展览资料等……我们在四川各地巡回,每到一地,就放电影、幻灯片给民众看。那时很少有电影院,所以一般民众非常欢迎。我们排好了日程,每个地方停留三天或五天,放映国内外影片或卫生教育影片,对国民的教育收效很大。假定我们在某地的日程是五天的话,到了最后一天,民众都不放我们走。因为看电影、讲演、各种展览都是不花钱的。此外,由于学校礼堂大半不够大,譬如一个仅容纳两百人的礼堂,五天的演出,也只能供一千人观赏,因此每到一县,居民往往联名请求多演几天。这个情形很好,表示民众愿意接受教育。某次,四川有个城市,城门修筑得很矮,我们的车子开不进去,他们就把城门拆掉,让我们的车子开进去。那时我感动得无法以笔墨形容。③

不过,电影放映的普及化也带来了另外的问题。在一般情况下,电影是集体创作,与现代工业与科技文明有密切关系,因此需要很高的投入,从而需要通过放映收回投资,得到回报,以维持并扩大再生产。战前上海电影产业之所以发达,就是因为电影投资与回收形成良性循环。而战时后方电影在农村乡间地区的放映,基本属于不能得到收入的宣传行为。在战时高涨的爱国热情鼓舞下,不断有人呼吁"不要以营业性的心去估价影片,应以影片内容获取抗战宣传上的根本价值。为顾全抗战前途起见,应

---

① 罗学濂:《抗战四年来的电影》,《抗日战争时期的重庆电影》,第431页。数字待考。
② 《成败之鉴——陈立夫回忆录》,第269页。
③ 《成败之鉴——陈立夫回忆录》,第319页。

把着眼于营业上的心理,转移于广大群众的抗战意义上去,多作无条件的放映"。①但是,电影的拍摄以至于放映本身都需要大量投入,在城市有偿放映大幅度减少,而农村无偿放映大量增加的情况下,电影制作方无力承担这样的责任,也不能吸引社会的投资。尽管也不断有人呼吁,为了"扩大电影宣传事业,请政府增加这部门的预算",不过,政府的投入毕竟有限,尤其是到了抗战中后期,政府的财政经济越发困难,而通货膨胀则日渐严重,电影生产因此而受到制约就不难理解了。

实际上,电影界自身也认识到这个问题的存在,感叹"以电影养电影"之矛盾和不易。"因为要增加收入弥补自己经济力之不足,营业政策不能放弃,因为要有效地达到宣传与教育的任务,宣传政策也要顾到。在这二者冲突的交叉中,不可得兼而又不得不兼的政策,自然免不了顾此失彼,在电影工作者的身上,何尝不感到这是矛盾,这是痛苦。"②应该说,由于各种主客观的因素,战时后方电影在实现其宣传、社会、教育功能的同时,未能很好解决生产与消费的良性循环问题。因此,即便是电影人自己也承认:"由于国家对于电影事业缺少具体的援助与统制,电影工作者自身缺乏信念与组织,以及机械设备的不够健全,人才的不够集中,制作材料的来源之日渐艰难等各种因素,以致电影在抗战的艺术阵营当中,依然是软弱、最落后的一环。"③

中电厂厂长罗学濂在全国抗战爆发四周年时撰文说:"抗战的巨浪已不啻把中国的电影圈划分成两道主流,一条是原有的曾盛极一时的而现在正在'投机'的路上挣扎着日下的江河;另一条则是新兴的在艰苦奋斗中已日趋坚强的抗战部队的奔流。"④作者以"投机"定位其时颇为兴盛的上海"孤岛"电影,而以"新兴"定位战时重庆电影,当然不乏宣传意味。不过,"孤岛"电影是否"投机"姑不论,至少重庆电影确实表现出与以往中国电影发展路径颇为不同的"新兴"发展路径,即本章所论之电影制作的官营化、电影内容的教育化、电影放映的普及化,从而与战前中国电

---

① 小伦:《关于战时电影新闻片的话》,颜钶主编《重庆电影纪事(1905—1992)》,第12页。
② 罗学濂:《抗战四年来的电影》,《抗日战争时期的重庆电影》,第443页。
③ 潘子农:《检讨过去一年间的抗战电影》,《抗日战争时期的重庆电影》,第325页。
④ 罗学濂:《抗战四年来的电影》,《抗日战争时期的重庆电影》,第434页。

影的发展路径——电影制作的私营化、电影内容的市民化、电影放映的城市化大异其趣,并在20世纪中国电影发展史上留下了自己的鲜明印迹。

战时后方电影的发展路径转向自有其缘由所在,最主要的动因来自战争。后方原本没有电影制片业,而由战争引起的上海民营影业迁移不及、教育民众的迫切需求、城市放映市场的缩小,不能不使政府成为后方电影的运作主体,使电影成为教育民众的重要工具,使电影放映向广大农村乡间推展普及。由政治的角度观之,从一切为了抗战胜利的目标出发,这样的路径转向具有积极意义;由艺术的角度观之,从电影本体论出发,这样的路径转向又或多或少影响了电影自身的发展。不过,由电影传入中国以后的发展脉络观之,这样的路径转向并非完全是空穴来风,其实在战前以至更早时期,已经有一些电影人和知识人主张电影的官营化、教育化、普及化。而抗战胜利以后,尽管电影发展的外部环境有了变化,但这样的主张仍可不时见之于影人及舆论,并在电影业的实际发展中得到一定程度的继承。历史发展的连续性于此或可概见。

第九章
战时的市民生活

抗日战争的爆发，打断了中国的城市近代化进程。它同内战对城市生活的影响完全不同。加之中国南北文化、地域风俗的不同，外来新移民与原居民之间既有矛盾冲突，也相互融合。本章选择了"孤岛"时期的上海、战时首都重庆、以新移民为主的延安以及充满活力的西南边陲昆明四个城市，论述战争对城市市民生活的影响和社会文化变迁。

第一节 海上"孤岛"

1941年12月8日凌晨，天气格外寒冷，停泊在黄浦江口的豪华邮轮"康脱罗梭"号轰然被炸，火光照亮了租界岸边，十几米高的大船倾斜下沉，转瞬消逝于翻滚的波涛之中。① 上海"孤岛"的命运也将如此。日本已对美国实施了突袭，抗战四年多来悬在上海租界空中的保护伞不复存在，租界当局遂炸沉商船以防敌用，"海上花"的命运将随之凋谢。

时光回溯到1937年8月，一个月前刚刚爆发的卢沟桥事变，日本华北驻屯军很快就占领了北平和天津，令日本海军跃跃欲试。9日，日本驻沪虹口司令部军曹大山勇夫驱车硬闯虹桥机场，被中国军队击毙。日军遂以此为借口，向上海增兵。

8月13日，日本海军陆战队以虹口区预设阵地为依托，在坦克掩护下沿宝山路进攻，向淞沪铁路天通庵站至横滨路的中国守军开枪。14日，国民政府发表《自卫抗战声明》。同时，军事委员会以京沪警备部队为主改编为第九集团军，任命张治中为总司令，担负反击虹口及杨树浦之敌任务；苏浙边区部队改编为第八集团军，任命张发奎为总司令，守备杭州湾

---

① 参见金雄白《汪政权的开场与收场》第1册，香港，春秋杂志社，1964，第36页。

北岸。15日，日本政府亦发表声明："为了惩罚中国军队之暴戾，促使南京政府觉醒，于今不得不采取之断然措施"，即命令松井石根大将为上海派遣军司令官，率三个师团"与海军协同消灭上海附近的敌人，占领上海及其北面地区"。① 全国抗战爆发。国民政府将最精锐的部队派往淞沪战场，进行了殊死抵抗，至11月12日，日军占领了除租界以外的上海地区。从此，租界成了名副其实的"孤岛"。

日军占领上海后，顾忌国际条约，对上海租界事务暂时还不予以干涉。英法租界仍由工部局和公董局管辖，由万国商团担任警备，范围东至黄浦江，西至法华路、大西路，北抵苏州河，南达肇家浜。租界内仍依旧流通国民政府发行的法币，社会秩序相对稳定，似乎并未受到战争的影响。

在上海沦陷前的1937年8月，法租界当局曾在民国路口"装上一道极高极大的铁栅门"，不久又沿民国路动用数千工人在三天之内加筑了一条高近7米、长约13.2公里的砖结构围墙。公共租界也在其边界上分段堆起沙包，架上铁丝网，以此来阻挡受战争影响而不断涌入的难民。② 但因难民众多，根本无法阻挡。当时有一段记录这样描写：

> 难民比前更多，箱笼被褥，木器家具，千车万担，绵延数里，呼号啼哭，惨不可言。民国路上塞满了三四天没有滴水进口的奄奄待毙的男女老幼。那几天又下着雨，就只在雨中淋。法租界的铁门关得铁紧，法国兵和安南兵守卫着门里的铁丝网，不许难民越雷池一步。铁门突然的开了，饥饿的人们，不，已经失去了人类意识的疯狂了的饥饿之群，如黄河决口向着租界里潮涌而来，他们忘记了已有三天没有饮食，凭他们疲惫不堪了的躯壳，冲！冲！向着租界里冲！残忍的木棍在"人"的手中使劲地挥动，在另一种人类的头脑上沉重的打着打着，不绝地打着！脑壳碎了，鲜血在流！前面的人跌下地去了，后面的，那里顾到，尽是在他的身上踏过去，踏过去：冲！冲！向着租界里冲！③

---

① 外务省编『日本外交年表竝主要文書：1840—1945』下册、原書房、1955、370页。
② 参见陈存仁《抗战时代生活史》，第32—33页。
③ 苏智良等编《去大后方——中国抗战内迁实录》，第273—274页。

为了加强对大量涌入的难民的管理，租界当局只得将若干学校、庙宇等开放为难民临时收容所。但随着难民越来越多，后来者无处栖身，只能在弄堂口或人行道上搭建简易棚户，而且驱之不散，最后除南京路、霞飞路等几条主要马路不许住人外，面对其他路面临时搭建的棚户，警察也是睁一只眼闭一只眼，难民渐渐向租界内较为偏僻的地区疏散，成为上海棚户区的由来。到9月中旬，"孤岛"人口膨胀到300万人左右。

战时的粮食短缺自始至终是"孤岛"民众面临的最大问题。许多妇孺天不亮就到米店去等，却经常两三天买不到一粒米；即便有粮出售，也时常限购，每人只准买一块钱的，勉强维持两三天。为了生存，难民们经常在米店门前发生踩踏致死的惨案。仅1939年12月15日、16日两天，租界内就有63家米店被抢。抢米风潮几乎像潮汐一样成为周期性的事件。

成人平均每天需消费大米约400克，而每周限额只有3天的量，还是掺杂了石子和糠麸的陈米烂米，因此，在租界内很快出现了黑市。由于战争限制了运输及粮食生产，外国进口米也难以保障供应。于是，上海滩出现一种叫作"跑单帮"的掮客，从几百人到几万人，在战乱期间，以贩卖所谓"五洋杂货"为生，即洋火（火柴）、洋油（煤油）、洋烟（香烟）、洋皂（肥皂）和洋布。他们在上海采购这些日用品，携至附近农村卖掉，换取当地粮食、鱼肉、麻袋等，再带回上海转卖，以赚取差额。

日军占领上海后，虽然一时不能开进租界，但其势力还是能打入租界的。日军首先以清除租界内的抗日宣传、控制"孤岛"的舆论阵地为主。

八一三淞沪抗战爆发后，上海滩马上成为中国抗战宣传的重阵。长期渴望团结抗日局面的实现，使人们激动万分，中华民族的觉醒达到了前所未有的程度。在上海几个文学刊物因淞沪抗战爆发而改成联合出版的刊物《呐喊》、《烽火》上，可以读到许许多多表达这种强烈感情的文章。曾经主编《申报》副刊《自由谈》的黎烈文写道："期待了六年了，这伟大的抗战现在毕竟展开在我们的眼前！看着飞机在天空翱翔，听着大炮在耳边轰响，我满身的血液都沸腾起来，我的喜悦使我快要发狂。""我相信中国文化界的优秀分子以前没有一个不是憎恶战争的，但在现在却没有一个不是讴歌抗战的，这原因绝不是由于思想的改变，实在是敌人逼迫太甚，我们再不奋起抵抗，不单我们自己要陷入至悲极惨的奴隶的命运，连我们的子孙也要任人蹂躏，永远没有翻身的日子。"①

生活在租界的人们也看到，在亡国灭种的严重威胁面前，个人的命运已经同整个国家民族的命运紧紧联结在一起，如果国家民族没有前途，就根本没有什么个人前途可言。著名作家巴金写道："上海的炮声应该是一个信号。这一次全中国的人真的团结成一个整体了。我们把个人的一切全交出来维护这个'整体'的生存。这个'整体'是一定会生存的。'整体'的存在也就是我们个人的存在。我们为着争我们民族的生存虽至粉身碎骨，我们也不会灭亡，因为我们还活在我们民族的生命里。"②

上海滩上不断高昂的抗战宣传，激励着无穷志士仁人不惜牺牲自己的一切，甚至献出最宝贵的生命，去为国家民族的命运前途而奋斗。这也正是日军占领上海后，首先要打击的对象。上海失守后，中国政府留驻租界内的各级组织纷纷内迁或转入地下。1938年初，日军接收了国民党中宣部设在租界哈同大楼（位于今天南京东路233号）的新闻检查所，对租界内的中国报刊实行审查。

不久，在上海滩发行的六大中文报纸中，《申报》、《大公报》、《时事新报》、《国民日报》主动宣布停刊；只有另外两报《时报》和《新闻报》被迫接受审查而获继续出版。国民政府在"孤岛"的政治势力也因此而受到打击。此后出版的报刊中不准出现"抗日"二字，只能以"抗×"代替。《申报》记者金华亭原本是国民党宣传部驻沪特派员，被人暗杀。③ 国民党经营的中美报社遭到炸弹袭击，3死23伤。④ 而像《中美日报》、《大美晚报》等因发行人是美国国籍，暂时可以逃避审查。但《大美晚报》中文副刊的主笔朱惺公因宣传抗日遭暗杀。小报《社会日报》编辑蔡钧徒被人砍了头，头颅悬挂在薛华立路法租界巡捕房前的电线杆上，下面是警告的字条："看！看！抗日团体之结果。"⑤ 到了伪政权成立以后，"孤岛"内也陆续出现了汉奸主办的报纸，如《中报》、《南京新报》等。

---

① 黎烈文：《伟大的抗战》，《呐喊》创刊号，1937年8月，第11页。
② 巴金：《一点感想》，《呐喊》创刊号，1937年8月，第6页。
③ 金雄白：《汪政权的开场与收场》第1册，第73—75页。
④ 徐耻痕：《文汇报创刊初期史料》，《新闻研究资料》1981年第3期，新华出版社，1981，第36页。
⑤ 朱梦华：《日本军国主义者在上海的暴行》，《上海地方史资料》1982年第1期，第154页。

作家郑振铎曾在《暮影笼罩了一切》一文中,这样描写当时的社会恐怖:"大道市政府成立,维新政府成立。暗杀与逮捕,时时发生。苏州河北成了恐怖的恶魔的世界。""汉奸们渐渐的在孤岛似的桥南活动着,被杀与杀人。""有许多人不知怎样的失了踪。""极小的一部分知识分子动摇了。""学生里面也出现'奸党'。"[①]

然而,仍有一些像《译报》、《导报》、《文汇报》等左翼报纸通过外商代理,利用租界为掩护,得以登记继续出版,并多少获得租界当局些许的保护,继续宣传抗日。《译报》更名为《每日译报》,以英国人孙特思·裴士(Sanders Bates)名义于1938年1月21日出版,除了译稿以外,还有专电、特讯等报道性文字,并将中共南方局《新华日报》的文章加以转载。《文汇报》则以英国人克明(Cumine)为董事长,实际负责报馆经营的是经理严宝礼、总编胡惠生、国际版主编储玉坤。它在"孤岛"时期共出版发行了477号(另有《文汇晚报》164号),其中90%以上的稿件是以有利于中国抗战、不利于日本侵略的军事新闻置于重要版面,而以政治新闻、国际新闻作为头条要闻的仅占10%左右。例如从1938年3月19日至4月8日,连续20天,该报头版头条都以显著标题突出刊登台儿庄和津浦线的战况以及台儿庄大捷的特大新闻,使"孤岛"民众大受鼓舞。直至1939年5月18日,英人董事长克明受日伪收买,报纸被迫停刊。[②]

全国抗战初期,中共江苏省委在刘晓、刘长胜和张爱萍的领导下,至1938年在"孤岛"发展党员约百人。他们以上海各界救亡协会的名义发起"节约献金"、"劝募寒衣"、"节约救难"三大运动,仅永安公司一家就捐款1万元,各界共捐17.85万元。献金及寒衣均由新华银行副总经理孙瑞璜带至香港,[③] 再经宋庆龄转给延安。当时,上海的纺织女工在日常生活中还流行穿大红袜子白跑鞋,寓意"我们要把敌人踏碎在脚下"。[④]

此外,也有一些共产党人投入抗战的文化宣传阵地。例如于伶和阿英分别创办了青鸟剧社和上海剧艺社,演出抗战剧,在政治与财政困境中,坚持从事抗战宣传,努力动员上海民众反对侵略。其中,阿英创作的《碧

---

① 《郑振铎选集》(下),福建人民出版社,1983,第1000—1002页。
② 戴知贤、李良志主编《抗战时期的文化教育》,北京出版社,1995,第360页。
③ 唐培吉:《上海抗日战争史通论》,上海人民出版社,1997,第169页。
④ 上海市总工会编《抗日战争时期上海工人运动史》,上海远东出版社,1992,第45页。

血花》获得很大成功,带动了历史剧的繁荣。该剧受欧阳予倩创作的京剧《明末遗恨》的启发,以明末才子佳人的忠贞为主题,对比孙克咸(舒湮饰)、葛嫩娘(唐若青饰)的慷慨就义与蔡如蘅(屠启光饰)的贪生怕死,将爱、死、忠等感人的元素通过传统形式表现出来。《碧血花》在于伶承租的位于公共租界爱多亚路的璇宫剧院上演超过35场,甚至首次出现中国话剧史上演出座位必须提前三天预订的盛况。上海剧艺社于1939年12月迁往法租界的辣斐德路的辣斐大戏院,上演了10多部历史剧,包括吴祖光的《正气歌》和阳翰笙的《李秀成之死》等。[①]

由于上海的市民文化受到左翼的影响,"孤岛"文艺出现了"抗战派"与"爱国派"两大互动阵营。"抗战派"锋芒毕露,讴歌战斗;"爱国派"温良恭俭,讴歌和平。前者以王任叔、于伶、阿英、林淡秋、戴平万、柯灵、许广平等为先锋,后者以李健吾、黄佐临、胡山源、周瘦鹃、包天笑、平襟亚等为代表。以巴金《春》的完成为分水岭,上海部分作家渐渐回到社会生活本身,此后慢慢诞生了张爱玲的《倾城之恋》、东方蝃蝀的《绅士淑女图》、王统照的《双清》、秦瘦鸥的《秋海棠》等文学作品。

从八一三开战到11月中国军队撤出上海,在为期三个多月的淞沪抗战期间,上海租界内一时涌进了大量难民。但随着日军的进攻向内地深入,租界内的局势渐渐趋于平稳,社会秩序也逐步恢复。此后,直到太平洋战争爆发的四年间,租界内的世界逐渐恢复了旧状,特别是经济又奇迹般地得以发展。

上海租界经济的繁荣原因是多方面的。首先,随着大片国土的沦陷,在日军占领区内不少有钱人,特别是江浙一带的富商除内迁大后方外,大多选择迁到租界。近代江南地区每逢战乱,地主和工商人士就纷纷躲入租界避难,从太平天国开始,一再重复着这种流动方式。伴随着抗战的持续发展和租界内的相对稳定,这些人定居下来后,不仅扩大了消费,更带来了大笔资金,可以投资建厂。截至1938年底,据工部局统计,租界内的工厂已达4700余家,超过了战前两倍,与战前全市(包括租界以外的上海地区)的工厂数相比只差800余家。一般来说在工部局正式注册的工厂,大多具有一定

[①] 顾仲彝:《十年来的上海话剧运动》,洪深编《抗战十年来中国的戏剧运动与教育》,中华书局,1948,第156—159页。

的规模，未注册的家庭式小厂或作坊就更多了。淞沪抗战结束仅一年，租界内的工厂数几乎恢复到战前全市的水平。其次，原来因战争关系暂时逃来的难民，特别是上海附近的农民，当硝烟散去又纷纷回到乡村。而留在租界的部分手工业者或失去土地的农民，不自觉地为雨后春笋般涌现的工厂，提供了难得的劳动力。同样是工部局的统计，1937年底淞沪抗战结束时，上海许多工厂或毁或关闭，产业工人或死伤或逃难，大部分工人失业，在岗工人仅剩2.7万余人，但一年后（1938）就业工人数迅速回升，并超过战前的20万人，增至23.7万余人，这还不包括家庭手工作坊中的妇女和童工，以及租界难民收容所的待业难民1.6万人。[1]

上海经济恢复的另一重要因素就是"海运重开"。发动全面侵华战争后，日军一度企图封锁中国港口，此举立即遭到其他列强的抗议。英美首先指出，依照国际法，未宣布交战的国家其船舶不受禁运限制。苏联、法国，甚至正在整军备战且与日本友好的德国也表示反对。到1938年底广州、汉口相继沦陷后，上海港的海运恢复了畅通，租界与其他地区的物资交流日益活跃。全国进出口重心逐步移回上海。据美国政府统计，中日战争曾使中美贸易大幅跌降，但淞沪战事结束不久，对美出口就迅速回升，仅1939年2月，上海港出口值已近100万美元，接近1937年2月的一半，而1940年全年中国对德国的出口贸易接近1000万美元，其中半数是从上海港运出的。[2]

租界经济繁荣的另一大表现是，坐落在上海商业中心南京路上的永安、先施、大新、新新四大百货公司，在"孤岛"时期不仅从未遭遇商业萧条，反而利用租界内涌入的大量游资和劳动力，纷纷延长营业时间，增加雇员，扩大经营品种，在百货业迅速成长的同时，还带动了附设的旅社、酒楼、游乐场等其他娱乐业异乎寻常的发展。

永安公司附设的大东旅社成了沪上醉生梦死、寻欢作乐的场所；天韵楼游乐场更是天天人满为患，营业兴旺，收入激增，最高时每天售出的门票就达12万张之多。1938年5月，永安公司还在永安新厦三楼开办了跑

---

[1] 谢文孙：《"孤岛时期"上海的繁荣现象：畸形呢？还是典型？》，《纪念七七抗战六十周年学术研讨会论文集》，台北，"国史馆"，1998，第736页；唐振常主编《上海史》，上海人民出版社，1989，第800—801页。

[2] 唐振常主编《上海史》，第738—741页。

冰场（即溜冰场），以美国进口的电动木地板和"芝加哥"牌溜冰鞋招揽生意，由于设备考究，生意状况盛极一时。

表 9-1 大东旅社、天韵楼游乐场利润增长情况（1938—1941）

单位：法币元

年份	大东旅社 利润额	大东旅社 指数	天韵楼游乐场 利润额	天韵楼游乐场 指数
1938	84271.44	100	234609.14	100
1939	118007.52	140.0	331636.48	141.4
1940	299251.64	355.1	300787.97	128.2
1941	317489.81	376.8	157855.77	67.3

资料来源：上海社会科学院经济研究所编著《上海永安公司的产生、发展和改造》，上海人民出版社，1981，第158页。

四大百货公司虽然都集中在南京路上，彼此相邻，竞争激烈，但通过推销洋货、提倡国货、鼓励娱乐等营销方式，它们在"孤岛"上海创造了近代中国百货业的奇迹。商家虽想方设法，仍难以应对日益增长的社会需求。据永安公司老职工回忆："当时公司营业每天从开门到打烊，顾客始终络绎不绝，下午更是拥挤，商场内人如潮涌，柜台上总挤满了人……职工连正常的吃饭时间也没有了。"新新公司每天的营业状况极佳，一天的收入钞票常常堆成一座小山，用大麻包袋装好，用卡车送到银行。后来小的卡车已经装不下，要改换成大卡车，有时一辆不成，还要增派一辆。以卡车运纸币到银行，穿街过巷，在当时沪上是司空见惯的。永安公司更是有过之而无不及，太平洋战争爆发前的1941年10月一个月，营业额达创纪录的984.4万元。[①]

表 9-2 四大百货公司营业额、利润（1937—1941）

单位：法币万元，%

年份	大新百货公司 营业额	大新百货公司 利润率	永安百货公司 营业额	永安百货公司 利润率	先施百货公司 营业额	先施百货公司 利润率	新新百货公司 营业额	新新百货公司 利润率
1937	842.4	82.1	763.9	5.1	355.3	-4.6	379.5	7.2

---

① 崔海霞、何品：《四大百货公司上海滩风云史》，广东经济出版社，2012，第171—172页。

续表

年份	大新百货公司 营业额	大新百货公司 利润率	永安百货公司 营业额	永安百货公司 利润率	先施百货公司 营业额	先施百货公司 利润率	新新百货公司 营业额	新新百货公司 利润率
1938	1044.8	156.2	835.8	42.3	529.3	40.6	577.3	77.7
1939	1821.6	314.1	1457.3	75.5	815.0	11.3	886.8	175.8
1940	3468.5	457.0	2774.8	92.7	1580.8	36.9	1755.9	402.7
1941	6895.9	1724.5	5516.7	220.7	3866.5	154.7	3925.8	1150.9

资料来源：上海百货公司等编著《上海近代百货商业史》，上海社会科学院出版社，1988，第116页。

与百货业兴旺发达形成鲜明对比的是，租界工人的生活日益困苦。上海原是中国近代工人阶级形成最早、人数最多的城市之一。受日本侵略战争的影响，"孤岛"物价水平和通胀程度自然较高，经济不可避免地受到占领者支配影响，反映在工资上就是实际工资下降。从表面上看，1940—1941年，工人的工资收入虽有所增加，约为战前1936年的3.8倍，然而由于生活消费指数增长了近8倍，实际工资难以满足日常需要。以米价为例，一石二等本地米在1938年的售价为12元，到1940年涨至107元，1941年为127元。①

上海工人怠工、罢工成为战时中国少见的现象。1940年10月，全市40余家丝光染厂3000多工人举行罢工，要求提高工资待遇，法租界巡捕房政治部出面调解未果，经过11天断断续续的谈判，最终劳资双方签订协议，增加工人的计件工资。紧接着11月15日，绸绫染坊3000多工人总罢工，历时近一个月的谈判交涉，最终资方也同意了加倍计薪。1941年4月5日，租界500家制鞋店5000多工人集体罢工一个星期，在资方答应加薪3成的要求后得以复工。②

1941年圣诞节前夕，正当四大百货公司为即将到来的节日营造气氛，准备大张旗鼓地开展节日促销时，12月8日凌晨2时20分，日本海军对美国太平洋海军基地珍珠港发动突然袭击，凌晨4时，驻沪日军炮轰黄浦江上的英美军舰。上午10时，日军正式开入租界，占领了整个上海。"孤

---

① 刘铁孙：《从统计数据上观察上海物价》，《日用经济月刊》第3卷第6期，1941年6月，第880页。
② 《抗日战争时期上海工人运动史》，第103—104页。

岛"时代结束了。

第二节　江边山城

从上海溯江而上，西行2300余公里，即到达战时陪都重庆。1937年11月，国民政府发表迁都宣言，正式西撤，随后政府各机关和各国驻华使节也随之迁往重庆，这座江边山城迅速成为中国抗战的中心。

重庆主城地处长江与嘉陵江交汇处，清人王尔鉴有诗云："凭眺古渝州，浮图最上头。四围青峰合，三面大江流。"重庆地势突兀，是名副其实的山城。城墙是500多年前明朝修筑的，原有9个城门，基本还保留原样，但城墙大多已经拆毁。城门上依旧饰有金色的圆形大钉，日落而闭，黎明即开。直到1920年代中期，重庆还一直没汽车等现代运载工具，交通主要靠步行和渡船，收入充裕的人当然可以选择坐轿或者滑竿。舆夫赤裸的肩头隆起两大块皮革一样的老茧，他们每跨一步都喊着号子，例如走在前面的轿夫看到一个水坑，就喊"天上明晃晃"，后面看不见路的轿夫就晓得小心前面有个水坑，接口应道"地上水函函"；又如前面的喊"人走桥上过"，后面就晓得要上桥了，应道"水往东海流"。一唱一和，体现了千百年来巴蜀人的生活智慧。

重庆战时因系陪都，人口迅速膨胀，市区向四围青峰延展，北及北碚，南至南温泉，东抵广阳坝，西达白市驿，面积由原先的93.5平方公里激增到近1940平方公里。而"大重庆"所属的诸如沙坪坝、歌乐山、北碚、南温泉等逐渐变成移民聚居地。一般说来，政府机关和文教机构多集中在老城繁华的市街；内迁高校分布在西郊的沙坪坝和歌乐山一带，还有北碚、南岸、九龙坡以及江津白沙；科研机构半数集中在北碚的西部科学院。

重庆在短时间内涌进了大量外来人口，一时房屋拥挤，南腔北调，好不热闹。以歌乐山区为例：

> 本区位于重庆的西郊，本属于巴县县治，在昔是一块幽静的农耕地带，人口稀少，只有几个极小的市集是当地人民交换生活必需品的场所，疏落的村屋点缀于浅丘梯田之间，备饶乡村趣味。自民国二十

六年以来,由于地位的优越,相应着重庆都市的发展,学校工厂纷纷迁来,人口竟然增加到十三万人以上,这种逾速的人口增加,就是重庆城市也比不上。本区人口的急增,固是受了战争的影响,但自然环境的优良却是其中的基本原因,如嘉陵江航运的便利,歌乐山气候的凉爽,"坪地"和"坝地"的适于居住,便于交通,更加上成渝公路在政治上军事上经济上的重要性,都足以使人口向本区集中,重庆市的发展,便以它的西郊最为膨大。[1]

表9-3 重庆战时人口统计

单位:人

年份	1937	1938	1939	1940	1941	1942	1943	1944	1945
人口	473904	528793	401074	417379	702387	781772	890000	920500	1049470

资料来源:参见程朝云《抗日战争时期人口内迁研究》,中国社会科学出版社,2013,第148页。

全国抗战前,重庆居民住房距离闹市愈远租金愈便宜,老城内比城外贵,战争却使常识发生了逆转。由于国民政府迁到新市区,大批公务员及其家属住满了城外的房子,城内空房倒比城外多了些。城外房租在战争初期就翻了一番,每间季租由20元涨到五六十元,而城内二三十元仍可租到。又因重庆夏季乃中国四大火炉之一,因此在其他城市相对便宜的平房因为凉快,反而比楼房贵一到两成。[2] 外地移民很快就体会到新都的不同之处。

因重庆系山城,海拔较高,故习惯称外省人为"脚底下人"(山下住的人)或"下江人"(长江下游来的人)。这原本并无歧视之意,但在对方听起来却颇为刺耳,省籍玩笑也由此产生。语言文化的差异表现在诸多方面。例如江浙一带习惯称呼年长女性为"老太婆",系正称;而在四川,称呼"老太婆"就成了骂人的话,正称系"老太太"。因此,外省人的一些语言习惯在本省人听来也颇为刺耳。而在下江人眼里,重庆人的穿着打扮实在是不伦不类。"连拉黄包车的车夫和馆子里的跑堂的都穿长衫,岂

---

[1] 杨纫章:《重庆西郊小区域地理研究》,《地理学报》第8卷,1941年,第19—20页。
[2] 杨世才:《重庆指南》,重庆书店,1938,第93页。

不是太'斯文'了？""瞧吧，穿着长衫，腰上却系一条脏兮兮的白布……很多人还在头上再缠一条白布，大热天也不取掉，究竟为啥？我可不曾打听过。最妙的是脚下，即使隆冬，偏偏却赤足草鞋。"①

当时流传一个笑话：有个人到饭馆吃饭，刚好那里有个四川人和一个下江人。下江人看四川人不惯，便叫堂倌替他买包四川牌香烟。堂倌一听便说，先生，我们这里香烟有很多牌子，但是没有四川这个牌。那下江人便说，有啊，金鼠牌香烟就是啊（讥讽四川多鼠）。四川人在旁听到了，便也向堂倌道，替我买包下江牌香烟。堂倌苦笑着说，先生，我们这儿也没有这个牌子。四川人便道，怎么没有，强盗牌就是啦（讥讽下江人是强盗）。②

1938年10月，时任国民党四川省党部主任委员的陈公博在《中央日报》上发表一篇文章，谈到自己对重庆的印象时总结道：

> 我们无论到什么城市，要看市政情况好不好，首先便要看警察的教育，其次要看警察的权威。
>
> 初到重庆的人们，大概没有几个人能够得到好的印象，尤其一般"下江人"——其实不止下江人，你若问他们对于重庆的印象怎样，他们很容易叠起几个指头，数说八九个重庆的缺点。
>
> 我到重庆后，听见许多朋友讲及警察的笑话。
>
> 有一个朋友说："重庆遇到拦路抢劫，警察是不过问的。一次抢劫离他的岗位不远，他掉过头去装做没看见。事主被劫之后去找他，他说'已经抢了，还有什么办法？'这件事就这样轻松地过去了。"
>
> 有一个朋友说："一次汽车出了事，交通警察走上来喝问：'你的车是哪个机关的？'车夫指著车牌喝着说'你瞎了眼吗？你不看看车牌。'原来那车牌是京字某某号。警察看了便不敢作声。那车夫很从容的便扬长开车走了。"③

---

① 吴痴：《梦回重庆》，台北，大地出版社，1976，第21页。
② 陈三井访问、李郁青纪录《熊丸先生访问纪录》，台北，中研院近代史研究所，1998，第5—6页。
③ 陈公博：《对重庆说些话》，重庆《中央日报》1938年10月2日。

虽然新移民与原居民之间时有冲突，彼此看不起对方，但通婚的亦不少。本地人会尽量阻止自己的女儿嫁给外地人，害怕女儿会随着外地人回到其故地，但不反对儿子娶外地媳妇。当时还有所谓"抗战夫人"或"重庆夫人"，即是那些嫁给外地人的女儿，但是这些外地人在来重庆之前，已有家室。这种实际上的重婚在战争期间并非鲜见。

陪都地处川地，本属天府，物产丰富，只因战事而物价激涨。1939年一个初来乍到的新移民曾这样描述："举目一看江滩上堆成小山似的桔子、广柑，红的鲜红，黄的澄黄，真是好看。江里满载着的柑橘船只，一排排，一只接一只约有一里多长。"除却柑橘，就水果而言，"我国地大物博，原是知道的，但是在一个地区样样有，就不简单了。像香蕉、荔枝、桂圆、枇杷、柚子、甘蔗等稀有水果这里也出。柚子的种类特多，价廉的程度仅次于桔子。四川土地肥沃，一年三熟，蔬菜种类又多又好，举不胜举"。[①] 1940年底，记者顾执中来到重庆，亦惊叹于市场的繁荣："抗战已进入第四年，沿海各地都已丢失，但在这里，每天赖以生活的资料，大家感觉到还没有特殊的困难……鱼肉鸡鸭都有，尽管价钱是贵了，东西却是有的。"[②] 哪怕到了1943年初，河南大灾、全国萧条的时候，重庆《大公报》还略带批评地承认："我们生活在天堂一般的重庆……尽管米珠薪桂……百物跳涨，鸡卖到二十五元一斤，鸡蛋二元二角一枚，猪肉照限价十四元一斤……一般摩登的食品店，卖空了架子还有人买，人们宁愿今天先摞下花花绿绿的钞票明天再来拿货。尽管贵，总有人买。"[③]米价涨得最多，三年涨了10倍，但仍很紧俏。据中央社记者回忆："余于民国二十七年入川，其时上等白米，每斗仅值法币二元余，近则涨至二十元矣。中上等收入之公务员或大学教授，在战前向不以柴米油盐为忧者，而今则五口之家，月须以薪给三分之一，购买食米，其艰苦已可想见，则收入低微者，更无论已。"[④]

---

① 任桐君：《一个女教师的自述》，三联书店，1989，第192—193页。
② 顾执中等：《回忆重庆》，重庆出版社，1984，第17页。
③ 王芸生：《看重庆，念中原！》，重庆《大公报》1943年2月2日。
④ 《实行战时米谷国有政策以平抑物价》，重庆《中央日报》1940年8月27日。

表9-4 重庆七种主要生活用品价格变化（1937—1942）

单位：法币元

时间	中等河热米（斗）	红麦穗牌面粉（斤）	五花猪肉（斤）	中等菜油（斤）	自流井盐（斤）	大河岚炭（挑，即1/14吨）	美亭牌阴丹士林蓝布（尺）
1937年7—12月	1.10	0.13	0.28	0.35	0.14	0.95	0.19
1938年	1.05	0.13	0.26	0.27	0.14	1.85	0.25
1939年	1.14	0.16	0.38	0.50	0.16	3.88	0.60
1940年1—5月	2.14	0.24	0.63	0.80	0.21	6.98	1.11
1940年6—12月	8.65	0.78	1.47	1.41	0.54	22.52	2.10
1941年	20.72	1.96	3.65	3.03	1.48	27.85	3.23
1942年1—2月	24.00	3.69	6.42	5.25	2.60	59.50	7.51

资料来源：参见程朝云《抗日战争时期人口内迁研究》，第226页。

米粮供应时常紧张，米商为图私利而掺入稗谷沙石等杂物的现象相当普遍，干净的好米则价格昂贵，非一般市民能够负担。每次做饭前，老百姓先要挑出米中杂物，再反复淘洗；煮粥则让米在容器中自然沉淀，糠麸一般浮在最上面，沙石沉在最底下。即便如此，吃了这种饭而患上盲肠炎的仍不在少数。城市居民的食粮供应在战时还相对有所保障，反而在四川乡下因缴不出公粮出现大批饥民。

战时的通货膨胀同样使得陪都的工薪阶层成为最大的受害者，包括公务员、军人、学校教员及知识分子。1940年，军工教人员工资的实际购买力已下降到战前的20%，三年后更跌至10%。工资的增长赶不上货币贬值的速度，致使市民普遍贫苦，官员普遍贪污，军队士气低落。这在抗战后期表现得愈加明显。

表9-5 社会群体货币收入购买力指数变化（1937—1943）

时间	教授	士兵	公务员	工人	农民	农村手工业者
1937	100	100	100	100	100	100

续表

时间	教授	士兵	公务员	工人	农民	农村手工业者
1938	95	91	77	124	87	111
1939	64	64	49	95	85	122
1940	25	29	21	76	96	63
1941	15	22	16	78	115	82
1942	12	10	11	15	101	75
1943	14	6	10	69	100	58

资料来源：〔美〕费正清、费维恺编《剑桥中华民国史》（下），刘敬坤等译，中国社会科学出版社，1998，第 674 页。

著名作家张恨水曾以自嘲的语气写过四首《浣溪沙》，来记述艰苦的重庆生活：

入蜀三年未作衣，近来天暖也愁眉，破衫已不像东西。袜子跟通嘲鸭蛋，布鞋帮断像鸡皮，派成名士我何疑？

一两鲜鳞一两珠，瓦盘久唱食无鱼，近还牛肉不登厨。今日怕谈三件事，当年空读五车书，归期依旧问何如？

借物而今到火柴，两毛一盒费安排，邻家乞火点灯来。偏是烛残遭鼠咬，相期月上把窗开，非关风雅是寒斋。

把笔还须刺激吗？香烟戒后少抓诗，卢仝早已吃沱茶。尚有破书借友看，却无美酒向人赊，兴来爱唱泪如麻。[①]

而老舍的自嘲更显幽默。他因购买能力下降，抽烟也降为四川土产卷烟。老舍这样写自己第一次吸土烟的情形："头一口就惊人，冒的是黄烟，我以为误把爆竹买来了！听一会儿，还好，并没有爆炸，就放胆继续地吸。吸了不到四五口，看见蚊子都争着向外边飞，我很高兴。既吸烟，又驱蚊，太可贵了！再吸几口之后，墙上又发现了臭虫，大概也要搬家，我更高兴了！"后来生活拮据，老舍不得不戒掉烟酒："烟酒已戒，再戒什么呢？""戒荤吗？根本用不着戒，与鱼不见面者整整已二年，而猪肉、羊肉

[①] 马嘶:《百年冷暖——20 世纪中国知识分子生活状况》，北京图书馆出版社，2003，第 244—245 页。

近来也颇疏远，还敢说戒？平价之米，偶尔有点油肉相佐，使我绝对相信肉食者'不鄙'！若只此戒除之，则腹中全是平价米，而人也决变为平价人，可谓'鄙'矣！不能戒荤！"①

作为陪都，重庆战时的记忆多半与空袭有关。最早的轰炸是在1938年12月26日，但因重庆有浓雾的保护而无甚损失。1939年1月7、10、15日日军复又实施轰炸，第三次轰炸致使重庆124人死亡、166人受伤。接着5月3日和4日，日军分别出动36架和27架飞机，造成重庆6316人伤亡，自此走出雾期的重庆开始频遭日机轰炸。②

日军对重庆的轰炸，大致可分为三个阶段：第一阶段，1938年12月至1939年1月，为轰炸试探期；第二阶段，1939年5月至1941年8月，为轰炸疯狂期；第三阶段，1941年9月至1943年8月，为轰炸渐歇期。据统计，在这五年时间里，日军实施轰炸218次，出动飞机9513架次，投弹21593枚，炸死市民11889人、伤14100人，炸毁房屋17608座。③

当时空袭警报是这样的：凡侦得飞机，先鸣笛预警，其声间隔稍长，以示空袭，悬挂两布制红球标识。如其距市空不远，则再鸣警报，间隔短促，以示紧急，同时收去所悬两红球。当敌机已离市空，仍将两红色球悬起，恢复空袭警报，这时市民可出防空洞稍做休息。当敌机彻底离境后，改悬一绿色球，警笛长鸣数分钟而止，表示警报解除。

由于重庆是在岩石上建造起来的城市，大大小小的防空洞也是从岩石上凿出来的。市民有集体的防空洞，设施简陋，阴暗潮湿，通风很差。在市中心偏西有一个叫十八梯的地方，市民集体防空洞"较场口大隧道"就在这里，据说可容纳四五千人。在1941年6月5日的一次轰炸中，位于市中心的1万多市民一下子挤入该防空洞。然而当敌机离开的时候，本应悬挂的两红球坏了，于是用马灯蒙上红布代替，但红布在防空警报信号中还有防毒之意。为此重庆市防空副司令胡伯翰将这1万多人锁在拥挤不堪的隧道内长达3个小时，由于氧气不足，并发生严重踩踏事故，致使数千人死伤。据幸存者郭伟波回忆当时的情形：

---

① 苏智良等编《去大后方——中国抗战内迁实录》，第420—421页。
② 〔日〕小林文男：《抗战中苦难的重庆》，《重庆文史资料》第30辑，西南师范大学出版社，1988，第74页。
③ 重庆市文化局编《重庆大轰炸图集》，重庆出版社，2001，"前言"。

大隧道内的气温越来越高,氧气越来越少,死亡的危险已威胁到整个隧道里的所有避难者。但是人们仍旧保持沉默,谁也不想自己首先作出什么举动,只是紧张地注视着情况的发展,忍受着挤压、闷热和呼吸困难的痛苦。

缺氧越来越严重,婴孩和儿童的哭喊声也越来越多。部分油灯开始熄灭,大祸临头,谁也不愿坐以待毙。于是忍耐转为紧张,斯文变成粗野,人们不约而同抢着向洞口挤去,只想尽快出隧道,上地面……谁知,大隧道的闸门是由里向外关闭的,人群汹涌而来,把闸门挤得打不开,欲出无路,欲退不能。前边的人群被挤压着贴在闸门上,发出愤怒的呼喊和痛苦的呻吟。

……将近午夜时分,洞内凄厉的惨叫声减弱,遇难者经过四个多小时缺氧的折磨,气息奄奄,面色由红色变成紫蓝色,口角的唾沫由白变红渗着血丝,不少人已无声地扑伏到别人身上。我们看见外事班同学龚存悌猛举双手,嘶哑的喉咙竭力高呼出"打倒日本帝国主义!打倒日本帝国主义!"的悲壮口号,挣扎了片刻便含恨死去。①

而达官贵人们则能拥有独立的私人防空洞。据当时在重庆的美国顾问拉铁摩尔(Owen Lattimore)回忆:"吴铁城有一个很不错的防空洞,是向下挖掘而成的……里面有一台小型汽油发电机,为通风和照明系统供电……但即便防空洞是在坚固的岩石中,随着连续数小时轰炸的冲击和震动——有时长达12小时以上——到一定时候,发电机便熄灭了。"②

战时躲空袭成为普通重庆人生活的一个重要组成部分,天气决定了日常工作和生活计划。需要出门办事大都安排在阴天,因为天气晴好是空袭的绝佳条件。大晴天市民们往往天亮前就起身,准备一只手提袋,装上饼干、水、万金油、八卦丹等食物药品以及手电筒,俗称"防空袋"。有钱人则提一只小箱子,装一些贵重物品,警报响起,随拎随走。

重庆1939年"五三"、"五四"大轰炸以后,国民政府曾将一般民众

---

① 《重庆抗战文化史》,第118页。
② Owen Lattimore and Fujiko Isono, *China Memoirs*: *Chiang Kai-shek and the War against Japan* (University of Tokyo Press, 1990), p. 122.

强行疏散至远郊。从 1939 年夏至 1940 年冬，重庆四郊修建了许多临时性捆绑式房屋。其筑造方法是先用竹结构支起框架，接头处用钢丝捆绑，上面钉上木板，墙壁敷以竹篾，抹上泥，屋顶盖以茅草薄瓦。这种房屋的质量和安全性可想而知。

市民除了躲空袭外，生活还需进行。战时的娱乐相对简单。据临近的成都市一份 440 人的家庭调查显示，阅读、电影和音乐是最主要的消遣方式，具体如表 9-6。

表 9-6　战时成都市民消遣方式调查

类别	阅读	电影	音乐	运动	游园	闲谈	访友	戏剧	打牌	旅行	吸烟	未详	共计
人数（人）	126	65	47	32	32	27	21	18	10	4	2	56	440
比例（%）	29	15	11	7	7	6	5	4	3	1	0	12	100

资料来源：刘臻瑞《成都市妇女社会活动调查》，李文海主编《民国时期社会调查丛编·婚姻家庭卷》，福建教育出版社，2005，第 476 页。

上海、北平、南京等大都市新移民的大量涌入，也带动了重庆电影业的繁荣。但战时民众在享受电影娱乐的同时，也被政府植入了很多政治宣传内容。"各电影院在未开放正片之前，先映国旗一面，飘飘然临风招展的样子，继映最高当局暨党国伟人肖像，是时观众皆全体肃立，静聆播唱国歌毕，始就坐观映。"[①] 而大多数普通重庆人的主要娱乐方式仍是在茶馆里闲谈，并很快在下江人中流行起来，唐德刚记叙了沙坪坝中央大学的茶博士："其时所谓'沙磁区'一带的茶馆里的竹制'躺椅'（美国人叫'沙滩椅'）据说总数有数千张之多。每当夕阳衔山，便家家客满。那些茶馆都是十分别致的，大的茶馆通常台前炉上总放有大铜水壶十来只；门后篱边，则置有溺筒一排七八个。在水壶与溺筒之间，川流不息的便是这些蓬头垢面、昂然自得、二十岁上下的'大学士'、'真名士'。那种满肚皮不合时宜的样子，一个个真都是柏拉图和苏格拉底再生，稍嫌不够罗曼蒂克的，便是生不出苏、柏二公那一大把胡子……有时桥牌打够了，饮食男

---

① 吴济生：《新都见闻录》，光明书局，1940，第 148 页。

女谈腻了,行有余力,则以学文,换换题目,大家也要谈谈'学问'。就以笔者往还最多的,我自己历史学系里的那批茶博士来说罢,谈起'学问'来,也真是古今中外,人自为战,各有一套;从《通鉴纪事》到《罗马衰亡》;从'至高无上'到《反杜林论》……大家各论其论。论得臭味相投,则交换心得,你吹我捧,相见恨晚!论得面红耳赤,则互骂封建反动,法斯过激,不欢而散。好在彼此都是卧龙岗上,散淡的人;来日方长,三朝重遇,茶余溺后,再见高下……"①

尽管在战争环境下,青年男女的情感世界依然是丰富多彩的。据当时中央大学学生王作荣回忆,在重庆的中大和重庆大学之间有一条"有名之鸳鸯路",路上"情侣对对,漫步依偎,人间仙境也",纵然"是有家归未得"的流亡学生,"虽信美而非吾土兮,曾何足以少留"。② 然而,两性关系仍秉持着含蓄的传统。1938年12月的一则报道是这样的:"男女生中间的壁垒依然森严,平日甚至同班同乡也很少交谈招呼。客观地说,这种关系是不健全、不自然的,还残留着星星点点的封建意识……间或双方有人突破了这条壁垒,或许就此成为爱人……其中固然可以找到一两双'既不念书,又不救国'的如胶似漆的'情人',但是更常见的还是关系正常,相互勉励的爱侣。"③

学生之间的性行为通常是被禁止的。浙江大学一年级绍兴女生胡某和男生朱某之间的性爱被发现后,女生几乎遭学校开除,后因有人说情而做留校察看并由教职员家属看管处理,而其男友朱某则自动退学。即便是哈佛大学毕业的校长竺可桢对此也是不能容忍,斥之曰:"害群之马非去不可。"④从当时的生存条件来说,在贫寒和拥挤的居住条件下,宿舍缺乏私密性,旅馆又往往是学生负担不起的场所,男女学生之间很少有机会发生性关系。

相对大学生的轻松娱乐,政府公务员的生活要刻板些。特别是在抗战初期,政府为严肃纪律,一度还公开严禁公务员赌博、跳舞。1938年底,

---

① 唐德刚译著《胡适口述自传》,台北,传记文学出版社,1981,第188页。
② 王作荣:《沙坪之恋》,张宏生、丁帆主编《走近南大》,四川人民出版社,2000,第46页。
③ 〔美〕易社强:《战争与革命中的西南联大》,第294页。
④ 《竺可桢全集》第7卷,上海科技教育出版社,2005,第63、65页。

《中央日报》曾发表过如下一则布告：

> 顷奉最高当局命令，以本市党政军各级公务员多泄沓成风，逸乐是务，求其艰苦振奋，尽瘁职务者，百不获一。睹兹情状，极为痛心。兹为整饬纪纲，挽回风气起见，嗣后各级公务员，如有赌博跳舞冶游及其他不正当行为者，无论任何阶级，准由宪警立即拿解，从严惩办，勿稍徇纵。①

每天早晨，重庆到处可以听到原是黄埔校训的民国国歌："三民主义，吾党所宗，以建民国，以进大同。咨尔多士，为民前锋；夙夜匪懈，主义是从……"入夜，青天白日旗由旗杆降下，城里又吹响军号。其声哀怨，其志可嘉，但却可惜，未得要领。

第三节 白云之南

重庆再向西南，就是高矗云际的大山，哀牢山脉、无量山脉、点仓山脉、怒山、高黎贡山，其间是汹涌澎湃的大河，漾濞江、澜沧江、怒江、瑞丽江，峰回路转，拱卫着中国的西南边陲、云南省府春城昆明。随着日军由太平洋西岸逐渐切断中国的海上交通线，西南陆路交通成为中国与外界联系的主要通道。按照空间换时间的战略，昆明原本是后方的后方，因此东部省份为数众多的难民迁此居住。

全国抗战初期，国民政府动员20万民工，花了8个月时间，在蜿蜒曲折的崇山峻岭上凿出了一条著名的滇缅公路。太平洋战争爆发后，盟军可以通过这条公路向中国运入补给。但当日军在缅甸登陆占领仰光之后，这里就变成了前线的前线。中国远征军从滇缅公路的起点畹町出发，进入缅北作战，而美国空军志愿队也在这里设有基地，协助中国建立最后的防线。

抗战给昆明带来了显著的变化。战前，号称"云南王"的龙云割据一方，昆明经济发展滞后。抗战后由于滇缅公路的修筑，伴随着大量文教机构和难民的涌入，以及中央军的进驻，春城迅速成为中国西南贸易、文化

---

① 《严禁公务人员赌博跳舞冶游》，重庆《中央日报》1938年12月22日。

重镇。1941 年 1—7 月,经滇缅路入口的货物平均每月 1500 吨,9 月入境进口物资达 3000 吨,全年运入商品在两万吨以上,商店也由 1940 年的 2000 家增至 5000 余家。①

　　由于近代西南社会相对闭塞,外省来的新移民与昆明人之间存在着一定的差异,尤其是全国抗战初期,双方关系一度相当紧张。外省人发现,昆明几乎所有的商店都在中午才开门营业;老百姓把鸦片作为体面的馈赠礼物;老人嚼槟榔嚼得牙齿发黑并咳出黑中带红的浓痰。而本省人发现,外地人服饰怪异有失体统。年轻女性身着开衩裙、高跟鞋,有些人甚至在公共场所互相搂抱,时常遭到本地人的训斥,甚至被警察带走接受道德教育。当地有句贬损外人的话,叫作"揍上海人",上海人原本泛指长江下游的富商,现在用来形容全部的外来移民。②

　　外来移民的重镇是内迁昆明的西南联合大学,坐落于西北郊环城北路两侧。虽有著名建筑家梁思成和林徽因参与扩建校舍的设计,但几乎所有建筑都是一样的简陋。所谓新校舍,分为南北两区,南区是理学院和几个学生服务机构,北区则为男生宿舍、教室、食堂和图书馆。女生数量较少,居住在旧校区即师院的南院,上课在新校舍。各个小区用泥坯墙隔开。宿舍和教室都是泥坯建造,主要不同在于宿舍的房顶是茅草的,而教室则是铁皮顶。下雨时,宿舍自然漏雨,而教室里噼啪作响,教师只有大声喊话才能让学生听见。宿舍两头都有门,墙上是木头窗户,简单地糊以报纸或包装纸。寝室的中间是过道,两边约有 40 个铺位,学生用布、毛毯等围成 4 个人的小空间,"通风不良,拥挤不堪,乱七八糟,让人想起旧中国的轮船里拥挤沉闷的二等舱。这四年航行生活,乘客在上下铺床上生活、睡眠,蚊帐一半好一半坏,行李箱、柜子、书籍、脸盆和衣服塞在床铺上下,洗过的衣物挂在过道中间"。③ 学校提供的宿舍过于拥挤,一些家境殷实的学生便自己租房,"有钱的同学,当然不必一定要受四个人六尺见方的拥挤,学校附近,文林街、文化巷、先生坡、钱局坡有的是房子出租……可以单独有一间既清静又舒服的住室。漏雨塌墙之类的事,就更用

---

① 袁方:《论手艺人改行》,李文海主编《民国时期社会调查丛编·城市(劳工)生活卷》(上),第 1316—1317 页。
② 〔美〕易社强:《战争与革命中的西南联大》,第 98 页。
③ 豪斯:《穷学校》,转引自〔美〕易社强《战争与革命中的西南联大》,第 349 页。

不着焦虑了。而且，住在外面的人多半能预备一辆单车，那就更两全其美了，这样的同学在联大并不太少，这只要看附近的民房有那一幢没有联大的同学在租住，就可以明白"。①

受战争的影响，通货膨胀随战事的延长令购买力大打折扣。1939年11月，日军占领南宁，关闭了滇越铁路。1940年秋，日军又封锁了滇缅公路。中国的物资进出口大受限，通胀率增加。一年前的百元货物涨至大约238元，1941年涨到600元。一个学生记下了当时的生活窘态："学校快开学，纸笔都成问题……交饭费的日子来了，明天必须设法去……辛辛苦苦从北方带来的几本书，今天都卖去了……把母亲送我二十岁生日小戒指换了一笔不小的数目。走过金碧路，屡次想去糖果店买点什么，但走到店门前便停住了。回到宿舍，付完十天的饭费，买了一打洗衣服的肥皂，剩下来的还不够两个月的用度。"② 由于物资紧缺，一旦不幸生病，医疗费用更是让人咋舌。而营养不良是生病的主要原因：

> 营养不良，弱不禁风，烦躁不安。其中一人患病后，他恢复健康的时间是其所在年龄正常情况下所需时间的两倍。当时无力治疗昆明热——一种轻微的伤寒症——这种病会转化成肺结核。因医疗设备所限，只有严重的肺结核患者才能得到治疗。疟疾司空见惯，往往致非命。近来，伤寒导致的死亡率高得出奇。学生易感疲乏，毫无活力。每次在学校开会时，总有少数人因体弱无法坚持到会议结束。
> 学生体质下降，学术水平也随之降低。早上七点钟上课，学生看起来疲惫不堪。白天，没精打采，无力解决摆在面前的问题。他们的悟性和记忆力也在下滑。③

一般来讲，在战争年代，物资匮乏，生活水平大都明显降低，留给人们的多是与战前相比后的悲惨记忆，哪怕是仅有的一两次生活窘态，记忆反而更加深刻。谈到联大学生的伙食，大家记忆最深的无疑是含着"谷子、稗子、砂子、泥巴的'八宝饭'"了，但即使是抗战后期的通货膨胀

---

① 走幸田：《我住在新校舍——衣食住行及其他》，《联大八年》，第92页。
② 转引自〔美〕易社强《战争与革命中的西南联大》，第344页。
③ 豪斯：《穷学校》，转引自〔美〕易社强《战争与革命中的西南联大》，第359页。

时代，仍有人留下这样的回忆：

> 上面说的是食的"黑暗面"，"光明面"却也有的。
>
> 拿两餐饭来说罢，方林街有的是小馆子，而包饭又是最"时髦"的事。在外面住的同学，当然宁愿出三倍的价钱，懒得每餐饭跋涉到学校，又可以有几片肉点缀，一举几得，当然不愿再到学校来吃"八宝饭"了。而早点呢？学校门口有一排颇惬人意的早点摊，鸡蛋饼、牛奶、面、包子或是豆浆、蛋都随你的意。每天虽然至少要花二百元，比起在学生服务处人多的时候要排队等馒头，就不知道"高级"若干倍了。这种"阶级"在联大也并不太少。至于有些在外面兼差的同学，无论是作家庭教师也好，在店子里当"师爷"也好，常常可以在老板那里找到"归宿"。昆明有名的酒馆饭店，联大同学经常出入其间也并不乏人……
>
> 我们的伙食也有一段黄金时代，那是在胜利初来时，大家都以为会有一个安定的局面，物价狂跌，而贷金和公费却并没有跌。这时，我们六样菜中至少有四碗非肉即蛋，不少附近中学的同学都赶到联大来包伙食。①

太平洋战争爆发后，中国唯一拥有的一条脆弱的补给线，是由美国东海岸将物资装船，跨大西洋行驶 1.2 万海里（当时一艘货轮一年至多往返 4 次），到达印度半岛西岸的孟买和卡拉奇，通过轨距宽窄各异的铁路运至印度东北的阿萨姆，再从那里飞跃地球屋脊的喜马拉雅山脉实施"驼峰"空运，到达中国的云南昆明，最后分配到各军事基地。通过这条艰险而又低效的补给线，每月仅有 4000 吨的物资可以成功运入中国，直到 1943 年底，在国民政府的一再要求下，盟国才努力增加到每月 1 万吨左右，② 1944 年底达到每月 3.5 万吨，到了 1945 年 7 月，月空运量跃至 7.1 万吨。

盟军的空运，除了带来军用物资以外，也带来了大量的文化产品。"美国兵在昆明的时候，他们的 Pocket Book（口袋书）和 Armed Services

---

① 走幸田：《我住在新校舍——衣食住行及其他》，《联大八年》，第 88、86 页。
② See Charles F. Romanus and Riley Sunderland, *Stilwell's Command Problems* (Washington D. C.: Office of the Chief of Military History, Dept. of the Army, 1956), p. 110.

Edition（军供书）也解决了一部分联大同学的书荒。中间，有文化名著……都是同学们平时想读而得不到的东西。这种军用品和美军大皮鞋一样，联大几乎是人手一册了。除了这之外，还有大批的 Reader's Digest, Time, Life, News Week（《读者文摘》、《时代周刊》、《生活》、《新闻周刊》）等杂志随着他们来到昆明，也给了联大同学一样'优先'。据说那时昆明的外国杂志比从前上海还要来得快。这些东西，曾给了联大同学一些可贵的知识，因为外国人的书刊是例不受检的。"大量的好莱坞电影也涌入昆明，成为"联大同学最普通的娱乐"。"说到电影，当然离不了欣赏明星，在最近 Ingrid Bergmen（英格丽·褒曼），Claudette Colbert（克劳黛·考尔白，1934 年奥斯卡影后），Spencer Tracy（史宾塞·屈塞，二战期间两度获得奥斯卡奖），Paul Muni（保罗·穆尼，多次获奥斯卡提名奖），Greer Garson（葛丽亚·嘉逊，1942 年奥斯卡影后），Vivien Leigh（费雯丽）是联大同学最欣赏的明星，也有人欣赏 Betty Grable（贝蒂·格拉布尔）一流的人物，但却决没有人欣赏 Carmen Mirenda（卡门·米兰达），从这上面我们也可以看出一点联大同学的习惯。"[①]

昆明本地人的生活又是什么样呢？据《昆明市家庭生活情形调查》统计，1939 年秋至 1940 年夏，昆明本地普通家庭年收入为 1000—3000 元法币，支出中食物占很大比例，约 70%，其余为燃料、房屋、服装等，收支相抵并无太大富裕。米是主要食粮，典型菜蔬包括白菜、菠菜、豆芽、萝卜、韭菜等，以时令便宜者为主，每日仅两餐，分别为上午 10 时左右和下午 5 时左右。衣服为土洋布制，大多自己缝制，每人每月花费 5 元左右，相当节省。成年男子多着长袍、中山装等，而女子着短衣或旗袍。普通户大多是赁居，房屋承凹字型，中间正屋，两边厢房。陈设简单：正屋迎客，设香案，上摆香炉、烛台、佛像、祖宗牌位，中间方桌，八张方凳或四条板凳，两旁各放一张茶几、两张椅子等。与之相比，富裕户收入要高许多倍，主要来源是田产，支出每月在 1 万元以上，食物支出占 40% 左右。每日三餐，分别在早晨 8 时、午后 3 时和晚上 10 时，五菜一汤及各种点心。服饰多有绸衣、皮衣，每人每月开销 70 元左右。男子除长袍中山装外，还着西装，女子多短袄。住宿多为自建，楼上楼下，另有分开的下

---

① 走幸田：《我住在新校舍——衣食住行及其他》，《联大八年》，第 95—96 页。

房、厕所等。摆设也较为考究。①

　　日军第一次空袭昆明是在1938年9月28日。此前一周，昆明首次拉响空袭警报，日军飞机从广西邕宁起飞向西飞行，这是一次虚警。此后，绥靖公署与省政府制定并发布了《昆明市防空疏散办法》。然而那时云南防空仅有两个高射机枪营，力量薄弱。因此，当日机空袭真的来临时，昆明百姓的死伤相当惨重。28日晨9时许，日机9架轰炸小西门外潘家湾，当时警报仅鸣汽笛，也无色彩标识，市民均无躲避空袭的常识和经验，聚集在潘家湾及小西城角苗圃中，轻伤60人，重伤173人，死190人。② 日本空军起初还是试探性的，不久就肆无忌惮地来轰炸，初炸市区，继炸马街子、小坝工厂、五华山机关等地。西南联大常委梅贻琦的日记记有1941年4月8日的轰炸情形：

　　12：45紧急警报，1：05敌机二十七架由南而北，炸弹声数批连续过后，而见城中起黑烟二三处，以后北方亦有炸声，闻为沙朗一带。2：45回至新校舍休息，趁便办公。4：45解除。五点余与诸孩至市中查看：翠湖东南西三面均落弹，一老人在桥边炸死，劝业场大众电影场炸后延烧一空，武成路关岳庙对面烧数家，民生街炸二三处，光华街炸二三处，正义路马市口南炸……乃绕道由民生街、福照街、武成路、洪化桥、钱局街经西仓返寓，因西仓坡东头以南有一未炸之弹，故行人不许经过。途中市民来往极拥挤，幸月色晴好，否则恐不免有意外发生。③

　　一位联大学生在回忆录中记述了自己遭遇炸弹的感受：

　　飞机声音来得近了，仿佛就在头上，抬头看看却不见，一排树正挡着。我们躺在堤边的浅沟里，有一半身体是没有掩护着的。轰的一

---

① 孙蕙君：《昆明市家庭生活情形调查》，李文海主编《民国时期社会调查丛编·城市（劳工）生活卷》（上），第136—167页。
② 谢洁吾、谢德宣：《抗战时期敌机袭昆伤亡简记》，《昆明文史资料选辑》第7辑，昆明市政协文史资料研究委员会编印，1985，第138页。
③ 黄延复、王小宁整理《梅贻琦日记》，清华大学出版社，2001，第22页。

声,震得好不可怕。但并不如想象中的震耳。本能地把耳朵掩着,期待着命运的布摆。

连续着十头声炸弹响,沙飞石走,满天烟土纷纷落下,好像天气忽然变成凄阴而可怖。身上被树枝土粒打着,似痛似痒。然而,隔着这一边阴惨之景象是蓝色的晴空中,高高的在头上的几架敌机逍遥地飞着。

在十多声炸弹响中,似乎有什么压了我的腿部。若是问我那时的感觉,请你就设想,假使自行车的气门皮是有知觉的,那么打气时,气门皮骤然涨开,后又收缩。它会有什么感觉呢?假如你的想法和我一样,你就会明白,弹片打进腿里的感受如何了。

但是,我还没有完全确定我是受了伤,直到最后,我看到,我的两条腿上多了三个窟窿。在那极短的一瞬间,弹片已穿过左腿3英寸厚的肉,又打进右腿里的感受了。[①]

对于没有遭受过空袭损失的人,他们跑警报的心态则是相当轻松的。联大社会系教授费孝通当时以乐观的心态描写了昆明人跑警报的状况:

跑警报也成了朋友聚谈的机会,日子久了,各人都有了一定的所在地。而且,疏散时,大家都觉得逃过工作是应当的,反正在旷野里也没有工作可做。有时我还带书在身上,可是心里总究有点异样,念书也念不下去。最好的消遣是找朋友闲谈。警报帮助了不少情侣,的确是事实,我想实在讨厌这种跑警报的人并不会太多。昆明深秋和初冬的太阳又是别外的可爱。风也温暖。有警报的日子天气也必然是特别晴朗。在这种气候里,谁不愿意在郊外走走!

昆明跑警报,在跑得起的人,即便不说是一种享受,也决不能说是受罪。比不得重庆。我在重庆又热又闷的山洞坐过几天之后,更觉得昆明的跑警报是另一回事了。

但1940年9月13日,费孝通也真实感受到一次被迫搬家的轰炸:

[①] 赵新林、张国龙:《西南联大:战火的洗礼》,上海教育出版社,2000,第58页。

当我们进城时一看，情形确是不妙。文化巷已经炸得不大认识了。我们踏着砖堆找到我们的房子，前后的房屋都倒了。推门进去，我感觉到有一点异样：四个钟头前还是整整齐齐一个院子，现在却成了一座破庙。没有了颜色，全屋都压在有一寸厚的灰尘下。院子里堆满了飞来的断梁折椽，还有很多碎烂的书报。我房里的窗，玻璃全碎了，木框连了窗槛一起离了柱子，突出在院子里。可是房里的一切，除了那一层灰尘外，什么都没有变动。我刷去桌上的灰，一叠稿子还是好好的。一张不缺。所损失的只是一个热水瓶。这是难于相信的。一切是这样唐突，这样不近于事先的想象，场面似乎不够动人。

"着了，着了。"我好像是个旁观者，一件似乎已等待很久的事居然等着了。心情反而轻松了一些，但是所等着又是这样一个不太好看的形象。我太太哭了，也不知为什么哭。我自己笑了，也不知有什么可笑的。

和我们同住的表哥，到厨里端出一锅饭菜来，还有一锅红烧肉。饭上也有一层灰，但是把灰夹走了，还是雪白的一锅饭，我们在院子里坐下来，吃了这顿饭。麻烦的是这一层罩住了一切的灰尘。要坐，要睡，先得除去这一层。这一层被炸弹所加上去的，似乎一拿走，就是原有的本色一般。可是这是幻觉，整个房屋已经动摇，每一个接缝都已经脱节，每一个人也多了这一层取不去的经验：一个常态的生活可以在一刹那之间被破坏，被毁灭的。这是战争。歌颂战争的是在歌颂一件丑恶的事。

哭声从隔壁传来……[1]

美国航空志愿队是从1941年10月开始来昆明支援，进驻巫家坝机场。自从飞虎队驻滇之后，日本飞机轻易不敢再来，轰炸的次数陡然减少。至1943年年终统计，日机共空袭37次、613架次，致轻伤893人、重伤1716人、死亡1440人。[2]

---

[1] 费孝通：《疏散——教授生活之一章》，西南联大《除夕副刊》主编《联大八年》，新星出版社，2013，第70、72—73页。

[2] 《昆明文史资料选辑》第7辑，第129—130、138—140页。

昆明附近为山区地形,各种山洞较多,自然成为人们"防空洞"的首选。昆明多数天然形成的防空洞,与重庆居民自行挖凿的局促的防空设施比起来,要相对舒适、宽敞。老百姓躲防空洞的时候,时常会携带一种用小麦粉做成的馍馍,命名为"警报饼",又甜又香。由于法币的贬值,"警报饼"的价格也在战争期间随着恶性膨胀,由最初的两三分钱涨到一二百元一个,和昆明特产米线饵块差不多,以月最低伙食费5万元来看,已是经济型美味。① 有的人还会携带坐具,毕竟要待上几个钟头,可以舒适些。② 西南联大中文系学生汪曾祺曾写过一篇回忆当年在昆明跑警报的散文,其中一节谈到跑警报甚至成了青年男女谈恋爱的机会,"跑警报说不上是同生死,共患难,但隐隐约约有那么一点危险感,和看电影、遛翠湖时不同。这一点危险感使双方的关系更加亲近了"。③ 真是战火中的浪漫。云南大学的学生编有防空歌一首:

日本小鬼好凶暴,飞机到处瞎胡闹,炸弹乱投机枪扫,害我百姓真不小。

同胞同胞不要怕,听我说个躲避法,只要避法想周全,自然不会有危险。

头个法子真正好,家家挖个防空壕,三尺宽来一丈深,越深越好保安稳。

上用木板盖起来,再加厚土平均匀。留下几个通气孔,免得被塞难容身。

飞机来了钻进去,炸弹落下可放心。第二件事要记牢,飞机来了莫乱跑。

更忌人多在一处,指指画画看热闹。快快走进屋子里,床铺底下去躺好。

若是恰在田野里,赶快就往地下倒。靠近田埂或树下,荫影地方藏更好。

---

① 潘世征:《战时西南》,华夏文化事业社,1946,第3页。
② 黄延复、王小宁整理《梅贻琦日记》,第35页。
③ 汪曾祺:《跑警报》,冯至主编《世界散文精华(中国卷)》,江苏文艺出版社,1994,第662页。

路旁若有田和沟，两手扑地快卧倒。躲好千万不要动，一动会被人看晓。

第三件事要记清，夜里防空要吹灯。烟头火柴不要点，手里电筒一旁扔。

第四有些零碎事，大家也要细心听。衣服莫穿鲜颜色，大白大红最显明。

烟囱灶火要盖好，火烟不要往上升。哪家若有婚丧事，锣鼓喇叭都要停。

莫说这些是小事，遇到危险就不轻。以上大家能照办，包管各位得安宁。①

云南作为大后方，原本偏僻之地一时间知识分子众多，大师云集，成为仅次于重庆的文化中心。以翠湖边的靛花巷为例，这里就居住着不少学者和作家。在丁字坡下首南侧，两三分钟就可走到水边，据说民初的时候有个叫王靛花的老板在此浆染，是以得名。靛花巷3号，是一座三层楼的小院，中研院史语所也曾驻过这里，后来成为北大文科研究所和西南联大的教授宿舍，赵元任、陈寅恪、傅斯年、汤用彤、老舍、夏济安等都住过这里。据说傅斯年曾摆动着胖乎乎的身躯爬到三楼去告诉陈寅恪躲警报。夏济安还在这里写下了自己对一位年轻女生的爱慕。② 与靛花巷相媲美的还有一个文化巷，在大西门内，西通文林，北通云大，很有文化气息。文化巷11号，住过钱钟书、罗廷光、杨武之、施蛰存和吕叔湘等诸位先生。

"云南王"龙云为了维护地方利益，常对国民党中央政策阳奉阴违，这也使昆明很快成为继上海、香港之后又一左派文化中心。西南联大、云南大学等高校，聚集了像潘光旦、费孝通、闻一多、吴晗等一大批左派著名人士。在民族危机和生活窘迫的双重压力下，知识分子容易左倾，闻一多即是如此。因家中人口多，时有断炊之虞，闻一多甚至挂牌治印以为津贴，并在昆华中学兼职任教。由于受到中共党员华岗、周新民以及楚图南的影响，闻一多开始接触毛泽东《论联合政府》和朱德《论解放区战场》

---

① 闻黎明：《抗日战争与中国知识分子——西南联合大学的抗战轨迹》，社会科学文献出版社，2009，第112—113页。

② 余斌：《昆明记忆：学人与学府》，云南民族出版社，2003，第78、87页。

等著作，热心政治活动，并于1944年夏经吴晗介绍加入了成立不久的民主同盟。民盟等组织在后来的学生运动中发挥了重要作用。

除昆明外，云南的其他地方也迅速被开发。以前人们谈起滇南、滇西，常常会想起《三国演义》提到的烟瘴之地，好像云南山林之中有那么一种气体，足以致人死地。其实，这种烟瘴并不存在。招人误解的缘由主要是经蚊虫叮咬后感染的疟疾，有几种较为严重的，传染后起初并无明显症状，却在血液中大量繁殖病毒，感染者发高热，突然昏死。另一种危险是山涧溪水，看上去透明澄净，但可能含有肉眼无法觉察的有毒矿物质或微生物，带有腐蚀性。当时的旅行者多通过不饮生水和定期服用金鸡纳霜（奎宁）来预防。美军参战后，美援逐步增加，但在战争年代，奎宁仍是稀缺药品，后来成了人们倒卖、贪腐的重要药品。

蒙自县位于昆明以南320公里的个（旧）碧（色寨）石（屏）铁路线上，是云南六大坝子之一，汉、彝、苗、壮、回等多民族聚居，始设于元至元十三年（1276），一直是滇东南重要的物资集散地，明清后成为军事重镇。中法战争后，蒙自开为商埠，并设立了滇省第一个海关，法国势力迅速进入，领事馆、银行、医院、公司纷纷设立，中国人开设的饭店、粮店、货仓等亦超过百家。西南联大由于昆明校舍不足，而租借蒙自海关大院，包括海关税务司署、法国领事署、滇越铁路局、东方汇理银行等处房屋百余间，建立分校3个月，一时涌进文法两学院师生300余人。蒙自没有山珍海味，当地人吃的是红棕色的稻米、过桥米线和年糕。战时蒙自除了一架中国空军飞机缺油紧急迫降外，就是学生发起的灭蝇运动，给静谧的生活带来波动。[①] 陈寅恪在蒙自写下当时的心境，有诗为证："风物居然似旧京，荷花海子忆升平。桥边鬓影犹明灭，楼外笙歌杂醉醒。南渡自应思往事，北归端恐待来生。黄河难塞黄金尽，日莫关山几万程。"[②]

第四节　清凉山下

抗战时期，在陕北的黄土高原上，有着中国的另一个政治中心：延

[①]　〔美〕易社强：《战争与革命中的西南联大》，第75—76页。
[②]　胡文辉：《陈寅恪诗笺释》，广东人民出版社，2008，第122页。

安。由于中国共产党高扬民族主义旗帜，在空前严重的民族危机的呼唤下，延安一度成为青年人向往的革命圣地。众多知识分子从沦陷地逃出后，不是去了西南重庆、昆明，就是北上延安。

延安曾称肤施，这座西北黄土高原上的古城本来默默无闻，是张学良东北军的防地。1936年12月西安事变后，东北军退出肤施县城。1937年1月，中共中央进驻肤施城，以城区为主设立延安市，直属陕甘宁边区政府领导，1938年老县城遭受过一次日机轰炸，变成残垣断壁，基本废弃。不久，中共在县城的南门外，建设了一个新的延安。

为什么地处偏僻、交通不便、生活艰苦的延安会吸引如此众多的知识青年，不畏长途跋涉，历尽艰难，从全国各地纷纷涌入，它的吸引力何在，这引起了许多人的好奇。一位青年学生曾向英国记者贝特兰回答道：卢沟桥事变时，"我在上海，立刻我就去南京投效工作。但是在南京，什么也没有——只有老官吏、老官僚。屡屡总是叫我们在一个办事处里等一等，于是，明天再来。很多人是这样走掉了……我们中间的许多人，都觉得顶好只有向第八路军学习。延安的领袖们有伟大的政治经验，而且特别精于游击战术和民众运动。我们到西北来学习这些东西"。[①]

还有许多青年是因为在学校时接触到左翼文学而走上延安的道路。战地摄影师项俊文就是其中一员。项俊文家住浙江金华农村，家道因为父亲去世而中落，母亲靠卖田供其就读金华中学。他爱好文学，喜欢读鲁迅、叶圣陶的作品，特别是对鲁迅先生非常崇拜，曾赴上海补习数月，其间接触和了解左联的进步作家和革命文艺。母亲去世后，项俊文辍学务农，任过小学教师和土地测绘员，直到抗战爆发。1937年冬天，他决心北上参加延安抗日军政大学，"那里又可抗日又可读书"。这样，书卷气浓厚的20岁青年项俊文毅然将祖屋典卖100元钱，作为去延安的路费。他在延安抗大待了一年，1938年冬被总政治部安排为敌后采访团的记者，1943年牺牲。[②]

抗日战争爆发后，延安的吸引力不仅仅体现在进步青年中，甚至一些上海的资本家和南京政府的要员，因对国民党抗战政策的不满，也对刚刚

---

① 〔英〕贝特兰：《华北前线》，林淡秋等译，新华出版社，1984，第93—94页。
② 陈真主编《寻找英雄——抗日战争之民间调查》，第106—123页。

重返政治舞台的中国共产党抱有极大的希望。早在1937年南京沦陷不久，国民政府行政院参事陈克文就在日记中感叹道："政府改组，最好请毛泽东做行政院长，朱德做军政部长，他们的办法要多些。"① 只是他们一时还放不下原有的地位或优越的生活。而毅然投奔延安的知识青年们，一到延安，立刻看到一个充满生气和活力的新天地，看到一个真挚而平等的新的人际关系，觉得自己的选择是正确的。来自上海滩的著名摄影家吴印咸，受周恩来之邀到延安拍摄纪录片，不久就留在了延安。他回忆刚到延安时的情景写道：

> 浑厚坚实的黄土，傍城东流的延河，嘉陵山上高耸入云的古宝塔，以及那一层层、一排排错落有致的窑洞，这一切都使我感到新鲜，特别是这里的人们个个显得十分愉快、质朴，人们之间的关系又是那么融洽。我看到毛泽东主席、朱德总司令等人身穿着粗布制服出现在延安街头，和战士、老乡唠家常，谈笑风生……我被深深地感动了。我觉得我已经到了别一个世界，这正是我梦寐以求的理想所在。②

城市来的青年刚到延安时都有些不适应。食宿虽然实行供给制，但标准很差。饭是小米，非常粗糙；菜一年四季常是豆角、土豆，基本上是这两样煮成汤，上面漂着一点油。一个礼拜吃到一次馒头和一两次肉。因为延安产井盐，所以边区的盐很充足，但糖是不多见的，是难得的奢侈品。开饭的时候，由被称为"小鬼"的十来岁农村儿童打饭。盛饭的器具是用以前装煤油的白铁桶割成两半做的四方形钵子，一头装小米饭，一头盛菜汤。服装也是统一配给，一年发一套单衣，没有衬衣衬裤；两年发一套棉衣、棉裤。不发鞋，也买不到，原来的鞋穿破了，就打草鞋。没有牙膏，可以买到牙粉。没有洗澡设备，洗浴很困难。洗脸、洗澡水都要存起来，用来冲刷马桶。③ 住的是窑洞，冬天点炭火。而且跳蚤应该是他们最常见的敌人。于光远饶有兴味地回忆他到延安第一晚的情景：

---

① 陈方正编辑、校订《陈克文日记》，社会科学文献出版社，2014，第147页。
② 吴印咸：《延安影艺生活录》，艾克思编《延安文艺回忆录》，中国社会科学出版社，1992，第267—268页。
③ 《李锐口述往事》，香港，大山文化出版社，2013，第140—141页。

被跳蚤咬，说起来无非痒就是了，痒就想挠，那天不知道有多少跳蚤向我进攻，到处咬，我就必须到处挠，可是我只有两只手，实在分不出手来到处搔挠，毫无办法。我越是想睡，就越是睡不着，越睡不着心里越烦，越烦也就越睡不着，实在难以忍受。那晚我睡的还是木板床，我想如果睡土炕不知道会怎么样！那一晚我就和跳蚤展开一场大战，整整折腾了一夜，尽管身体很疲劳，想躺着休息，可是实在战胜不了跳蚤，最后只得站起来，退出战场。干脆走到房间前面的场上，来来回回地走。这时候跳蚤倒不再咬我。可是我实在困得不行，看到那里放着几根原木，我就从房里抱出棉被裹着躺在原木上去，而我竟然在那里睡着了。[1]

延安的教育系统与一般的社会教育、国民教育有着很大差异。首先，接受教育的多数人先前具备了一定的文化基础，教育以思想训练和思想改造为主；其次，他们是"公家人"，几乎没有私人财产，过着集体主义供给制的生活。[2] 学校系统包括：(1) 培养军事干部的抗日军政大学；(2) 培养文艺干部的鲁迅艺术学院；(3) 培养青年干部的陕北公学、泽东青年干部学校；(4) 培养地方干部的行政学院；(5) 培养妇女干部的中国女子大学；(6) 培训中共理论人才的马列学院；(7) 培训中共高中级干部的中央党校；(8) 培养民族干部的民族学院。此外，还有日本共产党领袖野坂参三（冈野进）负责的反战日人工农学校。

抗大的前身是中国工农红军大学，1936年秋红军三大主力会师后，中共中央在瓦窑堡创办，主要是培养红军指挥员。红军大学没有第二期，抗大没有第一期，两校是前后相接的。西安事变后，实现了国共第二次合作，大批爱国青年开始投奔延安，要求进红大学习。1937年1月，红大从第二期更名为中国人民抗日军事政治大学，从此，抗大开始招收外来投奔革命的知识青年。

抗大的学习时间一般为6个月，特殊情况有长有短，学制灵活。学员

---

[1] 于光远：《我的编年故事：1939—1945》，大象出版社，2005，第18页。
[2] 高华：《革命大众主义的政治动员和社会改革：抗战时期根据地的教育》，杨天石、黄道炫编《战时中国的社会与文化》，社会科学文献出版社，2009，第30页。

既学军事，又学政治。教学方法采取启发式、研究式和实验式，强调理论联系实际，学以致用。抗大连续办了8期，连同后来建立的各根据地分校共培养和训练了20余万名军事、政治干部。抗大校长是林彪，毛泽东兼任政委，副校长罗瑞卿，教育长刘亚楼。

1938年初，抗大自第四期开始，学员数量呈井喷式发展，共招收学员5562人，比前三期总和还多，其中知识青年学员4655人。当时，参加抗大的学员并不以学历为主要标准。学员80%是来自全国各地的青年学生，其中大部分是来自城市的高中学生，也有少数大学生和初中毕业生，还有少部分受党影响的工人学员，慕名而来，他们中有的人是出于好奇，感觉好就留下来，不好就走，那时中共的政策也是来去自由。可以说抗大同黄埔军校前六期有很多相似之处。毛泽东曾讲过："昔日之黄埔，今日之抗大，先后辉映，彼此竞美。"[1] 抗大的政治课设政治经济学、哲学、科学社会主义三门，由杨松、艾思奇和徐懋庸主讲。军事课主要介绍进攻防御、地形地物等常识，并练习步枪和手榴弹。[2] 当时的形势发展很快，抗大也不可能进行长时间正规、严格的军事训练，只是简单教练一些操场动作，包括立正、稍息、列队、集合等，射击也只是以步枪为主，机关枪大家都没有摸过。红军指战员参加抗大学习的，一般是独立编队，个别时候他们也和外来学生一起上大课。据抗大四期学员黎原回忆：

> 由于我学习工作表现积极，一个多月后，支部决定发展我入党。当时入党并不公开，记得我们一起宣誓的有七个人，组织上安排我们在学校附近的小树林里秘密宣誓。我感到既神秘，又神圣。我们队第一批入党的只有二个人，一个是我，另一个是工人出身的同志。那时，组织上特别强调要保持无产阶级的纯洁性，因此入党要求比较严格。

由于抗大第四期招收学员多，发展太快。有时一天投奔到延安的青年学生就可以编成一个队，几个月抗大就要办一个大队。当时，政治教员还是比较好选，有许多高级知识分子，如北平和各地大学的进

---

[1] 《黎原回忆录》，解放军出版社，2009，第82、91页。
[2] 雍桂良等：《吴亮平传》，中央文献出版社，2009，第310页。

步青年在抗大学习毕业后，经过集训，可以充当政治教员。但军事教员奇缺，师资力量严重不足。6月初，学校决定从学生中挑选部分过去受过军事教育、表现突出的学员任军事教员。由于我工作积极，又光荣地加入了党组织，领导就选我到四大队任军事教员。我从学员提干当教员，前后仅三个月。①

中共中央和毛泽东对抗大的发展非常重视。毛泽东几乎出席了抗大各期的开学典礼，并经常到抗大讲课，他的军事名著《论持久战》就是最先在抗大演讲的。他后来回忆："那时我可讲得多，三天一小讲，五天一大讲。"他讲课内容十分广泛，其中主要是谈战略问题。他特别强调"提高战略空气"，"只有了解大局的人才能合理而恰当的安置小东西。即使当个排长也应该有全局的图画，也才有大的发展"。后来，有一个毕业的学员给毛泽东写信说："过去未来这里以前，在外边看过很多的书报杂志，五花八门，懂得了不少，可是抓不住中心，摸不着方向。但是到了这里以后，就学到了中国社会性质是什么，知道了中国是半殖民地半封建的社会。"毛泽东看后非常满意，认为这是学到了"重要的中心的一点"。②

鲁迅艺术学院则是进行文艺宣传的基地。1938年初延安为了吸纳来自上海、南京的文艺工作者，在桥儿沟一座哥特式天主堂成立鲁艺，旨在使艺术成为"宣传、发动与组织群众的最有力的武器"。学院有四五百名学生，分文学、戏剧、音乐、美术四系，外加一个话剧团、一个平剧团。戏剧和音乐系的师生经常在延安举办晚会演出，美术系有美术工场，文学系要出版延安的各种刊物，还有混合艺术队走出校门到边区各县流动演出宣传及体验生活。鲁艺也会集了一批著名文学艺术家，包括茅盾、冼星海、艾青、华君武、丁玲、萧军等。延安的大型文艺活动，大都由鲁艺的音乐戏剧系师生担任伴奏。音乐活动的主要形式是歌咏，注重民歌，乐器有锣、鼓、琴、箫，也有钢琴、小提琴，有的时候同时演奏起来，中西杂陈，别有一番风味。

中共中央西北局所在的花石砭旁边有一条川，名唤杜甫川，川后北侧

---

① 《黎原回忆录》，第88—89页。
② 毛泽东1938年3月20日对抗大三大队临别演词记录，见金冲及主编《毛泽东传（1893—1949)》，中央文献出版社，1996，第529页。

的一大片窑洞便是自然科学院所在地。再向西走,有一大片空地,从1940年起开辟为光华农场。大生产时期,光华农场对外提供改良蔬菜种子,鼓励干部学员自力更生、生产自救。

由于延安的外来人口普遍年轻,整个延河两岸就像一个大学校园。晚饭后,男男女女、三三两两到河边散步。有人唱着歌:"沙漠像黄的海洋……蒙古包似起伏的小岛,骆驼在那里荡漾……"① 是那种让外人一下子就会喜欢的地方。此时的延安,女性人数远远少于男性,已婚夫妻双方又多在不同的单位工作,加之共产党强调过集体生活,对家庭生活有许多限制,很多家庭只有在周末才有机会小聚。普通妇女如果怀孕,因不能放弃工作,常常选择堕胎。部分高级干部的子女可由边区政府负责养育,配给勤务员,还可以入保育院,由于物质匮乏,普通干部则享受不到这些待遇。延安的医疗条件也比较差,只有两个医院,中央医院在陕北公学与中央保育院之间李家洼村旁的山沟里,白求恩国际和平医院则在15公里以外的柳树店,条件都很简陋。

据统计,到抗战后期,投奔延安的知识分子和青年学生超过4万人。延安吸引他们的当然不是物质生活。同时,中共的迅猛发展,也迫切需要吸收大量有文化的"革命知识分子参加党,参加军队,参加政府工作"。中共原有的干部绝大多数是工农出身的老红军,他们同新来的知识分子生长环境完全不同。如何处理好工农干部与知识分子干部的关系,引起毛泽东的关注,他专门撰写《大量吸收知识分子》一文,要求全党高度重视,特别指出:"对于一部分反对知识分子参加工作的干部,尤其是主力部队中的某些干部,则应该切实地说服他们,使他们懂得吸收知识分子参加工作的必要。"② 为了充分调动知识分子的积极性,中共中央对他们的生活给予了特别优待。据时任抗大教员的徐懋庸回忆:

> 譬如,红军出身的各级领导干部,一般每月的津贴费,最多不过四、五元,而对一部分外来的知识分子,当教员或主任教员的,如艾思奇、何思敬、任白戈和我这样的人,津贴费每月十元。一九三八、

---

① 于光远:《我的编年故事:1939—1945》,第16页。
② 《毛泽东选集》第2卷,第618—619页。

一九三九年间，延安的物价很便宜，猪肉每斤只值二角，鸡蛋一角钱可买十来个。所以这十元津贴费，是很受用的。我第一次在延安时，还兼了鲁迅艺术学院的一点儿课程，另有每月五元的津贴费，此外还有一些稿费，所以我是很富的，生活过得很舒服。①

作家萧军在日记中也记录了他的薪水待遇："这里的作家共分——1. 特等：如茅盾，小厨房，双窑洞，男勤务和女勤务，开销不限。2. 甲等：每月十二元津贴，不做正常工作。3. 乙等：八元。4. 丙等：六元。5. 工作人员：四元。"② 知识分子除了津贴外，还有相当不错的稿费收入。1939年初，毛泽东曾致信边区政府教育厅厅长周扬，请他修改《陕甘宁边区实录》一书，在信的结尾，毛泽东还特别写道："备有稿酬（每千字一元五角），当分致你与李、和（李六如、和培元）三同志，借表酬劳之意。"③ 按徐懋庸的记载，每千字一元五角的稿费，大致可以买到 20 斤鸡蛋。

抗战时期，延安的知识分子办了许多刊物，无论是铅印的还是油印的，无论是内部出版还是公开发行，大都支付稿酬。如 1940 年 8 月陕甘宁边区大众读物社创办的《大众习作》，登出的稿约里就说"寄来的稿子，凡是登载出来的，每一千字送稿费一元"。④ 基层刊物的"习作"稿费尚有一元，更不用说比它影响大得多的《解放日报》、《中国文化》等报刊了。1941 年 9 月，毛泽东在《反对主观主义和宗派主义》一文中，谈到稿费问题时特别强调要按质按需来定标准，他说："对研究实际问题的文章，要多给稿费，能使马克思主义中国化的教员，才算好教员，要多给津贴。"⑤

著名学者何干之是抗战爆发后第一批到延安的知识分子，他的待遇是"每月 20 元津贴费，还派给他一名警卫员"。⑥ 音乐家冼星海到延安的最初日子生活不习惯，甚至负气地对人说："保证我吃鸡，否则一行旋律也写不出。"但他很快就适应了延安的生活，他在给友人的一封信中提到当时受到的优待：每月津贴 15 元。据李耀宇回忆，长征到达陕北后，他一直在

---

① 《徐懋庸选集》第 3 卷，四川人民出版社，1984，第 337 页。
② 萧军：《延安日记》（上），香港，牛津大学出版社，2013，第 56 页。
③ 《毛泽东书信选集》，中央文献出版社，2003，第 125 页。
④ 陈晋：《漫谈延安时期知识分子的待遇》，《党的文献》2015 年第 1 期，第 117 页。
⑤ 《毛泽东文集》，人民出版社，1993，第 373 页。
⑥ 《何干之文集》第 2 卷，北京出版社，1994，第 1 页。

中央机关做后勤工作。1940年春,他到延河边一家"胜利食堂"的饭馆学厨。当时萧三、萧军、马海德夫妇们是这家店的常客。他们来吃饭,都引进里屋的"雅间"。萧军那时有钱,点菜花样多,酱牛肉、卤鸡、卤肝、叉烧肉样样都点一些,喝了白酒,剩下的菜统统打包兜走。在延安,萧军最早要求吃甲鱼,食堂管理员买的甲鱼,一只五六斤重,一元多边币一只。而当时已经和毛泽东结婚的江青一两个月才来吃一顿,每次来只吃两碗馄饨,要不就喝一碗片儿汤。看来那时她没有多少钱。① 而同期在前线的广大八路军官兵的待遇则远远低于知识分子。1939年1月21日,朱德、彭德怀致电八路军各部,"规定自本月起,特种兵如骑炮工各级干部每月津贴如下:班长一元五角,排长二元五角,连长三元五角,营长四元。政治工作人员与步兵的士兵一元,不另增加"。②

1940年后,随着陕甘宁边区人口激增,边区脱产人员已由1938年的1.6万人,增加到6.5万人,而边区财政收入每年仅800万元,远远低于每年2500万元的支出,使得财政状况日见捉襟见肘。③ 边区供应和税收均以小米结算,农民的负担随之膨胀,造成当地农民不满。1941年6月的一天,边区政府开会讨论征粮时,天正下着大雨,会议室突然遭到雷击,一位县长被雷击死,与会的一位老农民就说:"唉呀,雷公为什么没有把毛泽东打死呢?"当时保卫部门要把这个农民当作反革命处理,被毛泽东阻止。他公开表示:"其原因只有一个,就是征公粮太多,有些老百姓不高兴。"④ 为了生存,毛泽东提出两个解决办法,一是大生产运动,一是精兵简政。为了缓解边区的困难,这年12月,毛泽东在西北局高级干部会议上还批评了那种不顾环境需要,单纯强调政府应施"仁政"的观点:"为了抗日建国的需要,人民是应该负担的,人民很知道这种必要性。在公家极端困难时,要人民多负担一点,也是必要的,也得到人民的谅解。"同时,他也

---

① 李耀宇口述、李东平整理《一个中国革命亲历者的私人记录》,见陈晋《漫谈延安时期知识分子的待遇》,《党的文献》2015年第1期,第116、118页。
② 中共中央文献研究室编《朱德年谱(新编本)》,中央文献出版社,2006,第854页。
③ 中共中央文献研究室编《任弼时年谱》,中央文献出版社,2004,第384页。
④ 《毛泽东在七大的报告和讲话集》,中央文献出版社,1995,第143—144页。另参见王渔等编《林伯渠传》,红旗出版社,1986,第354页;师秋朗整理《峰与谷:师哲回忆领袖毛泽东》,红旗出版社,1997,第195页。

反对"不顾人民困难,只顾政府和军队的需要,竭泽而渔,诸求无已"。[1]

开展大生产运动,号召精兵简政,推行军队屯田,鼓励移民垦荒,几乎所有的干部、士兵、老百姓都参与其中,上山开荒,种上小米种子。很多人每天5点多就起身,不洗脸,不刷牙,听哨音集中上山;6点开始劳动两小时;8点下山吃饭,饭后再上山;9点开始劳动四小时;午后1点下山吃第二顿饭,也是干饭,吃完又上山劳动四小时,回来吃晚饭,吃的是稀饭;吃完稀饭,就洗脸刷牙睡觉。累了一天,躺下马上就可以熟睡。[2] 大生产运动几乎动员了延安所有的人。《解放日报》每日第二版的报道九成是生产消息:什么人半夜就上山开荒,什么人开荒打破纪录啊,哪一家的婆姨每天纺纱几两啊。[3] 大致到1942年底,边区经济困难才略有好转。

尽管延安的物质生活相对单调,但文化生活丰富多彩。"团结,紧张,严肃,活泼"是延安真实的写照。与蒋介石在重庆禁止公务员跳舞不同,延安几乎每个周六各部门都会举办舞会。延安城里由原基督教教堂改建的中共中央办公厅大礼堂、城东门外桥儿沟原天主教堂改建的鲁艺大礼堂、城南门外的自然科学院礼堂、城西门外延河两岸的王家坪八路军总部大礼堂、女子大学礼堂或操场、蓝家坪的马列学院大礼堂、中华全国文艺界抗敌协会延安分会所属的作家俱乐部、大砭沟的文化俱乐部等,几乎都有文艺晚会或交际舞会。只有教堂两处的舞场是青砖地面,其他舞场都是平整的黄土地。有的露天舞场由于天气干燥,跳舞人多而难免尘土飞扬。女性的草鞋或凉鞋上缀上一对跳跃的绒线红球,就成了舞场上的时髦。音乐伴奏虽然简单,但时常是现场乐器演奏,有口琴、风琴、手风琴、小提琴、竹笛、二胡等。

秧歌是北方农村特有的民俗舞蹈,在陕北更是常见,渐渐变成了一种群众文娱方式,并赋予了政治意味。于光远记述了自己在延安第一次扭秧歌时的情形:

> 这时,在沟里对面走来了一个村干部,很熟悉地招呼我们:"老

---

[1] 《毛泽东选集》第3卷,第893—894页。
[2] 于光远:《我的编年故事:1939—1945》,第175页。
[3] 中共陕西省委党史研究室编《中外记者团和美军观察组在延安》,陕西人民出版社,1995,第478页。

于！老庄！快上去跳秧歌去吧！"我们就跟着上去了，学着农民的样子，跟着那一群农民唱歌，也跟着那一群农民扭起秧歌来了。秧歌本来就很容易跳，可是这一跳，我明显地感到感情上的一个变化，马上感觉到同农民的感情发生了一种融合。我对自己的这种转变很奇怪。以后延安整风，毛泽东讲到一个人感情转变的时候，我就回忆起我的第一次跳秧歌舞的情况。我说在那次我同农民一起跳秧歌舞的确产生了一种特别的情愫。如果一起跳的人不是农民，我就不会有那样的感受。①

延安的各类文化团体很多，有抗战文艺工作团、延安合唱团、延安业余剧团、战歌团、路社、边区诗歌总会、山脉文学社、山脉诗歌社、鲁迅文艺工作团、文协延安分会文艺小组工作委员会、大众读物社、大众化问题研究会、延安新诗歌会、延安鲁迅研究会、延安诗会、延安小说研究会、延安抗战剧团、陕甘宁边区民众娱乐改进会、陕甘宁边区民众剧团、鲁迅实验剧团、延安烽火剧团、边保剧团、鲁艺平剧团、西北青年救国联合会总剧团、延安业余杂技团、延安星期音乐会、鲁艺木刻工作团、鲁艺漫画研究会、鲁艺美术工场、延安大众美术研究会、陕甘宁边区抗敌电影社、延安电影团等。

延安虽然距离前线很远，但也会提醒着人们战争还在进行。1944 年夏美军观察组来到延安，他们接触到的一切都与抗战有关。延安鲁迅艺术文学院为美军观察组举办过一次招待晚会，学院花园里挂满了五颜六色的灯笼，布置得非常漂亮，几乎所有男男女女都表现出自己的文艺修养，演出了一些有关前线故事的话剧，之后是交际舞，然后扭秧歌，受到各类人士的欢迎。②

美军观察组第一任组长包瑞德（David Barrett）上校曾描述他看到的一次八路军演习："我方［共产党］部队以密集的队形冲锋，步枪、机关枪空膛击发。还铺设了战场电话线。一些士兵被电话线绊倒，并重重地摔倒在地上。最后一个项目是在高声叫喊声中肉搏拼刺。接着，我们被告知，

---

① 于光远：《我的编年故事：1939—1945》，第 35 页。
② 李效黎：《再见，延安!》，香港，文艺书店，1975，第 209 页。

'敌人'损失惨重,被打垮了。"① 《纽约时报》记者爱泼斯坦笔下则描绘了军民协防抗日的图景,八路军不但战斗英勇、战功赫赫,而且还训练民兵:"每一村的进口处都有便衣民兵守卫着,他们携带着各种各样夺来的日本武器,从汤姆枪到手榴弹,各种各样的土造武器,从前膛炮、地雷到红缨枪。当任何人走近时,村里人,常常是妇女或儿童,或在放羊或在防线,挡住了路,要看路条……"②

比他们还早的美国记者斯诺(Edgar Snow)曾记叙这样一段红军的生活:

> 红军有他们自己的许多游戏,而且不断地在创造新的游戏来。有一种叫做"识字牌",是帮助不识字的人学习他们的基本汉字的比赛。另一种游戏有点像扑克牌,但高分牌上分别写的是"打倒日本帝国主义"、"打倒地主"、"革命万岁"和"苏维埃万岁"!低分牌上写上的口号,根据政治和军事目的而不同。此外,还有许多集体游戏。共青团员负责列宁室的节目,每天也领着大家唱歌。其中许多歌曲是配着基督教赞美诗的调子唱的!③

就这样,在民族主义的旗帜下,延安形成了一套自己独特的团结紧张、严肃活泼氛围,并融入每一位延安居民的生活中。

---

① 《中外记者团和美军观察组在延安》,第346页。
② 尹均生主编《中外名记者眼中的延安解放区》,华中师范大学出版社,1995,第234—235页。
③ 〔美〕埃德加·斯诺:《西行漫记》,董乐山译,中国人民解放军战士出版社,1979,第257页。

第十章
战时的社会动员

抗日战争不仅是一场伟大的民族救亡运动，更是一场民族觉醒的启蒙运动。为了争取抗日战争的最后胜利，中国各阶层大都投入其中，中华民族的觉醒达到前所未有的程度。要实现民族救亡，依靠什么力量？这自然离不开万众一心的共同奋起和广泛的社会动员。在动员广大民众的过程中，社会精英、政党都发挥了不可替代的重要作用。本章着重论述战时社会动员中，广大民众是怎样了解、认同并支持、投身抗战的过程。

第一节　精英与民众

七七事变爆发前，平津一带虽是中国的领土，却到处可以看到荷枪实弹、气焰万丈的日本军人和骄横不法的日本浪人，到处可以看见潮水般涌向全国的日本走私货物和毒品。日本飞机每天都在北平低空盘旋，他们军事演习的枪炮声不断传入学校的课堂。青年学生们不禁要问："先生，我们还能念书吗？"这是多么悲愤的提问！这种悲愤的情绪郁积着，奔突着，增长着。整个中国就像一座喷薄欲发的火山，一旦受到触动，便会出现惊天动地的大爆发。离开民众这种普遍而强烈的情绪，抗日救亡运动高潮的兴起是难以想象的。

面对民族危亡，社会精英在社会动员中发挥了巨大的促进作用，他们利用各种民众喜闻乐见的形式，唤起民众的觉醒，而最具号召力又能为广大民众迅速接受的形式莫过于歌咏。以聂耳创作的《义勇军进行曲》为主题歌的电影《风云儿女》，正是在1935年拍成的。"中华民族到了最危险的时候，每个人被迫着发出最后的吼声。"这首歌迅速唱遍全国并在海外华人中流行。每当人们唱出"起来！起来！起来！我们万众一心，冒着敌人的炮火前进！前进！前进进"时，没有不热血沸腾，激动万分的，它确实唱出了中华儿女的普遍心声。

早在九一八事变不久,中国的音乐人就迅速行动起来,创作出一批激动人心的歌曲,如作曲家萧友梅创作了《从军歌》,黄自谱写了《抗敌歌》、《旗正飘飘》,任光写了《十九路军》,这些作品强烈表达出中国人民团结抗日、驱逐敌人的愿望。"一二·九"运动后,救亡歌咏运动更是出现了全国性的热潮,一批救亡歌曲如《五月的鲜花》、《救亡进行曲》、《打回老家去》、《松花江上》迅速产生并传遍全国。有人回忆说:"像当年中国那个情况,人心涣散,你怎么能够把力量团结起来,把人心凝聚起来,把精神调动起来,起的作用最大的是歌曲。当东北军听到《松花江上》这首歌的时候,当年真是群情义愤、热泪盈眶啊!老人跟我讲,一曲《松花江上》顶得上一个军的力量啊!"[①]

南京失陷后,武汉一时成了全国歌咏运动的中心。冼星海创作的《到敌人后方去》、《游击军》、《我们在太行山上》,麦新的《大刀进行曲》更是传遍了大江南北。冼星海和张曙经常奔波在武汉的许多歌咏团之间,忙于教歌,教指挥。那时从武昌到汉口要坐轮渡过江,很费时间,武汉天气又热,烈日当空,但是他们不辞辛苦地奔波,后来还举办了有120名学员参加的歌咏训练班,教授基本乐理、歌曲创作和指挥,很有成效,培养了一批音乐工作者,这些人奔赴抗日前线,动员更广泛的民众。[②]

除了歌咏外,演讲、戏剧、美术、电影、标语等各种形式的宣传手段,都被社会精英广泛用于社会动员。这期间军事委员会政治部第三厅起到了重要的模范作用。

1938年4月,国民政府改组军事委员会,下设政治部,以蒋介石的嫡系将领陈诚为部长,以共产党人周恩来、中华民族解放行动委员会(即国民党临时行动委员会)的黄琪翔为副部长,以刚刚从日本回国的郭沫若为第三厅厅长,前创造社成员范寿康为副厅长,成立了抗战时期多党派联合抗日宣传动员机构。政治部第三厅下设一个办公室、三个办事处(分别负责宣传、艺术宣传和对日、国际宣传),外加一个漫画宣传队、一个由孤儿组成的孩子剧团、四个抗敌宣传队和十个抗敌演剧队,

---

① 陈真主编《寻找英雄——抗日战争之民间调查》,第78页。
② 苏智良等编《去大后方——中国抗战内迁实录》,第358页。

总人数超过两千。① 第三厅一直持续到1940年10月，后改组为文化工作委员会。

战时"抗战宣传周"是各级政府普遍采用的一种社会动员方式，主要依靠社会精英鼓动广大民众广泛参与。在七天的宣传周中，每天都有一个宣传重点。1938年4月7日，政治部三厅在武汉举办了第一个"抗战宣传周"。当时正逢台儿庄大捷，三厅动员10万人参加庆祝大会，周恩来、郭沫若等出席了开幕典礼，当晚还举行火炬游行。4月8日为口头宣传日，三厅组织数以百计的群众团体在大街小巷进行演讲。4月9日为歌咏宣传日，各机关、学校、工厂、团体成立的歌咏团，聚集在汉口中山公园体育广场举行万人大合唱，冼星海、张曙任正副指挥，《义勇军进行曲》、《大刀进行曲》的合唱声回荡在武汉上空。阳翰笙后来在《风雨五十年》中回忆道：

> 雄壮嘹亮的歌声像怒潮般此起彼伏，响彻了整个武汉上空，也震动着每一个人的心，激发每一个人的爱国热情。革命歌声的鼓动力量是不可低估的。我敢说，这时期武汉歌咏的盛况，在后来，一直到今天恐怕也没有达到过这样热烈的程度和宏大的规模。这时的武汉几乎人人唱歌，工农商学兵、老少中青妇，几乎人人都引吭高歌。②

4月10日为美术宣传日，众多画家挥笔泼墨，创作了百幅抗战宣传画，陈列在武昌奥略楼的两侧。4月11日为戏剧宣传日，数十个剧团在武汉三镇的广场、街道、兵营、医院、车站、码头进行免费演出，先后演出了充满爱国主义精神的《岳飞》、《文天祥》、《血战卢沟桥》、《放下你的鞭子》、《东北之家》、《八百壮士》等剧目。4月12日为电影宣传日，武汉五家影剧院同时上映抗战影片。4月13日为宣传周最后一天，原准备举行几十万人的大游行，但由于有"空袭警报"被迫放弃。

1938年七七事变一周年之际，三厅领导演剧队等团体发动七七献金活动。那天在武昌司门口、汉口三民路孙中山铜像前、江汉关右首、世界影

---

① 阳翰笙：《第三厅：国统区抗日民族统一战线的一个战斗堡垒》，《新文学史料》1980年第4期，第12页。
② 转引自苏智良等编《去大后方——中国抗战内迁实录》，第349页。

剧院门口、中山大道水塔旁、汉阳东门码头设立六个固定献金台,还设立三个流动献金台。前来献金的人从早到晚,络绎不绝,不仅有各界精英、上层人士,还有大量工人、农民、小商贩、店员、教职员,甚至还有乞丐和卖唱的盲人。他们当中有白发苍苍的老者,也有稚气未退的孩童。一位老妇人在孙子的搀扶下蹒跚着来献金,被拥挤的人群挤倒了又被孙子扶起来,用颤抖的手捧上了七个铜板,流着泪说:"我没有钱,但不献我睡不着觉。徐州沦陷的时候,日本鬼子把我全家杀光了,只剩下我和这个孩子逃到汉口来,靠讨饭过日子。听说献金打日本鬼子,我特意来把今天讨来的七个铜板献给你们,望你们尽快把日本鬼子打下去,替我报仇。"[①]

戏剧是与广大民众喜闻乐见又具感染力的社会动员武器。在敌后,抗战戏剧运动十分活跃。1937年9月,由陈朗、余克稷、梁少候等发起组织了怒吼剧社,下设街、村演剧队,在城市的街头、郊区演出《放下你的鞭子》、《沦亡以后》、《壮丁》、《三江好》、《死里求生》、《黎明》等剧目,还举办过战时暑期戏剧讲座,培养了一批戏剧人才,并组建"六七战地工作团",随川军第六十七军赴前线慰问演出。成立于1937年11月的重庆文化界救亡协会,积极开展抗日救亡活动,其戏剧演出队深入北碚、合川、长寿、涪陵、丰都、巴县、綦江、江津等地城乡,为民众演出《保卫卢沟桥》、《东北的一角》、《凤凰城》、《月亮上升》、《烙痕》等十多个剧目;其儿童演剧队演出了《小英雄》、《铁蹄下的孩子》、《中国进行曲》、《村中牧童》等儿童抗战戏剧。

《放下你的鞭子》这一街头剧,成为当时最受群众欢迎的剧目。该剧本产生于抗日救亡运动中,在不断的演出中反复修改,日臻完善。剧情描写的是父女二人因日本侵略者占领了东北家乡,被迫流亡关内,靠卖艺为生。女儿香姐因为饥饿过度,在演出鹞子翻身时失手倒在地上,老汉暴躁地用鞭子抽打她。这时一位青年工人从观众中跳入场内,高呼:"放下你的鞭子!打这个不讲理的老头子!"不料香姐反而跪下为老汉求情,悲痛地说:"他是我的爸爸,他也是没有办法呀!肚子逼着他这样干的。"接着,香姐字字血、声声泪地控诉起日本侵略军占领东北带来的苦难:

[①] 谭洛非主编《抗战时期的郭沫若》,四川省社会科学院出版社,1985,第64页。

高粱叶子青又青，九月十八来了鬼子兵。先占火药库，后占北大营，杀人放火真是凶，杀人放火真是凶。中国的军队有好几十万，恭恭敬敬让出了沈阳城。

此剧创造了一种特殊的舞台调度手法，使观众和剧中人物连成一片。每到一地演出，当香姐唱起这首《九一八》小调时，都会激起观众的强烈共鸣，他们往往忘记是在看演出，人人泪流满面，热血沸腾，愤怒地喊出了"打倒日本帝国主义"、"打回老家去"等口号，并把身上仅有的纸币、铜板和银元纷纷扔入场中。《放下你的鞭子》非常适合在街头、广场演出，因而成为人人耳熟能详的最流行的抗日剧，几乎所有著名的演员都曾参演过这出剧。

共产党员光未然（原名张光年）领导的拓荒剧团规模相当大，剧团下设10个抗敌演剧队，分配在10个战区。他们以此为基础，组建中华全国戏剧界抗敌协会话剧移动第七队，于1938年元旦自武汉出发，以"到农村去"为口号，经湖北应城、天门、钟祥至延安，一路宣传抗日。据说，他们的演出曾使钟祥县一个近300人的地方武装要求改编为抗日队伍。[①]

1938年5月，在大后方桂林的戏剧工作者排出了一份当月的公演剧目单，几乎是一天一剧：

  1日 《民族公敌》、《撤退》（国防艺术社在民众运动场为纪念五一节的演出）。

  6、7、8日 《飞将军》（国防艺术社在新华戏院演出）。

  9日 《盲哑恨》、《放下你的鞭子》（抗战后援会话剧组在街头演出）。《没有祖国的孩子》、《三江好》、《再上前线》、《孩子流亡曲》（桂初中剧团在桂初中礼堂演出）。《欢送曲》、《盲哑恨》、《扫射》、《放下你的鞭子》（东江分局剧团在新华戏院演出）。

  10日 《撤退》、《新难民曲》（妇工校在该校礼堂演出）。《中国妇女》、《打鬼子去》（桂国中在该校操场演出）。

[①] 章绍嗣：《光未然在武汉的抗敌文化活动》，《抗战文化研究》第5辑，广西师范大学出版社，2011，第92—93页。

16 日　《春之笑》、《八百壮士》（前锋剧团在乐群社演出）。
17 日　《春之笑》、《最后一计》（前锋剧团在乐群社演出）。
18 日　《飞将军》（国防艺术社在新华戏院演出）。
19 日　《八百壮士》、《最后一计》（前锋剧团在新华戏院演出）。
30 日　《民族公敌》、《咆哮的农村》（国防艺术社在民众运动场演出）。①

1938 年 6 月，中华全国戏剧界抗敌协会重庆分会正式成立，余上沅任主席。从 1938 年"双十国庆节"开始，该会举办了为期 20 余天的首届戏剧节，20 家剧团、1500 余名专业和业余演员参加演出，公演剧目 40 个，观众达 10 万之众。由赵丹、白杨等著名演员领衔主演的《全民总动员》，轰动山城。在戏剧节期间，还有一支由 25 个队、千余人组成的街头演出大军，在重庆街头连续演出 3 天，吸引了更多的观众，他们还举办了 8 场"五分公演"活动（即 5 分钱一张票），为抗战募捐。

1938 年 12 月 31 日，为纪念全国戏剧界抗敌协会成立一周年和迎接元旦，重庆戏剧界 2800 多人举行盛大火炬游行，在游行中表演了由 7 个剧目组成的《抗战建国进行曲》。据统计，从抗战开始至 1941 年 7 月，在重庆公演的剧目多达 99 个，先后在重庆参与演出的剧社、剧团不仅有军方的军委会政治部教导剧团、重庆卫戍总部抗敌剧团、军委会战干团忠诚剧团，还有政府组织的剧团如教育部第三巡回戏剧教育队，更多的则是各界组织的剧团如怒吼剧社、上海影人剧团、四川旅外剧人抗敌剧社、国立戏剧学校、华北流亡学生工作队、重庆市银行业学谊励进会、中央实验剧团等，甚至还有国际反侵略剧团、日本人民反战同盟西南支部巡回工作团等近 30 个。②

1939 年 2 月西南联合大学在昆明上演四幕话剧《祖国》，以演出收入作为捐款，获得了极大成功。《祖国》由外语系教授陈铨改编自外国剧本，却具有针对中国的很强的现实引导性。女主角佩玉是个人主义者，相信爱情至上而非国家至上，她的代表性台词是"国家民族是些空洞的名词，与

---

① 参见强邻《五月公演记录》，《战时艺术》第 2 卷第 1 期，转引自李建平《战时桂林的崛起及其抗战文化繁盛景观》，《抗战文化研究》第 5 辑，第 14、15 页。
② 《抗战文艺研究》1986 年第 2 期。

个人生活上是没有关系的"。陈铨对类似的人进行了含蓄的批评:"每每用尽手段,在个人方面,得着高度的享乐,油然地与整个国家民族幸福就脱了节";"不明白整个国家民族没有得到幸福,个人是得不着真正的幸福的"。陈铨号召"像佩玉的姑娘,赶快把整个爱移防在国家民族上"。① 半年后,联大师生复又推出曹禺的《原野》,引起轰动。《原野》讲述的是冤冤相报的爱情复仇故事,主人公仇虎被设定为有血性的中国北方农民,他复仇的对象本是杀父、夺地、夺妻的地主恶霸焦阎王家。然而,在抗日的大背景下,复仇的主题却得到了扩大性阐释。当时的演出说明直接衍生道:"原始人爱与仇恨与生命中有一种单纯真挚的如泰山如洪流所撼不动的力量,这种力量对于当今萎靡的中国人恐怕是最需要的吧!"②这里,从人性很自然地向民族性引申而不露一点痕迹。

民族主义成为政党、社会精英号召民众共同御侮的口号和原动力。1941—1945年,重庆戏剧界接连举行了四届"雾季公演"。每年的10月至次年5月是重庆的雾季。每当此时,浓浓的大雾似天然屏障,遮掩了整座山城和城外的山冈,天空能见度低,敌机不敢贸然进犯,因此是相对安定的时期,重庆的戏剧工作者利用这天赐良机,联合起来,推出新剧,复演旧剧,组织大规模、持续性的戏剧公演活动。一年一度的雾季公演,成为重庆的一大盛事。重庆的四届"雾季公演"剧目多达106个。据统计,在整个抗战时期,广大剧作家总共在重庆创作和出版了话剧剧作超过200种(不含翻译和改编的戏剧作品)。③ 在众多的剧作中,既有多幕剧,又有独幕剧;既有历史剧,如郭沫若的《屈原》、《棠棣之花》、《虎符》、《孔雀胆》、《南冠草》,阳翰笙的《李秀成之死》、《天国春秋》,更多的则是表现抗战现实题材的剧目,如夏衍的《法西斯细菌》,曹禺、宋之的的《黑字二十八》,老舍的《张自忠》,等等。

流行于全川及邻省部分地区的川剧在这一时期为适应抗日宣传的需要,也大力进行改革,编演抗日救亡戏剧。1942年春,在川剧艺术家张德成的倡议下,重庆成立了川剧演员协会,郭沫若、田汉、阳翰笙等亲自到会祝贺并演讲。川剧艺术家创作演出了《李秀成殉国》、《商人爱国》、

---

① 俞德刚:《看了〈祖国〉以后》,《云南日报》1939年2月24日。
② 李乔:《看了〈原野〉以后》,《云南日报》1939年8月23日。
③ 《抗战文艺研究》1988年第1期。

《滕县殉国记》等优秀剧目，特别是久演不衰的《扬州恨》，更被誉为宣传抗日救国新戏的代表作。

随着许多影人、剧人和剧团入川后积极开展创作和演出，成都戏剧舞台呈现一派繁荣景象。从1937年10月至1939年1月，陈白尘率领的上海影人剧团（到成都后改名为成都剧社），熊佛西率领的农村抗战剧团，王肇涅、吴雪率领的四川旅外剧人抗敌演剧队，赵丹、魏鹤龄等率领的上海业余剧人协会等八支话剧队伍先后进入四川演出，加上原有的"三庆会"等本地剧团，使得成都剧坛一时群星荟萃。其中的《抓壮丁》还到陕甘宁边区演出。

中国共产党领导的陕甘宁边区，早在1936年8月就成立了人民抗日剧社，1937年3月成立总社后，下辖中央剧团、平凡剧团（由中央机关工作人员中的戏剧爱好者组成）、铁拳剧团、延安青年剧团等戏剧团体，成员达200余人。人民抗日剧社联合在延安的近10个戏剧团体，在陕北进行巡回演出。西北战地服务团为抗日军民演出了话剧《八百壮士》、《突击》和一些独幕剧以及秦腔、大鼓、京剧、快板、相声、活报、双簧等节目。1938年初春，延安为纪念"一·二八"上海抗战6周年，抗日军政大学、陕北公学等机关的青年艺术家公演四幕话剧《血祭上海》，连演20天，观众达万人。

1938年5月，在延安成立了陕甘宁边区民众娱乐改进会，其宗旨是利用和改进传统文化艺术，创造民族的大众的文化艺术。改进会集中了马健翎、杨笑萍、郑义、高敏夫、柯仲平、温涛、李丽莲、张季纯、吕骥、柳青、钟敬文、崔嵬等一大批优秀艺术家，他们收集民间小调和戏剧，然后结合抗日宣传的新形势对之进行改编，运用群众喜闻乐见的大鼓、小调、道情、滑稽剧、木偶戏、快板、双簧等形式进行抗日宣传，深受民众欢迎，收到了很好的效果。

1938年4月10日，鲁迅艺术学院正式成立。创作和表演戏剧是鲁艺活动的重要组成部分。1938年7月，为纪念抗战一周年，鲁艺实验剧团演出了京剧《松花江》、新歌剧《农村曲》和话剧《流寇队长》、《团圆》、《血宴》等剧目。仅1939年一年，鲁艺就创作了30多个抗战剧本。以后，鲁艺实验剧团又排演了《佃户》、《日出》、《婚事》、《求婚》、《蠢货》、《纪念日》、《带枪的人》等剧目。鲁艺平剧团也演出过《甘露寺》、《宋江》、《玉堂春》、《四进士》、《群英会》、《空城计》等平剧。鲁艺的戏剧活动为丰富延安人民生活，推动延安乃至各抗日根据地的抗战戏剧运动的发展，做出了重要贡献。

1938年7月，陕甘宁边区民众剧团成立，由柯仲平、马健翎先后任团长。民众剧团创作了大量戏剧，有宣扬民族气节、动员抗日的《好男儿》、《查路条》、《回关东》、《一条路》、《中国魂》、《中国拳头》、《干到底》等。民众剧团还长年坚持在陕甘宁边区巡回演出，受到了民众热烈欢迎。在其影响和带动下，关中、陇东、三边等地也先后建立了民众剧团。1938年10月，在延安成立了烽火剧团，以蔺子安为团长，下设5个分队。烽火剧团深入基层和炮火纷飞的前线，用戏剧来从事宣传，动员广大群众参加抗战，演出了歌舞《小放牛》、平剧《过关》、歌剧《治病》、话剧《李秀成之死》和活报剧《纪念十月革命》等。

活跃在陕甘宁边区的戏剧团体还有中华戏剧界抗敌协会延安分会、延安青年艺术剧院、八路军总政治部延安影剧团、陕甘宁边区保安司令部剧团（简称"边保剧团"）、延安平剧研究院、陕北公学文艺工作队（后改为西北文艺工作团）等，驻延安的各部队也成立有自己的文艺宣传队，自编自演，贴近生活，易于接受。敌后抗战最艰苦的1941年和1942年却是延安话剧最活跃的年份。这两年，在延安演出的话剧有《雷雨》、《日出》、《钦差大臣》、《太平天国》、《马门教授》、《铁甲列车》、《新木马计》、《雾重庆》等。特别是在1941年10月10日开始的延安戏剧节上，延安的戏剧团体都参加了演出。

在延安的各种戏剧中，成就最大的是秧歌剧和平剧。秧歌是流传于晋陕一带农村的一种民间舞蹈。广大文艺工作者不仅组织了为数众多的秧歌队下乡表演，而且还创作了大量的秧歌剧。从1943年开始，边区开展了秧歌运动，仅延安就有32个秧歌队，差不多每个机关有一个。1944年春节，延安举行秧歌大会，表演了近百个秧歌剧。整个陕甘宁边区"共有600个民间秧歌队，大的有二三百人，小的也有二三十人。另据丁玲的估计，在边区人民中，每12个人里面必有一个人是会扭秧歌的"。[①] 有名的秧歌剧还有《动员起来》、《牛永贵受伤》等，都是反映拥军拥共的题材。

[①] 尹均生主编《中外名记者眼中的延安解放区》，第109页。

美术家的作品同样是抗战时期动员民众的一个重要力量。美术家通过水墨画、油画、漫画、木刻画、雕塑等作品来表达民众的抗日激情,产生了文字所难以表白出来的生动感染力。如徐悲鸿的《愚公移山》、《负伤之狮》,张善子的《怒吼吧中国》、《苏武牧羊》、《精忠报国》、《文天祥像》、《正气歌》,蒋兆和的《流民图》等作品都激励着人们奋发抵抗侵略者的决心。知名画家还通过举办画展来募集资金,用于赈济难民或支援前线。

从宣传的角度来说,漫画和木刻画尤为突出,它们同时具有线条简练、寓意深刻的艺术价值和成本低、受众广的实用特点,易于为普通民众所接受。重庆、桂林等地大中学生深入农村进行宣传动员时,常将漫画作为重要的宣传形式,"效果十分独特,不识字的农民个个都能看懂,真可谓是最轻便的一种宣传武器"。① 尤其是三厅领导下创办的《救亡漫画》半月刊,自1938年9月20日创刊到11月初,出版10期,销行数量超过2万份,"无疑已成为抗战以来国内的唯一兴奋剂"。②

牛鼻子抗战漫画是全民救亡运动的生动体现。牛鼻子漫画是擅长线描形式的漫画作品,以画家黄尧为代表。1938年2月,黄尧还将自己从上海、南京、杭州、厦门、广州、天津、北平等地搜集来的4000多幅小学生漫画中挑选出200幅抗战作品,在重庆举办全国小朋友牛鼻子抗战漫画展览会,以幼小心灵所创作出来的富有爱国思想的画作,感染了各界民众,引起社会广泛关注,观众达5万人之多。

大后方漫画创作的高潮兴起于1944年下半年,尤以1945年春在渝举办的八人漫画联展为盛。这8位画家为丁聪、特伟、叶浅予、余所亚、张文元、廖冰兄、沈同衡、张光宇。展出作品100幅,有代表性的抗战作品有张文元的《恭贺新禧》、张光宇的《窈窕淑兵》、沈同衡的《湘桂路上》、叶浅予的《小矶大陆生根》等。在6天展览中,共有1万多人参观。

以抗战为主题的木刻画在战时重庆和延安特别兴盛。1938年6月12日,全国木刻界抗战协会在汉口成立。7月10日,在重庆举办首次木刻展览,刘岘、丰中铁、王大化、刘鸣寂、马达、黄云等版画家参展作品达176件,"他们都把握着时代,针对着'抗敌'为前程的。这些艺人们用

---

① 《重庆抗战文化史》,第360页。
② 叶浅予:《救亡漫画的第二个生命》,沈建中编《抗战漫画》,上海社会科学院出版社,2005,第126页。

尽心血戳出来的东西，是充分暴露敌人的残酷，同胞们的受辱……我们要呐喊，我们要愤怒！每幅画让你兴奋，让你悲愤，让你痛心，紧紧地刺激你的心坎"。① 1942 年，中国木刻研究会在重庆成立，抗战木刻自此达到全盛时期，各种展览接连不断。当年 10 月在西南多地举办"双十节"木刻展，涌现出了大量政治性与艺术性极强的成熟木刻作品。尤其是在重庆的展览，展出了 86 位艺术家的 255 件作品，包括套色木刻 25 件、连环木刻 1 套、木刻刊物 25 种、木刻副刊 26 种，观众达万余人。其中还有来自延安的 30 多件木刻作品，亦是第一次参展，这些作品艺术语言淳朴，形式简洁明快，边区生活气息浓郁。到场参观的徐悲鸿以 200 元订购了边区艺术家古元的《哥哥的假期》，甚至激动地夸赞古元为"中国艺术界中一卓越之天才"。②

在文坛，原先"鸳鸯蝴蝶派"的代表人物张恨水，抗战前即以《金粉世家》、《啼笑因缘》等众多作品名世，抗战爆发后他主动转变风格创作《八十一梦》这样的国难讽刺小说，大获成功，成为大后方最畅销的一部长篇小说。③ 在重庆的作家群中，成就最突出的是茅盾、巴金、老舍、沙汀等人。茅盾创作了《第一阶段的故事》、《霜叶红似二月花》、《腐蚀》等长篇小说。巴金 1940 年至 1943 年写了抗战三部曲《火》。1944 年，老舍发表了长篇小说《火葬》，此后开始创作描写北平沦陷区人民历尽苦难并最终走上抗日道路的长篇力作《四世同堂》。1941 年，沙汀创作了长篇讽刺小说《淘金记》，后又陆续完成了长篇小说《困兽记》、《还乡记》。中、短篇小说更是灿若星河，著名的有巴金的《憩园》、《第四病室》，姚雪垠的《差半车麦秸》及《牛全德和红萝卜》等。

随着抗战号角的吹响，诗歌也成为文坛最为盛行的文学形式之一。著名诗人郭沫若在这一时期以满腔的爱国赤诚创作了大量的诗歌。1938 年 1 月，他将抗战初期创作的诗歌以《战声集》结集出版。臧克家这个时期写有诗集《淮上吟》、《泥土的歌》和一些长篇叙事诗及政治讽刺诗。沙鸥以四川方言创作了大量诗歌，后结集为《农村的歌》和《化雪夜》。艾青的《火把》、《向太阳》，老舍的《剑北篇》，都是当时脍炙人口的名篇。光未

---

① 《大时代中的新兴艺术：木刻在渝初次展览》，《国民公报》1938 年 7 月 11 日。
② 凌承纬主编《战火硝烟中的画坛》，重庆出版社，2013，第 62、74 页。
③ 《重庆抗战文化史》，第 347 页。

然、臧云远等则积极推行诗歌朗诵运动，创作了一批反映抗日斗争的朗诵诗。这一时期诗歌主题主要是歌颂爱国主义精神，激励人民抗战热情，呼吁团结抗战。

报告文学创作也取得了一些成就，最突出的是在1939年5月敌机轰炸重庆后，老舍创作了《五四之夜》、宋之的写的《从仇恨生长出来的》、秋江写的《血染的雨天》等，集中控诉了日军的暴行，表达了民众不屈的抗战决心。

与此同时，文艺工作者开始广泛关注通俗化的问题。艾青提倡"街头诗运动"，主张"文学以它所能影响的程度决定它的价值"。萧三则提出新诗歌应向民歌和古典诗歌学习，创造民族化、大众化的诗歌，紧密为抗战服务。① 1939年春，四川省立教育学院学生周德芳撰文呼吁"到农村去"：

> "到农村去"这句话，是近十余年来我政教各界一致的呼声，尤其是在抗战过程中，更是一件刻不容缓的事。盖工商业咸属幼稚之我国，无论人力财力以及整个国家的基础，都建筑在广大之农村中。若要求全民动员，俾最后胜利有相当之保障，则谁也不能否认非从发动农民入手不可。②

艺术不断地在社会精英的引导下，与民众生活、认同、信仰结合在一起。与此同时，大学的教授们也结合自己的专业所长，积极将研究工作同抗战相结合。理工科教授自不待言，即便是文史学者，也主动将自己的研究工作同唤醒民众相结合。

西南联大历史系教授钱穆在战时出版了《国史大纲》。这是一部通史性的专著，批判了民族虚无主义的倾向。他强调中国文化独特的优点，而不能完全以西方历史作为参照，并对否定中国文化的论调嗤之以鼻。钱穆在《国史大纲》中积极塑造中国的民族认同，并将之上升到是否具有国民资格的标准。他在《国史大纲》的序言中写道：

---

① 参见艾青《展开街头诗运动》、萧三《论诗歌的民族形式》，《解放日报》1942年9月22日。
② 《重庆抗战文化史》，第97页。

凡读本书请先具下列诸信念：

一、当信任何一国之国民，尤其是自称知识在水平线以上之国民，对其本国以往历史，应该略有所知。（否则最多只算一有知识的人，不能算一有知识的国民。）

二、所谓对其本国以往历史略有所知者，尤必附随一种对其本国以往历史之温情与敬意。（否则只算知道了一些外国史，不得云对本国史有知识。）

三、所谓对其本国以往历史有一种温情与敬意者，至少不会对其本国以往历史抱一种偏激的虚无主义，（即视本国以往历史为无一点有价值，亦无一处足以使彼满意。）亦至少不会感到现在我们是站在以往历史最高之顶点，（此乃一种浅薄狂妄的进化观。）而将于我们当身种种罪恶与弱点，一切诿卸于古人。（此乃一种似是而非之文化自谴。）

四、当信每一国家，必待其国民备具上列诸条件者比数渐多，其国家乃再有向前发展之希望。（否则其所改进，等于一个被征服国或次殖民地之改进，对其国家自身不发生关系。换言之，此种改进，无疑是一种变相的文化征服，乃其文化自身之畏缩与消灭，并非其文化自身之转变与发展。）[1]

闻一多教授则从龙图腾的角度论述了中华民族的一体性。在闻一多看来，龙作为中华民族的象征，是若干图腾的综合体，它是以蛇图腾为主干，通过不断兼并其他小部落的图腾而渐变的结果。闻一多指出："龙图腾，不拘它局部的像马也好，像狗也好，或像鱼，像鸟，像鹿都好，它的主干部分和基本形态却是蛇。这表明在当初那众图腾单体林立的时代，内中以蛇图腾最为强大，众图腾的合并与融化，便是这蛇图腾兼并与同化了许多弱小单体的结果。"闻一多根据《山海经》中夏后氏与苗族关系的记载，以及汉苗关于洪水时代神话故事、人物"共工"与"雷公"的相似程度，推断夏后氏和南方的伏羲氏是"最初同属于龙图腾的团族"，甚至匈奴早先图腾也是龙，由此"古代几个主要的华夏和夷狄民族，差不多都是

---

[1] 钱穆：《国史大纲》，上海书店出版社，1989，第1页。

龙图腾的团族，龙在我们历史与文化中的意义，真是太重要了"。①

第二节 政党与宣传

七七事变爆发后不久，蒋介石在庐山谈话会上明确宣称："如果战端一开，那就是地无分南北，年无分老幼，无论何人，皆有守土抗战之责，皆应抱定牺牲一切之决心。"② 这句话成为传诵一时的名言。中国国民党是当时中国最大的握有全国性政权的政党，有着 200 万军队和得到国际承认的外交地位。没有它的参加，全民族的抗战是难以形成的。

1938 年 4 月 1 日，中国国民党在武汉召开临时全国代表大会，通过《中国国民党抗战建国纲领决议案》。这是国民党领导全国抗战的一份指导性文件，分别从外交、军事、政治、经济等多方面论述了"抗战建国"的指导思想，明确提出"抗战"与"建国"并重，其总则规定："确立三民主义暨总理遗教为一般抗战行动及建国之最高准绳；全国抗战力量应在本党及蒋委员长领导之下。"为了推动全面抗战，国民党还特别针对"民众运动"和"教育"两方面设专章予以明确：

> 民众运动：发动全国民众，组织农、工、商、学各职业团体，改善而充实之，使有钱者出钱，有力者出力，为争取民族生存之抗战而动员；在抗战期间，于不违反三民主义最高原则及法令范围内，对于言论、出版、集会、结社当予以合法之充分保障；救济战区难民及失业民众，施以组织及训练，以加强抗战力量；加强民众之国家意识，使能辅助政府肃清反动，对于汉奸严行惩办，并依法没收其财产。
>
> 教育：改订教育制度及教材，推行战时教程，注重于国民道德之修养，提高科学的研究与扩充其设备；训练各种专门技术人员；训练青年，俾能服务于战区及农村；训练妇女，俾能服务于社会事业，以增加抗战力量。③

---

① 闻黎明：《抗日战争与中国知识分子》，第 256—257 页。
② 秦孝仪主编《先总统蒋公思想言论总集》卷 14，第 584 页。
③ 参见荣孟源主编《中国国民党历次代表大会及中央全会资料》（下），第 484—488 页。

基本上，抗战时期国民党对外宣传和对内管理都是遵循上述原则。为此，国民党设有中央文化运动委员会，负责策划和管理全国文艺、新闻、出版、音乐、美术、戏剧等文化活动，由中宣部部长张道藩任主任。

在对外宣传方面，国民党在全国抗战初期就尤为重视对美宣传。1938年初，蒋介石指示军事委员会政治部部长陈诚、外交部部长王宠惠和中宣部国际宣传处处长董显光派员赴美展出日军在华暴行照片及宣传影片。2月18日，三人回复了赴美宣传办法，主要包括：(1) 派张彭春留美进行宣传工作；(2) 派前美联社记者李复（E. Leaf）赴纽约筹设中央宣传部驻美办事处；(3) 聘用美国传教士毕范宇（F. W. Price）在华盛顿将中方宣传品广为分送，并请美国知名人士利用这些宣传品在美国各地宣传演讲；(4) 从中国战区物色一批美国传教士赴美演讲中国战场见闻；(5) 策动美国驻汉口新闻记者拍发有利于中国新闻，并请外国人士将日军暴行写成专著在英美两国出版。3月，国产纪录影片《中国反攻》、《南京失陷》、《截住日寇》、《中国之战》、《中国为自由而战》和《广州遭轰炸》等在伦敦上映超过400场。另外《热血忠魂》、《保卫我们的祖国》、《大无畏的重庆》、《乡村妇女教育》、《联合国日》、《日军暴行》、《英国女议员华德女士在重庆》、《常德会战》、《重庆一日》等影片赴美播放。董显光领导的国民党中宣部国际宣传处总部设在重庆，分别在上海、香港设立支部，向世界各大媒体发行英文通讯稿，并在香港编辑出版《战时中国》（*China at War*）英文月刊，后在纽约印行。1939年初，蒋介石针对外宣工作特别指示董显光："应戒过分夸张，并设法在美宣传中国需要物资援助之意。"据1939年3月统计，中宣部国际宣传处上海办事处发行定期刊物12种（英语7种、法语2种及俄语、日语、世界语各1种），共计2349期、2568050份；另发行上述各语种宣传册133种368500册。[①]

除了主动在海外宣传中国抗战外，国民党还非常重视利用在华的外国记者。据主持这一工作的董显光回忆："重庆时期我的任务是给陷在重围中的中国跟外边世界建立一座友好的桥梁。这座桥梁的主要支柱只靠在重庆的一小撮外国记者，他们负担了把战斗中国介绍给全世界的责任。"为

[①] 刘景修：《抗战时期国民党对外宣传纪事》，《档案史料与研究》1990年第1期，第82—87页。

此，董显光在他负责的国际宣传处办公区内建立了一个外国记者招待所，"它逐渐变成了战时我们跟他们朝夕相处培养友谊的温床，同时也是外国记者彼此交换战时中国经验的交易所"。"美英等世界各国的新闻界大人物，星星闪闪，都在这所招待所的大门中出出进进。"①

全国抗战爆发初期，由于国民党自九一八事变以来长期实行对日妥协政策，广大民众原本对中国军队的"战斗意志，有很多人不了解，对华文报纸的报道，似乎都有些不信任"。但自淞沪抗战之后，"这些人的观感就为之一变"。②

1939年3月，针对汪精卫叛国投敌引发的部分国民抗战意志动摇的情况，重庆国民政府国防最高委员会设立国民精神总动员委员会，由蒋介石担任会长，在大后方领导国民精神总动员运动。该运动规定了一系列规则及方法，并提出三句"简单而明显"的口号，即"国家至上民族至上，军事第一胜利第一，意志集中力量集中"，综合起来，就是要求国民"除殚思竭力于如何巩护国家求取胜利之外，应无暇有其他思维，亦必不暇有其他行动"。"国民全体的思想，绝对统一集中于国家至上民族至上与军事第一胜利第一两义之下，不容其分歧及怀疑，不容作其他之空想空论。"③ 根据《国民精神总动员纲领》的要求，国民要树立"救国之道德"，即孙中山所倡导之"忠孝仁爱信义和平"，"对国家尽其至忠，对民族行其大孝"，并以三民主义为中国"建国之信仰"。其《实施方法》规定各省市县组织各级国民精神总动员会，国民以同业公会、学校、机关为单位，每月集会一次，宣讲纲领，宣读《国民公约誓词》。该誓词共十二条：

（一）不违背三民主义；

（二）不违背政府法令；

（三）不违背国家民族利益；

（四）不做汉奸和不做敌国的顺民；

---

① 《董显光自传——报人、外交家与传道者的传奇》，台北，独立作家，2014，第205—206页。
② 陈存仁：《抗战时代生活史》，第42—43页。
③ 中国人民解放军政治学院中共党史教研室编《中共党史参考资料》第8册，国防大学出版社，1989，第313—315页。

（五）不参加汉奸组织；

（六）不做敌军和汉奸的官兵；

（七）不替敌人和汉奸带路；

（八）不替敌人和汉奸探听消息；

（九）不替敌人和汉奸做工；

（十）不用敌人和汉奸伪银行的钞票；

（十一）不买敌人的货物；

（十二）不卖粮食和一切物品给敌人和汉奸。①

国民精神总动员运动很快在国统区展开。运动的主要形式包括展开国民月会、誓词宣誓、名人演说、文艺宣传和义卖募捐等，大城市如重庆还进行了火炬游行，参加者超过10万人。② 当时的文艺宣传，内容多集中在反汉奸投降、鼓励城乡青年参军、努力生产支援前线、捐款献金等方面。直到抗战后期国民党动员知识青年从军运动时，据中央大学学生唐德刚回忆说："我全民族在抗倭战争中，那股拼命的精神，抗了七年有半，全民疲癃残疾，但是政府忽然号召'青年从军'，一声令下，全国知识青年之踊跃参军，直如狂潮烈火。各地皆名额爆满，势不可遏"。③

此外，国民党还组织动员各类募捐运动，如1942年10月发动国统区捐募劳军运动（简称文化劳军运动），号召全国募捐法币2000万元，以提高军人士气。运动的组织形式为"陪都及各地筹备委员会下按照地区、行业设立劝募队，必要时并得按机关、团体设立"，并规定"不摊派或口募。以收现金，不收实物为原则"。国内宣传方式除要求政府首脑、军队司令、社会名流等在报端发表题词或著文号召外，还包括"散发告民众书"、"张贴标语、画报及悬挂横布标语"、"出动文化劳军劝募宣传车"及"商请信誉素著之艺术团体分别举行演出，放映展览及歌咏大会"等。④ 1943年2月，国民党又在各地发动鞋袜劳军运动，规定以各省市党团组织为基础，

---

① 宋春主编《中国国民党史》，吉林文史出版社，1990，第486页。
② 罗传勘主编《重庆抗战大事记》，重庆出版社，1995，第49页。
③ 陶恒生：《"高陶事件"始末》，湖北人民出版社，2003，第16页。
④ 《全国慰劳总会就发动文化劳军运动事给新疆省参议会的代电》（1942年11月4日），新疆维吾尔自治区档案局编《抗日战争时期新疆各民族民众抗日募档案史料》，新疆人民出版社，2008，第166—171页。

要求每甲至少捐献布鞋、布袜各一双（及具体规格），运输不便地区可以代金折算，"规定四月为扩大宣传月，五月为竞赛月"，并"于七七纪念日集中呈献，以示热烈"。①

国民党还利用宗教进行社会动员。尽管蒋介石信奉基督教，但在中国普通民众中影响最大的还是佛教。蒋介石的亲信戴季陶就是虔诚的佛教徒。1942年12月，在蒋介石的支持下，戴季陶、于右任等人在重庆发起"护国息灾法会"，延请原广州禅宗大师102岁的虚云和尚主修，以华岩寺为内坛，慈云寺为外坛，历时49天，计给牒皈依者4000余人。蒋介石还亲往拜见，并动员僧侣，请他们用医术救治抗战伤员和遭受日机轰炸受伤的民众。在蒋的动员下，太虚和尚主动提出组建僧伽救护队参与战时救护。②

对于占全国半数人口的女性，动员她们支持抗战，自然是执政党的工作之一。国民党对动员妇女参加抗战，多是通过领袖夫人的带动，而缺少有系统、组织、长久不衰的动员机制。在国家层面，最高领袖蒋介石的夫人宋美龄积极参与，影响极大。

在地方层面领导人的夫人也同样起到别人无法替代的作用。如广西妇女运动的发展，就离不开桂系将领李宗仁的夫人郭德洁。1937年9月，在郭德洁的领导下，成立了广西省妇女抗战后援会，并建立各县分支机构。1939年7月成立广西省新生活运动促进会妇女工作委员会（简称妇女会），取代后援会，建立了65个县级机构（全省共99县，占66%），干事达2万人。③郭德洁还亲自到重庆的中央广播电台发表演说，呼吁："我们妇女要拿我们的力量和我们的工作去换取我们的地位。我们不但要做一个家庭的贤妻良母，而且要做社会上负起实际责任的一员。"④后援会和妇女会以组织城乡女性参加各种技术训练班的方式开展动员，培训诸如缝绣、洗衣等方面的生活技能和防控、防奸、防毒、救护、侦察等方面的战时知识，努力让妇女从家庭步入社会；此外还组织妇女募捐军鞋、冬衣，给前线战

---

① 《全国慰劳总会为拟订鞋袜劳军运动实施办法事给新疆省政府的代电》（1943年4月26日），《抗日战争时期新疆各民族民众抗日募捐档案史料》，第269页。
② 《重庆抗战文化史》，第268—269页。
③ 《论广西妇女运动》，《广西妇女》1941年第17、18期合刊。
④ 《李宗仁夫人播讲抗战新阶段中妇女运动》，《新华日报》1939年2月3日。

士军慰劳信；发动妇女成立写字班、读书会，出版《妇女之友》、《妇女通讯》等刊物；组织妇女在圩日（赶集日）、节假日上街卖花募捐、发表演讲、演出话剧《放下你的鞭子》等节目。① 仅自抗战爆发到1938年底，广西妇女组织共募得黄金十余两、现款2万多元、冬衣3万件、布鞋20万双以及从南洋华侨征募药品十余卡车。② 其中布鞋20万都是由妇女亲手制作，她们还编织了许多套绳制伪装网送到前线。③

在广西、云南等地方实力派控制的地方，妇女运动还得到了共产党的有力支持。例如，当时中共广西省工委就通过决议，要求"女党员和进步女青年参加国民党的各级妇女组织，充分利用合法组织开展妇女工作"。④ 地方妇女会组织还表现出更多的集体化倾向，例如，在城市建立"抗属妇女生产合作工厂"；在农村开垦"妇女集体劳动场"，主张"增加生产支持抗战"。1941年8月，由于日机无差别反复轰炸桂林市区，包括妇女会会址在内的众多建筑被炸烧毁。由此引发了桂林民众建设空军的热潮，掀起了"一元献机运动"，各行各业都积极捐款，支援中国空军建设，桂林妇女捐献的飞机被命名为"桂林妇女号"。⑤

国民党广西上层领袖李济深、李宗仁、黄旭初等也都主动参与社会动员。例如1944年6月，由田汉等人创建的新中国剧社在桂林等地开展"国旗献金大游行"时，国民党军事委员会桂林办公厅主任李济深亲自出面主持，并与龙积之、柳亚子等人共同组成长老团为队伍助威，由文艺界、戏剧界和小学生代表执着一面长10米宽8米的国旗，一路上口号声、歌声此起彼伏，沿途市民、工农、商人、大学生、飞虎队员甚至三轮车夫、妓女都纷纷解囊，将现金或者值钱的东西丢在国旗上。据田汉之女田野回忆："那个时候群众真是戒指摸下来，耳环摸下来，钱掏出来啊。很感人！"⑥ 为配合这次游行活动，桂林各报刊相继发表了一批社论和报道，各主要街头还设立了献金点，共募集400万元，其中一部分捐款还送给八路军重庆

---

① 《陆川县志》，广西人民出版社，1993。
② 《论广西妇女运动》，《广西妇女》第17、18期合刊，1941年。
③ 子岗：《李宗仁夫人会见》，西敏辑《武化的广西妇女》（抗战通讯报道集），广西民团周刊社，1938，第6页。
④ 黄茂田：《中共广西地方史稿》，广西区委党校印行，1986，第287页。
⑤ 《从艰苦奋斗中成长》，《广西妇女》第26、27期合刊，1942年。
⑥ 陈真主编《寻找英雄——抗日战争之民间调查》，第218—219页。

办事处，另一部分送至抗战前线。[①]

　　塑造英雄，是战争时代激励民众投入抵抗的最有效的方法之一。国民党最早成功塑造的英雄，当属淞沪会战时的"八百壮士"。

　　1937年10月底，国民党军八十八师五二四团团副谢晋元率领近400人负责驻守上海四行仓库，掩护主力从淞沪战场撤退，对外称800人，孤军奋战达四昼夜。四行仓库，原是金城、中南、大陆、盐业四家银行出资建设的一座六层楼的钢筋混凝土建筑，紧临苏州河北岸，而南岸则是英国租界。日军进攻时虽然有飞机大炮，但不敢胡乱投弹轰炸，唯恐误炸租界，引起国际争端。因此整个战斗过程充分呈现在了租界内的中国民众和西方世界面前，极大吸引了国际社会的注意力。最令人感动的一幕是，当四行仓库四周被进攻的日军太阳旗和租界内的英国米字旗包围时，中国女童子军杨惠敏用油布包了一面"青天白日满地红"的中国国旗，冒着生命危险，泅水送旗。此后中国国旗在四行仓库上高高飘扬，感动了苏州河两岸无数的民众，一时间传为佳话。[②] 这次保卫战重新振奋了受淞沪会战不利战局影响的中国军民的士气。后来这些事迹由田汉、陈白尘改编成话剧《八百壮士》在全国公演，并由中国电影制片厂拍摄成电影，影响深远。

　　另一成功塑造的英雄是在枣宜会战中殉国的张自忠将军。他是中国军人在抗日战场上牺牲的军职最高的将领，时任三十三集团军司令。当时《申报》登载的《张自忠将军忠勇殉国纪》写道：

> 　　当七七事变的时候，他曾困于北平，当时张将军曾被全国上下一致痛骂，多不明其居心若何也。后来他到底意志坚决屹立不变，遂冒了许多危险，设法离开北平，逃到南京进谒蒋委员长……
>
> 　　据各方消息证实，这次张将军殉国的情形真是太英烈了。他并不是给日人的炮火所击死的。他虽中了日人的子弹受了伤，但是最后他却是自杀而亡的。正因为他已受了重伤，他更不愿退缩，他要报仇，不仅报他自己一个人的仇，且为无数的烈士报仇。所以他还要冲上去，但是他的伤势更重了。他仍不愿意退缩，他更不愿意死在日人的

---

① 《柳州日报》1944年7月31日。
② 参见陈存仁《抗战时代生活史》，第42页。

枪下。于是他作壮烈的殉国而自戕了……

在他临终之时，他曾对他的卫士说："你们快走，我自有办法，对国家，对民族，对长官，良心平安，大家要杀日报仇！"他的话是多么忠实，希望我们每一个军人都警惕吧！这是他对他的卫士的最后遗言，也是他对全国四万万五千万同胞的遗言。①

据三十三集团军副司令冯治安致蒋介石的电报称：

先总司令遗体经黄师长维纲亲自率队分途搜寻，将敌击散，业已觅得，运回总部，正在装殓中。据先总司令卫士谷瑞雪负伤回部称，当敌人大部向我包围，总司令即登山督战。铣（16日）午左肩受伤，所部劝回绑扎，坚不肯回，大呼向前冲杀！未几胸部又受重伤，即拔枪自决，为随从副官朱增源所夺，随即倒地，微声曰："你们快走，我自己有办法。"又曰："对国家，对民族，对长官，良心很平安，大家要杀敌报仇。"遂瞑目殉国。伏念先总司令每次作战，即报必死决心，当其渡河截敌之日，曾给职亲笔一函，大意略谓，因战区全面，战事关系及本身之责任，均须过河与敌一拼，如不能与各师取得连络，即抱着最终之目的（死）往北迈进，无论作好作坏，一求良心得此安慰，以后公事严饬职负责，由现在起，或暂别或永离，不得而知等语。不胜惨痛！职已将前意旨，向各部详达，全体官兵同深感奋。②

张自忠将军牺牲后，全国为之哀悼。国民党在战时首都重庆举行隆重的国葬。国民党最高统帅蒋介石通电全国予以表彰，并立碑"英烈千秋"。据蒋纬国回忆，张自忠殉国后，蒋介石的办公桌上陈放的唯一照片就是张自忠戎装照，直到胜利回南京，历时五年之久。延安也举行了纪念大会，中共领袖毛泽东致挽"尽忠报国"。周恩来在张自忠殉国三周年时所写《追念张荩忱上将》一文，指出："张上将是一方面的统帅，他的殉国，影响之大，决非他人可比。""张上将之殉国，不仅是为抗战树立了楷模，同

---

① 秋人：《张自忠将军忠勇殉国纪》，《申报》1940年6月14日。
② 《冯治安致蒋介石皓电》（1940年5月19日），秦孝仪主编《中华民国重要史料初编——对日抗战时期　第二编　作战经过》（2），第472页。

时也是为了发扬我们民族至大至刚的气节和精神。"①

整体考察战时国民党的宣传机构，其效率与作用并不高。尽管国民党的《抗战建国纲领》特别强调"民众运动"，但其宣传人员大多高高在上，不能深入民间，无法真正了解民众的疾苦。全国抗战初期，国民党尚能动员民众支持政府，但到了相持阶段，国民党的宣传作用远远落后于共产党。他们翻来覆去强调的困难，大都是经费不足人才不够等。据战时担任国民党中宣部副部长、负责对外宣传的董显光回忆：

> 当我发动这套国际活动的工作时，先办香港和其他几个重要据点，但是当时因为政府财政困难，我们所能用于这方面的经费简直微不足道。试以同时日本的宣传费用比较，那时候日本只花在美国一国的宣传费每年就达四百万到六百万美金之间……
>
> 美国新闻署是跟我们对称的一个政府机构，它在重庆成立新闻处时组织的庞大更使我们相形见绌。到战争快要结束的时候，重庆美国新闻处的中美人员总数达一百五十人，比之我们在重庆所成立的宣传中枢人数连同工友在内不到一百人，超过了三分之一。可是我们在重庆的人数比纽约办事处的人数已多了六倍。我在一九四二—四三年间访美的时候，发现英国宣传部的驻美办事处在纽约 RCA 大厦中占了好几层，职员超过三百人。可是，我们在同一大厦的办事处只占八间小房，办事人员只有十二人。
>
> 经费不足外，我们推动海内外工作另一经常感到的困难，是人才的匮乏。那时候中国人受过外文新闻与公共关系训练的人，不足我两手的指数。②

董显光的抱怨固然都是事实，这也正反映出国民党的宣传手段，就是一切要靠钱和专业人士，不仅不知如何发动群众，更是不愿主动深入群众。就以董显光提到的最先创办的香港这个"重要据点"为例，战时国民党新建立的港澳总支部的宣传方针主要有三点：一是沟通海外侨胞情谊，

---

① 该书编辑委员会主编《张上将自忠年谱简编》，中国传媒大学出版社，2001，第 5、1 页。
② 《董显光自传——报人、外交家与传道者的传奇》，第 190—191 页。

协助政府推进战时政令；二是对外争取友邦同情与援助；三是纠正纷歧错杂的言论思想。但由于国民党在港澳地区的组织政出多门，"横的部门与纵的系统多有脱节"，造成党报（香港《国民日报》）与"党部之宣传科无密切之联系"。① 此外，"亦因经费困难，同时下级党部又多不能积极运用社会的人力与财力，所以亦不能发挥很大的效果。特别是宣传技术的呆板低劣，有时且不免弄得民众对于宣传人员，发生厌恶轻视的观念，致削弱了宣传的功效"。甚至引起"盟邦对我不免苛责"。②

同样，国民党各级组织在总结港澳地区文宣工作时，都能罗列出一系列的成绩，但也不得不承认共产党的宣传工作胜于自己。中央海外部的一份报告中有一段记录海外文宣工作的失误和总结，还算不失公允：

宣传工作：

一，一般的日报，比抗战前有质量之进步，因（1）国内沦陷区域，为报馆最发达之地，国内既停业，乃迁海外；（2）抗战发生，侨民阅报之需要大增；

二，智识分子到海外避难者甚多，学校亦有质量之进步；

三，共产党或左倾分子因生活较劣，须争社会地位，工作势力言论受其操纵；

四，本党机关报，则销路不见增加，反有支持不易之势，其原因：（1）工作人员恃有背景，毋须努力；（2）各派皆拥护中央，机关报拥护中央之特色与号召不引起注意；

五，本党定期刊物在重庆甚多，而在海外之发行不甚注意，远不如其他之流畅。国内共产党之刊物，亦多见于书摊。

……

七，现国内派出海外之宣慰人员颇多，但不少因：（1）对国内抗战情势本无研究，学识低，演讲术不好；（2）生活习惯奢侈；（3）旅

---

① 《五届六中全会中央海外部工作报告》（1939年1—11月），李云汉主编《中国国民党党务发展史料·海外党务工作》，台北，中国国民党党史会，1998，第145页。
② 吴铁城：《党务检讨报告》（1945年5月7日），秦孝仪主编《革命文献》第76辑，台北，中国国民党党史会，1978，第463—465页。

费不足，向侨胞提捐，极引起侨胞之反感，尽失宣慰之本意。①

最初，国民党港澳党务的宣传重点，在"纠正纷歧错杂的言论思想"方面，还多集中在驳斥日本美化侵略和汪伪"和平运动"等谬论方面，能获得广大民众的支持。但随着国共矛盾的加剧，其宣传重心也逐步移到反共方面。特别是皖南事变前后，国民党针对中共的强势宣传，集中力量开展"特种宣传"，其任务"除打击敌伪之外，尤应打击奸党"。事后，国民党对"特种宣传"开展以来的实际效果自我评价道："奸党反动宣传，其在侨胞间之影响已大为低落，至本党宣传力量，则已日见效果，侨胞视听亦已日转澄清，虽奸党多方破坏，多方造谣，亦徒心劳日拙。"②

但事实非如此。皖南事变后，国民党想极力掩盖事实真相，由于其宣传手段拙劣，令前方党务人员极度不满。据国民党海外部自己统计，针对事变而转发给海外各支部及党报的宣传材料仅仅四份。③ 时任国民党港澳总支部书记长的高廷梓为此向国民党中组部部长朱家骅抱怨道："弟在此间虽是负实际工作责任，但以权、款两受限制，经常业务尚可于穷中苦斗，勉强推进。过去年余已是如此，方今共党展开斗争，本党宣传机构似应加以调整，酌增经费，使真能成为战斗力量。最近何总长皓电，本部所能印发者为数甚少，齐电本可由中央航邮发下，讵竟连日分段拍发，耗费时间、物力，又无从运用，以视共党佳电与有关文件一厚册则早已播传海外。我以密件通知同志，对方则以全部有利其自己之宣传文件撒播全世界，相形之下，效用可想而知。"④

迫于这种无奈的状况，高廷梓甚至不敢接任"特种宣传委员"一职，特致电国民党秘书长叶楚伧和朱家骅表示：特种宣传工作"其性质虽与本部工作密切关系，但非本部所能支配，似此情形，应付非常，实属棘手。

---

① 《五届六中全会中央海外部工作报告》（1939 年 1—11 月），李云汉主编《中国国民党党务发展史料·海外党务工作》，第 146—147 页。
② 《五届八中全会中央海外部工作报告》（1940 年 7 月至 1941 年 3 月），李云汉主编《中国国民党党务发展史料·海外党务工作》，第 270—271 页。
③ 《颁发打击奸党宣传材料表》（1940 年 12 月至 1941 年 2 月），李云汉主编《中国国民党党务发展史料·海外党务工作》，第 271—273 页。
④ 《高廷梓呈朱家骅函》（1941 年 1 月 9 日），毛笔原件，中研院近代史研究所藏《朱家骅档案》。

恳请转呈总裁,准予辞去特种委员职务,以明责任而轻罪戾"。①

对于国民党海外宣传工作,吴铁城在其所做的《党务检讨报告》中也不得不承认:"因为派在国外的宣传人才,实在不多,动员海外侨胞宣传的技术,不够精到,宣传经费亦不很充足,总感觉到我们的责任,还没有能够完全尽到。老实说,我们同志在国际上的宣传战,远不及将士在国内的军事战。"②

由此可见,无论是具体执行宣传工作的董显光、高廷梓,还是国民党高层如吴铁城等人,都始终认为国民党宣传方面的失败,主要原因还是经费不足和人员不够。然而事实上,这些困难对共产党来说也同样存在,甚至比执政的国民党更难。同样在香港,共产党的宣传工作却开展得有声有色,不仅扩大了自身的组织,还在最大限度内赢得了港澳各界人民的同情和支持。这一优势不仅体现在香港,在战时各个领域国共两党的这一对比,充分说明国民党在宣传工作上的失败,完全是出于自身的组织建设问题,这一点是它无法根本克服的主要矛盾。特别是到了抗战后期,随着国民党的独裁和腐败,大批驻华外国记者也对国民党表现出了强烈的不满。这令原本引以为傲的董显光痛苦不堪,但他不能清醒地意识到其中的真正原因,只能在其回忆录中无奈地写道:

不幸在抗战中途,这个我所抚爱的成就变了质。在初期,外国记者们是我们的家人,我们的密友,筑屋同居,使他们跟我们生活在一起,工作在一起,是非常愉快的事情。可是,逐渐地搬弄是非的一些反政府坏记者渗透到了招待所里,这个招待所就变成了集中外记者便利他们挑拨离间的场所了。因此,本来对我们很友善的几位外国记者也慢慢对我们政府采取批评态度了。

外国记者们跟我们采取对立态度,在一九四三年五月,乘我随蒋夫人逗留美国时公开表现了出来。住在外国记者招待所里的外国记者组织了一个外国记者俱乐部。它的主持职员五人中三人是批评我政府

---

① 《高廷梓致叶秘书长朱部长电》(1941年1月9日),电报抄件,中研院近代史研究所藏《朱家骅档案》。
② 吴铁城:《党务检讨报告》(1945年5月7日),秦孝仪主编《革命文献》第76辑,第465—466页。

最苛刻的记者,那就是:一会长艾金森(《纽约时报》),二副会长叶夏明(塔斯社),三另一副会长,白修德(《时代杂志》)。这个外国记者俱乐部竟自居为代表所有驻华外国记者向中国政府交涉的权威。①

而考察整个抗战时期共产党的宣传动员工作,则做得有声有色,其优势表现得淋漓尽致。尽管在人才和经济方面存在着比执政的国民党更多的困难,但共产党的组织能力远在国民党之上,能够动员一切可以动员的力量来进行宣传工作。抗战爆发后,由于国共两党实行第二次合作,共产党人在一些地区能够公开半公开地活动,中共的主张能够在一定程度上通过报刊和书籍得到传播,例如毛泽东的《论持久战》等著作在国民党统治区可以公开出版发行,人们对中国共产党逐渐有了较多的认识和了解。

面对新的形势,中共领袖首先明确宣传工作的目标和方向,但也同样面临着缺少人才的问题。随着各地知识青年大量涌入延安,其中包括不少平津的大学生,这为中共提供了大批高素质的人才储备。毛泽东及时发现他们潜在的力量,是原来广大红军官兵所不具备的。据任弼时统计:"抗战后到延安的知识分子总共四万余人,就文化程度言,初中以上百分之七十一(其中高中以上百分之十九,高中百分之二十一,初中百分之三十一),初中以下约百分之三十。"② 中共很快将这批有文化、有知识的青年吸收到陕北公学、鲁迅艺术学院、抗日军政大学等新设立的干部培训学校学习,毕业后奔赴前线,成为传播革命思想的种子,许多人成长为革命的骨干力量。

为了充分发挥投奔延安的知识分子的作用,毛泽东于1939年在延安发表《大量吸收知识分子》一文,将吸收知识分子提升到关系抗战乃至革命成败的重要地位。第二年,中共中央宣传部发布《关于各抗日根据地文化人与文化团体的指示》,规定对于知识分子尤其是"新来的及非党的文化人",一方面"应该用一切方法在精神上、物质上保障文化人写作的必要条件,使他们的才力能够充分的使用";另一方面"应更多的采取同情、诱导、帮助的方式去影响他们进步,使他们接近大众、接近现实、接近共

---

① 《董显光自传——报人、外交家与传道者的传奇》,第208页。
② 《胡乔木回忆毛泽东》,第279页。

产党、尊重革命秩序、服从革命纪律"，最终"采取一切方法，如出版刊物、剧曲公演、公开讲演、展览会等，来发表他们的作品"。①

同时，共产党也清楚地认识到宣传工作并不一定要所谓的专业人士才能进行。经过动员，共产党可以调动每一个人的积极性，利用其优势，在不同的层面发挥宣传作用。例如，在广大青年学生中开展宣传工作时，中共指示各级组织，要明确反对青年不应放弃求学机会而从事政治工作的言论，指责为"把青年利益与民族利益对立"，"是要使青年和抗战绝缘，是要使青年抛弃他们应当担负的救国责任，其目的是在于为失败主义的政策留一退路"。共产党特别强调无论从事任何工作，首先要从自己身边的日常生活中进行抗战宣传：

> 找寻和开发工作，最初应当从自己的周围开始。如果你是一个学生，你便应当在同学、教员以至校役之间活动，个别地或者通过地去影响、说服、推动他们。如果你是一个店员，你可以首先用巧妙的宣传方式使同事们无意中接受你的影响，进一步就可以组织他们。如果你是一个家庭妇女，你也不妨在家族亲戚之间传布救国运动的影响……那怕是最平凡最低级的工作，都应当耐心的脚踏实地的去干。②

民族解放先锋队是抗日战争爆发前夕，共产党成立的一个青年先锋组织，带有鲜明的民族主义色彩。民先队先后在国内外30多个城市包括法国巴黎、里昂、日本东京都建有基层组织，还召开过民先队全国代表大会，出席大会的有北平、上海、南京、广州、厦门、武汉、济南、青岛、天津、太原、西安、石家庄、开封等十几个城市的代表。抗日战争爆发后，有的民先队员从天津乘轮船到山东烟台，再经济南、西安等地，到延安、太原，随八路军参加游击战；也有的队员沿京汉铁路线南下，或者径直回到自己的家乡参加抗日工作。

1938年底，昆明的数十名民先队骨干成立了共产党领导下的"群社"组织，下设文学、英语、哲学、历史、物理和社会科学等小组，每两周集

---

① 中央档案馆编《中共中央文件选集》第12册，中共中央党校出版社，1991，第486—499页。
② 平心：《战时的青年运动与青年工作》，光明书局，1938，第27—28页。

会一次，宣传中共的政策并讨论时事，核心成员后来发展到两百人，并建立了合唱队、体育会等外围组织。与国民党的青年组织相对脱离民众相比，群社的政治宣传活动更亲近民众，其成员愿意花时间去学习地方话、表演街头剧。① 据当时参加群社兵役宣传的张维亚回忆："由于宣传的内容丰富，参加演出和歌唱的同学，都像是为他们自己做一件必须要做好的事一样，那样热情，那样认真，将自己融合到宣传的节目中去，效果自然是逼真而感人的。"宣传队员以谈天的方式，以诚恳的热情，拉近了与当地农民之间的距离，"同学和农民们三五成堆地坐在草地上促膝谈心，好像是一见如故的老朋友一样……至今仍记忆犹新"。② 这种宣传是双向的，学生自身所受的影响可能更大些。

共产党在基层民众宣传动员工作中，首先从抓住群众最关心的事情入手，努力解决他们的困难。例如在新建立的抗日根据地，共产党首先从打击土匪、恶霸势力，稳定乡村社会秩序入手，同时采取减租减息政策，减轻民众的经济负担，因而获得广大贫苦农民和手工业者的支持。原港九大队政委陈达明总结道："我们部队决定首先跟土匪做斗争。我们组织地方的武工队、村民自卫队。土匪洗劫啊，老百姓觉得不得了了，要自卫了，在部队帮助下学打枪，每个村都差不多有自卫队。保护了人民的生命财产安全以后呢，老百姓认可了这个部队，好多青年参军。"税收是部队的主要经济来源，"凡经过我游击区的，只纳一次税，便可通行全区，凭票放行，决不重复征税。既减轻了商客负担，又保障了客货的安全。绝大部分客商乐意缴税。当时每月能收到四万至十万多元港币、日本军票的税款"。③

据时任苏中军区司令员管文蔚的夫人朱竹雯回忆，共产党把地方动员作为重要任务，成立了很多群众组织，诸如工抗会、农抗会、青抗会、妇抗会、商抗会以及儿童团等，以抗日为目的，团结争取广大民众支持抗战：

> 最值得一提的就是商抗会把全［黄桥］镇数十户烧饼店全部动员

---

① ［美］易社强：《战争与革命中的西南联大》，第301—303页。
② 张维亚：《两次兵役宣传活动》，《云南文史资料选辑》第34辑，云南人民出版社，1988，第441页。
③ 陈真主编《寻找英雄——抗日战争之民间调查》，第156、162页。

起来了，日夜开工为战士们准备粮食。我们那会儿都会唱"黄桥烧饼歌"的："黄桥烧饼黄又黄哎，黄黄烧饼慰劳忙哎；烧饼要用热火烤哎，新四军要靠百姓帮哎！同志们呀吃个饱，多打胜仗多缴枪！嗨呀咦呦嗨嗬嗨，多打胜仗多缴枪！咿呀嗨！"①

中共领导下的各抗日根据地政府还通过扫盲运动，广泛举办各种形式的冬学、夜学、识字班，把抗战宣传和识字启蒙结合在一起。据统计，陕甘宁边区在1938年就兴办冬学619组，有学生10317人，其中女性占1/7，约1470人；夜学581组（不包括延安市和延长县），男性7517人，女性418人；边区8个县的半日制学校有186所，男性686人，女性2340人；全边区识字小组5513个，男性29597人，女性10053人。1940年，国民党中统局对边区调查报告称：在边区改制前，"知识分子之能阅览普通文告及报章者，遂如凤毛麟角，文盲约占全人口百分之九十八，妇女几全部不识一字"。通过中共组织，"文盲已减至全人口百分之九十，妇女识字者亦渐增加，虽与国内其它先进地域相较，难免相形见绌，而较诸过去之落后情况，更不能不谓已有相当之进步也！"②

边区教育厅特意为民众编写的《抗日三字经》识字教材是这样的：

毛主席　真英明　讲政治　论战争　想得到　说得通　句句话　有证明
中国大　出产丰　多人口　多士兵　日本小　出产穷　少人口　少士兵
我抗战　是进步　全世界　多帮助　敌侵略　是野蛮　求帮助　难上难
看事实　论道理　打到底　我胜利　讲缺点　我也有　敌文明　我落后
飞机少　大炮旧　枪不足　弹不够　我落后　多困难　要胜利　持久战
持久战　三阶段　求进步　克困难　一阶段　敌进攻　抢我地　夺我城
我中国　大觉醒　兵和民　齐斗争　二阶段　相持中　敌想进　无力攻
我中国　大振兴　又建设　又练兵　三阶段　我反攻　好消息　天天听
收失地　除奸凶　驱日寇　回东京③

---

① 陈真主编《寻找英雄——抗日战争之民间调查》，第134页。
② 《中统局核送陕甘宁边区教育文化设施情况的调查实报呈谷正纲函件》（1940年1月21日），《中华民国史档案资料汇编　第五辑第二编　教育》（2），第521—522页。
③ 董纯才主编《中国革命根据地教育史》，教育科学出版社，1991，第219页。

共产党还在边区开展禁止缠足运动。1937年7月,陕甘宁边区县、区长联席会议根据周恩来、博古、刘少奇、邓发、李富春、邓小平等13人的建议,发布禁止妇女缠足的决议,宣布:"自禁以后,如有定要缠的或不许放的,政府必处罚其父母或丈夫。"此后,边区政府又正式下达《禁止妇女缠足条例》,规定:18岁以下禁止缠足,违反者科处其父母或其家长一年以下有期徒刑;40岁以下者违反者科处其父母或其家长半年以下有期徒刑;已有缠足者一律解放。① 中共通过反对妇女缠足运动,解放了广大妇女的身心,为边区的生产建设提供了大量的劳动力。正如一首宣传歌谣中唱道:"大脚参加自卫军,小脚参加慰劳队,男男女女都工作,生产劳动是第一。男人们前方去闹枪,后方的生产靠婆姨,生产运动要号召,人人知名毛主席。"②

由于共产党军队主要活动在日军占领的城镇、铁路附近的广大山地、乡村,亲人被杀的仇恨和日益艰难的生活,很容易激发起广大民众的民族主义情感。为了保家卫国,根据地的民众纷纷主动投向共产党武装。1937年年仅20岁的扬州女孩王真,因为不想做亡国奴,不顾家庭的反对而偷偷参加了高邮一带的新四军。③ 据山西介休县1938年张村惨案的幸存者张复昌后来记述,日本人的无差别屠杀和"反动地主武装奋斗团"的针对性报复,"更激发了群众对日本人的痛恨,抗日情绪非常高,自发地担着粮食送到南山八路军那儿……张村一下子有一个排的青年报名参了军。全村剩下的六十多个青年也全部参加了民兵"。④ 香港九龙鲤鱼门村民罗耀辉在回忆自己十几岁就加入港九游击队的动机时说:"我当时没什么职业可以做的……家里的粮食又不够吃,我又没有书读,不如去部队学点东西。"他在坑口游击队的税站报名参加了游击队。⑤ 西贡龙船湾渔民吴友满对日军有着无比仇恨:"我家人都被你害死了,你还这样虐待我……当时我真是

---

① 《陕甘宁禁止妇女缠足条例》,中华全国妇女联合会妇女运动历史研究室编《中国妇女运动历史资料(1937—1945)》,中国妇女出版社,1991,第180页。
② 高华:《革命大众主义的政治动员和社会改革:抗战时期根据地的教育》,杨天石、黄道炫编《战时中国的社会与文化》,第36页。
③ 陈真主编《寻找英雄——抗日战争之民间调查》,第129页。
④ 张成德、孙丽萍主编《山西抗战口述史》(1),第67页。
⑤ 陈真主编《寻找英雄——抗日战争之民间调查》,第156—157页。

走投无路了，就是要饭都没地方要！我老婆被饿死了……我去参加了游击队。那时距日本人打香港刚好一年。"①

在国统区，周恩来等中共领导人先后在武汉、重庆同国民党各派系、社会各界人士和外国友人广泛接触，坦诚相待，增强了相互了解和友谊，博得了人们的普遍尊敬。加拿大的白求恩（H. N. Bethune）大夫、印度的柯棣华（K. S. Kotnis）大夫等就是经周介绍，到敌后抗日根据地的。同时，共产党还充分利用党外人士和外国友人宣传介绍中共领导的抗日根据地，起到了自身宣传难以替代的作用。

曾留学美国的救国会领导人李公朴，受邀到中共领导的抗日根据地考察。他根据近半年的亲身经历和所见所闻，在1940年写出《华北敌后——晋察冀》一书。该书一开始便写道："模范的抗日根据地，模范的抗日民主、抗日民族统一战线的晋察冀边区，象征着中华民族解放的胜利，象征着新中国光辉灿烂的前景。""民主政治的彻底实施，行政机构的改革，经济政策的规定，人民生活的改善，边区政权的日益巩固和扩大亦是人所共见的事实。"②

美国很有影响的《时代》和《生活》两杂志的驻华记者西奥多·怀特（白修德，Theodore White）和安娜·雅各布（Annalee Jacoby），对中共的根据地建设曾留下这样一段异常生动的描绘："共产党的全部政治论题可以概括为下面的一段话：如果你遇见这样的农民——他的一生都被人欺凌、被人鞭笞、被人辱骂，而且他的父亲把祖祖辈辈传下来的痛苦感情都转移给了他。你真正把他作为一个人来对待，征求他的意见，让他投票选举地方政府，让他组织自己的警察和宪兵；给予他权力，让他决定自己应交纳多少赋税，让他自己决定是否减租减息。如果你做到了这一切，那么，这个农民就会变成一个具有奋斗目标的人。而且，为了保卫这个目标，他将同任何敌人——不管是日本人还是中国人——进行殊死拼搏。如果你再给这个农民提供一支军队和一个政权，帮助他们耕种土地、收割庄稼，为他们消灭曾经强奸他妻子、糟蹋他母亲的日本鬼子，那么，他就必然会忠于这支军队、这个政府以及控制军队和政府的政党，必然会拥护这个政党，按照这个党给他指引的方向进行思考，并在很多情况下成为这个

---

① 陈真主编《寻找英雄——抗日战争之民间调查》，第153、156页。
② 《李公朴文集》，云南人民出版社，1987，第539、696、697页。

政党的积极参加者。"①

抗日战争后期,同盟国的对日作战进入决战阶段,人民迫切需要了解中国战场的全盘情况。而共产党领导的各抗日根据地或在敌后,或遭到国民党的严密封锁,大后方的民众和国际友人不容易了解它的具体情况。在各方面压力下,国民党政府第一次允许中外记者西北参观团21人到根据地采访,其中包括美联社、合众社、美国《时代》杂志等的6名外国记者。1944年6月9日,他们到了延安,有些人还深入敌后抗日根据地实地考察,他们所写的大量报道和评论,在大后方和国外一些报刊上陆续发表,引起全社会的广泛关注。

美国《纽约时报》记者福尔曼(Harrison Forman)经过6个月的实地采访,出版了一本《来自红色中国的报告》。他一开始说明:"我们新闻记者多半既不是共产主义者,也不是共产主义的同情者。"在描述了大量目睹的事实后,他写道:"凡见到过八路军的都不会怀疑他们,他们所以能以缴获的武器或简陋的武器坚持作战,就是他们能与人民站在一起。""在延安他们把战果告诉我时,我真不敢相信。但是我和八路军在敌后共同作战两个月后——真正地去参加占领和摧毁这些据点和碉堡,我所见到的一切证明了共产党的叙述并无夸大。"②

《新民报》记者赵超构所写的《延安一月》,黄炎培在同其他五位参政员访问延安后所写的《延安归来》,都产生了很大影响。这些并非来自共产党的对外宣传,反而更有说服力,使大后方许多人看到了一个过去并不了解的天地,耳目为之一新,对中国的未来燃起新的希望。

第三节　国家与家庭

随着战火的蔓延,日本侵略者的铁蹄踏遍中国东南沿海的富庶地区,给中国造成了巨大破坏。当一个国家民族遭受外来侵略时,原本软弱的政府就更难对国民实施有效的保护,而作为社会基本单位的家庭失去政府保

---

① 〔美〕西奥多·怀特、安娜·雅各布:《风暴遍中国》,王健康、康元非译,解放军出版社,1985,第216、217页。
② 〔美〕哈里逊·福尔曼:《来自红色中国的报道》,熊建华译,解放军出版社,1985,第1、67、115页。

障时，更多的只能是依靠自身的努力来谋求生存。在长达八年的战争中，众多家庭经过严峻的考验，或不复存在，或支离破碎，或异地而生。

中国传统儒家文化强调为国之大"义"而舍小家的伦理，所谓"自古忠孝不能两全"、"覆巢之下安有完卵"。如果国家民族没有希望，就根本没有什么个人前途可言。著名作家巴金在战时写道："这一次全中国的人真的团结成一个整体了。我们把个人的一切全交出来维护这个'整体'的生存。这个'整体'是一定会生存的。'整体'的存在就是我们个人的存在。我们为着争我们民族的生存虽至粉身碎骨，我们也不会灭亡，因为我们还活在我们民族的生命里。"① 为什么那么多志士仁人不惜牺牲自己的一切，甚至献出最宝贵的生命，去为国家民族的前途奋斗，原因就在这里。这也正是蒋介石所需要的精神。卢沟桥事变后第十天，蒋介石在庐山发表声明，强调国民之于国家的义务："我们知道全国应战以后之局势，就只有牺牲到底，无丝毫侥幸求免之理。如果战端一开，那就是地无分南北，年无分老幼，无论何人，皆有守土抗战之责任，皆应抱定牺牲一切之决心。"②

建构国家"大家庭"，实现民族复兴，是近代中国意识形态的重要特征之一。早在1933年，南开大学学生赵宜伦在纪念长城喜峰口战斗牺牲的第二十九军烈士代表学校致祭辞时，深情地说了下面一段话，生动地反映出这种意识形态对社会价值观的影响：

> 今天兄弟沈士杰、郭荣生、赵宜伦三人代表天津南开学校大、中、女、小四部全体师生，由天津特意到这里来看看诸位。诸位都好吗？他们说你们死了，其实你们并没有死呀！说你们死了的人们正是死了，而诸位仍然是健康的活着。去年的今天是你们哭的时候，而今年的今天是我们哭的时候了。兄弟还记得去年在三河，南开师生和你们讲话时候的情景？台上的我们在那里疯子般的狂喊："……你们的父母就是我们的父母，你们的子女就是我们的子女，你们的妻子就是我们的姊妹……"台下铁人般的你们在那里流着热泪。后来，你们得

---

① 巴金：《一点感想》，《呐喊》创刊号，1937年8月。
② 蒋介石：《对于卢沟桥事件之严正表示》，秦孝仪主编《先总统蒋公思想言论总集》卷14，第585页。

到命令，半夜工夫便从三河跑到喜峰口，一夜就立下千古不朽的奇功。你们的血染红了长城，你们的血塞住了日军的坦克车。现在你们的骨头在这里休息。我们哭的不是你们，而是你们的热血振作不起将亡的民族。唉！你们诸位在这里静静的养伤吧，你们的骨头一样可以举起大刀和敌人厮杀的。诸位，等着吧！①

全国抗战初期对内迁成都华西坝的五所大学（华西、金陵、金陵女子文理、齐鲁、东吴）100 名校工进行的采访调查显示，这些受访者多数为青壮年，仅 27 人受过教育，而且工资极低，尤其是女工（月薪至多 3 元），且多有抚养未成年子女的责任。当问及"你愿意自己或儿子去打仗吗？"有 46 位男性和 3 位女性回答"愿意"，另外 28 位男性和 23 位女性否定。② 在抗战后期对昆明 101 名职业妇女的调查显示，则有 63 人表示愿牺牲一切为国家长期抗战，而有 28 人表示不愿意，1 人怕，其余 9 人不予置评。③ 不管上述回答是否完全出于本意，可见当时"国家主义"宣传的效果。

但另一方面，国民本应享有国家提供安全保障的权利则不断减少。自 1937 年 11 月淞沪会战失利后，号称中国的马奇诺防线的京沪杭国防工事，几乎没起到任何抵抗作用，日本侵略军迅速向中国内地不断挺进。④ 国民政府及其军队不断宣誓要与城池"共存亡"，结果从首都南京开始，军队不断先民众而撤退。例如，河南省政府在 1941 年得知日军即将进攻的消息后，突然秘密撤离郑州，市民几乎不知。当日军第一次占领郑州的时候，一家面粉公司被迫悬出德国国旗，选择他国政府以寻求庇护，理由为曾经向德国贷过款，而德国已与日本结盟。⑤ 此外，国民政府提出的"焦土抗战"战术，常常由于指挥不当，造成许多不必要或扩大化的自我破坏。例

---

① 赵宜伦：《扫墓》，《南开周刊（副刊）》第 43 期，1934 年 4 月，转引自王文俊等选编《南开大学校史资料选（1919—1949）》，第 671 页。
② 《华西坝各大学工友调查》，李文海主编《民国时期社会调查丛编·城市（劳工）生活卷》（上），第 1101 页。
③ 章珠：《昆明职业妇女生活》，李文海主编《民国时期社会调查丛编·婚姻家庭卷》，第 1310 页。
④ 郭汝瑰、黄玉章编《中国抗日战争正面战场作战记》（上），江苏人民出版社，2005，第 575—581 页。
⑤ 罗久蓉：《历史情境与抗战时期"汉奸"的形成——以一九四一年郑州维持会为主要案例的探讨》，《中央研究院近代史研究所集刊》第 24 期，1995 年 6 月，第 826、830 页。

如1938年6月徐州陷落后，军队奉命炸毁花园口黄河堤坝，造成河南省方圆数千平方公里洪水泛滥，淹没了44个县，超过4000个村子的居民无家可归。① 1938年11月12日，湖南省政府在日军到来之前，由于情报不准，在长沙城对民众毫无预警的情况下提前放火，白白增加了平民的伤亡损失。

战争也迫使许多家庭发生剧变。按照家庭成员的构成，一般可将家庭分为核心家庭、直系家庭、复合家庭和其他四类：核心家庭主要指夫妻或其一方与未婚子女组成的家庭，关系最为简单，是象征人类繁衍功能的最基本单位；直系家庭是在核心家庭基础上，至多有两代独对夫妻形成的两代或三代家庭，也包括鳏夫寡母与已婚子女或者一对夫妻与其未婚兄弟姐妹组成的家庭，关系较为复杂，人口也较多；复合家庭则是包含了至少一代多对夫妻关系的大家庭，一般为多代、多偶，关系最为复杂，人口也最多；其他则是除去上述三种以外的家庭，一般残缺不全，如鳏夫或寡妇单身、夫妻婚后分居、孤儿、隔代等情况的家庭。根据学者统计，抗战前后中国家庭结构明显的变化为人数趋于减少、关系趋于简单，大致如表10-1所示。

表10-1 民国不同时期城乡家庭类型对比

单位：%

类别	全国抗战爆发前（1930年代中期）		全国抗战爆发后（1940年代）	
	城市	农村	城市	农村
核心家庭	57.9	31.9	76.8	32.8
直系家庭	35.2	42.5	19.2	48.4
复合家庭	1.9	21.6	2.0	10.1
其他家庭	5.0	4.0	2.0	8.6
总计	100	100	100	100

资料来源：参见郑全红《中国家庭史》第5卷，广东人民出版社，2007，第44—46页。

表10-1显示，在城市中，核心家庭的比重明显增大，而农村中复合家庭的比重则显著缩小，整体趋势是家庭结构简化。在内迁或逃难过程中，由于颠沛流离、缺医少药，许多家庭成员意外亡故，导致各类家庭的

---

① 陶恒生：《高陶事件始末》，台北，成文出版社，2001，第105页。

人口减少。浙江大学校长竺可桢就因为迁校忙碌，而在半月之内先是错过送别病故爱子，又目睹了爱妻的死亡：

> （1938 年）浙大不得不再次筹划西迁。学校再次组成迁校委员会，竺校长亲自出马，7 月 3 日，在武汉找到教育部长陈立夫，陈同意必要时浙大可再次迁校，并说贵州安顺可以考虑。竺校长就经长沙赴广西，到各地考察，寻找合适的地点。7 月 23 日，在桂林得到校中催他回去的电报，其中有他夫人张侠魂患了痢疾的话。7 月 25 日，竺可桢急行回到泰和，在浙大长堤上看到等候在那里的竺梅、竺安、竺宁（长子竺津已在 1938 年 1 月考取军校离家），大女儿竺梅说妈妈的病好些了；但因为没有见到次子竺衡，就问衡儿在哪里，竺梅呜咽着说"衡没得了"。竺可桢听后惊呆了，眼泪簌簌流下。早两天在途中曾听说学校里人提及竺衡生病，他原以为不过是小病，万万没有想到竟会夺去一个十四岁孩子的生命。他赶紧回家，见到张侠魂因患痢疾病卧在床，身体已十分衰弱。竺可桢走到床前探问，张侠魂说她害怕再也见不到他了，还问衡儿的病怎样了（家人怕刺激她，向她隐瞒了竺衡已病逝的情况）。竺可桢强忍悲痛，抚慰夫人。张侠魂和竺衡当时得的是痢疾，本不是大病，可惜当时医疗条件太差，抗战时在泰和这种小地方更是缺医少药，而张侠魂这时已经病得很重，竺可桢回校后虽多方设法，终于无法挽救。8 月 3 日上午，张侠魂不幸逝世。半月之内，竺可桢接连丧妻失子，遭到了沉重的打击。①

战争还对城市家庭手工业造成巨大的破坏。在 1943 年昆明一次关于 123 个家庭作坊转行原因的调查中，认为行业维艰、兵役与轰炸、生活压迫的共占 62.7%。由于"兵役与轰炸"这一最直接原因转行的有 20 人，其中 13 人是因为躲避兵役、7 人是因为敌机轰炸毁了他们的店铺。作为大后方的春城，自 1939 年 9 月空袭不断，至 1941 年 9 月共有大小空袭 322 次，"不但破坏许多旧有的行家，还使从前繁荣的市面，变得门可罗雀的冷店"。举例来说，裱画行业是承平时代的宠儿，到了战争时期，谁还有

---

① 《浙江大学简史》第 1 卷，第 54—55 页。

如此闲情逸致，唯有关门之一途。战争导致物价飞涨，生活成本增加，小手工业者的生存状况更是困难重重，难以为继。战前昆明街头一家甜食早点店，"原本小康，主妇四十上下，穿着整洁，嘴里两颗金牙，脸上笑容可掬；可是不到半年光景，这一家已改做纸盒业了。主妇及其两个小孩，都在紧张的工作着。半年前的和颜悦色，已归乌有，现在能看到的，只是手上脸上浮出一层工作时的黑油油的灰尘"。①

由于千万计的战争难民向内地迁徙，原有家庭支离破碎，西南大后方许多家庭关系面临着诸多挑战。其中较为突出的一个现象就是，内迁难民中的单身女性（包括女学生在内），常常主动或被迫以结婚、恋爱为手段求得生存。与此同时，城市已婚男性由于内迁与原有家庭分离，使婚外同居和出轨的概率增大。据统计，抗战一年后成都离婚案件中有高达14.3%是因为"重婚或骗婚"，仅次于"虐待"的28.6%。② 美国学者拉铁摩尔回忆，他的秘书谢保樵告诉他："昆明和成都一样，都有为从日本人那里逃出来的学生设立的'难民大学'，在他们当中可以找到因战争而同家庭分开的女孩子，她们为了生存不得不沦为小老婆或高级妓女。"③ 这种现象主要出现在城市，在农村相对要少得多。其主要原因是无论内迁还是逃难，在城市找工作相对更容易，因而往往会成为首选的迁入地；而在农村，如果脱离土地，人们很难生存。因此难民中无论男女，相对固定在农村的比例要少得多，且在大后方农村中仍存在着许多受传统文化影响的大家族，不像城市中多以小家庭为主，这也起到了一定的制约作用。

另一大特点是，城市女性开始逐渐走出家庭，参与许多国家政治和社会经济活动。在战争环境中，由于男性人口的相对缺乏，加之整体社会环境对家庭的影响高于平时，无论是主动还是被动，都为女性脱离家庭参与社会活动提供了更多的机会。特别是在战时，社会各界精英更多地鼓动女性解放，也提高了女性的社会活跃度。据成都一项对192名职业妇女进行的社会调查显示，抗战前未参加社会活动的妇女共有127人，抗战爆发后计有37

---

① 袁方：《论手艺人改行》，李文海主编《民国时期社会调查丛编·城市（劳工）生活卷》（上），第1310页。
② 孙本文：《现代中国社会问题》第1册，商务印书馆，1947，第133页。
③ Owen Lattimore and Fujiko Isono, *China Memoirs: Chiang Kai-shek and the War against Japan*, p. 129.

人加入各种社会团体；但仍有31人因为家庭阻力而拒绝国家和社会的动员，其中19人因"家事太忙"，4人因"家中人不许参加"。①

在陕甘宁边区和抗日根据地，由于共产党积极宣传妇女解放，反对封建家庭伦理，同时更强调集体主义，主张私生活从属于群生活，女性参与社会政治、经济活动的活跃程度也大大提高。例如，1938年中共长江局发行的一本青年工作手册中，就明确强调国家现时法律与传统家庭伦理对立的一面："你不能武断地说一个卖国汉奸不会成为孝子，你也不能臆想地说一个贪官污吏不会成为慈父。"它告诉青年，所谓"家齐而后国治"是封建社会的俗见，"使许多人陷在奴隶状态中而不自觉"，正确的做法是把私生活完全隶属于群生活，"把私己的利益和能力交付给神圣的民族解放战斗"。②另据《晋察冀日报》记者伊之回忆："每天除了工作就是打游击。这些家长里短的事情，比如家在哪啊，有什么人，一概不知道，从来不讨论这些。而且好像不约而同地，形成这么个不成文的规矩，谁也不问。"③

在抗日战争期间，整个中国社会经历了前所未有的剧变，战争几乎影响到每一个家庭，更将家庭成员自身的命运与国家的命运紧紧地结合在一起。邹韬奋1941年在香港写道："自从全面抗战发动以来，全国的许多同胞受到日本帝国主义者的摧残践踏、奸淫残杀。在这极残酷的苦痛中，使每一个中国人（汉奸当然除外）虽不出国门一步，也都能深深地感觉到祖国的可宝贵，也都能深深地感觉到争取祖国的独立自由是每一个中国人所不得不负起的重要责任。我们要做一个堂堂正正的人，就不得不爱我们的祖国。"④在国家民族面对生与死的严峻考验时，这些发自肺腑的呼喊蕴藏的巨大感染力，是平时一般说理性的教育所无法相比的。

第四节　自由与统合

蒋介石在1934年曾这样论述现代国家的涵义："所谓'现代'，就是

---

① 李文海主编《民国时期社会调查丛编·婚姻家庭卷》，第480页。
② 平心：《战时的青年运动与青年工作》，第107—112页。
③ 陈真主编《寻找英雄——抗日战争之民间调查》，第115页。
④ 《韬奋全集》第10卷，上海人民出版社，1995，第263页。

'文明'；'非现代'，就是叫'野蛮'……文明的军人，文明的国家，一切都统一的；野蛮的军人和野蛮的国家，就是不统一的、散漫的、割据的、各自为政的、自私自利的，即古之所谓乌合之众是也。"①"抗战建国"在很大程度上推进了中国社会的统合，这是不争的事实。但在现实生活中，社会精英所要支撑的公共领域，面对执政党强调的国家统一，形成了既协作又反抗的局面。此后伴随现实政治的发展，又演变成以蒋介石为首的国民党强化一党专政，同倡导民主自由的有识之士关于新型政权的激烈争论。这一争论一直持续到共和国的诞生。

1938年3月，国民党召开全国临时代表大会，通过《抗战建国纲领》，规定："在抗战期间，对于不违反三民主义最高原则及法令范围内的言论、出版、集会、结社予以充分保障。""政府对人民之自由，必加以尊重，同时亦必加以约束，使得自由于一定限度之中"。大会通过《对于党务报告之决议案》，明确抗战为国民革命历史任务之一，于民众中树立"国家至上，民族至上"及"军事第一，胜利第一"的信念。② 此次会议更从制度上确立了蒋介石国民党总裁地位，根据国民党党章规定，总裁具有与总理孙中山同等之权力。由此，集权主义的战时领导体制形成，在中央实行"以党统政"，使党政军各项权力集中于总裁一人，虽有利于集中全国之力抗战，却无力克服党政机体的腐败，不利于民主自由的发展。

此后不久，国民党又强化了战时新闻图书审查制度，主要由国民党中央宣传部负责。中宣部部长张道藩代理中央文化运动委员会主任，副部长潘公展代理中央图书杂志审查委员会主任，其工作重点就是统一文化宣传口径，需要处理的主要问题包括：（1）西方通讯社和记者的自由主义和客观主义的报道，"有时杂有不利于中国而倒有利于日本的内容和倾向"；（2）不符合国民党"溶共、限共、防共、反共"方针的宣传，例如八路军、新四军战绩、延安成就、毛泽东思想以及阶级斗争和其他共产主义论著；（3）汪伪"抗战必败"的宣传，包括"中日亲善"等"和平"思想的言论；（4）黄色低级趣味并腐蚀民众奋斗精神的东西；（5）泄露军事、国防机密的报道；（6）国民政府政要的讲话内容，"也有口径不一，或不

---

① 蒋介石：《抵御外侮与复兴民族》（1934年7月），秦孝仪主编《中华民国重要史料初编——对日抗战时期 绪编》（3），第116页。
② 《重庆抗战文化史》，第18页。

宜过早公开，需要统一的情况"。①

根据《国民精神总动员纲领》，为了达到抗战建国的目的，必须淘汰违反国家民族利益的"不健全的精神"，进行国民精神的改造，具体原则共五项，即"醉生梦死之生活必须改正；奋发蓬勃之朝气必须养成；苟且偷生之习性必须革除；自私自利之企图必须打破；纷歧错杂之思想必须改正"。其中最后一条被认为是针对共产党，又具体为四个"不为"，即"不违反国民革命最高原则之三民主义；不鼓吹超越民族之理想与损害国家绝对性之言论；不破坏军令政令及行政系统之统一；不利用抗战形势以达成国家民族利益以外之任何企图"。② 1939 年 2 月，国民党中宣部为了消除共产党在大后方的影响，更秘密传达《禁止或减少共产党书籍邮运办法》，③以此强化国民党宣传的"一个主义、一个政党、一个领袖"的理念。

国民党公布的《抗战建国纲领》，终究过于"原则"，而国民党官方强调的"服从"，与知识分子强调的"自由"之间，终究是有矛盾的。特别是抗日战争进入相持阶段后，国民党为了巩固一党专政，更是加强对舆论的控制和监管，从而抑制了战争爆发之初蓬勃发展的抗战文化。共产党员沈雁冰（茅盾）曾痛惜大后方文艺中的媚俗现象，"态度严肃的作品销路不广，而谈情说爱，低级趣味的东西却颇为'风行'"，并指出难以突破的原因在于"客观上他们亦不被准许大声疾呼，一新耳目"。④

西安事变后，西安一度成为抗日救亡运动的重要发源地。全国抗战爆发后，为了削弱共产党在全国的影响力，国民党对西安的控制十分严厉，不到 50 万人的西安，职业特务竟达四五千人，来自多个特务部门，几乎平均每百个市民中就有一个特务控制和监视。抗战初期十分活跃的抗日救亡运动，不久就遭到国民党陕西省党部的禁止、阻挠或取缔。他们仍抱着"救国有党在、不与民相干"的错误政策不放，不是开放民众运动，而是限制、压迫民众运动。报纸被检审、查封是家常便饭。陕西省党部虽在全国民众热烈的抗战救亡氛围之下，组织了陕西抗敌后援会，但这个抗敌后援会，不是为了开放民众运动，而是为了统制民众运动；不是为了扩大救

---

① 《重庆抗战文化史》，第 200—201 页。
② 《中共党史参考资料》第 8 册，第 315—316 页。
③ 罗传勋主编《重庆抗战大事记》，第 44 页。
④ 茅盾：《我走过的道路》（下），人民文学出版社，1997，第 490、502 页。

亡运动，而是为了限制救亡运动；利用统一之名，取缔救亡团体。1938年2月，国民党陕西省党部借口"未经合法登记"，一次就解散了13个抗日救亡团体。对于抗日救亡运动的主力军青年学生，陕西省党部控制更严、监视更紧、防而又防，并诡称"要学生读十年书后再参加抗日，否则便是'汉奸'"。"青年学生在街上募捐，党部不准；青年学生演救亡戏剧，党部禁止；青年学生到乡下宣传，党部骂他们是'自由行动'；青年学生组织战地服务团，党部不准他们开会；青年学生在街上讲演，党部派便衣队跟在他们后面；几十种救亡前进书籍杂志，党部下令禁止销售；若干存有救亡书籍的青年学生，党部查出加以逮捕。"①

在四川，从1937年冬季开始，国民党先后制造了"川大稻草案"、"郫县事件"、"星芒报事件"等，以限制学生运动。"川大稻草案"，是国民党四川省党部控告四川大学抗敌后援会的学生领袖，贪污为冬天建设机场的民工购买御寒稻草的经费，后经详查，情况并非如此。"郫县事件"，是1938年4月成都群力社组织的农村抗日宣传队，到郫县宣传抗日。郫县政府竟以"散发荒谬传单"为名，诬称抗日宣传队有"托派汉奸嫌疑"，"奉上方命令"，派军警强行搜查，虽经据理力争，宣传队员仍被扣留一夜才予放回。而"星芒报事件"，则是1938年5月天府中学校长指使学生捣毁星芒报社及附属的战时出版社。上述事件涉及的多是中共领导的群众组织。②

在甘肃也有类似的情况。1937年12月朱绍良就任甘肃省政府主席后，借口统一领导，强迫将各抗日团体合并于抗敌后援会，按职业成立抗敌后援分会。朱绍良还限制学生参加救亡运动，对学校实行军事管理，不准学生走出校门。对甘肃青年抗战团，从限制总团与分团保持领导关系，扣留总团的指示文件，发展到1938年4月下旬派宪兵包围总团，提走牌子，没收印信，强迫解散。其他救亡团体也遭到了同样的命运。后来朱又改组抗敌后援会，各职业抗战团体全部被取消。朱绍良还以第八战区司令部、省党部、省政府的名义，强行将后援会各机关团体合并，成立三青团兰州分团，坚持"一个政党、一个主义、一个领袖"的理念。③

---

① 《中共中央文件选集》第11册，第821页。
② 唐正芒等：《中国西部抗战文化史》，第119页。
③ 唐正芒等：《中国西部抗战文化史》，第126页。

为了控制广大民众的思想，宣扬"一个政党、一个主义、一个领袖"，国民党不仅在大后方各地打压民众自发成立的抗日组织，还颁布严格的新闻图书审查管理办法，如《检查书店发售违禁出版品办法》、《书籍杂志查禁解禁暂行办法》、《印刷所承印未送审图书杂志原稿取缔办法》、《图书送审须知》、《战时新闻禁载标准》、《书店印刷管理规则》、《战时新闻违禁惩罚办法》、《抗战期间宣传名词正误表》、《战时书刊审查规则》、《战时出版品审查办法及禁载标准》等。国民党通过这样一整套的规则、办法，力图全方位地限制同执政党持异议的书刊和言论的传播。仅重庆市 1942 年 9 月 19 日一天就销毁书刊 127 种 1242 册，包括毛泽东的《新民主主义的政治与新民主主义的文化》、《怎样争取最后胜利》及郭沫若的《抗日将领访问记》等。当年共查禁图书 196 种，停售 120 种，包括马恩的《共产党宣言》、斯大林的《论列宁主义基础》、奥斯特洛夫斯基的《钢铁是怎样炼成的》、朱德的《八路军的战争经验》、范文澜的《曾国藩的一生》、茅盾的《谈人物的描写》、巴金的《新生》等。对于文艺作品、话剧演出，凡出现诋毁政府之措施、描摹战时社会畸形状态、宣传三民主义之外一切主义、鼓吹阶级斗争、违反劳资协调的内容，一律禁演。[①]

国民党不仅在思想领域想尽一切办法，限制全国各阶层民众的言论自由，更是处处采取令人发指的特务手段，来达到一党专政的控制目的。中共领袖董必武一次从重庆回延安后，曾回忆说："在国民党特务政策统治下面，在路上走的人有被抓去的，在家中坐的人有被抓去的，甚至坐在办公室的公务员有被抓去的。抓去的方式，不依任何法律手段，不公开，被抓到什么地方去拷问和监禁，没有人知道。"[②] 这些常被称为"失踪"的人，有些被关进了集中营，有些被秘密杀害。随着国民党独裁统治的日益加强，引起大后方民众的广泛不满，特别是到了抗战后期，保障人身自由的要求在大后方愈加普遍。

人民呼声的另一个重点是要求政府改善民生。从 1942 年起，随着恶性通货膨胀，国统区物价飞涨，经济状况日趋严峻。然而形成强烈对照的是，豪门资本倚仗权势，大发"国难财"。著名经济学家马寅初发表文章，

[①] 《重庆抗战文化史》，第 204—205 页。
[②] 《董必武统一战线文集》，法律出版社，1990，第 240、241 页。

愤激地指出:"现在前方抗战百十万之将士牺牲其头颅热血,几千万人民流离颠沛,无家可归,而后方之达官资本家,不但于政府无所贡献,且趁火打劫,大发横财,忍心害理,孰甚于此。"他大声疾呼:"欲实行资本税必须先自发国难之大官始。"① 他说出了百姓的心里话,却因此被国民党当局逮捕。蒋介石在日记中写道:"本日押解马寅初在宪兵司令部,以此人被共产党包围,造谣惑众,破坏财政信用也。"② 马寅初先后被关押在贵州和江西达21个月之久。

在全民族抗战岁月中,人们最关切的头等问题,莫过于怎样才能取得抗战的胜利。为了取得胜利,在军事上强调统一指挥,这一点是广大民众所认可的。但在政治上,就不能简单地以战争为理由,无限扩大政府的统合权力,而不顾人民的民主与自由权利。毛泽东1938年在《论新阶段》中就曾尖锐地指出:"敌人乘我弱点之处,不但在军事,而且在政治,在我政治制度的不民主化,不能与广大人民发生密切的联系。"③ 中国社会曾长期处在封建制度下,缺乏自由民主的传统。抗日战争时期,随着全社会的广泛动员,纷纷投入保家卫国的抗争中,自然地将人们争取抗战胜利这个最关切的问题,同争取自由民主的呼声紧紧地联结在一起,产生了前所未有的吸引力,并赋予它更丰富的含义。

全国抗战爆发之初,在国共合作的基础上,为了动员一切力量投入抵抗,执政的国民党一度开放党禁,成立各党派共同参与的国民参政会。但随着抗日战争进入相持阶段,国民党逐步加强其一党统治。邹韬奋在《患难余生记》中写道:"八一三全面抗战开始,如把政治的进步当作'曲线图'来看的话,那么可说这'曲线'是开始逐渐上升,取径尽管迂回曲折,而渐渐上升却是事实。""1938年是'曲线'的最高峰。1939年便很不幸地渐渐下降了,至1941年的皖南事变后的数月间降到最低层。"④

为什么"1939年便很不幸地渐渐下降了"? 原因在于,武汉和广州失陷后,日本侵略者的兵力财力物力已大大损耗,难以再发动以前那样规模的攻势。蒋介石感到来自日本侵略者的威胁和压力已明显减轻。共产党的

---

① 《马寅初选集》,天津人民出版社,1988,第198、199页。
② 《蒋介石日记》,1940年12月6日。
③ 《中共中央文件选集》第11册,第611、613页。
④ 《韬奋全集》第10卷,第857、858页。

力量迅速发展和民众运动的逐步高涨，本来对抗日是十分有利的，却被他看作越来越大的隐忧，从而将精力过多地集中于如何应对中共在敌后的发展上。

1943年3月，蒋介石出版了一本由陶希圣执笔、他署名的《中国之命运》。这本书在阐述"国民今后努力之方向及建国工作之重点"时，明确提出既反对共产主义，又反对自由主义。"个人本位的自由主义与阶级斗争的共产主义二种思想"，"不外英美思想与苏俄思想的抄袭和附会。这样抄袭附会而成的学说和政论，不仅不切于中国的国计民生，违反了中国固有的文化精神，而且根本上忘记了他是一个中国人"。蒋介石把自由主义和共产主义放在一起反对，而重点又放在共产主义。他公开宣称："如果今日的中国，没有了中国国民党，那就是没有了中国。简单地说，中国的命运，完全寄托于中国国民党。"在全书快结束时他写道："为什么我们国内的党派，倒反而不肯放弃他武力割据的恶习，涤荡他封建军阀的观念，那还能算是一个中国的国民？更如何说得上是'政党'？""这样还不是反革命？还不是革命的障碍？这样革命的障碍，如果不自动的放弃和撤销，怎么能不祸国殃民？不止是祸国殃民，而且最后结果非至害人自害不可。"①

在抗日战争胜利在望的时刻，蒋介石忽然抛出这样一本由他署名的书，并且大肆宣扬，不少地方还把它规定为学校教材，这实在是一件非同寻常的大事。它远不只是为不久后部署胡宗南部进攻陕甘宁边区做舆论准备，还预示着在抗战结束后国民党必将继续维护一党独裁的统治。因此，这本书出版后不仅受到中共的严厉批判，也遭到大批信奉自由主义思想的中间派知识分子的猛烈抨击，甚至还引起英美盟国的不满。

1944年，全世界的反法西斯战争逐步走向全面胜利，唯有在远东的中国战场却发生了一场令人意想不到军事失败。日本侵略者为了打通大陆交通线，鼓其余力发动大规模军事进攻，史称"一号作战"，短短8个月内先后攻陷郑州、洛阳、长沙、衡阳、桂林、南宁等重要城市，前锋直达贵州独山，侵占中国20万平方公里的国土，中国的战时首都重庆陷入一片恐慌之中。这是人们万万没有料想到的。

豫湘桂大溃退，导致大后方人心的巨大变动。本来，大敌当前，战时

---

① 蒋中正：《中国之命运》，台北，正中书局，1976，第71—73、200—209页。

政府总是比较容易取得国民的谅解和支持。物价飞涨,特务横行,是在比较长的时间内累积起来的,不少人仍把希望寄托在抗战胜利后能够得到改善,还想忍耐一下。

这次却不同了。战时人们最关心的焦点莫过于军事。"目前形势,论来论去,总是军事第一。敌人数路入桂,战事紧急,国人无一不关心战事。"① 如果其他问题还可勉强忍受的话,那么,军事方面不应有的大溃败就使人无法忍受。谁都看得出来,这是国民党当局方方面面腐败的集中大暴露。

这就带来大后方人心前所未有的大变动。作家叶圣陶在日记中写道:"此次敌自湘入桂,几乎所向无敌,其迅速与豫战同。于此见我方之兵殆已不可用。向谓精兵尚未用,兵源决无虑,皆成纸老虎而被戳穿。""至于我国之不振,不能推言积弱,政治之不善实为主因。此言余自今深信之矣。"1944年年底他又写道:"此际黔桂路上,难民之行列恒长数里至数十里,狼狈情形远过于战争初起时之京汉道上。同胞何事,受此荼毒,思之痛心。更念及最近之将来,我辈殆亦将同历此境。谋国者之不臧,坐失抗战之良机,贻民众以祸害,今当危急,不闻有一谋一策,并一切实之对策而无之,其肉岂足食乎?"② 这是一位平素比较温和的学者所说的怨愤之言,并且说出"余自今深信之矣",是很有代表性的。

面对这种状况,中共代表林伯渠在国民参政会上针对国民党的一党专政提出挑战,公开呼吁"组织各抗日党派联合政府,一新天下耳目"的主张,③ 推动大后方的民主运动掀起新的热潮。许多大学教授、文化界人士、青年知识分子投入反对国民党专制独裁的斗争。如果没有大后方人心的大变动,如果不是众多民众对国民党当局极度失望,联合政府的主张是没有条件提出来的,即使提出来也不会被很多人接受。

中国共产党在此时提出的联合政府主张,不仅得到了国统区广大民众的支持,也同自身政权建设密切相关。中共领导下的敌后各抗日根据地,能在极端困难的环境中站住脚跟并不断发展壮大,很大的一个原因就是在边区和各抗日根据地广泛动员和依靠占人口绝大多数的贫苦农民。在经济

---

① 《一个对照,一种说明》(社评),重庆《大公报》1944年9月22日。
② 《叶圣陶集》第20卷,江苏教育出版社,1994,第295、338页。
③ 《林伯渠文集》,华艺出版社,1996,第419页。

上，共产党实行减租减息，土地关系发生明显变化，中农数量有很大的增长。同时在政权机构中，建立三三制的民主政权，也就是共产党员、非党进步分子和中间派分子各占1/3，各根据地普遍成立了参议会，其目的都是健全民主制度，团结各抗日阶级和阶层，共同对敌。

与此同时，为了实现党内思想政治上的统一和行动上的一致，加强一元化领导，提高全党的战斗力和凝聚力，共产党在延安开展了一场持续三年的整风运动。

1941年5月，毛泽东在延安干部会上做了《改造我们的学习》的报告，正式提出反对主观主义；1942年2月，毛泽东又连续发表《整顿党的作风》、《反对党八股》两篇演说，标志着全党普遍整风的开始，从此整风运动在各抗日民主根据地陆续展开。它的任务是反对主观主义以整顿学风，反对宗派主义以整顿党风，反对党八股以整顿文风。这是中共党内一次影响深远的马克思主义教育运动。整风运动中，毛泽东于1942年5月发表了《在延安文艺座谈会上的讲话》，主要论述党的文艺工作的方针政策，特别提出文艺为什么人服务的问题、普及与提高的问题、内容和形式的统一问题、歌颂和暴露的问题等。毛泽东强调了文艺作品必须体现以无产阶级为主，他说：

> 一切文化或文学艺术都是属于一定的阶级，属于一定的政治路线的。为艺术的艺术，超阶级的艺术，和政治并行或互相独立的艺术，实际上是不存在的。无产阶级的文学艺术是无产阶级整个革命事业的一部分，如同列宁所说，是整个革命机器中的"齿轮和螺丝钉"。因此，党的文艺工作，在党的整个革命工作中的位置，是确定了的，摆好了的；是服从党在一定革命时期内所规定的革命任务的。①

从1943年9月起，中共中央领导层的整风运动进入检讨总结党在第二次国内革命战争时期的政治路线阶段。经过一年半的讨论，中共六届七中全会通过《关于若干历史问题的决议》，整风运动基本结束，实现了以毛泽东为核心的全党的高度团结与统一。它不仅对夺取抗日战争的最后胜

---

① 《毛泽东选集》第3卷，第865—866页。

利，而且对此后的中国革命和建设都产生了巨大而深远的影响。①

当时也有个别文化人发表过异议。最有代表性的是王实味在《解放日报》文艺副刊上发表的杂文《野百合花》，他从民主化和绝对平均主义的观点出发，批评延安的等级制度，还说艺术家的任务是"揭露一切肮脏和黑暗"。此事引起毛泽东的重视，认为王实味是"不讲成绩，抹煞成绩，只暴露黑暗"。毛泽东进一步说："我们的工作中确实有许多缺点应加以改正，但如果要求绝对平均，不但现在，将来也是办不到的。""小资产阶级的空想社会主义思想，我们应该拒绝。""批评应该是严正的、尖锐的，但又应该是诚恳的、坦白的、与人为善的。只有这种态度，才对团结有利。冷嘲暗箭，则是一种销蚀剂，是对团结不利的。"② 随后中共在延安展开了对王实味的批判，并逐步将思想问题升级为政治问题，王实味在中共中央社会部部长康生主持的"审干"过程中遭到迫害，并被定性为"托派"分子而遭逮捕。

而国民党针对毛泽东《在延安文艺座谈会上的讲话》，由宣传部部长张道藩发表《我们所需要的文艺政策》一文，提出"六不"和"五要"的原则。张文以《抗战建国纲领》总则为指导，强调三民主义的政治基础。"六不"指：不专写社会的黑暗；不挑拨阶级的仇恨；不带悲观的色彩；不表现浪漫的情调；不写无意义的作品；不表现不正确的意识。而"五要"包括：要创作我们的民族文艺；要为最苦痛的平民而写作；要以民族的立场而写作；要从理智里产生作品；要用现实的形式。其核心思想就是反对阶级性而强调民族性。

就在双方的文艺政策发表后，1943年左派文艺旗手茅盾与国民党的鼓手张道藩有过交往，颇能说明本节的主题。据茅盾回忆：

> 大约在二月初，那时我还住在生活书店楼上，刘百闵来看我，他拿来一张张道藩请我赴便宴的请柬……便宴就在张道藩的客厅里，刘百闵是陪客。我们边谈边吃。张道藩一开口就对我大加恭维，称赞我这次应蒋委员长的邀请，率先来到重庆，是有眼光、顾大局的行

---

① 中共中央党史研究室：《中国共产党历史》第1卷下册，中共党史出版社，2002，第619—622页。

② 金冲及主编《毛泽东传（1893—1949）》，第656页。

动……他代表政府,对我的莅临重庆表示欢迎,并希望今后能与政府合作。我一直听他滔滔不绝地讲,没有答话。他说完,停下来,等我说话。我说,感谢政府对我的器重。在桂林时,我也以为到了重庆能多为抗战出一份力,可是到了这里才知道事情并不那样简单。我是《文艺阵地》的主编,原来是想到重庆继续编这个刊物的,可是现在才知道,《文艺阵地》出了重庆就被查扣,无法办下去了。《文艺阵地》是经政府登记核准的,每期杂志又经图书审查委员会检查通过,却又发生这样的事,实在使人无法理解。张道藩故作惊讶道:有这等事吗?我怎么不知道?又问刘百闵。刘百闵道:我也只是风闻,似乎社会上传说《文艺阵地》是共产党的刊物,下面一些办事人出于义愤,就乱来了。张道藩苦笑道:真是胡闹,我对他们也没有办法……先生与共产党的关系,我们也清楚。只是政府这次请先生来重庆,是希望先生多方面地为抗战文化工作做出贡献。我说:这在我是责无旁贷的,只要有益于抗战有利于团结的事,我都乐于从命。张道藩道:有沈先生这样的表示,我们就放心了……

后来茅盾在张道藩主办的刊物《文艺先锋》上发表了一篇中篇小说《走上岗位》,述说上海爱国资本家在工人支持下把工厂内迁的故事,不涉及"阶级仇恨"。却因此遭到左派朋友的批评,指责茅盾与张道藩关系非同一般。茅盾抱怨道:"我们不是还在和国民党搞统一战线吗?只凭热情去革命是容易的,但革命不是为了去牺牲,而是为了改造世界。要我与张道藩翻脸,这很容易,然而我的工作就做不好了。想当初让我到重庆来,不是要我来拼命,而是要我以公开合法的身份,尽可能多做些工作。"[①]

这是共产党人在大后方坚持抗日民族统一战线进程中,进步人士"争自由"与国民党人促"统合"的斗争中的一段插曲。

[①] 茅盾:《我走过的道路》(下),第326—327、330页。

第十一章
战时的民族认同

一个民族和其他民族交往的时候，常常通过相貌特征、语言、宗教等异同的观察比较，形成不同程度的"民族认同"，产生民族意识。特别是在抵抗异族侵略时，把同一民族的群体意识符号化，可以加强本民族的团结，增强民族凝聚力。本章着重论述民族观念和民族认同在战时的发展和表现，通过对相异民族（日本、美国）、本民族中的异类（"汉奸"群体）以及共生民族（少数民族）形象和认知的阐释，来呈现当时社会文化的不同面相。

第一节 外国人观

对每一名中国人来讲，日本人的形象是抗战时期最重要的外国人形象，它对于促进中华民族认同的形成具有重要意义。在中国人的记忆中，日本人从生理结构来说，大都是身材不高，但"很结实，很健康"。[1] 南京大屠杀幸存者李秀英对日本军人的印象是"当兵的是有两个耳朵［指帽子——引者注］，穿大皮鞋，插刺刀的"。[2] 而日本军官多骑着战马，带着军刀。一般来说，日人作为军队成员出现时，还经常伴有狼狗、武器、交通工具等。在许多中国人记忆中留下的日军形象就是马很高，人很矮。同样，有人回忆日本军马是"高头大马，有的是枣红色，有的是黑色，也有小型马，是四川马"。[3] 另外，与屠杀相关的印象还有黑色的机枪腿、高烟囱、围墙、铁丝网、白色的手套和口罩等。[4]

---

[1] 张成德、孙丽萍主编《山西抗战口述史》（1），第203页。
[2] 陈真主编《寻找英雄——抗日战争之民间调查》，第255页。
[3] 张成德、孙丽萍主编《山西抗战口述史》（1），第198页。
[4] 新华社解放军分社编《我的见证》，解放军文艺出版社，2005，第25、26页。

在战争宣传中，贬低敌人是常有之事。因此，日本形象多是与"寇"、"倭"、"小鬼子"等低等乃至非人的字眼相联系。但是老百姓对日人的称呼也是千差万别的，在日本占领区，普通民众面对侵略者只能被迫以"太君"相称，而背后常称日本人为"小鼻子"、"活扢毛"等，① 最常见的还是"鬼子"。"鬼子"一词源于近代以来中国人对西方白人种族体貌特征的差别性称呼，"洋鬼子"、"鬼佬"，带有一定的歧视性。后来随着日本在亚洲的崛起而逐渐出现"东洋鬼子"一词，专指日本人。到了抗战时期就带有特殊的敌视意味，凸显其凶残的一面。

残酷的战争制造出众多人间修罗场，而在幸存者的记忆中，最深刻的就是他们所目睹的日军残暴行为，更加深了人们对日军的仇恨。战时日本对桂林进行了长期的无差别轰炸，据桂林居民植恒钦回忆：

> 当警报解除后，我从洞里爬出来，面前展现的是屋宇崩塌、烈火燃烧、尸首遍地、血肉横飞的悲惨景象。最先看见的是山脚边石凳上坐着一对夫妇，两人的头和夫人的一条手臂不见了，丈夫仍然紧挨着夫人坐在那里。山边、池塘边到处都躺着残缺不全的尸首，有的没有了头，有的只见下身，有具尸体下身在岸上，肠拖向池塘，树上挂着许多手、脚。②

还有众多关于母子遇难情景的叙述。例如桂林"八四"轰炸中一位孕妇在独秀峰下遇害，腹中胎儿被炸出体外几米，"母子鲜血淋淋，惨不忍睹"。③ 其中，最触目惊心的要算1938年丰子恺在桂林绘制的一幅漫画，画面上一位正在哺乳的母亲，头颅已然炸飞，颈脖处兀自喷血，并题款曰："怀中啼儿尤索乳，眼前慈母已无头，血乳相合流。"这并非画家杜撰，而是确有其事。据山西绛县贾逵回忆："有个许子文，[炸弹]摺到他家房顶上啦。炸弹下去以后，就把他老婆炸死了。他那孩子还小，一岁，

---

① 《我的见证》，第39页。
② 赵平等：《飞虎队在桂林：从桂林出发的中美空军》，广西师范大学出版社，2011，第42页。
③ 赵平等：《飞虎队在桂林：从桂林出发的中美空军》，第43页。

还吃奶哩，叫许志明。"①

烧房子、抢粮食是中国受害者对残暴日军的另一个主要记忆。据当时六七岁的山西长子县胡家峪农民郜增华回忆自己家房子被烧时的情景：

> [日本人]往窗子里打[燃烧弹]，抓住草就把房子点着了。我老爸一看着了火，就拿了东西想救火，日本人一下就端起了枪，我奶奶赶紧把我老爸推过去了，看着火烧。那会儿人还都没起了，烧到半清早，太阳都变成红的了。我家粮食都在东屋，偏偏就把那东屋烧了，那也不敢走呀，看着火烧了，把粮食都烧成焦了，吓得我跟我母亲、奶奶成了一圪堆，坐在外边。满天是烟，那时我都哭了，家里老的们都哭了。烧完了，日本人也走了。②

至于其他杀人、强奸的行为，见证者就更多，构成了中国人对日本"鬼子"形象的主要方面。留在中国人记忆中的日军暴行还包括：用活人填茅房或井、活剥人皮、活埋、放狗咬死人、狗咬烂肚皮、肢解尸体、罩在钟里烤死、浇煤油烧死、灌辣椒水并用脚踩出来、吊起来灌开水、剥光衣服滚在玻璃碴上、割乳、割舌头、用枪或刺刀插进女性阴道搅死、用烧红的煤球铁棍烫下身、铜丝捅尿道、用枣钉钉进头颅、刺刀挑死小孩、煮小孩等。③ 甚至还有将人心挖出来炒着吃的案例，如云南腾冲和顺侨乡村民寸长保，先是被命令找来葱姜，然后日军将其绑在树上，心被挖出吃掉。④

1945年7月，云南腾冲为纪念光复县城而牺牲的中国官兵，建立了"国殇墓园"，并在其中一角建了一个占地约一平方米的日军坟墓，名为"倭冢"。在光复腾冲的战斗中，中国军队击毙了大量日军。时值盛夏，尸体腐烂严重，很多腾冲民众都参与了尸体的掩埋。据当地人回忆，腾冲光复后按照佛教习俗，做过七七四十九天的法式，来超度亡灵，这其中也包

---

① 张成德、孙丽萍主编《山西抗战口述史》（1），第19—20页。
② 张成德、孙丽萍主编《山西抗战口述史》（1），第24页。
③ 张成德、孙丽萍主编《山西抗战口述史》（1），第41—54、77—78页；陈真主编《寻找英雄——抗日战争之民间调查》，第118页；周瑞海等：《中国回族抗日救亡史稿》，社会科学文献出版社，2006，第54—56页。
④ 陈真主编《寻找英雄——抗日战争之民间调查》，第5页；《我的见证》，第46页。

括日本"鬼子"。为不使他们再兴风作浪,腾冲上了年纪的妇女还扎了许多火花灯,在第四十九天的晚上放入兴桥河中,让日本"鬼"坐上灯回日本,并唱着"日本鬼你回家吧,回家见你妈,抱着你媳妇和你娃,诚心诚意学做人,莫要再现,莫要再欺负中国"。①

日本"鬼子"在中国人眼中偶尔也有人性的一面。据山西新绛县西庄村农民曹留根回忆,他在抗战时期给日军做苦力时接触的一个士兵班长,"叫三根米,有时候说,他也想家嘛"。②

日本"鬼子"也有宗教信仰。据目睹过日军礼拜仪式的山西晋城人张广德回忆:

> 日本鬼子迷信,每个人在胸前戴一个小佛爷像,日本鬼子集中多长时间不知道,可能是两礼拜、一个月要在运动场举行一次仪式,以前是空地,现在改成集贸市场,日本人起名叫遥拜场……举行仪式时日本人都来,除了站岗的、看大门的,穿着整整齐齐,我不懂他说的话,朝着东方,放下枪,鞠躬,静默,不是三分钟,很长时间,一般上要超过三分钟。③

由于日本社会对佛教的尊重,日军专门下令不许破坏寺庙中的释迦牟尼像,并称"这佛爷是保护我们的"。④ 但日军对中国的民间信仰则大多嗤之以鼻,不仅毫无尊重,反而不以为然地将这些神庙烧毁,例如山西交口县的二郎庙和介休县的罗汉庙就遭到日军的肆意破坏。⑤ 原来罗汉庙中还供有关公像,被烧毁后,当地居民在庙前贴出一副对联:"火烧关公庙,回国无有道;关圣人在此,日本人该死。"⑥ 这也反映出当地居民朴素的民族主义情感,通过宗教信仰的宣传,强化国人对"鬼子"的仇恨:一方面是神化本国"自者"的关公形象;另一方面是诅咒敌国"他者"的日本人。

中国人眼中的日本军官和士兵也是不同的。很多受访者提到"日本军

---

① 陈真主编《寻找英雄——抗日战争之民间调查》,第32页。
② 张成德、孙丽萍主编《山西抗战口述史》(1),第193页。
③ 张成德、孙丽萍主编《山西抗战口述史》(1),第199页。
④ 参见张成德、孙丽萍主编《山西抗战口述史》(1),第203页。
⑤ 《交口县志》,中华书局,2002,第464页。
⑥ 张成德、孙丽萍主编《山西抗战口述史》(1),第66页。

队里等级森严"。一名曾给日军做过苦力的山西农民曹留根回忆道:"官和兵截然是两回事……他那班长、伍长可以笞兵,有的可以体罚。当兵的,咱们说吧,他们到这儿买咱们一些东西吧,比如说他想吃咱们这个馍,他都得背着当官的吃。和咱们接触吧,也背着当官的。"一名中国幸存者记述了他目睹日本新兵练习刺杀中国人的一幕:"有个日本新兵胆小,他不敢刺,'啊'叫一声,马上到跟前了,他刺不进去。当官的这下叫到跟前打逼斗(巴掌——采访整理者注),骂。咱听不懂那话,意思总是说你胆小鬼嘛。又来,'啊',到那儿,还刺不进去,可打咧。必须要刺进去……"有不少士兵还都未成年,"后来的兵小到 15 岁、16 岁,顶多 17 岁,你看到他们又瘦又不高又没力气,可是他得拿着那支枪练。练匍匐前进,如果有一半个小日本鬼子没力气,军官就拿指挥刀,当然是戴上套,捣他的腿肚,他就得赶紧走。"另一位目击者叙述了日本军官当街责打士兵的场景:

在街上,常常看到日本军官打那些下级士兵。只打脸,被打的士兵不准躲闪,如果被打了一个踉跄,要赶快再站稳。如果把军帽打落在地上,赶快拾起来戴上,再接受挨打,一边挨打,一边口中要"嗨,嗨"地应着,这声音要和打的巴掌声节奏配合好,不然的话,是要多挨打的。有时一场打要持续好几十分钟,大概是打的人很累了,就不打了。①

在日军占领区,中国人对日本女人的认识虽说比对军人的认识要多样性些,但仍多为负面认识。例如 1940 年 5 月《蒙疆新闻》发表了署名"爱国生"的来稿:"在张家口郊外,有位日本太太带着的狼狗忽然把路上一个十七八岁中国男子的右腿膝部咬了。中国人哭着回去了,而那位太太只不过置之一笑而已。"② 而当时年仅 10 岁的山西人贾福英回忆她见过的日本女人时说:"穿的是和服……她穿的衣服颜色挺漂亮,大花的,红的,淡黄色的,人也是扁脸,不太漂亮。"③

日军中除了日本人还有朝鲜人和台湾人。他们的民族认同自然与日本

---

① 张成德、孙丽萍主编《山西抗战口述史》(1),第 197—198、193、103、199 页。
② 爱国生:《街巷拾言(三)》,《蒙疆新闻》1940 年 5 月 1 日。
③ 张成德、孙丽萍主编《山西抗战口述史》(1),第 14 页。

人不同。同样，中国人对他们的观感也有所不同。据香港客家人黄志汉回忆，他被捕后，"旁边有两个手里握着刺刀的日本兵，是竹田部队的，听见我们说话，竟然也说起客家话"。这两个穿着日军军服的人称自己是台湾新竹客家人，被日本人抓来当兵的，胸牌上写着一个姓林一个姓邱，黄还能向他们多要一个饭团来充饥。①

日本人虽然宣称中日两国同文同种，但文化差异还是相当明显的，特别是在饮食方面，令中国北方民众看来非常奇特。日军的食物主要是大米、牛肉。他们"杀本地的牛，不吃驴肉，光吃牛肉，羊肉也不吃，吃鸡肉、鸡蛋"。给日本军官当过勤务的常金屏说他们在家里自己做饭，而且"做的味道还很好嘛……吃的有罐头那套东西，该酸的是酸的，该甜的是甜的，都是带的罐头呀，带的饼干呀，带的大米呀，带的肉呀，都是带过来的。人家吃的都是稀罕东西，咱过去没见过的东西"。"日本人的酱油很香，白菜是整个腌制的。"②

在中国人的记忆中，也有少数对日本军人的正面评价。山西阳泉人郭亮如叙述了他所认识的一个日本士兵，"随机班长就不赖"，吃当地拉面给豆子，"就是连打人也没见他打过"，临走的时候还送了日记本作纪念。另一个汾西人郭长福提到一个外号叫"二百五"的士兵，"他打枪打得特别好，鸽子飞，他一枪就打下来了。这个日本人好，群众反映好，别的日本人打老百姓，他不叫打。日本人把老百姓扎进去了，这个日本人就把人放了，就这么个好日本人"。还有不少人对日军的纪律严明印象深刻："日本人那纪律可严了……出操时间不能撒尿，尿湿裤子也不能。"③ 日本军人执行命令的严格，也令不少中国士兵钦佩，黄埔毕业生董嗣勋就说："小日本！厉害！更厉害的还有，我们中国从抗日战争开始都在大吼大叫'与阵地共存亡'，但是真正与阵地共存亡的有多少？但是小日本呢，就是与阵地共存亡，不管你占领哪一个掩体，哪一个工事，里面都有尸体。"④

日本人给中国人留下的另一大印象就是爱干净、讲卫生。82岁的山西岚县人程西接受采访时感慨道："那个讲卫生呀！他们出来一般都戴口罩，

---

① 陈真主编《寻找英雄——抗日战争之民间调查》，第150页。
② 张成德、孙丽萍主编《山西抗战口述史》（1），第196、197页。
③ 张成德、孙丽萍主编《山西抗战口述史》（1），第183—184、201、194页。
④ 陈真主编《寻找英雄——抗日战争之民间调查》，第20页。

经常洗澡。除了在澡堂洗以外,还在井边洗。遮住前后羞处,要个桶,拿冷井水洗澡"。还有一位十来岁的小孩被日本人抓去给军官做侍从,谈到他们从不用保姆,"洗衣裳什么的,自己就洗了,我的衣服都给洗咧,嫌我脏咧",而且天天洗澡。①

在中国的政治宣传和文艺作品中所描述的日本人形象,因作者所持立场不同,也是千差万别。郭沫若1937年5月受蒋介石邀请自日本回国,先后发表了一系列的演讲、报告,以目击者的身份,论述了中国抗日必然胜利。他说:"日本是一位痨病框子的拳斗家,我们是多数身体结实的庄稼汉。讲打是打不过,讲拼命却有体力来和你拼。我们即使受你的打击,打得遍体鳞伤,打得尸骸枕藉,然而你这个痨病框子的行家,结果是弄得喘不过气,吐血而亡。这是对忘恩负义者的必然的果报。"②在中国的宣传中时常将日本的侵略称为"忘恩负义",例如1938年初新疆麦盖提县县长阿卜杜拉在致省政府的请示公文中,就很自然地谈到"暴日原是我们本国奴隶种子,反主侵国,惨杀凌虐,无所不至"等。③此类宣传语句在当时是司空见惯的。而日本反战作家绿川英子(又名长谷川照子)在看到日机轰炸重庆的惨状后,宣布脱离日籍:"如果你们叫我卖国贼也行,我决不害怕。和侵略别国的人,和在无辜的难民身上制造人间地狱的人为伍,对我真是极大的耻辱。"④这就让人联想起了1938年丁玲创作的三幕剧《河内一郎》中普通日本人的反战形象。

抗战胜利前后,对于日本人战争赔偿问题,一时成为人们谈论的话题。很多人都主张严惩日本。西南联大伍启元教授专门写了《中国对日要求赔偿问题》一文。他首次从人权的角度表示,不但强调日本要赔偿同盟国的损失,"为着使轴心国能够得到公平的待遇起见,凡同盟国军民因非法行为而致使轴心国平民遭遇损失,同盟国亦应对轴心国负担赔偿之责"。同时,伍启元开具了日本(包括日本政府、军队、民众及日本所支持的伪组织及汉奸)必须进行赔偿的14项内容清单如下:

---

① 张成德、孙丽萍主编《山西抗战口述史》(1),第203、196—197页。
② 郭沫若:《日本的过去,现在,未来》,《沫若文集》第11卷,人民文学出版社,1959,第258页。
③ 《抗日战争时期新疆各民族民众抗日募捐档案史料》,第26页。
④ 〔日〕前田哲男:《重庆大轰炸》,李泓、黄莺译,成都科技大学出版社,1989,第117页。

(一)日本对中国人民所抢夺、征取,以极少数代价强购的粮食、牲口、原料、矿产品、制造品、房屋和其他物品。(二)日本对中国工厂、矿场所加的破坏,及对工厂、矿场所作的抢夺或迁移。(三)日本对中国交通的破坏及对中国交通工具的抢夺、征取与移动。(四)日本在中国沿海、沿江所给予中国船艘及渔业以各种损失。(五)日本对中国农民强制改变生产及因其他压迫而引起的损失。(六)日本对中国平民的生命与财产自陆空水三方面军事侵略所加的损害。(七)日本在中国有计划地施行毒化政策,强制人民种植毒物及吸食毒物。此种政策违反人类道德及国际协定。将来中国因消毒(消除日本毒化政策)所须之各种费用(如戒烟院之设备等)。(八)日本在历次战争中所抢夺中国的古物及有历史价值的物品应全部加以交还;日本对其他中国公物的夺取,亦应全部交还。(九)日本对中国大学及文化机关所作的破坏,及对中国大学及文化机关的一切损害。(十)日本对中国的银行及其他金融机构所掠夺的白银准备、外汇准备,及其他资产,应全部交还。(十一)日本所发的一切敌伪钞票,应于中国政府收回后,由日本依法给以黄金兑现。(十二)敌伪在占领区中所征收及接收的一切罚款、租税,及其他收入,全数应交还中国。(十三)日本对中国人民的虐待,对中国人民强迫劳役,对中国人民征兵,和对中国人民的屠杀奸淫,应对全部损害加以赔偿。日本对俘虏的非法待遇,亦应列入这一项范围之内。(十四)日本在亚洲各地对华侨生命财产的损害,应全部加以赔偿。①

抗战时期,在中国人眼中与日本人相对的外国人主要是美国人。对美国人的观感,在中国因时因地因人而异,但总体来说是友好的。抗战初期,由于美国政府对日绥靖,中国的精英们对美国颇多指责:"我想到在对日开战之后的第三、第四年,美国人还把大量废铁卖给日本,中国人呼吁不要再供废铁给日本人,可是美国人睬也不睬。"② 尽管珍珠港事件之

---

① 伍启元:《中国对日要求赔偿问题》(上),《当代评论》第4卷第6期,1944年1月,第12页。
② 陈存仁:《抗战时代生活史》,第288页。

前，美国援华志愿航空队已赴缅甸、泰国作战，然而在国内舆论中并没有产生多大影响。1941年12月太平洋战争爆发后，美国成了中国的盟友，援助中国打日本，其形象遂为之一变，在精英和民众中都广获好感。

中国普通民众因对日军的仇恨而更加深了对美国的喜爱。居住在桂林的周运潮曾回忆美军飞机在桂林至永福公路附近空袭日军辎重队时的情景，鲜活地刻画出对美国人和日本人的不同态度："我在远处高坎上目睹这幕像电影般的精彩镜头，高兴得站到坟包上挥手大喊：'打呀！打呀！还有活的，还有活的，打！给我们中国人雪恨报仇。'美国飞机真的又回过头来扫射了两轮才飞走。亲眼见到美国飞机打死这么多的日本鬼子，我心里有说不尽的高兴。"①

美国记者斯诺在《西行漫记》曾记述一段有关种族区别的趣谈，发生在他与八路军副总司令彭德怀之间，主要围绕着日本人和美国人的鼻子到底谁大而展开：

> 一天我同彭德怀和他一部分参谋人员到前线去参观一所小兵工厂，视察工人的文娱室，也就是他们的列宁室即列宁俱乐部。在屋子里的一道墙上有工人画的一幅大漫画，上面是一个穿和服的日本人双脚踩着满洲、热河、河北，举起一把沾满鲜血的刀，向其余的中国劈去。漫画中的日本人鼻子很大。
>
> "那是谁？"彭德怀问一个负责管理列宁俱乐部的少先队员。
>
> "那是日本帝国主义者！"那个孩子回答。
>
> "你怎么知道的？"彭德怀问。
>
> "你瞧那个大鼻子就行了！"
>
> 彭德怀听了大笑，看看我。"好吧，"他指着我说，"这里有个洋鬼子，他是帝国主义吗？"
>
> "他是个洋鬼子，那没问题，"那个少先队员说，"但不是日本帝国主义者，他有个大鼻子，但要做日本帝国主义者还不够大！"
>
> 彭德怀高兴地大笑，后来就开玩笑地叫我大鼻子。事实上，我的鼻子在西方人的社会中是正常的，并不惹眼，但在中国人看来，外国

---

① 赵平等：《飞虎队在桂林：从桂林出发的中美空军》，第304页。

人都是大鼻子。我向彭德怀指出，当红军真的与日本人接触后，发现日本人的鼻子同他们自己的鼻子一般大时，这种漫画可能使他们感到极其失望。他们可能认不出敌人，而不愿打仗。①

陈纳德（C. L. Chennault）将军指挥的美国志愿航空队被中国人誉为"飞虎队"，美军飞行员也被记者冠以"飞将军"的头衔，②包括共产党办的《解放日报》和《新华日报》也多次发文表示称赞。无论是在敌后根据地，还是敌占区附近坠机并且生还的美军飞行员，大都得到当地民众或者抗日武装的救助，成功返回基地，被中国人发现的死亡飞行员遗骸也被妥善安葬，甚至有以美国飞行员为题材的"门神"图画在中国流行。

美国空军桂林秧塘基地附近的中国乡民大都保留着对美国兵友好的记忆。有很多受访者提及卖牛肉给美国人最合算，因为美国兵只吃牛排、喝牛肉汤，常常将牛头、下水、牛骨和熬过汤的牛肉贱卖或者送给乡民，使他们得了不少实惠。此外，美国兵还告诉中国民众如何躲避日本飞机的轰炸、教识英文字母，并有打招呼、交换食物等友善行为。③这些是从中国普通民众的视角观察到的美军形象。

与美军一起战斗过的中国远征军，则有不一样的观感。同中国军人相比较，美国军人的生活待遇要优越得多，让中国士兵（军官并不明显）很自然地联想到了中美两国之间地位的悬殊，并找到自己作为个体在这种国家比较之间的位置。第九集团军工兵连连长董嗣勋回忆说："你看看人家［美国］那个兵，人家即使打仗还不一样是享受。你看看我们，一天就是吃漂着油星的汤，老糙的米……这就得靠平时做思想工作，让大家想想国家的困难。那时，大多数士兵还是坚强的，从最初的羡慕到后来也习惯了，因为过艰苦生活习惯了，没有减退他们的意志。没有人说，为了这个，兵不当了，仗不打了，我说只要上了战场，就不能逃避。"④

种族的差异和矛盾，对于塑造民族认同是极其重要的。在香港出生的前飞虎队飞行员龙启明是这样确立自己的民族认同的。由于一出生就是英

---

① 〔美〕埃德加·斯诺：《西行漫记》，第239—240页。
② 庆炎：《洋溢的友情——记桂林各界慰劳空军晚会》，桂林《大公报》1942年6月21日。
③ 赵平等：《飞虎队在桂林：从桂林出发的中美空军》，第250—254、260页。
④ 陈真主编《寻找英雄——抗日战争之民间调查》，第14—15页。

国公民，父亲是香港邮电司副司长，龙启明自幼就能说一口流利的英语，在英国皇家学院念书。但是其肤色很自然地决定了他在香港只能是二等公民，从小就受够了白种人的欺侮，即便他去给父亲送饭也被白人用手指着说："Chinese back door！"（华人走后门）。他就是在这种生存环境下，逐步确认自己是华人（Chinese），与英国人不同。1941 年 12 月日军打攻香港，英国人并没有死守，香港很快沦陷，龙启明一家四处逃难，他流亡到桂林，报考了国民党留美空军培训班，后来参加过"驼峰"空运和飞虎队，跟日本空军交过手。家仇和"国恨"令他对日本人全无好感，以至于战后和平时期都拒绝和日本人做生意，"会一些日语，但从来不说"。他对日本空军的印象是"亡命，太亡命了"。而对于接受纯粹英美教育的他来说，美国人则是他的老师和战友。但当抗战胜利后，美国上司希望他去美国发展时，经过血与火的洗礼，龙启明更加坚定了自己的中国国家认同，而拒绝了美国上司的邀请。他回忆说："现在中国民航需要我，我不想到美国去……我在香港长大的，我已经受够了洋人的气。不想再当二等公民了。"香港人马乃光也有类似的经历。1940 年 6 月，港督罗富国（Geoffry Northcote）意识到日本的威胁而开始疏散香港的欧籍人士去澳洲，马乃光当时在英军中服役，就问上司为什么自己不能去，得到的回答是："你虽然是英国护照，但你是中国人种，澳洲是'白澳洲'！白人才可以去！"[1]

种族对于民族认同的塑造虽然重要，但并非唯一因素。黄种人和白种人之间的矛盾本是日本人发动"大东亚战争"的一个重要借口，然而其中又伴随着日中、日台、日朝同种异族之间的矛盾和冲突，使得战争中的种族和民族问题变得十分复杂。战争期间，有时华人也可能为日人的某种种族行为而喝彩。例如，上海沦陷后北四川路有一白人坐人力车通过，被日本宪兵勒令停车，命令车夫坐上车子，让那个白人拉车。据旁观者回忆："这件事使当时围观的中国人感到十分痛快，因为租界上的西人，一向轻视华人，所以宪兵这一个措施，竟然有人叫好。"[2] 有时华人也可能因为日人的种族主义而受苦。例如，香港沦陷后，身为日军俘虏的华籍英军士兵黄志汉与其他三名华人同事都遭到日本竹田部队士兵藤井彦的痛打，并骂

---

[1] 陈真主编《寻找英雄——抗日战争之民间调查》，第 35—54、148 页。
[2] 陈存仁：《抗战时代生活史》，第 186 页。

道:"你是中国人,为什么替英国人干事?"①

对外族认知的增加,也加深了中国人自己的国家认同。在论述本国人行为时,人们会对抗日英雄充满崇敬,对投日汉奸厌恶痛恨。对于抗日英雄,国人的赞誉完全超越党派和意识形态的差异,我们经常可以看到、听到中共抗日根据地的民众对国民党军队的抗日英雄同样大加赞赏。例如山西的两位村民回忆他们远观国民党军机枪排"石排长"与日本人战斗的情景:

> 这时候,石排长又把这些日本人打死了十来个。到了十点来钟,日本人来了个炮,把这石排长的机枪给打坏了,当时把石排长的胳膊给打坏了。
>
> ……打的打的,这个排就顶不住了,他是一个排,人家是一个连,他几次去胡家庄搬兵,都搬不回来,可是又不让他们撤退,最后打的把机枪也炸了,在万般无奈的情况下,这就撤退了。这石排长当时才二十多岁,是安徽人,他打得特别硬,是真正抗日的,是英雄的抗日战士。②

中国远征军攻打腾冲城的时候,附近观战的老百姓曾自发呐喊助威:"中国兵万岁!勇敢万岁!"和顺侨乡的民众也自觉自愿地每天为中国军人送饭送水。人们甚至在拜佛求子的时候,指名道姓要"牺牲掉的抗日烈士到他们家来投胎"。③

中国人在自我认知的时候都会强调祖先,强调家族血脉,而在对外战争中,人们常会不自觉地将家与国联系起来。例如云南边境某居民在叙述自己家族的时候这样说:"我们腾冲每个家庭都有一块祖宗牌,中间是天地师位,一边是灶君,另一边就是祖宗牌位。祖宗牌位上就写着'太原郡'、'南京郡',这说明我们的祖先是明朝洪武年间开边屯垦来到这个地方的……他们来到这里传宗接代……老天爷既然把我们安排在边疆上,就

---

① 陈真主编《寻找英雄——抗日战争之民间调查》,第 150 页。
② 张成德、孙丽萍主编《山西抗战口述史》(1),第 63—64 页。
③ 本段及以下两段,见陈真主编《寻找英雄——抗日战争之民间调查》,第 24—25、33、6、60、61 页。

等于在边界上敲了很多桩,筑成了一个篱笆,使得那些豺狼虎豹不能进来。"在防守桂林的时候,陈济恒将军主动要求奔赴前线,并给自己尚未出生的孩子起名说:"如果桂林保卫战胜利,孩子的名字就叫陈可卫,就是说国家被保卫了;如果桂林保卫战失败,那么我肯定是牺牲了,小孩的名字就叫陈可伟,我们的精神是伟大的。"后来陈济恒之子给自己的儿子起名为陈纪昆,取纪念昆山(陈济恒的号)之意。

有识的中国人在子女教育中也会灌输民族主义思想。例如阚维雍将军在儿子阚培同开始识字的时候就送给他一个小笔记本,亲自用很工整的钢笔字在每一页写上教诲之语,"第一页写的'同同的小书',第二页写的是'打倒日本帝国主义',第三页'中国人好日本人坏',再往下是怎么尊敬父母、尊敬师长、讲究卫生等等"。阚培同很喜欢,经常翻看。这是一个很好的例子,即先确立儿童本人(即同同)的自我认同,紧接着就解决民族认同。对于阚家来说,最先强调的几个问题是比尊敬父母师长等中国传统礼仪更为重要的根本性问题,这在当事人的成长中产生了深远的影响。

这种国家认同观念在儿童的成长期尤其重要,因此,政府和各界社会精英都非常重视对战时难童的收容和教育事宜。以宋蔼龄、宋庆龄、宋美龄三姐妹为首,联合各界妇女领袖如共产党人邓颖超等,共同成立了战时儿童保育会,收容战时难童到后方的保育院接受教育。当时的保育工作人员回忆在1938年5月1日第一临时保育院开幕式情况时说道:

> 他们〔各界代表〕都各自用着浅近的语句,用热情,在孩子们心里燃起了复仇的火焰……孩子们也来了演讲,跳上去,没有慌张,没有口吃,原来孩子们不是为了演讲而演讲,脑子里不是藏满了家破人亡的凄惨,颠沛流离的痛苦,以及对敌人的愤恨吗?演讲完了时,孩子们连唱了几个救亡歌曲,热心的先生们在旁帮助指挥,孩子们的歌声随着辞句的涵义,随着指挥的强弱而激昂沉痛……蒋夫人来了……她说:"小朋友们……国家一切的耻辱,都要靠你们将来去洗雪的。我们要打倒侵略我们的日本帝国主义,我们要想做自由幸福的国民,一定要建立一个自由独立的国家。"①

---

① 《重庆抗战文化史》,第61—62页。

第二节 "汉奸"现象

据考证,"汉奸"一词至少在明崇祯十年(1637)即已出现,到清雍正年间开始大量见于官方文书,其字面意为"在外作乱的汉人"。至道光初年,汉奸一词已开始指代清域下包括蒙古、回族在内的与"野番"相联系的人。光绪二十六年(1900)主和派蒙古正黄旗人立山、满镶红旗人联元等五人以"私通洋人"的"汉奸罪"被处死。①

汉奸一词随着近代民族主义的兴起而被各种政治力量广泛使用,因此并没有统一的界定。例如"托匪汉奸"或"托派汉奸"就是中共创造的名词。1937年11月,王明受到苏联清洗"托洛茨基派"的影响,回国后首先将陈独秀、罗章龙等冠以"日本间谍"的罪名,随后《新华日报》、《群众》、《解放》等报刊开始公开攻击陈为"托匪汉奸"。② 从此,陈独秀与中共决裂,也拒绝了包括罗家伦在内的国民党人的资助,1942年于贫病交加中逝世。"托派汉奸"不惟共产党使用,国民党也用来逮捕、定罪共产党或左派人士。例如1938年2月,国民党贵阳县党部以"托派汉奸"为名逮捕了共产党员李策、黄大陆等人,史称"学联事件"或"二一九事件";前述的"郫县事件",国民党郫县政府也是以"托派汉奸嫌疑"搜查了成都群力社农村抗日宣传队队员。③

南京国民政府于1937年8月23日正式公布《惩治汉奸条例》,1938年8月15日做出修正,条例规定了汉奸的定性范围及惩处办法:

> 凡通谋敌国而有下列行为之一者,定为汉奸,处死刑或无期徒刑:
> (1) 图谋反抗祖国者;
> (2) 图谋扰乱治安者;
> (3) 招募军队或其他军用人工役夫者;

---

① 吴密:《"汉奸"考辨》,《清史研究》2010年第4期,第108、110、112页。
② 转引自《重庆抗战文化史》,第247页。关于陈独秀"托匪汉奸"的罪名,至今尚未发现任何切实证据。
③ 尹克恂:《山城赤子李策》,《贵阳文史》2007年第2期;唐正芒等:《中国西部抗战文化史》,第119、121页。

(4) 供给贩卖或为购办运输军用品或制造军械弹药之原料者；

(5) 供给金钱资产者；

(6) 泄漏传送侦察或盗窃有关军事政治经济之消息、文书、图书或物品者；

(7) 阻碍公务员执行公务者；

(8) 扰乱金融者；

(9) 破坏交通通讯或军事上之工事者；

(10) 煽动军事人员公务员或人民逃叛通敌者。①

其实凡是与日本人交往，大至通敌带路小至翻译合作，都可能被冠以"汉奸"的罪名。全国抗战爆发后，"亲日派"也几乎成了"汉奸"的同义词。而在普通民众眼中汉奸行为主要包括：在伪政权下出任公职人员；"奉命连日到处强拉适龄的妇女"，或"预备了大批土娼"，以作"慰安妇"，甚至"也穿上日军的军服"与之发生性关系；"通风报信的"；充任日军占领后建立的"地方维持会"成员；打信号枪、照镜子，"发信号指示轰炸目标"；"警备队"，"老百姓叫他们'黑皮乌龟'，中国人糟害中国人"；甚至参与杀人，"由日本军指示着杀的人"；为日本人当翻译；等等。②

山西沁源县老人陈昌奇曾回忆说，在日军扫荡时，因叫唤而引起注意的狗也被称作"汉奸"。③可见汉奸一词使用之频繁。对于抗战时期的汉奸总数，可能无法确定。与其说抗战时中国人汉奸多，倒不如说中国人更容易使用"汉奸"这一称谓。

有学者对抗战时期汉奸产生的原因归纳为：中国长期不统一；政治腐败引发严重的社会矛盾；文化教育的失误；日本的威逼利诱。④又有学者对汉奸的心理进行分析，列举为："有德当道"；生存意识；实用意识；投机心态；道德贫困；绝望心态；自卑心态；左右为难；复仇心理；曲线

---

① 《中华年鉴·司法行政》，转引自孟国祥、程堂发《惩治汉奸工作概述》，《民国档案》1994年第2期，第105页。

② 参见陈存仁《抗战时代生活史》，第30、32页；赵平等《飞虎队在桂林：从桂林出发的中美空军》，第260页；张成德、孙丽萍主编《山西抗战口述史》（1），第5、13、42、60、62页。

③ 张成德、孙丽萍主编《山西抗战口述史》（1），第30页。

④ 参见付启元《抗战时期汉奸形成原因探析》，《民国档案》2002年第4期，第83—86页。

"救国"。① 更有学者推测,上海汉奸在一定程度上源于上海人的排外心理。② 其实,在战争时期,这种通敌背叛行为世界各国都有,并非中国独有,二战中法国投降后也同样有大量同德国人合作的法国人被称为"法奸"。③ 在中国被称为"汉奸"的人,有的是为了生存,即活命;有的则是为了权力和利益,即私欲。在战争状态下,这两者又往往混杂在一起,难以辨识。战时上海滩的医师陈存仁回忆,他同任职于伪政权的"朋友"有这样一段对话:

> 我说:"你什么事都可以做,何以要在大道市政府中当一名'小道'呢?"我的语气实在是说他在大盗之下当小盗。他也明白我这句话,当堂作了一个苦笑。他说:"只为了要吃饭,为了要活命,什么事都要做一下。老朋友,请你不要取笑。"我说:"做这种事并不是单为吃饭活命,老实说,总有一个野心,想靠此发一笔大财,所以才肯落水。"他说:"真是给你一语道破,但是时势转变,老兄也该跟着潮流走,逆流而行是走不通的。"我说:"对!对!做这种事情的都是聪明分子,所谓识时务者为俊杰,这是你老兄的人生哲学。"他听了我这句话便说:"你的话是讲得透了,但是归根结底,一个人总想发财,所以才走上这条路。"我说:"一个人有了财,还要有势,有了势可以满足一切欲念,现在归附到这一个圈子里,是最能倚财仗势、作威作福的。"这些对白虽很简单,却可以代表当时所有汉奸的心理。④

有的时候,当汉奸的私欲又与其自以为是的"公义"相结合,并不承认自己的汉奸行为,最典型的就是汪精卫。"别人做汉奸,都起不了什么颠覆国家的大作用,但是汪精卫做汉奸,大家当时都惶恐起来……汪精卫一做汉奸,却高唱和平主义,形势就为之大变了"。教育家袁希洛坚拒汪派的拉拢,并将汪从前的诗句改为"引刀何曾快,作了汉奸头","写出来示

---

① 江沛:《华北"治运"时期诸群体心态考察:1941—1942》,杨天石、黄道炫编《战时中国的社会与文化》,第261—266页。
② 〔美〕魏斐德:《汉奸!——战时上海的通敌与锄奸活动》,吴晓明译,《史林》2003年第4期,第4—5页。
③ 参见 Julia Jackson, *France: the Dark Years, 1940–44* (Oxford University Press, 2001).
④ 陈存仁:《抗战时代生活史》,第51页。

人，一时报纸大登特登"。① 汪的支持者周佛海曾对其有过这样的评价："无担当，无果断，作事反复，且易冲动"；② 也有学者认为汪精卫当汉奸是受其妻陈璧君的影响。但如汪精卫这样的党国要人，除了为达个人目的之外，他自以为可以说服侵略者，实现所谓的和平，然而一旦落入侵略者的手中，他所谓的和平，只能成为幻想。

1938年11月，周佛海曾在"落水"前的一则日记中记述了他与罗隆基的一次谈话："罗隆基来谈，谓如此拖下去，必定亡国。余谓打破难关，须有非常举动。不求谅于天下，自必见谅于后世。如国可救，个人一时毁誉，不宜计较；共产党反对和平、坚持抗到亡国之论，不置一顾也。罗以为然。"日记中的这些话倒不如说他是为自己附敌寻求的一种心理安慰。周佛海投日后，还想努力划清同早已投敌的伪南京维新组织的界限，其12月30日日记记有："与公博会谈，决心告日方，不应使伪组织响应近卫宣言，否则汪先生将同伪组织一样立场矣！"南京汪记政府成立后，周曾于日人招待会上发表演说，并阐明其"汉奸观"："重庆各人自命民族英雄，而目余等为汉奸，余等则自命为民族英雄。盖是否民族英雄，纯视能否救国为定。余等确信惟和平足以救国，故以民族英雄自命。但究竟以民族英雄而终，抑以汉奸而终，实系于能否救国。如余等以民族英雄而终，则中日之永久和平可定；如以汉奸而终，则中日纠纷永不能解决。"③

这种汉奸言论，往往能成为很好的反面教材，对于民族主义意识的增强具有不可替代的作用。抗战初期在全国范围内，民众的抗日热情高涨。针对国民党副总裁汪精卫公开鼓吹"和平"的谬论，远在南洋的华侨领袖、国民参政员陈嘉庚看到外国通讯社有关报道，就发电询汪："路透社电传是否事实，和平绝不可能，盼复以慰侨众。"汪精卫复电大意是："凡两国战争终须和平，以我国积弱非和平即亡国"，并主张"和平为救亡图存上策"。④ 陈嘉庚立即从新加坡发来一个"电报提案"。"这个提案的内容只是这寥寥十一个大字：'官吏谈和平者以汉奸论罪！'这寥寥十一个

---

① 陈存仁：《抗战时代生活史》，第131、137页。
② 蔡德金编注《周佛海日记》，1938年11月27日，中国社会科学出版社，1986，第195页。
③ 蔡德金编注《周佛海日记》，1938年11月8日、1939年12月30日、1940年5月13日，第184—185、213、303页。
④ 陈嘉庚：《南侨回忆录》，集美陈嘉庚研究会，1993年翻印本，第95页。

字，却是几万字的提案所不及其分毫"。"这个'电报提案'一到，在会场上不到几秒钟，联署者已超出二十位。"① 1938年底汪精卫的"艳电"发表不久，1939年元旦，国民党中常会召开会议，决议开除汪精卫国民党党籍。翌日，西南联大一千多学生联名致电蒋介石，要求以国家（民族）名义惩戒汪精卫：

> 重庆蒋委员长钧鉴：汪逆兆铭，通敌求降，消息传来，举国发指，今日抗战已入第二阶段，我全国上下赖钧座德威，莫不坚持抗争到底之决心，方期胜利曙光，随新年以俱来，而汪逆以中枢重寄，忽发为此极狂悖荒谬之行动，丧尽天良，危害党国。生等恨不能生食其肉，以泄国恨。敬祈转呈中央，迅予通缉，处以极刑，以彰国法，而安民心。生等誓以至诚，拥护钧座抗战到底，歼彼国贼，还我河山。敬候驱策，万死不辞。昆明国立西南联合大学学生一千零十九人同叩。冬。②

在重庆，国民党元老吴稚晖撰写的《建墓铸逆像缘起》一文，以通俗的文字充分体现了官方的意识形态：

> 同胞们注意呀，卖国贼汪精卫，贼婆陈璧君，已叫小贼褚民谊去支那调整酬款四千万元，分赃享用了。在倭寇，不过在海关盈余项下拨一小部分，只做个赠品，其实还是我们同胞的血资。但这般狗男女，却把我们的四万万五千万同胞，用八分钱一个，贱卖与兽寇，做永远的奴隶了。我们不叫他们卖得成，自然是不消说得。我们抗战愈强，叫兽寇马上崩溃，把汪、陈、褚等捉住了，连四个铜板也不叫他们上腰包，自然也是不消说得。可是他们竟想把我们用八分钱一个，卖给倭寇小鬼做永远奴隶，只种狗虱不食的蠢家伙，我们实在气他们不过，杀他们，剐他们，还出不了心头之气，终得叫他们永远跪在我们抗战英烈的将士面前，跪在我们受伤的英雄面前，我们要先在重庆

---

① 邹韬奋：《抗战以来》，《韬奋全集》第10卷，第218页。
② 《联大学生电请领袖通缉汪逆处以极刑》，《益世报》1939年1月3日。

筑上无名英雄墓，矗立一个纪念碑，四面把个碑，浇铸了我们阵亡牺牲、受伤的将士英雄义士烈女，然后把顽铁浇起了汪贼夫妇跪像，代表了一班狗汉奸跪在地下，我们也不要在他们的头颅上溲溺，反叫我们英雄掩鼻，我们也不要叫小儿女们去把石子摔他们，反叫他们容易消灭，我们只要高兴时伸起我们贵手，掌他们几下，问问他们，做卖国贼，与做卖国贼婆的滋味，到底如何，把他们夫妇的双颊，打得白雪亮，也可以显出他们老白脸，到底少艾，可以取得他们小儿主子的欢喜，放在公共场所，每日叫千百人认识他们，这就是要我们八分钱一个卖给与兽小鬼做永远奴隶的狗汉奸，叫他们实没有卖成，倒永远跪在这里，做同胞的出气筒。好了！韶关、涪陵等地都已浇起来了！我们重庆不可落后，大家赶快把银钱如雪片的飞下去买铁罢。①

针对汪精卫的汉奸卖国行径，共产党人同样高调谴责。毛泽东在接受中央社等新闻媒体采访时，从中国传统和现实政治出发，称汪精卫为国共两党共同的敌人，再次强调要巩固国共合作共同抗日的基础：

日本走狗汪精卫的汉奸党是异党，因为它和抗日党派在政治上没有丝毫共同之点，这样的党，就应该限制。国民党、共产党，在政治上是有共同之点的，这就是抗日。所以现在是如何集中全力反日防日和反汪防汪的问题，而不是集中全力反共防共的问题。口号只能是这样提。现在汪精卫有三个口号：反蒋、反共、亲日。汪精卫是国共两党和全国人民的共同敌人。共产党却不是国民党的敌人，国民党也不是共产党的敌人，不应该互相反对，互相"限制"，而应该互相团结，互相协助。我们的口号一定要和汪精卫的口号有区别，一定要和汪精卫的口号对立起来，而决不能和他相混同。他要反蒋，我们就要拥蒋；他要反共，我们就要联共；他要亲日，我们就要抗日。凡是敌人反对的，我们就要拥护；凡是敌人拥护的，我们就要反对。现在许多人的文章上常常有一句话，说是"无使亲痛仇快"。这句话出于东汉时刘秀的一位将军叫朱浮的写给渔阳太守彭宠的一封信，那信上说：

---

① 《重庆抗战文化史》，第93—94页。

"凡举事无为亲厚者所痛,而为见仇者所快。"朱浮这句话提出了一个明确的政治原则,我们千万不可忘记。①

抗战时期,有过留日经历的中国人时常被视为"汉奸",但也要视其所作所为。1937年家住北平的回族学者白腾飞,早年曾在日本东京大学留学11年,回国后任教于无锡国学专科学院、北京大学、暨南大学等高等学府。七七事变后,日本人要他出来做事,被白拒绝。但在逃亡的时候,白接受了时任北满铁路局官员的日本同学的帮助,戏剧性地离平赴港。② 而同样留日的周作人在北平失陷后仍留驻北平,并接受伪教育部部长汤尔和的邀请,担任北大图书馆馆长一职,此后陆续在多处伪文化教育机构任职,成为中国文化界的最大汉奸。虽然在沦陷期间周"保存旧北大图书馆贮藏的中西书籍46万余册,代北平研究院保存图书5000余册及添购大量善本书籍,共计33万余册,周作人并极力营救文教及地下工作人员,如董洗凡、张怀、英千里、郭健夫、杨永芸、刘书琴等出狱,周还恢复了差点被敌伪占据的北平图书馆并保存至今,此外还从日伪军营中抢救清华大学藏书15万余册"等,但抗战胜利后被依法以"汉奸罪"判刑。③

不过也有留日学生,并非亲日,甚至是反日,但因其出身背景引起国人怀疑而遭不幸。蒙古族人韩凤林毕业于日本士官学校,回国后投奔内蒙古德王,成为德王的亲信。1933年前后德王曾向他询问:"在当前时局下,我们要利用日本的力量,把蒙古复兴起来,你看怎样?"韩答道:"我在日本留学,深知日本的满蒙政策是不怀好意的,应当十分注意。"但同年9月,韩凤林终被国民党宪兵锄奸队以"汉奸"罪名逮捕处死。这也是德王最后投日的原因之一。④

也有一些爱国志士,受组织委派打入敌伪内部,或利用敌伪矛盾,与敌伪周旋,从事抗日工作。战后,当他们的事迹被公开后,这些昔日被指称为"汉奸"的人成了抗日英雄。

---

① 《和中央社、扫荡报、新民报三记者的谈话》,《毛泽东选集》第2卷,第590页。
② 参见陈真主编《寻找英雄——抗日战争之民间调查》,第55—56页。
③ 程堂发:《"文人汉奸"周作人受审始末》,《湖北档案》2001年第5期,第46页。
④ 陶布新整理《德穆楚克栋鲁普自述》(《内蒙古文史资料》第13辑),内蒙古政协文史资料委员会,1984,第11页。

抗战期间，无论任何党派、团体，包括社会舆论以至普通民众，都普遍将惩处汉奸视为正义和合法的行为。国民政府指定军法机关负责抓捕和审判汉奸。1944年11月，国民政府公布《特种刑事诉讼条例》，规定除被告原属军人、复任伪军职应受军事审判外，其余均交各省高等法院或其分院审理。抗战胜利后，1945年11月，国民政府公布《处理汉奸条例》；12月6日，又重新公布《惩治汉奸条例》，对窝藏汉奸、汉奸自首以及审判汉奸的程序等做了规定。早在1938年2月，共产党就先后在晋察冀、陕甘宁、苏中、太行、苏皖等根据地颁布了12个明确针对汉奸的调查、处理、惩治以及除奸的条例。

1946年8月，上海淞沪警备司令部依法判处汉奸万里浪、陈露、林君侠等26人死刑，后又处决了史耀明、吴顺生等汉奸。同年12月，淞沪警备司令部依照国民政府命令，将已受理的汉奸案移送上海高等法院审理。上海高等法院在上海监狱设立临时专门审理汉奸的机构。当年，受理汉奸案1262件，审结1095件。其中第一审574件，抗告1件、再审2件、附带民事诉讼3件、申诉515件。1947年受理汉奸案1482件，审结1367件（其中第一审688件）。直到1949年上海监狱还关押着大汉奸25人，即陈璧君、陈春圃、陈济成、罗君强、王荫泰、潘毓桂、周隆庠、李乃光、徐国弼、蔡培、夏奇峰、顾宝衡、周乃文、郭秀峰、邹泉荪、包端正、盛幼盦、杨悙华、李辅群、陈日平、戴英夫、赵尊狱、江亢虎、杨班侯、吴颂皋。①

而在战时，只有少部分汉奸经过司法审判程序，更多的则是未经司法裁决，直接处理。对于潜入后方的汉奸，政府一经发现，即予抓捕枪决，并及时广播登报，以示惩戒。抗战八年中，在后方捕获而被枪毙的汉奸见于报端的为数不少。仅举几例，如安徽名流吴中荣、杨效春等4人，在抗战爆发后联络日本驻芜湖领事吉伶贞治等人和中国军政人员，图谋组织伪省府，案发后于1938年2月2日在合肥被处决。在武汉保卫战中，武汉警卫部队就分别枪决了以张宗铎、周华山、宋少同、钟汉伯等为首的数批探刺军情的汉奸。1938年6月10日，在广州枪决了为日机轰炸放信号的汉奸

---

① 上海地方志办公室编《上海审判志》，上海社会科学院出版社，2003，第三编第五章第一节。

15人。在重庆，1939年12月19日枪决了为日本刺探情报的王金廷、佘金山两汉奸。1940年7月15日，又枪毙了在沙坪坝、小龙坎等处以手电筒为日机轰炸重庆施放信号的刘荣华、张锡彬。1943年9月20日，图谋刺杀美国空军人员的赵忠绥被执行枪决。①

在战争年代，一旦经某种形式被宣布为"汉奸"的中国人，就会被全民族视为公敌，成为整个社会的打击对象，有时甚至无须经过任何法律审判，即受到剥夺一切公民权的处罚。据时任上海仁济育婴堂堂长的陆存仁记叙，1937年8月14日上海"新闸路上有一个当日军翻译的汉奸被人认出，大家一阵叫嚣，拳脚交加，只十多分钟，就把那个翻译活活打死。同日在爱文义路、卡德路、霞飞路，也有类似情形发生"。②据一名八路军战士回忆说："老百姓最恨翻译，叫通译，敌人据点里头我们进得去，他跑不了。在敌人眼皮底下我们就把那些无恶不作的汉奸抓起来枪毙。"③又如周作人仅因参加日军在沦陷区北平举办的"更生中国文化座谈会"，尚未完全落水，即被武汉文化界抗敌协会指为"汉奸"，通电全国要求将其"立即驱逐我文化界，借于精神制裁"。不久，周作人即在寓所遭"天津抗日杀奸团"暗杀，欲予以肉体消灭。④而另一位被称为"文化汉奸"的张爱玲，则是因为其丈夫胡兰成投敌，张本人又在沦陷区发迹而被视为"汉奸"。她在一篇序言"有几句话同读者说"中表露了自己的委屈：

> 我自己从来没想到需要辩白，但最近一年来常常被人议论到，似乎被列为文化汉奸之一，自己也弄得莫名其妙。我所写的文章从来没有涉及政治，也没有拿过任何津贴。想想看我惟一的嫌疑要末就是所谓"大东亚文学者大会"第三届曾经叫我参加，报上登出的名单内有我；虽然我写了辞函去，（那封信我还记得，因为很短，仅只是："承聘为第三届大东亚文学者大会代表，谨辞。张爱玲谨上。"）报上仍旧没有把名字去掉。至于还有许多无稽的谩骂，甚而涉及我的私生活，

---

① 孟国祥、程堂发：《惩治汉奸工作概述》，《民国档案》1994年第2期，第106页。
② 陈存仁：《抗战时代生活史》，第36页。
③ 陈真主编《寻找英雄——抗日战争之民间调查》，第162页。
④ 参见程堂发《"文人汉奸"周作人受审始末》，《湖北档案》2001年第5期，第46页。此次暗杀未遂。

可以辩驳之点本来非常多。而且即使有这种事实，也还牵涉不到我是否有汉奸嫌疑的问题；何况私人的事本来用不着向大众剖白，除了对自己家的家长之外仿佛我没有解释的义务。所以一直缄默着。同时我也实在不愿意耗费时间与精神去打笔墨官司，徒然搅乱心思，耽误了正当的工作。但一直这样沉默着，始终没有阐明我的地位，给社会上一个错误的印象。①

在各级政府的领导下，反汉奸成为全民行动。1939年国民党发动"国民精神总动员"运动，其中一项要求就是国民每月要宣读《国民公约》誓词共12条，而在誓词中，是将敌人和汉奸画等号的。据浙江大学校长竺可桢日记载，当年4月17日，600余名浙江大学师生出席总理纪念周，"首由余（竺可桢）加说明，次宣誓"如下：

一、不违背三民主义；二、不违背政府议会；三、不违背国家民族的利益；四、不做汉奸和敌人的顺民；五、不参加汉奸组织；六、不做敌军和汉奸的官兵；七、不替敌人和汉奸带路；八、不替敌人和汉奸探听消息；九、不替敌人和汉奸做工；十、不用敌人和汉奸银行的钞票；十一、不买敌人的货物；十二、不卖粮食和一切物品给敌人和汉奸。②

在国民精神总动员运动中，反汉奸的讨逆除奸大会是重要的宣传动员方式。1940年2月，重庆各界声讨汪逆罪行委员会成立，决定捐款修建抗日无名英雄墓，并在墓前铸造汪精卫、陈璧君夫妇跪像。③ 这种跪像完全仿照中国历史上抵抗外侮的民族英雄岳飞墓前的"汉奸"秦桧夫妇塑像样式。

政党动员和报刊舆论的宣传，极大鼓舞了民族主义的高涨。当时的主流报刊几乎无一例外地指摘汉奸，读者"无不咬牙切齿地痛骂汉奸为虎作

---

① 张爱玲：《流言》，海南出版公司，2002，第253页。
② 《竺可桢全集》第7卷，第71页。
③ 跪像于1942年铸成，但并未安置。参见《重庆抗战文化史》，第92—93、95页。

伥"。① 1940 年 1 月，出于对"日方苛刻条件的反感"，高宗武、陶希圣脱离投日的汪精卫集团而出走香港，制造了"高陶事件"。该事件"第一次暴露出汪兆铭集团内部存在着周佛海的对日'妥协派'和高宗武、陶希圣的'强硬派'这一事实"。而另一个主要原因，就是高宗武不愿被称为"汉奸"。这进一步刺激了各界民众对汪精卫汉奸罪行的声讨，如重庆沙磁区国民月会就通过了"讨汪宣言"，并散发传单称：

> 溯自卢沟桥事变以来，暴日夹起犀利之武器，向我进攻，我全国军民为争取整个民族国家生存计，起而应战。汪逆精卫，以卑鄙小人，反复成性，当我抗战正酣，竟丧心病狂，妄谈和平，为虎作伥，靦颜事仇，背党叛国，罪不容诛。近更与敌私计密约，欲陷我中华民族于万劫不复之境。凡我同胞，无不发指眦裂……群情忿激，一致申讨，均欲食其肉而寝其皮。当兹最后胜利即将来临之日，吾人更应在总裁指导之下，扑灭奸邪，扫除暴敌，以完成三民主义的新中国，以奠定中华民族万万年基础。②

抗战文艺界同样充满着反汉奸的声浪。陈铨和林同济是抗战时期极力主张"民族主义文艺"的代表者，陈铨在昆明创作了四幕话剧《野玫瑰》，还引起了一场风波。剧中的主角"野玫瑰"夏艳华是打入沦陷区敌伪政权的年轻女间谍，她是一个集"崇高理想"和"浪漫精神"于一身的女英雄，嫁给了 50 岁的"北平伪政委会主席"王立民，当她最后亲手杀死他的时候，说了这样一句话："你最厉害的敌手，就是中国四万万五千万的民族意识。它像一股怒潮，排山倒海地冲来，无论任何力量，任何机智，都不能抵挡它！"③陈白尘于 1938 年创作了以"汉奸"为题的四幕话剧，描绘了沦陷区"汉奸之群，滔滔皆是"的情形，甚至大后方亦是"准汉奸和预备汉奸"滋生。④ 而上海左翼作家联盟更在解散前夜由其领导人周扬提出"国防文学"的概念，主张"国防的主题应当成为汉奸以外的一切作家

---

① 陈存仁：《抗战时代生活史》，第 32 页。
② 《重庆抗战文化史》，第 93 页。
③ 转引自《重庆抗战文化史》，第 346 页。
④ 参见陈白尘《汉奸》，武汉华中图书公司，1938。

的作品之最中心的主题"。

汉奸的滥觞成为社会的另一面。以留美学者、浙江大学校长竺可桢眼中的浙大教授唐凤图为例，可见对"汉奸"的定义之广、打击面之大。唐教授因于抗战初期接广西大学聘约，言该地较为安全，薪水不打折扣，故请辞浙江大学的教职，这在竺可桢看来，"此种见利思迁，不特不足以为师表，且在国家危难之秋临患难而求去，实与汉奸相去无几也"。[①]

但也有人因自身经历的不同，而对个别汉奸抱有不同的感情和态度。例如，山西尧都南席村共产党员郝基林说，他的命是汉奸救的。这个汉奸叫张腊娃。郝在南席教过书，张是他的学生，后来郝被警备部抓捕，张恰在警备部当通讯员，"打得厉害的时候他就过去说这是我哥，就把我救下了"。在他们看来，汉奸中也有好人。例如山西安泽县有个日军翻译，叫苏坤，据说"他也是没办法，他是被日军俘虏来的，他会日文，其实日本话他也不会，他日本字都认得，就做了翻译"。苏坤曾利用职务之便，强娶过一个老婆，也释放过八路军的情报员，凡是没有证据被逮的抗日民众他几乎都想方设法释放，因此当地人称："那个人是个好人"，"给咱八路军办了几件好事"。[②]

作为汉奸，这些人对于自己的行为也有不同的认识。大汉奸周佛海当看到共产党说陈独秀是"汉奸"时，还在日记中为其辩白，当然周也不会承认自己是汉奸。[③] 他表示自己之所以要联日，还是为了反共反苏。曾经身为中共创始人之一，周佛海自1925年起就转向反共，他在脱离重庆之后发表自述说："我深刻的认识了抗日势必联俄，联俄必须容共的命运。因此更痛切的感觉，内有惟恐天下不乱的共党，外有图收渔人之利的苏联，战事一定扩大，一定延长，而使中日双方，两败俱伤，而为他们的牺牲了。"[④] 日本并没有履行撤兵的承诺，周最终陷入了日方的圈套之中，他在"自白"中写道："敌人有兵，交通工具又在他们手上，我也只得徒叹奈何。"大小汉奸都会为自己的汉奸行为拼命寻找各种借口来辩护。石友三曾说："做过汉奸，孙子王八蛋再要做汉奸！"上海医师陈存仁记述了他认

---

① 《竺可桢全集》第6卷，第371页。
② 张成德、孙丽萍主编《山西抗战口述史》（1），第145、156、157页。
③ 蔡德金编注《周佛海日记》，1940年9月2日，第365页。
④ 周佛海：《回忆与前瞻》，《中华日报》1939年7月22日。

识的汉奸孙嘉福。孙嘉福原本是个马夫，在1937年八一三事变以后当上虹镇"地方维持会"的会长，因开设烟馆和贩卖白粉，使儿子染上毒瘾，最终不治。孙妻骂他是"挨千刀的做了汉奸"。孙在听到儿子病危的消息后，"连说几声'自作孽！眼前报！''自作孽！眼前报！'"。但丧子之后，他索性破罐破摔，"不但不痛改前非，作恶更日甚一日"。①

  而对于那些按照战时标准可以定为汉奸的沦陷区普通"顺民"来说，他们中的大多数并未想过要主动去当汉奸。山西昔阳县农民张绍先回忆说，自己之所以充当警备队的汉奸，完全是生存所迫，"警备队就是从村里要，要上村民们，一个村要几个。村民们也不想去，但也不敢不去，对日本人忠实的不多"。而他的同乡王奎杰因为家贫，难以为生，11岁就去了日本人的"维持会"做事，王自己回忆："我那时候就是给人家当差，就是给人家打扫打扫，每月挣日本人的票子六块，这就够全家生活了，我父亲、母亲、妹子。干了一年多，就是倒水等……后来，第二次就又到日本人那个'宣抚班'，也是给人家端饭、扫地、打水，晚上看灯、擦皮鞋。"② 当过伪警备队队员的李旭才在83岁时接受采访，和访谈者有过这样的对话：

  问：到外边抢粮什么的，抢过没有？
  答：到外边和日本人跟上走，日本人叫你走，你就跟了走。
  问：你们走前头了还是走后头了？
  答：走后头时多，走前头了少。
  问：一般谁带路？
  答：咱这一村到那一村里，有联络员。
  问：你们进了警备队每个月给你们津贴吗？
  答：有，11块钱儿还是10块？
  问：是不是日本票？
  答：日本龙票嘛。
  问：那会儿11块钱能买多少东西？一袋面那会儿多少钱？

---

① 陈存仁：《抗战时代生活史》，第38—40页。
② 张成德、孙丽萍主编《山西抗战口述史》(1)，第154、155页。

答：11块钱儿也能买好多些东西。三块钱儿就是一斗米，三十来斤，一毛钱一斤，11块钱就能养活一家人。可是挣上俩钱儿，吃了还摊伙食了。谁想去了？一月就是那俩钱儿，除你吃了，落下三五块钱，谁去弄那了。

问：那会儿你们在警备队经常挨打吗？

答：还能不挨打了？

问：是什么人打了？为什么打了？

答：日本人也打，咱这儿人也打。你受训，训练你，一下不在，你给弄不好，就要挨打嘛。①

综上所述，大小汉奸的行为和危害各不相同，对待汉奸的看法也有差异，主动投敌和被动沦为汉奸的人层出不穷。因此，对于汉奸的形成、影响和认知，不能过于简单化，有时汉奸一词更多地用来作为政治斗争的工具，而缺乏明确的标准。但在祖国遭受外敌侵略时，背叛中华民族，投靠侵略者，充当其走狗，甘心受其驱使，出卖国家民族利益的人，必将遭到祖国和人民的唾弃和审判。

第三节　少数民族

中华民族是由56个民族组成的共同体，也是世界上人数最多的共同体。它所以能够形成，首先是各族人民在几千年漫长岁月中经济和文化密切交流的结果，融合成你中有我、我中有你、谁也离不开谁的命运共同体，而近代以来，更在反对外来侵略者的共同斗争中形成自觉的认识。

这些外来侵略者充当了中华民族的反面教员，而日本军国主义者则扮演了特别的角色。中华民族蕴藏的巨大能量，在反抗外来侵略者的斗争中，以令世人震惊的规模和气势，像火山般喷发出来了。这是抗日战争能够坚持下去，直到取得最后胜利的力量源泉所在。

最初，日本侵略者为了有效控制其占领区，对中国少数民族的统治，采取了不同于汉族的方法。一方面，对于人口集中而且有传统生活地域的

---

① 张成德、孙丽萍主编《山西抗战口述史》(1)，第165—166页。

少数民族，鼓动其"独立"并成立傀儡政权，例如"满洲国"、"蒙古军政府"等；另一方面，对于其他人口较少的民族，则煽动其与汉民族之间的民族仇恨，以达分裂中国的目的。

民国以来，中央政府对内蒙古的统治，大都不重视蒙古民族的游牧生活习惯，有时甚至盲目推行省县化，扩大农业区，招致了内蒙古各阶层的不满。1933年7月，年仅31岁的内蒙古锡林郭勒盟德穆楚克栋鲁普（德王），利用旅蒙九世班禅的影响力，在百灵庙联合乌兰察布盟盟长云端旺楚克（云王）召开了第一次内蒙自治会议，向南京国民政府提出实行高度自治的要求。德王最初并没有想将内蒙古从中国分裂出去，只是谋求在国民政府领导下实行自治。但是蒋介石对德王并不信任。早在1932年秋天，德王曾满怀憧憬地赴武汉面见蒋介石，提出两项要求：一是改变中央蒙藏委员会的对蒙政策；二是希望中央协助他组织骑兵部队。蒋介石表面上对德王很客气，想拉拢他高居虚位，却把军权委以自己的亲信桂永清，只打发给德王机关枪四挺、步枪数百支，且"系破旧之物"，最终弄得不欢而散。德王返蒙后，开始招兵买马，扩充自己的实力，积极推动内蒙自治运动，并派人向日本探询是否予以支持。当时，德王的亲信、曾留学日本的韩凤林明确告诫他不可相信日本人的话。不承想韩凤林随后被北平国民党中央宪兵三团以"汉奸"罪名秘密逮捕并处死，这加剧了德王对南京政府的不信任。1933年第一次内蒙自治会议后，国民政府于次年4月批准德王成立蒙古地方自治政务委员会。但是这个蒙政会有名无实，并时常受到地方政府中汉人官员的多方掣肘，不到三年即告夭折。此后，德王渐渐走上了谋求日本支持的不归路。

对于德王这位年轻的蒙古王爷来说，更加留恋的是清朝皇帝的民族政策。在其后动荡的岁月里，他多次主动去伪满洲国拜见溥仪，还特地穿着清朝的蟒袍马褂，戴上朝珠顶戴，对溥仪行叩拜之礼。不过德王的政治目的又与晚清的遗老遗少企图复辟帝制有所不同，他经常以成吉思汗第三十世孙自居，并以"复兴蒙古民族"为己任。

德王同国民政府的矛盾，为日本侵略者提供了分裂中国的机会。蒙古地方自治政务委员会成立不久，日本驻阿巴嘎特务机关长盛岛角芳立即向关东军报告，提出蒙古工作应以德王为对象，并主动拜见德王，转达了关东军愿无偿提供武器之意。9月韩凤林被捕后生死不明，德王在多方营救未果的情况下，被迫请求前来拉拢他的土肥原贤二探听消息，从此，德王便逐渐向日人靠拢。1935年，德王与来访的关东军情报参谋田中隆吉、副参谋长板垣征四郎等联系密切。1936年元月，德王在日本的支持下，成立了"察哈尔盟公署"，5月，正式公开成立"蒙古军政府"，自任"总裁"。日本关东军向伪蒙古军提供了全部武器装备，并承诺给德王巨额补助。①

1936年6月，在关东军的安排下，德王同溥仪签订了《蒙满协定》，与伪满洲国建立了名义上的"外交"关系。他仍旧接受溥仪的"钦任状"，却对"皇帝"说："今后把忠于皇帝之心，忠于蒙古事业。"德王自以为很风光，但其所作所为尽在日本军人的牢牢控制之中。日本关东军只不过以"复兴蒙古"为诱饵，主旨是"将满蒙地区作为日本帝国对俄对华的国防第一线"，对德王全在利用，并不可能给予其"独立"地位。很快，德王就变成一个有名无权的"总裁"，不但经济、军事上处处受制于日本，连自己政府的人事权也受到日本关东军的限制，一切任命必须听从日本顾问的安排。更有甚者，关东军还禁止他在公开场合以"蒙古"名义发表言论。尽管德王对此进行了一定程度的抵制，但都于事无补。随着日本对内蒙古控制的加强，他们之间的矛盾也愈加激烈。无可奈何之下，德王秘密通过军统与蒋介石再度取得联系，希望出走重庆。但1940年春，德王的这条秘密渠道被关东军查获，除德王一人外，其他涉事人员都被日军处死。从此，德王只能继续做日本人的傀儡，他后来在自述中写道："成为千古罪人。抚今思之，愧恨万分。"②

日本侵略者对不肯屈服的少数民族，则与对汉族人一样，施以屠杀和酷刑，甚至利用民族宗教对少数民族进行侮辱，例如日军为了惩戒不听从命令的回民，就向其嘴里填塞猪肉，强迫阿訇或者普通回民杀猪等。③ 云南芒市傣族人方正绍是日军细菌战的受害幸存者，他在揭露日军暴行的书面控诉证言中写道："日军大白天在农作物上点上火，一边看着火，一边高兴地唱歌，而且点燃百姓房屋是家常便饭的事。因为当时傣族人住在用竹子和草建造的房子里，房子转瞬间就被火海包围而烧毁了。村子里虽然也有用土建造的房屋，但由于大火，土被烧得通红。为了让年轻人知道这

---

① 李新总编《中华民国史》第8卷（上），中华书局，2011，第386页。
② 参见陶布新整理《德穆楚克栋鲁普自述》，第2—15页。
③ 周瑞海等：《中国回族抗日救亡史稿》，第63页。

段历史，为了实行教育，现在也还被保存着……最让人不能饶恕的是，把中国人不当人看。"①

宁夏吴忠中阿师范学校校长、回民学者虎嵩山有着强烈的民族和国家认同。面对日本侵略，他经常会说"国家兴亡，穆民有责"。他一方面借学校早晨升旗仪式的时机与其他教师轮流给学生宣讲抗日救国的道理；另一方面在聚礼日给穆斯林讲"卧尔兹"时，引用《古兰经》、《圣训》，批评"回回争教不争国"的观点，斥为"不仅是国家败类，而且也是伊斯兰教伪信者"。主持祈祷时，他常会先用阿拉伯文撰写反日祈祷词，然后附上汉译。他在传播民族宗教信仰的同时，仍不忘怀对国家的认同。他撰写的阿拉伯文祈祷词被精心地印制成宣传品，向吴忠市内的清真寺散发，并要求各寺教长在聚礼日高声朗读，读毕大家一起共念"阿敏"。其中一篇祈祷词的汉译文是这样的：

> 主啊！求你援助我们的政府，使我们的国家永存，使我们的抗战胜利，消灭我们的敌人；求你在敌人侵略城市杀害人民种种残暴行为上，护佑我们；求你降暴风，使他们的飞机跌落郊野，使他们的兵舰沉于海洋，使他们的士卒厌战，使他们的经济崩溃！求你降天灾罪罚于他们！真主啊！请你赏准我们的祈祷！阿敏。②

显而易见，这里所说的"我们"指的是中国人，而"他们"则指日本敌人。国民党桂系将领白崇禧是回族，他在《回教大众》创刊号上曾著文指出："我们是回教的信徒，同时也是中国国民，既然我们都是中华民族一员，所以要一方面发扬宗教的精神，一方面要对民族的存亡、国家的兴衰，负起相当的责任。"这里的"我们"指的是隶属中华民族的回民。他还写道："我们回教自满清摧残之后，有不敢过问政治的趋势，所以有些回胞抱'争教不争国'的观念，这是错误的见解。必须要使每个教胞都知道，有国家才有宗教，所谓'皮之不存，毛将焉附'，国家主权不能独立，

---

① 山田正行『アイデンティティと戦争：戦中期における中国雲南省滇西地区の心理歴史的研究』グリーンピース、2002、36 頁。
② 宁夏海原县海城镇西关回族卢彦寿收藏，转引自周瑞海等《中国回族抗日救亡史稿》，第 309—310 页。

宗教也就失去了保障。"同时，他还举出德国犹太人的例子来论述国家与民族宗教的一致性。①

1938年3月，国民党召开临时全国代表大会，确定民族主义宗旨为："一则中华民族自求解放；二则中国境内民族一律平等"，并指出唯有抗战乃能组织"民族自由联合的中华民国"。② 5月，中国回民救国协会在白崇禧的倡议下成立，并得到政府的支持，联合各地的回民组织，建立起31个地方性分会，积极进行募捐、赈济活动，对受难回民实行救助。③ 不论是本地还是外地回民，无家可归者都予以安置和解决伙食，死难回民可以按照回教礼仪进行安葬。同年12月，桂林市成立了回教救济委员会，以清真寺为单位设立了7个收容点，收容救济外地逃难来桂的回民。被炸清真寺，由国民政府另外拨款予以修复。在抗战期间及抗战胜利后，回教救济委员会除临时急赈外，每年冬天还对回民实行冬赈，对生活困难的回民家庭赈以大米。④ 1939年7月7日，回教救国协会和桂林成达师范学校（原北平回民私立成达师范学校，校长为马松亭阿訇）在清真寺举行抗战两周年祈祷大会，与会者逾千人，以伊斯兰教方式为阵亡将士祈祷，并为中国祈福，由马松亭大阿訇颂《古兰经》首章，随后国民党广西省党部代表袁石之、西南行营高级参谋少将回族安宾尧等致辞。⑤ 中国回民救国协会更委托满族作家老舍创作了四幕话剧《国家至上》，宣传回汉两族人民应以国家利益为重，不计前嫌，团结抗日，后在重庆、桂林、成都、昆明、大理、香港、兰州、西安等地上演，极大地激发了少数民族的抗战热情，被郭沫若称为"有重量的力作"。⑥ 中国空军第三大队三十二中队分队长回民马毓鑫在广东南雄空战殉国后，遗体被运回老家桂林，也按回族仪式隆重下葬。⑦ 1942年始国民党在官方政策和宣传中提出"国族至上"的原则，

---

① 谢和庚、林松：《叱咤风云的回民之子》，《文史春秋》1995年第1期，第12页。
② 《重庆抗战文化史》，第17页。
③ 各地分会情况，参见孙颖慧《中国回教救国协会分会概述》，《宁夏社会科学》2005年第4期，第15页。
④ 《桂林市志》（下），中华书局，1997，第一章第四节。
⑤ 麻承福主编《桂林回族》，宁夏人民出版社，2003，第126页。
⑥ 岑光：《现代文学史上一个宣传回汉团结的剧本——老舍、宋之的合作的〈国家至上〉》，《回族文学丛刊》1980年第2期。
⑦ 赵平等：《飞虎队在桂林：从桂林出发的中美空军》，第262页。

强调"国家至上,民族至上"的三民主义民族文化。①

中国共产党在动员少数民族参加抗战方面,不仅在方针政策上予以高度重视,更落实在一系列的具体行动上。1937年8月,中国共产党在陕西洛川召开政治局扩大会议,提出《为动员一切力量争取抗战胜利而斗争》的宣传提纲,史称《抗日救国十大纲领》,明确提及要"动员蒙民回民及其他一切少数民族,在民族自决和民族自治的原则下,共同抗日"。根据这一原则,中共陆续向敌后的民族聚居区派遣党员,建立基层党组织,并发动少数民族武装,建立游击队,其中影响较大的有马本斋的冀中回民支队和白海风的蒙旗保安总队。中共中央为了争取广大少数民族对抗战的支持,特别提出《关于少数民族工作的意见》:"以上层活动为中心,求得上层分子的进步,不要乱把汉奸帽子戴在他们头上",并且指出:"对他们的内奸(蒙奸、回奸),我们方面应采取争取政策,真正做到仁至义尽的地步"。②美国记者斯诺在叙述中共军队的民族政策时写道:他们"小心翼翼地尊重伊斯兰教风俗习惯的政策即使在最多疑的农民和阿訇中间也留下了印象"。③另外,中共还十分重视培养少数民族干部,1939—1940年在中央党校开办了回民班。1940年8月,陕北公学成立少数民族工作队,并在此基础上成立民族部,第一期招收蒙、回、藏、彝、苗、满族185位学员。1941年9月,中共还专门创办民族学院,招收蒙、回、藏、彝、苗、满族学员300多人,其中蒙古族占40%,回族占20%,藏、彝族各占4%,并有女学员32人。④ 这些民族干部后来广泛活跃于各个民族地区。

中国的西北、西南边疆,是少数民族的主要聚居区。这里虽然暂时远离战场,但地方政府和社会精英也大多主动参与民众动员工作。在西北偏远的回族聚居地,各县县长、各民众团体、阿訇等宗教领袖开会时,常常按照民众抗日救国后援会宣传大纲的要求,部署动员各族民众劝募抗战物资。"新疆王"盛世才自1934年经由国民政府正式任命为省政府主席之后,利用天高皇帝远以及与苏联接壤的地缘优势,一度在新疆境内广泛推

---

① 《重庆抗战文化史》,第215页。
② 中共中央统战部编《民族问题文献汇编》,中共中央党校出版社,1991,第605—606页。
③ 〔美〕埃德加·斯诺:《西行漫记》,董乐山译,三联书店,1979,第290页。
④ 甘肃省民族事务委员会编《甘肃回族现代史资料选辑》(抗日战争时期),编者印行,1984,第9—10页。

行"反帝、和平、建设、民族平等、清廉、亲苏"的六大政策，用省政府的话说，数年来少数族裔"不仅智识日渐提高，而对抗战建新事业已有相当认识与了解"。凡有少数民族群众响应者，地方政府即作为典型加以表彰，例如维吾尔族商妇然比汗、牧民毛拉艾买提、回族绅商杨锦候、归化（俄罗斯）族医生格林根、药商哈尼库伦卡科夫等。1938年11月，新疆阿克苏区温宿县西大庄农民巴海巴依临终前将原拟赴土耳其朝觐的路费2500两银元一半捐献给前方抗日将士，一半留其家属度日，据地方政府报告称：其子捐款时曾有"助前方多买几种枪弹，多杀几个敌人，好给我们中国报仇等语"。1939年4月，阿克苏维吾尔族帽子工匠买合苏提一明阿吉、阿巴伯克里阿吉、麻木提五受阿吉、阿洪毛拉一明等7人自称"国民之一分子"，主动将一年出售帽子收入的5%（共计大洋384.84元）捐作抗日之用。1940年11月，新疆和静县蒙古族喇嘛康布巴拉登、达木恰、老翁盖日甫等在呈文中称："为我们中华民族的独立生存和解放"而自愿捐献庙产。①

在云南，滇缅公路是抗战时期由中国多民族参与修筑的巨大工程。在中国境内长达959.4公里，西段下关至畹町桥547.8公里，翻越横断山脉，横跨澜沧江、怒江。滇缅公路的施工队伍由汉、彝、白、傣、回、景颇、阿昌、德昂、苗、傈僳等十多个民族组成，靠人力挖凿铺设，全线高峰时期每天出工达20万人，事故及疾病死亡率为1.5%。② 由于战争的紧迫性，工程自1937年11月开工至1938年8月底通车，历时仅9个多月，全体建设者为工程付出了巨大的艰辛努力。滇缅公路之所以能在如此短的时间修筑完成，与各级政府的动员是分不开的。首先由地方政府将筑路任务层层下达，再由基层官员联络少数民族首领，共同负责，并表现出良好的协调性。例如云南省龙陵县县长王锡光（汉族）领受省政府的任务后，立即前往会见潞江乡乡长土司线光天协商筑路，为了鼓舞士气，王县长还创作民谣《筑路歌》："违误通车干军法，县官焦急一日忙，力竭声嘶呼民众，辛苦坚韧莫彷徨。非怪功命急如火，为国贤老罔自伤……东洋倭祸已深入，封我港口占我疆。君不见，兽兵到处嗜屠戮，华北华南尽遭殃。又不见，

---

① 《抗日战争时期新疆各民族民众抗日募捐档案史料》，第118、90、104、107页。
② 云南省政协文史委员会编《血肉筑成抗战路》，云南人民出版社，2005，第54页。

华东华中成焦土，牛马奴隶俎上肉……还我山河武穆志，坚定信念兴民族。"① 这首民谣生动地表现了地方政府官员面对任务紧迫性，以及筑路工程在民族解放运动中重要性的艰辛努力。

少数民族在面对日军侵略时，为了保卫家乡，大多首先选择自卫。1942年5月，日本由缅甸侵入云南畹町、遮放、芒市、龙陵、腾冲、梁河、盈江、陇川、瑞丽等地，滇西边疆的傣族、景颇、德昂、傈僳各族迅速组织了当地武装游击队，主要使用铜炮枪、长刀、弓箭等冷兵器，借地利人和优势，以丛林峭壁为掩护，与日本现代化的军队相周旋。如在莲山小平原地区大盈江岸边阻击日军一役，全歼强渡大盈江的三个竹筏的日军（约100人）。又如葫芦王国（沧源卡瓦山区班洪、班老等地）勐董傣族头人张万美率领一支使用火器的武装在户算、帕冷一带曾与日军激战。但仅凭其自身力量来抵抗外侮很难取胜。②

不容否认，在抗战前的边疆地区，不同程度地存在民族歧视和不平等的现象。而一旦抗日成为中国境内各民族的共同意愿，并进一步加强对中华民族的认同后，才真正形成了民族大团结，共同抵抗日本的侵略。当时针对西南少数民族中仍然保存的封建土司制度等，著名记者范长江曾在《华商报》上呼吁说："要以中华民族以内各民族一律平等的主张，来对抗大泰族主义这一类的运动。我们要在理论上首先给滇西各弱小民族以新的希望，使他们不起离心的倾向，然后改革他们旧有的土司统治制度，改进他们的生活，则他们不至于终日如在黑暗世界中，时时苦闷，处处有被外力挑动之可能。"③ 最具代表性的就是出身彝族的云南王龙云，抗战前他作为地方实力派将云南经营得自成一体，外界势力很难渗入。但自全国抗战爆发后，龙云主动将滇军派往山东台儿庄抗日前线，同时为了打通滇缅路，允许杜聿明部中央军进驻云南。

又如在湘西永绥苗乡，当地苗民组织的武装"革屯军"，原本是反对汉民族压迫的产物。1937年初，以吴恒良、隆子雍、梁明元、石维桢等苗民领袖发动的农民起义正方兴未艾，苗民武装的名称由最初的"抗粮队"，先后改为"抗屯军"、"革屯军"，全国抗战爆发仅一个月，他们再次更名

---

① 参见谭伯英《血路》，云南人民出版社，2002，第184页。
② 杨策主编《少数民族与抗日战争》，第161—163页。
③ 范长江：《缅甸与滇缅公路》，《华商报》（香港）1941年1月12日。

为"黔湘苗民革屯抗日军"。永绥苗民的革屯运动，很快得到了湖南凤凰、古丈、泸溪和贵州松桃、四川秀山等县苗民的响应，参加者达10万之众，他们提出了"抗日"、"革屯"、"驱何"的口号。革屯运动最先针对的是汉族的"屯租"制度，后来才是抗日。"何"指时任湖南省政府主席的何键。国民政府最初采取了软硬两手，一面电令第二十八军军长陶广率所部"协助进剿"；一面将何键调任中央，改派张治中出掌湖南省政，并满足苗民"废屯升科"（即废除屯租改交田粮）的要求，使革屯军"受编抗日"。苗军领袖吴恒良表示"期得共享平等待遇之后，余愿结民兵4000余名，于屯制改革后予以编定"，"俾得向国家觅一努力途径，尽人民一分子责任"。为了让广大官兵懂得抵抗日寇、保卫祖国的道理，吴恒良还命令各团营军官主动向所属官兵揭露日本帝国主义的侵华暴行，使其知道为什么要抗日，认识到日本帝国主义是中华民族的共同敌人，大敌当前，不抗日，就要当亡国奴。①

　　西藏的情况则更为复杂。西藏地处中国西陲高原，交通极为不便。全国抗战开始时，无论是西藏僧俗上层，还是普通民众，对抗战的情况都不甚了解。为了加强联系，1938年11月国民政府派出西康藏人刘曼卿组织康藏民众抗战赴难宣传团，赴藏进行团结抗战、共赴国难的宣传。他们于次年1月抵达拉萨，直到6月离藏，在西藏活动达四个月之久。宣传团从三个方面开展抗日宣传。一是访问摄政热振呼图克图、军政首脑以及各贵族世家等，除面送藏文宣传品外，还详细介绍抗战以来中国军事、政治、经济各方面的进步，各省民众包括内蒙古、新疆、青康边地人民踊跃捐款出力，世界各国同情并援助中国抗战等情况，强调藏人也应为抗战做后援。"每至一处，辄谈话二半小时之久，均莫不注意倾听，或询问详情。谈话之后，皆深表同情，对日本表示愤慨、厌恶"。二是主动向宗教界人士进行宣传。他们不仅利用正月十五日的拉萨大法会，而且在3—4月，到三大寺拜访各高僧，介绍内地的抗战情况，并着重解释两个问题。其一，针对日本散布的中国为反佛教国家的谎言，说明中国宗教信仰自由，中央历来尊崇佛教，内地各省佛教素来兴盛。其二，日本与清逊帝的关系，阐述清末国事衰乱，清廷不能维持，故而取消帝制，建立民国；日本利用溥

---

① 参见杨策主编《少数民族与抗日战争》，北京出版社，1997，第176—178页。

仪为傀儡的用意,无非便于侵略中国。同时,宣传团援例敬各寺清茶、灯油之资,以做抗战胜利的祈祷。"所有接触之喇嘛莫不关切同情"。三是向民众宣传。宣传团先后在拉萨清真寺、回教团体、拉萨小学、西康商人游园会等处公开演讲,分别访问拉萨市内外的各部落、团体的头人与领导人,分送宣传品,张贴油画、标语。为了吸引藏区各界民众的参与,宣传团还举行过三次电影放映会。首次在摄政官邸,第二次在噶厦(地方政府)高级官员詹东私寓,招待军政要员、贵族及其家属,第三次在蒙藏委员会驻藏办事处,招待商界、学生以及一般民众。放映的影片有反映绥远抗战的纪录片等,引起藏区僧俗民众的广泛关注,"人人争求一睹"。由于宣传团成员主要来自藏族,素稔藏族习俗,没有民族、宗教、语言的隔阂,宣传团的刘曼卿又曾于1930年来藏,两次受到十三世达赖接见,与上层人士接触颇多,因而宣传效果显著。僧俗各阶层人士"莫不祈求中国胜利,各寺曾自动诵经祈祷"。在宣传团离开拉萨前,僧俗民众捐献自织的氆氇,合计110多匹,委托宣传团制成军用背心,带至前方,分发给抗战将士。刘曼卿说,虽然数量不多,"但可表示遥远后方之西藏民众自动敬慕抗战将士的热忱"。①

抗战期间,西藏地区也出现过一些不和谐的声音。1941年国民政府为了打开国际通道接收美国援华抗战物资,计划从西康穿过西藏东南部,沿洛希特河谷进入印度阿萨姆邦,修筑一条中印公路。9月,中央政府派出中印公路测量队13人、军士20名,携带测绘、筑路器具百余箱,进入藏境。西藏噶厦受英印当局的挑拨,以"藏境中历来未出现测量人员,是全体僧俗之所不愿者。且此事无论如何演变,确具惊扰性质"为由致电蒙藏委员会,表示不欢迎测量人员进入藏境,同时约见驻藏办事处处长孔庆宗,面告:经民众大会讨论决议,绝对不许测量人员入藏。1942年7月7日,噶厦通知孔庆宗,声称已正式成立"对中国及他国办理外务人员之机关""外交局","今后汉藏间事无巨细,请径向该机关洽办",以此表明西藏"独立"之地位。孔庆宗立即向蒙藏委员会呈报情况,并提出"不承认该局"的处理意见。至此,中央政府驻藏机关与西藏地方政府停止来往,形成僵局。国民党军事委员会调查统计局于1942年向西藏派遣特工小

---

① 《国民政府蒙藏委员会档案》,转引自杨策主编《少数民族与抗日战争》,第261页。

组，监视噶厦和英国驻拉萨使团的行动。①

　　1942年底，蒋介石分别密电西康省政府主席兼第二十四军军长刘文辉和青海省政府主席马步芳，明确告之西藏地方当局拒绝中央修筑中印公路、修建拉萨机场，阻碍继续抗战，并与外国勾结设立"外交局"，与驻藏办事处作对，企图分裂国家。为了坚持抗战、维护统一，决对藏用兵。要求他们做好准备，以第二十四军为主力，由刘文辉担任指挥；另由马步芳派骑兵3000人协同作战。第一步夺取昌都，第二步向拉萨推进，要求西康、青海派人到重庆军令部洽商进行。1943年5月，蒋介石以国民政府军事委员会委员长身份，召见西藏驻重庆代表阿旺坚赞，明确提出5点意见：协助修筑中印公路；协助办理驿运；驻藏办事处向藏洽办事件必须与噶厦径洽，不经"外交局"；中央人员入藏，凡持蒙藏委员会护照者，即须照例支应乌拉；在印华侨必要时须经藏内撤。同时发出通牒："如西藏对此五事遵照办理，并愿对修路、驿运负保护之责，中央军队当不前往，否则中央只有自派军队完成之。"会谈中，蒋介石还强调中央绝对尊重西藏宗教，信任西藏政府，爱护西藏同胞，但西藏必须服从中央，如发现西藏有勾结日本情事，当视同日本，立即派飞机轰炸西藏。②西藏地方政权噶厦最终被迫让步，没有采取进一步分裂西藏的行为。

　　总体来说，中国抗战已经融入了各民族的共同历史，成为各民族回忆和生活的一部分，并构成了中华民族联合御侮历史的一部分。中国各族人民面对的是共同的命运，单靠哪一个民族都不足以抵抗日本侵略者。当时流行的《流亡三部曲》中唱道："敌人打来，炮毁枪伤，到头来都是一样。"正是日本侵略者这个反面教员，大大增强了中国各族人民的民族认同感和凝聚力。

　　这种高度的民族自觉，是中华民族所以能在抗日战争中顽强地坚持下来，直到取得最后胜利的力量源泉。正是这种深深扎根于人民脑海中的民族自觉，鼓舞着无数优秀儿女为实现中华民族伟大复兴而奋斗不息。

---

① 杨策主编《少数民族与抗日战争》，第255页。
② 《周昆田致孔庆宗电》（1943年5月13日），转引自杨策主编《少数民族与抗日战争》，第256—257页。

主要参考文献

一 档案

成都市档案馆藏档

重庆市档案馆藏档

广州市档案馆藏档

湖北省档案馆藏档

美国斯坦福大学胡佛研究所藏《蒋介石日记》

四川省档案馆藏档

台北中国国民党党史馆藏档

台北中研院近代史研究所档案馆藏档

中国第二历史档案馆藏档

中国社会科学院近代史研究所中国近代史档案馆藏档

二 报刊

《大公报》（天津、重庆、桂林）、《华商报》、《解放日报》、《柳州日报》、《蒙疆新闻》、《申报》、《时事月报》、《苏南报》、《文献》、《新华日报》、《益世报》、《云南日报》、《中华日报》、《中央日报》（南京、重庆）、《经济部公报》、《国民公报》、《行政院公报》、《教育部公报》、《资源委员会公报》、《当代评论》、《档案史料与研究》、《档案与史学》、《地理学报》、《独立评论》、《观察》、《广西妇女》、《教育通讯》、《教育杂志》、《经济汇报》、《抗战电影》、《贸易月刊》、《民国档案》、《呐喊》、

《日用经济月刊》、《社会工作通讯月刊》、《中国电影》、《中国工业》、《资源委员会季刊》、《资源委员会月刊》

三 资料汇编、文集、方志、日记、年谱等

艾克恩编《延安文艺回忆录》，中国社会科学出版社，1992。

《北京大学五十周年纪念特刊》，台北，传记文学出版社影印本，1971。

北京大学校友联络处编《茄吹弦诵情弥切——国立西南联合大学五十周年纪念文集》，中国文史出版社1988。

蔡德金编《周佛海日记》，中国社会科学出版社，1986。

陈方正编辑、校订《陈克文日记》，社会科学文献出版社，2014。

陈嘉庚：《南侨回忆录》，集美陈嘉庚研究会，1993年翻印本。

陈立夫：《成败之鉴——陈立夫回忆录》，台北，正中书局，1994。

陈立夫：《战时教育行政回忆》，台北，台湾商务印书馆，1973。

陈三井访问、李郁青纪录《熊丸先生访问纪录》，台北，中研院近代史研究所，1998。

陈香梅：《春秋岁月：陈香梅自传》，中国妇女出版社，1997。

陈真等编《中国近代工业史资料》第1辑，三联书店，1957。

陈真主编《寻找英雄——抗日战争之民间调查》，广西师范大学出版社，2006。

程玉凤、程玉凰编《资源委员会档案史料初编》上册，台北，"国史馆"，1984。

重庆市档案馆、重庆师范大学编《战时工业》，重庆出版社，2014。

重庆市档案馆编《抗日战争时期国民政府经济法规》（下），档案出版社，1992。

重庆市档案馆等合编《抗战后方冶金工业史料》，重庆出版社，1988。

重庆市档案馆重庆市人民银行金融研究所合编《四联总处史料》（上），档案出版社，1993。

重庆市文化局编《重庆大轰炸图集》，重庆出版社，2001。

重庆市文化局电影处编《抗日战争时期的重庆电影》，重庆出版社，1991。

《董必武统一战线文集》，法律出版社，1990。

《董显光自传——报人、外交家与传道者的传奇》，台北，独立作

家，2014。

范国华等编《抗战电影回顾》，重庆市文化局，1985。

冯至主编《世界散文精华（中国卷）》，江苏文艺出版社，1994。

甘肃省民族事务委员会编《甘肃回族现代史资料选辑》（抗日战争时期），编者印行印，1984。

高平叔编《蔡元培全集》第7卷，中华书局，1989。

《革命文献》第56、59、96、97辑，台北，中国国民党党史会，1971、1972、1983。

顾执中等：《回忆重庆》，重庆出版社，1984。

广播电影电视部电影局党史资料征集工作领导小组、中国电影艺术研究中心编《中国左翼电影运动》，中国电影出版社，1993。

广东省政府秘书处编《广东年鉴（民国三十年度）》第4册，编者印行，1942。

广西省政府十年建设编纂委员会编《桂政纪实（民国廿一年至民国三十年）》中册，编者印行，1946。

《桂林市志》（下），中华书局，1997。

郭沫若：《沫若文集》第11卷，人民文学出版社，1959。

郭汝瑰、黄玉章编《中国抗日战争正面战场作战记》（上），江苏人民出版社，2005。

《国防设计委员会组织条例》上册，台北，"国史馆"，1984。

《行政院善后救济总署业务总报告》，行政院善后救济总署，1948。

《何干之文集》第2卷，北京出版社，1994。

《何廉回忆录》，中国文史出版社，1988。

《胡乔木回忆毛泽东》，人民出版社，1994。

胡宗南：《宗南文存》，台北，中国文化研究所，1963。

黄汲清选、潘云唐编《翁文灏选集》，冶金工业出版社，1989。

黄延复、王小宁整理《梅贻琦日记》，清华大学出版社，2001。

蒋梦麟：《西潮》，辽宁教育出版社，1997。

蒋中正：《中国之命运》，台北，正中书局，1976。

《交口县志》，中华书局，2002。

教育部参事室编《教育法令》，编者印行，1946。

教育部统计室编《二十三年度全国高等教育统计》，商务印书馆，1936。

教育年鉴编纂委员会编《第二次中国教育年鉴》，商务印书馆，1948。

金雄白：《汪政权的开场与收场》第1册，香港，春秋杂志社，1964。

《抗战六年来之财政金融》，国民党中宣部，1943。

《黎原回忆录》，解放军出版社，2009。

《李公朴文集》，云南人民出版社，1987。

《李锐口述往事》，香港，大山文化出版社，2013。

李学通、刘萍、翁心钧整理《翁文灏日记》，中华书局，2010。

李云汉主编《中国国民党党务发展史料·海外党务工作》，台北，中国国民党党史会，1998。

李云汉主编《中国国民党党务发展史料·组织工作》（下），台北，中国国民党党史会，1993。

联华影业公司编译部编《联华年鉴（民国廿三年——廿四年）》，上海，1935。

《林伯渠文集》，华艺出版社，1996。

刘大钧：《中国工业调查报告》，资源委员会，1937。

《陆川县志》，广西人民出版社，1993。

《罗家伦先生文存》第8册，台北，中国国民党党史会、"国史馆"，1989。

马洪武等编《新四军和华中抗日根据地史料选编》第6辑，上海人民出版社，1986。

《马寅初选集》，天津人民出版社，1988。

毛泽东：《在延安文艺座谈会上的讲话》，人民出版社，1975。

《毛泽东书信选集》，中央文献出版社，2003。

《毛泽东文集》，人民出版社，1993。

《毛泽东选集》第2、3卷，人民出版社，1991。

《毛泽东在七大的报告和讲话集》，中央文献出版社，1995。

茅盾：《我走过的道路》（下），人民文学出版社，1997。

梅贻宝：《大学教育五十年——八十自传》，台北，联经出版公司，1986。

千家驹：《去国忧思录》，香港，天地图书公司，1991。

秦孝仪主编《中华民国重要史料初编——对日抗战时期》《绪编》、第四编《战时建设》，台北，中国国民党党史委员会，1981。

秦孝仪主编《先总统蒋公思想言论总集》卷16，台北，中国国民党党史会，1984。

清华大学校史研究室编《清华大学史料选编》第3卷下册，清华大学出版社，1994。

全国政协文史资料研究委员会工商经济组编《回忆国民党政府资源委员会》，中国文史出版社，1988。

任桐君：《一个女教师的自述》，三联书店，1989。

荣孟源主编《中国国民党历次代表大会及中央全会资料》（下），光明日报出版社，1985。

陕甘宁边区财政经济史料编写组：《抗日战争时期陕甘宁边区财政经济史料摘编》第2、6编，陕西人民出版社，1981。

《陕西省农业改进所卅一年度工作总报告》，油印本，1943。

陕西省总工会工运史研究室编《陕甘宁边区工人运动史料选编》下册，工人出版社，1988。

师秋朗整理《峰与谷：师哲回忆领袖毛泽东》，红旗出版社，1997。

时事问题研究会编《抗战中的中国文化教育》，中国现代史资料编辑委员会，1940。

时事问题研究研究编《抗战中的中国经济》，中国现代史资料编辑委员会，1940。

实业部统计处编《民国二十五年全国实业概况》，编者印行，1937。

《宋庆龄纪念集》，人民出版社，1982。

唐德刚译著《胡适口述自传》，台北，传记文学出版社，1981。

陶布新整理《德穆楚克栋鲁普自述》（《内蒙古文史资料》第13辑），内蒙古政协文史资料委员会，1984。

王文俊等选编《南开大学校史资料选（1919—1949）》，南开大学出版社，1989。

王效挺、黄文一主编《战斗在北大的共产党人：1920—1949北大地下党概况》（北京地区革命史资料），北京大学出版社，1991。

王聿均、孙斌编《朱家骅先生言论集》，台北，中研究近代史研究所，1977。

魏宏运主编《抗日战争时期晋察冀边区财政经济史料选编（财政金

融编)》，南开大学出版社，1984。

《翁文灏论经济建设》，团结出版社，1989。

吴痴：《梦回重庆》，台北，大地出版社，1976。

吴俊升：《教育生涯一周甲》，台北，传记文学出版社，1976。

西北五省区编纂领导小组等编《陕甘宁边区抗日民主根据地（回忆录卷）》，中共党史资料出版社，1990。

西敏辑《武化的广西妇女》（抗战通讯报道集），广西民团周刊社，1938。

西南联大《除夕副刊》主编《联大八年》，西南联大学生出版社，1946；新星出版社，2013。

西南联合大学北京校友会校史编辑委员会编《国立西南联合大学校史资料》，北京大学出版社、云南人民出版社，1986。

萧军：《延安日记》（上），香港，牛津大学出版社，2013。

新华社解放军分社编《我的见证》，解放军文艺出版社，2005。

新疆维吾尔自治区档案局编《抗日战争时期新疆各民族民众抗日募捐档案史料》，新疆人民出版社，2008。

熊向晖：《历史的注脚——回忆毛泽东、周恩来及四老帅》，中共中央党校出版社，1995。

《徐懋庸选集》第3卷，四川人民出版社，1984。

徐雪寒：《新知书店的战斗历程》，三联书店，1994。

《学府纪闻·国立西南联合大学》，台北，南京出版公司，1981。

严中平等编《中国近代经济史统计资料选辑》，科学出版社，1955。

颜铀主编《重庆电影纪事（1905—1992）》，未刊，1995。

杨世才：《重庆指南》，重庆书店，1938。

姚崧龄编著《张公权先生年谱初稿》，台北，传记文学出版社，1982。

《叶圣陶集》第20卷，江苏教育出版社，1994。

尹均生主编《中外名记者眼中的延安解放区》，华中师范大学出版社，1995。

于光远：《我的编年故事：1939—1945》，大象出版社，2005。

张爱玲：《流言》，海南出版公司，2002。

《张伯苓教育言论选集》，南开大学出版社，1984。

张成德、孙丽萍主编《山西抗战口述史》（1），山西人民出版社，2005。

张朋园、林泉访问纪录《林继庸先生访问纪录》，台北，中研院近代史研究所，1984。

《张上将自忠年谱简编》编辑委员会主编《张上将自忠年谱简编》，中国传媒大学出版社，2001。

章伯锋、庄建平主编《抗日战争》第5卷，四川大学出版社，1997。

赵荣声：《回忆卫立煌先生》，文史资料出版社，1985。

浙江省政协文史资料委员会编《浙江近代金融业和金融家》（《浙江文史资料选辑》第46辑），浙江人民出版社，1992。

《郑振铎选集》（下），福建人民出版社，1983。

中共陕西省委党史研究室编《中外记者团和美军观察组在延安》，陕西人民出版社，1995。

中共中央统战部编《民族问题文献汇编》，中共中央党校出版社，1991。

中共中央文献研究室编《毛泽东年谱（1893—1949）》中卷，中央文献出版社，2002。

中共中央文献研究室编《任弼时年谱》，中央文献出版社，2004。

中共中央文献研究室编《朱德年谱（新编本）》，中央文献出版社，2006。

中共重庆市委党史工作委员会编《南方局领导下的重庆抗战文艺运动》，重庆出版社，1989。

中国第二历史档案馆编《中国现代政治史资料汇编》第3辑第92册，编者印行，1964。

中国第二历史档案馆编《中华民国史档案资料汇编》第5辑第1编《财政经济》（4）、第2编《教育》（1），江苏古籍出版社，1994、1997。

中国工业经济研究所编《工业问题座谈会纪要合辑》，编者印行，1944。

中国人民解放军政治学院中央教研室编《中共党史参考资料》第8册，国防大学出版社，1989。

中国人民政治协商会议西南地区文史资料协作会议编《抗战时期内迁西南的高等院校》，贵州人民出版社，1988。

中国人民政治协商会议西南地区文史资料协作会议编《抗战时期内迁西南的工商企业》，云南人民出版社，1989。

中国人民政治协商会议西南地区文史资料协作会议编《抗战时期的西

南交通》，云南人民出版社，1992。

中国社会科学院近代史研究所中华民国史研究室编《胡适的日记》下册，中华书局，1985。

中国社会科学院近代史研究所近代史资料编译室编《陕甘宁边区参议会文献汇辑》，知识产权出版社，2013。

中华全国妇女联合会妇女运动历史研究室编《中国妇女运动历史资料（1937—1945）》，中国妇女出版社，1991。

《中美关系资料汇编》第1辑，世界知识出版社，1957。

中央档案馆编《中共中央文件选集》第12、14册，中共中央党校出版社，1991、1992。

中央银行经济研究处编《卅一年上半期国内经济概况》，编者印行，时间不详。

《竺可桢全集》第6、7卷，上海科技教育出版社，2005。

邹韬奋：《韬奋全集》第10卷，上海人民出版社。

左森主编《回忆北洋大学》，天津大学出版社，1989。

華井上久士編『中宣撫工作資料』不二出版社、1989。

四 著作

北京师范校史编写组：《北京师范大学校史》，北京师范大学出版社，1982。

北京市档案馆编《解放战争时期北平学生运动》，光明日报出版社，1991。

北洋大学-天津大学校史编辑室：《北洋大学-天津大学校史》，天津大学出版社，1995。

〔英〕詹姆斯·贝特兰：《华北前线》，林淡秋等译，新华出版社，1984。

财政部财政科学研究所编《抗日根据地的财政经济》，中国财政经济出版社，1987。

陈白尘：《汉奸》，武汉华中图书公司，1938。

陈存仁：《抗战时代生活史》，广西师范大学出版社，2007。

陈雷：《经济与战争——抗日战争时期的统制经济》，合肥工业大学出版社，2008。

陈立夫：《中国电影事业》，上海晨报社，1933。

崔海霞、何品：《四大百货公司上海滩风云史》，广东经济出版社，2012。

戴知贤、李良志主编《抗战时期的文化教育》，北京出版社，1995。

董纯才主编《中国革命根据地教育史》，教育科学出版社，1991。

〔美〕哈里逊·福尔曼：《来自红色中国的报道》，熊建华译，解放军出版社，1985。

复旦大学校史编写组编《复旦大学志》第1卷，复旦大学出版社，1985。

郭廷以：《中华民国史事日志》，台北，中研院近代史研究所，1979。

洪深编《抗战十年来中国的戏剧运动与教育》，中华书局，1948。

〔美〕西奥多·怀特、安娜·雅各布：《风暴遍中国》，王健康、康元非译，解放军出版社，1985。

黄茂田：《中共广西地方史稿》，广西省委党校印行，1986。

江天凤主编《长江航运史》，人民交通出版社，1992。

金冲及主编《毛泽东传（1893—1949）》，中央文献出版社，1996。

金士宣：《铁路与抗战及建设》，商务印书馆，1947。

金以林：《近代中国大学研究》，中央文献出版社，2000。

〔美〕柯伟林：《蒋介石政府与纳粹德国》，陈谦平译，中国青年出版社，1994。

李嘉谷：《合作与冲突——1931—1945年的中苏关系》，广西师范大学出版社，1996

李维汉：《回忆与研究》（下），中共党史出版社出版，1986。

李效黎：《再见，延安！》，香港，文艺书店，1975。

李新总编《中华民国史》第8卷（上），中华书局，2011。

李学通：《书生从政——翁文灏》，兰州大学出版社，1996。

〔英〕李约瑟：《战时中国的科学》（上），张义尊译，台北，中华文化出版事业委员会，1952。

梁山等编《中山大学校史（1924—1949）》，上海教育出版社，1983。

凌承纬主编《战火硝烟中的画坛》，重庆出版社，2013。

刘大年、白介夫主编《中国复兴枢纽》，北京出版社，1997。

刘露茜：《交通大学校史》，高等教育出版社，1996。

罗传勋主编《重庆抗战大事记》，重庆出版社，1995。

麻承福主编《桂林回族》，宁夏人民出版社，2003。

马嘶：《百年冷暖》，北京图书馆出版社，2003。

毛正棠、徐有智编《浙江大学》，湖南教育出版社，1990。

南京大学校史编写组编著《南京大学史（1902—1992）》，南京大学出版社，1992。

南开大学校史编写组编《南开大学校史》，南开大学出版社，1989。

潘世征：《战时西南》，华夏文化事业社，1946。

平心：《战时的青年运动与青年工作》，光明书局，1938。

钱穆：《国史大纲》，上海书店，1989。

〔日〕前田哲男：《重庆大屠杀》，李泓、黄莺译，成都科技大学出版社，1989。

清华大学校史编写组编《清华大学校史稿》，中华书局，1981。

邱昌渭：《广西县政》，桂林文化供应社，1941。

厦门大学校史编委会：《厦门大学校史》第1卷，厦门大学出版社，1990。

上海地方志办公室编《上海审判志》，上海社会科学院出版社，2003。

上海市总工会编《抗日战争时期上海工人运动史》，上海远东出版社，1992。

〔美〕埃德加·斯诺：《西行漫记》，董乐山译，三联书店，1979；中国人民解放军战士出版社，1979。

宋春主编《中国国民党史》，吉林文史出版社，1990。

苏光文：《抗战时期重庆的文化》，重庆出版社，1995。

苏智良等编《去大后方——中国抗战内迁实录》，上海人民出版社，2005。

粟寄沧：《中国战时经济问题研究》，申新印务公司，1942。

孙本文：《现代中国社会问题》第1册，商务印书馆，1947；第2册，商务印书馆，1948。

孙本文编《中国战时学术》，正中书局，1946。

孙果达：《民族工业大迁徙》，中国文史出版社，1991。

孙健：《中国经济史——近代部分》，中国人民大学出版社，1989。

孙艳魁：《苦难的人流——抗战时期的难民》，广西师范大学出版社，1994。

孙越崎科技教育基金委员会编《孙越崎传》，石油工业出版社，1994。

谭伯英：《血路》，云南人民出版社，2002。

谭洛非主编《抗战时期的郭沫若》，四川省社会科学院出版社，1985。

唐培吉：《上海抗日战争史通论》，上海人民出版社，1997。

唐振常主编《上海史》，上海人民出版社，1989。

唐正芒等：《中国西部抗战文化史》，中共党史出版社，2004。

陶恒生：《"高陶事件"始末》，台北，成文出版社，2001；湖北人民出版社，2003。

王东杰：《国家与学术的地方互动——四川大学国立化进程》，三联书店，2005。

王奇生：《革命与反革命：社会文化视野下的民国政治》，社会科学文献出版社，2010。

王渔等编《林伯渠传》，红旗出版社，1986。

王振乾、丘琴、姜克夫编著《东北大学史稿》，东北师范大学，1988。

闻黎明：《抗日战争与中国知识分子——西南联合大学的抗战轨迹》，社会科学文献出版社，2009。

翁文灏：《战时经济建设》，中央训练团，1941。

翁文灏：《中国矿产志略》，地质调查所，1919。

吴承明：《中国资本主义与国内市场》，中国社会科学出版社，1985。

吴济生：《新都见闻录》，光明书局，1940。

吴相湘：《第二次中日战争史》（上），台北，综合月刊社，1973。

吴贻谷主编《武汉大学校史》，武汉大学出版社，1993。

西北大学校史编写组：《西北大学校史稿》，西北大学出版社，1987。

西北师范大学校史编写组：《西北师范大学校史（1939—1989）》，青海人民出版社，1989。

西南联合大学北京校友会合编《国立西南联合大学校史》，北京大学出版社，1996。

萧超然等编著《北京大学校史》，北京大学出版社，1988。

许涤新：《官僚资本论》，南洋书店，1947。

薛光前编《八年对日抗战中之国民政府》，台北，台湾商务印书馆，1978。

薛毅：《国民政府资源委员会研究》，社会科学文献出版社，2005。

〔美〕杨格：《一九二七至一九三七年中国财政经济情况》，陈泽宪、陈霞飞译，中国社会科学出版社，1981。

杨培新编著《旧中国通货膨胀》，三联书店，1963。

杨天石、黄道炫编《战时中国的社会与文化》，社会科学文献出版社，2009。

〔美〕易社强：《战争与革命中的西南联大》，饶佳荣译，台北，传记文学出版社，2010。

雍桂良等：《吴亮平传》，中央文献出版社，2009。

余斌：《昆明记忆：学人与学府》，云南民族出版社，2003。

玉门石油管理局史志编纂委员会编《玉门油矿史（1939—1949）》，西北大学出版社，1988。

云南省政协文史委员会编《血肉筑成抗战路》，云南人民出版社，2005。

张公权：《抗战前后中国铁路建设的奋斗》，台北，传记文学出版社，1974。

张公权：《中国通货膨胀史（1937—1949）》，文史资料出版社，1986。

张宏生、丁帆主编《走进南大》，四川人民出版社，2000。

张嘉璈：《中国铁道建设》，杨湘年译，商务印书馆，1946。

张嘉璈：《最近之交通》，中央训练团党政训练班讲演录，1942。

张静如等编《国民政府统治时期中国社会之变迁》，中国人民大学出版社，1993。

张守广：《抗战大后方工业研究》，重庆出版社，2014。

赵平等：《飞虎队在桂林：从桂林出发的中美空军》，广西师范大学出版社，2011。

赵新林、张国龙：《西南联大：战火的洗礼》，上海教育出版社，2000。

浙江大学校史编写组编《浙江大学简史》第1卷，浙江大学出版社，1996。

郑全红：《中国家庭史》第5卷，广东人民出版社，2007。

郑友揆：《旧中国的资源委员会——史实与评价》，上海社会科学院出版社，1991。

中共中央党史研究室：《中国共产党的历史》第1卷下册，中共党史出版社，2002。

中国电影资料馆编《中国无声电影》，中国电影出版社，1996。

中国抗日战争史学会编《少数民族与抗日战争》，北京出版社，1997。

中国人民抗日战争纪念馆编著《抗战时期苏联援华史论》，社会科学文献出版社，2013。

中研院近代史研究所编《抗战建国史研讨会论文集》（上），台北，编者印行，1985。

中央财政金融学院财政教研室：《中国财政简史》，财政经济出版社，1980。

周瑞海等：《中国回族抗日救亡史稿》，社会科学文献出版社，2006。

周晓明：《中国现代电影文学史》下册，高等教育出版社，1987。

朱剑、汪朝光：《民国影坛纪实》，江苏人民出版社，1991。

朱子爽：《中国国民党工业政策》，国民图书出版社，1943。

山田正行『アイデンティティと戦争：戦中期における中国雲南省滇西地区の心理歴史的研究』グリーンピース、2002。

Charles F. Romanus and Riley Sunderland, *Stilwell's Command Problems* (Washington D. C.: Office of the Chief of Military History, Dept. of the Army, 1956).

Julia Jackson, *France: the Dark Years, 1940 - 44* (Oxford University Press, 2001).

Owen Lattimore and Fujiko Isono, *China Memoirs: Chiang Kai-shek and the War against Japan* (University of Tokyo Press, 1990).

The Central Bank of China Bulletin.

人名索引

A

阿巴伯克里阿吉　506
阿卜杜拉　480
阿洪毛拉一明　506
阿英　389，390
艾金森　451
艾青　419，436，437
艾思奇　418
艾伟　336
爱泼斯坦　425
安宾尧　504
安娜·雅各布（Annalee Jacoby）　456，457
奥斯特洛夫斯基（N. A. Ostrovsky）　467

B

巴海巴依　506
巴金　376，388，390，436，458，467
白崇禧　30，503，504
白海风　505
白求恩（H. N. Bethune）　420，456
白腾飞　311，493
白杨　371，431

板垣征四郎　502
包端正　494
包可永　233
包瑞德（David Barrett）　424
包天笑　390
贝时璋　295
贝特兰　415
毕范宇（F. W. Price）　440
卞之琳　349
博古　455

C

蔡钧　388
蔡培　494
蔡翘　336
蔡维藩　354
蔡元培　283，284
曹留根　477，478
曹禺　432
常道直　336
常金屏　479
陈白尘　433，445，497
陈璧君　490，491，494，496
陈布雷　30，333

陈昌奇 488
陈诚 233，288，317，427，440
陈春圃 494
陈存仁 311，386，441，445，481，484，488—490，495，497—499
陈达明 453
陈大齐 333
陈大受 100
陈独秀 288，317，487，498
陈公博 396
陈光甫 30，155，184
陈果夫 68
陈纪昆 486
陈济成 494
陈济恒 486
陈嘉庚 322，323，490
陈剑翛 290，291
陈克文 416
陈朗 429
陈立夫 285，291，318，323，332—334，338，344—347，349，366，382，461
陈露 494
陈纳德（C. L. Chennault） 483
陈铨 431，432，497
陈日平 494
陈体诚 164
陈香梅 310
陈序经 288
陈雪屏 346，355
陈寅恪 336，339，341，413，414
陈英士 285
陈中熙 100
陈忠经 319
成仿吾 304

程潜 30
程天放 333，344，345
程西 479
储玉坤 389
楚图南 413
褚民谊 491
崔嵬 433

D

达木恰 506
大山勇夫 385
戴季陶 443
戴笠 44，195
戴平万 390
戴修瓒 336
戴逸 351
戴英夫 494
德穆楚克栋鲁普（德王） 493，501，502
邓发 455
邓小平 455
邓颖超 486
邓植仪 336
丁聪 435
丁玲 419，434，480
丁文江 9，11
东方蝃蝀 390
董必武 467
董嗣勋 479，483
董洗凡 493
董显光 440，441，447，450
杜定友 294
杜公振 302
杜桐荪 373

杜聿明 507

F

范长江 308, 507
范寿康 427
范文澜 467
范旭东 9
方正绍 502
费孝通 410, 413
费正清（J. K. Fairbank） 345
丰中铁 435
丰子恺 475
冯德麟 287
冯庸 287
冯友兰 288, 333, 336, 339—341
冯玉祥 19
冯治安 446
福尔曼（Harrison Forman） 457
傅斯年 333, 355, 413

G

盖日甫 506
高济宇 336
高敏夫 433
高廷梓 449, 450
高宗武 497
高宗熙 9
郜增华 476
格林根 506
龚学遂 165
古元 436
谷正纲 45, 46, 285, 454
顾宝衡 494
顾维钧 66
顾毓琇 288, 333

顾振 9, 16
顾执中 397
光未然（张光年） 430
郭长福 479
郭德洁 443
郭健夫 493
郭亮如 479
郭沫若 317, 381, 427, 428, 432, 436, 467, 480, 504
郭任远 333
郭荣生 458
郭伟波 400
郭秀峰 494

H

哈尼库伦卡科夫 506
韩凤林 493, 501
杭立武 334
郝更生 334
郝基林 498
何北衡 44, 236
何干之 421
何键 508
何杰 336
何廉 30, 42, 44, 45, 135, 147, 148, 149
何鲁 336
何应钦 29, 31, 164
贺麟 341
贺耀组 45, 46
赫尔利（P. J. Hurley） 231, 232
洪式闾 336
洪同 319
胡伯翰 400

胡刚复　336

胡光玮　336

胡焕庸　336

胡惠生　389

胡厥文　32，33

胡兰成　495

胡山源　390

胡适　9，284，289，290，316

胡庶华　316，333

胡毅　354

胡元义　336

胡子昂　236

胡宗南　69，312，313，319，469

虎嵩山　503

华岗　413

华君武　419

华罗庚　339—341

黄大陆　487

黄辉　103

黄季陆　30

黄昆　341

黄琪翔　427

黄旭初　444

黄炎培　236，457

黄尧　435

黄云　435

黄志汉　479，484

黄佐临　390

J

吉伶贞治　494

贾福英　478

贾遂回　475

江亢虎　494

江青　422

蒋介石　9，12，13，16，17，25，29，30，37，39，42，44—47，50，54，69，148，149，156，231，233，234，247，248，290，292，295，313，316，317，323，332，346，347，353—356，423，427，439，440，441，443，446，458，463，464，468，469，480，491，501，502，510

蒋梦麟　9，284，287，289，318，333，345，348

蒋硕民　354

蒋廷黻　9

蒋纬国　446

蒋兆和　435

金华亭　388

金岳霖　341

靳锡庚　67

九世班禅　501

K

阚培同　486

阚维雍　486

康布巴拉登　506

康心如　236

柯棣华　456

柯灵　390

柯仲平　433，434

克兰（Klein）　16

克明（Cumine）　389

孔莱（Howard Coonley）　237

孔庆宗　509，510

孔祥熙　30，42，45—47，68，147，148，154，197，307，338

L

拉铁摩尔（Owen Lattimore） 401，462
老舍 399，413，432，436，437，504
黎锦熙 336
黎烈文 387，388
黎原 418，419
李策 487
李辅群 494
李复（E. Leaf） 440
李富春 263，455
李公朴 456
李广田 349
李济深 444
李健吾 390
李丽莲 433
李乃光 494
李书田 290，291
李四光 336
李秀英 474
李耀宇 421，422
李约瑟 326
李蒸 290，316
李滋罗斯（Frederick Leith-Ross） 22
李宗仁 443，444
梁伯强 336
梁华炎 373
梁明元 507
梁少候 429
梁思成 405
梁希 336
廖冰兄 435
廖世承 333
林彪 418

林伯渠 67，470
林淡秋 390，415
林徽因 405
林继庸 32—34，36
林君侠 494
林同济 497
林文庆 322
蔺子安 434
刘百闵 472，473
刘秉麟 336
刘长胜 389
刘大钧 9，11，334
刘航琛 236
刘鸿生 9
刘曼卿 508，509
刘鸣寂 435
刘荣华 495
刘少奇 251，455
刘绍唐 348
刘书琴 493
刘文辉 510
刘仙舟 336
刘岘 435
刘湘 292
刘晓 389
刘亚楼 418
刘养浩 373
刘湛恩 284
柳青 433
柳亚子 444
柳诒徵 333，336
龙积之 444
龙启明 483，484
龙云 404，413，507

隆子雍　507

楼光来　336

卢嘉锡　340

卢作孚　30，44，45，118，126，163，165，292

鲁迅　415

陆存仁　495

罗富国（Geoffry Northcote）　484

罗刚　370，372

罗家伦　284，292，293，299，333，487

罗静予　360，368，381

罗君强　494

罗隆基　490

罗瑞卿　418

罗莘田（罗常培）　349

罗斯福（F. D. Roosevelt）　156，230，231，234

罗廷光　413

罗文锦　321

罗学濂　363，365，378，382，383

罗耀辉　455

罗庸　354

罗章龙　487

罗宗洛　356，357

吕凤子　333

吕骥　433

吕时新　33

吕叔湘　413

绿川英子（长谷川照子）　480

M

麻木提五受阿吉　506

马本斋　505

马步芳　510

马达　69，223，435

马海德　422

马健翎　433，434

马克思　421，471

马罗（Marlowe）　165

马乃光　484

马松亭　504

马寅初　333，467，468

马毓鑫　504

马约翰　333

买合苏提—明阿吉　506

麦格鲁（R. B. McClure）　165

麦新　427

毛拉艾买提　506

毛庆祥　236

毛泽东　249，256，258，261—263，269，272，275，281，353，370，413，416，418—424，446，451，464，467，468，471，472，492

茅盾（沈雁冰）　419，421，436，465，467，472，473

茅以升　333，336，340

梅贻琦　284，287，290，291，348，354，355，409

孟宪承　336

苗可秀　286

摩根索（Henry Morgenthau, Jr.）　156

穆藕初　148，149

N

纳尔逊（D. M. Nelson）　230—234，236，237，248

聂耳　426

O

区声白　372，373

欧阳予倩 390

P

潘公展 373，464
潘光旦 413
潘仰山 236
潘毓桂 494
彭德怀 278，422，482，483
彭学沛 232，243
平襟亚 390
溥仪 375，501，502

Q

千家驹 345
钱昌照 9，12，19，20，30，33，34，58，67，68，237
钱大钧 164
钱端升 334
钱穆 341，437，438
钱祥标 33
钱杏邨 285
钱永铭 47
钱钟书 413
钱宗泽 164
秦汾 42，44，45
秦瘦鸥 390
秋江 437

R

饶毓泰 336
热振呼图克图 508
任弼时 303，422，451
阮毅成 285

S

萨凡奇（J. L. Sovage） 104

沙鸥 436
沙汀 436
单基乾 100
邵元冲 360
佘金山 495
沈从文 349
沈国瑾 148
沈士杰 458
沈同衡 435
盛岛角芳 501
盛世才 71，505
施蛰存 413
十三世达赖 509
石维桢 507
石友三 498
史迪威（J. W. Stilwell） 164，165，170，231，234
史东山 380
史耀明 494
寿墨卿 44
斯大林（J. V. Stalin） 467
斯诺（Edgar Snow） 425，482，505
宋蔼龄 486
宋美龄 443，486
宋庆龄 389，486
宋少同 494
宋之的 432，437，504
宋子良 164
宋子文 47，131，156，231，247
苏步青 295，336，339，340
苏坤 498
孙本文 299，336
孙嘉福 499
孙健初 67

孙瑞璜 389

孙特思·裴士（Sanders Bates） 389

孙毓棠 349

孙越崎 67，68，70

孙拯 35

孙中山 6，428，441，464

T

太虚和尚 443

谭锡畴 354

汤尔和 493

汤用彤 336，339，341，413

唐德刚 402，442

唐凤图 498

唐哲 302

陶广 508

陶孟和 9，10

陶希圣 469，497

特伟 435

滕固 333

藤井彦 484

田汉 285，432，444，445

田野 412，444

田中隆吉 502

土肥原贤二 502

W

万里浪 494

汪曾祺 412

汪精卫 375，441，489—492，496，497

王炳南 175，233

王宠惠 440

王大化 435

王淦昌 341

王金廷 495

王珽 336

王奎杰 499

王力 341

王明 487

王丕绪 309

王酉亭 293

王任叔 390

王实味 472

王世杰 9，287，322，333

王守竞 9，16，90

王铁崖 348

王统照 390

王锡光 506

王星拱 316，348

王荫泰 494

王云五 236

王肇涇 433

王真 455

王震 263

王佐才 33

王作荣 403

卫立煌 310

魏鹤龄 433

温涛 433

闻一多 341，349，413，438

翁文灏 9—14，16，19，20，30，34，36，38，42，44—47，50，55，57，58，66—69，99，115，216，230—237，239，243，248

翁之龙 284，295

吴大猷 319，325，339—341

吴鼎昌 9，30，135

吴耕民 336

吴晗 413，414

吴恒良　507，508

吴景超　232

吴俊升　316，333，344

吴满有　264

吴宓　336

吴南轩　321，355

吴顺生　494

吴颂皋　494

吴铁城　401，448，450

吴味经　148

吴雪　433

吴印咸　416

吴友满　455

吴有训　10，288，333，336

吴蕴初　9，16，34，120，236

吴兆洪　19，232

吴稚晖　333，356，491

吴中荣　494

吴祖光　390

伍启元　480，481

X

西奥多·怀特（白修德，Theodore White）　456，457

夏济安　413

夏奇峰　494

夏衍　432

冼冠生　131

冼星海　419，421，427，428

线光天　506

项俊文　415

项康元　33

萧公权　336

萧军　419，421，422

萧三　422，437

萧一山　336

萧友梅　427

谢晋元　445

熊佛西　368，433

熊坤韬　44

熊向晖　319

虚云和尚　443

徐悲鸿　336，435，436

徐国弼　494

徐浩　372，373，377

徐堪　44，47，68，148

徐懋庸　418，420，421

徐诵明　290，334，355

徐特立　288

徐新六　9

许广平　390

许世英　307

许应期　100

许志明　476

许子文　475

Y

严宝礼　389

严济慈　340

严家淦　233

严裕棠　33

阎锡山　276，364

颜福庆　333

颜耀秋　32，33，243

阳翰笙　369，390，428，432

杨班侯　494

杨端六　336，348

杨惠敏　445

杨继曾 233
杨锦候 506
杨树达 336
杨松 418
杨武之 354，413
杨笑萍 433
杨效春 494
杨惺华 494
杨永芸 493
杨振宁 341
杨振声 288，289，349
姚从吾 346，349，350
姚雪垠 436
野坂参三（冈野进） 417
叶楚伧 373，449
叶公超 288
叶企孙 10
叶浅予 435
叶圣陶 415，470
叶夏明 451
叶友才 33
伊之 463
英千里 493
于光远 416，423
于伶 389，390
于右任 443
余井塘 333
余克稷 429
余名钰 33
余谦六 336
余上沅 431
余所亚 435
俞大维 30
俞飞鹏 164，165，175，233

俞鸿钧 231
袁牧之 367
袁石之 504
云端旺楚克（云王） 501

Z

臧克家 436
臧云远 437
曾养甫 164，231—234，333
曾昭抡 9，336
查良钊 316，317，348，354
张爱玲 390，495，496
张爱萍 389
张伯苓 236，284，285，287，289，290，293，323，348，355
张道藩 333，370，440，464，472，473
张德成 432
张发奎 385
张复昌 455
张光宇 435
张广德 477
张恨水 399，436
张怀 493
张季纯 433
张季鸾 288
张寄谦 325
张嘉璈 9，24，26，47，163
张景钺 336
张静江 99
张君劢 333
张腊娃 498
张厉生 345
张凌高 345
张木森 124

张朋园　348

张彭春　440

张群　30，42，44

张善子　435

张绍先　499

张淑珍　309

张曙　427，428

张万美　507

张维亚　453

张文元　435

张锡彬　495

张侠魂　461

张心田　67

张学良　286，287，415

张治中　317，368，385，508

张兹闿　233

张自忠　432，445，446

张宗铎　494

张作霖　286

章乃器　236

章元善　44，45，204

赵超构　457

赵丹　431，433

赵兰坪　333

赵荣声　310

赵淑侠　302

赵太侔　334

赵孝林　33

赵宜伦　458，459

赵元任　413

赵忠绥　495

赵尊狱　494

郑义　433

郑用之　360，364，367，371，381

郑振铎　389

支秉渊　32，33

植恒钦　475

钟汉伯　494

钟敬文　433

周德芳　437

周恩来　67，317，416，427，428，446，455，456

周佛海　490，497，498

周鲠生　333，336

周华山　494

周隆庠　494

周乃文　494

周培源　339，340

周瘦鹃　390

周新民　66，413

周扬　421，497

周运潮　482

周作民　30

周作人　493，495

朱德　263，413，416，422，467

朱光潜　341

朱家骅　68，333，343，348，349，355，449

朱经农　334

朱绍良　466

朱惺公　388

朱玉仑　221

朱自清　288，332

竺安　461

竺衡　461

竺津　461

竺可桢　295，302，333，340，341，345，403，461，496，498

竺梅　461

竺宁　461

庄前鼎　336

庄怡生　124

邹鲁　284

邹泉荪　494

邹树文　333

邹韬奋　298，463，468